Clare Mac Cumhaill
Rachael Wiseman

The Quartet
Wie vier Frauen die Philosophie
zurück ins Leben brachten

Roman

*Aus dem Englischen übersetzt
von Jens Hagestedt, Frank Lachmann
und Andreas Thomsen*

btb

Die Originalausgabe erschien 2022 unter dem Titel
»Metaphysical Animals. How Four Women Brought Philosophy Back To Life«
bei Chatto & Windus, London.

Der Verlag behält sich die Verwertung der urheberrechtlich
geschützten Inhalte dieses Werkes für Zwecke des Text- und
Data-Minings nach § 44 b UrhG ausdrücklich vor.
Jegliche unbefugte Nutzung ist hiermit ausgeschlossen.

Penguin Random House Verlagsgruppe FSC® N001967

1. Auflage
Genehmigte Lizenzausgabe November 2023
btb Verlag in der Penguin Random House Verlagsgruppe GmbH,
Neumarkter Straße 28, 81673 München
© 2022 by Clare Mac Cumhaill und Rachael Wiseman
© der deutschsprachigen Ausgabe 2022 by
Verlag C. H. Beck oHG, München
Covergestaltung: semper smile, München
nach einem Entwurf von geviert.com / Michaela Kneißl
Covermotiv: Speisesaal des Sumerville College in den 1930er Jahren,
Somerville College Archive / University of Oxford /
The Fellow and Principal of Sumerville College
Druck und Einband: GGP Media GmbH, Pößneck
MK · Herstellung: sc
Printed in Germany
ISBN 978-3-442-77407-4

www.btb-verlag.de
www.facebook.com/penguinbuecher

Für unsere Großmütter, Mütter und Töchter:
Alice, Joan, Rose, Christina, Paula, Lynda, Penelope und Ursula

Inhalt

Vorwort 11

Die Mitwirkenden 21

Prolog
Mr Trumans Ehrendoktor
Mai 1956, Oxford 23

Elizabeth Anscombe erhebt Einspruch 24 – Philippa Foot ist einer Sache auf der Spur 30

Kapitel 1
Auf Bewährung
Oktober 1938 – September 1939, Oxford 35

Miss Mary Scrutton & Miss Iris Murdoch vom Somerville College 36 – Miss Elizabeth Anscombe vom St Hugh's College 53 – Mary & Iris betreten die politische Bühne & wir lernen die Bewohner von Boars Hill kennen 60 – Der Agamemnon-Kurs 71 – Eine Revolution in der Philosophie: Freddie Ayer erklärt der Metaphysik und der Ethik den Krieg 75 – Ein letztes Wort der Idealisten 91

Kapitel 2
Studieren in Kriegszeiten
September 1939 – Juni 1942, Oxford 93

Der Krieg beginnt & die jungen Männer verlassen Oxford 94 – Miss Philippa Bosanquet erscheint im Somerville 99 – Pazifismus: Elizabeth schreibt ihr erstes Pamphlet 107 – Die vier Frauen lernen sich kennen 112 – Ein alter Mann: H. H. Price über Hume 120 – Ein Flüchtling: Heinz Cassirer über Kant 125 – Eine Frau: Mary Glover über Platon 129 – Ein Kriegsdienstverweigerer: Donald MacKinnon & das metaphysische Tier *136* – Unsere vier unzeitgemäßen Philosophinnen bekommen alle eine Eins *142*

Kapitel 3
Unordnung und Not
Juni 1942 – August 1945, Cambridge & London 145

Mary & Iris ziehen nach London *146* – Elizabeth wendet sich wieder Aristoteles & dem Wesen des Menschen zu *149* – Iris & Philippa im London der Kriegsjahre *157* – Elizabeths Projekt gerät ins Stocken *174* – Liebe & Krieg in Seaforth *177* – Mary verschlägt es zu einem «seltsamen Stamm» *180* – Miss Anscombe lernt Ludwig Wittgenstein kennen *182* – Philippa & Iris warten auf Nachrichten *187* – Elizabeths neuer Plan *191* – Das Ende des Krieges: Drei Freundinnen kehren nach Oxford zurück *194*

Kapitel 4
Park Town
September 1945 – August 1947, Oxford, Brüssel, Graz,
Cambridge & Chiswick 199

Die Männer kehren nach Oxford zurück & Mary fährt zum Boars Hill *200* – Philippa beschließt zu zeigen, dass Ayer unrecht hat *208* – Iris lernt Jean-Paul Sartre kennen *214* – Philippa, Iris & die Hilfsaktion für Flüchtlinge *221* – Elizabeth & Philippa beginnen ein philosophisches Gespräch *228* – Iris' kommunistische Vergangenheit holt sie ein *232* – Lieutenant Colonel Austin treibt die Revolution voran *236* – Elizabeth holt Wittgenstein nach Oxford *244* – Mary & Iris bereiten sich auf ihren Wiedereinstieg in die Philosophie vor *249*

Kapitel 5
Ein gemeinsames «Nein!»
Oktober 1947 – Juli 1948, Oxford & Cambridge 257

Das Quartett vereint gegen Ayer & Hare *258* – Iris & Elizabeth sprechen über die Wirklichkeit des Vergangenen *265* – Philippa bringt Tatsachen & Werte wieder zusammen *275* – Elizabeth denkt über menschliches Handeln nach *279* – Aristoteles erwacht zum Leben *286*

Kapitel 6
Zurück ins Leben
Oktober 1948 – Januar 1951, Oxford, Cambridge,
Dublin & Wien 295

Elizabeth hält ihre erste Vorlesung *296* – Elizabeth & Iris in der Krise *305* – Metaphysik im großen Stil & ein Neuanfang für Mary *317* – Philippa hält eine Vorlesung & Elizabeth fährt nach Wien *322* – Iris & Philippa fügen den Hintergrund hinzu *327* – Wittgenstein unterzeichnet sein Testament *332*

Kapitel 7
Metaphysische Tiere
Mai 1950 – Februar 1955, Newcastle & Oxford 335

Mary verlässt Oxford *336* – Lotte Labowsky & die Warburg-Schule *339* – Elizabeth gibt die «Philosophischen Untersuchungen» heraus *352* – Iris & Mary diskutieren Poesie & Paradoxie *355* – Iris über Sartre, Hare & den Stil der Zeit *363* – Mary stellt «die Frauenfrage» & Iris nimmt Unterricht in Sachen Liebe *368* – Zurück ins Leben *376*

Epilog
Noch einmal: Mr Trumans Ehrendoktor
Mai 1956, Oxford 393

Nachtrag 403

Anhang

Anmerkungen 411
Bibliografie 473
Zum Weiterlesen 487
Abbildungsverzeichnis 489
Dank 493
Personenregister 497

Vorwort

Die Geschichte der europäischen Philosophie handelt normalerweise von den Gedanken, Visionen, Hoffnungen und Ängsten von Männern. Die Männer, um die es in dieser Geschichte geht, haben aber hauptsächlich ein von Frauen und Kindern ungewöhnlich isoliertes Leben geführt: «Praktisch alle großen europäischen Philosophen waren Junggesellen», schrieb die Philosophin Mary Midgley im Jahr 1953.[1] Dies war die erste Zeile in einem Manuskript für ein Radiogespräch, das sie im Auftrag der BBC erstellte, aber vom Sender letztlich abgelehnt wurde: Marys Beobachtungen über die Familienverhältnisse von Philosophen seien, wie die Produzentin urteilte, ein «triviales und irrelevantes Eindringen privater Angelegenheiten in das intellektuelle Leben».[2] Mary meinte allerdings, dass es den Solipsismus, den Skeptizismus und Individualismus, die für die westliche philosophische Tradition so charakteristisch sind, in einer Philosophie von Menschen mit einem wirklichen Leben gar nicht hätte geben können: von Menschen, die schwanger werden, Kinder großziehen und kein klösterliches Leben des Geistes führen, sondern ein soziales und körperliches Leben im intimen Austausch mit Partner:innen, Freund:innen und Geliebten.

Dieses Buch erzählt eine Geschichte, in deren Zentrum vier Philosophinnen und ihre Freundschaft stehen. Mary Midgley (geb. Scrutton), Iris Murdoch, Elizabeth Anscombe und Philippa Foot (geb. Bosanquet) wurden in einer Zeit erwachsen, in der sich einige der turbulentesten Ereignisse des 20. Jahrhunderts abspielten. Geboren kurz nach dem Ersten Weltkrieg, nahmen sie ihr Studium der Philosophie an der Universität Oxford kurz nach dem Einmarsch von Hitlers Truppen in Österreich auf. Mary hielt sich sogar in Wien auf, als die deutschen Soldaten kamen – sie hatte sich auf eine Reise begeben, um ihre Deutschkenntnisse zu verbessern, bevor sie aufs College ging, wobei ihr Lehrer ihr versichert hatte, dass sich der Aufruhr in Europa schon wieder legen werde. Sie kehrte nach Hause zurück, nachdem Schilder in den Schaufenstern aufgetaucht waren, auf denen zu lesen war: «Wenn Sie als echter Deutscher hierherkommen, dann grüßen Sie mit ‹Heil Hitler!›»[3] Die Ereignisse, die in den kommenden Jahren stattfanden, sollten die Menschheitsgeschichte verändern – Nationalsozialismus, Shoah, totaler Krieg, Hiroshima und Nagasaki. Diese Generation wurde mit Taten der Verderbtheit und des Chaos konfrontiert, die diejenigen, die vor ihnen lebten, wohl kaum für möglich gehalten hätten.

Iris Murdoch hat beobachtet, dass französische und britische Philosophen anscheinend sehr unterschiedlich auf die postnazistische Situation reagierten.[4] Die Nachkriegsphilosophie und -literatur Frankreichs wird von der französischen Besatzungserfahrung beherrscht. Doch während Jean-Paul Sartres Philosophie die moralischen und politischen Implikationen der Freiheit erforschte und zu verstehen versuchte, ob Authentizität und Aufrichtigkeit für diejenigen möglich waren, die das Vichy-Regime erlebt hatten, mussten die Briten keine solche Krise durchstehen. Stattdessen kehrten die Männer Oxfords 1945 von ihrem Einsatz im Krieg zurück, krempelten die Ärmel hoch und machten dort weiter, wo sie 1939 aufgehört hatten.

Die Aufgabe, die die jungen Männer vor der Unterbrechung durch den Krieg begonnen hatten, war ein kühnes Unterfangen: Das Fach, das bisher als «Philosophie» bekannt war, sollte eliminiert und durch eine neue Reihe logischer, analytischer und wissenschaftlicher Methoden ersetzt werden, die als «logischer Positivismus» bezeichnet werden. Die spekulative metaphysische Forschung – das Streben nach Wissen über die Natur des Menschen, über Moral, Gott, Wirklichkeit, Wahrheit und Schönheit – sollte im Dienste der Wissenschaft der Präzision und der Sprachanalyse Platz machen. Nur noch Fragen, die mit empirischen Methoden beantwortet werden konnten, sollten zulässig sein. «Was ist der Sinn des menschlichen Lebens?» «Wie sollen wir leben?» «Gibt es Gott?» «Ist die Zeit real?» «Was ist Wahrheit?» «Was ist das Schöne?» Metaphysische Fragen wie diese, die über die Grenzen dessen hinausgingen, was wir messen und beobachten können, wurden als «Unsinn» bezeichnet. Ebenso verbannt wurde das ältere philosophische Bild vom Menschen als einem geistigen Wesen, dessen Leben auf Gott oder das Gute ausgerichtet ist und für das die Philosophie der Versuch ist, über die grundlegende Struktur der Wirklichkeit nachzudenken. An seine Stelle trat eine Vision von menschlichen Wesen als «effizienten Rechenmaschinen»:[5] von Individuen, deren intellektuelle Kräfte es ihnen ermöglichen würden, über ihre chaotische animalische Natur hinauszugehen, um damit eine ansonsten rohe und gestaltlose Welt zu organisieren und zu rationalisieren. Man erklärte, dass es keine genuin philosophischen Probleme gebe; Fragen, die sich einer wissenschaftlichen Untersuchung entzogen, seien entweder lästiges Kuddelmuddel oder Fälle von sprachlicher Verwirrung.

Wäre nicht der Krieg dazwischengekommen, so hätte es gut sein können, dass sich Mary, Iris, Elizabeth und Philippa den Männern angeschlossen hätten, um die schöne neue Welt einer Philosophie einzuläuten, die der Poesie, des Geheimnisses, des Geistes und der Metaphysik beraubt gewesen wäre. Oder, was wahrscheinlicher ist, sie hätten ihr Studium abgeschlossen und die Philosophie hinter sich gelassen, weil sie, wie so viele junge Frauen auch heute noch, davon überzeugt gewesen wären, dass das Fach nichts für sie sei. Stattdessen geschah etwas anderes: Die jungen Männer und die «großen Nummern» der britischen Philosophie (A. J. Ayer, Gilbert Ryle und J. L. Austin) wurden aus dem Oxforder Boden herausgerissen und in Whitehall und im Kriegsministerium wieder eingepflanzt. Unsere vier Freundinnen blieben hingegen zurück, um ihr Studium in einem aus dem Tritt geratenen Oxford zu beenden, das voll war mit Evakuierten aus London und Flüchtlingen vom Kontinent.

Und die Philosophie erwachte wieder zum Leben. Die alten Metaphysiker konnten wieder von Poesie, Transzendenz, Weisheit und Wahrheit sprechen. Die Kriegsdienstverweigerer fragten, was Gott und die Pflicht von ihnen verlangten. Die geflüchteten Wissenschaftler vermittelten in einer Sprache, die nicht ihre eigene war, Gelehrsamkeit und Wissen von einer Art, die Oxford nie zuvor erlebt hatte. Und die Frauen, die nun nicht mehr in Klassenzimmern voller kluger junger Männer saßen, die gerne Diskussionen gewannen, richteten ihre Aufmerksamkeit auf die Welt, und zwar gemeinsam.[6] Sie interessierten sich für «die Wirklichkeit, die den Menschen umgibt – ob transzendent oder wie auch immer», sagte Iris.[7] Und sie hatten Fragen. Sehr viele Fragen.

So lernten diese vier Frauen, die Philosophie auf ihre eigene Weise zu betrachten: als eine uralte Form des menschlichen Erkenntnisstrebens, die über Tausende von Jahren hinweg durch das Gespräch am Leben erhalten wurde und deren Aufgabe es ist, uns kollektiv dabei zu helfen, uns in einer riesigen Welt zurechtzufinden, die jede:n Einzelne:n von uns übersteigt. Als die jungen Männer aus dem Krieg zurückkehrten, mit ihren analytischen Methoden und ihrer Verachtung für Mysterien und Metaphysik, standen unsere vier Freundinnen mit einem einvernehmlichen «Nein!» bereit.

Unser eigenes philosophisches Gespräch begann im Sommer 2013. Wir lernten uns in Genf kennen, als wir beide zu einer kleinen Gruppe von Philosoph:innen gehörten, die sich versammelten, um der Natur des Träumens auf die Spur zu kommen. Jede von uns erkannte in der anderen eine Mitphilosophin, die das Obskure, Flüchtige und Wechselhafte liebte und dazu neigte, komische Fragen zu stellen. Bald entdeckten wir, dass wir beide über den Zustand der akademischen Philosophie gleichermaßen verzweifelt waren, einer Disziplin, in der wir beide Fuß zu fassen versuchten. Wir wussten, dass wir, wenn wir weitermachen wollten, eine Möglichkeit finden mussten, Philosophie auf eine engagiertere, kreativere und offenere Weise zu betreiben. Wir waren davon gelangweilt, Männern zu lauschen, die über Bücher von Männern über Männer sprachen, und wollten gemeinsam philosophieren, als Freundinnen. Wir waren auf der Suche nach einer Geschichte, die uns dabei helfen konnte. Dann, am 28. November, erschien im *Guardian* ein Brief mit der Überschrift «Das goldene Zeitalter der weiblichen Philosophie». Er stammte von einer «Mary Midgley», ein Name, der uns bekannt vorkam, der aber nicht der einer Philosophin war, deren Werke auf den Lehrplänen der Universitäten auftauchten oder in den führenden Fachzeitschriften diskutiert wurden. In diesem Brief legte Mary die Grundzüge der Geschichte dar, die Sie im Folgenden lesen werden. Sie berichtete nämlich davon, wie sie und ihre Freundinnen Iris, Elizabeth und Philippa in der Philosophie aufblühten – einem Fach, das gemeinhin als unwirtliches Terrain für Frauen gilt –, weil die Männer im entscheidenden Moment zum Kriegsdienst eingezogen worden waren.[8]

«Das Problem sind natürlich nicht die Männer an sich», heißt es in dem Brief weiter. «Männer haben in der Vergangenheit schon auf ganz annehmbare Weise Philosophie betrieben.» Mit einem Augenzwinkern schien sie also anzudeuten, dass es nun höchste Zeit sei, einmal zu untersuchen, welche Art von Philosophie Frauen denn gemacht haben – und machen würden. Damit schien uns beiden das Schicksal genau das geliefert zu haben, was wir uns wünschten, und das sogar frei Haus. Ehe wir uns versahen, waren wir häufige Besucherinnen eines Seniorenheims in einem Vorort von Newcastle, nur wenige Meilen von unseren eigenen Wohnorten entfernt, und standen in einem regelmäßigen Austausch mit Mary Midgley. In ihrem Sessel versunken, sprach sie von den Verfassern der Bücher, die ihre Regale befüllten, als hätten sie gerade eben erst den Raum verlassen: Collingwood, Joseph, Price, Wittgenstein, Austin, Ayer und Hare. Sie reichte uns Papiere, Notizen und Zeitungsausschnitte aus kleinen Stapeln, die die Fensterbänke, Ablageflächen und den Teppich in ihrem winzigen Wohnzimmer bedeckten. Und sie erzählte uns von ihren Freundinnen, die inzwischen alle verstorben waren: Iris, Philippa und Elizabeth.

Mary wollte, dass wir eine Sache begreifen: «wie es ist, buchstäblich ‹im Krieg› zu sein». Dies war zu einer Zeit, in der uns seit über zehn Jahren erzählt wurde, dass wir uns im «Krieg gegen den Terror» befänden; Mary aber wollte unbedingt, dass wir den Unterschied erkennen: *Man macht nicht das, was man normalerweise tun würde; man ist nicht dort, wo man normalerweise wäre; man wird hin und her und dann wieder weitergeschickt, und man wird reglementiert. Die eigene Familie und die Freunde wurden ebenfalls umgesiedelt, sind tot oder verletzt oder schweben in Gefahr. Es ist schwer herauszufinden, was vor sich geht; die Zeitungen sind nicht zuverlässig, das Radio ist Propaganda, Briefe werden zensiert. Lebensmittel sind knapp, das Benzin ist rationiert, Reisemöglichkeiten sind eingeschränkt. Die Zukunft ist ungewiss. Man hat Angst. Es ist dunkel.*[9] Als sie uns diese Dinge erzählte, waren dies keine Erinnerungen an eine feste und unveränderliche Vergangenheit, sondern ein lebendiger Hintergrund für die Philosophie, die sie uns vermitteln wollte. In Zeiten des Chaos braucht man Philosophie, sagte sie, und hier wurden wir mit einer Theorie über das menschliche Leben konfrontiert, die sie und ihre Freundinnen ausgearbeitet hatten, Zigaretten rauchend, um den Hunger zu unterdrücken, während die Luftschutzsirenen heulten und die Vorhänge zur Verdunklung das Licht aussperrten.

Während die Welt versucht, sich von einer Pandemie zu erholen, und sich der Herausforderung der Klimakatastrophe gegenübersieht, ist es vielleicht an der Zeit, erneut wie diese Frauen nach dem Zweiten Weltkrieg zu fragen: Was für ein Tier ist der Mensch? Was brauchen wir, um gut zu leben? Ist die Philosophie zu irgendetwas nütze?

Nach dem Krieg teilten die Männer auf beiden Seiten des Ärmelkanals ein «Menschenbild» [«picture of man»], das noch immer unsere kollektive Vorstellung beherrscht. Der «Held» der modernen Philosophie ist, wie Iris schrieb, «ein Sohn des wissenschaftlichen Zeitalters». Er ist «frei, unabhängig, einsam, mächtig, rational, verantwortungsbewusst, mutig, der Protagonist so vieler Romane und moralphilosophischer Werke».[10] Aber er ist entfremdet von seiner eigenen Natur, von der natürlichen Welt, die sein Zuhause ist, und von anderen Menschen. Für uns Heutige haben Einsamkeit und Entfremdung eine ganz eigene Qualität gewonnen. Denn die technologische Entwicklung der letzten Jahrzehnte erweckt zwar den Eindruck einer völlig offen daliegenden Welt – in Sekundenschnelle zeigen uns unsere Computer die Oberfläche des Mars, das Innere eines Wespennests oder die Pläne für einen Atomreaktor. Angesichts der überwältigenden Komplexität des menschlichen Lebens und der zunehmenden Akzeptanz virtueller Ersatzversionen von Freundschaft, Spiel, Liebe und zwischenmenschlichem Kontakt entziehen wir uns jedoch kollektiv der Aufgabe, vor der wir stehen. Stattdessen ziehen wir es vor, uns in Fantasien davon zu ergehen, dass irgendeine zukünftige Generation, eine künstliche Intelligenz oder eine wissenschaftliche Innovation uns diese Last abnehmen wird. Doch wie Mary es formulierte, wird das, «[w]as tatsächlich mit uns geschieht, gewiss immer noch von menschlichen Entscheidungen abhängen. Nicht einmal die wunderbarsten Maschinen könnten bessere Entscheidungen treffen als die Menschen, die sie programmieren sollen.»[11]

Wir brauchen jetzt ein Bild, das uns zu einem neuen Selbstverständnis verhilft und dabei zeigt, wie es weitergehen soll. Wir müssen in der Lage sein, die Handlungs- und Denkstrukturen zu erkennen, die unser Leben heute und in der Vergangenheit geprägt haben. Und wir müssen auch die Möglichkeiten zur Veränderung dieser Strukturen sowie die Mechanismen verstehen, durch die eine solche Veränderung erreicht werden kann.

«Ich habe den Menschen in eine Reihe mit Katzen und Rüben gestellt», schrieb Elizabeth 1944 und betonte, dass jeder Versuch, uns selbst zu verstehen, seinen Ausgang von der Tatsache nehmen muss, dass wir lebendige Wesen sind.[12] Doch während wir das Leben von Rüben und Katzen nur objektiv, nämlich von außen, untersuchen können, muss das Leben des Menschen durch den Menschen von innen her erforscht werden. Und wenn die Aufgabe darin besteht herauszufinden, was *wir* sind, dann ist es eine, die wir, wie diese Frauen, gemeinschaftlich angehen müssen: in Universitätsräumen und Speisesälen, Teeläden und Wohnzimmern, per Post und in Kneipen, zwischen Windeln und Babys. Ihr Lebensraum ist ein bunter Flickenteppich aus Mauergärten, Flüssen, Kunstgalerien, Flüchtlingslagern und ausgebombten Gebäuden.

Durch die Augen dieser vier Freundinnen betrachtet, zeigt sich ein neues Bild. Unsere vertraute Welt verwandelt sich in ein reichhaltiges Mosaik aus miteinander verzahnten Mustern, gespickt mit kulturellen Gegenständen voller metaphysischer Kraft und vor pflanzlichem, tierischem und menschlichem Leben nur so wimmelnd. Und wir, die Menschen, deren Leben daran mitwirken, diese Muster und Gegenstände zu erzeugen und zu bewahren, werden mit einem neuen, unbefangenen Blick als diejenige Art von Tieren identifiziert, deren Wesen es ist, zu hinterfragen, zu erschaffen und zu lieben. Wir sind *metaphysische Tiere*.

Wir schaffen und teilen Bilder, Geschichten, Theorien, Worte, Zeichen und Kunstwerke, die uns helfen, unser Leben gemeinsam zu meistern – so erzählen es uns diese vier Frauen. Diese Kreationen sind ungeheuer kraftvoll, weil sie uns zeigen, was der Fall ist und war, und uns zugleich neue Wege erschließen, wie wir weitermachen können. Sie machen uns deutlich, dass das, was zu unserer gemeinsamen Vergangenheit wird, immer vorläufig ist; die Vergangenheit wird durch Zeugnisse und Konservierung am Leben erhalten, sie ist daher an sich veränderlich und kann leicht verdrängt werden oder verloren gehen. Doch weil die Vergangenheit eine lebendige Sache ist, können Entdeckungen, die wir jetzt machen, Auswirkungen auf unsere Geschichte haben. Wir können unsere Vergangenheit anders betrachten – und das, was wir für geschehen halten, neu schreiben. Andere Vergangenheiten warten auf uns.

Wir haben diese Vergangenheit rekonstruiert, indem wir Fragmente aus Briefen, Tagebüchern, Fotos, Gesprächen, Notizbüchern, Erinnerungen und Postkarten zu Bildern zusammengefügt haben. Diese Bilder formen Muster, die durch das Wichtigste von allem zusammengehalten werden: die sich entfaltenden, miteinander verwobenen Leben von vier erstaunlich brillanten Frauen. Wir lernen sie als Teenager am Vorabend eines Krieges kennen und folgen ihnen, während sie darum ringen, ihren Weg in einer sich verändernden intellektuellen und politischen Umgebung zu finden. Verabschieden werden wir sie in ihren späten Dreißigern, wenn sie die Weltbühne betreten, ihre Namen in der Literatur zu lesen und ihre Stimmen im Radio zu hören sind. Jede der Frauen schlägt einen anderen Weg ein, um ein Leben zu führen, das dem Ziel gewidmet ist, sich die Welt begreiflich zu machen. Jede hat andere Lösungen für die praktischen, intellektuellen und psychologischen Probleme des Philosophierens als Frau gefunden. Und alle vier schöpften Kraft aus ihrer gemeinsamen Freundschaft.

Die Leben dieser Frauen werfen wiederum ein Licht auf eine Gegenerzählung zu der normalerweise erzählten Geschichte der Philosophie des 20. Jahrhunderts. Ihre Helden sind nicht A. J. Ayer, J. L. Austin und R. M. Hare, sondern Persönlichkeiten, die Sie vielleicht nicht kennen: H. H. Price, H. W. B. Joseph, Susan Stebbing, R. G. Collingwood, Dorothy Emmet, Mary Glover, Donald MacKinnon und Lotte Labowsky. Diese Gegenerzählung verbindet die zeitgenössische Philosophie mit den großen spekulativen Metaphysikern des 19. und frühen 20. Jahrhunderts, mit den Idealisten und Realisten, die darum bemüht waren, das Wesen der Wahrheit, der Wirklichkeit und des Guten zu ergründen, bevor die Philosophie mit der Hinwendung zur Sprachanalyse ihren Blick auf die Bedeutung der Wörter «wahr», «wirklich» und «gut» einengte. Sie demonstriert, dass das Stellen metaphysischer Fragen und die Suche nach Antworten ein natürlicher und wesentlicher Bestandteil des menschlichen Lebens ist. Sie verbindet scheinbar abstrakte und esoterische Fragestellungen mit den drängenden und ganz realen ethischen, praktischen und spirituellen Fragen, mit denen jede:r von uns im alltäglichen Leben konfrontiert ist.

Diese Geschichte ist von den großen historischen Entwicklungsbögen des westlichen philosophischen Denkens durchzogen: Platon, Aristoteles, Thomas von Aquin; Descartes, Hume, Kant, Hegel; Frege, Wittgenstein; Moore. Und natürlich werden all diese Traditionslinien durch das große Chaos des 20. Jahrhunderts erschüttert: das von Flüchtlingen und Migranten, von Mord und Krieg, Tod und Ungewissheit.

Das Buch beginnt mit einer Szene, die eine philosophische Frage aufwirft. Wir schreiben das Jahr 1956, und Elizabeth Anscombe steht vor den Dozenten der Oxforder Universität und erklärt, dass der ehemalige US-Präsident Harry S. Truman, der Mann, der die atomare Bombardierung von Hiroshima und Nagasaki angeordnet hat, ein Massenmörder ist und ihm nicht die Ehrendoktorwürde verliehen werden darf. Die Dozenten sind fast einhellig anderer Meinung, und Truman erhält die Ehrung. Elizabeth ist irritiert: Was erkennt sie, was diese Herren nicht erkennen? Wenn sie dazu geneigt sind, einen Mann zu ehren, der für die gnadenlose Tötung Zehntausender unschuldiger Menschen berühmt ist, dann, so sagt sie, sind sie irgendwo falsch abgebogen. Die Philosophie dieses Buches entwirft eine Karte, die uns wieder zurückführt.

Sie können das vorliegende Buch als eine Erzählung lesen und daraus ein Bild des menschlichen Lebens mitnehmen, das unsere ganz normale Lebenswelt so erscheinen lässt, wie diese Frauen sie sahen: als etwas Erstaunliches und Zerbrechliches, das ständiger Pflege und Aufmerksamkeit bedarf. Und Sie können es als eine philosophische Auseinandersetzung lesen: eine, die die Philosophie wieder zurück ins Leben bringt. Wenn es Ihnen möglich ist, sollten Sie es mit Freundinnen und Freunden gemeinsam lesen.

Die Mitwirkenden

Elizabeth Anscombe, 1919–2001

Philippa Foot (geb. Bosanquet), 1920–2010

Mary Midgley (geb. Scrutton), 1919–2018

Iris Murdoch, 1919–1999

Die Philosophinnen

Alice Ambrose
Dorothy Emmet
Mary Glover
Martha Kneale
Margaret Masterman
Susan Stebbing
Mary Warnock (geb. Wilson)

Die Collegefrauen

Myra Curtis
Helen Darbishire
Vera Farnell
Barbara Gwyer
Mildred Hartley
Isobel Henderson
Carlotta Labowsky
Lucy Sutherland
Janet Vaughan

Die Idealisten & die Bewohner:innen von Boars Hill	*Die Realisten*	*«Alte Männer» & Kriegsdienstverweigerer*
E. F. & Winifred Carritt	G. E. Moore	R. G. Collingwood
H. W. B. Joseph	H. A. Prichard	E. R. Dodds
Sandie & Erica Lindsay	W. D. Ross	Peter Geach
Gilbert Murray & Lady Mary		Donald MacKinnon
		H. H. Price
E. J. & Theo Thompson		Oscar Wood

Geflüchtete Gelehrte	*Die Wittgensteinianer*	*Die Existentialist:innen*
Heinz & Eva Cassirer	Ludwig Wittgenstein	Martin Buber
Eduard Fraenkel	Wasfi Hijab	Katharine Farrer
Franz Heinemann	Georg Kreisel	Gabriel Marcel
Raymond Klibansky	Rush Rhees	Jean-Paul Sartre
Franz Steiner	Kanti Shah	
Friedrich Waismann	Yorick Smythies	
Richard Walzer	John Wisdom	

Die Metaphysiker	*«Junge Männer» im Kriegsdienst*	*Der Oxford Socratic Club*
Ian Crombie	*Dozenten*	Stella Aldwinckle
Austin Farrer	J. L. Austin	C. S. Lewis
Michael Foster	A. J. Ayer	
Basil Mitchell	Isaiah Berlin	
Eric Mascall	Gilbert Ryle	
Dennis Nineham		
	Studenten	
	Nick Crosbie	
	Richard Hare	
	David Hicks	
	M. R. D. Foot	
	Geoffrey Midgley	
	Frank Thompson	
	Geoff Warnock	

Prolog

Mr Trumans Ehrendoktor

Mai 1956
Oxford

Elizabeth Anscombe erhebt Einspruch – Philippa Foot ist einer Sache auf der Spur

---

Elizabeth Anscombe erhebt Einspruch

Am 1. Mai 1956, kurz nach dem Mittagessen, rief das Geläut der dreistimmigen Glocke von St Mary's Church die Dozenten der Universität Oxford in die Old Bodleian Library,[1] seit 400 Jahren eine Stätte der männlichen Gelehrsamkeit und des klerikalen Strebens, die nun plötzlich und auf unerklärliche Weise von «den Frauen» bedroht sein sollte.[2] Von St John's, dem New College und Worcester machten sich die Dozenten mit flatternden Talaren, Gewändern und Kapuzen auf den Weg nach Süden durch die St Giles' Street, bogen dann nach Westen in die Holywell Street und schließlich nach Osten in die Broad Street ab.[3] Als sie sich im Hof vor dem Convocation House versammelten, machten Gerüchte die Runde: «Die Frauen führen in der Versammlung irgendetwas im Schilde; wir müssen sie [...] niederstimmen.»[4]

Einige Dinge waren bekannt. Der Vizekanzler, Alic Halford Smith, hatte dem Hebdomadalrat den Vorschlag unterbreitet, dem ehemaligen US-Präsidenten Harry S. Truman die Ehrendoktorwürde der Universität Oxford zu verleihen.[5] Die Tradition schrieb vor, dass die Nominierung auf der Convocation (dem Leitungsgremium, das sich aus allen Doktoren und Rektoren der Universität zusammensetzt) durchgewunken und die Auszeichnung im darauffolgenden Monat im Rahmen der alten Zeremonie der Encaenia verliehen werden sollte. Und dennoch ... Hier endeten die Fakten und die Gerüchte begannen, in Halbsätzen zusammengestückelt. Die Nominierung, so hieß es, würde von «den Frauen» angefochten werden.

Die Dozenten von St John's waren mit einer einfachen Anweisung im Gepäck erschienen: «Die Frauen niederstimmen.»[6] Nun liefen sie herum und versuchten herauszufinden, um *welche* Frauen es ging. Es war keine Überraschung, dass Somerville im Mittelpunkt des Geschehens stand; das gottlose Somerville, ein College für Intelligenzler (oder, wie manche sagten, «Freaks»).[7] Im All Souls war das Gewissen durch ein Gefühl von Ungerechtigkeit geweckt worden: Sicherlich *«wäre es falsch, Mr Truman BESTRAFEN zu wollen!»* «Verdammt noch mal, man kann niemanden verantwortlich machen, nur weil ‹seine Unterschrift unter dem Befehl steht›.» An den Esstischen des New College war man sich einig, dass «dieses Handeln» zwar ein «*Fehler*» gewesen war, aber doch nur «sozusagen eine Randerscheinung in seiner Karriere».[8] Obwohl, wie einige überlegten, ansonsten doch recht wenig über die Karriere von Mr Truman bekannt war. Wenn man den Namen «Truman» hörte, musste man unweigerlich an «Hiroshima» und «Nagasaki» denken.

Im Convocation House angekommen, begaben sich die Dozenten in den Sitzungsraum – einen mittelalterlichen Gerichtssaal, der wie eine Miniaturversion des britischen Unterhauses eingerichtet war. Alle Augen suchten die Bänke nahe dem Eingang (die üblicherweise von Frauen besetzt waren) nach der Unruhestifterin ab. Und tatsächlich, da saß sie, reglos und stumm: Miss Elizabeth Anscombe.

Hinter den Kulissen waren die Aufsichts- und Disziplinarbeamten [*Proctors*] und Rektoren [*Wardens*] der Universität, die Dekane und die Zensoren in Aufruhr: «Ob sie wohl eine Gruppe zusammengetrommelt hatte?» Sie selbst sagte Nein, aber konnte man ihr trauen?[9] Die Universitätsvertreter konsultierten eifrig die Statuten und untersuchten frühere Präzedenzfälle, da die Vorgehensweise im Umgang mit solchen Protesten unbekannt war; niemand konnte sich an ein früheres derartiges Vorkommnis erinnern. Vizekanzler Alic Halford Smith stand kurz vor seiner Pensionierung und hatte seinen Nachfolger John Masterman gebeten, die Sitzung an seiner statt zu leiten.[10] Masterman war noch in der Einarbeitungsphase, und als er die Kapuze seines Talars richtete und sich anschickte, seinen Platz einzunehmen, war er noch ein wenig unsicher, was das Verfahren anging. Die Tagesordnung hatte es in sich: Der Status des Griechischen Neuen Testaments im Studiengang Theologie sollte erörtert werden. Der Hebdomadalrat drängte ungeduldig darauf, seinen Vorschlag zur Ehrung Trumans durchzusetzen, was sich bereits um ein Jahr verzögert hatte, und nun war auch noch «Miss Anscombe» ein Ärgernis, das sich zu einer Peinlichkeit auswachsen konnte.[11] Außerdem hatte sie die Dinge noch weiter verkompliziert, da sie darum gebeten hatte, die Sitzung auf Englisch und nicht auf Latein abzuhalten (obwohl ihre Lateinkenntnisse perfekt waren).[12]

Masterman legte Wert darauf, dass «so wenig Staub wie möglich aufgewirbelt werden sollte».[13] Einige Journalisten drückten sich vor Ort herum und waren darauf erpicht, Informationen zu erhalten. Keine Frage, eine «Szene» bahnte sich an. Den *Proctors* war Miss Anscombe schon lange ein Dorn im Auge. Denn sie war dafür bekannt, dass sie zu den Vorlesungen in Hosen erschien, was laut Universitätsstatuten für Frauen verboten war. Die Erleichterung war daher groß, als sie sich erhob und unter ihrem Talar ein Rock und bestrumpfte Beine zum Vorschein kamen.[14]

Es wurde fast still, als Miss Anscombe zum Rednerpult ging, und die gedämpften belustigten oder spöttischen Kommentare verhallten, als sie zu sprechen begann. Ihrer etwas anrüchigen Erscheinung (langes und unfrisiertes Haar, sauberes Gesicht, keine Schminke, unförmige Kleidung) stand die Schönheit ihrer tiefen und sonoren Stimme gegenüber. «Ich bin entschlossen, mich dem Vorschlag zu widersetzen, Mr Truman hier in Oxford einen Ehrendoktor zu verleihen.»[15] Sie war nervös, aber ihre Rede war klar und gefasst.

«Ein Ehrendoktortitel ist keine Verdienstauszeichnung, sondern gewissermaßen eine Belohnung dafür, dass man eine sehr angesehene Person ist, und es wäre töricht zu fragen, ob es ein Kandidat verdient, so angesehen zu sein, wie er es ist. Deshalb ist die Frage, ob jemandem die Ehrendoktorwürde verliehen werden soll, in der Regel völlig uninteressant.» Bei diesen scheinbar beschwichtigenden Worten war möglicherweise eine deutliche Entspannung der Stimmung im Raum zu spüren. «Eine sehr angesehene Person wird allerdings wohl kaum auch ein berühmt-berüchtigter Verbrecher sein», fuhr sie fort, «und wenn sie zufällig ein nicht berühmter und berüchtigter notorischer Verbrecher sein sollte, so wäre es meiner Meinung nach unangebracht, diese Frage überhaupt zur Sprache zu bringen.» Ein paar der Anwesenden erlaubten sich vielleicht, ihr Lächeln zu teilen. «Nur in dem eher seltenen Fall [*oh Himmel*], dass ein Mensch überall für eine Tat bekannt ist, angesichts derer es Anbiederung wäre, ihn zu ehren, kann die Frage überhaupt nur von geringstem Interesse sein.» Ihre Worte, ihre Bedeutung, drangen durch.

Als Miss Anscombe ihre Ausführungen fortsetzte, taten sich die versammelten Dozenten schwer, ihrer Argumentation zu folgen. Sie wollte nicht bestreiten, dass Trumans Handeln «mit ziemlicher Sicherheit eine große Zahl von Menschenleben gerettet hat», und auch nicht, dass es die schreckliche Aussicht darauf verhindert hatte, dass «sehr viele Soldaten auf beiden Seiten getötet worden wären, die Japaner […] ihre Kriegsgefangenen massakriert hätten und eine große Zahl ihrer Zivilbevölkerung durch ‹normale› Bombenangriffe getötet worden wäre». Den Pazifismus hält sie für eine «Irrlehre», und sie ist auch nicht gegen die Todesstrafe. Und dennoch beharrt sie darauf: Trumans Handeln «ist Mord»; er hat «ein paar Massaker» auf dem Kerbholz.

Bisweilen schien sie das ehemalige Staatsoberhaupt mit unverschämten Beleidigungen zu überziehen: «Ein ziemlich mittelmäßiger Mensch kann spektakulär böse Dinge tun, ohne dadurch beeindruckend zu werden»; «jeder Narr kann so sehr ein Schurke sein, wie es ihm beliebt»; «man kann nicht gut sein oder etwas Gutes tun, wenn man dumm ist».[16] Sie verglich ihn mit den größten Schurken der Geschichte: «Wenn Sie ihm diese Ehre zuteilwerden lassen, welcher Nero, welcher Dschingis Khan, welcher Hitler oder welcher Stalin wird dann in Zukunft nicht geehrt werden?»[17] Und an einer Stelle benutzte sie das Wort «Schlächter».[18]

John Masterman war zunehmend «erzürnt», als das «weibliche Mitglied» ihre «unbeherrschte Rede» hielt. Als er in die Runde blickte, war er zuversichtlich, dass «die Frauen» in einer Abstimmung besiegt werden würden. Aber könnte man dies mit dem angestrebten Minimum an aufgewirbeltem Staub erreichen? Die Presse würde den Vorfall «ganz zu Recht aufgreifen», und er und Oxford würden sich eines «Aktes der Unhöflichkeit» gegenüber Präsident Truman schuldig machen, der dort Ehrengast sein sollte. Masterman spielte daher mit dem Gedanken, die Sitzung zu vertagen, bevor es zu einer Abstimmung kommen konnte.[19]

Miss Anscombe kam zum Schluss ihrer Rede. «Proteste von Leuten, die keine Macht haben, sind Zeitverschwendung», sagte sie. Noch immer sprach sie bedächtig und ruhig. «Ich nutze hier nicht die Gelegenheit, um eine ‹Geste des Protests› gegen Atombomben zu machen, sondern ich wende mich vehement gegen *unser* Vorhaben, Mr Truman zu ehren, weil man auch durch Lob und Schmeichelei Anteil an der Schuld einer schlechten Tat haben kann.»[20] Als sie zu ihrem Platz zurückkehrte, herrschte Schweigen. «Kein Gemurmel, kein Rascheln, keine Veränderung der Mienen.»[21]

Dem Historiker Alan Bullock, als Mitglied des Hebdomadalrats, fiel die Aufgabe zu, zugunsten der Nominierung zu argumentieren. Die versammelte Gesellschaft zeigte sich zwar ohnehin vollkommen unbeeindruckt,[22] doch Bullocks kräftige männliche Stimme und sein Yorkshire-Akzent dürften wohl dennoch einen gewissen beruhigenden Effekt gehabt haben. «Wir billigen das Handeln [Trumans] nicht», sagte er, wobei sein «wir» die sachlichen Männer des Gremiums um ihn herum umfasste und die gewohnte behagliche Ordnung wiederherstellte. «Nein, wir glauben sogar, dass es ein *Fehler* war.»[23] Dennoch gab es ihm zufolge viele mildernde Umstände: «Mr Truman hat die Bomben nicht im Alleingang gebaut oder ihren Einsatz beschlossen, ohne sich mit irgendwem darüber zu beraten.» Bullock sprach mit der Autorität eines Historikers; vor Kurzem hatte er die erste Biografie über Hitler in Buchlänge verfasst.[24] «Nein, er war nur für die Entscheidung verantwortlich», nur für «die Unterschrift unter dem Befehl».[25] Trumans Handeln war, so schien er anzudeuten, lediglich eine Sache des Ausfüllens von Papieren. Bullock schloss seine Ausführungen – er machte es immer kurz – mit der Anmerkung, dass «ein Handeln dieser Art ja letztlich auch nur eine Episode ist, sozusagen ein Nebenschauplatz in einer ganzen Laufbahn. Mr Truman hat einiges Gutes getan».[26]

Am Ende tat Masterman trotz seiner Vorbehalte das, was er tun sollte, und brachte den Antrag vor das Gremium mit den Worten: «Placetne vobis, Domini Doctores, placetne vobis magistri?» Hätte jemand «non placet» gerufen, wäre er gezwungen gewesen, eine förmliche Abstimmung durchzuführen, doch zu seiner Erleichterung gab es keine solchen Einwürfe – zumindest keine, die er wahrzunehmen gedachte. Miss Anscombe und ihren etwaigen Unterstützer:innen musste das Prozedere wohl unbekannt sein, wie er erleichtert annahm. Nach ein oder zwei Sekunden des Schweigens stellte er fest, dass der Beschluss einstimmig angenommen war.[27]

Nachdem die Sitzung geschlossen wurde, herrschte unter den Anwesenden Verwirrung darüber, was genau geschehen war. War Miss Anscombe eine verkappte Pazifistin? Handelte es sich um eine Art römisch-katholischen Protest? Was war das für ein «wohlgesinnter» Blödsinn?[28] Hatten «die Frauen» das Ganze zu noch unbekannten Zwecken inszeniert? Verstand die «unbeherrschte Frau» nicht, wie weit die Japaner militärisch zu gehen bereit waren?²⁹ Einige waren überzeugt, dass Miss Anscombe ganz allein dastand, doch andere waren sicher, dass sie Unterstützer:innen hörten oder sahen. Hatte nicht (die etwas unwürdige) Miss Hubbard von St Anne's die Hand gehoben? Mrs Foot von Somerville: Einige schworen, dass sie einen Laut von sich gegeben hat.³⁰ «Solitary Opponent», «die einsame Gegnerin», lautete die Schlagzeile im *Manchester Guardian* am nächsten Tag – trotz größter Anstrengungen seitens Masterman hatte die Presse den Fall also doch noch aufgegriffen.³¹ Es gab keinen weiteren Widerstand, hieß es zwar dort, doch schon in der folgenden Woche wurde ein dem widersprechender Leserbrief von einem gewissen M. R. D. Foot abgedruckt.³² Miss Anscombe war also nicht allein gewesen. Ein paar Stimmen, die Masterman passenderweise überhörte, hatten, wie es in dem Brief hieß, tatsächlich «non placet» gerufen.

Die Nachricht von der «Eine-Frau-Kampagne» schaffte es über den Atlantik bis auf die Seiten der *New York Times* und veranlasste einen Journalisten, Harry Truman danach zu fragen, was er von Miss Anscombes Intervention halte. Truman antwortete: «Ich habe die Entscheidung auf der Grundlage der damaligen Tatsachen getroffen, und wenn ich es noch einmal tun müsste, würde ich es genau so wieder tun.»³³ Dennoch hatte er am Vorabend der Potsdamer Konferenz, nachdem er die «absolute Vernichtung des eroberten Berlins» gesehen hatte, in sein privates Tagebuch geschrieben: «Ich dachte an Karthago, Baalbek, Jerusalem, Rom, Atlantis, Peking [...] [an] Scipio, Ramses II. [...] Sherman, Dschingis Khan [...]. Ich fürchte, dass die Maschinen der Moral um einige Jahrhunderte voraus sind, und wenn die Moral zu ihnen aufschließt, wird es für all das keinen Grund mehr geben.»³⁴

Am 20. Juni war der Zwischenfall auf der Convocation kaum noch in Erinnerung, als die Eheleute Truman in der Founders Library des New College mit Pfirsichen und Champagner bewirtet wurden. Später begab sich Truman, prachtvoll gekleidet mit einem schwarzen Velourshut und einem purpurroten Talar, zur Verleihungszeremonie in das von Christopher Wren erbaute Sheldonian Theatre. Zwölfhundert Menschen drängten sich dort. Der Beifall dauerte drei Minuten, als der Earl of Halifax und Kanzler der Universität verkündete: «Harricum

Truman, Doctoris in Iure Civili» (Doktor des Zivilrechts). Alle sechs Glocken von St Mary's ertönten.

An diesem Abend nahm Truman beim alljährlichen «Gaudy»-Dinner des Oxforder Colleges Christ Church (einer reinen Männerveranstaltung, benannt nach dem lateinischen Wort *gaudium* für «Vergnügen») am High Table* Platz, links und rechts von ihm eine Reihe von Bischöfen, Rittern und Lords, Botschaftern und Grafen. Man speiste sieben Gänge lang: *Pâté Maison, Tortue Claire, Escalopes de Saumon Granville, Mousse de Caneton Aylesbury, Selle d'Agneau* und *Coupe Hélène*, gefolgt von *Pailles au Parmesan*.[35] Aus den Kellern kamen: *Sercial Madeira, Bernkasteler Lay 1953, Château Certan de May, Louis Roederer N. V., Cockburn 1935* und *Segonzac Fine Champagne 1924*.[36] Als Truman anschließend auf dem Weg nach draußen durch den Innenhof ging, riefen ihm die Studierenden aus ihren Fenstern zu: «Zeig's ihnen, Harricum!»[37]

Philippa Foot ist einer Sache auf der Spur

Siebzehn Monate später, im Oktober 1957, erkrankte das gesamte Somerville College an der Grippe. Philippa Foot, die Philosophiedozentin der Hochschule, legte sich in ihrer Wohnung in 16 Park Town ins Bett, eine Wärmflasche, einen ganzen Stapel Taschentücher und eine Schachtel teurer Pralinen (die zu ihren Grundnahrungsmitteln gehörten) griffbereit.[38] Sie war es gewohnt, unter der Daunendecke zu arbeiten, da sie die meiste Zeit ihres letzten Studienjahres – noch als Miss Bosanquet – wegen einer wiederaufflammenden Kinderkrankheit ans Bett gefesselt war. Nun machte sie sich an die Arbeit für einen sehr wichtigen Brief.[39] «Liebe Janet», hob sie an.

Die Adressatin dieses Briefes war Janet Vaughan, Hämatologin und Direktorin des Somerville College. In der Woche, in der Präsident Truman von der Existenz der Atombombe erfuhr,[40] hatte Janet nach eige-

---

* Tisch im Speisesaal britischer Colleges, der für ältere Mitglieder und angesehene Gäste reserviert ist.

ner Aussage «versucht, Wissenschaft in der Hölle zu betreiben», denn sie war vom Medical Research Council in das gerade befreite Konzentrationslager Bergen-Belsen geschickt worden, um dort Ratschläge für die sicherste Art der Ernährung von Menschen zu geben, die an der Schwelle zum Hungertod standen.[41] Jetzt war sie nach Oxford zurückgekehrt, um die Auswirkungen radioaktiver Strahlung auf das menschliche Skelett zu erforschen. Bald würde sie als weltweite Kapazität anerkannt sein.[42]

«Darf ich zu Ihnen kommen und mit Ihnen über Elizabeth Anscombes Zukunft sprechen, sobald die Grippe abgeklungen ist?», fragt Philippa in ihrem Brief. Sie ist bemüht, ihre krakelige Handschrift leserlich zu halten, doch die Grippe und die Kissen arbeiten gegen sie. Sie fühlt sich ziemlich schwach, schreibt aber weiter. Miss Anscombe brauche eine Stelle, und «Somerville ist eindeutig der richtige Ort für sie». Sie ist «wahrscheinlich die beste Allround-Philosophin (wenn auch nicht die beste Logikerin) an der Universität zum jetzigen Zeitpunkt. Ich bezweifle, dass es im ganzen Land jemanden gibt, der besser ist – von Russell und G. E. Moore, die nicht mehr aktiv sind, einmal abgesehen. Es hat noch nie eine Frau gegeben, die Philosophie so betrieben hat wie sie.»

Elizabeths aktuelles Forschungsstipendium in Somerville lief in naher Zukunft aus. Zusammen mit Isobel Henderson, der Althistorikerin des Colleges, hatte Philippa an einem Plan gearbeitet, um Elizabeth in Somerville zu halten, obwohl es dort keine freie Stelle und kein Geld für die Einrichtung einer neuen gab. Bevor sie von ihrer Idee berichtete, rückte sie ihre Kissen zurecht.

«Dies lässt nur einen Schluss zu: Entweder wir schaffen es, die Stelle aufzuteilen, oder ich muss kündigen. Aber ich will nicht kündigen. Ich wollte noch nie weniger kündigen als zu einem Zeitpunkt, an dem ich *glaube*, in der Moralphilosophie auf eine erfolgversprechende Fährte gestoßen zu sein.» Und sie fährt fort: «Wenn es keinen anderen Ausweg gibt, muss ich von meiner Stelle zurücktreten», sosehr sie Somerville auch schätze, «denn Elizabeth weiterhin auszuschließen wäre etwas, was einen ohne einen Hauch von Selbstachtung dastehen ließe.»

Am Ende erstreckte sich dieser Brief, in dem Philippa versuchte, die Dinge durch den Schleier ihrer Krankheit hindurch zu klären, über zehn Seiten hinweg. «Einen Punkt möchte ich ganz deutlich machen.

Nichts von alledem geschieht um Elizabeths willen. Ich *will* sie in Somerville haben [...]. Sie hat mir immer mit meiner Philosophie geholfen, und wenn ich in der Ethik gerade auf der richtigen Spur bin, dann werde ich sie mehr denn je brauchen.»[43]

Zu der Zeit, als dieser Brief geschrieben wurde, hatten Elizabeth und Philippa schon ihr halbes Leben damit verbracht, in der Philosophie heranzuwachsen, zusammen mit Iris Murdoch und Mary Midgley. In den zehn Jahren, die vergangen waren, seit Präsident Truman mit seiner Unterschrift einen «Regen des Verderbens» auf Hiroshima und Nagasaki niedergehen ließ,[44] hatten sie gemeinsam daran gearbeitet, «einen erfolgversprechenden Weg in der Moralphilosophie» zu finden. Jetzt hatten ihre in Cafés, Schlafzimmern, Wohnstuben, Pubs, Hörsälen und Seminarräumen und auf Fußböden, Stühlen, Sofas und Fahrrädern geführten Gespräche sie wieder an den Anfang zurückgeführt. In der Philosophie «muss man ganz vorne anfangen», hatte Elizabeth nach dem Krieg zu Iris gesagt, «& es dauert sehr lange, bis man am Anfang anlangt».[45]

Die Ereignisse des 1. Mai 1956 bestätigten, was sie entdeckt hatten: dass nämlich auch die Moralphilosophie ganz von vorne beginnen muss. Sie muss viel weiter zurückgehen als bis zu Fragen wie «Was zu tun ist moralisch richtig?», «Welche moralischen Prinzipien sollte ich wählen?» oder «Welche Konsequenzen sind moralisch besser?». Elizabeth hatte gesehen, dass sich etwas am Begriff des *Mordes* verändert hatte, so dass es möglich war, dass ein Raum voller Theologinnen und Theologen, Philosophinnen und Philosophen, Historikerinnen und Historiker – gebildete und humanistisch gesinnte Männer und Frauen an der Universität von Oxford – einen Mann ehrte, der zwei der größten Massaker in der Geschichte der Menschheit befohlen hatte. Dass sie sich morgens ihre akademischen Gewänder anlegten und dann mit ihm auf dem Rasen des Colleges Champagner tranken.

Die Männer und Frauen, die an diesem Tag in den Saal drängten, waren zwar zu Zeugen derselben Ereignisse geworden wie Elizabeth, aber sie sahen nicht, was sie sah. Anders als Elizabeth konnten sie das, was Truman getan hatte – ein winziger physischer Akt, ein Federstrich auf Papier –, nicht in den gleichen Rahmen einordnen wie die überwältigenden und grausamen Szenen, die später in der Presse beschrieben wurden: 80 000 oder 140 000 oder 200 000 Tote. Auch sahen sie Miss Anscombe und ihren Protest nicht wirklich. In ihren Augen war sie «unhöflich», «überheblich», «naiv», «pazifistisch», «katholisch», «eine Frau». Truman dagegen war «mutig» und «entschlossen», «ein Staatsmann». Zehn Jahre waren vergangen, der Rauch des Krieges hatte sich verzogen, und trotzdem ... Wenn menschliche Handlungen von großer Tragweite stattfinden und die Leute unter turbulenten und schwierigen Umständen Entscheidungen treffen, dann können wir auch nicht davon ausgehen, dass wir klar erkennen werden, was getan wird, oder leicht verstehen, was das Getane bedeutet. Wenn sich der Hintergrund unseres Lebens ändert, funktionieren unsere Worte vielleicht nicht mehr so wie bisher, und wir verlieren vielleicht die Möglichkeit, uns gegenseitig und die Welt zu sehen und zu verstehen. Manchmal, wenn es am wichtigsten ist, kann das, was eine andere Person tut (was *wir* tun), undurchsichtig und verschwommen sein. Das ist der Moment, in dem die Philosophie im eigentlichen Sinne zum Tragen kommt.

Kapitel 1

Auf Bewährung

Oktober 1938 – September 1939
Oxford

~~~~~~~~~~~~~~~~~~~~~~~~~

Miss Mary Scrutton & Miss Iris Murdoch vom Somerville College – Miss Elizabeth Anscombe vom St Hugh's College – Mary & Iris betreten die politische Bühne & wir lernen die Bewohner von Boars Hill kennen – Der Agamemnon-Kurs – Eine Revolution in der Philosophie: Freddie Ayer erklärt der Metaphysik und der Ethik den Krieg – Ein letztes Wort der Idealisten

~~~~~~~~~~~~~~~~~~~~~~~~~

*Miss Mary Scrutton und Miss Iris Murdoch
vom Somerville College*

Schon früh in ihrer Schulzeit machte Mary Scrutton die Erfahrung, reine Sinnesdaten zu sehen. Das Ganze lief folgendermaßen ab: «Ich beugte mich über eine Badewanne und rührte das Wasser um, bevor ich einstieg, als ich ein leichtes Klopfen an meinem Hinterkopf vernahm und die Welt vor mir sich plötzlich in eine Fläche aus weißen Dreiecken verwandelte.» Während sie diese Szenerie staunend betrachtete, fingen die Dreiecke an, sich zu bewegen und an den Rändern blau zu werden. Am Ende aber fügten sich die Dinge wieder zusammen: Bei den weißen Flächen handelte es sich nicht um winzige Sinnesgegenstände, um Fragmente privater Erfahrungen, sondern um kleine Stücke der verputzten Decke, die sanft zerbröckelten, als sie auf ihrem Flug nach unten in die Badewanne Mary am Hinterkopf trafen. Als sie später ihr Philosophiestudium begann, erinnerte sie sich an diese Szene, in der sie reine Farbe und Form erlebt hatte. War es möglich, dass die stabile Welt der Badewannen und Zimmerdecken aus solch flüchtigen Fragmenten zusammengesetzt sein konnte, fragte sie sich. Waren Badewannen und Zimmerdecken nicht einfach nur Konstellationen von Erscheinungen?[1] Mary hegte damit Gedanken, die schon den antiken Philosophen Protagoras auf einer Insel in der Ägäis beschäftigt hatten, 450 Jahre vor Christi Geburt.

Jetzt, im milden, windigen Herbst 1938, stand Mary auf Oxfords geschäftiger Woodstock Road vor dem gewölbten Eingang des Somerville College, den Rücken der noch tief stehenden Morgensonne zugewandt und mit einer kreisrunden Brille hoch auf der Nase. Als sie eintrat, faltete sich ihre Kindheit lautlos hinter ihr zusammen: die Gartenmauern des Hauses ihrer Kindheit, eines Pfarrhauses in Greenford in Middlesex mit seinen Kastanienbäumen und Stechpalmen;[2] ihr mit Büchern übersätes Jugendzimmer im neuen Haus in Kingston-upon-Thames; sie und ihre Mutter Lesley, lächelnd in den gleichen Chinoiserie-Kleidern;[3] ein unförmiger Dackel, der vor dem Grammophon jaulte;[4] das Auto ihres Vaters, dessen Anlasser nicht an der Motorhaube, sondern am Fahrersitz saß, damit der Chauffeur bei Regenwetter nicht dorthin laufen und nach dem Start des Motors wieder ebenso schnell in den Wagen zurückjagen musste.[5] Ihr Haar war zwar manchmal zu einer *adult roll* frisiert, zumeist aber geflochten wie bei einer Pfadfinderin.[6] Als Kind sammelte sie lieber Molche als Puppen. Deren steife Dauerwellen nervten Mary, wenn sie an echten Frauen nachgeahmt wurden. Gegen die Versuche ihrer Mutter, ihr Haar in eine Marcel-Welle zu legen, wehrte sie sich vehement: «Das ist viel zu steif. Ich glaube nicht daran.»[7] Bei einer Größe von fast einem Meter achtzig sah sie keine Chance, «zierlich» zu wirken. Ihre Schnürsenkel waren oft nicht zugebunden, gerissen oder durch Schnüre ersetzt.[8] Eher stieß sie in ihrer Tasche auf einen leckenden Füllfederhalter als auf einen Handschuh, eine Puderdose oder irgendetwas, das auf ein erwachsenes Frauenleben hindeutete. Mary war stolz auf ihre – immer noch vorhandene – Fähigkeit, Gleichaltrige und Ältere auf die Palme zu bringen. Ein Brief ihres Vaters wies ihr den Weg: «Das Wichtigste ist, sich den Kopf freizumachen und sich zu WEIGERN, ÜBERHOLTE VORANNAHMEN EINFACH HINZUNEHMEN. Mache dir ein Bild von der Menschheit, wie sie sein sollte, und überlege dir dann den Weg hin zu diesem Zustand.»[9]

Zu dem Zeitpunkt, als Mary in Somerville Lodge stand, hatte Premierminister Neville Chamberlain den «Frieden für unsere Zeit» ausgerufen, während in den Londoner Parks bereits die Gräben ausgehoben wurden. Den meisten war klar, dass Europa nun unaufhaltsam auf einen zweiten großen Krieg zusteuerte. Viele der jungen Männer, die sich wie Mary an den Toren der Oxforder Colleges und an der Schwelle zum Erwachsensein wiederfanden, rechneten nicht damit, ihren Abschluss noch zu machen.

Wäre alles nach Plan verlaufen, dann wäre Mary frisch aus Wien nach Somerville gekommen, ausgestattet mit fließenden Deutschkenntnissen und einer Art, Konversation zu betreiben, in der immer wieder beiläufig auf die Wiener Kultur und Kunst verwiesen worden wäre. Doch ihr österreichisches Abenteuer war jäh unterbrochen worden: 14 Tage bevor das Land aufhörte zu existieren, war sie in seiner Hauptstadt eingetroffen. Marys Lehrerin, Jean Rowntree (Enkelin des quäkerischen Philanthropen Joseph Rowntree), hatte ihren besorgten Eltern versichert, dass es dort sicher sein würde und eventuelle Gefahren seitens des Faschismus durch Marys verbesserte Deutschkenntnisse aufgewogen würden.[10] Jean hatte 1935 ein Sabbatical in Wien verbracht, wo sie zusammen mit anderen Quäkern flüchtenden Zivilisten half, und war auch kurz in Prag, um dort dasselbe zu tun, so dass sie mehr als die meisten anderen über die Lage in Europa Bescheid wusste.[11] Doch am 12. März beobachtete Mary vom Fenster aus, wie Nazis durch die Stadt marschierten und die Laternenpfähle an der Ringstraße mit Hakenkreuzen behängten, die auf wogende rote Fahnen genäht waren. Blonde deutsche Mädel verteilten Blumen und jubelten, als jüdische Geschäfte geplündert und ihre Besitzer verhaftet wurden. Professor Jerusalem, Marys jüdischer Hauswirt, war unter diesen Verhafteten, so dass sich Mary einen Weg durch die Glasscherben auf dem Bürgersteig bahnte, um sich in der Hoffnung, die Religiöse Gesellschaft der Freunde könne helfen, in eine verzweifelte Schlange wartender Menschen vor dem Versammlungshaus der Quäker einzureihen. Helfen konnten diese ihr nicht – Professor Jerusalem war schließlich österreichischer Staatsbürger –, und Mary weinte während ihrer Befragung ununterbrochen.[12]

Noch bevor dieser Monat zu Ende war, kehrte sie nach England zurück, und ihre jüdischen Wiener Gastgeber folgten ihr zum Glück recht bald. Nach der Entlassung von Professor Jerusalem gelang es ihm, seiner Frau und ihrer vierzehnjährigen Tochter Leni, aus Österreich zu fliehen und zu Mary und ihrer Familie zu ziehen. Bis zum April des Jahres blieben sie bei den Scruttons und erhielten dann die Genehmigung, ein neues Leben in Palästina zu beginnen.[13]

Nach einem verzweifelten Anlauf bei einer Aufnahmeprüfung im Herbst 1937, von der sie sich nichts anderes als eine Katastrophe versprach, war Mary das Deakin-Stipendium zuerkannt worden (50 Pfund jährlich für drei Jahre).[14] Sie war ein Produkt von Downe House, einer Schule, die in ihren Anfangstagen im Haus von Charles Darwin untergebracht war, bevor sie nach The Cloisters umzog, dem ehemaligen Sitz einer religiösen Frauengemeinschaft in Berkshire. Die Gründerin und Leiterin der Schule, Olive Willis, wurde von dem amerikanischen pragmatischen Philosophen John Dewey inspiriert.[15] Die grundlegende

Aufgabe eines Pädagogen bestand diesem zufolge darin, die Erfahrungen seiner Schüler zu ordnen und Eindrücke zu kultivieren, «die fruchtbar und schöpferisch in nachfolgenden Erfahrungen fortleben».[16] Während das Kind heranwächst, werden «Lebensraum und Lebensdauer erweitert»,[17] wie er erklärte, und die Schule müsse einen Erfahrungsschatz aufbauen, der es dem Kind ermögliche, mit wohldosierter Neugier durch diese sich ausdehnende Zukunft zu navigieren.[18] Olive Willis förderte nichtautokratische Lehrer-Schüler-Beziehungen; Jung und Alt sollten echte Freunde werden.[19] Die Reform sollte sanft vonstattengehen. Mary hatte sich über ihre Wahl zur Klassensprecherin gefreut, bis sie herausfand, dass sie Teil der «*Tidier-Scrutton*-Kampagne» war, die in Gang gesetzt wurde, nachdem der Verlust eines Fahrrads, einer Notenmappe, dreier Bleistifte, eines Badmintonschlägers und des Buchs der Richter ihre Klassenkameradinnen zum Handeln zwang.[20] In Downe gab es keine Preise, keine Schulsprecherin und keine Häuser [*houses*].* Prüfungen und Wettkämpfe waren kein Bestandteil von Marys Kindheit. Doch trotz ihrer Bedenken hinsichtlich der Somerville-Prüfung hatte ihr *General Paper*** Eindruck gemacht.

Auf Wunsch des Colleges hatte Mary im Jahr vor ihrem Eintritt in die Hochschule Nachhilfeunterricht in Latein und Griechisch bei Mrs Zvegintzov (ehemals Miss Diana Lucas) genommen, einer hochgewachsenen, herrischen Ex-Somervillianerin, die mit einem Sohn russischer Emigranten verheiratet war und an die das College regelmäßig angehende Studierende verwies.[21] Die Methoden von Mrs Z. waren streng und merkwürdig. Prudence Smith, eine andere Somervillianerin, die zu Mrs Z. geschickt worden war, beschwerte sich ihrem Freund gegenüber mit den Worten: «Sie schlägt allen Ernstes vor, dass ich mich in eine kalte Badewanne lege [...] und die Deklinationen und Konjugationen vorsinge.» Und trotz ihrer Skepsis erwies sich diese ungewöhnliche Methode als so erfolgreich, dass sie befürchtete, selbst im Augenblick ihres Todes würden ihr Goodwins *Greek Moods and Tenses* durch den Kopf

---

*   Als «houses» werden Untereinheiten der Schule bezeichnet. (Anm. d. Übers.)
** Das *General Paper* bezeichnet eine Art studienvorbereitenden Kursus. (Anm. d. Übers.)

gehen.²² Mrs Z. war verblüfft über Marys mangelndes Wissen – aber auch über ihren Erfolg. Als sie von ihrem Stipendium für das Somerville College erfuhr, sagte sie: «Nun ja, lieber verliere ich meinen Ruf als Prophetin als meinen Ruf als Nachhilfelehrerin.»²³

In diesem Jahr hatte Mrs Z. auch noch eine weitere Schülerin, für die sie durchaus eine Prognose gewagt hätte: Miss Iris Murdoch. Iris wurde einmal als «armes Mädchen, das es gerade noch in eine Schule für reiche Mädchen geschafft» habe, bezeichnet.²⁴ Als einzige Tochter irisch-protestantischer Einwanderer wurde sie am 15. Juli 1919 in der Blessington Street 59 in Dublin geboren, einer heruntergekommenen georgianischen Häuserzeile am Nordufer des Flusses Liffey. Die Familie hatte die Irische See überquert, um sich im selben Jahr in London niederzulassen, und war damit Teil der massenhaften Auswanderung nach der Teilung Irlands von 1921. Iris sagte, ihr Vater sei nach England gekommen, um sein Glück zu finden, aber ihre Eltern hätten sich nicht assimiliert und in den westlichen Vororten Londons nur wenige oder gar keine Freunde gefunden. Als Hughes Murdoch nach fünfundvierzig Jahren in England starb, waren zu seiner Beerdigung nur sechs Personen erschienen.²⁵

1932 hatte die zwölfjährige Iris eines der ersten beiden offenen Stipendien für Badminton erhalten, eine exklusive Mädchenschule in einem Vorort von Bristol. Miss Colebrook, die Schulsekretärin, schrieb an Iris' hocherfreute Eltern, dass ihr Stipendium in der *Times*, dem *Manchester Guardian* und den lokalen Zeitungen vermeldet worden sei: «Es sieht sehr gut aus.»²⁶ Die Rektorin von Badminton, Miss Beatrice May Baker (alias BMB), war eine moderne Frau mit einer internationalen Gesinnung – den Schülerinnen wurde in der Zwischenkriegszeit gesagt: «Ihr dürft keine Marmelade zum Tee erwarten, während deutsche Kinder hungern.»²⁷ Als Iris zum ersten Mal an die Schule kam, hatte sie schreckliches Heimweh und weinte in den ersten Wochen so sehr, dass eine der älteren Schülerinnen die «Gesellschaft zur Verhütung von Grausamkeiten gegen Iris» (SPCI) gründete, deren einzige Aktivität darin bestand, nett zu ihr zu sein.²⁸ BMB schickte Iris zur «Arbeit im Garten unter der Obhut der Chefgärtnerin», in der Hoffnung, dass die «weniger aufregende» Atmosphäre sie beruhigen würde. Die junge Iris war im Gewächshaus zu sehen, wo sie in der rehbraunen

Tunika und der Wollbluse, aus der die Schuluniform bestand, «mit Ruhe und Sorgfalt [...] Setzlinge ausstach».[29]

Die vereinten Bemühungen von BMB und SPCI zahlten sich aus. Iris «hörte bald auf zu weinen und fing an, lebendige, fantasievolle und brillante Aufsätze zu schreiben», wie sich eine Mitschülerin erinnerte.[30] Im weiteren Verlauf ihrer schulischen Laufbahn wurde sie zu einer von BMBs Lieblingsschülerinnen, und häufig war dieses seltsame Paar im Salon der Rektorin anzutreffen, wo es in philosophische Gespräche vertieft war.[31] Jüngere Mädchen erinnerten sich an Iris als gute Hockeyspielerin und beliebte Schülersprecherin, von der alle wussten, dass sie «sehr klug war».[32] Iris «war ein bemerkenswertes Mädchen, das damals schon eine Lebensphilosophie hatte», berichtete BMB den Mädchen des unteren Jahrgangs.[33] Iris «war einer der nettesten Menschen, die ich je kennengelernt habe», erinnerte sich ihre Lateinlehrerin, Miss Jeffery.[34] 1938 erhielt sie vom Somerville College ein Leistungsstipendium über 40 Pfund pro Jahr.

Vielleicht ist Mary in jenem Sommer im Flur von Mrs Z. an Iris vorbeigeschlurft, ihre Siebensachen und die offenen Schnürsenkel im Schlepptau und den Kopf voller griechischer Deklinationen. Doch erst innerhalb der Mauern des Somerville College lernten sich diese beiden richtig kennen. Mit ihrem stumpf geschnittenen Pony und ihrer dirndlartigen Kleidung war Iris nun künstlerisch-kreativ, selbstsicher und fühlte sich in ihrer neuen Umgebung und Rolle sofort wohl – das Heimweh, unter dem sie in Badminton noch gelitten hatte, stellte sich nicht mehr ein.[35] Obwohl Mary bei Weitem die Größere war, war es in erster Linie Iris, die den Leuten im Gedächtnis blieb, wenn sie zusammen mit ihr den Rasen des Somerville College überquerte – ihr «maisblondes» Haar und ihr Selbstbewusstsein fielen auf.[36] «Sie ist wie ein kleiner Stier!», so sagte es die Mutter einer Freundin.[37] Und für ihre Kommilitonin Carol Stewart hatte Iris «etwas von einer Ureinwohnerin» – «Einfachheit, Naivität, Kraft und inneren Raum».[38] Auf dem Immatrikulationsfoto ihres Jahrgangs trägt Mary ein dunkles Wollkostüm, sitzt ungelenk in der vordersten Reihe, während Iris in einer hellen Baumwollbluse dahinter steht.

In jenem Jahr gab es 43 Neuzugänge im Somerville, und Mrs Z.s Erstaunen zum Trotz waren Iris und Mary die Einzigen, die bereit

Iris Murdoch (zweite Reihe, Vierte von rechts) und Mary Scrutton (erste Reihe, Vierte von links) auf dem Immatrikulationsfoto, Somerville 1938

waren, *Honour Moderations* und *Literae Humanoires* zu studieren.[39] Dieser auf vier Jahre angelegte Studiengang, der besser unter der Bezeichnung *Mods and Greats* bekannt ist, bestand aus zwei Teilen. *Mods* umfasste fünf Trimester und schloss mit zwölf jeweils dreistündigen Prüfungen an sieben aufeinanderfolgenden Tagen ab. Die Prüflinge mussten ihnen unbekannte Auszüge aus der griechischen und lateinischen Dichtung und Prosa mühelos übersetzen können. Hatten sie bestanden, dann schloss sich daran ein Studium der *Greats* über sieben Trimester hinweg an, in dem es um griechische und römische Geschichte, Archäologie, Kunst und Philosophie ging.[40] Außerdem wurde darin auch ein wenig moderne Philosophie bis zu Kant und darüber hinaus (einschließlich Hegel und Marx) gelehrt, zudem etwas Logik, Ethik und politische Philosophie. Den größten Teil des Lehrplans nahm jedoch die antike Philosophie ein, neben ihrer Rezeption im christlichen Denken des Mittelalters. Platons *Politeia* und Aristoteles' *Nikomachische Ethik*, die sie auf Griechisch lasen, waren dabei ihre Hauptlektüre. In ihrem ersten Jahr der *Greats* konnten Iris und Mary unter vierzehn Lektürekursen wählen, die Werken gewidmet waren, welche älter als zweitausend Jahre waren.

All dies lag aber noch vor ihnen, als Mary in jenem ersten Trimester im Schneidersitz bei Iris auf dem Fußboden saß. Diese hatte es sich auf ihrem Bett bequem gemacht, das von Büchern und Blumen umringt war, und schrieb einen enthusiastischen Brief an eine Schulfreundin. Sie war davon begeistert, dass die Dozenten sie «Miss Murdoch» nannten, wo sie in der Schule doch immer nur «Iris» war.[41] Und die Änderung ihres Namens bedeutete auch eine Änderung ihrer Situation. Iris hatte ein sonniges Zimmer im East, dem neuen vorderen Innenhof des Somerville, während Marys Zimmer dunkel war und am anderen Ende des ältesten Gebäudes lag, dem West.[42] Jede, die etwas Geld hatte, ging sofort los, um sich eine bequeme Sitzgelegenheit für ihr Zimmer zu kaufen, und von Iris' Fenster im ersten Stock, das sich oberhalb des Torbogens mit Blick auf den kleinen vorderen Innenhof befand, konnte man eine regelrechte Parade von Sesseln über den Rasen ziehen sehen, wie sie aus den Häusern kam und sich in sie hineinbewegte, wenn sich die neuen Studierenden einrichteten.[43] Iris begnügte sich hingegen mit einem aquamarinfarbenen gestreiften Art-déco-Sitzkissen.[44]

Zusammen mit den anderen Neuankömmlingen – angehenden Zoologinnen, Linguistinnen, Mathematikerinnen und Historikerinnen – wurden Iris und Mary bald von Somervilles Französischtutorin* Vera Farnell im Junior Common Room zusammengerufen. In ihrer Eigenschaft als Dekanin warnte sie davor, dass jeder Fehltritt, jede Regelübertretung oder jeder Skandal nicht nur ihnen selbst, sondern auch künftigen Generationen von angehenden Wissenschaftlerinnen schaden würde. Mit strenger Miene sagte sie: «Seien Sie darauf gefasst, dass Sie aufpassen müssen, wie Sie sich verhalten. Es ist wirklich kein Witz: Die Frauen sind immer noch auf Bewährung an dieser Universität. Sie meinen vielleicht, es kümmere niemanden, wenn Sie ein bisschen über die Stränge schlagen, aber ich kann Ihnen sagen, das tut es doch.»[45] Innerhalb weniger Monate hatte sie sich angewöhnt, ein besonderes Augen-

---

* Wir orientieren uns mit der Übersetzung «Tutor:in» für «tutor» (akademische Lehrer:innen) an Peter Conradi, *Iris Murdoch. Ein Leben* (Wien, Frankfurt am Main: Deuticke, 2002), S. 40 und passim. (Anm. d. Übers.)

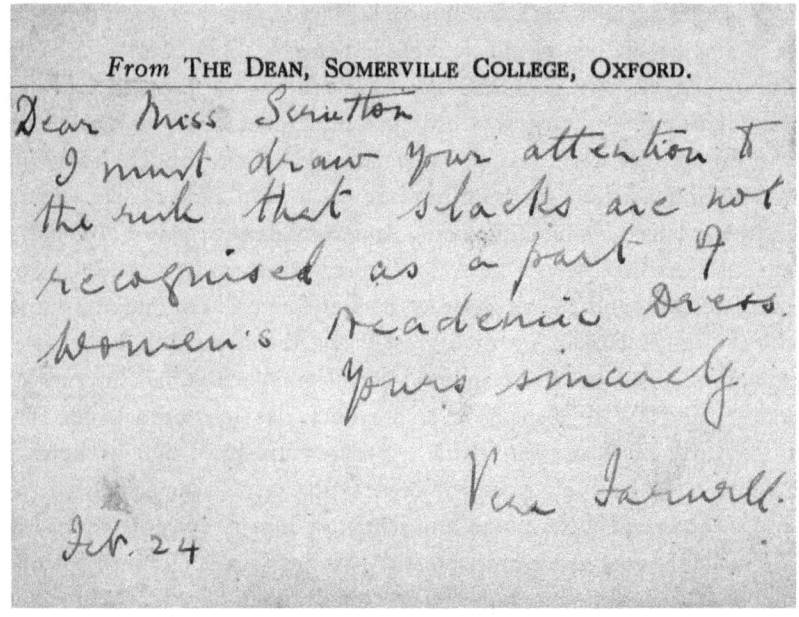

Notiz von Vera Farnell an Mary Scrutton bezüglich akademischer Kleidung

merk auf Miss Scruttons akademische Kleidung zu legen (also auf die Kleidungsstücke, die sie unter dem langen schwarzen Talar trug).⁴⁶

Mary fand eine Warnung in ihrer Schublade.⁴⁷

Miss Scrutton war nicht die erste Schülerin, die von Miss Farnell im Hinblick auf ihre Bekleidung korrigiert wurde. Als Studentin hatte Vera eine Botschaft der damaligen Rektorin Emily Penrose an ihre Kommilitonin (und spätere Romanautorin) Dorothy Sayers weitergegeben: Ohrringe mit «scharlachroten und grünen Papageien in hängenden goldenen Käfigen» seien ein «unnötiges, ja gar unverschämt auffälliges Verhalten und eine ebensolche Bekleidung».⁴⁸

Vera Farnell sprach also aus Erfahrung, als sie ihre Warnung vorbrachte. Sie war 1911 nach Somerville gekommen, um moderne Sprachen zu studieren, fast ein Jahrzehnt bevor Frauen zum Studium zugelassen wurden. Der Sieg in diesem Kampf war hart errungen worden, und viele in der breiteren Gesellschaft, darunter auch viele Frauen, waren nach wie vor nicht von der Idee überzeugt. Wer konnte schon sagen, welche neuen Formen des weiblichen Lebens sich innerhalb der Mauern der Frauencolleges herausbilden und welche Auswirkungen dies auf die Welt draußen haben würde? 1926 klagte die Gräfin Bathurst (eine aktive Gegnerin des Frauenwahlrechts und frühere Eigentümerin der rechtsgerichteten und antisemitischen Zeitung Morning Post):[49] «Ich bin der Meinung, dass die Frauen Oxford in seiner jetzigen Form völlig verdorben haben, und die Errichtung weiterer Frauencolleges würde seinen vollkommenen Ruin bedeuten. Ich habe dort einen Sohn, der gezwungen ist, die Vorlesungen von drei weiblichen Dozenten zu besuchen. Ich finde das lächerlich – geradezu demütigend. Ich wünschte, wir hätten unsere Söhne nach Cambridge geschickt, wo noch eine männliche Atmosphäre herrscht.»[50] 1897 endete eine Abstimmung in Cambridge über die Anerkennung von Frauenabschlüssen in einem Aufstand, bei dem männliche Studenten Bildnisse von Anne Clough (der ersten Rektorin des Newnham College) und der Klassizistin Katharine Jex-Blake (der Nichte von Sophia Jex-Blake, der ersten Ärztin Schottlands) auf Fahrrädern verbrannten.[51] Das Thema wurde nicht wieder aufgegriffen, und es sollte noch bis 1948 dauern, bis Frauen in Cambridge akademische Grade verliehen wurden. In Oxford gab man den Frauen die Schuld an der neuen Tendenz der Männer, einen Morgenkaffee zu trinken; schon seit den 1920er Jahren wurde in den Tea Rooms Speisen serviert, die der Vizekanzler Lewis Farnell (Vera Farnells Onkel väterlicherseits) als «unnötiges und unmännliches Essen» bezeichnete.[52] Die ganze Atmosphäre sei «*verfraulichend [bewomaning]*».[53]

In der Dekade vor der Ankunft von Mary und Iris hatten die Frauen in Oxford enorme Fortschritte gemacht. Bis 1925 benötigten die Mädchen noch Anstandsdamen, um irgendwo hingehen zu können, und das galt auch für Vorlesungen. Vera Farnell erinnerte sich, dass in ihrer Studienzeit «fast jeder Dozent darauf bestand, dass die zwei oder drei Frauen in seinem Auditorium von einer Anstandsdame begleitet werden sollten, weil er fürchtete, dass sie ihn durch eine Ohnmacht oder einen Anfall oder ein ähnliches weibisches Getue in akute Verlegenheit bringen könnten».[54] Für eine geringe «Anstandsgebühr» wurden ältere Damen in die Hörsäle geschleust, wo sie sich durch «Die Geschichte des britischen Idealismus ab 1863» strickten.[55] Iris und Mary hingegen durften ohne Aufsicht an ihren Vorlesungen teilnehmen und sogar

Einladungen von jungen Männern annehmen, ohne Begleitung auf einen Zimttoast in ihre Zimmer zu kommen.[56] Im Gegenzug durften junge Männer samstags zum Tee ins College kommen. Und Miss Martha Hurst war gerade die zweite Philosophin geworden, die ihr Forschungsstipendium (in Lady Margaret Hall) auch noch nach ihrer Heirat behielt, als sie Mrs Kneale wurde. Als jedoch ein mysteriöser Fragebogen an einige der Mädchen in Iris' und Marys erstem Jahr verschickt wurde – in dem gefragt wurde: «Streben Sie eine Ehe oder eine Karriere an?» –, herrschte im Speisesaal von Somerville so etwas wie Panik. «Das Problem war natürlich, dass wir uns dieser Frage nicht stellen wollten», wie sich Mary später erinnerte. Es wurde spekuliert, dass «die Behörden irgendwie versuchen wollten, ihnen ihre Geheimnisse zu entlocken».[57] «Was geht die das denn an?», fragte eine der Empfängerinnen Mary entrüstet, aber auch ein wenig erfreut darüber, gefragt worden zu sein. Mary, die den Fragebogen nicht erhalten hatte, fühlte sich übergangen; insgeheim hegte sie die Befürchtung, dass ihr Erscheinungsbild und ihr kluger Kopf sie nicht liebenswert machen würden.[58] Hatten sich die Behörden deshalb nicht einmal die Mühe gemacht, sie zu befragen? Am Schluss stellte sich jedoch heraus, dass die Umfrage das Werk einer Kommilitonin, der jungen (Miss) Peter Ady, war. Sie selbst entschied sich für die Karriere, wurde eine berühmte Wirtschaftswissenschaftlerin und wusste vielleicht damals schon, dass die Ehe nichts für sie war; später werden wir sehen, wie sie mit Iris leidenschaftliche Küsse auf dem Rücksitz eines Autos austauscht.

Während Mary hoffte, dass es möglich sein würde, ihren Kuchen sowohl essen als auch behalten zu können,[59] schien sich Iris ihrer Prioritäten bewusst zu sein. «Ich *sehne* mich danach zu heiraten, ich würde *alles* tun, um heiraten zu können», erklärte sie am Ende ihres ersten Jahres auf einer sommerlichen Stechkahnfahrt den Fluss Cherwell hinauf zum Victoria Arms Public House. Marys Finger glitten durchs Wasser, als eine der Williams-Ellis-Schwestern (Charlotte oder Susie) sie über den Fluss stakste, vorbei an einer Moorhuhnfamilie mit ein paar Küken im Schlepptau. «Aber allein in diesem Trimester hast du doch sechs Anträge bekommen», rief eine der Schwestern und brachte das Boot vielleicht kurzzeitig ins Wanken. «Ach, die zählen nicht», sagte Iris.[60]

Von den vier Frauencolleges unterstanden alle außer Somerville der Church of England, und jedes hatte seinen eigenen Ruf: Lady Margaret Hall (für reiche Mädchen), St Hilda's (für arme Mädchen), St Hugh's (für fromme Mädchen) und Somerville (für kluge Mädchen). Oder wie die Redewendung ging: «LMH für junge Damen, St Hilda's für Spiele, St Hugh's für Religion und Somerville fürs Köpfchen.»[61] Auch die Colleges für Männer hatten ihren jeweiligen Ruf, darunter Christ Church (prächtig und liberal), Keble (schmächtige Priester), Magdalen (kluge Progressive), Trinity (Herzensmenschen oder sportliche Typen), Balliol (intellektgetrieben, egalitär, von weltbewegender Bedeutung), Wadham (geistreich), New College (für die aufrichtig Vernünftigen).[62] Genauere Abstufungen gab es in Bezug auf die Qualität der Küche in den einzelnen Colleges: Wildbret am Magdalen, Wildgeflügel am Christ Church, Fondues am Brasenose und farcierte Krebse nebst Hasensuppe am Merton.[63] Zudem unterschieden sich die Colleges auch mit Blick auf ihr Vermögen. Somerville war zwar reicher als die anderen Frauencolleges, aber St John's, das reichste College überhaupt, war bis zu einhundertmal wohlhabender als jenes.[64] Tatsächlich wurden die Frauencolleges durch das Limitation Statute der Universität arm gehalten, das für jede Studentin fünf männliche Studenten festschrieb und damit die Einnahmen deckelte, zahllosen Mädchen die Chance auf einen Studienplatz nahm und dafür sorgte, dass bei den Frauen weder Wildgerichte noch farcierte Krebse auf dem Speiseplan standen.[65]

Da die ärmeren Colleges weniger Stipendiatinnen hatten, teilten die Frauencolleges ihre Studentinnen regelmäßig unter sich auf; eine Studentin vom St Hugh's konnte für ihre Tutorien in Geschichte nach Somerville gehen. Gelegentlich wurden die Mädchen auch von Dozenten aus den Männercolleges unterrichtet, wofür allerdings einige Vorsichtsmaßnahmen getroffen wurden: Die männlichen Tutoren mussten in der Regel in die Frauencolleges kommen, um zu lehren, und durften nicht in ihren eigenen Räumen unterrichten. Im Jahr 1921 erteilte die damalige Rektorin von Somerville, Margery Fry, einem jungen Philosophen namens John Mabbott eine Sondererlaubnis dazu, Kurse für ihre Mädchen in St John's anzubieten. Er hatte Mädchen aus Somerville fünf «katastrophenfreie» Jahre lang unterrichtet, so dass Fry feststellte: «Nun, Sie mussten ja keine von ihnen heiraten, nicht wahr?»[66]

Dabei waren ihre Ängste vor einer «Katastrophe» nicht unbegründet. Viele der Ehefrauen der Dozenten, die in den Salons von North Oxford Sandwiches auf gewellten Tellern servierten, hatten Veranstaltungen bei ihren bedeutend älteren Ehemännern besucht. Alice Cameron, eine Studentin in der Zeit vor dem Ersten Weltkrieg, führte die Vorliebe der männlichen Dozenten für ihre weiblichen Studierenden wohlwollend auf den «ritterlichen, fast romantischen Geist» zurück, in dem die jungen Männer die Colleges der gerade flügge gewordenen jungen Damen betrachteten.[67] In den späten 1930er Jahren, als Mary und Iris die Universität besuchten, waren die Frauencolleges eigentlich schon recht erwachsen geworden, aber dennoch blieb dieser «romantische Geist» auch weiterhin bestehen. In ihrem ersten Trimester des Studiums der *Greats* belegte die Somervillianerin Jean Coutts – eine vielversprechende Philosophin, die ein Jahr über Mary und Iris war – John (J. L.) Austins spärlich besuchten Aristoteles-Kurs. Vier Tage nach der ersten Sitzung erhielt sie von ihrem Tutor ein offensichtlich nagelneues Taschentuch, versehen mit der Notiz:

18 vi 40
Liebe Miss Coutts,
ich frage mich, ob dies Ihr Taschentuch ist? Ich habe es letzten Freitag auf meinem Sofa gefunden. Allerdings steht nicht Ihr Name darauf.
Eine sprachliche Verwirrung.
Mit freundlichen Grüßen
John Austin[68]

In den nächsten sechs Monaten erhielt Jean mindestens drei Heiratsanträge von ihrem Tutor, bevor sie schließlich einwilligte. Mit einer Sondergenehmigung der Leitung des Somerville College heiratete sie noch vor ihren Abschlussprüfungen und legte ihr Examen ab, als sie bereits mit ihrem ersten Kind schwanger war.

Die Ängste über die Zukunft Europas und des Empire waren das Hintergrundrauschen in Marys und Iris' Jugendjahren, so dass beide in Oxford gut vorbereitet ankamen, um sich an den politischen Debatten zu beteiligen, die die Kulisse für ihre rasch entstehende Freundschaft in Somerville bilden sollten.

Als Kind hatte Mary leichten Zugang zu den neuesten linken und progressiven Ansichten gehabt. Sie hielt das politische Leben für etwas Selbstverständliches und betrachtete es «als so unvermeidlich wie das Wetter».[69] Ausgaben des *New Statesman* gehörten zum Interieur des elterlichen Pfarrhauses wie die Tapete an den Wänden. Bei ihrer Ankunft in Downe House machte sie sich durch ein Gedicht über die Kriegsschuldklausel im Friedensvertrag von Versailles einen Namen, das mittlerweile verschollen ist. Eine begeisterte Olive Willis veröffentlichte es in der Schulzeitschrift. (Marys Gespür für prägnante Formulierungen und verblüffende Sprachbilder sollte ihr auch künftig erhalten bleiben.)

«Hier sind wir alle links, wissen Sie», erinnerte BMB die angehenden Lehrerinnen von Badminton.[70] In dem Jahr bevor Iris an die Schule kam, erklärte sie einem Journalisten gegenüber: «Unser Ziel ist es, ein Ideal des Dienens zu vermitteln [...]. Eine Schule kann nicht länger eine in sich geschlossene kleine Gemeinschaft sein [...]. Sie muss mit der Welt da draußen verbunden sein, wenn die Mädchen den modernen Problemen mutig und vernünftig begegnen sollen.»[71] Als der Debattierclub der Schule die Behauptung erörterte, dass «der Platz der Frau im Haus ist», wurde sie mit zwölf zu null Stimmen abgelehnt – und eine dieser Stimmen war die von Iris.[72] Als Mitglied des Jugendverbandes des Völkerbundes verbrachte die jugendliche Iris (zusammen mit sechs anderen Schülerinnen) zehn Tage in Genf auf dessen Sommerschule, schwamm im Lac Léman und bewunderte das eigene Telefon in ihrem Hotelzimmer mit Balkon, was für ein Schulmädchen ein erstaunlicher Luxus war.[73] Der Völkerbund nahm einen großen Teil von BMBs politischer Vorstellungswelt ein; dies ging so weit, dass sie einmal als *dieser* verkleidet am weihnachtlichen Kostümfest der Schule teilnahm.[74] Fotos davon sind leider nicht erhalten geblieben.

Iris gewann zwei Jahre hintereinander einen vom Völkerbund ausgeschriebenen Essaywettbewerb. Der erste ihrer Essays handelte von der Entscheidung zwischen Demokratie und Diktatur im Zusammenhang mit dem Spanischen Bürgerkrieg und brachte ihr ein Preisgeld in Höhe von zwei Pfund, zwölf Schilling und Sixpence ein. Ihr Aufsatz hebt an mit den Worten: «Es heißt, dass die Welt von morgen uns gehöre und wir mit ihr machen könnten, was wir wollen. Doch diese Welt wird eine außerordentlich schwierige sein, und die Frage ist, was wir mit ihr tun sollten.»[75] Im zweiten Aufsatz mit dem Titel «Wenn ich Außenministerin wäre» vertritt sie die These, dass faschistische Länder, die ihren Expansionismus fortsetzen, durch die Androhung strenger Sanktionen zur Räson gebracht werden müssten. Wenn es gelänge, sie allein aufgrund von wirtschaftlichen Vorteilen dazu zu bewegen, sich der demokratischen Gemeinschaft anzuschließen, «werde die Welt beruhigt und befriedet sein und die drohende Kriegsgefahr allmählich verschwinden».[76] Dies erzählt uns einiges über Iris' mädchenhafte Zuversicht, denn der Völkerbund hatte dabei zugesehen, wie Hitler und Mussolini sich zur Unterstützung von Francisco Francos Nationalisten zusammentaten und die Sowjetunion die Republikaner unterstützte. Für viele in Großbritannien war der Spanien-Konflikt eine ideologische Machtprobe, die mit Blut und Waffen ausgetragen wurde. Etwa 2500 britische und irische Freiwillige, die meisten nur wenig älter als Iris und Mary, zogen in den Kampf, und ein Fünftel von ihnen kehrte nicht zurück. Zwei Söhne des sozialistischen Philosophen Edgar Frederick Carritt (der an der Universität Oxford die ersten Vorlesungen über Ästhetik und dialektischen Materialismus gehalten hatte) hatten sich den Internationalen Brigaden angeschlossen; nur einer kam wieder.[77]

Während Mary pragmatisch und aufmerksam war, hatte Iris einen ungeduldigen, unruhigen Charakter und stürzte sich in die Rolle der erwachsenen Studentin. Bald war sie die Sprecherin der Studienanfängerinnen im Junior Common Room Committee und Mitarbeiterin zweier Universitätszeitungen, der *Cherwell* und der *Oxford Forward*. In einem Brief an das *Badminton School Magazine* beschrieb sie einen «Orkan von Essays und Übersetzungen und Kampagnen und Komitees und Sherrypartys und Auseinandersetzungen über Politik und Ästhetik».[78] Eine große Angst, nicht dabei zu sein, wenn etwas passiert, erforderte ein frenetisches Tempo in ihrem sozialen Leben. Unter eklatantem Verstoß gegen die Regeln des Colleges nahm sie im Royal Oak Pub gegenüber vom Somerville ihr erstes alkoholisches Getränk zu sich, zusammen mit der «sehr flotten» Carol Stewart, die sie dafür bewunderte, dass sie «mehr von einem Dschungeltier» in sich hatte als ihre anderen Freundinnen (Mary Scrutton gewiss eingeschlossen).[79] Carol bestellte ihnen Gin Limone.[80] Die jungen Frauen waren allerdings nicht die einzigen Ausreißer: Trotz der Warnung von Miss Farnell sah Mary nachts von ihrem Zimmer im West aus gelegentlich Mädchen, die über die Mauer des Colleges in der Walton Street kletterten. Ein solch eigenwilliger Lebenswandel konnte oft toleriert werden – die einzige Strafe für eine Somervillianerin, die außerhalb des Geländes erwischt wurde, war ein Bad, damit sie sich nicht verkühlte.[81] Aber es gab Regeln, die nicht gebrochen werden durften, vor allem dann, wenn sie zum Leben und zum Erhalt der Gemeinschaft des Colleges beitrugen. Drüben in St Hugh's, eine Meile die Banbury Road hinauf, musste Miss Elizabeth Anscombe in die Schranken gewiesen werden, nachdem sie in einer Woche dreimal unerlaubt das Abendessen ausgelassen hatte. Als Wiedergutmachung für ihre Eigensinnigkeit verlangte die Leiterin, Miss Barbara Gwyer, dass Elizabeth in der folgenden Woche fünfmal zu Abend essen und alle weiteren Fehlzeiten im Voraus bekannt geben müsse. «Kann ich es nicht dem Zufall überlassen? Wenn ich ausgehe, dann meistens auf Einladungen von Leuten, die ich unvorhergesehen treffe», flehte Elizabeth. «Sagen Sie mir nicht, Miss Anscombe, dass Sie praktisch Treibgut auf den Wellen der Umstände sind!», entgegnete darauf Miss Gwyer.[82]

Iris stellte, wenn sie sich durch den Speisesaal bewegte, ihren ganz eigenen treibgutartigen Charakter unter Beweis. Am High Table saßen die Dozent:innen. Vera Farnell war gewöhnlich im Gespräch mit der Direktorin Helen Darbishire zu sehen (die beiden waren eng miteinander befreundet und zogen später zusammen), und die Altphilologin Mildred Hartley plauderte vielleicht mit Isobel Henderson, der glamourösen Tutorin für Alte Geschichte, oder mit der Historikerin Lucy Sutherland. Die Studentinnen im dritten Jahr saßen an den drei langen Tischen an den Fenstern, die im zweiten Jahr an den mittleren Tischen und die im ersten an den Tischen, die am nächsten an der Essensausgabe standen. Dies war das Bild, wenn man die Stellung der Tische in Querrichtung betrachtete. In Längsrichtung, also von der Seite gesehen, erkannte man, dass dort ein subtileres System am Werke war: Die obersten Tische – die, die denen der Dozenten am nächsten waren – waren von schüchternen Mädchen besetzt, die meist in Marineblau und Beige gekleidet waren und von der Bibliothek aus in Scharen hereinstürmten, wenn die Mahlzeit begann, und wieder geschlossen zurückmarschier-

Speisesaal des Somerville College in den 1930er Jahren

ten, wenn sie beendet war. Diese Exemplare wurden manchmal die «*Bunnies*», also «Häschen», genannt. Die untersten Tische, außerhalb von Miss Farnells unmittelbarem Blickfeld gelegen, «beherbergten [hingegen] eine Mischung aus langhaarigen, rehäugigen Schönheiten, die unterschiedlich, aber immer aufregend gekleidet waren und oft zu spät zum Essen kamen». Hier saßen eine Prinzessin, Natalia Galitzine, die im ersten Trimester durchgebrannt war,[83] Léonie Marsh, eine extravagante und immer nach dem letzten Schrei gekleidete Kommunistin – die aussah «wie ein Bolschewik [...] in ihrer warmen Wolljacke, ihrem blauen Sergerock, mit rotem Gürtel, Sandalen und roten Fausthandschuhen» und deren Haar «der Mähne eines widerspenstigen schwarzen Löwen» glich,[84] Lucy Klatschko, eine hübsche halb lettische, halb jüdische Somervillianerin, die einmal beim Erklimmen der Collegemauer erwischt wurde und später Nonne und eine enge Freundin von Iris wurde,[85] Anne Cloake, die gerne schockierte (sie behauptete später, Iris in die «Geheimnisse des Lebens» eingeweiht zu haben),[86] und Zuzanna Przeworska, eine polnische Studentin und Angehörige der Kommunistischen Partei. Und «in der Mitte waren die Dinge eben ziemlich durchschnittlich».[87] Häschen, Mittelmaß, Schönheit – oder, wie Iris es ausdrückte: «spießig / gemäßigt / wild».[88]

Mary ließ sich in der Mitte nieder, zusammen mit Charlotte, der staksenden Zoologiestudentin (als kleines Kind hatte diese ihre Mutter einmal gefragt: «Wozu sind Vögel da?»),[89] und Greta Myers, der es zu verdanken war, dass eine erste Portion Biologie in Marys geistige Landkarte eingefügt wurde. Greta war es auch, die ihr riet, ihr Haar nicht mehr wie eine Pfadfinderin zu tragen und etwas an ihrem Schuhwerk zu machen.[90] Iris, die mit allen möglichen Leuten befreundet war, ohne sie allerdings unbedingt einander vorstellen zu wollen, wanderte zwischen den oberen und den unteren Tischen hin und her, war aber zumeist mit Mary in der Mitte zu finden.[91]

Dieser Speisesaal ist der Ort, an dem Iris und Mary das erste Mal auf die dritte unserer Heldinnen, Miss Elizabeth Anscombe vom St Hugh's, treffen – aber noch ist es nicht so weit.

Miss Elizabeth Anscombe vom St Hugh's College

Miss Elizabeth Anscombe hatte im Sommer 1937 das Clara-Evelyn-Mordan-Stipendium für das Oxforder St Hugh's College gewonnen, das mit 60 Pfund dotiert war.[92] Clara Mordan, eine Suffragette und Verfechterin der Frauenbildung, stiftete dieses Stipendium 1897 unter einer einzigen Bedingung: Seine Empfängerin «darf während der Dauer des Stipendiums keine Experimente oder Demonstrationen an einem lebenden Tier durchführen oder ihnen beiwohnen».[93] Elizabeth kam nach Oxford, um dort *Mods and Greats* zu studieren, ein Jahr vor Iris und Mary und zwei Jahre vor Ausbruch des Krieges. Am Ende ihres zweiten Trimesters führte Dorothea Gray, Tutorin für Klassische Philologie am St Hugh's, «Logik und Humor» als «Miss Anscombes Haupttugenden» an.[94]

Die Sydenham School in Lewisham war traurig über den Abschied ihrer talentierten Schülerin. Der Sekretär des Politikclubs der Schule berichtete über einen «Scheinprozess», der in Elizabeths letztem Schuljahr stattfand, das Folgende:

> Die größte Ehre für den Erfolg der Veranstaltung gebührt Elizabeth Anscombe, die nicht nur das gesamte Verfahren hervorragend geplant, sondern auch ihre Rolle als Richterin hervorragend ausgefüllt hat. Sie hatte genau die richtige richterliche Anmutung, machte im passenden Moment trockene Kommentare (die viel zur Erheiterung der Verhandlungen beitrugen) und hielt ein meisterhaftes und witziges Schlussplädoyer. Wir haben es sehr bedauert, uns am Ende des Trimesters von Elizabeth zu verabschieden; sie war immer eines der engagiertesten Mitglieder des Politikclubs, hat sich eifrig an allen Aktivitäten beteiligt und zum Erfolg der Sitzungen beigetragen.[95]

Es war nicht nötig gewesen, Elizabeth zu Mrs Z. zu schicken. «Wir gratulieren Elizabeth Anscombe zu ihrem großen Erfolg, drei der von der Stiftung vergebenen Preise gewonnen zu haben», hieß es 1935 in der Zeitung ihrer Schule: «den George-Hallam-Senior-Preis für Griechisch, den Mary-Gurney-Senior-Preis für Latein und auch den von der stellvertretenden Schulleiterin gestifteten Preis für den Jubiläumsessay».[96] Gemeinsam mit ihren älteren Brüdern, den Zwillingen John und Tom, war Elizabeth von klein auf von ihrer Mutter, Gertrude Thomas, im Griechischen unterrichtet worden. Unter ihrer Anleitung hatte dieses Trio auch seine erste Begegnung mit Platon.[97] Ungewöhnlicherweise wurde Gertrude selbst zu Hause von männlichen Lehrern unterrichtet – ihre Eltern griffen auf dieses Arrangement zurück, nachdem sie sich außerstande sahen, eine Reihe von Gouvernanten vor den beharrlichen Nachstellungen ihres Onkels zu schützen. Statt Französisch und Handarbeit lernte sie also Latein und Griechisch und studierte später Altphilologie an der Universität in Aberystwyth, bevor sie Schuldirektorin wurde. Erst nach ihrer späten Heirat mit 39 Jahren gab sie ihre Karriere auf. Als Elizabeth in die Sydenham School eintrat, bestand ihre Mutter darauf, dass ihr Griechischunterricht fortgesetzt werden sollte. Der Schulleiterin, Miss Edith Turner, teilte Gertrude mit, dass sie ihre Tochter auf die Universität zu schicken beabsichtige.[98]

Oktober 1938 – September 1939

Elizabeth Anscombe im Garten des St Hugh's College, 1938

St Hugh's (für die Religiösen) liegt inmitten eines schönen, 14 Hektar großen Gartens; im Frühling und im Sommer liefen die Mädchen über den großen Rasen, räkelten sich auf Wolldecken oder gelegentlich auch auf Liegestühlen, tranken schwarzen Kaffee und lasen. Für Miss Anscombe, die im Bild oben rechts zu sehen ist, war dies ein zukunftweisendes Umfeld.

Miss Gwyer, die Rektorin, glaubte, das College sei «von Gott ins Leben gerufen» worden.[99] In Wirklichkeit war es das Werk von Dame Elizabeth Wordsworth. Im Jahr 1886 überwachte Wordsworth (die, indem sie Schulleiterin wurde, die Aussage ihres Bruders ignorierte, dass Frauen auszubilden «bestialisch» sei) die Erweiterung des Lady Margaret Hall College, um ein neues Haus für Mädchen aus «bescheideneren Verhältnissen» zu schaffen, vornehmlich für Pfarrerstöchter.[100] St Hugh's Hall, das spätere St Hugh's College, erwarb sich schnell den Ruf, *die* Kaderschmiede für spätere Schulleiterinnen zu sein.[101]

Während Miss Gwyer über das College herrschte, war der prächtige Garten die Domäne von Miss Annie Rogers, Oxfords erster Tutorin und Chronistin des Kampfes der Frauen um die volle Zugehörigkeit zur Universität.[102] Die 1857 geborene Rogers, als Kind ein Fotomodell von Lewis Carroll,[103] kannte diesen Kampf aus erster Hand. Mit 17 Jahren war sie die beste Kandidatin in den Landesschulprüfungen (den *Senior Locals*) und erhielt Stipendienangebote sowohl für das Worcester als auch für das Balliol College. Allerdings hatten die Kollegen dort nicht die Möglichkeit in Betracht gezogen, dass solche Noten einer Studentin gehören könnten, und daher musste das Angebot zurückgezogen werden, als sich herausstellte, dass es sich bei «A. M. A. H. Rogers» um «Annie» handelte (das Balliol tröstete sie mit vier Bänden Homer).[104] Als Annie Rogers 1921 als Tutorin für Altphilologie in den Ruhestand ging, schuf St Hugh's für sie das Amt des *Custos Hortulorum*.* Die frühen Protokolle der Sitzungen ihres Gartenbaukomitees spiegeln die typischen Ermahnungen der Zeit nach dem Ende des Ersten Weltkriegs wider, mehr essbare Pflanzen anzubauen. Daher wurden Kartoffeln, Rhabarber, Pflaumen- und Apfelbäume angepflanzt, ebenso wie Johannisbeer- und Stachelbeersträucher. Miss Rogers' größte Expertise lag jedoch auf der Zucht von Blütenpflanzen, für die der Garten des St Hugh's College perfekt geeignet war. Passionsblumen, Myrte, Mispel und Granatäpfel wuchsen und gediehen im Schutz der nach Süden ausgerichteten Fassade des Hauptgebäudes. Im Schatten der Senke wuchsen Farne. Für die Terrasse wählte sie Pflanzen aufgrund ihrer Farbigkeit aus – eine Fülle von Sonnenröschen, Hohem Sommer-Phlox und Steinbrechgewächsen.[105] Oft war sie in den Staudenrabatten zu sehen, wie sie auf einem Campinghocker saß und sich um die Pflanzen kümmerte, mit einem alten schwarzen Samthut auf dem Kopf und somit immer noch der altmodischen Sitte folgend, sich in der Öffentlichkeit niemals barhäuptig zu zeigen, noch nicht einmal im Garten.

---

* Zu Deutsch in etwa: «Gartenwächterin». (Anm. d. Übers.)

Als Elizabeth in Oxford eintraf, hatte sie bereits «eifrige» Bemühungen in der Philosophie unternommen. Es waren jedoch nicht die von ihrer Mutter ausgewählten platonischen Dialoge, die ihre Neugier geweckt hatten, sondern ein jesuitischer Wälzer aus dem 19. Jahrhundert zum Thema und namens *Natürliche Theologie*. Mit etwa dreizehn Jahren hatten die religiösen Schriften von G. K. Chesterton Elizabeth vom anglikanischen Glauben ihrer Familie hin zum Katholizismus geführt.[106] Elizabeth ignorierte die Versuche ihrer Eltern, sie von der Konversion abzuhalten, und machte sich in ihren Jugendjahren daran, ein enthusiastisches Leseprogramm umzusetzen, in dessen Rahmen sie auf diese jesuitische Schrift gestoßen war. Sie saugte dieses Werk regelrecht in sich auf, Seite für Seite – doch zwei Dinge ließen sie stutzig werden. Das erste war der Gedanke, dass Gott unfehlbar vorhersehen könne, wozu sich ein Mensch zu jedem beliebigen Zeitpunkt in der Zukunft frei entscheiden würde.[107] Darin schien ein Widerspruch zu stecken: Wie konnte zum Beispiel die Heirat ihrer Mutter mit John Wells Anscombe frei gewählt sein, wenn Gott doch mit absoluter Gewissheit vorhergesehen hatte, dass sie stattfinden würde?

Das zweite Rätsel brachte sie zum *aktiven* Philosophieren. Das Buch enthielt nämlich einen vermeintlichen Beweis für das Prinzip, dass jedes Ereignis eine Ursache haben muss. Elizabeth glaubte, einen Fehler in diesem Gedankengang identifizieren zu können, und machte sich daran, ihn zu beheben. Sie versuchte es auf die eine und auf die andere Weise und skizzierte immer neue Fassungen des Beweises, nur um festzustellen, dass derselbe Fehler in einem anderen Gewand wieder auftauchte. Dann zerriss sie ihre Notizen und versuchte es erneut. Vielleicht war sie von Platons Schilderung seines Lehrers Sokrates inspiriert, denn sie wanderte umher und befragte die Leute: «*Warum* seid ihr euch so sicher, dass, wenn etwas passiert, es auch eine Ursache hat?»[108] *Warum? Warum? Warum?* Niemand hatte eine gute Antwort, und daher machte sie weiter. Nach zwei oder drei Jahren der Anstrengung hatte sie «fünf Fassungen eines angeblichen Beweises» produziert, wobei jede von ihnen «denselben Fehler aufwies, obwohl er jedes Mal raffinierter versteckt war».[109] Und all dies tat sie, während sie zugleich ihre Schulmädchenenergien den Aktivitäten des Politikclubs und ihre Freizeit einem langwierigen (und bisweilen mörderischen) Geschwisterkampf gegen die Zwillinge widmete. (Später gestand sie Mary, dass sie einmal mit einem Stock in ihrem Spielzelt gehockt hatte, in der Absicht, sie in dem Moment zu töten, in dem sie ihre Köpfe durch die Öffnung schieben würden.)[110]

In Oxford angekommen, machte sich Elizabeth daran, ihre Konversion offiziell zu machen. Sie wandte sich mit ihren Fragen an einen Dominikanerpriester namens Pater Richard Kehoe. Dieser amüsierte sich zwar über ihre altklugen Schwierigkeiten, hatte aber auch Verständnis, denn Elizabeth war auf eine heftige Lehrdebatte zwischen Dominikanern und Jesuiten gestoßen. Aber er versicherte ihr, dass sie Katholikin sein könne, auch wenn sie nicht an diese Dinge glaube. Somit brach sie mit einer langen Reihe von anglikanischen Pfarrersfrauen und -töchtern und konvertierte zum römisch-katholischen Glauben. Am Ostersonntag des Jahres 1938 wurde Miss Anscombe in die Kirche aufgenommen, ein paar Monate vor Iris' und Marys Ankunft in Oxford.[111] Die Kirche St Aloysius, deren gelber Glockenturm von ihren Zimmern im Somerville aus zu sehen und deren Glocken zu hören waren, wird für den Rest unserer Erzählung ihr Gotteshaus sein, wo man sie bei der Frühmette antreffen konnte.

Im Jahr 1938 belegte Elizabeth Logik-Veranstaltungen bei der verheirateten Philosophiedozentin Martha Kneale. Das neue, wenn auch einsame Auftauchen eines «Mrs» im philosophischen Veranstaltungsverzeichnis verschaffte Miss Anscombe vielleicht einen gewissen Trost; denn bevor Iris auch nur einen ihrer (sechs) Heiratsanträge erhielt, hatte sie bereits ihren ersten angenommen und war nun verlobt. Nur ein paar Monate nachdem Elizabeth offiziell der katholischen Kirche beigetreten war, nahm sie an der Fronleichnamsprozession im Priorat von Begbroke teil, einem kleinen Dorf fünf Meilen nordwestlich von Oxford. Bei diesem Dankgottesdienst wird die Realpräsenz des Leibes, des Blutes, der Seele und der Göttlichkeit Christi gefeiert, und am Ende der heiligen Messe trugen die Mönche des Servitenordens in ihren dunkelgrauen Gewändern das Sakrament, eingehüllt in eine Wolke aus Weihrauch und lateinischen Formeln, durch die Kirche und zum Altar. An diesem Ort lernte sie den drei Jahre älteren Peter Geach kennen, einen ebenfalls katholischen Konvertiten und Philosophen vom Balliol College.

Peters unglückliche Kindheit erscheint wie eine Mischung aus den Kindheiten von Oliver Twist und John Stuart Mill. Seine Mutter, Eleonora Sgonina, Tochter polnischer Einwanderer, hatte an der Universität Cambridge Literatur studiert.[112] Dort lernte sie seinen Vater kennen, George Hender Geach, und folgte ihm nach ihrer Heirat nach Lahore im Punjab, wo er im Auftrag des Indian Education Service Philosophie unterrichten sollte. Die Ehe war unglücklich, und als Eleonora 1916 nach England reiste, um Peter zur Welt zu bringen, kehrte sie anschließend nicht zu ihrem Mann, sondern zu ihrem Studium zurück. Sie verbrachte drei Trimester im Somerville, wo sie von Dorothy Sayers unterrichtet wurde, und fing an, Gedichte zu veröffentlichen.[113] Peters erste Lebensjahre verbrachte er bei seinen polnischsprachigen Großeltern in Cardiff, während seine Mutter ihr Studium fortsetzte und die Zeitschrift *Oxford Poetry* des Jahrgangs 1918 herausgab (zusammen mit Dorothy L. Sayers und Thomas Wade Earp).

Im Jahr 1920 änderte sich Peters Leben schlagartig. Sein Vater George, der sich noch immer in Lahore aufhielt, erwirkte einen Gerichtsbeschluss, durch den Peter zum Mündel einer Miss Tarr wurde, einer älteren Frau, die einst sein eigener Vormund gewesen war. Peter wurde seiner Mutter weggenommen, mit der er nie wieder sprach, und ins Internat geschickt. Vier Jahre später kehrte sein Vater aus Lahore zurück und begann, da er in England keine Stelle an der Universität erhielt, seinen Sohn zu unterrichten. George hatte *Moral Sciences* in Cambridge studiert, und mit dreizehn Jahren hatte Peter schon Neville Keynes' *Formal Logic* gemeistert, studierte Russells und Whiteheads *Principia Mathematica* und erstellte einen Überblick über sämtliche logischen Fehler in Berkeleys *Dialogen*, Mills *Utilitarismus* und McTaggarts *Some Dogmas of Religion*.[114]

Peter entkam der unerbittlichen Ausbildung seines Vaters erst, als er 1934 nach Oxford ging. George hätte eigentlich ein Studium in Cambridge für seinen Sohn vorgezogen – denn «was sie in Oxford Logik nennen, ist nur ein schlechter Scherz, Peter»[115] –, doch finanzielle Erwägungen machten dies unmöglich. Selbst mit einem Stipendium des Balliol war George nicht in der Lage, die verbleibenden Studiengebühren für ihn zu zahlen. Nach ein oder zwei Jahren willigte das College ein, Peter vollständig zu finanzieren, allerdings unter einer entscheidenden

Bedingung: dass er den Rat seines Psychiaters befolgen und sich dazu verpflichten möge, seinen Vater nie wieder zu sehen.[116] Dies tat er und trat – faktisch als Waisenkind – mit achtzehn Jahren zum katholischen Glauben über.

Seiner eigenen Auskunft nach war Peter seit seiner religiösen Wiedergeburt «verliebt in die Liebe» und suchte verzweifelt «ein Mädchen, das er lieben, umwerben und heiraten konnte».[117] Als er nach dem Gottesdienst in Begbroke eine junge Frau sah, die er mit jemand anderem verwechselte, machte er ihr einen Antrag.[118] Elizabeths Schilderung dieser Situation weicht allerdings etwas davon ab: Sie erinnert sich, wie Peter nach der Prozession auf sie zukam und, indem er anfing, ihre Schulter zu massieren, zu ihr sagte: «Miss Anscombe, ich mag Ihren Geist.»[119] Vielleicht hat jene Mischung aus Weihrauch und spiritueller Erhebung beider Erinnerungen verwirrt, doch da keine der beiden Geschichten besonders plausibel klingt, handelt es sich bei ihnen wahrscheinlich eher um Scherze unter zwei Philosoph:innen, die sich für personale Identität interessieren. Je nachdem, welcher Geschichte man den Vorzug gibt, sagte Elizabeth entweder «Ja» oder «Und ich Ihren Geist». Schon bald studierte sie zusammen mit ihrem Verlobten Thomas von Aquin und die neue Logik Gottlob Freges, und gemeinsam lasen sie Ludwig Wittgensteins *Tractatus logico-philosophicus*. Dieses kurze, aber schwer verständliche Buch entstand in Schützengräben während des Ersten Weltkriegs und enthielt Wittgensteins ersten Versuch, das Denken durch eine Beschreibung der Struktur der Sprache einzuhegen. «Elizabeth hat viel philosophischen Unterricht von mir bekommen», wird sich Peter später rühmen, «und ich konnte erkennen, dass sie gut in dem Fach war.»[120]

Mary und Iris betreten die politische Bühne, und wir lernen die Bewohner von Boars Hill kennen

Iris' Kenntnisse des Griechischen waren zwar besser als Marys, aber trotzdem blieben beide weit hinter denen der Jungen aus den öffentlichen Schulen zurück, mit denen sie aufgewachsen waren – keine noch so lange Zeit im Wohnzimmer von Mrs Z. konnte den Umstand wettmachen, dass die prägende Erziehung dieser Jungen auf die frühe Beherrschung von Griechisch und Latein ausgerichtet war. Kaum hatten sie also ihre Koffer ausgepackt, stürzten sie sich gemeinsam in «eine verzweifelte Aufholjagd».[121] Mildred Hartley, ihre anspruchsvolle Tutorin am Somerville College, empfand ihren Lernrückstand zwar als lästig, war aber fest entschlossen, dass ihre Schülerinnen genauso gut abschneiden sollten wie die Männer, und zwar gemessen an genau denselben Maßstäben. Sie und ihre Schülerinnen fanden über das Elend zusammen, das Mildreds Vorstellung von Gleichheit verursachte – auf sie wirkten die Mädchen so, als seien sie sich des Umstands nicht bewusst, dass sie nicht einfach die gleichen, sondern «absurd viel höhere» Hürden zu überwinden hätten als die Männer. Auf ihre Anweisung hin entschieden sie sich für «Lateinische und griechische Komposition in Vers und Prosa»[122] – eine masochistische Wahl, die ihnen den Zugriff auf jedwede Form von hilfreicher Sekundärliteratur verwehrte. Mildred Hartleys Forderung nach akademischer Exzellenz entsprang ihrer Liebe zum Griechischen, und sie war glücklich, den Kampf mit ihnen gemeinsam aufzunehmen. Über Iris' etwas eigenwillige Kleidung («sie schien immer etwas zurechtgemacht zu sein») sah sie angesichts ihrer außerordentlichen Energie hinweg: «Sie wusste nicht, was Müßiggang war», erinnerte sich Mildred[123] – ein großes Lob von einer Frau mit bemerkenswertem Tatendrang, die sich bis zum Ende des Trimesters keine Entspannung gönnte, sich dann aber Hosen anzog und stets einen Krimi in der einen und die Pfeife in der anderen Hand hatte.[124]

In Iris' sonnigem Zimmer mühten sich die neuen Freundinnen gemeinsam mit griechischen Versen und Prosa ab, wobei sie jede Woche Unmengen von Übersetzungsfehlern und qualitativ unterdurchschnittliche Übungen produzierten. 1938 konnte der laute Ruf von der politischen Bühne jedoch kaum mehr ignoriert werden, und so wurden die Freundinnen in einen wahrhaften Kampagnentaumel hineingezogen: Die griechische Komposition konnte warten, der Wahlkampf nicht. Die britische Öffentlichkeit war nämlich zutiefst gespalten, als Premierminister Neville Chamberlain im September 1938 aus München zurückkehrte und den «Frieden für unsere Zeit» erklärte. Die Somervillianerin Beatrix Walsh erinnerte sich an jenen «Schwung Papier, direkt aus den Händen Hitlers», der Chamberlain für die einen als Retter und für die anderen als Verräter auswies.[125] Für viele der europäischen Flüchtlinge, die bereits die britischen Städte bevölkerten, war der Verrat verheerend. Der Kant-Experte Heinz Cassirer, der mit seinem Vater Ernst von Deutschland nach England gekommen war, tauchte einige Tage später in Mildred Hartleys Zimmer am College auf. Ihn hatte das Gerücht erreicht, dass man unter den Frauen in Somerville Freundschaft und Solidarität finden könne, und er kam, um sich zu vergewissern, dass er sich immer noch unter Menschen bewegte, die bereit waren, sich der Bedrohung durch die Nazis entgegenzustellen.[126]

Einen Monat nach dem Münchner Abkommen ergab sich für die Stadt Oxford die Gelegenheit, sich bei einer Nachwahl gegen Chamberlains Vorgehen auszusprechen. Roy Harrod, ein Ökonom vom Christ Church, veröffentlichte in der *Oxford Mail* einen offenen Brief an die Kandidaten von Labour und den Liberalen: Würden sie sich querstellen und hinter einem unabhängigen Kandidaten auf einem Anti-Appeasement-Ticket zusammenfinden? Nur neun Tage vor der Wahl erzielten die beiden Parteien eine Übereinkunft.[127] Zwei Oxforder Dozenten kandidierten für den frei gewordenen Sitz im Parlament. Für das Appeasement war der konservative Kandidat Quintin Hogg, Stipendiat am All Souls, und dagegen der politische Philosoph und Master des Balliol College, Sandie (A. D.) Lindsay.

Mary und Iris schlossen sich der langen Schlange der Studierenden an, die in Lindsays eilig in einem Raum gegenüber dem St Peter's College eingerichteter Wahlkampfzentrale Umschläge befüllten.[128] Mary «machte Botengänge und adressierte Briefe».[129] Mit ihnen befand sich dort Somervilles brillante Tutorin für Alte Geschichte, Isobel Henderson, bei der sowohl Iris als auch Mary und Elizabeth später studieren sollten. Sie werden die Pamphlete der Socialist League betrachten, die überall und in Massen in den Räumen dieses «ausgesprochen politischen Lebewesens» herumlagen, und versuchen, ihren obskuren, aber genialen Rekonstruktionen der römischen Politik zu folgen, die sie aus Primärquellen bastelte.[130] Als Franco an die Macht kam, schwor Isobel, «eine leidenschaftliche Hispanophile, nie wieder einen Fuß auf spanischen Boden zu setzen, solange er noch im Amt war».[131] Jenseits von Politik und Lehrveranstaltungen waren «Musik, Rennen, Dichtung,

Cricket und das Mittelmeer wesentliche Bestandteile ihres Lebens».[132] Ein Schnappschuss zeigt sie in einem bodenlangen Abendkleid, einer Pelzstola und ellenbogenlangen weißen Handschuhen, die mit Diamantarmbändern besetzt sind, während sie ein Tranchiermesser in ein Hähnchen im Teigmantel sticht.[133] Eine tragische Geschichte ließ sie zudem noch etwas glamouröser erscheinen: Als Miss Munro war sie die erste Frau, die für ein Stipendium ausgewählt wurde, während sie verlobt war. Die Hochzeit fand im Juni 1933 in Oxford statt, wobei die Tochter ihres ehemaligen Tutors, des Philosophen R. G. Collingwood, die Brautjungfer war.[134] Das Ehepaar reiste für die Flitterwochen nach Italien, doch Isobel kehrte allein als Witwe Mrs Henderson zurück, nachdem Charles Henderson während eines Besuchs der Wallfahrtskirche Monte Sant'Angelo an Herzversagen gestorben war.[135]

Lindsays Anhängerschaft war breit gefächert und bestand aus Kommunisten, Wählern von Labour und den Liberalen sowie einigen dissidentischen Konservativen. Harold Macmillan, Abgeordneter der Torys für Stockton, setzte sich bei einem Treffen in der Town Hall für Sandie Lindsay ein. Und der Oxforder Zoologe Solly Zuckerman hielt seinem Freund Randolph Churchill in seinem Zimmer einen Telefonhörer hin: «LINDSAY MUSS REINKOMMEN», dröhnte am anderen Ende die Stimme von Randolphs Vater Winston.[136] Ted Heath (der spätere Premierminister der Torys) fuhr auf einem Fahrrad quer durch Oxford und machte zusammen mit dem linken Denis Healey Wahlkampf. Beide Männer waren Tutanden von Lindsay gewesen und hatten mit großer Wahrscheinlichkeit Søren Kierkegaard oder den Mystiker Pjotr Ouspensky ebenso in ihren Jackentaschen stecken wie ihren John Locke.[137] Sogar die Oxforder Anarchisten versprachen dem Master vom Balliol, ihn nicht zu unterstützen:

> Sehr geehrter Herr,
> die Anarchisten der Universität halten es für unmöglich, Ihre Wahlkampagne zu unterstützen. Wir bereiten gegenwärtig vielmehr sogar eine Kampagne gegen die Teilnahme an jeglichen Wahlen vor. Da Sie jedoch bereit sind, sich gegen Chamberlain zu stellen, möchten wir Sie wissen lassen, dass wir versuchen werden, nur die Anhänger von Q. Hogg von der Stimmabgabe abzuhalten.[138]

WHO IS DR. LINDSAY?

DR. LINDSAY, the Progressive Independent candidate in the Oxford by-election, is 59 years old. His father was a professor of Theology in Scotland, and his mother was Chairwoman of the Scottish Liberal Women's Federation: she also founded the first women's Trade Union in Glasgow.

Dr. Lindsay first came to Oxford in 1898; he has lived here ever since, except for two years in Glasgow, one other year away, and the duration of the War.

He has been a member of the Fabian Society since 1899, and a member of the Labour Party since it was founded.

War Service

HE was 35 when the War began. When he volunteered for service he was sent out to join the Intelligence Staff in France. There, a friend who was starting a Labour Corps found him and got him transferred to the job of directing the technical side of it.

He describes his job as 'a cushier job than a great many'; but it took him into the Ypres district and he was nearly every day in the firing line. He confesses that he was 'very, very frightened'. *He never wants another war.*

Three Children

DR. Lindsay is married and has three children.

His eldest son Michael is now in Pekin where he is introducing some of the Oxford methods of teaching to the Chinese Universities.

His daughter Drusilla, has married a man in the Indian Political Service in India, and is now living on the North-West Frontier.

A. D. Lindsays Wahlkampfflugblatt für die Nachwahlen in Oxford 1938

Hoggs Anhänger warnten zwar, dass Lindsay Telegramme von Stalin erhalten habe,[139] doch für viele der jungen Frauen von Somerville, die Lindsays Flugblätter in die Briefkästen an der Iffley Road warfen, war dies nur noch eine weitere Ermutigung für ihr Handeln.

Iris und Mary traten beide dem Labour Club der Universität bei, der angeblich die «besten Mädchen» versammle (1936 hatte eine Gruppe von ihnen ihre Seidenstrümpfe verbrannt, um gegen den japanischen Einmarsch in China zu protestieren).[140] Einige riskierten es auch, sich den Unmut von Miss Farnell zuzuziehen, und trugen roten Lippenstift, um ihr Engagement bei den Roten zu unterstreichen. Es hieß, dass einige Männer dieser Vereinigung nur deshalb beitraten, um «mit Frauen in einer Reihe zu stehen», was vielleicht die Tatsache erklärt, dass sich unter den Mitgliedern auch zwei befanden, die im Vorstand des Conservative Club saßen. Die drängendste Frage für die Mitglieder war allerdings nicht die, wie weit man gehen würde, sondern nur die, wie weit nach links – zum Labour-Rosarot [Labour pink] oder, wie Iris und Léonie Marsh, bis zum Dunkelrot der Kommunistischen Partei? «Das Allererste, was ich nach meiner Ankunft in Oxford getan habe, war mein Beitritt zur KP», berichtete Iris viele Jahre später.[141] (Das stimmte allerdings nicht ganz: Als Erstes besuchte sie nämlich die Kirche St Aloysius mit ihren gelben Türmen und kam auf dem Weg dorthin vielleicht an Elizabeth vorbei. Als sie klopfte, erhielt sie keine Antwort.[142])

Ein Brief von Iris an Ann Leech, ihre Freundin aus Badmintoner Zeiten, den sie in ihrem zweiten Trimester am Somerville College verfasst hat, verschafft uns einen Einblick in ihren jugendlichen Fanatismus. «Ich danke Gott, dass ich die Partei habe, die meinen zuvor vagen und unwirksamen Idealismus lenkt und diszipliniert», wie sie erklärt. «Ich habe jetzt das Gefühl, dass ich zumindest *etwas* Gutes tue, dass das Leben einen Sinn hat und dass die Geschichte der Zivilisation nicht nur eine interessante Aneinanderreihung unzusammenhängender Wirrungen ist, sondern eine verstehbare Entwicklung hin zur höchsten Stufe der Gesellschaft, dem sowjetischen Weltstaat.» Um Anns Befürchtungen hinsichtlich eines möglichen Blutvergießens zu zerstreuen, versichert sie, dass «eine bolschewistische Revolution keine wilde, emotionale Sache ist, bei der wahllos Bomben geworfen werden – sondern sie ist eine sorgfältig geplante, wissenschaftliche Angelegenheit, die zu einem Zeitpunkt stattfindet, an dem es nur ein Minimum an Menschen gibt, denen man Gewalt angedeihen lassen muss».[143] Und während Iris auf diesen glorreichen und effizienten Tag wartete, besuchte sie mit «einigen netten Roten aus Oxford» das Festival of Music for the People in der Royal Albert Hall. Der spanischen Nationalhymne lauschte sie dort im Stehen, und der Dekan von Canterbury pries – in roter Robe – die «Fülle des Lebens in der Sowjetunion».[144]

Mary, die vielleicht der Meinung war, dass selbst ein «Minimum» an gewaltsamen Todesfällen zu viel wäre, blieb jedenfalls rosarot [*pink*]. Die Bücher des Left Book Club auf den Beistelltischchen im Haus ihrer Eltern ließen die Sowjetunion in einem zwiespältigen Licht erscheinen. Es kursierten Geschichten über die Moskauer Prozesse, und während sich die sozialistische Intellektuelle Beatrice Webb darüber freute, dass Stalin «‹tote Äste› entfernt» habe,[145] waren viele andere desillusioniert. Im April 1937 führte John Dewey – der Philosoph, der Olive Willis' Vision für das Downe House inspiriert hatte – eine Delegation nach Mexiko, um den im Exil lebenden Trotzki zu befragen. Der 400 Seiten umfassende Bericht seiner Kommission machte sein Urteil bereits im Titel deutlich: *Nicht schuldig*.[146] Die Moskauer Prozesse waren, so Deweys Befund, «ein abgekartetes Spiel». Im Hause Scrutton machte sich eine große Enttäuschung breit.

Mary fiel es im Laufe ihres gemeinsamen Studiums immer schwerer, das glühende Engagement ihrer Freundin für die Kommunistische Partei zu verstehen. Als der studentische Labour Club auseinanderbrach und die Gemäßigten den dissidenten Democratic Socialist Club (DSC) gründeten, fanden sie und Iris sich auf entgegengesetzten Seiten wieder. Mary überraschte sich selbst, indem sie auf der ersten Sitzung des DSC eine «feurige Rede» hielt und in den Vorstand gewählt wurde; Iris hatte eine analoge Funktion im marxistisch orientierten Labour Club inne.[147] Iris' politischer Enthusiasmus war jedoch nicht zu bremsen und übertraf, wie sie Mary gegenüber deutlich machte, ihr Interesse an der Philosophie bei Weitem.

Die Stimmung in Oxford war eher auf Marys Seite, zumindest jenseits der Junior Common Rooms – also eher pink als rot. Mary widmete Iris ein Gedicht, nachdem ihre Freundin an einer Maidemonstration teilgenommen hatte, die von einem offenbar undankbaren örtlichen Proletariat mit Tomaten beworfen worden war:

> Oh, wo ist Iris Murdoch, sag mir wo? sag mir wo?
> Sie ist gegangen, um den Arbeitern beim Demonstrieren zu helfen!

Handgezeichnete Postkarte von Iris Murdoch an Mary Scrutton

> Plutaristokraten-Tomaten in ihrem Haar, in ihrem Haar,
> können sie dem Proletariat nicht abspenstig machen.
> Auch wenn die vergoldete Jugend bellt auf der Höhe [*in the High*],
>   auf der Höhe,
> und der Bullingdon [Club] ihren goldblonden Kopf verlangt,
> gekrönt von blutigen Tropfen – in ihrem Herzen ist sie erkannt
> und zeigt am Ende ihr wahres Gesicht als eine Rote![148]

Bei den Nachwahlen stellten sich jedoch alle Linken, Rote wie Rosarote [*pink*], Junge und Alte, geschlossen hinter Lindsay. Isaiah Berlin, Philosoph und Fellow am All Souls, tauschte die Aufkleber auf Autos, die Hogg unterstützten, gegen solche aus, die Lindsay feierten,[149] und selbst Maurice Bowra, der (geistreiche) Leiter des Wadham College, der sonst immer klagte, dass sich alle jungen Männer für Politik interessieren («Wo sind die Ästheten von früher?»),[150] stand hinter der Kampagne. J. L. Austin, der bereits erwähnte Taschentuchbesitzer, prägte den inoffiziellen Wahlkampfslogan «Eine Stimme für Hogg ist eine Stimme für Hitler» und war dem Kandidaten von Versammlung zu Versammlung auf den Fersen, um ihn zu verspotten. «Hogg hatte zwar einen flinken Verstand», erinnerte sich E. R. Dodds, der Regius-Professor für Griechisch, «aber Austins war noch flinker. Repliken kamen von ihm wie Degenstöße; er verpasste selten eine Gelegenheit zum Angriff und bot selbst nie eine.»[151]

Die Wahl fand am 27. Oktober statt. Lindsay beendete den Wahlkampf vorzeitig, da er von Austins Slogan abgestoßen war. Hogg gewann mit knappem Vorsprung; die übliche Tory-Mehrheit schrumpfte auf die Hälfte zusammen. Die Ergebnisse wurden vom Balkon der Town Hall verkündet:[152]

Hogg 15 797
Lindsay 12 363

In diesen neun Tagen des Wahlkampfs hatte sich die gesamte jugendliche Energie auf den neunundfünfzig Jahre alten Sandie Lindsay konzentriert. Dieser bewegte sich in einer gehobenen Enklave von hochrangigen Internationalisten, Idealisten, fabianischen Sozialisten, reimenden Kommunisten und preisgekrönten Dichtern [*Poet Laureates*] – einer Welt, die in Boars Hill ansässig war, einem Dorf auf einem der Cumnor Hills im Norden Oxfords. In seinem Roman *Wiedersehen mit Brideshead* lässt der konservative Autor Arthur Evelyn Waugh seinem Protagonisten Charles Ryder von dessen Cousin Jasper die knappe Aufforderung zukommen: «Halte dich vom Boars Hill fern.»[153] Mary, Iris und Philippa sollten dort regelmäßige Gäste werden.

Im Mittelpunkt des Lebens auf Boars Hill standen der Klassizist Gilbert Murray und seine Frau Lady Mary Murray. Die Telefonnummer ihres Hauses, Yatscombe, lautete *Boars Hill 1*.[154] Im nahe gelegenen Pfarrhaus Heath Barrows residierten der sozialistische Philosoph Edgar Frederick Carritt (Lindsays früherer Tutor), seine Frau Winifred und ihre zahlreichen Kinder. Gepflasterte Wege, gesäumt von gepflegten Buchsbaumhecken, führten zu einem Krocketrasen, einem Obstgarten, einem grasbewachsenen Tennisplatz, einer Pferdekoppel und einem bescheidenen Wäldchen.[155] Obwohl Edgar (anders als Winifred) kein Kommunist war, hielt er in den späten 1930er Jahren Vorlesungen über dialektischen Materialismus; seine Veranstaltungen waren randvoll mit Studierenden, und im Innenhof wurden Exemplare der Zeitschrift *Labour Monthly* verkauft.[156] In Scar Top lebten auf einem zweieinhalb Hektar großen Grundstück der Indologe und Schriftsteller Edward (E. J.) Thompson, seine Frau Theo und ihre Söhne Frank und Edward (E. P.). Während der Nachwahlen konnte man Theo mit einem Schild mit der Aufschrift «Rettet die Tschechoslowakei» am Auto der Familie in Oxford herumfahren sehen, bis sie von einem Polizisten angehalten wurde.[157] Als Gandhi 1931 Oxford besuchte, wurde er zu den Thompsons auf den Hügel gefahren, wo Lindsay (der Gandhi für einen Heiligen hielt) eine informelle Diskussion über die indische Unabhängigkeit leitete. (Die Philosophin Dorothy Emmet, eine frühere Studentin Lindsays, hatte Gandhi in ihrem alten offenen Baby Austin am Bahnhof von Oxford abgeholt.)[158] Der *Poet Laureate* Robert Bridges, dessen Tochter Margaret den platonistischen Philosophen H. W. B. Joseph geheiratet hatte, lebte in Chilswell House, und Margarets Schwester, die Dichterin Elizabeth Daryush, lebte im Stockwell. Die fruchtbare Vorstellungskraft dieser Romantiker und Idealisten von Boars Hill und ihrer Verbündeten hatten Anteil an der Gründung des Völkerbunds, des Oxford Committee for Famine Relief (Oxfam) und der Society for the Protection of Science and Learning (eines von William Beveridge gegründeten Rats zur Unterstützung von Gelehrten, die vor dem Naziregime fliehen mussten).

Männer wie Murray und Lindsay waren auch wichtige Verbündete im Kampf für die Frauenbildung. Lindsays Mutter, Anna Dunlop, die in den 1880er Jahren den Scottish Council for Women's Trades mitbegründet hatte, war eine der ersten Frauen, die an der Universität Edinburgh studierten. Sie gewann den ersten Preis in Moralphilosophie und Experimentalphysik. Als Emily Penrose 1923 als Rektorin von Somerville in den Ruhestand ging, saß sie bei dem zu diesem Anlass veranstalteten Dinner neben Gilbert Murray und Sandie Lindsay. Beide blieben auch weiterhin Unterstützer des Colleges: Murray war ein Freund und Mentor sowohl der neuen Direktorin Helen Darbishire als auch der Historikerin Isobel Henderson, und Lindsay heiratete Somervilles poetische und leidenschaftliche Erica Violet Storr, die sich allerdings für die Rolle der Ehefrau des Masters als ungeeignet erwies: Als der Ruderachter des Balliol zu einer Feier in ihren Wohnsitz auf dem Campus, dem Master's Lodging, eingeladen wurde, setzte sie die Sportler in eine Ecke und las ihnen aus Charles Montagu Doughtys *Die Offenbarung Arabiens* vor.[159]

Lindsay scherzte einmal: «Ich bin ein Konservativer, ein Liberaler und ein Sozialist»[160] – ein Selbstbild, das auf den Schlachtfeldern von Ypern, in den Töpferstädten, wo er Bergleute unterrichtete, und auf den am Fluss Clyde gelegenen Werften in seiner Glasgower Jugendzeit geformt wurde. Doch während eine solche Perspektive – die Verachtung des Konkurrenzdenkens sowie der Glaube an die nationale Gemeinschaft, an die Einheit einer etablierten Kirche, einen aktiven Staat und ein nationales Bildungssystem – im Großbritannien der Zwischenkriegszeit zwar für viele ansprechend war,[161] wirkte sie auf die jüngeren Dozenten und Studierenden veraltet. Unterhalb des Hügels, im Labyrinth der kleinen Straßen Oxfords, in den Studentenbuden und den verqualmten Pubs, ergab Lindsays Selbstbeschreibung keinen Sinn. Die Studentenzeitschrift *Isis* schrieb über ihn: «Von Natur aus ein Lotosfresser, ein Reaktionär und ein Anhänger der Aristokratie, hat er sich und seinen Freunden vorgemacht, er sei ein Idealist, ein Radikaler und ein Kollektivist.»[162]

Das Wort «Teenager» war damals zwar noch nicht erfunden, aber es gab sie natürlich, man sah sie überall in Oxford, wo sie sich erkennbar wie Teenager verhielten.[163] In den Zimmern der Studierenden lief Duke Ellington, aus den Fenstern der Colleges wehte der Blues von Bessie Smith, und die meisten Colleges hatten eine Jazzband. Die Dixieland-Gruppe The Bandits spielte vor rauchenden Roten auf.[164] Maurice Bowra leitete am Wadham College einen exklusiven Dining Club, wo er die Crème de la Crème der (fast ausschließlich männlichen) jugendlichen Talente zum Essen und Trinken einlud. An seinem Tisch kam es in allererster Linie auf einen unterhaltsamen Gebrauch der Sprache an. Klatsch und Tratsch waren eine hohe Kunst. Kommentare, die nur bösartig waren, ohne auch lustig zu sein, wurden ignoriert, ebenso wie Witze, die lediglich schockierten, ohne zu erhellen. Böse Witze, die clever waren, waren hingegen erlaubt: «Der Master des Balliol war krank, aber leider geht es ihm langsam besser.»[165]

Lindsay wollte keine Männer vom Balliol zum Unterricht zu Bowra schicken. Als Gilbert Murray eine Kampagne anführte, um den Studierenden den Besitz von Autos zu verbieten, deren Rücksitze sicherlich ein naheliegender Ort für unzüchtiges Betragen waren, war es Bowra, der über ihn obsiegte.[166] Für eine neue Generation von Studierenden und jüngeren Dozenten war es schlicht indiskutabel, sich durch Regeln einschränken zu lassen, wie paternalistisch auch immer sie konzipiert sein mochten – genauso indiskutabel wie die immer noch nachwirkenden imperialistischen Dimensionen von Lindsays Internationalismus. Die Teenager suchten nach einer Weltanschauung, die Freiheit und Individualität betonte und weniger zugeknöpft war.

Der Agamemnon-Kurs

Während Isobel Henderson noch zusammen mit Mary und Iris Briefumschläge befüllte, sprachen sie gemeinsam über die Ausbildung der beiden jungen Frauen. Die von Mildred Hartley für die *Mods* ausgewählten Übersetzungsübungen enthielten wenig, was eine angehende Altphilologin begeistern konnte. Caesar oder Cicero wurden nur selten ausgewählt; stattdessen bevorzugte Mildred Passagen, die den Geist ihrer Schülerinnen auf die Probe stellen sollten. Lewis Carroll war ein besonderer Favorit; die Passage in *Alice im Wunderland*, in der die Grinsekatze verschwindet und nur ihr Grinsen zurückbleibt, erwies sich als fast unmöglich, auf Griechisch wiedergegeben zu werden. «Der Punkt bei diesem ‹Cheshire-Lächeln› oder ‹Grinsen›, wie Carroll es nennt – ein schwierigeres Wort als ‹Lächeln› –, ist der, dass es für sein Substantiv kein griechisches Wort gibt; es muss vielmehr ein Partizip des Verbs gebraucht werden, ein adjektivisches Partizip, das einem Substantiv beigelegt wird; Sie werden also sofort einsehen, wie schwierig es ist, mit einem Lächeln umzugehen, das zurückbleibt, nachdem die Katze verschwunden ist», beklagte sich Prue Smith, eine der Tutandinnen.[167] So kam es, dass Iris und Mary zum ersten Mal die Kraft und die Anziehungskraft – oder schlicht: den puren Nervenkitzel – der Gelehrsamkeit außerhalb ihrer Collegemauern verspürten, als Isobel Henderson sie zusammen zum Corpus Christi College schickte, wo sie die Agamemnon-Kurse von Eduard Fraenkel besuchen sollten.

Professor Eduard Fraenkels Gelehrsamkeit wurde von keinem lebenden Altsprachler übertroffen, und seine fast religiöse Hingabe an seine Arbeit war in ganz Europa legendär.[168] Doch wie auch alle anderen Vertreter seiner Generation jüdischer Gelehrter wurde er 1933 zwangsweise von seiner Universitätsstelle entbunden, als die Nazis das Gesetz zur Wiederherstellung des Berufsbeamtentums erließen.[169] Martin Heidegger nahm in seiner Eigenschaft als Rektor die Entfernung Fraenkels von seinem Lehrstuhl an der Universität Freiburg vor.[170] Mit Hilfe der Society for Protection of Science and Learning wurde der Verlust Freiburgs zu einem Gewinn für Oxford. Der Regius-Professor für Griechisch, E. R. Dodds, gab zu Protokoll: «Ich kenne niemanden, dessen Rettung sich vom wissenschaftlichen Standpunkt aus mehr gelohnt hätte.»[171]

Mary und Iris betraten den alten Kreuzgang von Corpus Christi, Oxfords ältestem College, mit einiger Beklommenheit, da ihnen Isobel Hendersons Worte noch in den Ohren klangen – «großes Privileg», «vornehm», «ernst». «Man liegt immer falsch, wenn man etwas nicht mag», sagte sie zu ihren Studentinnen, um sie zu ermutigen, ihre Schüchternheit zu überwinden.[172] Auch Iris und Mary wurden mit einer Warnung losgeschickt: Fraenkel «wird euch wahrscheinlich ein bisschen betatschen, aber nehmt das nicht so schwer».[173] Als sie ihre Talare richteten und die winzige Tür aus dem 16. Jahrhundert zu dem sichtlich uralten Raum (mit niedriger Decke, hohen Tudor-Fenstern und einem großen Tisch in der Mitte) aufschoben, stießen sie dort zu einer wechselnden Besetzung von zwanzig Gelehrten (Dozenten und Studierenden), die sich Zeile für Zeile durch Aischylos' Drama arbeiteten. Die Lehrveranstaltung hatte bereits begonnen, als sie noch zur Schule gingen, und so stiegen die beiden bei Zeile 83 ein («Die Sache ist da, wo sie jetzt ist; sie wird sich bis zu ihrem vorbestimmten Ende erfüllen», klagt der Chor und wartet auf Nachrichten aus dem fernen Krieg in Troja).[174] Für zwei Stunden zwischen 15 und 17 Uhr jede Woche kroch die Klasse geradezu durch die Übersetzung, wobei Fraenkel am Kopf des Tisches saß und den Vorsitz führte.[175] Dieses Lehrformat – die deutsche Tradition des Seminars – war neu in Oxford, das bis dato an Vorlesungen und Tutorien (mit einem oder zwei Studierenden und einem Tutor) gewöhnt war.[176] Eine strenge Bedingung für die Teilnahme war, dass keine Sitzung jemals versäumt werden durfte.[177]

Mary war begeistert von dem «Gefühl, Teil eines großen, zeitlosen Unternehmens zu sein». Fraenkel wollte herausfinden, was Aischylos gemeint und geschrieben hatte – Worte aus einer Feder, die vor über 24 Jahrhunderten ihre Spuren hinterlassen hatte. Die gewaltige zeitliche und kulturelle Distanz zwischen Vergangenheit und Gegenwart wurde nur durch die kontinuierliche menschliche Tätigkeit des Bewahrens, Kopierens, Schützens und Reproduzierens von Papyrus, Pergament und Papier überbrückt. Fraenkel untersuchte die Oberfläche verschiedener Abschriften, filterte dabei Eigenheiten und Verfälschungen heraus, die durch wiederholte Transkriptionen entstanden waren, und trug die Schichten der Zeit ab. Diese Arbeit erforderte die Kenntnis eines ganzen Netzwerks von für sich genommen unbedeutenden Tatsachen: Wie wurden die Werke hergestellt und wie kopiert? Was waren die Gewohnheiten und Idiosynkrasien derer, die sie geschrieben hatten? Und dann gab es auch noch Tatsachen, die nur im Text selbst eine Spur hinterlassen hatten: Ein Fehler in der Transkription hat möglicherweise die Hand eines «müden Mönchs» angezeigt, der «am Ende seines Tages schrieb». Sobald er die Schichten der angehäuften Fehler und Missgeschicke entfernt hatte, verwandelte Fraenkel den klaren, sauberen Text in Klang; Mary war erschüttert von der Erkenntnis, dass der Vers geschrieben worden war, um laut ausgesprochen zu werden.[178]

Fraenkels Flüchtlingsstatus wirkte sich auf seine Behandlung der ebenfalls im Exil lebenden Kassandra aus, einer trojanischen Priesterin, die von Agamemnon gefangen gehalten wurde: «Das Elend ihrer Situation wird durch die fremde Umgebung noch verstärkt und trägt dazu bei, dass man zumindest eine Zeit lang annehmen kann, dass sie die Sprache nicht versteht», schrieb er.[179] Ruth von Velson, Eduards Frau (die ihre akademische Laufbahn in der klassischen Philologie aufgegeben hatte, als sie heirateten), war die Einzige in der Familie, die Englisch sprach, als das Paar und seine fünf Kinder 1934 in England eintrafen.[180] Das German Jewish Aid Committee, das antideutsche Stimmungen in der britischen Bevölkerung fürchtete, riet deutschen Flüchtlingen wie Ruth und Eduard Fraenkel: «Verbringen Sie Ihre Freizeit sofort mit dem Erlernen der englischen Sprache und ihrer korrekten Aussprache. Unterlassen Sie es, auf der Straße, in öffentlichen Verkehrsmitteln und an öffentlichen Orten wie Restaurants Deutsch zu sprechen. Sprechen Sie lieber stockendes Englisch als fließendes Deutsch – und *sprechen Sie nicht mit lauter Stimme.* Lesen Sie in der Öffentlichkeit keine deutschen Zeitungen.»[181]

Für die Studierenden, von denen einige noch im Teenageralter waren, verlieh die Größe der Weltbühne, auf der sich ihre Zukunft abspielen sollte, der Geschichte von der Heimkehr eines Kriegers Gewicht und Pathos. Iris sollte dieses Gefühl später in ihrem Gedicht «Agamemnon Class, 1939» wie folgt einfangen:

> Haben wir den Krieg erwartet? Was haben wir befürchtet?
> Die verbrennende, lähmende Flamme der ersten Liebe,
> oder dass sich vor aller Augen offenbaren würde,
> dass wir den Aorist eines vertrauten Verbs
> nicht benennen können?

Die älteren Dozenten, von denen viele zu jung waren, um im ersten großen Krieg gekämpft zu haben, und schon zu alt, um im kommenden zu kämpfen, taten ihr Bestes, um ihren jungen Kommilitoninnen bei der Übersetzung zu helfen. Aischylos' Chor bedauert sein hohes Lebensalter: «Wir aber, die wir mit unseren alten Knochen nicht mehr fähig sind [als Soldaten zu dienen], wurden von der Unterstützungsexpedition, die damals ausgesandt wurde, ausgeschlossen und bleiben zurück, indem wir uns mit kindlicher Kraft auf Stöcken bewegen.»[182] Ihnen bleibt nur noch, Zeugnis zu geben, während in Troja «die ganze Jugend Griechenlands» fällt und die Folge der Generation durchbrochen wird.[183]

> Zwischen Zeile dreiundachtzig und eintausend
> Erschien unsere Unschuld uns
> Verloren, verwüstet unsere Jugend,
> In dieser klaren unversöhnlichen Luft,
> Die Folgen schon vorher durchlebt,
> Durch die Angst verdichtet zu einem grellen Flackern,
> Aus Sonne und Regen eine höchst unheimliche Mischung.[184]

Tatsächlich wurde Iris von Fraenkel «betatscht» (sie behauptete, dass es ihr nichts ausmachte), aber nicht Mary, die gerade dabei war, sich in den stillen und hübschen Nick Crosbie zu verlieben. Nicks Freund Kenneth Kirk trauerte ihr wiederum hinterher, und Noel Martin kam nur, um Iris anschauen zu können.[185] Für Frank Thompson war Iris, das Mädchen im grünen Kleid, sein «Traummädchen» – «eine poetische irische Kommunistin, die *Honour Mods* studiert», schrieb er an seine Eltern auf Boars Hill. «Ich bete sie an.»[186] Und Michael Foot, Franks Schulfreund aus Winchester, war in Léonie Marsh verliebt, erinnerte sich aber später daran, dass «praktisch jeder, der mit Iris studierte, von ihr fasziniert war».[187] Iris ersuchte Frank, der Kommunistischen Partei beizutreten. «Komm in ein paar Tagen zum Tee und bekehre mich», schlug dieser daraufhin halbherzig vor.[188] Und beides tat sie.

Eine Revolution in der Philosophie: Freddie Ayer erklärt der Metaphysik und der Ethik den Krieg

Generationen von Studierenden, die in Oxford die *Greats* durchliefen, wurde neben einer überreichlichen Dosis von (viel, mehr und noch mehr) Platon und Aristoteles auch spekulative Metaphysik vermittelt – der Versuch der Philosophen, Theorien über das Wesen der Wirklichkeit allein aus der Vernunft heraus zu entwickeln. Ein Student des Jahrgangs von 1900 hätte sich, vom Schock des Anblicks unbeaufsichtigter und hutloser Frauen einmal erholt, an der Seite von Elizabeth Anscombe wohlgefühlt, wie sie in ihrem ersten Jahr der *Greats* Vorlesungen über die Antike besuchte – zu Platons *Politeia*, Aristoteles' *Ethik* und *De Anima* und dann wieder zu Platons Ideenlehre. In den Vorlesungen von H. A. Prichard über «Das Konzept der moralischen Verpflichtung» oder von W. D. Ross über «Moralphilosophie» wäre er hingegen ziemlich ins Schwimmen geraten. Denn das erste Drittel des 20. Jahrhunderts erlebte einen dramatischen Wandel in der philosophischen Orthodoxie, der sich auch in den Vorlesungsverzeichnissen widerspiegelte, die in der Oxforder *Gazette* erschienen. Als Elizabeth ihren Platz einnahm, erreichte der Machtkampf einen Höhepunkt.

Zu Beginn des Jahrhunderts hatten die idealistischen Metaphysiker die Bühne – oder zumindest das Rednerpult – in Oxford inne: Bradley, Bosanquet, Muirhead, Collingwood und Mure. Die Inspirationsquelle dieser Männer war der deutsche Philosoph G. W. F. Hegel, der ihrer Ansicht nach eine wahrhaft metaphysische Auffassung der Wirklichkeit als eines einheitlichen Ganzen mit einer vernünftigen oder «idealen» Ordnung entworfen hatte. Diese Ordnung wird, wie sie nicht müde wurden zu betonen, im und vom Bewusstsein konstituiert und verbindet alle Subjekte und alle Dinge miteinander – der Wissende und das Gewusste sind in einem allumfassenden Absoluten zusammengefasst. Die Aufgabe der Philosophie besteht dann darin, das Absolute zu erkennen, was, wie partiell und unzureichend auch immer, durch eine Art der Selbstaufhebung erreicht werden sollte; dadurch würde die Struktur des Ganzen offenbar werden (zu dem der sein eigenes Bewusstsein aufhebende Philosoph gehörte). Diesen Idealisten zufolge erschöpft sich das menschliche Wissen nicht in der bloß sinnlichen Wahrnehmung besonderer und voneinander separierter physikalischer Gegenstände wie Tische oder Berge, sondern schreitet vielmehr zu einer alles vereinenden Perspektive voran: der Erkenntnis des Absoluten. Poesie, Kunst, Religion und historisches Verständnis sind für diese Aufgabe von entscheidender Bedeutung, während wissenschaftliche, empirische Methoden der Beobachtung und Messung dabei nur eine geringe Rolle spielen können. Das endgültige Ziel der philosophischen Forschung war, wie es die Idealisten Anfang 1900 von ihren Podien aus proklamierten, das Leben in Einklang mit der Welt zu bringen. Die Philosophie leiste ihren Beitrag dazu, wie die Dinge sein *sollten*, also dazu, das Ideal zur Wirklichkeit werden zu lassen.[189]

Kurz vor dem Ersten Weltkrieg gerieten die Idealisten durch die stärker geerdeten Realisten unter Beschuss. Inspiriert von den Cambridger Philosophen Bertrand Russell und George (G. E.) Moore und ausgehend von dessen Manifest «Die Widerlegung des Idealismus» aus dem Jahr 1903,[190] vertraten sie vehement die These, dass, anders als die Idealisten glauben, der Wissende sehr wohl vom Gewussten geschieden sei. Ihnen zufolge gibt es keine Verflechtung von Geist und Welt, kein allumfassendes Absolutes. Und die Aufgabe der Philosophie unter-

Oktober 1938 – September 1939

scheidet sich ihrer Ansicht nach auch gar nicht so sehr von der der Wissenschaft – denn sie bestehe darin, eine gänzlich selbständige Realität zu entdecken und zu beschreiben. Erkenntnis sollte – Fragment für Fragment – aus unabhängigen Elementen aufgebaut werden, Beobachtung an die Stelle der Spekulation und ein realistischer Geist an die Stelle eines romantischen treten.

Von ihren Kathedern predigten die Oxforder Philosophen Harold (H. A.) Prichard (eine kleine, schmächtige Gestalt mit strähnigem weißem Haar, einem dichten schwarzen Schnurrbart und einer hohen, näselnden Stimme) und David (W. D.) Ross (ein paar Jahre jünger, Glatze und glattrasiertes Gesicht, schottischer Akzent) in den 1920er und 1930er Jahren eine «intuitionistische» Ethik, die sich in diesen realistischen Rahmen einfügte. Ihnen zufolge verfügt der Mensch über eine Fähigkeit zur moralischen Intuition, die dem gewöhnlichen Sehvermögen ähnelt, aber speziell auf die moralischen Aspekte der Realität abgestimmt ist. Diese moralische Realität könne also nicht durch Selbstaufhebung, sondern nur vermittels jener Fähigkeit erfasst werden. Für einen Studenten um 1900 wäre dieser Gedanke – dass moralisches Wissen irgendwie analog zum Beobachtungswissen eines Wissenschaftlers verstanden werden könnte – wohl schockierend gewesen.

Der Vorreiter dieser Spielart des Realismus, G. E. Moore, hatte die Herzen der Bloomsbury-Gruppe höherschlagen lassen, indem er die Eigenschaft des «Gutseins» in die Bestandteile der realen Welt einbezog. Als er das Absolute auflöste, hielt er die Autonomie und Reinheit des Guten dadurch aufrecht, dass er auf einer grundlegenden Unterscheidung in der Wirklichkeit bestand, nämlich der zwischen natürlichen Tatsachen und nichtnatürlichen (moralischen) Werten. Das Gute existiert, wie er behauptete, obwohl es weder eine «natürliche Eigenschaft» ist noch auf etwas reduziert oder auch nur übersetzt werden kann, was in den Gegenstandsbereich der Psychologie oder der Naturwissenschaften fällt.[191] Trotzdem ist die Wirklichkeit mit einer Vielfalt von wertvollen Dingen bevölkert, die wir durch die Erfahrungen, die sie uns vermitteln, als solche erkennen – die Freuden des zwischenmenschlichen Umgangs, der persönlichen Zuneigung und Liebe, die Wertschätzung dessen, was in der Kunst und Natur schön ist. Die Pflicht einer jeden Person besteht nach Moore darin, die Menge von

Werten in der Welt zu vergrößern, indem sie Gegenstände schafft, die diese Erfahrungen ermöglichen.

Obwohl die Oxforder Prichard und Ross Realisten wie Moore waren, lehnten sie seine Darstellung der Zusammenhänge zwischen Pflicht und Wert ab. Unter den Moralphilosophen gebe es eine weitverbreitete Tendenz, erklärte Prichard vom Katheder aus, die Frage «Warum sollte ich meine Pflicht tun?» mit «Weil es gut ist» zu beantworten. Der nächste Schritt bestehe dann im Versuch des Nachweises, dass es gut ist, seine Pflicht zu tun – entweder weil es einem nützt (es ist gut für einen selbst) oder weil pflichtgemäße Handlungen an sich gut sind. Aber, so wendet Prichard ein, wenn der Grund, seine Pflicht zu tun, darin besteht, dass es einem selbst nützt, dann sinkt die Moral zum Eigeninteresse herab. Und obwohl es stimmen mag, dass pflichtgemäße Handlungen gut sind, so sind sie es doch nur deshalb, weil sie die Erfüllung der Pflicht sind, und nicht umgekehrt (wie Moore fälschlicherweise annahm). Versuche von Moralphilosophen, den Gedanken einer «guten Handlung» unabhängig von der Pflicht auszubuchstabieren, indem sie sich auf Konzepte wie «Tugend» oder «Charakter» berufen, die Aristoteles hervorgehoben hatte, würden die Dinge nur noch verworrener machen, so Prichard. Mein Motiv sei einfach irrelevant für die Frage, ob das, was ich tue, das Richtige ist.

Prichards berühmter Aufsatz «Beruht die Moralphilosophie auf einem Irrtum?» macht auf eine Parallele zwischen der Suche der Moralphilosophen nach einer Theorie über die Pflicht und dem berühmten Versuch von Descartes aufmerksam, sich selbst zu beweisen, dass er Wissen von der Außenwelt hat. Manchmal verspüren wir einen skeptischen Zweifel (was weiß ich wirklich?), und manchmal fragen wir uns, ob wir eigentlich töricht sind, wenn wir unsere etwas lästigen Pflichten unhinterfragt erfüllen (warum sollte ich meine Pflicht tun?). In beiden Fällen jedoch ist für Prichard die Suche nach einer Theorie, die mir Sicherheit gibt, irreführend: Denn wenn Pflichten in Konflikt miteinander geraten und ich wirklich unsicher bin, was ich tun soll – muss ich das Buch aus der Bibliothek zurückgeben oder mein Versprechen erfüllen, einem Freund beizustehen? –, helfen mir weder eine Theorie noch ein Beweis. «Das einzige Mittel, diesen Zweifel zu beseitigen, liegt darin», so Prichard am Ende seines Aufsatzes von 1912, «daß wir uns in eine Situation begeben, die diese Verpflichtung nach sich zieht [...], und dann die moralischen Fähigkeiten unseres Denkens das ihre tun lassen.»[192] Ich muss also meiner moralischen Intuition vertrauen.

Der moralische Intuitionismus von Prichard und Ross brachte ihre Studierenden zur Verzweiflung. «Prichard und Ross schienen in einer Welt moralischer Gewissheiten zu leben, die nicht mehr die unsere war», klagte die Philosophin Dorothy Emmet, die kurz nach dem Ersten Weltkrieg (und noch mit Anstandsdame) in Lady Margaret Hall in ihren Vorlesungen saß. «Sie wähnten sich ziemlich gewiss, welche Handlungen richtig und welche falsch waren.» Sie selbst war hingegen nicht überzeugt, und zwar weder von deren Zuversicht, dass ihre «moralischen Fähigkeiten» immer ein Urteil über das Richtige hervorbringen würden, noch über die scharfe Trennung, die die beiden zwischen dem Richtigen und dem Guten vornahmen. «Ich wollte einen Hintergrund für die Ethik, vor dem das Richtige in irgendeiner Beziehung zum Guten stehen sollte. Das aber bedeutete, auf die Arten von menschlichen Beziehungen und die Lebensformen Bezug nehmen zu müssen, die wir für gut erachteten.»[193] Später sollte sie diese Tiefe und jenen Hintergrund mit ihren Büchern vermitteln. Als Iris im Hörsaal ihren Platz einnahm, um David Ross zu hören, war ihre Reaktion die gleiche wie die von Dorothy: «Eine seichte, dumme Milch- & Wasser-‹Ethik› ist das hier», beschwerte sie sich in einem Brief an einen Freund in Oxford.[194]

Die letzte Phase des Machtkampfs in Oxford brach an, als Elizabeth den Vorsitz in ihrem Scheinprozess in Sydenham führte. Zur großen Überraschung von Ross und Prichard war dies ebenso ein Angriff auf sie selbst wie auf ihre Gegner.

Im Jahr 1933 erhob sich bei einer öffentlichen Zusammenkunft der Philosophen ein unbekannter junger Mann mit glattem schwarzem Haar und einem strahlend bunten Hemd aus einem Meer ergrauter Dozenten. Die «älteren Herren waren verblüfft und empört», als sein Mund eine Kriegserklärung verkündete. «Sie alle stehen vor Ihrem vorzeitigen Niedergang», erklärte er. Die Prozesse, durch die Realisten wie Idealisten vom Antlitz der Erde gefegt werden sollten, seien unaufhaltsam in Gang gesetzt worden. «Die Armeen von Cambridge und Wien sind Ihnen bereits auf den Fersen!»[195] Dieser junge Mann war Freddie (A. J.) Ayer, ein sechsundzwanzigjähriger Forschungsstipendiat am Christ Church. Sein alter Tutor, Michael Foster, hielt ihn für ungeeignet, die Jugend zu unterrichten,[196] doch Maurice Bowra, der Leiter des Wadham College, an dessen Tisch Freddie unterrichtet worden war, sah in ihm ein «junges Genie».[197]

Während die Realisten noch mit den Idealisten in Oxford und Cambridge stritten, traf sich in den Wiener Cafés ein Kreis von Intellektuellen, um über die Zukunft der Philosophie nach dem Zusammenbruch der österreichisch-ungarischen Doppelmonarchie zu diskutieren.[198] Ihre Galionsfigur, Moritz Schlick, hatte den Lehrstuhl für Naturphilosophie an der Wiener Universität inne, eine Position, die für den Universalgelehrten Ernst Mach geschaffen worden war, dessen Empirismus, so glaubte Schlick nun, Demokratie und Humanismus retten könne. Im 19. Jahrhundert hatten die Revolutionen in der Geometrie die Vorstellung des Aufklärungsphilosophen Immanuel Kant erschüttert, dass der euklidische Raum die Form aller möglichen Erfahrungen sei – und damit auch seine Vorstellung von einer Art apriorischem Wissen, das nicht aus der Erfahrung abgeleitet oder durch Erfahrung erworben wird. Mach trat dagegen mit einer Alternative auf den Plan: Es bestehe keine Notwendigkeit, irgendetwas zu postulieren, was die Sinneserfahrung nicht bestätige oder vorhersage. In politischer Hinsicht war Machs Ablehnung des Apriorischen eine antiautoritäre Lektion, die sich auf die Gesellschafts- und Wirtschaftswissenschaften ebenso gut anwenden ließ wie auf die Psychologie. Seine «Psychophysik» würde, wie er hoffte, den Weg dazu ebnen, Empfindungen der Materie zuzuordnen und geistige Phänomene in Kontinuität mit der physischen Welt zu erklären. Oxford sollte zwar noch bis 1935 warten müssen, bis es sein Institut für experimentelle Psychologie erhielt (nachdem eine Anna Watts 10 000 Pfund für diesen Zweck gespendet hatte), doch bereits in den 1870er Jahren entwickelte Mach Konzepte, die seine Experimente durchführbar machen sollten.[199]

Mary lief im Sommer 1938 an Machs Büste aus weißem Marmor auf rosafarbenem Granit vorbei, als sie eine Abkürzung durch den Wiener Rathauspark nahm, um (fast schon verspätet) einer Auffüh-

Oktober 1938 – September 1939

Büste von Ernst Mach im
Rathauspark Wien

rung von Smetanas *Verkaufter Braut* beizuwohnen («dieses Erlebnis hat mich in der Folge lange von der Oper abgeschreckt»).²⁰⁰ Zu diesem Zeitpunkt war Moritz Schlick bereits tot (ermordet von einem ehemaligen Studenten), und fast alle noch lebenden Mitglieder des Wiener Kreises hatten ihre akademischen Positionen verloren oder sie, in weiser Voraussicht, aufgegeben und waren emigriert. Einem von ihnen, Friedrich Waismann, werden wir später in den Hörsälen von Oxford und Cambridge begegnen.

Freddie Ayer hatte die Kriegserklärung zwar gemacht, doch es war Großbritanniens erste Philosophieprofessorin, Susan Stebbing, die die «Armeen von Wien» ursprünglich dazu eingeladen hatte, sich mit den Cambridger Realisten zusammenzuschließen. Stebbing hatte Schlick 1930 in England kennengelernt und sofort nach Wegen gesucht, wie sie den logischen Positivismus (die Wiener Hinwendung zu Wissenschaft, Messung und Beobachtung) in einen Austausch einbringen konnte, den sie mit ihrem Freund und früheren Mentor G. E. Moore über das Erfordernis von Klarheit führte. Sie erkannte das Potenzial ihrer «Analyse», die verborgene Struktur der Sprache und der Welt aufzudecken. Stebbings Auffassung war, dass die Analyse auf Tatsachen (wie auch auf Sätze) angewandt werden könne, um die grundlegenden Bausteine unserer alltäglichen Erfahrung aufzudecken. Und sie sah einen Zweck, der außerhalb der philosophischen Hörsäle lag. Denn wenn man die allgemeine Bevölkerung lehren könnte zu fragen: «Was bedeutet das?», wenn sie mit politischer Propaganda, Werbung oder journalistischer Berichterstattung konfrontiert würde, und wenn man ihnen demonstrieren könnte, wie man diese Frage beantwortet, indem man Sätze und Argumentationen in ihre Bestandteile zerlegt, dann würde dies zu einer besser informierten und politisch versierteren Öffentlichkeit führen. In der Zwischenzeit hatte G. E. Moore im Anschluss an seine «Widerlegung des Idealismus» seinen Angriff auf das Esoterische fortgesetzt und Studierende, Redner und Kollegen gleichermaßen mit seiner wiederholten Frage «Was UM ALLES IN DER WELT meinen Sie damit?» in Unruhe versetzt.[201] Ursprünglich wollte er mit ihr gegen die Idealisten vorgehen (deren Aussagen über «das Absolute» gewiss obskur waren), doch seine Wiederholung dieser Frage, begleitet von Schlägen auf Tischplatten und zerrissenen Papieren, hatte (zusammen mit Stebbings weniger ikonoklastischen Bemühungen) dazu beigetragen, in Cambridge eine methodologische Wende herbeizuführen. Durch Moores irritierende und beharrliche Herausforderung und ihre umsichtige Verteidigung durch Stebbing kam es dazu, dass die Philosophen in Cambridge in den späten 1920er Jahren nicht mehr fragten: «Was ist das Gute?», sondern: «Was bedeutet ‹gut›?»

Stebbing erblickte in der Arbeit der Wiener Logiker eine Methode zur Beantwortung solcher Fragen. Im Jahr 1933 hielt sie an der British Academy einen Vortrag mit dem Titel «Logical Positivism and Analysis», in dem sie aufzeigte, wie die Methoden der logischen Analyse des Wiener Kreises – mit ihrer Betonung der Rolle der Beobachtung – ein Werkzeug für die Suche nach Klarheit sein könnten. Sie war Mitbegründerin der Zeitschrift *Analysis*, die sich der «analytischen» Philosophie widmete und in der Schlick und seine Mitstreiter publizierten. Der in der Slowakei geborene amerikanische Wissenschaftsphilosoph Ernest Nagel verfasste 1936 seine «Eindrücke von der analytischen Philosophie in Europa», die auf einer ein ganzes Jahr umfassenden Erhebung beruhten und worin er seinen amerikanischen Leser:innen die methodischen und substanziellen Verbindungen darlegte, die bereits zwischen «der in Cambridge, Wien, Prag, Warschau und Lemberg betriebenen Philosophie» bestanden.[202] «Miss Stebbing hat außerordentlich viel Energie [für die analytische Philosophie] aufgewendet», merkte er an.[203] Auch ihren Kollegen fiel dieser Umstand auf: «Ich habe mir immer gewünscht, dass sie ein Buch oder wenigstens einen Aufsatz schreiben würde, frei von dem Druck anderer Verpflichtungen oder dem Versprechen, es bis zu einem bestimmten Zeitpunkt fertig zu haben», klagte einer von ihnen. «Aber nein, immer war irgendetwas – wenn nicht eine Ausschusssitzung, dann ein Taxi nach Irland, und mit einem Koffer in der Hand und einem etwas schief sitzenden Hut auf dem Kopf war sie auch schon wieder weg.»[204]

Stebbings Energie floss zum größten Teil in den Aufbau einer Gemeinschaft von Gelehrten, aber sie arbeitete auch daran, die neuen logischen Methoden einer breiteren Öffentlichkeit zu erklären. Ihr Buch *A Modern Introduction to Logic* (1930) war das erste Lehrbuch der modernen Logik – also der technischen Methoden, die die logischen Positivisten zur Analyse von Propositionen verwendeten. «Die Logik befasst sich im gewöhnlichsten und weitesten Sinne des Wortes mit dem reflektierenden Denken», heißt es bei ihr gleich zu Beginn.[205] Logisch zu denken bedeutet einfach, klar und zielgerichtet zu denken. Doch «erst vor Kurzem hat man erkannt, dass es eine Wissenschaft der reinen Logik gibt, die sich mit nichts anderem als mit der Form befasst». Dieser technische, enge Sinn von «Logik» betreffe, wie sie erklärt, die allgemeinen und abstrakten Strukturen des Denkens. Nehmen wir das Argument: «Wenn alle Politiker inkonsequent sind und Baldwin ein Politiker ist, dann ist Baldwin inkonsequent.» Die Prämissen und die Schlussfolgerung können wahr oder falsch, irrelevant oder skandalös sein, doch diese Qualitäten sind für den modernen Logiker uninteressant, denn er ist nur an der Form des Arguments interessiert: «Das Ideal des Logikers ist die vollständige Allgemeinheit [und] er erreicht dieses Ideal, indem er seine Behauptungen vollständig formalisiert», und zwar durch die Anwendung der neuen logischen Hilfsmittel von «Konstanten» und «Variablen». Er tauscht «Baldwin» gegen «b», «inkonsistent» gegen «β» und «Politiker» gegen «α» aus und erhält dann die folgende

Aussage: «Wenn alle α β sind und b ein α ist, dann ist b ein β.»[206] Als Nächstes können die Ausdrücke «alle», «wenn dann» und «und» ebenfalls gegen Symbole ausgetauscht werden: $\forall$, $\rightarrow$ und &. Der Logiker braucht also weder die Welt noch das Verhalten von Baldwin und seinen Politikerkollegen zu betrachten, um die logische Gültigkeit der folgenden Abfolge von Symbolen zu erkennen: $((\forall x)(\alpha x \rightarrow \beta x)$ & $\alpha b) \rightarrow \beta b$.

Als die Nachwahlen in Oxford stattfanden, veröffentlichte Stebbing das Buch *Thinking to Some Purpose*, das die Kraft und die Relevanz des logischen Denkens (im weitesten Sinne des Wortes) einem Land am Rande des Krieges vermitteln und seine Leser:innen gegen die Gefahren der Manipulation immunisieren sollte. So stützte sich beispielsweise die Propaganda häufig auf Formen des «eingetopften Denkens [*potted thinking*]», eines beschränkten, im Voraus zugerichteten Denkens, das zwar leicht verdaulich ist, dem es aber an den für die geistige Ernährung notwendigen Nährstoffen mangelt.[207] In Phrasen wie «feiger Pazifist», «fettgefressener Kapitalist» oder «schwächlicher Christ» ist das «Attribut so mit dem von ihm näher beschriebenen Substantiv verknüpft, dass es psychologisch unmöglich ist, zum Beispiel einen Christen von einem Schwächling zu unterscheiden». Was es braucht, um den Einfluss dieser klischeehaften, «eingetopften» Denkweisen zu brechen, sei «eine Neubewertung der Tatsachen».[208]

Als Moores Lehrstuhl in Cambridge im Jahr 1939 vakant wurde, bewarb sich Susan Stebbing. «Natürlich ist jeder der Meinung, dass du die richtige Person für die Nachfolge von Moore bist», sagte Gilbert Ryle, ein Freund und Fellow am Christ Church College, zu ihr, «nur dass du eben eine Frau bist.»[209] Der Job ging an Ludwig Wittgenstein.

Gilbert Ryle war es, der 1933 seinen jungen Schüler Freddie Ayer zunächst nach Cambridge (wo er Stebbing und Wittgenstein kennenlernte) und dann für einige Monate nach Wien schickte. Ayers neue Ehefrau Renée Orde-Lees begleitete ihn. Als hochkultiviertes (aber ausgestoßenes) Klostermädchen mit schickem Bubikopf, Hausstiefeln und einer Perserkatze an der Leine glich sie «so wenig den Oxford-Frauen wie er den Oxford-Männern».[210] Es war üblich, dass die Männer die Frauen nachts nach Hause begleiteten (die Sperrstunde für die Männercolleges war entsprechend später als die für Frauencolleges), doch Renée fuhr stattdessen Freddie mit dem Motorrad, während ihr Mann, im Beiwagen sitzend, las und schrieb.[211]

Während Renée durch die Wiener Kinos, Tanzlokale und Museen zog, nahm Freddie an den Treffen des Wiener Kreises teil. Damals war die Exegese von Wittgensteins *Tractatus logico-philosophicus* ihr zentrales Anliegen.[212] «Alles was überhaupt gedacht werden kann, kann klar gedacht werden. Alles was sich aussprechen läßt, läßt sich klar aussprechen», schreibt dieser darin. «Wovon man nicht sprechen kann, darüber muß man schweigen.»[213] «Wittgenstein wird hier als ein zweiter Pythagoras behandelt», schreibt Freddie Ayer an Gilbert Ryle, «und Waismann ist der Hohepriester dieses Kults.»[214] Ayer konnte nicht viel von dem verstehen, was gesagt wurde – sein Deutsch war zu schlecht, um dem Fluss der Worte zu folgen –, war aber nach kurzer Zeit davon überzeugt, alles zu wissen, was es zu wissen gab. «Im Großen und Ganzen habe ich nur sehr wenig von ihnen verstanden», schrieb er. «Ich denke aber, dass ich mit Ihrer Hilfe bereits alles aus Wittgenstein herausgeholt habe, was er uns zu geben hat, und das ist auch die richtige Einstellung gegenüber der Philosophie, nämlich die richtige Beurteilung dessen, was ein echtes philosophisches Problem ist und was nicht.»[215]

Die beiden Gedanken, die Ayer von Ryle und aus den halbverstandenen Gesprächen in Wien für sich mitgenommen hatte, waren die der logischen Analyse und des Empirismus: Ganz normale Aussagesätze konnten mit Hilfe der neuen Symbolik formalisiert und klarer gemacht werden und anschließend dann einer nach dem anderen unter Rekurs auf die Erfahrung geprüft werden. Jeder Satz, der dieser Analyse und Prüfmethode nicht standhielt, scheiterte bei dem Versuch, einen Gedanken zum Ausdruck zu bringen. In seiner Begeisterung für diese neuen logischen Methoden schlug Ayer vor, die Analyse so lange fortzusetzen, bis man zu einer Beschreibung in Form von «Wahrnehmungsgehalten» gelange: «So kann zum Beispiel der Satz ‹Ich sitze jetzt vor einem Tisch› grundsätzlich in einen Satz umgewandelt werden, der keine Tische erwähnt, sondern nur Wahrnehmungsinhalte», erklärte er.[216] Die moderne Logik führte Ayer somit zu einer linguistischen Version der antiken Ansicht, die als «Phänomenalismus» bekannt ist: Etwas über Tische zu sagen bedeutet in Wirklichkeit, etwas über die sinnliche Erfahrung zu sagen. Eine Analyse von «Ich sitze jetzt vor einem Tisch» verpflichtet den umsichtigen Philosophen nicht auf die Annahme der Existenz von Tischen; «Tische [sind] logische Konstruktionen aus Wahrnehmungsinhalten».[217]

Nach seiner Rückkehr nach England schloss sich Ayer in einem Zimmer über einem Tabakgeschäft am Foubert Place in Soho ein und machte sich, über eine Schreibmaschine gebeugt, an die Arbeit. Für die Cambridge-Wien-Synthese hatte er eine ganz andere Verwendung im Sinn als Stebbing: Er würde sich ihre zerstörerische Kraft zunutze machen, um einen «Feldzug» gegen seine steifen Tutoren, die alten Viktorianer, zu führen.[218] Nie wieder würde der abseitige Organizismus der Idealisten dazu benutzt werden, die Individualität durch ihr Beharren darauf zu beschneiden, dass sich jeder Mensch in das Ganze einfügen müsse! Endlich konnte sich die Jugend von den Forderungen der Realisten nach Pflicht und Verpflichtung befreien! Ayer verwandelte den dichten und subtilen Text des *Tractatus* damit in ein Manifest gegen spekulative metaphysische Theorien (sowohl idealistischer als auch realistischer Art).

Die Ersten, die unter die Hämmer von Ayers Schreibmaschine gerieten, waren also die Idealisten. Welche möglichen Beobachtungen könnten Sätze bestätigen wie «Das Absolute hat teil an Evolution und Fortentwicklung, unterliegt diesen aber nicht»?[219] Überhaupt keine! Diese Aussage ist sinnlos, und diejenigen, die sie tätigen, reden nichts als Unsinn. Jahrhunderte metaphysischer Spekulationen über die Natur des Universums landeten auf dem Müllhaufen. Als Nächstes war die Behauptung der Realisten an der Reihe, dass moralische Aussagen, die angeblich intuitiv gewusst werden, sinnvoll sind. Doch welche mögliche Beobachtung könnte die Aussage «Man sollte seinen Nachbarn helfen» verifizieren?

Was in Ayers Vorstellung von Philosophie übrig blieb, war ein *Verfahren:* Philosophen analysieren Aussagen, und die Wissenschaftler überprüfen sie. Stebbings und Moores Vision von der modernen Logik als einer Quelle metaphysischer Erkenntnis war verschwunden, ebenso wie Stebbings Überzeugung, dass eine sprachanalytisch geschulte Öffentlichkeit besser in der Lage sein würde, der Propaganda zu widerstehen und die Welt um sie herum besser zu begreifen. Ayer hat die Methoden der Sprachanalyse so umgewidmet, dass die Alltagswelt fremdartig und undurchschaubar wurde. Die neue Logik mit ihrem Repertoire an logischen Werkzeugen konnte dazu verwendet werden, unbekannte Modelle der Welt zu konstruieren, deren Struktur durch die Manipulation und Bewegung eines Kalküls entdeckt werden könnte. Neue Symbole, die nicht auf den Tasten von Ayers Schreibmaschine zu finden waren, bewegen sich gemäß den Gesetzen der Logik: $\exists x[(Kx \,\&\, \forall y(Ky \rightarrow y = x))] \,\&\, Bx$.[220] Was immer in dem System unaussprechlich ist, wird für «Unsinn!» erklärt, und was auch immer durch Beobachtung nicht verifiziert werden kann, ist ebenfalls nichts als «Unsinn!».

Am Ende entgingen nur die Dichter dem von Ayer angerichteten Massaker. Ihnen gegenüber ist er gnädig, weil sie, anders als die Metaphysiker, keine Ansprüche auf Wahrheit oder Wissen erheben.[221] Sie reden Unsinn und wissen es.

Ayers Verifikationskriterium hatte «einen gewaltigen Einfluss auf die Ethik», wie Iris später schreiben sollte.[222] Indem er die Methoden des Wiener Kreises mit der britischen empiristischen Tradition vermischte, hatte Ayer einen tödlichen Trunk gebraut; Mary bezeichnete ihn als «reines Unkrautvernichtungsmittel».[223] Im 18. Jahrhundert hatte David Hume die empiristische Methode, die es ablehnte, Wertaussagen aus Tatsachenaussagen abzuleiten, dazu genutzt, die repressiven christlichen Moralvorstellungen der calvinistischen Kirche von Schottland zu kritisieren.[224] Dabei nahm er gezielt Dogmen und Humbug ins Fadenkreuz und weigerte sich zu akzeptieren, dass sich aus dem, was ist, ableiten lasse, wie die Dinge sein *sollten*. Ayers Angriff hingegen richtete sich unterschiedslos auf die ganze Idee der Moralphilosophie selbst.[225]

Obgleich sich Idealisten und Realisten über die Struktur der Wirklichkeit uneinig waren, bezweifelten sie doch nie, dass moralische Urteile wie «Freundschaft ist gut» oder «Stehlen ist falsch» sinnvoll sind. Ebenso wenig standen sie jemals der Annahme skeptisch gegenüber, dass der Mensch mit der Fähigkeit ausgestattet ist, moralische Wahrheiten zu entdecken, und dass eine solche Entdeckung für das menschliche Leben von großer Bedeutung ist. Sie stimmten darin überein, dass die Realität mehr Dinge umfasste als die, die von den Naturwissenschaftlern gemessen und beobachtet werden konnten. Ayer erklärte nun aber, dass das Gerede von richtig und falsch, gut und schlecht, Gerechtigkeit und Tugend sich nicht in die Sprache der empirischen Wissenschaften übersetzen lässt und daher Unsinn ist. Es gibt hier nichts Tiefes, Transzendentes oder Wertvolles, das entdeckt werden könnte. Die mühsame und lebenslange Aufgabe, der sich die Philosophie widmet, nämlich über unseren Lebenssinn und unsere Pflichten nachzudenken und zu versuchen, im Einklang mit diesen Entdeckungen zu leben: So etwas gibt es nicht. Moores «nichtnatürliche Eigenschaften» und Ross' und Prichards «Intuitionen» sind so unsinnig wie das «Absolute» der Idealisten. Ayers eigene Version des «moralischen Subjektivismus» – also der philosophischen Ansicht, dass Moral nicht objektiv ist – besagt, dass sogenannte moralische «Urteile» lediglich Ausdruck persönlicher Präferenzen sind, kaum mehr als emotionale Ausrufe wie etwa Beifalls- oder Buhrufe. Die Arbeit der Moralphilosophie muss daher strikt eingegrenzt werden, wenn die Philosophen nicht in die Falle tappen wollen, Unsinn zu reden oder ihre Leser mit emotionalen Ausbrüchen in Verlegenheit zu bringen. «Eine strenge philosophische Abhandlung über Ethik sollte deshalb keine ethischen Meinungen kundtun»,[226] wie Freddie Ayer aus dem Zimmer heraus anordnete, in das er sich eingeschlossen hatte und wo er die Worte mit zwei Zeigefingern in die Schreibmaschine hämmerte.[227] Die transzendente und geheimnisvolle Welt, die Zweifel und Verzweiflung, Poesie und Kunst inspiriert, wurde mit einer letzten, schlecht getippten Wendung ausgelöscht.

Ayers Buch *Sprache, Wahrheit und Logik* war ein äußerst kühner philosophischer Vorstoß. «Was kommt als Nächstes?», fragte ihn ein Freund. «Es gibt kein Nächstes», antwortete Freddie, «die Philosophie ist zu einem Ende gekommen. Sie ist fertig.»[228]

Trotz seiner Popularität in der Öffentlichkeit blieb eine ernsthafte Diskussion von Ayers zerstörerischem Manifest in Oxford zunächst auf eine kleine, ausschließlich männliche Gruppe von Zeitgenossen beschränkt, die sich im Sommer 1936 in Isaiah Berlins Räumen des All Souls College traf. Ihre Mitglieder nannten sich die *Brethren* [Brüder]: A. J. Ayer, J. L. Austin, Isaiah Berlin, Stuart Hampshire, Tony Woozley, Donald MacNabb und Donald MacKinnon. Ihre Treffen waren intensiv, laut und unbarmherzig, und ihre Diskussionen glichen einer «Jagd mit einer Hundemeute».²²⁹ Sie waren nur allzu gerne bereit, alle Arbeiten, die ihren Ansprüchen an Präzision und positivistischer Strenge nicht genügten, dem Papierkorb zu überantworten. Der Ausdruck «Unsinn» wurde als tödliche Waffe eingesetzt. Es dauerte nicht lange, bis die *Brethren* mit neuen Themen in den Vorlesungsverzeichnissen auftauchten. Zwischen 1936 und 1939 war dort zum ersten Mal die Rede von «Phänomenalismus», «Problemen der Erkenntnistheorie», «Propositionen und Ereignisse» oder «Aussagen und Induktion», zusätzlich zur «Idee der moralischen Verpflichtung» von Prichard und Collingwoods «Natur und Geist».

Nur einer der *Brethren*, Donald MacKinnon, war bekümmert. Als junger Mann von überragender Statur zog MacKinnon animalische Beinamen magisch an: bärenköpfig, löwenprankig, eulenäugig. Und er sprach mit einem schottischen Knurren in der Stimme. Diejenigen, die im Winter 1939 seine Vorlesungen über «Die Möglichkeit der Metaphysik» besuchten, in denen er wie ein Tier im Käfig auf und ab lief, erfuhren, wie sehr ihn die Mission seines Freundes aufwühlte, die Philosophie zu vernichten. Donald war tiefreligiös und erkannte, dass Freddie Ayers Versuch, der Metaphysik den Todesstoß zu versetzen, die Beseeltheit des menschlichen Tiers selbst in Gefahr brachte. *«Die Eliminierung der Metaphysik ist vor allem ein Angriff auf den Menschen im Interesse einer Methode»*, wie er schrieb.²³⁰ Sie bereitet den Menschen auf seine «Unterordnung» unter den Prozess der empirischen Wissenschaft vor,²³¹ und am Vorabend eines vollständig mechanisierten Weltkriegs fürchtete MacKinnon die ethischen und religiösen Auswirkungen dieser Unterordnung.

Als das Rinnsal jüdisch-deutscher Flüchtlinge auf den Oxforder Straßen zu einem stetigen Strom wurde, wurde Ayers Schlachtruf auch in den Junior Common Rooms und Veranstaltungsräumen vernommen.²³² Mary und Iris fanden sich inmitten «einer ganzen Generation von Studierenden wieder [...], die begeistert feststellten, dass alles, was sie tun mussten, um irgendeine unliebsame Lehrmeinung zu widerlegen, darin bestand, einfach laut und bestimmt zu sagen: ‹Das verstehe ich nicht› oder ‹Aber was könnte das bedeuten?›.»²³³ Jene Art von Neugier und Erstaunen, die Mary, Iris und Elizabeth zur Philosophie geführt hatte, wurde zu einem Zeichen peinlicher Naivität erklärt. «Ich verstehe das nicht» war nicht länger der Anfang eines philosophischen Gesprächs, sondern sein Ende. Die mysteriöse Gewissheit der Idealisten und Realisten, dass viele der wichtigsten Fragen des Lebens nicht in den Zuständigkeitsbereich der empirischen Wissenschaften fallen, wurde als überholter Dogmatismus betrachtet. Tausende von Jahren des menschlichen Bemühens, über die Bedeutung des Lebens und der Ethik nachzudenken, waren eine lange Abfolge bedeutungslosen Geschwätzes. Und dass diese Erklärung zu einem Zeitpunkt in der Weltgeschichte abgegeben wurde, als ein ernsthaftes Nachdenken über das ethische Leben so offensichtlich notwendig war, machte dies alles für die alten Männer, die Ayer für ausgestorben erklärt hatte, nur umso schmerzlicher.

Der Realist Prichard (68 Jahre alt) und der Platoniker H. W. B. Joseph (72 Jahre alt) wurden in Blackwells Buchhandlung belauscht, wie sie sich darüber beklagten, dass dieses Buch überhaupt einen Verleger gefunden hatte.[234] Der Humeaner H. H. Price (38), der wohlgesinnter war als die meisten anderen, räumte ein, dass Ayer «ein junger Mann in Eile» war.[235] Für Gilbert Murray (70) fehlte es Ayer an Ehrfurcht,[236] und Pater Martin D'Arcy (48), ein prominenter Priester und Philosoph der Liebe, nannte Ayer den «gefährlichsten Mann in Oxford»[237] und schrieb eine vernichtende Rezension, in der er ihm dafür dankte, «dass er uns gezeigt hat, wie moderne Philosophen manipulieren und tricksen können, während die Welt brennt».[238] Nachdem er seine Besprechung fertiggestellt hatte, warf er sein Exemplar des Buches ins Feuer.[239] Der Hegelianer G. R. G. Mure (43 Jahre alt) wütete, dass die «Naivität [*naiveté*]» der britischen empiristischen Tradition in Ayers Händen «auf Absurdität reduziert» wurde.[240] Und ein junger Peter (P. F.) Strawson, der 1937 auftauchte, las das Buch in «einer vertieften Sitzung» im Garten des St Peter's College; als jedoch einer von Sandie Lindsays Studierenden das Buch zu einem Tutorium mitbrachte, warf es der ältere Mann aus dem Fenster.[241]

Ein letztes Wort der Idealisten

Während Mary und Iris mit Isobel Henderson Briefumschläge für die Lindsay-Kampagne befüllten, ohne zu ahnen, dass sich das philosophische Blatt um sie herum wendete, befand sich der kränkelnde idealistische Waynflete-Professor Robin (R. G.) Collingwood (Isobels ehemaliger Tutor) an Bord des Motorschiffs *Alcinous* irgendwo im Indischen Ozean auf dem Weg nach Java. Er hatte kürzlich einen Schlaganfall erlitten und hoffte, dass die Reise auf dem niederländischen Frachter seiner Erholung dienlich sein würde. An einem Arbeitsplatz unter freiem Himmel, den der Kapitän für ihn hergerichtet hatte, schrieb er an seinem Buch *An Essay on Metaphysics*.[242]

«Die Bedeutung von Mr Ayers Werk [...] liegt darin, dass er nicht nur den Fehler gemacht, sondern ihn auch widerlegt hat», notierte er lächelnd. «Der Fehler nimmt hier eine verschärfte Form an und begeht öffentlich Selbstmord, so wie der legendäre Skorpion in einem Feuerring.» Ayers Behauptung lautet, dass «jede Proposition, die nicht durch Rekurs auf beobachtete Tatsachen verifiziert werden kann, eine Pseudo-Proposition ist», woraus er die Schlussfolgerung zieht, dass metaphysische Propositionen, da sie eben solche «Pseudo-Propositionen» sind, daher keinen Sinn ergeben.[243] Aber, so Collingwood weiter, Metaphysik drückt sich nicht in dem aus, was Ayer als «Propositionen» bezeichnet – also in vollständig analysierbaren Aussagen, die je für sich überprüft werden können. Vielmehr ist Metaphysik ein Versuch, den transzendenten Hintergrund des menschlichen Lebens zu verstehen, vor dem einzelne Propositionen durchaus durch Beobachtung und wissenschaftliche Untersuchung überprüft werden können.

«Ich schreibe diese Worte, während ich an Deck eines Schiffes sitze», notiert Collingwood. «Ich hebe den Blick und sehe ein Stück Tau – oder ‹Leine›, wie ich es auf See nennen muss –, die mehr oder weniger horizontal über mir gespannt ist. Ich ertappe mich bei dem Gedanken: ‹Das ist eine Wäscheleine›.» Aber diese einzelne Proposition, nämlich «Das ist eine Wäscheleine», kann nicht durch Beobachtung verifiziert werden. Eine genaue Erforschung der Leine, eine wissenschaftliche Untersuchung ihrer Teile, kann ihre Wahrheit nicht offenbaren, denn «Das ist eine Wäscheleine» bedeutet unter anderem: «Sie wurde dort angebracht, um Wäsche aufzuhängen.»[244] Und dieser Gedanke stellt den Gegenstand sofort vor einen riesigen, rational strukturierten Hintergrund des menschlichen Lebens und der menschlichen Geschichte – einen Hintergrund, zu dem Kleidung und Bäder und Seife, Hygiene und Geschmacksnormen, Vorstellungen von Sauberkeit und Geruch und Schönheit sowie Gründe und Motive und Wünsche zählen. Dieser transzendente Hintergrund, die Wirklichkeit, die uns umgibt, ist der Gegenstand der Metaphysik, und ohne ihn hängen auch Ayers beliebte Propositionen – wie die Wäscheleine – in der Luft. Collingwood erblickte in Ayers Abschiedsbrief also ein Todesurteil für den logischen Positivismus und für den Realismus gleichermaßen.

Bevor er am Vorabend der Nachwahlen in See stach, hatte Collingwood seinem alten Freund Lindsay – beide waren Schüler des sozialistischen Philosophen Edgar Frederick Carritt von Boars Hill – eine kurze Nachricht zukommen lassen. Lindsay selbst hatte sich in seiner 1924 vor der Aristotelian Society gehaltenen Präsidentschaftsrede mit dem Titel «Was konstruiert der Geist?» an einer zurückhaltenden Verteidigung der Idealisten versucht. Unsere Welt ist, wie er sagte, voll von *entia rationis*: Artefakten wie Karten und Modellen und Bildern, Anordnungen von Symbolen auf Papier, Abfolgen von Lauten in der gesprochenen Sprache. Wir sind Geschöpfe, die Dinge erschaffen, die unseren Erkenntnisabsichten dienen, und diese Schöpfungen sind «ebenso Teil der physischen Welt wie die Dinge, die sie repräsentieren».[245] Ein Realismus, der darauf beharrt, dass der Wissende vom Gewussten getrennt ist und dass Realität und Geist keine gemeinsame Struktur haben, kann nicht richtig sein.

«Mein lieber Lindsay», schrieb Collingwood, «ich reise morgen in den Osten ab, aber ich kann nicht aufbrechen, ohne Ihnen meine allerbesten Wünsche für einen Erfolg bei Ihrer Kandidatur zu übermitteln. Ich glaube nicht, dass das Land jemals in seiner Geschichte eine schwerwiegendere Krise durchgemacht hat als die, in der es sich heute befindet.»[246]

Kapitel 2

Studieren in Kriegszeiten

September 1939 – Juni 1942
Oxford

Der Krieg beginnt & die jungen Männer verlassen Oxford – Miss Philippa Bosanquet erscheint im Somerville – Pazifismus: Elizabeth schreibt ihr erstes Pamphlet – Die vier Frauen lernen sich kennen – Ein alter Mann: H. H. Price über Hume – Ein Flüchtling: Heinz Cassirer über Kant – Eine Frau: Mary Glover über Platon – Ein Kriegsdienstverweigerer: Donald MacKinnon & das metaphysische Tier – Unsere vier unzeitgemäßen Philosophinnen bekommen alle eine Eins

---

Der Krieg beginnt, und die jungen Männer verlassen Oxford

Iris Murdoch lag am 1. September 1939 auf einem Feld, das zu einem Bauernhof in Gloucestershire gehörte. Sie war zu Gast auf dem Bruderhof, einer pazifistischen christlichen Gemeinschaft, die aus Nazideutschland vertrieben worden war. Der Bruderhof war die letzte Station ihrer Sommertournee mit den Magpie Players, einer aus Oxford-Studierenden bestehenden Truppe, die Südengland bereiste und Balladen und komische Stücke aufführte, um Geld für den Oxford University Refugee Appeal Fund zu sammeln.[1] An diesem Morgen war kurz vor Sonnenaufgang die erste Bombe der deutschen Luftwaffe durch tief hängende Wolken auf Warschau niedergegangen. Während Neville Chamberlain die Tschechoslowakei für ein «weit entferntes Land» hielt, «dessen Namen die meisten Engländer seiner Meinung nach nicht buchstabieren konnten», waren sie sehr wohl in der Lage, so Mary, «Polen» zu buchstabieren.[2] Die Kriegserklärung machte 70 000 in Großbritannien lebende Deutsche und Österreicher, darunter auch diejenigen vom Bruderhof, zu «feindlichen Ausländern», die von den umgehend eingesetzten Internierungstribunalen wie folgt klassifiziert wurden: (A) zu internieren, (B) einzuschränken, aber nicht zu internieren, (C) weder einzuschränken noch zu internieren.[3] Die Magpies ließen ihre Kostüme und Kulissen zurück und fuhren nach Oxford. Während sie über die Berkshire Downs fuhren, «zierten graublaue Wolken & Streifen von grünem & rosafarbenem Himmel den Horizont», was Iris auf dem Rücksitz eines gelben Sportwagens «äußerst erhebend» fand.[4]

Sie kehrte braun gebrannt und gestärkt nach Oxford zurück, froh darüber, dass es gelungen war, dringend benötigte Mittel für die wachsende Zahl europäischer Flüchtlinge in der Stadt zu sammeln. Mary dagegen kehrte erschöpft und ernüchtert zurück, voller Zweifel, ob sie irgendetwas erreicht hatte. Als Freiwillige in einer unmaßgeblichen Ortsgruppe der Labour Party hatte sie die Aufgabe erhalten herauszufinden, was die subversiven Kräfte zu tun gedachten. Doch statt Geheimoperationen durchzuführen und sich in den Pubs von Westminster mit Verdächtigen zu treffen (wie Iris es vielleicht getan hätte), hatte sie die Aufgabe wie ein groß angelegtes Geschichtsprojekt behandelt und den Sommer in einer dunklen Ecke der Bibliothek des British Museum mit einem Haufen alter Ausgaben der *Times* verbracht.[5]

In jenem Herbsttrimester 1939 waren fast tausend Männer weniger in der Stadt.[6] Zunächst waren Zwanzig- und Einundzwanzigjährige zum Kriegsdienst einberufen worden. Die Anscombe-Zwillinge und Marys Bruder Hugh gehörten ebenso zu ihnen wie die jungen Männer, die Freddie Ayers destruktiven Empirismus und sein aggressives Nichtverstehen für Musterbeispiele philosophischer Kultiviertheit hielten. Das Oxford Joint Recruiting Board in der Broad Street hatte außerdem alle anderen Studenten und in Oxford wohnhaften Doktoranden unter fünfundzwanzig Jahren aufgefordert, sich freiwillig zu melden. Von etwa 3000 wehrtauglichen Männern meldeten sich 2362.[7] Wahrscheinlich glaubten einige von ihnen, wie der Schulmeister in Philip Larkins Frühreifenroman *Jill*, dadurch ihre Aussichten auf Beschäftigung nach dem Krieg zu verbessern. Aber die meisten hatten Väter und Großväter, die im Ersten Weltkrieg gedient hatten, und sahen es einfach als ihre Pflicht an, ihre Kittel an den Nagel zu hängen. Wissend, dass Neville Chamberlains Friedensversprechen leer war, hatten sich im vergangenen Winter viele von ihnen, darunter Frank Thompson und Michael Foot, einem Freiwilligenkorps angeschlossen. Michaels Vater, Brigadier Richard Foot, hatte seinen Sohn in dieser Vorkriegsschwebe nach Hause beordert. Ihm hatte nicht gefallen, was in den Zeitungen zu lesen war: Ein weiterer Krieg stand bevor – sollte Michael nicht besser teilnehmen?[8]

Bevor die Jungs abreisten, ging Iris daran, die «literarischen Hinterlassenschaften all ihrer Freunde» zusammenzutragen: Sie werde «mit einer schmalen Anthologie viel Geld verdienen, wenn der Krieg vorbei ist», erklärte sie halb im Scherz, halb in jugendlichem Ehrgeiz. Aber nicht jeder war von diesem Projekt begeistert. Noel Eldridge, den Iris durch ihre journalistische Tätigkeit kennengelernt hatte, sagte zu seiner Mutter: «Ich habe mich bisher geweigert, ihr etwas zu geben, da ich auf Barzahlung bestehe», lobte aber den Verstand «der Murdoch».⁹ Michael Foot machte Iris mit der überschwänglichen Geste eines jugendlichen Bohemiens zu seiner literarischen Nachlassverwalterin.¹⁰

Frank Thompson, ein begabter Linguist, wurde für «Phantom» rekrutiert, ein geheimes Regiment, das zum Sammeln und zur Weitergabe von Informationen an die Streitkräfte der Alliierten geschaffen worden war. Die Angehörigen dieser Einheit waren eher Einbrecher als Soldaten und wurden von beiden Seiten auch als solche behandelt.¹¹ Die Alliierten betrachteten sie mit Misstrauen, da sie hinter den Kulissen des Kriegsgeschehens und außerhalb der bestehenden Befehlsketten operierten. Wurden sie vom Feind gefangen genommen, war ihnen die Exekution fast sicher. Frank war verliebt in Iris, seine «grünhaarige Sibylle», als er Oxford verließ: «Ich lege Wert auf diesen Beinamen. Mit ihm, so mein Gefühl, habe ich deine Persönlichkeit eingefangen. Ich meine wohlgemerkt ein gutes Grün – nichts von deinem schaurigen präraffaelitischen Zeug. Haar, das auf natürliche Weise in traumverlorenen kleefarbenen Strähnen fließt. Das ist dein Ego, materialisiert in Haar.»¹² Bevor er abreiste, waren sie vielleicht auf Feldwegen gemeinsam den Boars Hill hinaufgewandert, über Zauntritte und an Pferden und Kühen vorbei. Und er hatte für sie ein Sonett geschrieben, «An Iruschka bei Ausbruch des Krieges»:¹³

> Wenn du meinen Namen hörst unter denen der Toten,
> Sag, du hast einen Freund verloren, halb Mann, halb Knabe,
> Der, hätten die Jahre ihn verschont, hätte entwickeln können
> Mut, Stärke und Harmonie.
> Ungehobelt und schwatzhaft, mit wirrem Verstand,
> Brodelnd vor Ideen von Wahrheit und Licht,
> Seine Hilfe war wertlos. Hätte er Gnade gekannt,
> Gelernt hätte er mutig zu kämpfen in des Feindes Angesicht.
> Er glaubte dich zu lieben. Mit welchem Recht aber sollte
> Solch hohes Lob er verlangen, der seinen Körper nunmehr
> Durchlöchert fühlte von brennendem Blei und nicht sehen wollte
> Seinen falschen Stolz hinter der Flamme aus dem Gewehr?
> Sag, du hast einen Freund verloren, und dann vergiss.
> Stärkere und Treuere sind noch da, sei gewiss.¹⁴

Nach seiner Abreise blieb er für Iris «halb Mann, halb Knabe». Aus Oxford schrieb sie ihrem «Frank, Darling» («Tapferer & Geliebter», «stürmischer & sanfter Ritter») von einer verblühten und unwirklichen Stadt.[15] Gemeinsam woben sie auf Papier im romantischen Idealismus des Jahres 1939 eine Fantasie, in der sie sich in einer langen, mal griechischen, mal artusianischen, mal shakespeareschen Tragödie als archetypisches Liebespaar darstellten.

Nick Crosbie ging zur Marine. «Ich habe mich weit von Oxford und dem Leben in Oxford entfernt», schrieb er an Mary von der HMS *St Vincent*, dem Schulschiff der Royal Navy an der Südküste. «Es ist erstaunlich, wie der menschliche Organismus sich anpassen kann. [...] Noch erstaunlicher ist, wie wir uns daran gewöhnt haben, die Nacht zum Tag zu machen.»[16]

Studenten, die in Oxford ankamen, durften ihrer Einberufung später folgen, um verkürzte Studien zu absolvieren. Die Achtzehn- und Neunzehnjährigen kamen an, packten ihre Koffer aus und zogen ihre Talare an, mussten aber nach nur ein oder zwei Jahren wieder abreisen. Iris und Mary, die ein vierjähriges Studium absolvierten, gewannen dadurch den unheimlichen Eindruck, vorzeitig gealtert zu sein. «Oxford ist nicht gerade eine Frontstadt; aber da sich die Welt verändert, verändert es sich ebenfalls auf seine langsame und versonnene Weise. Die Studierenden sind alle jünger – und wenn sie Männer sind, durchlaufen sie eilig ein unvollständiges und unzureichendes einjähriges Studium», schrieb Iris in der Zeitschrift der Badminton School. «Die Universität ist ein merkwürdiges Zwischenspiel zwischen Schule und Krieg.»[17] C. S. Lewis, ein weiterer ehemaliger Student von E. F. Carritt in Boars Hill, sprach vom Rednerpult aus die Ängste und Zweifel der neuen Studierenden an: «Hätten die Menschen das Streben nach Wissen und Schönheit aufgeschoben, bis sie sich sicher fühlten, so hätten sie nie damit begonnen. Wir machen einen Fehler, wenn wir den Krieg dem ‹normalen Leben› gegenüberstellen», sagte er. Menschen «stellen mathematische Theoreme in belagerten Städten auf, führen metaphysische Diskussionen in Gefängniszellen, machen Witze auf dem Schafott, interpretieren das neueste Gedicht, während sie zu den Mauern von Quebec vordringen, und kämmen ihr Haar bei den Thermopylen. Das ist keine Extravaganz, das ist unsere Natur.»[18]

Zwar meldeten sich auch Studentinnen freiwillig zum Kriegsdienst, aber ermuntert wurden sie dazu nicht. Mary war schockiert, als sie von Iris erfuhr, dass eine Kommilitonin am Somerville «den Schwamm wegwirft, d. h. Oxford verlässt, um ‹ihrem Land› zu dienen». Iris hielt das für «reinen Wahnsinn».[19] Frauen wurde «schon zu Beginn des Krieges gesagt, dass sie sich nützlicher machen würden, wenn sie ihr Studium beendeten, als wenn sie sich sofort meldeten».[20] Helen Darbishire, die Direktorin von Somerville, wollte allerdings, dass ihre Studentinnen sich sofort nützlich machten, und lud sie wie auch die Lehrkräfte ein, sich in ihrem Zimmer zu versammeln, um Quadrate zu stricken, die zu warmen Decken für Soldaten fern der Heimat zusammengenäht werden sollten. Die unförmigen Emanationen, die die Nadeln ihrer Freundin Vera Farnell hervorbrachten, brachten sie jedoch zur Verzweiflung: Vera war eine ausgezeichnete Dekanin, aber «stricken konnte sie ums Verrecken nicht».[21] Es dauerte nicht lange, und Helen konfiszierte Veras Nadeln; die Kollegin sollte lieber laut aus Henry James vorlesen, um die Strickerinnen bei Laune zu halten.[22]

Während im Speisesaal von Somerville die Langweiligen, die Mittelmäßigen und die Wilden nach Farben und Kleidungsstücken (beige, marineblau, rot, Pelz und Seide) unterschieden blieben, klagte Iris, dass «jeden Monat jede Menge Männer zu Khaki verblassen».[23] «Ich setze meine Arbeit in einem verblichenen, zerfallenden, kriegsbesessenen, ruhelosen und von Evakuierten heimgesuchten Oxford fort, das mich nicht mag», beklagte sie sich bei David Hicks, einem drei Jahre älteren Oxforder Freund, der jetzt beim British Council in Ägypten arbeitete. «Alle sind jünger & viel hysterischer.»[24] Selbst die jungen Männer, die sie zuerst kennengelernt hatte, schienen in der Erinnerung nicht älter zu werden: «Noch schwieriger ist es, mir dich als eine eigenständige dreidimensionale Entität vorzustellen, die sich parallel zu mir in der Zeit entwickelt.»[25] Die Existenz dieser Männer bekam etwas Unwirkliches. «Ich stelle mir dich immer mit tausend Meilen Himmel hinter dir vor – diese Person in dem Zimmer im Merton College scheint gar nicht du zu sein», schrieb sie an Paddy O'Regan, einen Bewunderer, der zur Air Force gegangen war.[26] Sie munterte die Kameraden mit den neuesten Witzen auf, ging aber manchmal auch auf ihre Ängste ein: «Das war ein trauriger Brief – tut mir leid, dass du so deprimiert bist»;

«es ist ein höllisches Gefühl»; «du kann dieser Art von Unglück in dieser verdammten Welt kaum entgehen»; «Die Götter mögen mit dir sein & dir bessere Tage schicken».[27]

Miss Philippa Bosanquet erscheint im Somerville

In diese unheimliche Welt trat Miss Philippa Bosanquet. Jetzt war sie es, die zögernd vor den Toren des Somerville College stand. Behandschuht und gegürtet, verströmte sie mit ihrer eleganten Kleidung und ihren feinen Manieren eine Aura der Unnahbarkeit. Ihr Gesicht war ein wenig fuchsig.[28] Philippa wurde ihr ganzes Leben lang oft für distanziert gehalten, litt aber in Wahrheit an einer doppelten Behinderung: an Prosopagnosie, der Unfähigkeit, Gesichter zu erkennen, und an Taubheit auf einem Ohr.[29] Sie verstand es, sich so zu setzen oder zu stellen, dass sie einem ihre «gute» Seite zukehrte.

Miss Bosanquet konnte es selbst kaum glauben («es war wirklich bemerkenswert»), aber sie sollte Philosophie, Politik und Wirtschaft (PPW) studieren, die *Modern Greats*, wie diese Fächerkombination ohne Griechisch inzwischen genannt wurde.[30] Während einige behaupteten, der 1920 eingeführte Studiengang sei «eine leichtere Option für den schwächeren Mann»,[31] wussten viele, dass der «schwächere Mann» oft eine Frau war. Für eine junge Frau wie Philippa, die kein Griechisch konnte («ich kannte das griechische Alphabet nicht, nicht einmal die ersten Buchstaben»)[32] und «etwas Theoretisches» studieren wollte,[33] war PPW eine naheliegende Wahl. Der Studiengang kombinierte «die intellektuelle Disziplin der Philosophie» mit der Geschichts- und der Wirtschaftswissenschaft, die die Studierenden auf «den Handel, den öffentlichen Dienst oder das öffentliche Leben» vorbereiten sollten.[34] Helen Darbishire und die Direktorinnen der anderen Frauencolleges hatten 1936 an den Herausgeber der *Times* geschrieben, um gegen die Nichtberücksichtigung von Frauen im konsularischen und diplomatischen Dienst zu protestieren. Die Interessen ihrer PPW-Studentinnen, die zu den «fähigsten» überhaupt gehörten, würden sie auf die natürlichste Weise für Jobs auf dem Gebiet der internationalen Beziehungen qualifizieren. Der Staat brauche «die besten Köpfe der Nation», ohne Einschränkung «aus welchem Grund auch immer».[35]

Philippa war in einem sozialen Milieu aufgewachsen, das viele Stufen höher lag als das von Mary, Iris und Elizabeth. Sie war die Enkelin des ehemaligen amerikanischen Präsidenten Grover Cleveland, ihre Mutter Esther das erste (und bis heute einzige) Präsidentenbaby, das im Weißen Haus geboren wurde. Esther hatte in der Schweiz im Sommer 1915, ein Jahr nach ihrem «Debut» in der New Yorker Gesellschaft und einem kleinen Skandal um eine angebliche Verlobung, Captain Bosanquet von den Coldstream Guards kennengelernt, dem ältesten Regiment der britischen Armee.[36] Das Paar hatte in der Westminster Abbey geheiratet und die Kirkleatham Old Hall als Wohnsitz erworben, ein Herrenhaus mit sechzehn Schlafzimmern auf einem fünfzehn Hektar großen Grundstück in Yorkshire.[37] Philippa und ihre Schwester Marion nahmen dort an der Zetland Hunt teil.[38] Schon als Achtjährige ritt sie bei jedem Wetter allein aus, was ihr später zu schaffen machte. («Niemandem scheint die Frage in den Sinn gekommen zu sein: ‹Kann dieses Kind reiten?› [...] Worüber hat Mami nachgedacht den ganzen Tag?»[39]) Als sie im Alter von ungefähr acht Jahren an Unterleibstuberkulose erkrankte, bestand die Therapie darin, dass sie ein Jahr lang, also auch im kalten Winter von North Yorkshire, auf einem Balkon schlafen musste.[40] Was sie damals noch nicht wusste: Die Tuberkulose machte sie unfruchtbar.[41] Die Aufmerksamkeit, die Kinder zum Gedeihen brauchen, suchten Philippa und Marion bei ihrem Kindermädchen. («Irgendetwas an diesem totalen Mangel an Fürsorge hat mich [...] für immer ängstlich gemacht.»[42])

Philippa pflegte die eigentümliche Irrationalität des Lebens, auf das ihre Erziehung sie vorbereitet hatte, mit einem eigenen Ausdruck zu bezeichnen: «dement machend [*dementing*]».[43] Zu den dement machenden Verboten gehörten das Erscheinen im Erdgeschoss im Nachthemd, das Tragen von Perlen vor Mittag und das Trinken dunkler Getränke – mit Ausnahme von Sherry.[44] Oloroso, Fino, Manzanilla, Amontillado. Sie wusste: «Wenn man ‹Lady Mary› Sowieso genannt wird, muss man furchtbar großartig sein, viel großartiger, als wenn man ‹Lady Murray› genannt wird.» («Ich hasste diese Art von Wissen: Ich kann es nicht ändern, ich weiß es.»)[45]

Philippa Bosanquet, ca. 1938

Während Philippa die Sitten der Oberschicht instinktiv beherrschte, war sie weniger gut darauf vorbereitet, über politische, philosophische und wirtschaftliche Themen zu sprechen. Worüber junge Frauen aus der Oberschicht sprechen durften, war in der Zwischenkriegszeit genau vorgegeben, wobei Meinungsäußerungen etwa über den Völkerbund, den Vertrag von Versailles und die göttliche Vorsehung absolut tabu waren. Wenn sie in die Gesellschaft eingeführt wurden, sollten sie Gespräche mit geeigneten jungen Männern in Gang halten, ohne «in den Ruf zu geraten, intelligent zu sein» – ein Ruf, der für ihre Heiratsaussichten katastrophal wäre. Die Herzogin von Westminster wusste: «Zwei gute Themen, wenn das Gespräch stockt, sind Gespenster und die königliche Familie.»[46] Jeder Hauch von Gelehrsamkeit konnte tödlich sein. Brille zu tragen war eine Katastrophe. Abgesehen von einem kurzen Gastspiel in der St George's School in Ascot erhielt Philippa Unterricht nur von Gouvernanten, die anders als die Privatlehrer von Elizabeths Mutter nicht einmal wussten, ob die Römer vor oder nach den Griechen kamen.[47] «Ich habe keine Bildung genossen», betonte Philippa später.[48]

Als sie älter wurde, wurde ihr immer klarer, dass die Normen, die ihre jungen Jahre geprägt hatten, nicht denen eines fürsorglichen Gärtners glichen, der eine nährende und schützende Umgebung schaffen will, sondern dass sie eher schädlich und für ihr Gedeihen mit Sicherheit nicht förderlich gewesen waren. Sie hatte aus ihrer Kindheit zwar keine offensichtlichen Verletzungen davongetragen – abgesehen von der halbseitigen, durch eine verpfuschte Operation auf dem Küchentisch verursachten Taubheit und den langfristigen Gesundheitsproblemen, die ein Erbe der Tuberkulose waren –, aber ihre Erziehung hatte sie ungewöhnlich eigenbrötlerisch und «krankhaft diskret» gemacht. Für Iris war sie «in moralischen Dingen knallhart», aber zugleich auch «subtil» – eine «Sphinx».[49] Ihr ganzes Leben lang kam Philippa immer wieder auf die Vorstellung vom Glück zurück – ein Fragezeichen hinter ihren frühen Jahren in Kirkleatham. War Glück ein Gefühl, oder war es der Name, den wir einem guten und erfüllten Leben geben? Konnte ein Mensch glücklich sein, obwohl er in seinem Leben viel Unglück, viel Leid erfuhr und erfahren hatte? Konnten einem Menschen Dinge widerfahren, die ihm die Möglichkeit des Glücks für immer verwehrten? Diese Fragen stellte sie sich noch in ihren Achtzigern.[50]

Als Philippa einen Studienplatz im Somerville erhielt, musste Esther, das einstige Baby aus dem Weißen Haus, getröstet werden: «Mach dir nichts draus, Liebes: Sie *sieht* nicht klug *aus!*»[51] Wahrscheinlich hat diese Art der Abwertung, die zum Hintergrund von Philippas Kindheit gehört haben muss, ihr Selbstverständnis mitbestimmt. Immer wieder sagte Philippa in späteren Interviews: «Ich bin nicht so wahnsinnig schlau; ich habe zwar eine gute Intuition, bin aber nicht sehr intelligent.»[52] Sie lebte in der Erwartung, «das Somerville wegen Mangels an Begabung für Philosophie verlassen zu müssen».[53]

Als Neunzehnjährige befand sie sich in voller Auflehnung gegen ihre Erziehung. Sie war zwar kein Mitglied der Kommunistischen Partei, stand aber «sehr weit links». Für das Somerville College hatte sie sich entschieden, weil sie gehört hatte, dass Lady Margaret Hall (das College für reiche Mädchen) «gesellschaftlich okay sei, Somerville aber nicht». «Also sagte ich: ‹für mich bitte Somerville.›»[54] Nach einem Fernstudium wohnte sie eine Zeit lang in Oxforder Studentenbuden und erhielt Einzelunterricht[55] bei Mildred Hartley, der Tutorin für klassische

Sprachen, die sich zur gleichen Zeit, als sie Iris und Mary durch die Mods schleuste, «abmühte, wenn auch mit wenig Aussicht auf Erfolg», Miss Bosanquet «genug Latein beizubringen, dass sie die erste öffentliche Prüfung für PPW bestehen konnte».[56] Als Frau, die nach eigener Aussage für Mathematik völlig unbegabt war,[57] würde Philippa sich beeilen müssen, zur Vorbereitung auf Abschlussarbeiten in «Statistische Methoden» und «Grundlagen der Wirtschaftswissenschaften» nach zwei Trimestern Vorprüfungen in Logik und Mathematik zu absolvieren. In Politik sollte sie sich mit «Politischer Geschichte 1871–1914» und mit «Politischen Institutionen» herumschlagen. Und die Philosophie begann für PPW-Studierende im 17. Jahrhundert, mit Descartes.[58]

Als Philippa in jenem Oktober 1939 auf der Woodstock Road stand, die Gasmaske an der Hüfte, ununterscheidbare Gesichter auf den Rasenflächen des Colleges vor ihr und mit dem nagenden Verdacht, dass ihr Studienplatzangebot ein Irrtum gewesen war, hätte sie sich ziemlich hoffnungslos fühlen können. Aber sie war nicht hoffnungslos, sondern furchtlos entschlossen zu studieren, um eine Kindheit voller «dement machender» Gespräche über die königliche Familie wettzumachen. Endlich schien das große Glück in Sicht. Während sich das Somerville, ebenso wie der Rest von Oxford, um sie herum veränderte, hatte sie vielleicht zum ersten Mal in ihrem Leben das Gefühl, genau dort zu sein, wo sie hingehörte.

Oxford war eindeutig im Krieg. Die abgeschiedenen Viertel der Colleges boten den Gelehrten keine Zuflucht mehr vor dem normalen Leben: In ihren Gärten wimmelte es von Männern in Uniform, auf den Rasenflächen standen Lazarettbaracken und Wassertanks, und in gepflegten Blumenbeeten konnte man bald «Dig for Victory», «Für den Sieg graben». Im *Oxford Magazine* waren einst unvorstellbare Bekanntmachungen zu lesen: In der New Bodleian Library sollte Blut gespendet werden – «es macht nichts, wenn die Spender Malaria gehabt haben».[59] Es wurden Aufklärer ausgebildet, die vor einem Bombenangriff bei Tag warnen sollten. Bei Sirenenalarm sollte man die Arbeit nicht unterbrechen, doch sollten Vorlesungen und andere Veranstaltungen, für die man sich in ein anderes Gebäude begeben musste, erst nach Ablauf der Warnzeit begonnen werden.[60] Räume, die der Wissen-

Provisorische Stationsbaracken im Garten von St Hugh's um 1940

schaft vorbehalten gewesen waren, wurden zu Kriegszwecken genutzt. Konservativ gekleidete Akademiker, die die Schätze und Handschriften der Bodleian durchstöberten, wurden durch hochrangige Whitehall-Beamte ersetzt, die offizielle Schreiben und Kabinettsbriefings aufsetzten, sowie durch Freiwillige des Roten Kreuzes, die Bücher für die Gefangenenbibliothek entnahmen.[61] Die Geheimdienstabteilung des Außenministeriums zog ins Balliol ein, und das Verkehrsministerium aß im Merton Hasensuppe. Im St John's (dem reichsten College) bestimmte das Lebensmittelministerium die Lebensmittelpreise.[62]

Auch die Frauencolleges blieben von Beeinträchtigungen nicht verschont. St Hugh's wurde in ein Krankenhaus umgewandelt, und auf Miss Rogers' schönem Rasen wurden Backsteinbaracken als Bettenhäuser errichtet. Ein Teil des Somerville wurde requiriert, um Krankenstationen für das Radcliffe Infirmary Hospital einzurichten,[63] und eine Zeit lang gab es die Befürchtung, die 150 Studentinnen würden ins New College verlegt, um mit dessen Studenten eine «gemischte Gesellschaft» zu bilden. Helen Darbishire fand jedoch schließlich eine weniger beunruhigende Lösung für die neuen Krankenhausbetten: Zusammen mit dreißig anderen, deren Zimmer sich im West befanden, wurde Mary aus dem Haus geworfen, um Platz für Krankenschwestern zu schaffen, und im viel prächtigeren, bukolischen Lady Margaret Hall untergebracht.[64] So gingen am Eingang des Somerville an Philippa vorbei: Patienten, Betten und medizinischer Bedarf hinein; Sessel, Bibliotheksbücher und Studentinnen hinaus.

Die riesigen College-Gärten von Lady Margaret Hall erstrecken sich bis zum Westufer des River Cherwell. Zweimal, als Mary nach Beginn der Sperrstunde noch draußen war, überquerte sie, statt über die Mauer auf das Gelände zu klettern, die High Bridge zum Ostufer des Flusses, ließ sich ins trübe Wasser gleiten und paddelte hinüber: «einfach, um es anders zu machen».[65] Im Sommer schwamm sie jeden Morgen vor dem Frühstück in dem Fluss. Wenn sie auf dem Rückweg zu einem weichgekochten Ei tropfnass über die Wiese lief, sah sie vielleicht Elisabeth Blochmann, ehemalige Professorin für Sozialpädagogik an der Pädagogischen Hochschule Halle (Saale), die tapfer mit den College-Bienen kämpfte.[66] Die Expertin für Frauenbildung und Ex-Geliebte Martin Heideggers (ihr Name stand auf Hitlers «Schwarzer Liste»*) war etwa zur gleichen Zeit wie Eduard Fraenkel in Oxford eingetroffen und hatte als ihren Beitrag zur Kriegswirtschaft die Bienenstöcke des College übernommen. («Das Unterfangen war eine Katastrophe; die Bienen und ihre Betreuerin hassten einander, und wenn die Stiche unerträglich wurden, musste Frau Deneke [die Deutschtutorin] in Gasmaske und Schleier zu Hilfe kommen.»[67])

Derweil zog Iris gemeinsam mit Jean Coutts und zwei anderen Studentinnen nach Park Town Nr. 43,[68] ein Eckhaus mit einer großen Rotbuche, nur wenige hundert Meter flussaufwärts von Lady Margaret

---

* Das im englischsprachigen Raum so genannte *Black Book* war die im Frühjahr 1940 vom Reichssicherheitshauptamt (RSHA) zusammengestellte «Sonderfahndungsliste G. B.» mit den Namen von 2820 Personen, die nach einer erfolgreichen Invasion der Britischen Inseln durch die deutsche Wehrmacht von Sondereinheiten der SS hätten aufgespürt und verhaftet werden sollen. Siehe https://de.wikipedia.org/wiki/Sonderfahndungsliste_G. B., aufgerufen am 4. November 2021. (Anm. d. Übers.)

Hall. Die vier waren froh, dem College-Speisesaal zu entkommen, zumindest an den Abenden – zum Mittagessen versammelten sie sich immer noch im Somerville, um zu kauen, was die überlasteten Köche herbeizaubern konnten. Knappheit und Einfallsreichtum nahmen mit der Fortdauer des Krieges im selben Verhältnis zu wie die Unerbittlichkeit der Rationierungen. Butter, Zucker, Speck, Schinken, Käse, Marmelade, Sirup, Tee und Margarine waren nur noch auf Bezugsschein erhältlich.[69] Auch elektrisches Licht war knapp. Bei Ausbruch des Krieges war angeordnet worden, dass die gesamte britische Insel nachts zu verdunkeln sei. Die Fenster der Colleges wurden mit auf Rahmen gespanntem Verdunklungsstoff abgedeckt. PKWs und Busse machte man unsichtbar, indem man die Scheinwerfer ausschaltete. Es gab eine Geschwindigkeitsbegrenzung von 20 Meilen pro Stunde, aber die Fahrer mussten ihre Geschwindigkeit schätzen, da sie die Tachometer in der Dunkelheit nicht sehen konnten.[70] Ihre Chance, einen Fußgänger zu entdecken, der vom Bürgersteig abgekommen war, war gering. Gelegentlich tauchte in der Dunkelheit eine leuchtende synthetische Blume auf, die an einem Mantel oder einem Hund befestigt war; diese Dinger hatten sich ebenso wie im Dunkeln leuchtende Armbänder, Spazierstöcke und sogenannte Fascinatoren (Haar-, Kopf- oder Hutschmuck) in die Kriegskleidung eingeschlichen. Der *Daily Telegraph* empfahl seinen Leser:innen, einen weißen Pekinesen auf dem Arm zu tragen. Die Verdunkelung barg aber noch weitere Gefahren.[71] «Was könnte man tun, um junge Männer in der Dunkelheit nicht nur vor Bomben zu schützen, sondern auch vor der Freierwerbung von Prostituierten?», fragte der Rektor des Pembroke College 1939 den Universitätsrat.[72] Vielleicht war er ein wenig beruhigt, wenn der Vollmond über den sumpfigen Flüssen Oxfords hing – konnte dieser Anblick doch für kurze Zeit die Geräusche und Berührungen ersetzen, die auf Abwege geratene Studenten sonst durch unbeleuchtete Türen und über unsichtbare Mauern nach Hause führten.

Pazifismus:
Elizabeth schreibt ihr erstes Pamphlet

Nach seinem Kurzauftritt bei der Nachwahl zum Anführer der Jugend hatte Sandie Lindsay während des Krieges eine ihm mehr liegende Funktion übernommen, nämlich die des Vorsitzenden des Oxford Joint Recruiting Board. Studenten, die einst als Rote und Rosarote [pinks] für ihn geworben hatten, standen nun als typische, mustergültige Soldaten vor ihm.[73]

Für eine nicht unbeträchtliche Minderheit von Oxfords Studenten und Dozenten war die Frage, ob sie kämpfen sollten, schwerer zu beantworten, als wir, die wir über Hitlers Herrschaft so viel mehr wissen, es uns vorstellen können. Nicht nur für die Quäker, sondern auch für viele Mitglieder der Church of England war Pazifismus ein Grundprinzip des Christentums. Marys Bruder Hugh hatte sich mindestens ein Jahr lang mit seinen Freunden gestritten, bevor er sich freiwillig meldete.[74] Richard Hare rang mit seiner Entscheidung.

Richard hatte sein Studium der *Mods and Greats* zur gleichen Zeit begonnen wie Elizabeth.[75] Viele seiner Freunde, Anglikaner wie er, waren Pazifisten. Er selbst gab sich vierundzwanzig Stunden Zeit, um sich mit dem Dilemma auseinanderzusetzen – die moralische Intuition, der die Realisten Ross und Prichard so sehr vertrauten, würde ihm hoffentlich zeigen, wo seine Pflicht lag. Doch am Ende war seine Entscheidung wie aufs Geratewohl gefallen. Er sagte Lindsay, seinem Rektor am Balliol, dass er kämpfen werde.[76]

Peter Geach, Elizabeths Verlobter, wurde aufgefordert, vor dem Rekrutierungskomitee sein Gewissen zu offenbaren. Er und Elizabeth waren Mitglieder von Pax, einer katholischen Laien-Friedensbewegung, die 1936 gegründet worden war, sich aber nicht als pazifistisch verstand. Die beiden besuchten Seminare und Vorträge in Blackfriars Hall an der St Giles Road (dem Sitz einer seit sieben Jahrhunderten in Oxford ansässigen Gemeinschaft schwarz gewandeter Dominikanermönche), in denen katholische Theologen die in den Schriften Thomas von Aquins dargelegten Bedingungen eines gerechten Krieges erörterten.[77] Elizabeth nahm auch an Tutorien über Thomas teil, die vom tiefschürfen-

Richard Hare (hintere Reihe, Mitte) mit dem Ruderachter des Balliol College, 1938

den Victor White geleitet wurden, dem stellvertretenden Herausgeber der Hauszeitschrift der Dominikaner.

Damit ein Krieg gerecht ist, müssen Thomas von Aquin zufolge sieben Bedingungen erfüllt sein. Vier davon betreffen die Umstände, unter denen es gerechtfertigt ist, *überhaupt* einen Krieg zu führen, während drei besagen, wann es legitim ist, einen *bestimmten* Krieg zu führen. Nach der Kriegserklärung nahm Elizabeth die «Pose der Richterin» ein, die sie während des Scheinprozesses an der Sydenham School an den Tag gelegt hatte. Gemeinsam mit Norman Daniel (einem Geschichtsstudenten in St John's, der später Islamwissenschaften studierte) machte sie sich an die Arbeit, ein kurzes Pamphlet zu verfassen, in dem nach der Gerechtigkeit des Krieges gefragt wurde. Sie selbst schrieb die erste Hälfte. Die beiden ließen den Text drucken und für sechs Pence in Oxforder und Londoner Buchhandlungen verkaufen.

Selbst einem flüchtigen Leser wäre der aufrührerische Ton von

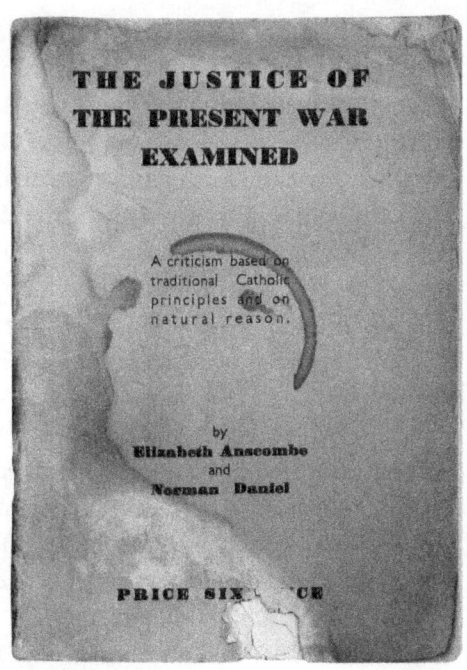

Das Pamphlet «The Justice of the Present War Examined» von Elizabeth Anscombe und Norman Daniel

Elizabeths erstem Satz aufgefallen: «In diesen Tagen beansprucht die Obrigkeit das Recht, nicht nur die Politik der Nation zu bestimmen, sondern auch die Handlungen jedes einzelnen Staatsbürgers; und ihr Anspruch wird von einem großen Teil der Bevölkerung des Landes und mit seltsam starken Gefühlen unterstützt.» Elizabeth warnt Leserinnen und Leser: Gefühle dürften «die Menschen nicht blind machen für ihre Pflicht, vor ihrem Handeln sorgfältig zu prüfen, ob das, was sie zu tun gedenken, gerechtfertigt sei».[78]

Thomas von Aquin zufolge ist für Katholiken ein bestimmter Krieg nur unter drei Bedingungen gerecht: Die Absichten der Regierung sind gerecht, die zu ergreifenden Mittel sind moralisch, und das Ergebnis wird alles in allem wahrscheinlich eher gut sein als schlecht. Der von Chamberlain erklärte Krieg jedoch, so Anscombe, erfülle keine dieser Bedingungen. Die Absichten der Regierung seien nicht gerecht, weil sie «unbegrenzt» seien: «Sie hat nicht gesagt: ‹Wenn in Punkt A, B und C der Gerechtigkeit Genüge getan ist, werden wir aufhören zu kämpfen»», sondern sie hat «davon gesprochen, ‹alles, wofür der Hitlerismus steht, hinwegfegen› und ‹eine neue Ordnung in Europa errichten›» zu wollen.[79] Was die Mittel betrifft, merkt Anscombe an, habe die Regierung kein Versprechen gegeben, dass die deutsche Zivilbevölkerung nicht bombardiert, ausgehungert oder niederträchtigen Repressalien ausgesetzt werde. Sondern sie habe nur versprochen, dass all dies nicht geschehen werde, es sei denn, die Deutschen würden ihrerseits versuchen, die britische Zivilbevölkerung zu bombardieren, auszuhungern oder niederträchtigen Repressalien auszusetzen. Was schließlich das Ergebnis angeht, so sei sie nicht zuversichtlich, dass das Gute das Böse überwiegen werde. Sie prophezeit den «Tod von Menschen, die Beschneidung der Freiheit, die Zerstörung von Eigentum, einen Niedergang der Kultur, die Vernebelung des Urteilsvermögens durch Leidenschaft und Interesse sowie die Vernachlässigung von Wahrheit und Nächstenliebe».[80] Während sie das Pamphlet vorbereitete, starb Elizabeths Vater, Allen Wells Anscombe, plötzlich und unerwartet im Alter von nur vierundfünfzig Jahren.[81]

Das Leben des Pamphlets war kurz. Im Mai 1940, nur wenige Monate nachdem es im Buchhandel erschienen war, erregte es die Aufmerksamkeit des katholischen Erzbischofs von Birmingham, Thomas Leighton Williams. Er schrieb an den Prior der Blackfriars: Elizabeth und ihr Co-Autor hätten «kein Recht, es als ‹katholisch› zu bezeichnen, ohne ein Imprimatur erhalten zu haben». Sie wurden gezwungen, alle unverkauften Exemplare zurückzuziehen – eine «falsche und unvernünftige» Forderung, wie sie meinten;[82] aber die Autorität des katholischen Erzbischofs war unantastbar.

Als Peter Geach aufgefordert wurde, vor Lindsays Rekrutierungskomitee seine Kriegsdienstverweigerung zu rechtfertigen, mag er mehr oder weniger Elizabeths Argumentation vorgetragen haben. Es kann aber auch sein, dass er seine Weigerung, für König und Vaterland zu kämpfen, überraschend damit begründete, dass er den englischen Monarchen George VI. nicht als König anerkenne. Hatte der «rosawangige» Peter doch 1937, mitten in der Verfassungskrise, die Edward VIII. durch seine Abdankung ausgelöst hatte, um die geschiedene Amerikanerin Wallis Simpson heiraten zu können, Hochverrat begangen und einen neuen König ausgerufen:[83] nicht den anerkannten Thronfolger, Edwards

Bruder Albert (den späteren König George VI.), sondern den ehemaligen Kronprinzen Rupprecht von Bayern. Vor einer kleinen Menge «jakobitischer Rebellen» hatte Peter am Martyrs Memorial in der Nähe des Balliol College erklärt, dass der siebenundsechzigjährige Deutsche der direkte Nachkomme des enthaupteten Königs Charles I. und damit der rechtmäßige König Englands sei. «Wir hoffen auf die Wiederherstellung einer echten, mit der gleichen Macht ausgestatteten Monarchie, die die Stuarts vor 1688 besaßen», hatte Peter zu einem Journalisten gesagt, der nicht so recht glauben konnte, dass es sich bei dem Protest nicht um einen aufwendigen Schabernack handelte. Während des fünfmonatigen Zeitraums zwischen Edwards Abdankung und der Krönung eines neuen Königs hatte Peter behauptet, von seinen Räumen im Trinity College aus einen bewaffneten Aufstand zu koordinieren. Der *Daily Boston Globe* hatte sogar seine folgende Warnung abgedruckt: «Durch Propaganda kann zwar viel erreicht werden, aber ich fürchte, es wird zu Gewalt kommen müssen. Wenn der König nur durch Blutvergießen wiedereingesetzt werden kann, muss Blut vergossen werden.»[84]

Wie immer er vor dem Rekrutierungsausschuss argumentiert haben mag, Peter sollte die Kriegsjahre als Holzfäller in der Holzproduktion verbringen, einem der Wirtschaftszweige, die am stärksten vom plötzlichen Fehlen von Männern betroffen waren. Seine Einheit von «conchies»* arbeitete mit Kriegsgefangenen, Vertriebenen und später auch mit Holzfällerinnen [«*lumberjills*»] zusammen. Peter ließ sich von Gefangenen Italienisch beibringen – die Methode: Dante-Lektüre im Original – und wurde in Polnisch, der Sprache seiner Mutter, von Casimir Lewy unterrichtet, dem späteren literarischen Nachlassverwalter von G. E. Moore.[85]

---

*   Von *conscientious objector*, Wehrdienstverweigerer aus Gewissensgründen. (Anm. d. Übers.)

Die vier Frauen lernen sich kennen

Umgeben von minderjährigen Jungen, alten Männern und einer wachsenden Zahl von geflüchteten Gelehrten, führten die Studentinnen ein Leben in Oxford, das weiterhin vom Rhythmus von Michaelmas, Hilary und Trinity (den drei Oxforder Trimestern) sowie dem Wechsel der Jahreszeiten strukturiert war. Der Januar 1940 – Mary und Iris begannen ihr letztes Trimester in *Mods* – war der kälteste Januar seit 1895. Die Themse fror auf einer Länge von acht Meilen zu, und in den Provinzen wüteten Eisstürme, die Telegrafenmasten und -drähte knickten. Äste stürzten herab, und Vögel konnten nicht mehr fliegen, weil das Gewicht ihrer vereisten Flügel sie am Boden hielt.[86] Port Meadow, die alte Gemeindewiese eine Meile nordwestlich des Somerville, wurde überflutet und gefror. Ganz Oxford begab sich aufs Eis – der Fluss wurde nun auf Schlittschuhen statt schwimmend überquert. Mary, die sich im Wasser mehr zu Hause fühlte als auf dem Wasser, brach sich einen Knöchel und verstauchte sich das rechte Handgelenk. Bei Eduard Fraenkel entschuldigte sie sich für ihr Fernbleiben vom Agamemnon-Kurs durch eine gekritzelte, nur leidlich lesbare Notiz.[87] «Schneematsch und Oxforder Nebel» waren ihre Feinde in diesem Trimester, das sie damit verbrachte, in ihrem «elendig kalten» Zimmer griechische Deklinationen zu singen und «mit ihrem Gipsbein herumzustapfen».[88]

Als sie und Iris im März mit Wärmflaschen in der Hand die Parks Road zur Divinity School hinunterradelten, um ihre Prüfungen abzulegen, hatte sich die Witterung «nicht im Geringsten entspannt». An dem schönen, für Prüfungen ungewöhnlichen Ort schaute Mary auf der Suche nach Inspiration zur Gewölbedecke hinauf; die Wärmflasche auf ihrem Schoß war mittlerweile steinkalt geworden.[89]

Es war Mildred Hartleys Verdienst, dass beide bestanden – jeweils mit einer Zwei. Auf zu den *Greats*.

«Zu der Zeit, als ich Philosophie studierte», erinnerte sich Mary Jahrzehnte später, «waren die Männer bis auf wenige Ausnahmen in den Krieg gezogen, weshalb in den Klassen, die ich besuchte, genauso viele Frauen wie Männer saßen.» «Und viele von diesen waren eher harmlos,

September 1939 – Juni 1942 113

weil sie Wehrdienstverweigerer oder Krüppel oder Priesteramtskandidaten waren.»[90] Als der Krieg ins zweite Jahr ging, war auch mehr als ein Viertel der Hochschullehrer abwesend. Der junge Revolutionär Freddie Ayer hatte sich auf dem Truppenübungsplatz Sandown Park in Surrey zu seinem ehemaligen Tutor Gilbert Ryle gesellt. J. L. Austin verließ Oxford im November 1940, um eine Ausbildung an der Schule des Militärgeheimdienstes in Matlock, Derbyshire, anzutreten.[91] Bald waren Woozley, Hampshire, Ayer und Austin nur noch als Namen im *Oxford Magazine* präsent. Die *Brethren* und ihr diskussionstötendes «Ich verstehe nicht!» waren aus den Seminarräumen verschwunden und mit ihnen alle anderen Spuren von Ayers Unkrautvernichter – vom «Phänomenalismus» bis zu «Aussagen und Induktion» –, während «Moderne Logik» weiter im Vorlesungsverzeichnis stand und vom geflüchteten Gelehrten Friedrich Waismann unterrichtet wurde.

Nach der Einberufung der jüngeren Dozenten kamen die älteren, die Ayer hatte zum Schweigen bringen wollen, wieder mehr zu Wort. In den Fachzeitschriften erschienen einige Artikel, die für eine Rückkehr zur «klassischen Tradition der Philosophie» plädierten. In dieser Tradition «befasst sich die Philosophie mit der gesamten menschlichen Lebensführung oder sollte es zumindest tun», schrieb der einundfünfzigjährige politische Philosoph Cyril Joad und kritisierte diejenigen, zu deren «Hauptbeschäftigung die philosophische Analyse der Bedeutung von Sätzen gehört».[92] «Klarheit ist nicht genug» wurde zum inoffiziellen Slogan des Gegenangriffs. Dorothy Emmet, die ehemalige Schülerin Sandie Lindsays, begann mit der Arbeit an einem Buch über das Wesen des metaphysischen Denkens.[93] Und der Humeaner H. H. Price behauptete, die Gesellschaft brauche eine «*Weltanschauung*, eine einheitliche Sicht der Welt»: Wir dürften nicht zulassen, «dass unser Eifer für die ‹Festigung der Sprache› mit uns durchgeht».[94] Die Realisten und Idealisten erinnerten sich an ihre Vortragsnotizen vom Anfang des Jahrzehnts und spekulierten wieder vom Podium aus – unter ihnen William Adair Pickard-Cambridge, Edgar Carritt und Leslie Walker, alle in den Sechzigern. Der 1866 geborene William George de Burgh, emeritierter Lehrstuhlinhaber für Philosophie in Reading und Absolvent des Merton College, wurde aus dem Ruhestand geholt, um Vorlesungen zu halten, und Pater Martin D'Arcy, der Ayer als den «gefährlichsten Mann in Oxford» bezeichnet und *Language, Truth and Logic* den Flammen übergeben hatte, las während des gesamten Krieges über die Ethik des Aristoteles.

Marys Rede von «Klassen» spiegelt die Tatsache wider, dass es neben Tutorien und Vorlesungen auch im Deutschen so genannte Seminare gab. Kurz nach Eduard Fraenkel hatten Gelehrte aus ganz Europa den Weg auf die Bürgersteige im Norden Oxfords und in die Vorlesungsverzeichnisse der *Oxford Gazette* gefunden. «Den Sprachen nach zu urteilen, die um einen herum gesprochen werden, ist es, als würde man im alten Wien oder in einer mitteleuropäischen Universitätsstadt wohnen», bemerkte der Historiker A. L. Rowse.[95] Manchmal hieß es, man müsse Deutsch können, um im Norden Oxfords zurechtzukommen.[96] Doch in Wirklichkeit war die Gemeinschaft der geflüchteten Gelehrten sehr heterogen: Sie sprachen viele verschiedene Sprachen, kamen aus verschiedenen kosmopolitischen Metropolen und hatten unterschiedliche politische und religiöse Überzeugungen. Einige Flüchtlinge jüdischer Abstammung praktizierten ihre Religion, aber die meisten waren säkular und einige zum Christentum konvertiert.[97] Viele von ihnen gehörten zu den namhaftesten Gelehrten Europas. War Oxford in der Vorkriegszeit ein akademisches Kaff gewesen,[98] so wimmelte es nun in der Stadt von europäischen Geistesriesen, «älteren deutschen Juden mit Rehaugen & mitteleuropäischen Gelehrten mit langen Haaren und noch längeren Sätzen», wie Iris formulierte.[99] Frau Loisel Palm, die aus dem Sudetenland geflüchtet war, eröffnete schon bald ein Feinkostgeschäft in der Markthalle, um anzubieten, was diese Menschen zu essen gewohnt waren: selbstgemachtes *Sauerkraut* und eine gepflegte Vielfalt an Wurstwaren.[100]

Wenn Mary und Iris zu Beginn des Sommertrimesters 1940 in der *Gazette* blätterten, konnten sie gleichsam, ohne die halbe Quadratmeile zwischen dem New College und dem Corpus Christi zu verlassen, einen Rundgang durch die deutschen Universitäten machen, wie sie vor Hitler waren. So hielt der Frankfurter Fritz Heinemann (auch sein Name stand auf Hitlers «Schwarzer Liste») am Samstag um 10 Uhr eine Vorlesung über «Philosophy and Science» («Philosophie und Naturwissenschaft»).[101] Am Montag konnten sie sich bei Herrn Friedrich Waismann (der zum Wiener Kreis gehört hatte) über die «Philosophy of Mathematics» («Philosophie der Mathematik») informieren oder bei

Raymond Klibansky aus Heidelberg (der ebenfalls auf der «Schwarzen Liste» stand) über «Medieval Philosophy» (die «Philosophie des Mittelalters»). Das Seminar über «General Problems in Moral Philosophy» («Allgemeine Probleme der Moralphilosophie») von Heinz Cassirer aus Hamburg fand mittwochs und freitags jeweils um 12 Uhr statt. Donnerstags hielt der Berliner Kurt Koffka ein Seminar über die Gestaltpsychologie ab, die er gemeinsam mit Max Wertheimer und Wolfgang Köhler entwickelt hatte. Freitags dann etwas für Oxford vollkommen Neues: Richard Walzer, ein weiterer Berliner, sprach über «Platonism in Islamic Ethics» («Platonismus in der islamischen Ethik»).

Mary und Iris lernten Elizabeth im Sommer 1940 kennen, während des ersten Trimesters in *Greats*, und zwar bei einem Mittagessen. Elizabeth war mit ihrer Freundin (und Iris' Mitbewohnerin) Jean Coutts gekommen, die gerade Präsidentin der Jowett Society, des studentischen Philosophieclubs in Oxford, geworden war.[102] Mary war beeindruckt von Elizabeths schöner, leiser Stimme, als die vier angehenden Philosophinnen über Platons «Ideen» diskutierten – seltsame, unweltlich anmutende, ewige und unveränderliche Objekte außerhalb von Raum und Zeit, die mit der Welt der Flüchtlinge, der Rationierungen und der Luftschutzsirenen nichts gemein hatten. Mary fühlte sich von Platon angesprochen. Vielleicht war sie fasziniert von der eleganten Lösung, die diese seltsamen Objekte für das Rätsel der Dreiecke boten, die sie einst in der Badewanne zu sehen geglaubt hatte. Wenn es ein Reich der Ideen gab, dann brauchten wir die materielle Welt nicht aus Fragmenten von Sinnesdaten zu konstruieren. Es war vielmehr so, dass unsere Seele etwas Objektives, für alle Erkennbares erblickte, das die Wahrnehmung der Gleichheiten und Unterschiede der Dinge erst ermöglichte. Etwa die Idee des *Weißseins*. Ebenso musste es ein *Gutsein* an sich geben, dachte Mary, und den *Menschen* in seiner Allgemeinheit, hinter den vielen Einzelfällen guten Handelns und einzelnen Personen. Es musste die Idee des Menschen geben, die alle Individuen miteinander verband und ihnen ihr Wesen stiftete. Aber Elizabeth forderte Mary heraus: Was ist das für ein «Dahinter»? Was bedeutet es, wenn man sagt, das Gutsein selbst existiere?[103] Nach dem Mittagessen gingen sie alle in Jeans Zimmer, um den ganzen Nachmittag weiterzugrübeln.[104]

«Diese Frau ist es wert, gefördert zu werden», dachte Mary, während sie Elizabeth zuhörte.[105]

Das damit begonnene Gespräch wurde an den Abenden in den Unterkünften der jungen Frauen oder in College-Räumen fortgesetzt, manchmal bei einer willkürlichen Zusammenstellung von Brot, Sardinen und Orangen.[106] Gelegentlich mögen die drei gemeinsam in einer Warteschlange vor einem der für die Kriegszeit typischen britischen Restaurants der Stadt gestanden haben, oder vor Lyons' Tea Room oder dem Taj Mahal. Diese Warteschlangen waren lang und «führten manchmal zu ziemlich heftigen Gefühlen».[107] Mehr Glück hatten diejenigen, die früh aufgestanden und mit dem Fahrrad zur Kuchenfabrik in Summertown gefahren waren; «himmlischer Kuchen» war mehr als nur angemessene Kost für jede Platon-Studentin, die der Sardinen überdrüssig war. Elizabeth nahm die Dinge manchmal selbst in die Hand; Mary war beunruhigt, als Elizabeth einmal beim Mittagessen zwei Eier statt des ihr zustehenden einen nahm.[108]

Mary freundete sich in diesem Trimester auch mit Philippa an, als diese zusammen mit zwei anderen «hübschen und lebhaften» Studentinnen in ihre Kurse aufgenommen wurde.[109] Nach und nach erfuhr sie, wer die drei «Neuen» waren. Ruth Vandepeer war wie Philippa in Oxford, um PPW zu studieren, während Ruth Collingwood, die Tochter des Philosophen R. G. Collingwood (und die Brautjungfer der Geschichtstutorin Isobel Henderson), Altphilologie studierte. Ihr Vater war aus Jakarta zurückgekehrt und hielt dienstags und donnerstags in Schulen Vorträge über «Nature and Mind» («Natur und Geist»). Für Mary war Philippa, «die Größte und Schönste», auch «die Bereicherndste» der drei,[110] und sie beschloss, sie als Freundin zu gewinnen. Die beiden begannen, sich regelmäßig zu treffen.[111] Philippa hatte ein bisschen Angst vor Mary, da sie befürchtete, die gelehrte Freundin würde ihre Unwissenheit entdecken und entsetzt sein. Mary wiederum empfand vor Philippa eine gewisse Scheu: «Philippa flößte mir ein wenig Furcht ein; sie hat sehr hohe Ansprüche, dachte ich. Konnte ich hoffen, ihnen zu genügen?»[112] Als Mary an einem Feiertag Philippas Elternhaus besuchte, war sie von der Aura der Old Hall in Kirkleatham überwältigt. In Philippas Welt «gingen Mädchen einfach nicht aufs College».[113] Wohl aber in Marys Familie. Marys Patentante Bessie Callender hatte zu den

September 1939 – Juni 1942

ersten jungen Frauen gehört, die 1894 einen Abschluss an der Universität Durham gemacht hatten. Die Schwester ihrer Mutter, Tante Maud, hatte in Lady Margaret Hall Englisch studiert, die Schwester ihres Vaters, Tante Jane, am Girton College in Cambridge Geschichte.[114] Und während es in Marys fortschrittlicher Kindheit viele generationenübergreifende Freundschaften und Bindungen der Zuneigung gegeben hatte, hatte Philippa zu den zahllosen Oberschichtkindern gehört, die ihren Eltern gewaschen und gekämmt zur Teezeit präsentiert wurden – und das für höchstens eine Stunde. Innerhalb dieses ritualisierten Rahmens wurden elterliche Gefühle formelhaft ausgedrückt. Ihr erster philosophischer Gedanke war Philippa als Kind gekommen: «Ein Erwachsener verwendete die Worte ‹Wenn ich du wäre›; und ich fragte mich, wie wir den Unterschied bemerken sollten, wenn er ich *wäre*!»[115]

Wie die Freundschaft zwischen Iris und Philippa begann, ist wie bei allen großen Liebesgeschichten Gegenstand konkurrierender Erzählungen. In einer von Iris' Versionen lernten sich die beiden fast unmittelbar nach Philippas Ankunft kennen, so dass zu der Zeit, als Iris in der eiskalten Divinity Hall neben Mary in den *Mods*-Prüfungen saß, ihre Lebenswirklichkeit durch das Dasein der ebenso taffen wie feinsinnigen Miss Bosanquet bereits eine neue Wendung erfahren hatte. Iris erinnerte sich später an «die Freude, mit der ich sie traf – sie, die so brillant und so schön war»: «Wir sprachen über Philosophie und alles Mögliche.»[116] Dagegen war Philippas erste Erinnerung an Iris, dass die spätere Freundin für den Vorsitz im Somerville Junior Common Room Committee kandidierte, sie selbst aber eine andere Kandidatin vorschlug: Obwohl sie «sehr links» gewesen sei, habe sie Kommunist:innen als lästig empfunden und befürchtet, Iris würde unnötigerweise Sitzungen einberufen. Nun, Iris gewann nicht – ihr Charme war anscheinend nicht völlig unangreifbar.[117] Einer dritten Erzählung zufolge lernten Iris und Philippa einander erst ganz am Ende ihrer Zeit in Oxford kennen – unter Umständen, von denen wir später hören werden. Am wahrscheinlichsten scheint, dass alle drei Erzählungen einen Teil der Wahrheit wiedergeben: Vermutlich sahen sich die beiden bei gemeinsamen Freundinnen und an gemeinsamen Esstischen, aber die entscheidende Begegnung kam später und verlieh dem, was zuvor geschehen war, im Nachhinein eine besondere Bedeutung.

Die Evakuierung von Dünkirchen im Juni 1940

Der Beginn der philosophischen Freundschaft von Philippa, Mary, Iris und Elizabeth fiel mit dem Ende des sogenannten Sitzkriegs [*Phoney War*] und dem Beginn von dreißig beunruhigenden und destabilisierenden Monaten zusammen. Während dieser Zeit mischten sich die unmittelbaren Ängste zu Hause (geliebte Menschen im Kriegsdienst, Lebensmittelknappheit, Bombenangriffe und Evakuierungen) mit der allgegenwärtigen, aber unvorstellbaren Möglichkeit einer Invasion und Niederlage. Am 10. Mai 1940 begannen die deutschen Truppen mit dem Einmarsch in Belgien einen scheinbar unaufhaltsamen blutigen Vormarsch nach Westen und Süden. Am Ende des Sommertrimesters waren die Kämpfe in Westeuropa beendet: Belgien, die Niederlande, Luxemburg und Frankreich hatten vor den Nazis kapituliert. Der *Manchester Guardian* berichtete vom «Wunder» der Evakuierung von 340 000 britischen Soldaten aus Dünkirchen, aber da die deutschen Armeen nun weniger als 30 Meilen von der englischen Südküste entfernt waren, wurde die britische Öffentlichkeit aufgefordert, sich auf eine Invasion vorzubereiten.

Die britische Politik und Haltung gegenüber «feindlichen Ausländern» änderte sich schlagartig. Nachbarn mit fremdländischem Akzent und Leute, die es mit der Befolgung der Verdunkelungsvorschriften locker nahmen, wurden verdächtigt, zur Fünften Kolonne zu gehören. Bei Kriegsbeginn waren Fritz Heinemann, Lorenzo Minio-Paluello, Friedrich Waismann, Heinz Cassirer und Richard Walzer als «C» eingestuft worden, also als «weder einzuschränken noch zu internieren». Jetzt wurden sie alle verhaftet.[118] Die Regierung ordnete an, die Kirchenglocken schweigen zu lassen: Sie sollten nur noch geläutet werden, um eine Invasion zu melden. Und die Zivilbevölkerung schaute in der Erwartung, als Milchmänner oder Nonnen getarnte deutsche Fallschirmjäger auf die Erde herabschweben zu sehen, zu den Wolken auf.

Doch statt mit Fallschirmjägern füllte sich der Himmel über der Südküste Englands im September mit Flugzeugen, und die Bombenangriffe der Luftwaffe begannen. Auf den Bürgersteigen Oxfords kampierten Evakuierte aus London und Birmingham. Der Platoniker H.W.B. Joseph, der im Evakuierungskomitee der Stadt saß, hielt in seinem Tagebuch die Schwierigkeiten fest, Wohnungen für die Neuankömmlinge aus London zu finden; im ersten Monat des *Blitz** stieg die Einwohnerzahl Oxfords um 15 000.[119] Kinder und ihre Lehrer aus neunzehn Londoner Schulen trafen ein.[120] Und zu den «offiziell» Evakuierten (schätzungsweise 7500) kamen die hinzu, die sich «selbst evakuiert» hatten.[121] Ein stillgelegtes Kino wurde als provisorisches Quartier genutzt, und Colleges dienten als Lager. Der zweite Kolleghof des University College war «mit Babywindeln behängt» und die Halle aus dem 17. Jahrhundert «erfüllt vom Geschrei hungriger Kinder».[122] Cockney-Geplapper mischte sich mit dem holprigen Englisch der deutschen Flüchtlinge. «Die Stadt ist voll von Evakuierten, Beamten und freundlichen Ausländern», berichtete Iris für die Zeitschrift der Badminton School.[123] Ihrem Freund Paddy O'Regan gegenüber, von dem sie das Schatzmeisteramt des Irish Club in Oxford übernommen hatte, äußerte sie sich weniger prosaisch. «Auf den Bürgersteigen der High & der

---

* Von *Blitzkrieg* abgeleitete Prägung der britischen Presse für die Angriffe der deutschen Luftwaffe während des Zweiten Weltkriegs. (Anm. d. Übers.)

Corn Street kämpfen der Osten Londons & Osteuropa um *Lebensraum*. Im Majestic-Kino schlafen & leben tausend Menschen unter unvorstellbaren Bedingungen.» Überall in der Stadt entstanden Unterkünfte mit Backsteinfassaden. «Die Dinge sind hier auf eine konfuse Art und Weise in Bewegung.»[124]

Der *Blitz* ließ Oxford unversehrt. «Hitler will Oxford für sich behalten», warnte Helen Darbishire. «Er will, dass es so aussieht, wie es immer aussah, wenn er zur Verleihung seines Ehrendoktors kommt.»[125]

Ein alter Mann: H. H. Price über Hume

Mary fand Elizabeth geduldig und großzügig, wenn sie zum Mittagessen ins Somerville kam, aber für manche war ihre Beharrlichkeit eine Prüfung. Das galt etwa für Mary Wilson, die wir später noch genauer kennenlernen werden. So vertieft diese andere Mary in ihre Lektüre war, wenn sie in der Bibliothek Hume oder Kant las, so froh war sie, die Probleme dieser Denker aus dem Kopf zu bekommen, wenn sie sich mit Freunden traf, um Spiele zu spielen, zu plaudern oder Musik zu hören. Doch wenn sie versuchte, sich mit Elizabeth zu unterhalten, gab es kein Entrinnen. «Was treibt dich *wirklich* um?», wurde sie dann von ihr bedrängt. Mary Wilson versuchte krampfhaft, sich etwas auszudenken, was sie umtreibe, da sie zu sehr eingeschüchtert war, um zuzugeben, dass das Problem der Kausalität sie nachts nicht um den Schlaf brachte.[126] Elizabeth dagegen lebte die Probleme der Philosophie. Sie fühlte sich von ihnen ergriffen und fragte ihre Freunde unerbittlich aus. Ihre regelmäßigen Besuche in Blackfriars Hall verliehen den Problemen der Philosophie persönliche und religiöse Dringlichkeit.

Noch während ihres Studiums der *Mods* hatte Elizabeth begonnen, die Vorlesungen von H. H. Price über den großen schottischen Aufklärer David Hume zu besuchen. H. H. Price, der Präsident der Society for Psychical Research, war ein etwas weltfremder Mann, der einer Eule ähnelte. Er mied die lauten Kneipen Oxfords und blieb lieber zu Hause bei seiner Schwester. Oft zog er sich früh mit einem Kakao zurück, der damals als eher weibliches Getränk galt und den er fälschlicherweise für ein Beruhigungsmittel hielt.[127] Price war das Gegenteil eines «jungen Mannes in Eile», um seine Charakterisierung Ayers zu zitieren. Er hatte im Ersten Weltkrieg gekämpft und war nun zu alt, um in Gefahr zu sein, erneut einberufen zu werden.

Elizabeth las Price' Buch *Hume's Theory of the External World* vom ersten bis zum letzten Satz.[128] In dem Hume, dem sie hier begegnete, war der von Ayer porträtierte Vorläufer der analytischen Philosophie, der die Metaphysik habe angreifen und die Philosophie herabsetzen wollen,[129] kaum wiederzuerkennen. Price' Hume war fasziniert gewesen vom Reichtum unserer Ideen – verglichen mit dem, was in der Erfahrung gegeben ist –, und sein Genie hatte sich in seinem Versuch manifestiert, die Kluft zwischen den Ideen und der Erfahrung mit einer Theorie der Funktionsweise des menschlichen Geistes zu überbrücken. «Von allen, die ich in Oxford hörte, war [Price] der Einzige, der mir Respekt einflößte und dem zuzuhören sich für mich lohnte», schrieb Elizabeth.[130] Im Sommertrimester 1940 hörte sie gemeinsam mit Mary und Iris im New College Price' Vorlesung über «Some Points in Hume's Theory of Knowledge» («Einige Punkte in Humes Erkenntnistheorie»).

Price begann mit einer Frage: Warum glauben wir an die ununterbrochene, unabhängige Existenz von Objekten? «So schwierige Fragen zu stellen», sagte er mit ernster Miene, «könnte durchaus die Hauptaufgabe eines Philosophen sein.»[131] Auf die gewundene, aber großartige Antwort Humes bereitete er seine Studierenden mit einem eigenen alltäglichen Beispiel vor: «Ich sehe in einer Ecke des Zimmers eine schwarze Katze. Ich drehe mich um und lese eine halbe Minute lang in der *Times*; dann schaue ich wieder auf und sehe eine schwarze Katze in der gegenüberliegenden Ecke des Zimmers, während die andere Ecke leer ist.» Meine Erfahrung der Katze ist unterbrochen oder fragmentarisch. Ich sehe die Katze in einem Moment (a); später sehe ich sie woanders (d). In der Zwischenzeit, zu den Zeitpunkten (b) und (c), habe ich Zeitung gelesen. Aber kommt mir der Gedanke in den Sinn, die Katze sei verschwunden gewesen, während ich in meiner Zeitung las, und sei dann, als ich gerade aufblickte, in der anderen Ecke des Zimmers wieder aufgetaucht? Nein! Was aber erklärt meine Überzeugung, dass eine permanent existierende Katze kontinuierlich durch das

Zimmer lief, während ich in meiner Zeitung las?[132] Jetzt machte Price die Studierenden mit Humes erstaunlicher These bekannt: Nun, ich habe schon früher schwarze Katzen durch Zimmer (und auf Straßen und in Gärten) laufen sehen, und in diesen Fällen bildete meine Erfahrung der Katze keine unterbrochene Reihe (a ... d), sondern eine kontinuierliche (a, b, c, d). Wenn unsere Erfahrung fragmentarisch ist, so Hume, füllt unsere Einbildungskraft die fehlenden Teile der Reihe mit Erinnerungen an frühere, durchgängige Reihen, und deshalb glauben wir, dass Dinge weiter existieren, auch wenn wir sie nicht wahrnehmen.

Price meinte, dass der Geltungsbereich von Humes Erklärung erweitert werden könne. Der gleiche Mechanismus, der unseren Glauben an die Existenz der unbeobachteten Katze erkläre, könne auch unseren Glauben an die Faktizität von Ereignissen erklären, die weit entfernt stattfinden oder stattgefunden haben. Wenn ein Briefträger einen Brief bringt, beobachte ich weder den Weg des Briefes noch den Mann, der vor der Wohnungstür die Treppe heraufkommt, sagte Price (er verzichtete hier auf ein eigenes Beispiel und zitierte stattdessen aus Humes *Traktat über die menschliche Natur*). Aber «die bisherige Erfahrung sagt mir, dass Briefe nur dann von einem Ort zum anderen gelangen können, wenn sie Zwischenstationen passieren und wenn es ‹Posten und Überfahrtsgelegenheiten [*posts and ferries*]› gibt, die sie befördern».[133]

Doch schließlich wandte Price sich gegen den Meister. David Hume hatte das Vermögen der Einbildungskraft in Frage gestellt, ein so gewaltiges Gebäude wie die Außenwelt durch bloßes Zusammenfügen vielfältiger fragmentarischer Sinneseindrücke zu errichten.[134] Aber Price (dessen Einbildungskraft enorm war) stellte Humes Skeptizismus auf den Kopf: Dass es eine transzendente Wirklichkeit gibt, eine Welt jenseits unserer unmittelbaren Erfahrung, können wir wissen, *weil* unsere Erfahrungen lückenhaft und fragmentarisch sind, argumentierte Price. Ohne Unterbrechungen, Lücken und Hindernisse – Zeitungen, Nickerchen, geschlossene Türen, geschlossene Augen – hätten wir gar keine Vorstellung von einer Welt, die existiert, auch wenn wir sie nicht beobachten. Wir brauchen nicht (wie Hume befürchtete) durch den Schleier der Erfahrung hindurchzugehen (was unmöglich ist), um von einer Wirklichkeit jenseits derselben Kenntnis zu haben. Vielmehr zeigt uns unsere lückenhafte Erfahrung, dass es mehr gibt als das, was gerade in unser Auge fällt; die Welt selbst liefert alles, was wir brauchen, um den Schleier zu flicken. Das einzige «Dahinter», das in unsere Erfahrung hineinspielt, ist das gewöhnliche, buchstäbliche: die Katze hinter der Zeitung, der Postbote hinter der Tür.[135]

Elizabeth fand, dass Price' Vorlesung absolut den Kern der Sache traf. Aber hätte Mary oder Iris ihr einen Blick zugeworfen, so hätten sie in ihrer Miene weder Vergnügen noch Zustimmung lesen können. Elizabeth zerrte an ihrer Studentinnenrobe, wenn sie in Price' Vorlesung saß.[136] Hinterher begab sie sich ins Cadena Café, wo sie dann, das dunkle Haar zurückgekämmt, den Blick fest auf die Kaffeetasse und die Zigarettenschachtel auf dem Tisch vor ihr richtete, in ihrem Kopf wie ein Mantra die Frage: «Aber was sehe ich wirklich?» Wie kann ich behaupten, dass ich hier etwas anderes sehe als eine gelbe Fläche?[137] Und was ist mit der Rückseite der Dinge?[138] (Die Rückseite der Zigarettenschachtel auf dem Tisch, die Katze hinter dem Sofa, der Briefträger hinter der Tür – alles nicht beobachtbar.) Oder sehe ich – fragte sie, den Kopf in den Händen, durch die Finger wie durch ein Gitter starrend – die ganze Schachtel, wenn ich ihre Oberfläche sehe? Elizabeths Konzentrationsfähigkeit, ihre Fähigkeit, alles auszublenden, was um sie herum war an Unordnung, Lärm oder Inanspruchnahme, sollte legendär werden. Die Welt jenseits der Grenzen ihres Gesichtsfelds drang kaum in ihr Bewusstsein, während die Kellnerinnen vorbeirauschten und ungeduldige Gäste sich räusperten, darauf wartend, dass diese seltsame junge Frau in Hosen ihren Tisch frei machte.

Was Elizabeth fesselte, waren nicht die Antworten von Price (oder Hume), sondern die Fragen, die er stellte, und die seltsame Art und Weise, *wie* er sie stellte. Price versuchte nicht, Geheimnisse und Spekulationen zu verbannen, sondern er adressierte sie direkt. Irgendwann Anfang der 1950er Jahre trieb er seine Neugier auf die Spitze, indem er Meskalin nahm, in der Hoffnung, anschließend reine Sinnesdaten sehen zu können. Dr. John Smythies von der Society for Psychical Research verabreichte ihm vier Zehntelgramm, mit der Folge, dass Price in der Dämmerung eine visuelle Halluzination hatte:[139] Er sah einen großen Haufen stechpalmenähnlicher Blätter auf seiner Bettdecke, wobei jedes Blatt und der gesamte Haufen deutlich dreidimensional waren. «Wenn man glaubte, die Welt sei von einem allgütigen, alliebenden Höchsten Wesen geschaffen worden, dann *musste* sie so aussehen», überlegte er. «Vielleicht *ist* die Welt so», auch wenn wir sie im alltäglichen Zustand unseres Bewusstseins so nicht sehen können.[140]

Mary und Iris, die dieselbe Vorlesung besuchten, gingen andere Gedanken durch den Kopf. Mary wurde an die Stücke abblätternden Putzes in ihrem Badewasser erinnert. Sie glaubte ebenso wie Price an Sinnesdaten: «Erscheinungen sind Teil der Welt; sie erscheinen tatsächlich. Ich habe sie gesehen»,[141] sinnierte sie leise vor sich hin. Sie brauchte kein Meskalin. Iris, die neben ihr saß, hielt nicht viel von Hume. Aber sie war beeindruckt davon, wie viele Katzen [*feline life*] es in Price' phänomenaler Welt gab. «Ich mache (rein akademisch) die Bekanntschaft von Professor Price», schrieb sie an Frank Thompson. «Er ist, wie du sicher weißt, ebenso Felinist wie du. In seinen Vorlesungen & seinen Büchern wimmelt es von Katzen – Katzen, die in einer Ecke des Zimmers gesehen werden und dann ungesehen das Zimmer bis in die andere Ecke durchqueren, Katzen, die mit gestrecktem Schwanz hinter dem Sofa stehen, Katzen, die, wie man genau weiß, Milch mögen, & anderen Katzen, deren Vorliebe für Milch nur induziert werden kann. Katzen im Allgemeinen ...»[142] Sie wäre begeistert gewesen, von Price' Überzeugung zu erfahren, «dass Katzen – wie auch Pferde – notorisch empfänglich sind für übernatürliche Einflüsse».[143]

Als Iris im Sommer 1940 an Mary schrieb, war ihre Indifferenz Hume gegenüber offensichtlich. Nein, sie habe Price' Buch über Hume nicht, schrieb sie, «aber pfeife, wenn du etwas brauchst». Aufgrund der Papierknappheit während des Krieges waren Bücher rar – oft blieb eine Studentin stehen, während eine andere Studentin sich mühte, einen Aufsatz zu beenden, um das kostbare Stück dann zu übergeben. Iris las in Kellern und Luftschutzbunkern. Sie war bei ihren Eltern gewesen, die in der Waller Avenue 9 in Blackpool wohnten, nachdem ihr Haus in Chiswick durch eine nur wenige Meter entfernt einschlagende Bombe beschädigt worden war. Iris bedankte sich bei Mary, «Honey m'love», dass sie ihr den «Paton» geschickt hatte[144] – wahrscheinlich handelte es sich um H. J. Patons 1936 erschienenes Buch *Kant's Metaphysic of Experience*. Ob sie dazu kommen werde, es zu lesen, so Iris an Mary, wisse sie aber nicht. Sie verbringe viel Zeit damit, am Pier von Blackpool den *Daily Worker* zu verkaufen.[145]

September 1939 – Juni 1942 125

Ein Flüchtling: Heinz Cassirer über Kant

Als Richard Walzer, Fritz Heinemann, Friedrich Waismann, Lorenzo Minio-Paluello und Heinz Cassirer zusammen mit vielen anderen namhaften Gelehrten vom Kontinent interniert wurden, blieben ihre Frauen und Kinder in Angst und Verzweiflung zurück. Iris war besorgt: «Es macht mich wahnsinnig, wenn ich an das seelische Leid denke, das diese Männer & Frauen, die viel mehr für die Menschheit getan haben, als ich jemals tun werde, ertragen müssen. Die Soldaten wissen wenigstens mehr oder minder, was geschieht, & die meisten von ihnen haben das Gefühl, dass sie etwas verteidigen, das sie lieben. Aber in einer Zeit wie dieser körperlich & geistig eingesperrt zu sein, ist [sicher furchtbar] – besonders für Menschen, die ihr ganzes Leben lang gegen den Faschismus gekämpft haben.»[146] Lady Edith Ross, die Ehefrau von David Ross, einem Vertreter des philosophischen Realismus, war Mitglied des von Frauen geleiteten Oxford Refugee Committee, das Flüchtlingsfamilien mit Schulgeld und Arbeitsnachweisen unterstützte.[147] Das Ehepaar Ross beherbergte die Minio-Paluellos, als Lorenzo (der über Aristoteles und mittelalterliche Philosophie las) von der Polizei vor den Augen seiner verzweifelten Frau Magda in einen Lastwagen verfrachtet wurde. Als Heinz Cassirer interniert worden war, schliefen Mildred Hartley, die Tutorin für klassische Sprachen, und eine andere Somerville-Absolventin abwechselnd im Haus der Cassirers in der Carlton Road 19, um die achtjährige Tochter Irene ins Somerville zu bringen, falls die Soldaten auch Eva, Heinz' Ehefrau, abholen sollten. Als Eva eines Nachts, ohne sich zu vergewissern, dass die Verdunkelungsrollos heruntergezogen waren, kurz Licht machte, um Irene zu trösten, rief ein anonymer Nachbar die Polizei und meldete, dass eine deutsche Frau dem Feind Zeichen gebe. Ein Besuch des Polizeipräsidenten konnte die Angst von Mutter und Tochter nur noch vergrößern.[148]

Mildreds Einsatz als Aufpasserin spiegelte die Zuneigung und Freundschaft wider, die in den vorangegangenen zwölf Monaten zwischen den Cassirers und dem Somerville College entstanden war. Lotte Labowsky, Heinz' Freundin aus Hamburg, war die Bibliothekarin des

Somerville. Die Altphilologin war gemeinsam mit Mutter und Schwester aus Deutschland geflohen und vor dem Krieg mittellos in Oxford angekommen. Ihre Mutter hatte später andere Flüchtlinge als Untermieter aufgenommen und ihr Haus in Summertown zu einem Zentrum deutscher Kultur und Geselligkeit gemacht. Mit den von Helen Darbishire, der Direktorin des Somerville, beschafften Geldmitteln konnte das College Dr. Labowsky ein Forschungsstipendium und eine Gastmitgliedschaft im Somerville Senior Common Room gewähren, die sie zur Einnahme kostenloser Mahlzeiten berechtigte.[149] Wie Margarete Bieber, Käthe Bosse, Elise Baumgartel, Leonie Zuntz und andere Geflüchtete war sie nun Gast des Somerville.[150] Dieser freundliche Empfang hatte Heinz Cassirer davon überzeugt, dass auch er am Somerville Zuflucht und Mitgefühl finden würde.[151] Mildred Hartley war häufig im nüchtern deutsch möblierten Wohnzimmer der Cassirers zu Gast, wo sie Passagen aus A. P. Herberts oxfordtypischer Comedy-Krimi-Reihe *Misleading Cases* vorlas.[152]

Mildred übernachtete nicht weniger als fünf Monate lang in der Carlton Road. Während die Politik der Regierung, feindliche Ausländer zu internieren, anfangs auf große, mit Antisemitismus und Fremdenfeindlichkeit vermischte Zustimmung gestoßen war, änderte sich die öffentliche Meinung, nachdem ein deutsches U-Boot im Juli 1940 ein Passagierschiff mit italienischen und deutschen Flüchtlingen an Bord auf dem Weg nach Kanada versenkt hatte und mehr als achthundert Menschen ertrunken waren.[153] Im September 1940, als das neue Studienjahr und der *Blitz* begannen, wurden viele der besten Köpfe Kontinentaleuropas aus der Internierung entlassen. Erst zu diesem Zeitpunkt kehrte Mildred in ihr eigenes Bett zurück.

So weit die Vorgeschichte des von Mary, Philippa und Iris besuchten Kant-Seminars, das der geflüchtete Gelehrte Heinz Cassirer, zurückgekehrt aus einem Gefangenenlager auf der Isle of Man, im Frühjahrstrimester 1941 leitete.[154] «Wir streiften eine Vielzahl schwieriger Probleme» und bekamen auf diese Weise immerhin eine Vorstellung davon, «wie alles zusammenhängt», erinnerte sich Mary später.[155] Falls Marys «Paton» weiter ungelesen auf Iris' Fußboden lag und beide noch immer kein Exemplar von Price' Buch über Hume hatten, dürften sie den Streifzug recht verwirrend gefunden haben. Wir hätten ihnen helfen können.

David Humes empiristische Philosophie fand ihren Weg dank «Posten und Überfahrtsgelegenheiten» über den Ärmelkanal und weiter in die Hände von Immanuel Kant in Königsberg. Die Worte des Schotten seien wie ein Weckruf gewesen, hat Kant gesagt; sie hätten seinen «dogmatischen Schlummer» unterbrochen.[156] Humes skeptische These, die H. H. Price fast zweihundert Jahre später Elizabeth erläutern sollte, lautete, dass unsere Erfahrung der Außenwelt aus bruchstückhaften Eindrücken bestehe, die von der Einbildungskraft miteinander verwoben würden. Nach dieser Auffassung war die Kausalität kein Bestandteil der Welt, sondern eine Sache der Gewohnheit, nämlich der Erfahrung, was sich zuvor als Folge wovon erwiesen hatte. Das ließ Kant nicht mehr schlafen. Er konnte die These des schottischen Philosophen nicht akzeptieren, ja er fand die Idee unerträglich. Die Kausalität sei kein «Bastard der Einbildungskraft», murrte er.[157] Kant machte es sich zur Aufgabe, der Kausalität den ihr gebührenden Platz wieder einzuräumen: Sie sei kein Hirngespinst, sondern ein durch die Tätigkeit des menschlichen Verstandes gerechtfertigter, objektiv gültiger Begriff.[158]

Seine Lösung war elegant: Die Vorstellung der Kausalität bezeichnet kein imaginäres Band, das eine Erfahrung mit einer anderen verbindet; die menschliche Erfahrung ist vielmehr immer schon durch den Begriff der Kausalität strukturiert. Unser Verstand wendet diesen Begriff auf Sinneseindrücke an und formt so die Welt, wie wir sie kennen. Wir können aus unserer Erfahrung auch nicht heraustreten, um davon Kenntnis zu erlangen, wie die Welt unabhängig von diesem Zusammenspiel zwischen Begriffen und Sinneseindrücken aussieht. Für Geschöpfe wie uns ist die Welt, die wir erfahren, vielmehr alles, was wir wissen können. Es hat keinen Sinn, zu fragen, wie die Dinge jenseits unserer Erfahrung beschaffen sind. Darin besteht eine der Lehren von Kants erster Kritik, der *Kritik der reinen Vernunft*.

Seine zweite Kritik, die *Kritik der praktischen Vernunft*, weist auf eine mögliche Ausnahme von dieser Beschränkung hin: die Moral. Das Herzstück der Moral, so Kant, ist ein moralisches Gesetz, das er als «kategorischen Imperativ» bezeichnet. Es sagt uns: «Handle nur nach derjenigen Maxime, durch die du zugleich wollen kannst, dass sie ein allgemeines Gesetz werde.»[159] Kants moralisches Gesetz hat offenkundig eine entfernte Entsprechung in der bekannten Goldenen Regel des Christentums: «Was du nicht willst, das man dir tu', das füg' auch keinem anderen zu.» Das tiefe Geheimnis, so Kant, bestehe darin, dass wir manchmal erkennen würden, etwas tun zu sollen, und zwar unabhängig davon, ob wir es tun wollten oder nicht. Damit aber würden wir auch erkennen, dass wir imstande seien, es zu tun. Und das wiederum offenbare uns unsere Freiheit, unseren Platz außerhalb des Zusammenhangs von Ursache und Wirkung, dem unsere Empfindungen und Wünsche unterlägen. Die Anerkenntnis der Autorität, die das moralische Gesetz über uns hat, so Kant, rufe in uns ein tiefes Gefühl der Achtung hervor und verschaffe uns einen Einblick in unser besonderes Wesen: Wir seien endliche Wesen und gehörten wie Katzen, Briefe und Billardkugeln zur Welt der Kausalität. Die Bewegung unseres Körpers werde wie die Bewegung einer Billardkugel von den Gesetzen der Kausalität bestimmt. Dennoch gehörten wir auch zur Welt der Freiheit: Wir könnten frei entscheiden, unser Wille unterliege keinen Zwängen.

Es war «eine etwas holprige Fahrt», erinnerte sich Mary.[160] Und für Iris war es «ein völliges Rätsel».[161] Doch scheint ein kleines Gedankenfragment aus Kants dritter *Kritik* ihre Aufmerksamkeit erregt zu haben. Auf das Deckblatt ihres Exemplars von Cassirers Buch *A Commentary on Kant's Critique of Judgment* aus dem Jahr 1938 schrieb sie den folgenden Satz ab: «In der Tat lässt sich ein Gefühl für das Erhabene der Natur nicht wohl denken, ohne eine Stimmung des Gemüts, die der zum Moralischen ähnlich ist, damit zu verbinden.»[162] Sie hatte erkannt, dass der deutsche Philosoph in der *Kritik der Urteilskraft* das Gefühl des Staunens, das durch die Weite des Sternenhimmels hervorgerufen werde, mit der Achtung verbindet.

Cassirer hielt seine Seminare in seinem Wohnzimmer in der Carlton Road ab, dem Schauplatz von Mildred Hartleys Lesungen aus *Misleading Cases*. Sobald der Unterricht zu Ende war und die Erhabenheit von Kants transzendentalem Idealismus beiseitegeschoben wurde, erschien [Cassirers Tochter] Irene manchmal in der Tür. Als Einzelkind, von dem erwartet wurde, dass es akademische Interessen verfolgte, hatte Irene es nicht leicht, mit anderen Kindern in Kontakt zu treten.

September 1939 – Juni 1942   129

Sie betrachtete die jungen Frauen, die ihr Vater unterrichtete, als Freundinnen.[163] Heinz Cassirer war von Philippa begeistert; er hielt sie für die größte philosophische Begabung der jüngeren Generation. Als ein Rückfall der Kindheitstuberkulose ihr das Leben im College erschwerte, wohnte sie eine Zeit lang bei der Familie.[164] Nach der Veröffentlichung von Orwells *Animal Farm* 1945 schenkte sie Irene ein Exemplar des Buches. Später empfahl Iris Cassirers Tochter Badminton als für sie geeignete Schule (Irene folgte diesem Rat).[165] «Nimm die *Kritik der praktischen Vernunft* ernst!» sollte einer der Punkte auf Iris' To-do-Liste für das Jahr 1947 sein.[166]

Eine Frau: Mary Glover über Platon

Als Elizabeth sich auf ihre im Sommertrimester 1941 anstehenden Prüfungen in *Greats* vorbereitete, wandte sie sich an Miss Glover, die Philosophietutorin von St Hugh's, die ebenfalls bei Sandie Lindsay studiert hatte.[167] Mary Glover war in den 1930er Jahren lange Zeit die einzige «Miss» auf den von Männern dominierten Seiten der *Oxford Gazette*. Die schöne Somerville-Absolventin, die mit einer Eins in *Mods and Greats* Examen gemacht hatte, war eine profunde und brillante Lehrerin. Sie lachte gern und hatte die «Gabe der Originalität». «Man wusste nie, was sie als Nächstes sagen würde», erinnerte sich ihre Nichte.[168] Als erfahrene Gärtnerin – ein klassisches Merkmal eines Mitglieds von St Hugh's – liebte sie das Leben im Freien, weshalb sie für ihre Studentinnen und Studenten Picknicks in den Berkshire Downs arrangierte, «als Heilmittel gegen jegliche Art von Überarbeitung oder Unruhe».[169]

Miss Glovers Einfluss war daran erkennbar, dass Elizabeth all jene Inhalte des Studienplans vernachlässigte, die sie nicht interessierten. Mary Glover ermunterte dazu, Vorlesungen zu besuchen, die für das Bestehen der Prüfungen streng genommen irrelevant waren, und vor allem den eigenen Interessen zu folgen (eine Empfehlung, die sie durch ein Rezept für Prüfungserfolg ergänzte: Stellt zunächst eure zweitbeste Frage).[170] Sie war es auch, die Elizabeth erlaubte, Philosophieunterricht bei dem Dominikaner Victor White in Blackfriars Hall zu nehmen – ein

Mary Glover

äußerst ungewöhnliches Arrangement. (Dieses «spezielle» Studium würde Elizabeths sonstige Arbeit nicht beeinträchtigen, hatte White Miss Glover versichert.[171]) Als Elizabeth selbst Dozentin wurde, übernahm sie Mary Glovers Empfehlungen für ihren eigenen Unterricht – ihre Studentinnen und Studenten waren faszinierende und anspruchsvolle Tutorien zu Themen gewohnt, die nichts mit ihren Examensarbeiten zu tun hatten. In den 1960er Jahren versuchte Miss Anscombe einmal, diese Lehrpraxis bei einer Studentin dadurch «wiedergutzumachen», dass sie sie für zusätzlichen Unterricht zu ihrem Ehemann Peter Geach schickte; die erschöpfte Studentin war zu verängstigt, um zu berichten, dass auch er mit ihr Texte durchgenommen hatte, die in der Prüfung keine Rolle spielen würden.[172]

Im Jahr nach Elizabeths Eintritt ins St Hugh's erschien in der prestigeträchtigen Zeitschrift *Ethics* Mary Glovers Aufsatz «Obligation and Value».[173] Die Autorin plädierte darin bescheiden, aber geradeheraus für eine Moralphilosophie der Art, die H. A. Prichard als «Fehler» bezeichnet und Freddie Ayer für ausgestorben erklärt hatte. Der Aufsatz begann mit den Worten: «Unter dem Druck der Erfahrung der konkreten Welt bilden sich neue Konzepte heraus.» Eine solche Verjüngung, so argumentierte sie, sei in der Moralphilosophie vonnöten. «Üblicherweise wird davon ausgegangen, dass entweder die Kategorie der Pflicht oder die des Guten, sofern es als Objekt des Begehrens interpretiert wird, der letzte, irreduzible Begriff ist, mit dem wir das moralische Leben verstehen müssen.» Das seien jedoch die falschen Begriffe. Wir sollten versuchen, an die Begrifflichkeit von Platon und Aristoteles anzuknüpfen, und nicht von Pflicht und Begehren, sondern von moralischem Charakter und Motiv sprechen.[174]

Mary Glover versuchte in ihrem Aufsatz, den Hintergrund des menschlichen Lebens, von dem H. A. Prichard nichts mehr hatte wissen wollen, wiederherzustellen, indem sie das Wesen und die Identität menschlichen Handelns neu durchdachte. Dieselben menschlichen Handlungen können nämlich, sagte sie, sowohl verschiedenen Motiven entspringen als auch verschiedenen Zwecken dienen.[175] Glover stützte sich hierfür auf Arbeiten des Platonikers H. W. B. Joseph, dessen Aufmerksamkeit mittlerweile der Beschaffung von Betten für Evakuierte galt.

«Wenn ein Mann, der Austern mag, einen ganzen Teller davon isst, dann tut er das vermutlich, weil sie ihm schmecken. Wenn ein Mann, dem sie zuwider sind, dasselbe tut, dann vielleicht, um die Gefühle seines Gastgebers nicht zu verletzen. Wenn ein dritter Mann, dem sie ebenfalls zuwider oder aber gleichgültig sind, dasselbe tut, dann vielleicht, um zu verhindern, dass sein ihm unsympathischer Nachbar, von dem er weiß, dass er sie gern isst, zwei Portionen bekommt», hatte Joseph geschrieben. «Ich denke, das sind drei verschiedene Handlungen, von denen eine moralisch gut oder freundlich, eine moralisch schlecht oder boshaft und eine indifferent ist.»[176]

«Verschiedene Handlungen, die verschieden sind, weil sie verschiedene Motive haben, können sich in gleichen Körperbewegungen äußern», so Joseph, aber die Körperbewegungen selbst «sind nicht die Handlungen».[177] Für Joseph war jede menschliche Handlung ein «bit of living», ein Stück Leben. Körperbewegungen seien physikalische Ereignisse, die den Kräften unterlägen, von denen die physikalische Welt beherrscht werde; sie könnten mechanistisch als Wirkungen von Ursachen erklärt werden. «Eine rein physikalische Interpretation dessen, was wir als Handlungen von Menschen oder anderen Tieren bezeichnen, würde bedeuten, dass die Bewusstseinszustände des Begehrens [...] irrelevant wären. Die Veränderungen, die bei jedem von tierischen Muskeln bewirkten Vorgang auftreten, könnten dann ohne Bezugnahme auf diese Zustände adäquat erklärt werden.» Ein psychophysischer Psychologe Mach'scher Tendenz würde sogar «für die Bewusstseinszustände des Begehrens, der Abneigung, der Angst, des Vergnügens, des Schmerzes und für alle Formen von Denken und Vorstellen» eine physikalische Erklärung finden.[178] Jedes Stück Leben aber, so Joseph, zum Beispiel das arglose, höfliche oder boshafte Essen von Austern, werde sich dem Forscherblick des Naturwissenschaftlers entziehen. Es erschlösse sich nur einer Art der Erklärung, die von Absicht und Zweck, Motiv und Charakter spreche. Ein Stück Leben sei kein eigenständiges Glied in einer Kausalkette (wie eine Körperbewegung es sei), sondern habe seine Identität als Teil eines Ganzen. Die Einheit, Harmonie und Schönheit dieses Ganzen konstituiere das moralisch Gute in der menschlichen Existenz. Was das ethische Leben im Unterschied zum physischen Dasein beseele, sei das Bewusstsein einer ganzen, «allumfassenden Lebensform», und dieser Gedanke, nicht der blinde Gehorsam gegenüber einem Aggregat von Regeln oder Prinzipien, liege unseren Urteilen über Handlungen zugrunde.[179]

Es ist denkbar, dass Elizabeth Miss Glovers Ausführungen Iris, Mary und Philippa gegenüber im Speisesaal des Somerville rekapitulierte. «Moral hat einen Bezug zur Transzendenz.» Sie «enthält nicht bloß unsere eigenen Ziele, wie überschwänglich sie auch sein mögen», sondern «einen objektiven Maßstab, den wir nach und nach entdecken können, der aber nicht unser Werk ist».[180] Der Name der geistigen Haltung, die einen solchen Fortschritt möglich macht, lautet «Ehrfurcht» oder «Liebe». Liebe kann uns auf eine Weise motivieren, die zwar Begehren, nicht aber Eigeninteresse beinhaltet. «In einem Sinne, der schwer und vor allem kaum ohne Metaphern ausgedrückt werden kann, sind wir uns transzendenter Werte bewusst: der Wahrheit, der Schönheit und des Guten; wir wissen, dass unser Leben etwas von diesen Werten verkörpern kann und dass darin die höchste Ehre [*chief glory*] liegt.» Wie verwandt ist dieses ferne, transzendente Gute dem Guten bei Platon! «Die Metaphysik von all dem ist aber sehr schwierig», warnte Miss Glover, «und die Bedeutung Platons liegt vor allem darin, dass er erkannt hat, dass es eine solche Metaphysik geben muss.»[181] Iris wäre von diesen Worten nicht beeindruckt gewesen – sie hatte Platon noch nicht lieben gelernt. Doch als sie später von einem Journalisten nach ihren Interessen und denen ihrer Freundinnen während des Krieges gefragt wurde, sagte sie: Wir waren alle an «der Wirklichkeit» interessiert, «die den Menschen umgibt – sei sie transzendent oder was auch immer».[182]

Während der gesamten Zeit, die Elizabeth am St Hugh's studierte, hatte Mary Glover ein wachsames Auge auf ihre unkonventionellste Schülerin, die sich in Oxford auf der Suche nach interessanten Ideen herumtrieb. Die Tutoren schickten Miss Glover Berichte mit Urteilen, die von «wirklich mehr als nur ein bisschen faul»[183] bis zu «echte Kraft des Geistes»[184] reichten. Mary legte diese Berichte der Reihe nach in einer schmalen Mappe ab. Miss Anscombes «größtes Handicap ist ihr Widerwille, Philosophen, die sie abstoßen, die nötige Aufmerksamkeit zu schenken», klagte der dreiundsiebzigjährige emeritierte William George de Burgh.[185] Donald MacKinnon, der Platon lehrte, bescheinigte ihr einen «sehr raschen und klaren Verstand» und prophezeite, sie werde «erstklassige Arbeit» leisten.[186] Isobel Henderson, die Elizabeth in Frühgeschichte unterrichtete, sah das anders. «Sie weiß wirklich sehr wenig & ist nicht einmal in der Lage, von ihrer Pflichtlektüre freien Gebrauch zu machen», schrieb sie verzweifelt. «Ich unterrichte sie gern, aber ich kann nicht sagen, dass ich sehr erfolgreich war.»[187] Mary Glover selbst fand Elizabeths Aufsätze über Aristoteles «etwas dürftig», hatte aber Verständnis: «Miss Anscombe liebt systematisches Denken», bemerkte sie, «und die NE [*Nikomachische Ethik*] ist nicht systematisch geschrieben.»[188]

Im Vorfeld der Prüfungen bemühte sich Elizabeth um Wiedergutmachung. Doch «sie hat zu spät angefangen», klagte Isobel Henderson zu Recht. Am Abend vor ihrer Abschlussprüfung in Politischer Theorie etwa erschien Elizabeth in Mary Scruttons Zimmer und erklärte «nachdenklich mit ihrer schönen, leisen Stimme», sie habe gerade erst angefangen, in die Bücher zu schauen. «Einiges davon ist eigentlich ganz interessant», gab sie zu. «Aber eines hier verstehe ich nicht. Soweit ich sehen kann, sagt dieser Mann», äußerte sie und hielt Hobbes' *Leviathan* hoch, «man dürfe sich nur auflehnen, wenn man es könne. Kann es sein, dass er das wirklich meint?» Mary versicherte ihr, dass diese Frage häufig gestellt werde, war aber über ihren Mangel an Vorbereitung erstaunt.[189]

Elizabeths Weigerung, sich mit Dingen zu befassen, die sie nicht interessierten, ließ dem Prüfungskomitee keine andere Wahl, als sie einer mündlichen Prüfung (einem Rigorosum) zu unterziehen. Auf Drängen derer, die sie in Philosophie geprüft hatten, erhielt sie eine Eins, obwohl sie mit ihrer Arbeit über römische Geschichte spektakulär durchgefallen war. In ihrem Rigorosum war sie gefragt worden: «Miss Anscombe, gibt es *irgendeine* Tatsache in der Geschichte Roms, die Sie kommentieren möchten?» Ihre Antwort ist berühmt geworden: «Nein», sagte die gelehrte Katholikin mit einem «traurigen Kopfschütteln».[190]

Für viele der Männer in dieser Geschichte hatte eine Eins zu einer College-Stelle geführt. Ayer war sogar trotz Michael Fosters Einwand, er sei ungeeignet, die Jugend zu unterrichten, und noch bevor er seinen Abschluss gemacht hatte, ein Forschungsstipendium angeboten worden. Die Frauencolleges aber, die weniger zahlreich, außerdem kleiner und ärmer waren, konnten nicht all ihre erstklassigen Studentinnen beschäftigen. Daher fing Elizabeth eine Dissertation über Aristoteles und Thomas von Aquin an, das Thema ihres «speziellen» Studiums in Blackfriars Hall, nun aber unter der Aufsicht von Wittgensteins Hohepriester Friedrich Waismann. Der vorläufige Titel ihrer Arbeit lautete «An enquiry into certain problems of numerical identity and difference, and, (subordinate to these) of extension and space, with an examination of the solutions proposed to them by the Aristotelian philosophical tradition, in light of logical and epistemological method» («Eine Untersuchung bestimmter Probleme numerischer Identität und Differenz und (diesen untergeordnet) von Ausdehnung und Raum, mit einer Prüfung der von der aristotelischen philosophischen Tradition vorgeschlagenen Lösungen im Lichte der logischen und erkenntnistheoretischen Methode»).[191]

Sie erhielt ein Gilchrist-Stipendium für Studierende, die «angemessene Vorkehrungen zur Finanzierung eines Studiums oder einer Hochschulausbildung getroffen haben, sich aber mit unerwarteten finanziellen Schwierigkeiten konfrontiert sehen, die sie hindern könnten, ihren Abschluss zu machen». Wahrscheinlich hatte der unerwartet frühe Tod ihres Vaters 1939 die durch den Krieg entstandenen finanziellen Schwierigkeiten noch verschlimmert.

Am zweiten Weihnachtsfeiertag 1941, einem tristen Freitag, heiratete Elizabeth Peter Geach im neoklassizistischen Brompton Oratory im Westen Londons.[192] Ihre Brüder hatten ihr geraten, die Verlobung aufzulösen, weil Peter «absurd» sei, aber sie hatte ihre Warnungen ignoriert.[193] Obwohl sie jetzt Mrs Geach war, wurde Elizabeth weiterhin stets als Miss Anscombe angesprochen, worauf sie auch bestand. Ihre Heiratsurkunde bewahrte sie aber vor den Folgen eines neuen Wehrpflichtgesetzes, das in diesem Monat verabschiedet worden war: Der National Service Act (Nr. 2) betraf nur unverheiratete Frauen zwischen zwanzig und dreißig. Die Rekrutierung von Frauen auf freiwilliger Basis hatte nicht ausgereicht, um den großen Bedarf des Kriegsministeriums zu decken, und so war die Regierung gezwungen gewesen, die unvermeidliche «öffentliche Aufregung» heraufzubeschwören und Zwangsrekrutierungen vorzunehmen. Agnes Hardie, Labour-Abgeordnete für Glasgow-Springburn, war nicht die Einzige, die den Krieg als «Männersache» ansah: «Ich bin zwar Feministin, und eine gute», argumentierte sie, «aber ich sage, sie haben kein Recht, Frauen einzuziehen.»[194] Die Not war stärker als die Bedenken.

Als Ehefrau von Peter Geach war Elizabeth keineswegs in einer Position der Sicherheit. Denn Peter lehnte es zwar ab, in die britische Armee einzutreten, war aber entschlossen, für Polen zu kämpfen. Da seine anfänglichen Bemühungen, in die polnische Armee aufgenommen zu werden, gescheitert waren, ließ er, als Elizabeth seine Frau geworden war, nichts unversucht, um die polnische Staatsbürgerschaft zu erlangen.[195] Grund genug für Isobel Henderson, Elizabeth zu warnen, «sie würde nach dem Krieg Russin sein», wenn Peter erfolgreich wäre. Das scheint sie «etwas ernüchtert» zu haben, wie Isobel Mary berichtete, «obwohl sie doch erklärt hatte, dass ihr die Nationalität völlig gleichgültig sei».[196]

Ein Kriegsdienstverweigerer:
Donald MacKinnon und das metaphysische Tier

Als Mary, Iris und Philippa vor ihren letzten beiden Trimestern standen, waren die USA unter Präsident Franklin D. Roosevelt, ausgelöst durch den japanischen Angriff auf Pearl Harbor, in den Krieg eingetreten. Kleidung wurde rationiert, und an allen drei Tischen des Speisesaals im Somerville war man zu Khaki oder wenigstens zum Schmuddellook übergegangen. Im *Boots* waren die Schminkregale leer, Lippenstift und Rouge kaum zu bekommen. Aufgrund der Tatsache, dass jugendliche Dozenten und erwachsene Studenten so selten waren «wie Schmetterlinge im März»,[197] waren Einladungen zu Zimttoast allerdings ebenfalls Mangelware. Doch als Mary unerwartet eine letzte nagelneue Nylonnagelbürste in der Drogerie entdeckte (zum Wucherpreis von *neun* Schilling), konnte sie, «hingerissen von der herrlichen Gelegenheit», nicht widerstehen.[198]

Wie Elizabeth vor ihnen, so überquerten nun Mary, Iris und Philippa jede Woche die Woodstock und die Banbury Road und begaben sich direkt unter die neugotischen Bögen des Keble College (das inzwischen dem Stab des MI5 Asyl gewährte).[199] Sie sollten dort bei dem Kriegsdienstverweigerer Donald MacKinnon – einem der wenigen jungen Männer, die in Oxford noch zu finden waren – Unterricht nehmen.

Der gläubige Anglikaner MacKinnon hatte zu seiner pazifistischen Einstellung während des Spanischen Bürgerkriegs gefunden und sie im Sommer 1938 gefestigt – zum Teil in Diskussionen mit Mitgliedern von Pax, der Gruppe, der Elizabeth angehörte. Doch als der Konflikt mit Hitler kein Ende nahm, hatte er an seiner Position zu zweifeln begonnen. War Kriegsdienstverweigerung angesichts der Aggression und der Ziele Hitlers wirklich mit der Zeugenschaft für das Leben Christi vereinbar? MacKinnon wurde von Schuldgefühlen geplagt, weil er nicht litt, während andere litten. «Es zieht mich [...] dorthin, wo meine Kollegen leiden, & manchmal denke ich, ich werde es nicht mehr lange aushalten können», hatte er im Juli 1940 an einen Freund geschrieben.[200] Als er sich schließlich freiwillig gemeldet hatte, war er aus medizini-

September 1939 – Juni 1942 137

Donald MacKinnon

schen Gründen abgelehnt worden – Asthma.²⁰¹ Seine Frau Lois Dryer, die er 1939 geheiratet hatte, war über das Ungefestigte seines Pazifismus beunruhigt; sie vertrat einen absoluten oder «einfachen» Pazifismus, der jede Beteiligung an einem Krieg ausschloss.²⁰² Lois war 1936/37, als Donald Assistenzprofessor war, die beste Studentin in Edinburgh gewesen, fühlte sich aber in Oxford durch den Beinamen «the Wife» («die Ehefrau»), den Donalds Studenten auf sie gemünzt hatten, brüskiert und ausgeschlossen.²⁰³ Während sie versuchte, festen Boden unter den Füßen zu finden, unterrichtete sie Heinz Cassirer und Friedrich Waismann in schriftlichem Englisch. «Im Grunde glaubt sie, ich sei vom rechten Weg abgekommen [*raked*]», schrieb MacKinnon an jenen Freund.²⁰⁴ Er pflegte in seinem Collegezimmer zu übernachten.²⁰⁵

Donald MacKinnon, der nur wenige Jahre älter war als die von ihm betreuten Studierenden, hatte seine Stelle am Keble College gegen den vielversprechenden jungen Philosophen (Herbert) Paul Grice errungen, der später mit grundlegenden Arbeiten zur Sprachphilosophie bekannt werden sollte. H. H. Price hatte ein beide Kandidaten betreffendes Zeugnis geschrieben, wonach Grice «auf seine Art eindeutig der Bessere» sei. MacKinnon besitze zwar «weniger Stetigkeit und gesunden Menschenverstand», auch würde er vermutlich «einigen Studierenden ziemlich seltsam vorkommen», doch sei nicht auszuschließen, dass er es «auf lange Sicht weiterbringen» werde. Außerdem sei die Richtung seiner Interessen «höchst ungewöhnlich» und mache ihn «bemerkenswert»: Er sei den Idealen und Methoden der logischen Analyse verpflichtet und in der symbolischen Logik so bewandert, wie man es als Nichtmathematiker nur sein könne, interessiere sich aber außerdem sehr für religiöse Probleme. «Ich kenne keinen anderen Philosophen in diesem Land – oder auch im Ausland –, der derzeit genau diese Kombination von Fähigkeiten und Interessen hätte», schloss Price.[206] (Von Elizabeth hatte Price einen in den Ferien 1939 entstandenen Aufsatz über Kausalität gelesen und «für gut befunden»,[207] er konnte aber nicht wissen, dass auch sie MacKinnons «höchst ungewöhnliche» Interessen teilte.) Mit diesem Cocktail war nicht leicht umzugehen. «Er ist ständig am Rande des Nervenzusammenbruchs», bemerkte Iris.[208]

Zu ihm geschickt worden zu sein war «ein großer Glücksfall», meinte Mary, «ohne den ich mich vielleicht ganz von der akademischen Philosophie abgewandt hätte».[209] Während Sandie Lindsay *Language, Truth and Logic* aus dem Fenster geworfen hatte, empfahl Donald MacKinnon, selbst ehemaliges Mitglied der *Brethren*, das Buch seinen Studierenden mit Nachdruck. Freddie Ayers «clevere» Versicherung, «Sie brauchen sich keine Sorgen zu machen, weil nichts davon etwas bedeutet», wies er zwar zurück, wollte aber, dass die Studierenden die Lüge selbst erkennen.[210] Vom Temperament her war MacKinnon der Gegenpol zu Ayer (der inzwischen bei den Welsh Guards die Grundausbildung zum Soldaten absolvierte und in einer Kaserne übernachtete[211]). Da er der Meinung war, dass «in allem eine Menge Sinn steckt», machte er sich über alles Gedanken. Er war immer auf der Suche nach dem Blickwinkel, aus dem man die Bedeutung der Dinge erkennen konnte. «Er konnte viel mit Kant anfangen, auch mit Idealisten wie Bradley, die andere Leute nicht lasen, und er befasste sich schon mit Wittgenstein, was andere nicht taten», erinnerte sich Mary. «So kamen wir voran mit unserer Philosophie und hatten viel Spaß dabei.»[212] Iris verehrte MacKinnon – zu Lois' Leidwesen. Im Januar 1942 schrieb sie an den «tapferen & geliebten» Frank Thompson: «Er erweckt reine Hingabe.»[213] Er sei ein «Juwel». Philippa ging vielleicht am weitesten von den dreien: «Niemand hat mich stärker beeinflusst. […] Er hat mich *erschaffen*.»[214]

Folgen wir ihr, wenn sie unter den Augen der MI5-Sekretäre über den Hof geht, und sehen wir, *wie* MacKinnon sie erschuf.

Donald MacKinnons Zimmer im Keble liegt am Ende eines dunklen Ganges. Die Wände sind weiß, der Raum selbst ist völlig leer, wenn man von zwei ramponierten Sesseln und einem Tisch in der Mitte absieht, auf dem sich Unmengen von Papieren und Büchern stapeln.[215] Auf die Rückseiten von Briefumschlägen sind Notizen für Vorlesungen gekritzelt.[216] Philippa setzt sich auf den etwas weniger «kaputten» der beiden Sessel.[217] MacKinnon, im Overall (er ist stolz auf seinen Dienst in der Feuerwache), liegt auf dem Fußboden (als Tutorin im St Anne's wird Iris seine «Rückentutorien» ein Jahrzehnt später gelegentlich wiederholen[218]). Als Philippa (oder Elizabeth, Mary oder Iris) ihre ersten handschriftlichen Aufsätze über philosophische Themen aus ihrem Ranzen geholt hat, entwirft MacKinnon einen Hintergrund, vor dem sie *Language, Truth and Logic* sehen und verstehen kann.

Der logische Positivismus, beginnt MacKinnon, präsentiert sich als eine These über Logik und Bedeutung, enthält aber eine gefährliche implizite «Lehre vom Menschen».[219] Während der vorsichtige logische Empirismus des Wiener Kreises das Ziel verfolgte, demokratisch zu sein und das Wissen aus den Klauen autoritärer Mythen oder vorurteilsbehafteten Aberglaubens zu befreien, entnimmt Ayers Manifest diesem Ansatz eine Vision vom Menschen als «effizienter Rechenmaschine».[220] Für Ayer besteht das Handeln der menschlichen Vernunft im Umgang mit Symbolen statt in der Ausübung von Fähigkeiten, die, klug eingesetzt, zu echtem Verstehen führen. Bedroht von dem zur Waffe gemachten Satz «Ich verstehe nicht», so befürchtet MacKinnon, ist das menschliche Tier, «der Naturwissenschaft untergeordnet», gezwungen, nicht nur seine Moral, sondern auch seine angeborene Neugier, sein eigentliches Wesen zu verleugnen. «Ich kann nicht bestreiten, dass ich mich mehr und mehr genötigt sah, eine solche Vorstellung von einer Norm des Menschseins als Grundlage ethischer Urteile anzunehmen», sagte MacKinnon im Januar 1941 vor Theologen. Was, wie er erkannte, eine Aufgabe von «beängstigender Schwierigkeit» sein würde.[221]

Jetzt steht MacKinnon und skizziert für Philippa seine Vision von

Philosophie. Wir müssen lernen, historisch zu denken, sagt er – seine Beschäftigung mit R. G. Collingwoods Geschichtsphilosophie während des Studiums ist ihm noch frisch in Erinnerung.[222] Unsere Untersuchungen sind nie ohne Bezug zur Geschichte und zu uns selbst. Historische Gegebenheiten lenken die Aufmerksamkeit des menschlichen Geistes in eine bestimmte Richtung;[223] als Philosophin muss Philippa sich daher fragen, inwieweit ihre historische Situation und ihre Lebensumstände ihr Projekt und die Prinzipien beeinflussen, die ihr Vorgehen bestimmen.[224] Philosophie, so MacKinnon weiter, ist Ausdruck und Ausweis menschlicher Würde. Der Mensch ist ein Tier, dessen Natur – dessen Wesen – in seiner Neugier und seiner Fantasie zum Ausdruck kommt. Menschliche Tiere fragen nach dem Guten und Schönen, nach Sinn und Wahrheit. Schon die Jungtiere dieser Spezies tun das, denn Kinder sind von Natur aus wissbegierig. («Wenn du ich wärst, woher wüssten wir es?», denkt Philippa. «Sind Badewannen und Zimmerdecken nur Konstellationen von Erscheinungen?», wundert sich Mary. Und Elizabeth fragt: «Warum?») Wenn man menschlichen Tieren die Fähigkeit und die Gelegenheit nimmt, metaphysische Fragen zu stellen, wie es der Totalitarismus tut, so MacKinnon, was bleibt dann übrig? Zynismus, Skeptizismus, Angst. Bloße Bestialität. (Sein an einen Bären erinnernder Kopf wendet sich Philippa zu, während er innehält, um diesen Gedanken sacken zu lassen.)

Menschen sind *metaphysische Tiere*, wagt er zu sagen, selbst noch unsicher, was das bedeuten soll.[225] Und metaphysische Tiere müssen über das Transzendente sprechen, über den menschlichen Geist und das Unendliche. Doch Ayer hat diesen Diskurs für Unsinn erklärt. Wie sich davon befreien? Vielleicht durch analogische Verwendung der Begriffe, sagt MacKinnon und stützt sich dabei auf die Arbeit katholischer Theologen: Thomas von Aquin hatte behauptet, dass der Mensch von Gottes Eigenschaften *per analogiam* sprechen und sie so verstehen könne. Wir wüssten, was damit gemeint sei, dass ein Mensch gut, schöpferisch oder weise sei. Sprächen wir von Gottes Güte, von Seiner Schöpfung, von Seiner Weisheit, so sprächen wir in Analogien, indem wir Begriffe, die im endlichen Bereich des Menschlichen verwendet werden, auf das Unendliche übertrügen.[226] «Können wir diese Struktur aufgreifen?», fragt MacKinnon und wirft sich in den freien Sessel.

Jetzt aber hält der Kantianer in ihm für einen Moment inne: Wenn Menschen es wagen, über Gott, Freiheit und Unsterblichkeit zu sprechen, versuchen sie, mit menschlichen Worten eine unüberbrückbare Kluft zu überspringen. Wir können aber höchstens hoffen, dass unsere Worte irgendwie den Sinn unserer Welt einfangen können.[227] Wir wissen, dass wir mit «Freiheit» mehr meinen als «den Unterschied zwischen einem Handeln aus eigenem Antrieb und einem erzwungenen Handeln»; unsere Worte können dieses Mehr aber nicht «einfangen».[228] Dennoch dürfen wir die Hände nicht in den Schoß legen. Der analogische Gebrauch eines Wortes ist ein schöpferischer Akt, ein Appell an eine andere Person, einen verborgenen Zusammenhang zu sehen, einem Wink zu folgen, einen neuen Sprachgebrauch zu akzeptieren. Freddie Ayer hat den Dichtern gnädigerweise seinen Scheiterhaufen erspart, weil sie keinen Anspruch auf Wahrheit erheben. Er selbst, MacKinnon, aber will aus dem Metaphysiker einen Dichter machen, dessen paradoxe, gleichnishafte und metaphorische Rede es uns ermöglicht, «den Sinn einer Welt zu erfassen», die nicht unmittelbar begriffen werden kann.[229] (Jetzt ist Miss Bosanquet mit Sicherheit gepackt – sie klammert sich, aus dem Gleichgewicht gebracht, an den Sessel.) «Es ist unmöglich, die Essenz der Moralphilosophie herauszudestillieren»,[230] sagt MacKinnon, als das einstündige Tutorium zu Ende geht. «Es gibt eine leichte Überschneidung zwischen einem Beitrag zur Debatte über unsere Praxis und der Darstellung der logischen Ordnung der Kategorien des moralischen Universums.»[231]

Miss Bosanquet erhebt sich, leicht benommen. Sie und ihr Tutor sind erschöpft und verlegen, aber auch ein bisschen hochgestimmt. Sie verlässt das College, vorbei an den Sekretären des MI5, über den Hof. Donald begibt sich ins *Lamb and Flag*. Das «Lamm» ist das Agnus Dei aus der Offenbarung des Johannes. Der Barmann kennt MacKinnon: ein doppelter Whisky für den Gast.[232]

Unsere vier unzeitgemäßen Philosophinnen bekommen alle eine Eins

Philippas PPW-Kurs dauerte drei Jahre, der von Iris und Mary vier, was bedeutete, dass die drei Freundinnen ihr sonderbares Studium bei alten Männern, Flüchtlingen, Frauen und einem Kriegsdienstverweigerer im Frühjahr 1942 fast beendet hatten und ihren Abschlussprüfungen gemeinsam entgegengingen. Doch in diesem letzten Trimester erkrankten Philippa und Mary schwer. Bei Mary wurde später das Reizdarmsyndrom diagnostiziert, eine Krankheit, die sie ihr ganzes Leben lang immer dann schwächen sollte, wenn sie unter Stress stand.[233] Donald MacKinnon und Isobel Henderson schrieben ihr Briefe, die ihr Mut machten. («Tut mir leid, dass es Ihnen schlecht geht.» «Ich werde Ihnen so viel Zeit geben, wie Sie glauben, ertragen zu können.» «Ideen sind wichtiger als Wissen – und Ideen hatten Sie schon immer.»[234]) Derweil war Philippa ans Bett gefesselt. Die Unterleibstuberkulose aus ihrer Kindheit, die sie daran gehindert hatte, im College zu leben, war mit großer Heftigkeit zurückgekehrt. Sie wurde in ein Gipskorsett gesteckt und wohnte in der Bradmore Road bei ihrer Freundin Anne Cobbe, die ebenfalls im Somerville studierte.[235] Annes Mutter konnte erreichen, dass MacKinnon und Thomas Balogh, Philippas Tutor in Wirtschaft, ihr Unterricht an ihrem Bett gaben.

Nachdem MacKinnon Iris gesagt hatte, dass Philippa sich vielleicht über einen freundlichen Besuch freuen würde,[236] sah sich Philippa von Angesicht zu Angesicht mit der «kommunistischen Nervensäge» konfrontiert: Iris stand vor ihrem Bett, einen Strauß zitternder Wildblumen in der Hand. «Iris hatte vor allem etwas Magisches an sich», erinnerte sie sich.[237] Iris dagegen entsann sich der Freude, mit der sie ihrer lebenslang besten Freundin begegnet war – dies ist die dritte Geschichte vom Beginn der Freundschaft der beiden. Iris wird in diesem Buch noch viele Male mit Blumen erscheinen. Ihre erste philosophische Frage hatte sie im Alter von sechs Jahren gestellt. Die Frage hatte der Beobachtung gegolten, dass «das Schneeglöckchen den Kopf hängen lässt», und gelautet: «Warum?» – «Ja warum eigentlich?», fragte Iris noch als Erwachsene. «Eine zum Nachdenken anregende Frage, eine gute Einführung in eine Welt, die voller Geheimnisse ist.»[238]

Die Prüfungsergebnisse von Frauen wurden bis 1952 in einer separaten Liste veröffentlicht.[239] «Mit Glück bekomme ich eine Zwei (mein Philosophietutor [MacKinnon] erwartet, dass ich eine Eins bekomme, aber er leidet ohnehin unter Wahnvorstellungen). Und danach? Das weiß nur Gott», hatte Iris an einen Freund geschrieben.[240] Doch die Namen von Iris und Mary tauchten unter derselben Rubrik auf: Klasse I. Auch Philippa hatte eine Eins bekommen. Das Juniwetter hatte geholfen – keine Wärmflaschen mehr. Im Unterschied zu Iris hatte Mary allerdings eine qualvolle dreistündige mündliche Prüfung im Ashmolean Museum hinter sich bringen müssen, bevor ihre Note bestätigt worden war. Schuld daran, so Mary, war Elizabeth gewesen. «Die Prüfer und Prüferinnen in *Greats* hatten zuletzt viel Mühe gehabt, Studentinnen zu benoten, deren Arbeit in einem Teil des Studiengangs gut, in einem anderen aber durchschlagend schlecht gewesen war.» Und nach Elizabeths «besonders schlimmem Fall» im Vorjahr, so Marys Vermutung, hatten die Behörden die Regeln verschärft.[241] In ihrem eigenen Fall war die Arbeit in römischer Geschichte der Knackpunkt gewesen. Die mündliche Prüfung indes war gut verlaufen und hatte ausgereicht, um die Prüfer von einer Eins zu überzeugen – «Alpha plus Benzedrin», so Isobel Henderson vergnügt.[242] Marys Leistung sei «großartig» gewesen, vor allem in Anbetracht ihrer Krankheit, befand Donald MacKinnon.[243] Die Ergebnisse trafen auf einer Postkarte im Haus der Scruttons ein.[244] Zum Dank für ihre Hilfe schenkte Mary Donald einen Gutschein für ein Buch[245] und Isobel ein fein gebundenes Exemplar von Alexander Popes spöttischem Heldengedicht *The Dunciad* – genau das Richtige für Isobel, die dieselbe Vorliebe für Understatement und geistreiche Anspielungen hatte.[246] «Du & Mary, ihr habt so wunderbare Beispiele dafür geliefert, dass der Geist über die Materie triumphiert», schrieb Iris an Philippa. «Jetzt brauchst du dir keine Sorgen mehr zu machen, sondern kannst in einem träumerischen Koma liegen und dich ausruhen. Und lies *nicht* Virginia Woolf.»[247]

Für Isobel waren Iris und Mary «unter Strom stehende Drähte» und «zwei der am wenigsten langweiligen Menschen», die sie kenne.[248] Ihre Einsen wollte sie gebührend mit einer Dinnerparty feiern. «Ich schlage vor, dich mit Iris, A. L. Rowse und J. B. Trend nach Bablock Hythe zu entführen», schrieb sie an Mary.[249]

Ihr fröhlichen Oxford-Reiter an der Fähre,
Habt euch, in Sommernächten heimkehrend, überquerend
Die jünglingshafte Themse, getroffen bei Bablock-Hythe,
Eure Finger nass im kühlen Strom,
Während das Seil des Kahns sich drehte.[250]

Im weiteren Verlauf des Abends taten die beiden vornehmen Weisen ihre zeitgemäßen Meinungen kund, während die frischgebackenen Absolventinnen aufmerksam zuhörten. Die zahlreichen Armbänder an Isobels Abendhandschuhen klimperten. Mary kämpfte gegen das Bedürfnis zu gähnen an.[251]

Anschließend, auf dem Heimweg die kühle, mondbeschienene St Giles Road entlang, wandte sich Mary an Iris. «Und, wie sieht es aus? Haben wir heute Abend etwas Neues gelernt?» – «O ja, ich glaube schon», sagte Iris, den riesigen Mond betrachtend. «Ich glaube wirklich. [...] *Trend ist ein guter Mensch, und Rowse ist ein schlechter Mensch.*» Beide brachen über dieses präzise, aber «grotesk unzeitgemäße» Urteil in Lachen aus. Hatten sie nicht *Language, Truth and Logic* gelesen und gelernt, dass derlei Urteile Unsinn sind? Iris hätte sagen sollen: «Ein Hurra für Trend und ein Buh für Rowse!» Die wenigen Passanten auf der St Giles sahen sich erschrocken um, und die Katzen liefen davon, als die aufstrebenden Rebellinnen ihren ersten akademischen Auftritt hatten. «Iris hat es jedoch nie etwas ausgemacht, unzeitgemäß zu sein», erinnerte sich Mary.[252] Und mit dem Imperativ von Reverend Canon Tom Scrutton vor Augen («WEIGERE DICH, ÜBERHOLTE ANNAHMEN ZU AKZEPTIEREN») machte es auch ihr nichts aus.

Kapitel 3

Unordnung und Not

Juni 1942 – August 1945
Cambridge & London

Mary & Iris ziehen nach London – Elizabeth wendet sich wieder Aristoteles & dem Wesen des Menschen zu – Iris & Philippa im London der Kriegsjahre – Elizabeths Projekt gerät ins Stocken – Liebe & Krieg in Seaforth – Mary verschlägt es zu einem «seltsamen Stamm» – Miss Anscombe lernt Ludwig Wittgenstein kennen – Philippa & Iris warten auf Nachrichten – Elizabeths neuer Plan – Das Ende des Krieges: Drei Freundinnen kehren nach Oxford zurück

---

Mary und Iris ziehen nach London

Nur zehn Tage nach ihrer Abschlussprüfung packte Iris ihre Sachen. Mary mag im Schneidersitz zugesehen haben, wie die Freundin eilig Krimskrams aus ihrer Jugend verstaute, aber auch Dinge, die an die gemeinsame Zeit erinnerten: Lindsays Wahlkampfbroschüre, Nähzeug, Heinz Cassirers Buch über Kant. Die beiden Frauen bereiteten sich auf ihren Kriegsdienst vor. Mary hatte skeptisch die Augenbrauen gehoben, als Iris dramatisch erklärte, der öffentliche Dienst werde sie nicht haben wollen – «nicht mit meiner politischen Vergangenheit». Iris hatte sich geirrt, und die beiden waren an zwei aufeinanderfolgenden Tagen einberufen worden: Iris ins Finanz- und Mary ins Produktionsministerium. Marys Arbeitsplatz hatte für einige Verwirrung gesorgt («Was für ein Ministerium?»),[1] aber die Weichen für den Start ins Erwachsenenleben waren gestellt. Iris war bereit, eine neue, anspruchsvollere Rolle zu übernehmen, und sie bestieg den Zug nach London ohne Blick zurück. Sie hatte nicht die Absicht, Philosophiedozentin zu werden. «Ich dachte zwar, ich wollte Archäologin und Kunsthistorikerin werden, aber im Grunde wollte ich immer Romane schreiben», sagte sie später.[2] An ihrem ersten Roman arbeitete sie auch schon. Mary wartete noch; bevor sie sich ihrem Buch zuwandte, musste die Stadt aus ihrem Blickfeld verschwunden sein. Sie hoffte, später in Oxford zu promovieren, nachdem sie «etwas für die Allgemeinheit Nützliches» getan haben würde.[3]

Das London, in dem Iris und Mary ankamen, war nicht mehr das London ihrer Kindheit, sondern eine befremdliche, ja beunruhigende, orientierungslose Stadt. Als sie durch den von Bomben beschädigten Ausgang der Marylebone Station auf die Harewood Avenue hinaustraten, wurden sie von zahllosen Schmetterlingen begrüßt. Der *Blitz* hatte nicht nur dazu geführt, dass eine Million Kinder aus der Stadt ins Umland evakuiert worden waren, sondern er hatte auch so viele Vögel vertrieben, dass London in den stillen Frühlingsmonaten der nächsten

Jahre von einer Raupenplage heimgesucht wurde, der schmetterlingsreiche Sommer folgten.[4] Die Hauptstadt war bestrebt, sich nach den acht Monaten, in denen die nächtlichen Bombenangriffe mehr als eine Million Gebäude zerstört, 43 000 Menschen getötet und die Tierwelt in Unordnung gebracht hatten, neu zu organisieren.

Während der Bombenangriffe hatte die Regierung versucht, die Öffentlichkeit aus den Stationen der Londoner U-Bahn herauszuhalten, und dies mit der Gefahr der Beeinträchtigung des Verkehrs und der öffentlichen Sicherheit gerechtfertigt. Sie hatte aber auch dunkle Befürchtungen gehabt: Was wäre die Folge, wenn man den verängstigten Londonern erlaubte, ihrem primitiven, tierischen Instinkt nachzugeben und sich einzugraben? In Dover hatten furchtsame Bürger nach Art von Kaninchen einen Bau in die Klippen gegraben. Sollte man den Londonern erlauben, ja sie sogar ermuntern, sich wie Maulwürfe oder Strauße zu verhalten? In Whitehall, dem Verteidigungsministerium, war hinter vorgehaltener Hand von «Deep-Shelter-Mentalität» die Rede: Das neurotische Bedürfnis, in der Tiefe Schutz zu suchen, würde aus Hausfrauen, Lebensmittelhändler:innen und Fabrikarbeiter:innen eine Herde «ängstlicher Troglodyten» machen, die bei Kerzenlicht in den kreuz und quer im Untergrund der Stadt verlaufenden Tunneln lebten. Diese Befürchtung war so stark gewesen, dass viele Luftschutzbunker oberirdisch gebaut worden waren, obwohl sie weniger Schutz boten als ihre unterirdischen Pendants.[5] Als Iris und Mary ankamen, lebten eine halbe Million Obdachlose in der Stadt.

Der Krieg hatte auch für andere Tiere Folgen gehabt. In den ersten beiden Kriegswochen waren mindestens 400 000 Hunde und Katzen von ihren Besitzern getötet worden, nachdem die Regierung in einer Broschüre mit dem Titel «Air Raid Precautions for Animals» (Vorsichtsmaßnahmen für Tiere bei Luftangriffen) dazu geraten hatte.[6] In den Zeitungen waren Gedenkanzeigen für geliebte Gefährten erschienen: «Glückliche Erinnerungen an Iola, süße treue Freundin».[7] Aus dem Londoner Zoo waren die Pythons, Komodowarane, Elefanten, Tiger, Löwen und Krokodile in den Tierpark Whipsnade, fünfzig Kilometer nordwestlich von London, evakuiert worden. Ihnen waren mehrere Tierpfleger und ihre Familien gefolgt, und im Dorf Whipsnade selbst hatte sich eine Gruppe von hilfreichen jungen Pfadfinderinnen [*brownies*]

Elefant beim Pflügen

gebildet.⁸ Für die Elefanten waren spezielle Geschirre angefertigt worden, so dass man die Tiere beim Pflügen der Felder und beim «Graben für den Sieg» beobachten konnte.⁹

Am Ende hatte der Londoner Zoo nur einen direkten – und nicht einmal tödlichen – Treffer erhalten. Außerdem hatten ein Affe und ein Kranich einen Kurzurlaub im Regent's Park gemacht, waren aber schließlich, hungrig geworden, in die Gefangenschaft zurückgekehrt. Die waghalsigste Flucht war den Zebras gelungen: Ein Paar hatte man auf der Kentish Town Road auf dem Weg nach Norden erwischt.¹⁰

Mary und Iris aber waren auf dem Weg nach Süden: ein Paar metaphysischer Tiere auf dem Weg nach Westminster.

Elizabeth wendet sich wieder Aristoteles und dem Wesen des Menschen zu

Das Gilchrist-Stipendium, das Elizabeth für die Arbeit an ihrer Oxforder Dissertation bekam, war kärglich und musste durch den Lohn für etwas Lehrtätigkeit ergänzt werden. Sie hatte sich jedoch auch um ein Sarah-Smithson-Stipendium in Cambridge beworben und erhielt Ende Juni erfreuliche Nachrichten. Myra Curtis, die Rektorin des Newnham College, hatte an Barbara Gwyer vom St Hugh's geschrieben:

> 24. Juni 1942
> Liebe Miss Gwyer,
> ich freue mich, Ihnen [...] mitteilen zu können, dass mein Ausschuss beschlossen hat, das Sarah-Smithson-Stipendium an Miss Anscombe zu vergeben. Der Ausschuss ist auch damit einverstanden, dass sie ihre Lehrtätigkeit in Oxford fortsetzt und in Oxford promovieren will. Nicht ganz klar ist mir ihr Status in Bezug auf den Wehrdienst, und ich wüsste gern, ob sie Aufschub erhalten hat oder ob ich in ihrem Namen einen Antrag stellen muss, damit sie ihre Arbeit als Studentin fortsetzen kann.[11]

Barbara Gwyer antwortete, Miss Anscombe sei «nie in Gefahr gewesen, einberufen zu werden oder dergleichen»:

> Andernfalls hätte ich geschrieben, dass sie sich 1941/42 im vorletzten Jahr eines im Oktober 1941 begonnenen Graduiertenstudiums befinde; oder, falls dies nicht ausgereicht hätte, dass sie aufgrund erstklassiger Fähigkeiten und der Absicht, in Zukunft, wenn möglich, eine Lehrtätigkeit an einer Universität zu beginnen, Aufschub ihrer Einberufung verdiene.[12]

Barbara Gwyer (die sich als letzte Amateurrektorin betrachtete[13]) empfahl Miss Curtis, nach der Devise zu handeln, die sie sich selbst zu eigen gemacht hatte: «Schlafende Hunde soll man nicht wecken.»[14]

Elizabeth Anscombe, die mit ihrem ersten Kind schwanger war, kam gerade rechtzeitig in Cambridge an, um an der «Blitzübung» der Stadt teilnehmen zu können: mit Studierenden, die Opfer spielten, Strohsäcken mit der Aufschrift «LEICHE», Pseudokrankenwagen und einer Bombenattrappe.[15]

Luftschutzübung der Universität Cambridge am Emmanuel College, 1939 oder 1940

Wie Oxford, so war auch Cambridge öde khakifarben und, was junge Männer betraf, leergefegt. Im Gegensatz zu Oxford war Cambridge jedoch bombardiert worden. Die meisten Sprengkörper waren zwar 1941 gefallen, aber im Sommer 1942 hatte ein einziger Tiefflieger bei einem Vollmondangriff Bomben jeweils 100 Meter beiderseits des Trinity College abgeworfen.

Um sich weiter auf ihre Promotion vorbereiten zu können, blieb Elizabeth Studentin der Universität Oxford und setzte ihre Lehrtätigkeit am Somerville fort. Sie wollte ihre griechisch geprägte altphilologische Ausbildung – Platon und Aristoteles bildeten die Grundlage ihres Denkens – mit den in Cambridge angewandten moderneren, ahistorischen Methoden der Sprachanalyse verbinden. Während Peter also in der freien Natur lebte, inmitten von Wäldern, begann für sie eine Zeit, in der sie zwischen den Bibliotheken und Seminarräumen von Oxford und Cambridge hin- und herpendelte. Die alte «Varsity Line» (die 1968 aus Rationalisierungsgründen größtenteils stillgelegt wurde) verband die beiden Universitäten mit einer Fahrzeit von weniger als zwei Stunden. Die Strecke war während des Krieges zu einer strategischen Route für den Güterverkehr geworden, da auf ihr Frachtgut ohne Umweg über London durch Südengland transportiert werden konnte. Doch hatte sich dadurch die Anzahl der Personenzüge verringert, die auf der Strecke fahren konnten.[16] Die Züge hielten in Bletchley, und Elizabeth wurde in ein volles Abteil mit uniformierten Männern und Frauen gequetscht. «Ist Ihre Reise wirklich notwendig?», fragten Plakate an jedem Bahnhof. Die Zugfenster waren von der Verdunkelungsvorschrift nicht ausgenommen, wobei die klebrige Abdeckung im Unterschied zu den Vorhängen in Häusern tagsüber nicht entfernt werden konnte. Selbst wenn Elizabeth durch den rautenförmigen Schlitz gespäht hätte, wären die Namen der Bahnhöfe, die der Zug passierte, für sie nicht sichtbar gewesen: *Bicester – Verney Junction – Bletchley – Bedford – Sandy*. Die nach Dünkirchen erlassene Anordnung, dass die Kirchenglocken schweigen und Ausländer wie Richard Walzer, Fritz Heinemann, Friedrich Waismann, Lorenzo Minio-Paluello und Heinz Cassirer interniert werden sollten, hatte nämlich auch verfügt: «Es ist verboten, Schilder anzubringen, anbringen zu lassen oder zuzulassen, dass sie angebracht werden, die den Namen, die Lage oder die Entfernung von Orten angeben.» Informationstafeln waren von den Bahnsteigen entfernt und Durchsagen in den Zügen eingestellt worden. Einer mitreisenden Person zu sagen, wo der Zug sich befand oder dergleichen, genügte schon, um verhaftet zu werden.[17]

Als Elizabeth in Cambridge ankam, war Professor Ludwig Wittgenstein in London, nicht weit von dem Ort entfernt, an dem Mary und Iris einen Großteil des kommenden Jahres verbringen würden. Wittgenstein blieb immer nur für kurze Zeit in Cambridge, da er die Atmosphäre rasch unerträglich und zum Arbeiten unmöglich fand. Nachdem Gilbert Ryle (Freddie Ayers ehemaliger Tutor) ihm seinen Bruder John vorgestellt hatte, der am Guy's Hospital als Arzt wirkte, hatte Wittgenstein diesem gegenüber pathetisch erklärt: «Ich spüre, dass ich in Cambridge langsam eingehen werde [...], zöge aber einen schnellen Tod vor.»[18] So hatte es sich ergeben, dass Wittgenstein den *Blitz* als Pförtner in einem Krankenhaus erlebt und, nachdem er als einer der bedeutendsten lebenden Philosophen erkannt worden war, als Forscher in einem Team gearbeitet hatte, das den Wundschock untersuchte.[19]

Wittgensteins Abwesenheiten verschafften den Mitgliedern des philosophischen Instituts in Cambridge jedes Mal eine Atempause, d. h. all den Lehrkräften, ihren Ehefrauen oder -männern und den Studierenden, deren Seminarräume, Clubs, Wohnzimmer und Schlaf durch seine Anwesenheit ins Chaos gestürzt wurden. Wittgenstein beherrschte die regelmäßig stattfindenden Kolloquien des Cambridge Moral Sciences Club des philosophischen Instituts so sehr, dass die folgende Konvention eingeführt worden war: Bestimmte Veranstaltungen wurden im Programm mit einem Sternchen versehen, das besagte, dass Wittgenstein an diesen Veranstaltungen nicht teilnehmen durfte.[20] Den erschöpften Bertrand Russell besuchte er regelmäßig um Mitternacht, blieb dann stundenlang und lief in seinen Räumen auf und ab wie ein Tiger im Käfig.[21] Und Dorothy Ely verbot ihm, ihren Mann G. E. Moore länger als sechzig Minuten am Stück zu besuchen, weil sie fürchtete, die Erschöpfung würde Moore sonst umbringen.[22]

Elizabeths erste Adresse in Cambridge war Bateman Street 58, ein vierstöckiges viktorianisches Reihenhaus, in dem Margaret Masterman mit ihrer Familie wohnte: mit ihrem Ehemann (und Philosophiekollegen) Richard Braithwaite und den Kindern der beiden, Lewis und Catherine.[23] Margaret Masterman, Philosophin, Linguistin, Romanautorin und religiöse Grüblerin, war mit Dorothy Emmet befreundet, der Philosophin, die einst Gandhi in ihrem «Baby Austin» durch Oxford chauffiert hatte, weil sich kein Taxi auftreiben ließ. Später gründeten Margaret und Dorothy die Epiphany Philosophers, eine Gruppe anglikanischer Intellektueller, die innerhalb einer wissenschaftlichen Weltanschauung einen Platz für den religiösen Glauben finden wollten.[24]

In dem Haus Bateman Street 58 hatten Friedrich Waismann (jetzt Elizabeths Doktorvater), seine Frau Hermine und Sohn Thomas gewohnt, nachdem sie 1937 als Flüchtlinge nach England gekommen waren, mittellos und schuldbeladen, weil sie ihre Eltern und Geschwister wie auch weitere Familienmitglieder zurückgelassen hatten.[25] In seinem Koffer hatte Waismann den Entwurf seines Hauptwerks *Logik, Sprache, Philosophie* mitgebracht, eine Einführung in und Verteidigung von Wittgensteins *Tractatus*, die er als Mitglied des Wiener Kreises geschrieben hatte. Doch als er mit seinem Manuskript in Cambridge ankam, hatte Wittgenstein das Werk, um das Waismann sein intellektuelles Leben aufgebaut hatte, bereits verworfen und sich vehement gegen seinen alten «Hohepriester» gewandt: Im Frühjahrstrimester 1938 hatte er seine Studentinnen und Studenten davor gewarnt, Waismanns Vorlesungen zu besuchen.[26] Und als Waismann einen kurzen Text veröffentlicht hatte, der auf den Gesprächen basierte, die er und Moritz Schlick vor dem Aufstieg Hitlers mit Wittgenstein in Wien geführt hatten, hatte Wittgenstein ihn des Plagiats beschuldigt.[27] Im Herbsttrimester 1939 war der am Boden zerstörte Waismann mit Frau und Kind nach Oxford geflohen, gerade rechtzeitig, um mit «Philosophy of Mathematics» noch kurz in den Vorlesungsverzeichnissen der *Oxford Gazette* zu erscheinen, bevor er verhaftet und als feindlicher Ausländer interniert wurde.[28]

In den frühen 1930er Jahren hatte in dem Haus Bateman Street 58 Wittgensteins erste und letzte Doktorandin gewohnt: Alice Ambrose, eine brillante amerikanische Mathematikerin und Philosophin.[29] Klein, dunkelhaarig und eine schwarze Brille mit runden Gläsern tragend, entsprach sie Esther Bosanquets Albtraumbild von einer Frau mit Universitätsabschluss. Alice' Beziehung zu ihrem Doktorvater war in die Brüche gegangen, nachdem Wittgenstein versucht hatte, sie an der Veröffentlichung ihrer Arbeit «Finitism in Mathematics» in der Zeitschrift *Mind* zu hindern. Als er sie nicht hatte überreden können, den Artikel zurückzuziehen, hatte er versucht, G. E. Moore, den Herausgeber von *Mind*, dazu zu bewegen, ihn abzulehnen. Alice hatte den Mut gehabt, Wittgenstein zu sagen, wo es langgeht: «Es ist zweifelhaft, ob das, was ich nach weiteren Diskussionen mit Ihnen schreibe, Sie zufriedenstellen würde – es sei denn, Sie würden es diktieren. Ich lehne es aber ab, bei Letzterem mitzumachen. Wenn Sie einen Artikel schreiben wollen, ist das Ihre Sache; doch es hat keinen Sinn, Sie zu zitieren und das Ganze unter meinem Namen zu veröffentlichen.»[30] Sie hatte ihn einen »Egoisten« genannt und ihm gesagt, er dürfe seine «Macht über Menschen» nicht dazu nutzen, «Verehrung zu erzwingen».[31]

Da Wittgenstein nicht in Cambridge war, könnte Elizabeth durch Margaret Masterman mit seiner nach dem *Tractatus* entstandenen Philosophie in Berührung gekommen sein. Ebenso wie Alice Ambrose hatte Margaret zu einer kleinen Gruppe von sechs Studierenden gehört, die zwischen 1933 und 1935 an vier Tagen in der Woche im Turm von Whewell's Court, Trinity College, ein «offizielles» Dokument seines neuen Denkens erarbeiteten. Die Niederschrift nach Wittgensteins Diktat hatte um 9.30 Uhr begonnen und, unterbrochen nur durch einen Morgenkaffee – «an Tagen, an denen die Sahne frisch und schwer war, tranken wir ‹Kaffee mit Schlag› nach Wiener Art»[32] –, bis zu vier Stunden gedauert. Wenn Wittgenstein auch Vorlesungen hielt, war die Gruppe bis zu sieben Stunden mit ihm zusammen gewesen. Anschließend waren Alice und Margaret erschöpft zum «Mittagessen» gegangen (gegen 16 Uhr!), oft in Lyons' Teestube in der Petty Cury, nur einen Steinwurf vom Trinity entfernt. Wenn sie mehr Abstand zum Turm von Whewell's Court benötigten, hatten sie sich stattdessen in die Bateman Street begeben, die zu Fuß in einer halben Stunde zu erreichen war. Dort hatten sie versucht, einen Moment Entspannung zu finden – was in Wittgensteins Gegenwart unmöglich war –, aber auch Notizen verglichen. Margaret hatte ihre in ein großes gelbes Notizbuch geschrieben. Nach zwei Jahren anstrengender Arbeit hatte Wittgenstein die Aufgabe für erledigt erklärt.[33] Es gab jetzt drei Notizbücher: ein gelbes, ein braunes und ein blaues. Aber Wittgenstein lehnte es ab, sie zu veröffentlichen. So hatte eine kleine Zahl von Kopien dieser Notizen zu kursieren begonnen, manchmal mit Wittgensteins Erlaubnis, manchmal ohne, und die Gerüchteküche brodelte.

Elizabeths Dissertation trug inzwischen den leichter verdaulichen Titel «The Identity of Bodies» («Die Identität von Körpern») und behandelte ein Thema, das in der antiken Philosophie verwurzelt war, die sie in Oxford studiert hatte. Elizabeth hatte begonnen, sich für die Identität von Lebewesen oder, wie sie es ausdrückte, «organisierten Körpern» zu interessieren. In einem Exposé für ihre Doktorarbeit nannte sie «Menschen» in einem Atemzug mit «Rüben» und «Katzen».[34] (Ebenso wie H. H. Price und Iris' Frank war sie «Felinistin», sie liebte Katzen.) «Ich möchte die traditionelle Definition des Menschen als eines vernünftigen Tieres überprüfen», schrieb sie in einem Antrag auf Verlängerung ihres Sarah-Smithson-Stipendiums.[35] Ihre zentrale Frage sollte lauten: «Was ist ein Mensch?»[36] Der frühneuzeitliche Philosoph René Descartes hatte die These vertreten, dass der Mensch aus zwei verschiedenen

Substanzen besteht, einem Geist und einem Körper. In einem Winter in Leiden um das Jahr 1629 herum hatte er in seinem Morgenmantel am Feuer meditiert und erklärt: «Ich bin nicht das Gefüge jener Körperteile, das *menschlicher Körper* genannt wird.»[37] Dieses Gefüge verändert sich nämlich mit der Zeit. Nichts von der physischen Materie, die 1596 aus den Wehen seiner Mutter Jeanne Brochard hervorgegangen war, bildet einen Teil des menschlichen Körpers, den Descartes jetzt unter seinem Morgenmantel betrachtete. (Elizabeth Anscombe sollte später sagen, dass sich jeder Mensch «materiell im Fluss» befinde.[38]) Also bin *ich* nicht *dieser Körper*, folgerte Descartes. Aber wenn er nicht sein Körper war, was war er dann?

Descartes' Antwort lautete: «Zweifelsohne bin ich [...], solange ich denken werde, dass ich etwas bin; so dass schließlich [...] dieser Grundsatz *Ich bin, ich existiere*, sooft er von mir ausgesprochen oder durch den Geist begriffen wird, notwendig wahr ist.»[39] Das Einzige, dessen er sich sicher sein könne, bestehe darin, dass er ein bewusstes Wesen sei; alles andere könne bezweifelt werden. Ich bin kein Tier und kein Mensch, sondern ein Ding, das denkt – das ist meine wesentliche Natur. «Ich bin ein denkendes Ding, das heißt ein Ding, das zweifelt, behauptet, bestreitet, weniges einsieht, dem vieles unbekannt ist, das will, nicht will, das auch vorstellt und sinnlich wahrnimmt.»[40] Descartes bezeichnet jede dieser verschiedenen Arten von Ereignissen, Zuständen und Vorgängen als *cogitatio*. Elizabeth notierte später: Selbst ein Zahnschmerz ist eine *cogitatio*, solange man unter «Zahnschmerz» etwas versteht, das man auch ohne Zähne haben kann.[41]

Elizabeths Plan sah vor, nicht bei Descartes, sondern viel früher anzusetzen, nämlich bei Aristoteles. Ein menschliches Individuum, so Aristoteles' These, ist eine Art organisierter Körper.[42] Nicht Geist plus Materie, sondern Materie, die in Übereinstimmung mit einer Form organisiert ist. Aber nicht nur Menschen, sondern auch Katzen und Rüben sind organisierte Körper. In der Tat besteht jedes Lebewesen aus Materie, die einem Organisationsprinzip entspricht: Es ist ein Organismus. Aristoteles bezeichnet dieses Organisationsprinzip als Seele. Seiner Philosophie zufolge haben also Rüben ebenso eine Seele wie Katzen und Menschen. Zu den vitalen Funktionen des vegetativen Lebens, etwa einer Rübe, gehören Ernährung und Fortpflanzung, und die Gesamtheit dieser wesentlichen vitalen Funktionen bildet das Grundmuster, das organisierende Prinzip im Leben einer Pflanze. Die einzelnen Rüben entsprechen im Großen und Ganzen einem solchen Muster, das für das Rübesein charakteristisch ist. Die Rübe ist zunächst Same, wächst dann aber zu einer Wurzel heran und blüht. Im Unterschied zur Identität von Sandhaufen, Felsbrocken und Ozeanen ist die Identität organisierter Körper wie Rüben an das Organisationsprinzip für Individuen dieser Art gebunden.

Aristoteles zufolge bezieht sich der Begriff des Lebens auf zweierlei Weise auf individuelle Körper.[43] So kann von einer Rübe, einer Katze und einem Menschen gesagt werden, dass sie zu einem bestimmten Zeitpunkt leben und zu einem späteren Zeitpunkt tot sind. Aber Rüben, Katzen und Menschen leben auch auf je eigene und für sie typische Weise: eine Rübe wie eine Rübe, eine Katze wie eine Katze und ein Mensch wie ein Mensch. Nach dieser zweiten Bedeutung bezeichnet «Leben» nicht den Zustand etwa einer einzelnen Katze (lebendig im Gegensatz zu tot), sondern eine Struktur (eine Form), die zum Beispiel für das Katzesein charakteristisch ist und an dem jede einzelne Katze teilhat. Wir können dieses Muster oder diese Form das *Wesen* der Katze nennen.[44] Natürlich ist die Lebensform eines Menschen viel komplexer und vielfältiger als die einer Rübe oder einer Katze: Wenn sich eine einzelne Rübe von ihren Verwandten unterscheidet, dann liegt das nicht daran, dass sie besondere Vorlieben, geschweige denn einen freien Willen oder eine Persönlichkeit hätte. Dennoch gibt es im menschlichen Leben ein allgemeines Muster von Geburt, Kindheit, Jugend, Erwachsensein und Alter sowie charakteristische Formen des Fortschreitens und Weiterlebens.

In der Zeit, in der Elizabeth auf der Varsity Line hin und her pendelte, reifte in ihr zugleich mit ihrem ersten Kind ein sehr unzeitgemäßer, ja eigenwilliger Gedanke heran: «Sind Introspektion und Extrospektion qualitativ verschiedene Tätigkeiten?», fragte sich Elizabeth und suchte im überfüllten Waggon des Zuges nach einem Sitzplatz (da sie einen weiten Mantel trug, bemerkte niemand, dass sie schwanger war). Während Descartes nach innen geschaut und Zahnschmerzen ohne Zähne entdeckt hatte, wollte Elizabeth in der Finsternis des verdunkelten Abteils einen Blick nach außen wagen. Sie werde einen «objektiven

Zugang» wählen, aber einen, der nicht «nur nach außen gerichtet» sei – es gebe nämlich auch einen objektivierenden Zugang zu sich selbst als wahrgenommenem Gegenstand. Sie werde also fragen: «Was für Objekte nehme ich wahr, wenn ich Menschen wahrnehme?» Ihr Fokus hatte sich inzwischen von den Schachteln der Zigarettenmarke Gold Flake und ihren Oberflächen auf die Lebewesen, die «intelligenten Objekte» verschoben, die diese Zigaretten rauchten. An die Wagentür gelehnt, sah sie Männer in Overalls, die eine Zigarette zwischen Daumen und Zeigefinger hielten und den Rauch inhalierten. In Gedanken machte sie sich eine Notiz: «Wir erkennen Leben, wenn wir sehen, dass für das Leben typische Tätigkeiten [*vital operations*] ausgeführt werden.» Als der Zug plötzlich auf ein Abstellgleis fuhr, um einem Zug mit Vorrang, einem Güter- oder Truppenzug, Platz zu machen, drückten Frauen mit Kindern auf dem Schoß diese fester an sich und flüsterten ihnen beruhigende Worte ins Ohr. «Ich sehe organisierte Körper, die sich der Sprache bedienen können.» In Bletchley prüfte der Schaffner Elizabeths Fahrkarte. «Wir erkennen vernünftiges Leben, wenn wir sehen, dass vernünftige Handlungen vollzogen werden, zum Beispiel wenn wir Männer sprechen hören.» Weitere Fahrgäste stiegen zu. «Selbst wenn das, was gesagt wird, dumm und belanglos ist, ist es eine vernünftige Handlung, etwas zu *sagen*.»[45]

Im Juni 1943 gebar Elizabeth ihr Kind. Sie und Peter nannten ihre Tochter Barbara, nach dem logischen Syllogismus und der Schutzpatronin der Artilleristen, Militäringenieure und anderer, die mit Sprengstoffen arbeiten.

Iris und Philippa im London der Kriegsjahre

Mary sollte ihren Kriegsdienst, wie gesagt, im neuen Produktionsministerium leisten, genauer, wie sich herausstellte, in der Abteilung für Rohstoffe, deren Name wenig dazu beitrug, ihre Frage «Was für ein Ministerium?» zu beantworten, die über ihrem Einberufungsschreiben gehangen hatte. (Als der Brief verfasst worden war, hatte es dieses Ressort auch noch gar nicht gegeben.) Die Abteilung war zusammen mit dem Cabinet Office in einem Whitehall-Gebäude untergebracht, und Marys Schreibtisch hätte ihr eigentlich einen schönen Blick auf die Enten und Eichhörnchen im St James's Park bieten sollen. Doch leider versperrte eine ornamentale Brüstung («eine seltsame ästhetische Verirrung») das Fenster und die Aussicht und zwang sie, bei elektrischem statt natürlichem Licht zu arbeiten.[46] Ihre Chefin, Betty Ackroyd (später Dame Elizabeth Ackroyd), hatte am St Hugh's PPW studiert und war wahnsinnig schnell und taff; sie jagte «Männern, die es gewohnt waren, in Ausschüssen zu schwafeln», Angst ein.[47] Aber sie konnte schlecht delegieren. Nachdem Mary ihren ersten Bericht – über «Die Geschichte des Combined Resources Board» – fertiggestellt hatte («Vor mir lagen stapelweise Papiere, über die ich etwa einen Monat lang gebrütet habe»), hatte sie nichts mehr zu tun.[48] Ihre Chefin «arbeitete wie ein Wirbelwind»: «Sie kam früh ins Büro, war ständig am Telefon, wobei sie die Nummern, oft mit einem Bleistift, doppelt so schnell wählte wie die meisten anderen Leute, und eilte dann zu einer Besprechung» – aber Mary blieb im Unklaren darüber, wie die Rohstoffe («Zink, Gummi, Stahl und so weiter») verteilt werden sollten. Es war ihr nicht möglich, Bettys Aufmerksamkeit lang genug auf sich zu ziehen, um herauszufinden, was sie tun sollte. Sie wurde auch nicht vermisst, wenn sie sich lange Mittagspausen gönnte, an Chorproben teilnahm oder bombengeschädigte Kirchen in der Umgebung besichtigte:[49] St Anne's, All Souls, Christ Church, St James's, Westminster Abbey, St Clement Danes. Als sie nach Oxford gegangen war, hatte sie aufgehört, Gottesdienste zu besuchen, und auf die Frage ihres Vaters Reverend Scrutton nach dem Grund eine dürftige Antwort gegeben. Und obwohl sie immer noch gelegentlich zu beten versuchte, fühlte sie sich in dieser Hinsicht, wie seit jeher, als Versagerin: «Ich hatte einfach das Gefühl eines leeren Raumes, wissen Sie, und ich habe es zwar von Zeit zu Zeit versucht, bin aber nicht sehr weit gekommen.» Dennoch glaubte sie an «etwas Größeres»[50] und fühlte sich zu Hause, wenn sie in einer Bank der Westminster Abbey saß, auf den Schutt hinab und durch die zertrümmerte Architektur hinauf zum Himmel blickte und dabei ihre Fischpastensandwiches aß.

Derweil bestand Iris' Arbeit im Finanzministerium darin, juristi-

Juni 1942 – August 1945

Die Westminster Abbey mit Bombenschäden

sche Schreiben zu lesen, zu verfassen, zu sortieren, abzulegen und zu recherchieren. Sie schrieb an Philippa:

> Das Leben ist wie ein Traum – ich lebe in einer phantastischen Welt, die von Telefonstimmen widerklingt & von seltsamen fiktiven Persönlichkeiten, wie den Lords Commissioners of His Majesty's Treasury, bevölkert ist. [...] (Oxford hat, was Tradition betrifft, nichts dem Finanzministerium Vergleichbares zu bieten.) Ich kann kaum glauben, dass *ich* es bin, die diese gebieterischen Briefe schreibt und den Leuten am Telefon sagt, wo es langgeht.[51]

Sie schlüpfte in die Rolle, gab aber Philippa gegenüber zu: «Alles, was ich im Augenblick tue, fühlt sich an wie Schauspielerei.»[52] Bei der Arbeit lernte sie Peggy Stebbing kennen, eine stellvertretende Schulleiterin und, wie sie zu ihrer Freude erfuhr, die Nichte der Philosophin Susan Stebbing.[53] In der Woche aß sie täglich mit einer anderen Person zu Mittag und Abend (so gut, wie es die Rationierung zuließ)[54] und blieb nach der Arbeit bis spät in die Nacht in der Stadt – durch ein verdunkeltes Soho auf der Suche nach Freund:innen, Romantik und Aufregung.[55] «Einen Pub zu betreten» war für sie «ein reizvolles Abenteuer». Obwohl die Wirte inzwischen daran gewöhnt waren, junge Frauen ohne Begleitung in ihren Lokalen zu sehen, hatte sie immer noch «das starke Gefühl, dass eine Frau in einem Pub ein seltsamer Vogel» war.[56]

Mary und Iris trafen sich auch mit Oxforder Freund:innen, von denen viele während des Krieges in London stationiert waren. Iris stand zwei Männern nahe, die sie liebten, während sie brieflich ihre epische Romanze mit ihrem «tapferen & geliebten» Frank Thompson aufrechterhielt. Der erste, Michael Foot, arbeitete in London für den Geheimdienst. Léonie Marsh (die Somerville-Absolventin und Kommunistin mit den knallroten Lippen), in die er verliebt gewesen war, hatte geheiratet, was ihn in Verzweiflung gestürzt hatte. Iris empfand «schreckliches Mitleid» mit ihm, «einer verlorenen Seele», fand ihn aber auch «verdammt dumm». Sie könne «ihn nur mitfühlend anschauen und ihm in nicht sehr deutlichen Worten sagen, er solle nicht so ein Trottel sein», schrieb sie an Frank.[57] Als Dank für ihre Aufmerksamkeit schickte Michael ihr kindische Gedichte, kaufte ihr eine Schachtel teurer türkischer Zigaretten und machte sie in seinem Testament zur alleinigen Begünstigten.[58] Iris und Michael begannen auch – was sie Frank *nicht* schrieb – eine Liebelei, die Michael ernster nahm als Iris. Sie verbrachten die Abende gemeinsam in seiner Wohnung in der Rochester Row (die von seinen unverheirateten Tanten eingerichtet worden war und sich über einem italienischen Café befand – bedauerlicherweise, da Küchengerüche durch die Dielen nach oben zogen).[59] Sie machten das Beste aus dem, was es noch an Kultur und Unterhaltung gab.[60]

Die unschätzbaren Werke der National Gallery waren zu Beginn des Krieges heimlich nach Snowdonia in Wales evakuiert worden, wo sie in einer Höhle, der sogenannten Kathedrale, untergebracht waren, in die man durch stillgelegte Schieferminen gelangte.[61] Das Fehlen der Gemälde wurde schmerzlich empfunden; in einem Brief an die *Times* vom Januar 1942 hieß es: «In diesen Tagen, da Londons Gesicht zerschrammt und durch Narben entstellt ist, haben wir mehr denn je das Bedürfnis, schöne Dinge zu sehen. […] Den Liebhabern von Gemälden werden

Juni 1942 – August 1945 161

Tizian, «Noli me tangere»

ihre Rembrandts ausgerechnet zu einer Zeit vorenthalten, in der solche Schönheit besonders viel Gutes bewirken könnte.»⁶² Als Reaktion auf diesen Brief stellte die Galerie von nun an jeden Monat ein Bild aus, nachdem sie es aus den Minen hatte holen und unter bewaffneter Bewachung die 400 Kilometer nach London mit dem Zug zurücklegen lassen. Rembrandts *Bildnis der Margaretha de Geer* und Tizians *Noli me tangere* waren die ersten beiden Ausbrecher.⁶³

Michael und Iris sahen sich oft das ausgestellte Bild an; Michael erinnerte sich an Holbeins *Herzogin von Mailand* («sie hatte das Glück, nicht mit Heinrich VIII. verheiratet zu sein»), das im November 1943 zu sehen war.⁶⁴ Er war einer von 23 845 Besuchern, die in jenem Monat vor dem Bild standen.⁶⁵ Wachen standen bereit, um das Bild im Falle eines Bombenangriffs schnell in die unterirdische «Kathedrale» zurückzubringen.⁶⁶

Iris' zweite Liebe war Donald MacKinnon, ihr Tutor mit dem Bärenkopf, für den sie, wie sie Frank schrieb, «durchs Feuer gehen» würde.

Zum wachsenden Verdruss von Lois, Donalds Frau, waren Iris und Donald seit der Zeit, als sie ihr Examen machte, ineinander verknallt: «Ich glaube, ich werde immer ein bisschen in Donald verliebt sein, ähnlich wie Maria Magdalena in Christus verliebt war», schrieb sie ihrem Freund David Hicks.[67] Im Herbst 1943 bat Lois Donald, den Kontakt abzubrechen; da auch er die Gefahr erkannte, die seine Beziehung zu Iris für seine Ehe und damit auch für seinen Glauben darstellte, fügte er sich – aber erst nachdem er sich an seinen Schreibtisch im Keble College gesetzt und Philippa geschrieben hatte, um sie zu bitten, sich um Iris zu kümmern.[68] Philippa und Donald korrespondierten viele Jahre lang miteinander; irgendwann verbrannte sie einen ganzen Koffer seiner Briefe.[69]

Mary war zu ihren Eltern nach Kingston gezogen, nachdem sie Oxford verlassen hatte. Sie pendelte täglich mit der oberirdischen Bahn nach Waterloo. Während der dreißigminütigen Fahrten las sie stehend inmitten der dicht gedrängten Fahrgäste Samuel Richardsons gewaltigen Roman *Clarissa*.[70] Iris wohnte anfangs bei Freunden der Familie in der Barrowgate Road in Chiswick. Sie fuhr mit der District Line, las laut Homer und passte den Rhythmus der Verse dem des Zuges an.[71] Doch sie wollte im Zentrum des Geschehens sein und begann sofort mit der Suche nach einer eigenen Wohnung. Sie erwog «ein Einzelzimmer am Gerrard Place: mit einem wunderbaren Blick auf den *Blitz* und praktisch ohne Klo».[72] Eine Wohnung im Zentrum des bohemehaften Londoner Kneipenlebens wäre für Iris' literarische Ambitionen zwar praktisch gewesen – am Hungertuch nagende Poeten, andere Autoren und geflüchtete Intellektuelle verkehrten in den Bars neben Prostituierten, Wehrdienstverweigerern und Schwarzhändlern –, doch es ergab sich etwas Besseres. Iris entdeckte eine Wohnung, die so perfekt war, dass sie sich gefragt haben muss, ob sie sie mit der bloßen Kraft ihrer Fantasie erschaffen habe.

Die Wohnung 5 Seaforth Place, Buckingham Gate, SW1 lag im Dachgeschoss über leerstehenden Ställen, in denen früher die Pferde der Bierbrauer untergebracht gewesen waren. Das Haus befindet sich in einer dunklen Gasse nahe der belebten Victoria Street, nur 300 Meter von Whitehall entfernt. Dennoch kam Iris auf ihrem kurzen Weg zur

Juni 1942 – August 1945

Das Interieur von 5 Seaforth Place

Arbeit an elf Trümmergrundstücken vorbei. Während der Seaforth Place heute von Bürohochhäusern aus Beton, Glas und Chrom gesäumt ist, umgaben ihn 1942 zerstörte Lagerhallen und andere Gebäude. Eine Wohngegend war dies damals so wenig, wie es heute eine ist. Der Eingang zu Iris' Behausung war versteckt, und man wäre nie auf die Idee gekommen, dass in diesem dunklen Gässchen jemand wohnen könnte. Stieg man die offene Treppe hinauf, so kam man auf halber Höhe an einer Art fensterlosem Schrank vorbei: Das war das Bad. Es enthielt eine Badewanne, in die man aber eher hineinkriechen musste als hineinsteigen konnte, weil die Decke so niedrig war.[73] Am Ende der Treppe kam man in der Mitte eines großen offenen, zwanzig Meter langen Dachraums heraus, dessen Wände nur bis zur Höhe von gut einem halben Meter senkrecht waren, danach sich aber steil nach innen neigten. Der Fußboden bestand aus nackten Bohlen, zwischen denen man hindurchblicken und die alten Ställe sehen konnte. Die Außenwände und ein Teil der Decke bestanden aus Glas («etwa sechs Quadratmeilen Fenster zum Schutz vor dem *Blitz* und der Verdunkelung», beobachtete Iris[74]). Der Raum selbst war nicht durch Innenwände unterteilt, sondern diente zugleich als Schlafzimmer, Wohnbereich und Küche. Statt Nachbarn gab es die District Line. Auf ihrem morgendlichen Weg von Chiswick zur Arbeit hatte Iris ihren Homer genommen und sich zum Aussteigen bereitgemacht, als sie unter ihrem künftigen Zuhause hindurchfuhr.

Bei Abschluss des Mietvertrags war die Wohnung leer. Die ersten Wochen verbrachte Iris damit, auf allen vieren den Boden zu schrubben, auf Zehenspitzen Wandflächen weiß zu streichen oder sitzend kilometerlange Verdunkelungsvorhänge zu nähen.[75] Eine «Küche» richtete sie ein, indem sie neben den improvisierten Waschtisch, der als Spülbecken diente, einen alten Gasherd stellte. Der Luxus der Badewanne glich die Misslichkeit aus, in der «Küche» kein Wasser zu haben, weder heißes noch kaltes. Sie hängte blaue Vorhänge auf, um ein Wohnzimmer zu schaffen, und stellte zu beiden Seiten eines Kamins, der jetzt mit einem Gasofen ausgestattet war, Bücherregale auf. Der Ofen diente als Toaster, und als Sitzgelegenheiten wurden umgedrehte Apfelsinenkisten genutzt. Die Bücherregale füllte Iris mit Lyrik – «verschiedenen Modernen, Wilfred Owen (ein großartiger Lyriker) und Pindar» – sowie russischer Literatur.[76] Tagsüber hatte Seaforth das Licht eines Künstlerateliers; sobald die Dämmerung hereinbrach und die Verdunkelungsvorhänge hochgezogen wurden, fühlte es sich eher wie eine viktorianische Mansarde an. Für Iris war es eine Wohnung mit «unwiderstehlicher Persönlichkeit» und «unbeschreiblichem Charme».[77] Für Mary, die gelegentlich auf ein Sandwich vorbeikam, sah die Wohnung aus wie ein Bühnenbild für eine Schulaufführung eines Stückes nach Dostojewskij.[78] Wenn ein Zug der District Line an den Fenstern rüttelte, wurde sie das Gefühl nicht los, der Erzähler der *Aufzeichnungen aus einem Kellerloch* könnte jeden Moment heraufkommen. Mary, die immer praktisch dachte, lieh Iris einen Sessel aus dem Besitz ihrer Eltern, den die beiden Freundinnen umständlich die Wendeltreppe hinaufmanövrierten. Iris zauberte einen zweiten herbei und krönte ihn mit ihrem türkisfarbenen Kissen. In Anlehnung an die edwardianische Häuslichkeit wurden die beiden guten Stücke vor dem Gasofen aufgestellt.

Iris teilte die Wohnung mit einer lärmenden Ratte und einigen Mäusen, die ihre Briefe fraßen, wie sie Frank klagte: «Ich bin darüber sehr verärgert, vor allem, weil deine Briefe kostbare Dokumente sind, aber auch, weil ich mit den Mäusen nicht besonders gut auskomme. Die Tatsache, dass ich so unvorsichtig war, wertvolle Dinge dort liegen zu lassen, wo sie für sie erreichbar waren, kann als Punkt für sie gewertet werden.» Doch sie verzieh ihnen wegen ihrer «schönen langen Schwänze».[79] Die papierenen Mäusemahlzeiten kamen zunächst regelmäßig aus der trockenen Gluthitze Kairos, später aus Tripolis und von überall dort her, wo sich die Front des Nordafrika-Feldzugs, die sich auf den 2000 Kilometern zwischen den beiden Städten durch die Wüste nach Osten oder Westen verschob, gerade befand. Frank pries Beatrice Webbs Memoiren *Meine Lehrjahre:* «Ich fand es überaus reizvoll, die Gedanken, Verwirrungen und Sorgen einer hochintelligenten Frau nachzuvollziehen.» Er schrieb Iris: «Das Deprimierendste an der Wüste, schlimmer als die Fliegen, die Hitze und die Sandstürme, ist die vorherrschende Männlichkeit ihrer Bewohner.»[80] Doch er spielte die Bedingungen herunter: Wenn ein Sandsturm komme, seien die Männer erleichtert, dass das Töten aufhöre; nach drei Tagen aber beteten sie, dass das Töten wieder beginnen möge, weil dann der Sandsturm aufgehört hätte. Es sei so heiß, dass man sich auf einem Panzer ein Spiegelei braten könne. Und Fliegen, so aufgedunsen vom Blut der Leichen, dass sie nach verfaulendem Fleisch stänken, gebe es in biblischen Mengen.[81] Es gab nicht genug Wasser, um sich zu waschen, geschweige denn zu baden – eine Tasse pro Tag und Mann.[82]

Aber Briefe wurden noch geschickt. Trotz der Papierknappheit wurden jede Woche 3 Millionen Luftpostbriefe, 4,5 Millionen Postkarten und auf dem Land- und Seeweg zu befördernde Sendungen sowie eine halbe Million sogenannter *airgraphs* durch die Armeepost und unzählige Zwischenstationen befördert.[83]* In einer Zeit, in der die Rohstoffe, die Arbeitskräfte und die Wirtschaft fast ausschließlich dem

---

* *Airgraphs* waren Negative fotografierter Briefe, die per Luftpost nach Großbritannien geschickt und dort ausgedruckt wurden. Die Ausdrucke wurden anschließend den Adressaten zugestellt. Volumen und Gewicht der Filme betrugen weniger als ein Fünfzigstel des Volumens und Gewichts der Briefe, so dass große Zahlen von Briefen schnell und kostengünstig befördert werden konnten. Vgl. https://alphabetilately.org/airgraph.html, aufgerufen am 23. November 2021. (Anm. d. Übers.)

Erreichen der Kriegsziele dienten, machte ein Postdienst, in dem Männer und Frauen, Maschinen und Fahrzeuge, Konventionen und Gesetze zusammenwirkten, es möglich, dass eine junge Frau im zerbombten London ihre Gedanken einem liebeskranken jungen Mann in der Wüste im Westen Ägyptens mitteilen konnte, indem sie einfach ein kleines Stück Kriegspapier in den Schlitz eines roten Kastens an der Ecke Tothill Street/Storey Place steckte.

Iris berichtete Frank regelmäßig von ihrem Tag- und Nachtleben. Tagsüber produzierte, archivierte, transferierte, kopierte und schredderte sie als Rädchen in der riesigen Maschinerie der Regierung «staubtrockene» Schriftstücke und entwickelte dabei «eine Vorliebe für maschinenartige Effizienz, eine Lust, die Menschheit in gusseiserne Kategorien einzuteilen».[84] Ihre Kolleginnen und Kollegen waren «angenehme Männer und Frauen», intelligent «und zum Teil sehr schön», lächelnd und diskret,[85] oft mit Oxford- oder Cambridge-Abschluss. Nach der Arbeit tranken sie in den Pubs rund um Westminster ein Glas Bier oder einen Whisky, bevor sie zu ihren Häusern in den Vororten oder ihren möblierten Zimmern bei neugierig-wachsamen Vermieterinnen aufbrachen. Iris betrat dann ihre nächtliche Welt. Sie ließ den Fluss hinter sich und ging durch den St James's Park und über den Leicester Square nach Norden – nach Soho.

Iris war auf der Suche nach «ultimativen menschlichen Wesen» und nach «Wissen & Erfahrung & Freiheit». Sie experimentierte mit einer literarischen Persona, *Iris Murdoch, Schriftstellerin*. Die Freiheit, die sie in dieser nächtlichen Welt fand, war die eines «völligen Fehlens jeglichen Verantwortungsgefühls» in einer «seltsamen, aus rastlosen, unvollständigen, ehrgeizigen Menschen bestehenden Gesellschaft, die chaotisch und ziellos leben, sich nie Gedanken über die nächsten fünf Minuten machen, ausnahmslos jeden Abend ab 6 betrunken sind, ohne Obdach & Familie in Pubs leben & und in anderer Leute Wohnungen auf dem Fußboden kopulieren».[86] Sie waren unzuverlässig und steuerlos, lebten außerhalb des üblichen Rahmens, in dem sich der Gegenwart die Beschäftigung mit der Zukunft und der Vergangenheit aufdrängt. Sie waren nicht reglementierbar. Sie konnten tun und lassen, was sie wollten, lebten fragmentiert und folgten jedem Gedanken oder Wunsch, der ihnen in den Sinn kam; nichts war wichtig. Ernst genommen wurde in dieser Gesellschaft allein die Poesie, und alle orientierten sich an deren Gottheit, T. S. Eliot.[87]

Zu Iris' nächtlichen Freunden gehörten viele Flüchtlinge und Migranten, die ebenso wie sie ein Doppelleben führten, tagsüber für die Kriegsmaschinerie der britischen Regierung arbeiteten und nachts ihrem Alter Ego frönten. Iris trank mit Mulk Raj Anand, einem Bloomsbury-Intellektuellen, Propagandisten der indischen Unabhängigkeitsbewegung und um Anerkennung kämpfenden Romancier, der tagsüber Drehbuchautor bei der BBC war. Sie entzog sich den ihr unangenehmen sexuellen Annäherungsversuchen des geflüchteten ungarischen Schriftstellers Arthur Koestler, der seinen Lebensunterhalt als Propagandist für das Informationsministerium verdiente. Sie verliebte sich in Tambi – Meary James Thurairajah Tambimuttu –, den aus Sri Lanka stammenden Lyriker mit dem schönen Haar.[88] Sie tanzte mit Dylan Thomas im Gargoyle, einem privaten Club für Mitglieder in der Dean Street, dessen Inneneinrichtung Augustus John, Edwin Lutyens und Henri Matisse entworfen hatten und zu dessen Attraktionen ein Springbrunnen auf der Tanzfläche gehörte.[89]

Auch Seaforth führte ein Doppelleben. Marys poetischen Protesten zum Trotz blieb Iris' Glaube an den Kommunismus unerschüttert, so dass sich eine Zelle der Partei den Dachboden für ihre Zusammenkünfte ausborgen konnte. Die Genossen saßen auf der Erde und kritzelten verschlüsselte Mitteilungen auf Iris' frisch getünchte Wände. An ihrem Arbeitsplatz vervielfältigte Iris Schriftstücke des Finanzministeriums und versteckte die Kopien in einem Baum in Kensington Gardens.[90]

Auch zwischen London und Oxford, zwischen Iris und Pip gingen Briefe hin und her. Philippa schrieb ihre im Bett, unter ihrer dunkelroten Tagesdecke liegend, «ein Brett auf den Knien und die Teekanne zur Hand».[91] Sie war in Oxford geblieben, nachdem sie in PPW ihre Eins bekommen hatte. Ihre Behauptungen, sie sei nicht sehr intelligent, waren angesichts dieses Ergebnisses, erreicht von einer jungen Frau, die fast ohne Schulbildung nach Oxford gekommen war und ihre Abschlussprüfungen nach Monaten qualvoller Bettlägerigkeit abgelegt hatte, natürlich unglaubhaft. Dank ihrer wirtschaftswissenschaftlichen Kenntnisse (inzwischen konnte sie auch rechnen) war sie als eine von sechzehn Mitarbeiterinnen und Mitarbeitern der Nuffield Social Reconstruction Survey eingestellt worden, einer Forschungsgruppe, die Daten über die Verteilung von Bevölkerung und Industrie während des Krieges und für die Zeit danach sammelte und analysierte. Philippas Spezialgebiet war die Möbelindustrie.[92] Wir begegnen hier Sandie Lindsay wieder, dem ehemaligen Kandidaten im Wahlkampf, Boars-Hill-Idealisten, Rektor des Balliol und Gewissensprüfer. Denn er war die treibende Kraft hinter der Forschungsgruppe, die er Anfang 1941 mitbegründet hatte.

Philippas Büro befand sich in der Banbury Road 17, nur drei Gehminuten von den Toren des Somerville entfernt. Sie nahm sich ein Zimmer in der Nähe, im Haus des Wirtschaftswissenschaftlers David Worswick, und genoss das Einrichten des Raums. Passend zu ihrer Tagesdecke nähte sie rosa Seidenkissenbezüge, die die Farbe der Wicken aufnahmen, die sie gemeinsam mit ihrer Mutter in Kirkleatham gezüchtet hatte und liebte. Bei einem Trödler fand sie «ebenso grobes wie himmlisches» italienisches Steinzeug, «das von einem auf dem Weg nach Norwegen beschlagnahmten Schiff mit Exporten stammte». Vervollständigt wurde die Einrichtung durch «einen Lampenschirm – grau mit ein wenig Rot». Neben ihrer Arbeit war Philippa für die Workers Education Association in der Erwachsenenbildung tätig, verbrachte Abende mit Donald MacKinnon und fuhr regelmäßig zu den Cassirers, um «Eva zu unterhalten» und Heinz zuzuhören. «Die Cassirers sind derzeit langweilig», gestand sie in einem Brief an ihre Mutter, «und beschweren sich über Vernachlässigung. Er hat ein Buch über Kant geschrieben und ist deshalb mürrisch.» Mit ihrem Fleischlieferanten ritt sie aus: «So wie er aussieht, dürfte er gute, starke Pferde haben.»[93]

In der Nuffield arbeitete sie eng mit Thomas Balogh und Nicky Kaldor zusammen, zwei emigrierten ungarischen Wirtschaftswissenschaftlern, die am (ebenfalls neuen) National Institute of Economic and Social Research angestellt waren. Tommy, 15 Jahre älter als sie, Kollege von Sandie Lindsay am Balliol und mit Sandie befreundet (ein gerahmtes Foto von ihm stand auf seinem Kaminsims),[94] hatte Philippa während ihrer Abschlussprüfungen betreut und sie wie Donald MacKinnon am Bett besucht. Irgendwann 1942 war er dann zu ihr hineingeschlüpft, und die beiden waren ein Paar geworden. «Balogh zog Frauen in seinen Bann», erinnerte sich David Worswick. Tommy lieh

Worswick einige Möbel und benutzte dies als Vorwand, um Philippa nach Belieben zu besuchen.[95] Die Beziehung führte Philippa in Tommys Freundeskreis und eine Welt «verrückter Partys» ein. Am Morgen nach einer besonders wilden Nacht, als sie sich vielleicht ein bisschen schlapp fühlte, schrieb sie ihrer Mutter: «Wir fingen im Balliol an und zogen dann wie ein Heuschreckenschwarm zum George, wo wir ein gewaltiges Mahl zu uns nahmen, vor allem dank Nicky, der für sechs Personen aß und aussieht, als hätte er das schon immer getan.» Danach ging es zurück in Philippas Zimmer, um Kaffee zu trinken und «Nicky wieder in seine Weste zu nähen [...] die Knöpfe hatten nicht gehalten». Anschließend war es wieder hinausgegangen.[96]

Im Sommer 1943 wurde die Studie der Nuffield abgeschlossen, und Philippas Zeit der Herumtreiberei in Oxford ging zu Ende. Doch sie erhielt eine neue Aufgabe: Sie sollte nach London gehen, ans Royal Institute for International Affairs, auch bekannt als Chatham House.

Als Philippa im August 1943 aus dem Zug stieg, verließ sie den Bahnhof Marylebone Richtung Melcombe Place – die Bombenschäden an Marys und Iris' Ausgang zur Harewood Avenue hatten sich als zu gefährlich erwiesen. Philippas Beziehung zu Tommy war zu diesem Zeitpunkt offiziell – nur offiziell – beendet. Sie hatten sie eines Nachts um «genau 0.56 Uhr britischer Sommerzeit» beendet, nachdem sie sich nach einer Party in alkoholisiertem Zustand gestritten hatten.[97] Aber da Tommy jede Woche ein paar Tage in London verbrachte, blieben die beiden «on-off».[98]

Anfangs wohnte Philippa wieder mit der Somerville-Absolventin Anne Cobbe zusammen, in einer großen Wohnung in der nahe gelegenen Weymouth Street. Anne hatte mit einer Eins in Mathematik abgeschlossen und arbeitete jetzt in der Admiralität.[99] Die Wohnung hatte den Vorzug, auch das Zuhause eines älteren Ehepaars zu sein, das für die jungen Frauen die Mahlzeiten zubereitete und die Hausarbeit erledigte. Sie sorgten allerdings auch für eine etwas anstrengende Routine mit festen Essenszeiten und Ausgangssperren. Von Anfang an (und sehr zum Missfallen von Annes Mutter, Lady Cobbe) verbrachte Philippa viel Zeit mit Iris.[100] Die Freundinnen toasteten Crumpets auf dem Gasofen im Seaforth, picknickten, wann immer ihnen danach war, und

Philippa machte es sich im Sessel aus dem Besitz von Marys Eltern gemütlich. Tommy und Nicky führten die beiden gelegentlich zum Abendessen ins L'Étoile in der Charlotte Street aus.[101]

Ihr neuer Job als «Baby»-Forschungsassistentin[102] machte Philippa viel Freude – «ich hätte mir keinen besseren ausdenken können».[103] Sie besuchte die regelmäßig veranstalteten Vorträge des Chatham House, die die Angestellten über die neuesten Studien zum sozialen und wirtschaftlichen Wiederaufbau nach dem Krieg informieren sollten. In diesem Jahr hielt die amerikanische Anthropologin Margaret Mead, die ihren ethnographischen Blick auf das Leben der Soldaten und der Zivilbevölkerung in den Ländern der Alliierten gerichtet hatte, einen Vortrag über Ernährungsgewohnheiten. Sollte Philippa diesen Vortrag gehört haben, so hätte sie viel über die «Ernährungsmuster» der Bevölkerungsgruppen erfahren, die Mead untersucht hatte und detailliert beschrieb. Sie hätte gelernt, welchen (auch störenden) Einfluss Veränderungen der Umwelt, wissenschaftliche Erkenntnisse und Symbolik auf die Ess- und Lebensgewohnheiten haben können.[104]

Auch Bertha Bracey, die Leiterin des Friends Committee for Refugees and Aliens und des Central Department for Interned Refugees, hielt einen Vortrag, und zwar über Wanderungsmuster, Störungen und Entbehrungen. Bracey war eine treibende Kraft hinter dem *Kindertransport** gewesen, der zwischen Ende November 1938 und dem 1. September 1939 mehr als 10 000 jüdische Kinder aus Deutschland nach Großbritannien gebracht hatte, und während des Krieges setzte sie ihre Rettungsarbeit fort.[105] Philippa hätte in diesem Vortrag Braceys Warnung gehört: Gleich nach dem Ende der Kämpfe würden sich 30 Millionen Vertriebene auf der ganzen Welt in Bewegung setzen. In den vom Krieg zerrissenen Landschaften würden diese Wanderungen chaotisch, planlos und unstrukturiert erscheinen. Aber jede einzelne werde der Weg eines Menschen sein, den ein starker und unwiderstehlicher Heimkehrinstinkt treibe. Es gelte, die Unvermeidlichkeit dieser Wanderungen zu erkennen und sich auf sie vorzubereiten, was jedoch äußerst schwierig sei, so Bracey. «Das Ganze gleicht einem einzigen großen

---

* Im Orig. deutsch. (Anm. d. Übers.)

Kaleidoskop, dessen Bewegungen immer noch im Gange sind, so dass das Muster, das sich zu einem bestimmten Zeitpunkt gebildet hat, von dem eines anderen Zeitpunkts vollkommen verschieden ist.»[106] Einige Dinge seien bekannt: Nach dem Ende des spanischen Bürgerkriegs seien zwei Millionen Anhänger der Republik nach Frankreich geflohen. Zehntausende seien dann nach Nordafrika oder Mexiko weitergereist, aber Hunderttausende hätten sich noch in Frankreich befunden, als das Land kapitulierte und von Deutschland teilbesetzt wurde. Von der Insel Mauritius würden sich 1500 zuvor internierte Flüchtlinge nach Nordwesten, Richtung Europa, aufmachen und sich dort auf Österreich, die Tschechoslowakei und Polen verteilen. Schweden habe vier Millionen Flüchtlinge aus Mitteleuropa aufgenommen, die Schweiz mehr als 62 000. Was die zahllosen Juden betraf, die aus Deutschland, Österreich, Norwegen, Polen, der Tschechoslowakei, Bulgarien, Rumänien, der Sowjetunion, Belgien, den Niederlanden und Frankreich deportiert worden waren, so wusste Bracey nicht, wie viele überleben würden. Sie sprach von der «Vernichtungspolitik der Nazis»,[107] doch die wahren Ausmaße von Hitlers Holocaust waren noch nicht bekannt. Im Juni 1942 hatte der *Daily Telegraph* berichtet, dass die Nazis im besetzten Europa täglich 1000 polnische Juden in Gaskammern ermordeten. Erstaunlicherweise schaffte es diese Meldung nur auf Seite 6 und wurde von anderen Zeitungen nicht aufgegriffen.[108]

Übers Wochenende fuhr Philippa weiterhin regelmäßig nach Oxford: Sie nahm den Zug («Ist Ihre Reise *wirklich* notwendig?»), wohnte bei Cassirers in der Carlton Road 19 und verbrachte Abende mit Donald MacKinnon. An einem Sonntag blieb sie zu lange bei ihm und kam erst kurz vor 1 Uhr nachts wieder in London an, so dass sie die letzte U-Bahn verpasste. «Gottseidank begegnete mir auf meinem langen Weg durch London ein Taxi», beruhigte sie ihre Mutter, «in dem allerdings sieben amerikanische Soldaten saßen; sie ließen mich auf ihren Knien bis St James mitfahren.»[109] Die Soldaten wussten nicht, dass es sich bei der Anhalterin mit dem Fuchsgesicht auf ihren Schößen um die Enkelin eines Präsidenten handelte. Das Taxi fuhr mit ausgeschalteten Scheinwerfern durch die Finsternis.

Während Philippa nach allem, was man weiß, glücklich war, befand sich ihre Mitbewohnerin Anne in einer schwierigen Lage. 1940 war ihr geliebter Bruder Bill (Alexander William Locke), ein Schulfreund von Michael und Frank, als vermisst und vermutlich tot gemeldet worden. Als Anne ihre Abschlussprüfung machte, war die Hoffnung, er sei gefangen genommen worden, bereits erloschen gewesen. Ihre Arbeit, die mit statistischen Analysen früherer Seeschlachten als Grundlage für die Ausarbeitung künftiger Taktiken zu tun hatte, erschöpfte sie und brachte sie zur Verzweiflung.[110] Kurz nach Philippas Ankunft erlitt Anne einen Nervenzusammenbruch und kehrte in ihr Elternhaus zurück. Philippa musste sich eine neue Bleibe suchen.

Zunächst suchte Philippa eine Wohnung für sich allein und mietete ein Zweizimmerappartment in der Charlotte Street in Bloomsbury. Aber da Chatham House, der Hauptsitz des Instituts, nur anderthalb Kilometer nördlich von Seaforth lag, auf der anderen Seite des St James's Parks, schlug Iris ihr vor, bei ihr einzuziehen. Sonst, so Iris' Argumentation, würden sie ihre Zeit je zur Hälfte in der Charlotte Street und in Seaforth verbringen und viel Geld für Mieten verschwenden. Also gesellten sich Philippas rosafarbene Seidenkissen zu Iris' türkisfarbenem Kissen auf Marys Sessel, und ihr Lampenschirm in Rot und Grau balancierte über der Lampenfassung. Crumpets konnten jetzt auf italienischem Geschirr serviert werden. Eine Bosanquet sollte es in Seaforth übrigens von jetzt an nicht weniger als fünfzig Jahre geben: Als Iris und Philippa nach Kriegsende auszogen, übernahm Philippas Schwester Marion den Mietvertrag.

Kaum war Philippa in Seaforth heimisch geworden, da brauchte sie ihre dunkelrote Tagesdecke mehr denn je: Der Winter war gekommen. Nachdem die Lampen gelöscht waren, wurden die Verdunkelungsvorhänge von den Fenstern gezogen und als zusätzliche Decken verwendet, Mäntel dienten als Schlafanzüge, und trotzdem ging es nicht ohne Wärmflaschen. Morgens wärmten sich Iris und Philippa in Lyons' Teestube auf der anderen Straßenseite mit Tee und klebrigen Brötchen auf.[111] Auch Lyons' führte ein Doppelleben: Während es in seinen Cafés Leckereien servierte, wurden in seinen Fabriken Bomben gebaut. Jede siebte auf die deutsche Zivilbevölkerung abgeworfene Bombe stammte aus der Produktion des Bäckers und Konditors.[112]

Philippa hatte noch nie für sich selbst sorgen müssen und neigte dazu, Dinge nach Gebrauch einfach stehen und liegen zu lassen, so als könnte sie darauf vertrauen, dass ein unsichtbarer Diener sie wegzaubern würde. Iris dagegen sorgte für Ordnung, und ihre Ernsthaftigkeit beim Lernen begeisterte Philippa, die sich aufgrund ihres Mangels an Schulbildung immer noch im Nachteil fühlte. Wenn Iris von der Arbeit kam, nahm sie gleich ein Buch zur Hand.[113] Auf ihre Anregung hin las Philippa Beckett, Dickens und Proust. Umgekehrt schüchterte ein Feiertagsbesuch in Kirkleatham Iris, die Esther Bosanquet damit schockierte, dass sie sich ihre eigenen Sandwiches schmierte, nicht ein.[114] Philippa erinnerte sich später (anscheinend mit einigem Vergnügen) an das Entsetzen ihrer Mutter, als Iris «die schreckliche Sünde beging, ihren leeren Teller wegzuschieben und ihren Kopf auf den Tisch zu legen. So etwas *machte* man einfach nicht!!!»[115]

In ihrer mit Mäusen geteilten Dachbodenwohnung besaßen Iris und Philippa zusammen drei Paar Schuhe, die sich schließlich auf zwei reduzierten. In einer Fortsetzung des Gesprächs zwischen Mary und Iris am River Cherwell verglichen sie die Listen der Männer, die ihnen einen Heiratsantrag gemacht hatten. Während Philippas Liste respektabel, aber kurz war, schien Iris' Liste kein Ende zu nehmen: «Wir sind schneller durch», schlug Philippa vor, «wenn du nur die Männer aufzählst, die dich *nicht* gefragt haben.»[116] Die beiden gaben auch, vielleicht zu Philippas 23. Geburtstag im Oktober, eine Party (jeder bringt seine eigene Flasche mit). Ihre Gäste setzten sich aus ihren drei Persönlichkeiten zusammen: *Bluestocking*,* Bohème sowie Miss Murdoch und Miss Bosanquet vom Finanzministerium beziehungsweise von Chatham House. Türkische Zigaretten wurden herumgereicht, während Balogh und Kaldor mit der Somerville-Absolventin Vera Hoar (einer weiteren PPW-Studentin und Schülerin von Donald MacKinnon) tanzten.[117] Nach dem Ende bahnten sich Jane Degras, Mark Benny, Stevie Smith und Tambimuttu mit Bier- und Schnapsflaschen ihren Weg durch die Dunkelheit von Soho.[118]

---

* Als «Blaustrümpfe» wurden im 18. und 19. Jahrhundert gebildete, intellektuelle Frauen bezeichnet, die wegen ihres Emanzipationsstrebens vermeintlich typisch weibliche Eigenschaften vernachlässigten. (Anm. d. Übers.)

Elizabeths Projekt gerät ins Stocken

In Cambridge holte Elizabeth ihre Schreibmaschine hervor und tippte, während sich die krabbelnde und zahnende Barbara zwischen ihren Beinen hindurchwand, in der Hoffnung auf Verlängerung ihres Sarah-Smithson-Stipendiums das Exposé für ihr Forschungsvorhaben. Im April 1944 wohnte das Ehepaar in der Fitzwilliam Street 19, gegenüber dem Haus, das einhundert Jahre zuvor Charles Darwin nach seiner Rückkehr von seiner Fahrt mit der *Beagle* beherbergt hatte.[119] Elizabeth wollte die «entsetzlich schwierige» Aufgabe in Angriff nehmen, die ihr Tutor Donald MacKinnon ebenso einschüchternd wie faszinierend gefunden hatte.[120] «Untersuchung der Definition *animal rationals* [sic]», tippte sie (Barbara brauchte vielleicht gerade Aufmerksamkeit, als der Finger ihrer Mutter auf dem «s» statt auf dem «e» landete).[121]

Elizabeth hatte ihre Idee in einem Jahr harten Studiums entwickelt. Sie wollte Aristoteles folgen und den Menschen mit denselben Methoden untersuchen, mit denen wir etwas über Rüben und Katzen lernen. «Der Gebrauch von Sprache ist dasjenige, aufgrund dessen wir sagen, dass der Mensch einen rationalen Bestandteil, eine Vernunft hat.» Sie wollte über den logischen Charakter von Aussagen nachdenken, die die Operationen unserer sinnlichen Vermögen zum Ausdruck bringen, also Aussagen wie «Ich sehe rot» oder «Ich sehe einen roten Briefkasten». «Dieser Linie folgen», schrieb sie entschlossen.[122]

Ihre zentrale Frage sollte «Was ist *das*?» lauten: «Welche Art von Gegenständen nehme ich wahr, wenn ich Menschen wahrnehme?»[123] Descartes' introspektiver Blick hatte ihn fort von seinem Körper und hinein in sein Bewusstsein geführt: zu Vorstellungen, Ängsten, Gedanken, Juckreiz, Zahnschmerzen – all diesen Erscheinungen, die es, wie er glaubte, ohne den ausgedehnten Körper geben könne (Kopfschmerzen ohne Kopf; Juckreiz ohne Stellen zum Kratzen; Zahnschmerzen ohne Zähne). Elizabeths extrospektiver, nach außen gewendeter Blick führte sie in eine andere Richtung, zu Beobachtungen über die Natur des menschlichen Tieres.

«*Der Mensch hat 32 Zähne.*»[124] Diese Beobachtung ist nicht so gewöhnlich, wie sie zunächst erscheint. Sie ist keine empirische Aussage, die durch das Zählen der Zähne in den Mündern von Menschen überprüft werden könnte (ein Lächeln, das in der Dunkelheit des ratternden Waggons Zahnlücken entblößt, verrät die Aussichtslosigkeit dieser Methode). Dank der Bemühungen der Zahnärzte und der Verlockungen von Süßigkeiten haben menschliche Tiere im Durchschnitt viel weniger Zähne. Doch ein vollständiges Gebiss hat deren 32, und wer weniger hat, dem fehlt mindestens ein Zahn. Die Aussage «Der Mensch hat 32 Zähne» bezieht sich nämlich auf die Spezies *menschliches Lebewesen:* Sie besagt, wie viele Zähne ein Mensch haben *sollte.* Sie wäre selbst dann wahr, wenn kein Mensch alle 32 Zähne hätte.

Später würde Elizabeth behaupten, dass Menschen ebenso, wie sie normaler- oder idealerweise ein vollständiges Gebiss haben, einen «vollständigen Satz von Tugenden» besitzen, betrachtet jedenfalls «aus der Perspektive der Aktivität des Denkens und Entscheidens in Bezug auf die verschiedenen Bereiche des Lebens – auf die Kräfte und Fähigkeiten und den Gebrauch der notwendigen Dinge».[125] Aber so, wie viele kein vollständiges Gebiss haben, so hätten viele auch keinen vollständigen Satz an Tugenden: Wir seien vielleicht geduldig, aber nicht mutig; fleißig, aber nicht freundlich. In dieser Weise defizitär zu sein bedeute, dass etwas fehle, auch wenn viele andere ebenfalls defizitär seien. Doch Elizabeth hatte noch Bedenken in Bezug auf ihre neue «extrospektivische» Methode. Sie notierte eindringlich: «Gibt es hier Arbeit für Philosoph:innen oder nur für experimentelle Psycholog:innen?»[126]

Als sie im April ihre Bewerbung vorbereitete, erfuhr Elizabeth, dass ihr Bruder John bei der Verteidigung von Jessami in Indien gefallen war, in der ersten von sechs mörderischen Schlachten, für die sein Regiment später mit Auszeichnungen bedacht wurde.[127] Ihre Mutter, die ihren Mann auch erst vor Kurzem verloren hatte, wurde von ihrem Kummer überwältigt. Gertrude Anscombe wurde zunächst von Johns Zwillingsbruder Tom aufgenommen, kam aber schließlich ins St Andrew's Hospital for Mental Diseases in Northampton. Das Krankenhaus war für seine experimentellen Behandlungsmethoden bekannt, zu denen auch präfrontale Lobotomien gehörten, deren Auswirkungen auf den Intellekt und die Persönlichkeit der Patienten den engen Zusammenhang zwischen Geist und Materie klar erwiesen. In dem Jahr, in dem Gertrude aufgenommen wurde, wurden 35 solcher Operationen durchgeführt.[128] Elizabeths Mutter verbrachte den Rest ihres Lebens in dieser Einrichtung. In einer 1961 verfassten Geschichte der Pfarrei Beguildy heißt es: «Sie wohnte zwar mehr als zehn Jahre in einem Heim, lebte geistig aber nur in den Tagen ihrer Kindheit, als ihr Vater Pfarrer von Beguildy war.»[129] So wurde Elizabeth, die schon ihren Vater beerdigt und jetzt ihre Mutter verloren hatte, im Alter von sechsundzwanzig Jahren, wie zuvor ihr Ehemann Peter, de facto zur Waise.

Es oblag John Wisdom, einem am Trinity College lehrenden Vertreter der analytischen Philosophie, Elizabeths Bewerbung zu prüfen, für die sie ihr Exposé und einen Entwurf ihrer Dissertation eingereicht hatte. Er lehnte sie ab. «Mrs Geachs Dissertation scheint mir kaum den Standard für ein Stipendium zu erreichen, womit ich sagen will, dass sie selbst dann, wenn es keine anderen Kandidaten gäbe, für ein Stipendium nicht gut genug wäre», begann er. Wisdom zeigte sich beeindruckt von Elizabeths Erörterung des eigentümlichen Sinns des Zitats: Ihr Beharren darauf, dass wir, wenn wir sagen, «‹Gras› ist das Subjekt des Satzes ‹Gras ist grün›», weder über Gras noch über das Wort «Gras» sprechen, erinnere ihn an Bemerkungen, die Professor Wittgenstein in seinen Grammatikvorlesungen gemacht habe. Der Punkt werde aber durch Frau Anscombes «exzentrischen Gebrauch des Wortes ‹Wort›» ruiniert. «Es ist nicht nur so, dass die Darstellung verwirrend ist, sondern die Autorin ist verwirrt.» Und beim Thema Identität beziehe sich die Antragstellerin nicht auf die britischen Empiristen, mit denen Wisdom vertraut war, sondern auf Aristoteles und Thomas von Aquin, von denen Wisdom zugab, dass er sie nicht kannte. Um die langen griechischen und lateinischen Passagen zu verstehen, die zu übersetzen Elizabeth sich nicht die Mühe gemacht hatte, habe er G. E. Moore um Hilfe bitten müssen. Ihr «echtes Bemühen» und ihre «Gelehrsamkeit in Sachen Aristoteles und Thomas» könnten «die Unklarheit, den Dogmatismus, den Mangel an Zusammenhang und adäquater Kenntnis konkurrierender Ansichten sowie die krassen Ungereimtheiten» nicht wettmachen.[130]

Eine positive Stellungnahme Waismanns reichte nicht aus, um gegenüber Wisdoms Votum den Ausschlag zu geben. Friedrich lobte Elizabeths «Fokussiertheit und geistige Originalität», ihre «beträchtliche

Einsicht in die Struktur des Denkens, wie diese sich in der Sprache manifestiert», und ihre «lebhafte philosophische Fantasie».[131] Doch er war abgelenkt gewesen: Im April 1943 hatte seine Frau Hermine sich das Leben genommen, so dass er sich fortan allein um den gemeinsamen, damals sieben Jahre alten Sohn Thomas hatte kümmern müssen. Hermine war mit der Schuld nicht fertiggeworden, in Großbritannien Sicherheit gefunden zu haben, während ihre Familie zurückgeblieben war; ihre Schwester gehörte zu denen, die im Holocaust ermordet wurden. Donald MacKinnon, der sich in Oxford mit Waismann angefreundet hatte, erinnerte sich an Hermines Beerdigung «an einem bitterkalten Aprilmorgen» als die «zweifellos erschütterndste, der ich je beigewohnt habe».[132] Neun Jahre später folgte Thomas seiner Mutter und setzte seinem Leben ein Ende.

Die Ablehnung ihres Antrags auf Verlängerung ihrer Sarah-Smithson-Förderung machte Elizabeth für weitere sechs Jahre mittellos. Da Peter immer noch in den Wäldern war und die Rationierung während des Krieges alle hungern ließ, fragt man sich, wie sie es schaffte, Barbara mit Lebensmitteln und sich selbst mit Zigaretten zu versorgen.

Im Oktober 1944 kehrte Ludwig Wittgenstein nach Cambridge zurück.

Liebe und Krieg in Seaforth

Als der Krieg in seine letzte Phase eintrat, war Seaforth Schauplatz eines Liebesdramas, das in Iris' und Philippas Freundschaft noch viele Jahre lang nachhallen und Iris das Vorbild für erotisches Durcheinander in ihren Romanen liefern sollte. (Iris hatte sich inzwischen zweimal an einem Roman versucht; den ersten hatte sie aufgegeben, den zweiten fertiggestellt und an Faber & Faber geschickt, wo er von T. S. Eliot abgelehnt worden war – ohne ermunternde Aufforderung, ihn überarbeitet erneut einzureichen.[133]) Tommy «langweilt sich sehr mit mir; er und seine Freunde haben mich fallen lassen», hatte Philippa ihrer Mutter einige Zeit nach ihrer Ankunft in London geschrieben. Sie vermisste die Gruppe, hielt die Entwicklung aber für «eine gute Sache».[134] Tommy hatte jedoch, nachdem er Philippa hatte fallen lassen (oder vielleicht schon etwas früher), eine Beziehung zu Iris angefangen. Iris hatte sich auf obsessive Weise in ihn verliebt – ähnlich, wie die Figuren in ihren Romanen sich verlieben. Für kurze Zeit war es ihr gelungen, ihre Zuwendung zwischen Tommy und Michael Foot aufzuteilen, aber da der Ältere keinen Rivalen duldete, hatte Iris die Beziehung zu Michael im Januar 1944 beendet, nachdem sie ihn mehrere Monate lang hingehalten hatte. Als sie ihr Verhalten im November 1945 David Hicks gegenüber beschrieb, nannte sie es «widerlich». «Es war eine Vierecksgeschichte, die einen guten psychologischen Roman abgeben würde», fügte sie hinzu.[135]

Michael war in einen Zustand der Verzweiflung versunken, der nur mit seiner drei Jahre zurückliegenden Episode mit Léonie vergleichbar war.[136] Er tröstete sich später mit dem Gedanken, der Official Secrets Act sei schuld daran gewesen, dass er Iris' Herz nicht hatte erobern können.

Iris' und Tommys Verhalten machte Philippa unglücklich. Wenn ihr Ex-Liebhaber und ihre alten Freunde mit Iris durch die Stadt zogen, fühlte sie sich oft allein gelassen. Als sie an einem Aprilabend allein in Seaforth war, hörte sie ein Klopfen unten an der Tür.[137] Sie öffnete und erblickte einen verzweifelten und verzweifelt verwegenen jungen Mann. Es war Michael. Die beiden waren sich noch nie begegnet (Iris machte ihre Freunde ungern miteinander bekannt), aber nachdem Philippa ihm gesagt hatte, dass Iris ausgegangen war, nahm er ihre Einladung zu einem Drink und einem offenen Ohr auf dem Dachboden an. Philippa war eine geborene Beschützerin, wie Donald MacKinnon erkannt hatte. Michael fand Seaforth «öde»,[138] und Philippa muss mit ihrer royalen Erscheinung und ihrer eleganten Kleidung in einer solchen Umgebung besonders schön gewirkt haben, als sie sich über die Jagd, Pferde und die Annehmlichkeiten ihrer großbürgerlichen Kindheiten unterhielten. Sein Unglück, das Iris ein bisschen albern erschien, fand Philippa anziehend, und die beiden mochten sich auf Anhieb. Michael, der Anne Cobbes Bruder Bill gekannt hatte, warnte Philippa aber, dass er jeden Moment den Befehl erhalten könne, sich zu seiner Einheit zu begeben, um mit dem Fallschirm hinter feindlichen Linien abzuspringen.[139] Welche junge Frau hätte einem heldenhaften und gut aussehenden Geheimdienstoffizier mit gebrochenem Herzen widerstehen können, der bereit war, alles zu riskieren, wenn die Pflicht rief? Michael übertrug seine Zuneigung einmal mehr auf eine Frau, die bereit war, sich um ihn zu kümmern.

Philippas Freundschaft mit Iris, die bereits Schaden genommen hatte, wurde durch ihre erblühende Romanze mit Michael wie auch durch Iris' zunehmend egoistisches Verhalten zusätzlich belastet. Angesichts von Michaels Kummer mag die episch lange Liste von Heiratsanträgen, die Iris erhalten hatte, Philippa weniger unschuldig vorgekommen sein als damals. Derweil brachte Seaforth seine eigenen Herausforderungen mit sich. Iris' blauer Vorhang bildete die einzige Innenwand des Dachbodens, so dass Iris und Philippa ständig darüber verhandeln mussten, wessen Liebhaber die Nacht dort verbringen durfte. War Iris bei Tommy in Chelsea, ließ Philippa Michael kommen. Übernachtete Philippa bei Michael, durfte Tommy auf dem Dachboden schlafen.[140] Wenn die beiden Freundinnen allein in der gemeinsamen Wohnung waren, weinten sie. Iris erkannte, wie rigide Philippa in moralischen Dingen war – Philippa hatte etwas Kantianisches an sich (während Iris' Grundsätze nicht gerade von der Art waren, die man zum allgemeinen Gesetz hätte erheben wollen oder können). «Michael hasste mich, weil ich ihn betrog & den Eindruck von Gleichgültigkeit weckte. Pip hasste mich, weil ich Michael leiden ließ. Ich hasste Michael, weil er meine himmlische Beziehung zu Thomas ruinierte», erinnerte sich Iris. Für Letzteres sollte sie sich später selbst hassen. Aber damals war sie so «wahnsinnig verliebt & völlig willenlos», dass sie weder echte Reue noch echtes Mitleid aufbringen konnte, was sie in Philippas Augen vielleicht gerettet hätte. «Ich sah, wie meine Beziehung zu ihr durch mein eigenes Verschulden allmählich zerstört wurde, und dennoch tat ich nichts, um sie zu retten. Philippa dagegen hat sich die ganze Zeit über wunderbar verhalten.» Es blieb nur weinen, Briefe schreiben und mit den Mäusen reden.[141]

Mary verschlägt es zu einem «seltsamen Stamm»

Während Iris und Philippa in London ihre Halberwachsenen-Tragödie spielten, war Mary wieder im Downe House, ihrer Mädchenschule in Berkshire. Ihr Job im Produktionsministerium hatte sie zunehmend beklommen gemacht, da es für sie nichts zu tun gab, während die Menschen um sie herum sich abhetzen mussten. Iris hätte an ihrer Stelle vielleicht um eine Aufgabe gebeten oder sich eine erfunden, aber Mary wartete und beobachtete. «Ich hätte erkennen müssen», schrieb sie später, «dass die Situation unbefriedigend war, und entschlossene Schritte unternehmen müssen, um sie zu ändern.» Aber «es gibt immer diejenigen, die erkennen, dass das möglich ist, und diejenigen, die es nicht erkennen. Damals gehörte ich zu denen, die es nicht erkennen.»[142] Der Stress führte dazu, dass die Krankheit wieder aufbrach, die Mary im Examen fast um ihre Eins gebracht hatte. Als sie älter wurde, gewöhnte sie sich an, jede Situation zu meiden, die Angst auslösen könnte, und entwickelte eine pragmatische Abneigung gegen extreme Gefühle, Verhaltensweisen und Temperamente. «Neurotisch» wurde zu ihrem vernichtendsten Pejorativum. Allerdings griff sie zu ihrem Schimpfwort ein wenig zu oft, auch in Situationen, in denen eine gerechtere Sichtweise vielleicht «überdreht», «desorganisiert» oder sogar «leidenschaftlich» ergeben hätte. Olive Willis, Schulleiterin des Downe House, war «nicht neurotisch», sondern «auffallend vernünftig, lebendig, effektiv» – ein höheres Lob konnte es von Mary nicht geben.[143]

Mary unterrichtete zukünftige Marys in den alten Sprachen – endlich etwas «Nützliches».[144] Seit ihrer eigenen Schulzeit hatten sich einige Dinge im Downe House kaum verändert – wenn sie aus dem Fenster des Klassenzimmers auf dem Hügel über den Rasen und hinab auf die Felder und kleinen Wälder unter ihr schaute, mag sie sich als zu groß geratenes Schulmädchen vorgekommen sein. Sie konnte aber nicht übersehen, dass sich die Welt um sie herum verändert hatte, mochte der Verlauf ihres Lebens sie auch an einen seiner früheren Orte zurückgeführt haben. Im nahe gelegenen Newbury fertigte Elliott's Joinery Company, gleich neben Woolworths, nicht mehr Möbel, sondern Flugzeugteile. In den zu Beginn des Krieges beschlagnahmten Ställen der Rennbahn waren nicht Pferde, sondern Kriegsgefangene untergebracht. Die einzigartige, zauberhafte Maria Nickel – zu Marys Schulzeit war gemunkelt worden, sie sei eine polnische Prinzessin[145] – hatte nicht nur einen langen Tunnel unter dem Haupthaus graben lassen, der als Luftschutzbunker dienen sollte, sondern auch angeordnet, alle Gebäude grün zu streichen, um die Schule in ihrer idyllischen Umgebung zu tarnen. Dreihundert Kiefern des Geländes waren – vielleicht auf einen Rechenschaftsbericht aus Betty Ackroyds Rohstoffabteilung hin – an die Admiralität gegangen. Und es gab noch eine andere, traurigere Lücke: In den Wochen vor Marys Ankunft war nach langer Krankheit Lilian Heather gestorben, die sechsunddreißig Jahre lang Partnerin von Olive Willis gewesen und bis zuletzt von ihr gepflegt worden war. Man hatte sie im Park der Schule beerdigt, in einem Grab, das Olive später mit ihr teilen sollte.[146]

Im Downe House erlangte Mary ihre Gesundheit und ihr seelisches Gleichgewicht wieder. Sie lehrte Platon. Die Gespräche im Lehrerzimmer waren angenehm und anspruchslos; unerquicklich war nur der Kriegskaffee. Aber während Mary als Kind keinen Ehrgeiz gehabt hatte, über die Grenzen des Downe House hinauszugehen, kannte sie nun etwas mehr von der Welt und empfand bald, wie isoliert sie war. Die Benzinrationierung während des Krieges schloss Wochenendausflüge aus, und während Michael in London Philippa den Hof machte, fragte sich Mary, wie es mit ihr weitergehen sollte.

Während ihres vierten Trimesters ergab es sich – «wie, weiß ich heute nicht mehr» –, dass sie Lehrerin für alte Sprachen an der Bedford School wurde – eine «willkommene Abwechslung».[147] Außer einer jüngeren Frau, Peggy Torrance, die am St Hilda's College Geschichte studiert hatte und direkt aus Oxford kam,[148] war Mary die einzige Frau an der Schule, die vor allem Söhne ehrgeiziger Kapitäne und Majore unterrichtete, die erwarteten, dass ihre Sprösslinge geprügelt, schikaniert und in Form gebracht wurden. Sollte sie sich Hoffnungen auf ein kollegiales Miteinander gemacht haben, so wurden diese Hoffnungen bald enttäuscht. In der Vormittagspause standen Peggy und Mary erwartungsvoll im Lehrerzimmer und musterten ihre Kollegen. Doch statt des entspannten Geplauders und des schlechten Kaffees im Downe House gab es hier «keinerlei Erfrischung und nur wenig Gesprächsstoff». «Einige Lehrer standen nur da und starrten ins Leere», und «jeder, der sprach, tat dies entschuldigend mit leiser Stimme, als befände er sich auf einer Beerdigung.»[149] In späteren Jahren antwortete Mary auf die Frage, warum so viele Frauen davon abgeschreckt wurden, eine Karriere in der Philosophie anzustreben: «Fragen Sie nicht, was an den Frauen falsch ist, sondern sehen Sie sich an, was an den Männern falsch ist.»[150] Denkbar, dass sie auf diese Strategie in dem Augenblick kam, als sie und Peggy den stummen Gedanken austauschten: «Diese Leute müssen verrückt sein.» Mary studierte den seltsamen «Stamm» mit dem Blick einer Ethnologin und stellte eine Reihe von Hypothesen über die Gründe für das Schweigen der Männer auf, die von Schüchternheit über Angst bis hin zu Sexismus reichten. Ihre Feldnotizen verglich sie mit denen von Peggy. Die 15-Minuten-Pause war gerade lang genug, um die Auffahrt zur Schule hinunter zur Milchbar auf der anderen Straßenseite zu flitzen, ein Marmeladentörtchen zu verschlingen und einen Witz über die «Gebräuche des Stammes» zu reißen, zu dem es sie verschlagen hatte.[151]

Elizabeth Anscombe lernt Ludwig Wittgenstein kennen

Als Elizabeth Wittgenstein kennenlernte, war sie 25. Er war 55 und hatte nur noch sieben Jahre zu leben. Das Chaos, das er im Leben der Menschen um ihn herum anrichtete, hätte einen außenstehenden Beobachter angesichts von Elizabeths Vereinsamung und Armut um sie fürchten lassen. Aber sie war bereit für Wittgenstein, und er war bereit für sie. Sie besaß zwei Eigenschaften, die sie geeignet machten, seine Gesprächspartnerin und philosophische Freundin zu werden: Erstens, sie war fundamental verwirrt. Ein Grund für Wittgensteins Aversion gegen seine Lehrtätigkeit und gegen diejenigen, die er unterrichtete, war sein Gefühl, dass kaum jemand von denen, die an der Universität Cambridge Philosophie studierten, wirklich verwirrt war.[152] Aber Elizabeth war es. Sie hatte sich in ihrer Jugend Gedanken gemacht über göttliche Vorsehung und einen fehlerhaften Beweis, dass jedes Ereignis eine Ursache haben müsse. Sie hatte in Frage gestellt, ob es Rechtfertigungen für einen gerechten Krieg gibt. Sie hatte bei MacKinnon gesessen, während er brummend auf und ab ging. Sie hatte stundenlang in den Cafés von Oxford auf Zigarettenschachteln gestarrt. Sie war bis spät in die Nacht aufgeblieben, um zusammen mit Mary herauszufinden, was Platon mit dem «Dahinter» gemeint haben könnte. Beim Anblick uniformierter Soldaten im Zug hatte sie an Katzen und Rüben gedacht.

Die zweite Eigenschaft war: Sie hatte einen religiösen Glauben, dem sie ihre Ernsthaftigkeit verdankte. Für Elizabeth war das Problem der Identität von Körpern weder ein technisches noch ein wissenschaftliches Rätsel, sondern eine Angelegenheit ihrer unsterblichen Seele. Das Problem der Erkenntnis der Außenwelt war das Problem des Glaubens und der Hoffnung. Das Problem der kontrafaktischen Konditionale war das Problem der Theodizee. Das Problem der Verursachung war das Problem von Gott als erster Ursache. Auf die Frage Bertrand Russells, eines Vertreters der analytischen Philosophie, «Worüber denken Sie nach: über die Logik oder über Ihre Sünden?», hatte Wittgenstein geantwortet: «Über beides.» Das galt auch für Elizabeth. Vielleicht erklären ihre echte philosophische Verwirrung und ihr Glaube auch, warum sie sich ihre denkerische Unabhängigkeit und ihre geistige Gesundheit bewahren konnte, während so viele andere, die in Wittgensteins Bannkreis geraten waren, es nicht vermochten.

Peter besuchte sie über Weihnachten, und als das neue Jahr begann, war Elizabeth wieder schwanger. 1945 sollte das Jahr werden, in dem sie, wie vor ihr Margaret Masterman und Alice Ambrose, die Treppe zum Whewell's Court hinaufstieg, um Wittgensteins desorientierende, nebulöse, elektrisierende Vorlesungen zu besuchen. Als sie sich in jenem Winter auf den Weg durch die All Saints Passage machte, war es um 17 Uhr bereits dunkel. Wittgenstein hatte nichts gegen die Düsternis; er dachte am besten im Dunkeln.

Raum K5 befindet sich ganz oben in einem neogotischen Turm und bietet tagsüber einen Blick auf das Trinity College. Wittgenstein hatte die Fenster seinem modernistischen Architekturgeschmack entsprechend mit Streifen aus schwarzer Pappe reproportioniert. Der Raum enthielt kaum mehr als einen kleinen Ofen in der Mitte sowie einen Liegestuhl, einen Tapeziertisch und einen Sessel. «Keine Bilder, keine Vorhänge und fast keine Bücher», wie ein Student sich erinnerte.[153]

Der Turm, Whewell's Court, Trinity College, Cambridge

Die Besucher nahmen sich einen hellgrünen Liegestuhl mit Segeltuchbezug vom Stapel vor dem Zimmer und fanden Wittgenstein ebenfalls in einem Liegestuhl vor, «nach vorn gebeugt, die Ellbogen auf die Knie gestützt und die Hände mit ausgestreckten Fingern aneinandergepresst, fast so, als würde er beten».[154] Um Punkt 17 Uhr richtete Wittgenstein sich auf und begann seine Vorlesung. Er sprach frei. Obwohl das Ende für 19 Uhr angesetzt war, konnte man nie wissen, wie lange die Vorlesung dauern würde. Wie Fraenkels Agamemnon-Seminar, so hat auch das Erlebnis, Wittgenstein denken zu sehen, einen Studenten, Ivor (I. A.) Richards, zu einem Gedicht inspiriert:

> Nur wenige konnten deiner hageren Schönheit lange widerstehen,
> Verächtliche Lippen, weit aufgerissene Augen, von Hohn hell erleuchtet,
> Gerunzelte Stirn, kantiges Lächeln, aus Schmerz geboren,
> Weltabgewandte Hingabe an deine Pflicht.

Solche Pein fühlend, die gebannten Hörer
Sahen zu und warteten auf die Worte, die kommen würden,
Hielten und bissen den Atem, während du stumm warst,
Beklommen, hilflos, für die Gefangenen in der Höhle.[155]

Ein paar Jahre zuvor hatte Elizabeth in Oxford in H. H. Price' Vorlesung gesessen und frustriert an ihrer Studentinnenrobe gezerrt. Und im Cadena Café hatte sie sich gefragt: «Was sehe ich wirklich?» Im Turm des Whewell's Court sitzend, sah sie, dass Wittgenstein diesen Kampf parodierte, ohne sich über ihn lustig zu machen. «Ich sitze mit einem Philosophen im Garten», beginnt Wittgenstein. Der Philosoph «sagt zu wiederholten Malen: ‹Ich weiß, dass das ein Baum ist›, wobei er auf einen Baum in unserer Nähe zeigt. Ein Dritter kommt daher und hört das, und ich sage ihm: ‹Dieser Mensch ist nicht verrückt. Wir philosophieren nur.›»[156] Für Wittgenstein beginnt der Kampf der Philosophie, der Außenstehenden als Ausdruck von Verrücktheit erscheint, wenn die Dinge, die wir für selbstverständlich halten und die die Grundlage unseres Alltags bilden, plötzlich merkwürdig oder unheimlich werden (Zigarettenschachteln verschwinden, Katzen verschwinden, jemand sagt immer wieder: «Ich weiß, dass das ein Baum ist»). Wittgenstein hatte erkannt, dass diese Augenblicke für Philosoph:innen von großer Bedeutung sind. Wir sind immer in Versuchung, vor diesem scheinbaren Verlust unserer geistigen Gesundheit zurückzuweichen, das Verschwinden der Gewissheit mit Argumenten und Theorien zu überdecken. Philosoph:innen müssen jedoch versuchen, so Wittgenstein, den Grund dieses mysteriösen scheinbaren Verlusts ihrer geistigen Gesundheit zu verstehen, statt das Phänomen wegzuerklären. Wenn sie bei diesen Augenblicken der Verwirrung verweilen, sie betrachten, drehen und wenden, beginnen sie zu erkennen, dass die Merkwürdigkeit dieser Augenblicke davon herrührt, dass sprachliche Ausdrücke aus dem täglichen Leben herausgehoben wurden. Die Aufgabe der Philosoph:innen, die diese Merkwürdigkeit empfinden, besteht darin, die Formen und Zusammenhänge des Lebens zu erkunden, in die der betreffende sprachliche Ausdruck gehört, die Vorgänge, denen er entnommen wurde, und ihn wieder in den ihm gemäßen Boden zu pflanzen.

Wittgenstein las den ganzen Winter über bis in den Frühling hinein, und Elizabeth war jede Woche dabei. Wittgenstein verachtete «Touristen» ebenso wie Fraenkel.[157] Während seine Präsenz andere erschöpfte, so dass sie glaubten, Vitamine zu sich nehmen zu müssen,[158] begann Elizabeth in seiner Methode einen Ausweg aus den Schwierigkeiten zu sehen, mit denen sie in ihrer Dissertation zu kämpfen hatte. Sie starrte Wittgenstein mutig an, so dass er unverhohlene Verwirrung, aber auch Ernsthaftigkeit auf ihrem Gesicht lesen konnte. Sie war jedoch nicht nur begabt für diese neue Art zu denken, sondern sie arbeitete auch ungewöhnlich hart – härter als ihre Kommilitonen und Kommilitoninnen. Ein Raum voller Studierender, die mehr auf ihre Angst, gefragt zu werden, fokussiert waren als auf das philosophische Problem, machte Wittgenstein wütend; ihm wurde geradezu schlecht. Dass er aufblicken und Elizabeth sehen konnte, die genauso angestrengt und verbissen nachdachte wie er, war für ihn ein Mittel gegen Brechreiz. Für sie hingegen eröffnete Wittgensteins Zugang zu philosophischen Fragen neue Wege, sich den alten metaphysischen Problemen ihrer Dissertation zu nähern, und eine neue Art, einen «extrospektiven» Blick über den Tellerrand zu werfen. Sie befand sich schon bald, wie sie es später ausdrückte, «in einem Zustand trunkener Verehrung» für Wittgenstein.[159]

> WITTGENSTEIN: Denken wir uns, bei einem Stamm lernt man das Zählen als eine Art Poesie, und dann werde das Verfahren des Zählens der Schritte dazu verwendet, Felder zu messen. […] Angenommen, man sagt nun: Diese Leute *vergleichen Längen*. Ist das Abschreiten zweier Felder ein Vergleich ihrer Längen? […]
> Y: Falls der Betreffende zählt, kann man es herausbekommen.
> WITTGENSTEIN: Man kennt seine Sprache nicht.
> MISS MARTINI: Man sieht, ob sein Schritt einer konstanten Einheit entspricht.
> WITTGENSTEIN: Dann könnte es auch ein Tanz sein.
> [MISS] HIJAB: Man untersucht ihr Leben.
> WITTGENSTEIN: Ja, man braucht einen Kontext aus zahlreichen sonstigen Dingen, die sie tun. […] Nimm irgendein Phänomen wie dies: Farben vergleichen, Zeit messen, Längen vergleichen, Spiele spielen. Diese Phänomene sind spezifisch. «Ich werde dir etwas zeigen, was wir Menschen tun.»[160]

Jede Woche evozierte Wittgenstein fragmentarische Szenen aus dem menschlichen Leben und Variationen solcher Szenen, die unserem Leben zwar ähnlich, aber bis zur Unheimlichkeit verfremdet waren. Zu den Dingen, die wir Menschen tun, gehören: befehlen, beschreiben eines Gegenstands nach Messungen, herstellen eines Gegenstands nach einer Zeichnung, berichten eines Hergangs, über den Hergang Vermutungen anstellen, eine Hypothese aufstellen, eine Geschichte erfinden, Theater spielen, singen, Rätsel raten, einen Witz erzählen, übersetzen, bitten, danken, fluchen, grüßen, beten.[161] Jede Tätigkeit hat ihren Platz in den sich überschneidenden und geordneten Zusammenhängen, die die menschliche Lebensform ausmachen. Elizabeth begann, einen neuen Weg zu sehen, die Seele des Menschen zu beschreiben. Für sie war der Mensch keine effiziente Rechenmaschine, sondern ein soziales, kreatives, neugieriges und spirituelles Tier.

Philippa und Iris warten auf Nachrichten

Achtzig Kilometer weiter südlich in London hüllte der Nebel Seaforth ein. «Der Nebel ist selbst in diesem Zimmer so dicht, dass ich Iris auf der anderen Seite nur schemenhaft erkennen kann», schrieb Philippa an ihre Mutter, als die beiden Freundinnen ihr schwieriges Zusammenleben fortsetzten.[162] Im Sommer 1944 kam der Krieg auch nach Seaforth. Am 6. Juni, dem D-Day, landeten die alliierten Truppen an den Stränden der Normandie und bereiteten sich darauf vor, die deutschen Armeen nach Süden und Osten zurückzudrängen. Als Vergeltung begannen die Deutschen mit ihrer Kampagne der «fliegenden Bomben». Die sogenannten Vergeltungswaffen, in Frankreich gestartet, hatten gerade genug Treibstoff, um tief über das Wasser und in den Himmel über London getragen zu werden, bevor der Motor ausfiel. Es folgten 14 Sekunden Stille, in denen die Bombe zu Boden fiel. Die Londoner waren einmal mehr gezwungen, sich in ihre Bunker zu flüchten.

Iris schickte vorsichtshalber einen Teil des Romans, an dem sie gerade schrieb, einer Freundin nach Oxford,[163] sie selbst und Pip aber krochen ins Bad, wenn die Luftschutzsirene ertönte. Eines Morgens wurden sie um 7 Uhr geweckt, ein paar Minuten bevor ihre Wecker klingelten, als «die Fenster samt Rahmen hereingeblasen wurden».[164] Iris hatte seit vielen Monaten nichts mehr von Frank gehört, und je weiter der Sommer voranschritt, umso besorgter wurde sie. Im Juli verbrachte Philippa viele Stunden in der Nationalgalerie, um sich mit Goyas *Don Andrés del Peral*,[165] dem aktuellen «Bild des Monats», vertraut zu machen. Dann, einige Tage nachdem *Don Andrés* in die «Kathedrale» zurückgebracht und durch Bellinis *Die Jungfrau mit dem Kind* ersetzt worden war, verschwand Michael einfach. Nun warteten beide, Philippa und Iris, auf Nachrichten.

Nach Michaels Verschwinden schrieb Donald jeden Tag an Philippa. Am 27. September rief er sie bei der Arbeit an, um ihr eine Nachricht zu übermitteln, die allerdings nicht Michael, sondern Frank betraf. An diesem Morgen war in der *Times* nämlich eine «Missing Believed Killed»-Notiz erschienen, wonach eine vermisste Person für tot gehalten werde.

Frank Thompson, Iris' «Tapferer & Geliebter», war vier Tage nach dem D-Day und drei Tage vor dem Anflug der ersten Vergeltungswaffen, die Iris und Pip dazu bringen sollten, in der Badewanne Schutz zu suchen, gefangen genommen, gefoltert und ermordet worden.[166] Er hatte sich freiwillig gemeldet, um mit dem Fallschirm über dem besetzten Serbien abzuspringen, von wo aus er sich mit seiner Einheit in das mit Deutschland verbündete Bulgarien begeben sollte, um mit Mitgliedern des bulgarischen Widerstands in Kontakt zu treten. Eine selbstmörderische Mission! Frank war nicht einmal vier Wochen in Bulgarien gewesen, als er erschossen wurde.[167] Doch makabererweise hatte er auf dem Papier noch 103 Tage weitergelebt: Um die Offiziere zu entlasten, schickten die Streitkräfte alle zwei Wochen offiziell erstellte Telegramme an die Familien daheim. Die Nachrichten folgten einem Schema, das eine Mitteilung über den Gesundheitszustand, eine Empfangsbestätigung für Briefe und einen Gruß enthielt. Franks Eltern hatten diese Telegramme bis in den Herbst hinein erhalten und beantwortet, obwohl das für ihren Sohn Untypische der Nachrichten sie zu beunruhigen begonnen hatte. Der Anschein war jedoch dadurch gefestigt worden, dass Frank im Voraus dafür gesorgt hatte, dass das Nobelkaufhaus Stuttafords regelmäßig Lebensmittelpakete nach Hause schickte. Noch am 16. September hatte sich seine Mutter schriftlich für kandierte Früchte und Zunge in der Dose bedankt. In Vorbereitung auf seine Heimkehr hatte sie sein Zimmer geputzt und sein Klavier überholen lassen. Das «Vermisst und wahrscheinlich tot»-Telegramm sollte sie fünf Tage nach der Zungenkonserve erhalten.[168]

Philippa ging sofort nach Hause, um die traurige Nachricht zu überbringen. Sie fand Iris in der Küche.[169]

Die Nächte wurden länger. Nach der Befreiung von Paris Ende August drang nach und nach die französische Literatur über den Kanal nach Seaforth.[170] *Pierrot Mon Ami* von Raymond Queneau kam als eines der ersten Bücher.[171] Im Oktober traf schließlich die Nachricht ein, auf die Philippa gewartet hatte. «Über das Rote Kreuz in Nantes ist ein Brief von Michael gekommen», schrieb sie ihrer Mutter. «Es ist so unglaublich, die beiden Welten auf diese Weise miteinander verbunden zu sehen; dem wunderbaren Brief ist zu entnehmen, dass es Michael gut geht.» Michael war, wie sie jetzt wusste, Kriegsgefangener in der Bretagne: «Er hat nichts darüber geschrieben, wie es im Lager ist, außer dass er zwei Bücher hat – ein Neues Testament und *Antony & Cleopatra* – und dass er, aus welchem Grund auch immer, gerade zehn Tage Einzelhaft antrat.»[172]

Nach dem Empfang von Michaels Brief beschloss Philippa, seinen Vater ausfindig zu machen, dem sie noch nicht vorgestellt worden war. Sie tat dies mit einigem Zögern, da sie «a priori wusste, dass er von meiner Existenz noch nichts gehört hatte». Nachdem sie «21 Anrufe» benötigt hatte, um seine Adresse herauszufinden, schickte sie ihm einen Brief. Als sie am nächsten Morgen zur Arbeit kam, wartete zu ihrem Erstaunen Brigadier Richard Foot im Gemeinschaftsraum von Chatham House auf sie. «Wir fielen uns mit Freudentränen um den Hals»; er wiederholte immer wieder: «Oh, ich bin so froh, dass er jemanden hatte, dem er schreiben wollte.»[173]

Die Nachricht von Michael hatte seine Eltern vierzehn Tage vor seinem Brief an Philippa erreicht, überbracht von einem Mitgefangenen, dem die Flucht gelungen war. Zusammen hatten sie genug Bruchstücke, um sie zu einer Geschichte zusammenzufügen («wir setzten das Puzzle nach und nach zusammen»): Michael war über dem besetzten Europa mit dem Fallschirm abgesprungen und, wie Frank, fast unmittelbar nach seiner Landung gefangen genommen worden. Er hatte zwei gescheiterte Fluchtversuche unternommen, und der zweite hatte ihm die Einzelhaft eingebracht. Seinem Mitausbrecher war es gelungen, sich der erneuten Gefangennahme zu entziehen, so dass er dem Brigadier die Nachricht hatte überbringen können. Er konnte «sehr detailliert darüber berichten, wie sie [im Lager] lebten, was sie zu den Mahlzeiten aßen und wie die Wachen sie behandelten». Im Übrigen war Philippa beruhigt: Michaels Vater «setzt Himmel und Hölle in Bewegung, um mehr Nachrichten zu erhalten, und er versucht auch, einen Austausch zu arrangieren».[174]

Der Brigadier hatte sich hinter den Kulissen erfolgreich um ein Gespräch mit Andrew Hodges vom Amerikanischen Roten Kreuz bemüht. Da Hodges kürzlich einen Gefangenenaustausch vermittelt hatte, hatte Richard Foot ihn gebeten, für seinen Sohn dasselbe zu tun. Nachdem das anfangs steife Gespräch persönlich und sentimental geworden war – der Brigadier hatte ein Kürbiskuchenrezept seiner Mutter weitergegeben und Hodges von seiner Kindheit im ländlichen Alabama erzählt –, hatte Hodges sich schließlich bereiterklärt zu tun, was er könne, um einem verzweifelten Vater zu helfen.[175] Und durch umsichtige Verhandlungen hatte Hodges erreicht, dass deutsche und alliierte Gefangene ausgetauscht werden sollten, einer gegen einen, Rang gegen Rang. Jetzt blieb nur noch, mit neuer Hoffnung zu warten. «Das lässt die Dinge ganz anders aussehen.»[176]

Michael, der von den Bemühungen seines Vaters nichts wusste, unternahm einen letzten, fast tödlichen Fluchtversuch. Er kletterte über den Zaun, versank fast in einem Sumpf und kam schließlich frei, indem er dem Nordstern durch die Nacht folgte. Alles lief nach Plan, bis er von einem französischen Bauern für einen Eindringling gehalten und durch einen Stich mit der Mistgabel in die Stirn sowie einen Tritt vor den Kopf, der ihm das Genick brach, beinahe getötet wurde. Anschließend wurde er wieder gefangen genommen. Als der Gefangenenaustausch stattfand, lag Michael im Koma, wog 38 Kilo und hatte nur geringe Überlebenschancen. Filmaufnahmen des Roten Kreuzes zeigen, wie er fast leblos in einen Krankenwagen getragen wird. Wie durch ein Wunder erlangte er im Krankenhaus das Bewusstsein wieder.[177]

So kam es, dass Michael Foot im Februar 1945 nach drei Monaten in einem Lazarett wieder in London auftauchte. Philippa packte ihre Kissen, ihr Steinzeug und ihren Lampenschirm ein und zog in die Rochester Row, wo sie ihn pflegen konnte. Sie war erleichtert, Seaforth hinter sich zu lassen.[178]

Elizabeths neuer Plan

Elizabeth holte im April 1945 erneut ihre Schreibmaschine hervor, um einen dritten Antrag auf Gewährung eines Stipendiums des Newnham College zu verfassen: «Ich möchte mich als Kandidatin für ein Forschungsstipendium des Newnham College bewerben, sofern es eines gibt, für das ich in Frage komme.»[179] In ihrem Anschreiben erklärte sie, warum sie ihre Doktorarbeit noch immer nicht eingereicht hatte: «Ich war in den vergangenen sieben Monaten gezwungen, mein gesamtes Denken einer weit radikaleren Revision zu unterziehen, als ich erwartet hatte (diese Revision dauert auch noch an), mit dem Ergebnis, dass ich mich noch nicht um den Titel beworben habe.»[180] Die sieben Monate waren die Zeit, die vergangen waren, seit Elizabeth begonnen hatte, Wittgensteins Vorlesungen zu besuchen. «Ich war mit meiner Dissertation zu sehr unzufrieden, um sie in Oxford einzureichen, und machte mich daran, sie umzuschreiben», heißt es in ihrem Anschreiben weiter. Wittgensteins Urteil nach der Lektüre ihrer Bemühungen: «für einen Appel und ein Ei erstanden».[181]

Sie erklärte, über den «Begriff der Seele» arbeiten zu wollen, und obwohl die nur eine Seite lange Skizze viel vorsichtiger ist als das dreimal so lange «grobe Konzept», das ihrer früheren Bewerbung beigelegen hatte, beweist es, dass sie weder Aristoteles aufgegeben noch sich von den metaphysischen Problemen entfernt hatte, die sie beschäftigten.

Wittgenstein wird explizit nur unter dem letzten ihrer fünf Punkte erwähnt, die sie zu untersuchen gedenkt. Die ersten vier Punkte gelten platonischen, aristotelischen und cartesianischen Vorstellungen von der Seele, und Wittgensteins Einfluss wird hier nur an ein oder zwei Stellen

> **Starting-points for a discussion of the concept of the soul**
>
> 1. Someone might answer an enquiry by saying: "the soul is the thinking part; the seat of the intelligence and the will" - and perhaps "of the passions." Such a statement raises many problems - part? seat? the performer of certain operations? - but what operations and how are these observed? - the subject of certain properties? - but we ask the same about them.
>
> 2. Plato's thought of the soul and the forms, the intelligence and the intelligible, as the same kind of entity. Try to discover the drive behind this: what would make one wish to say it? The concept of the immaterial - how is this arrived at? Immaterial <u>substance</u> (thing, object, entity, what you will) - our notion of substances is a notion of bodies: is there any sense in an idea of immaterial objects - <u>or</u> what is the mistake, what the temptation to make it?
>
> 3. In Aristotle, the empirical and the Platonic lines of thought are in conflict. Aristotle's soul vegetable, animal, rational - "soul" = "life". The idea of life that of a pattern of behaviour? - is there any significance in the dispute between e.g. "vitalists" and "mechanists"? Examine Aristotle's "the soul is the form of the body."
>
> 4. Examine the post Cartesian <u>introspective</u> method of examining the problems - ideas of "self", "consciousness", observable "mental events" and so on.
>
> 5. Think about Wittgenstein's psychology:- the destructive commentary both on the "introspective" line of thought, <u>and</u> - if I have understood rightly - the "substantial" concept, as "pneumatic". Psychological statements - e.g. "He is thinking", "he is full of joy", "he knows botany" - though there are radical differences between these samples, - yet none of them asserts a bodily movement, or bodily state. But they hang together with statements about bodily movements and states - the latter being evidence: but is this as smoke is evidence of fire? We can find fire itself.
>
> As for conclusions, I do not know <u>at all</u>.

Elizabeth Anscombes Forschungsvorhaben, 1945

sichtbar. Erstens: Elizabeth möchte Platons These untersuchen, «dass die Seele und die Ideen, die Intelligenz und das Intelligible Entitäten derselben Art sind». Sie will aber nicht nur verstehen, was Platon damit meinte, sondern auch «versuchen, den Antrieb dahinter zu entdecken», und sie will fragen: «Hat die Vorstellung von immateriellen Gegenständen irgendeinen Sinn? Und, wenn nicht, worin besteht der Fehler und worin die Versuchung, ihn zu machen?» Die Bedeutung, die Elizabeth dem Diagnostischen und der Suche nach der Quelle einer Versuchung beimisst, zeugt vielleicht von Wittgensteins Einfluss. Zweitens: Im Zusammenhang mit Descartes hebt Elizabeth in wittgensteinscher Manier die Augenbrauen. Der Intellekt ist der «Sitz» der Intelligenz, referiert sie und fragt: der Sitz? In ähnlicher Weise hatte sie Mary jahrelang gefragt: Was ist das für ein «Dahinter»?

Doch was den Rest angeht, ist ihre Arbeit noch immer unverkennbar metaphysisch und historisch. Schon bevor Elizabeth Wittgenstein kennenlernte, hatte sie ihre Aufmerksamkeit von den Oberflächen der Gegenstände auf den «logischen Charakter von Aussagen, die die Operationen der sinnlichen Vermögen zum Ausdruck bringen», verschoben.[182] Nun ist sie auf dem Weg, den Begriff des «logischen Charakters» durch Wittgensteins Begriff der «Grammatik» zu ersetzen. Mit dieser Verschiebung wird sie das aristotelische Bild aufbrechen, das den Kern ihrer Metaphysik bildet.

Es ist bezeichnend für Elizabeths Umzug von Oxford nach Cambridge, sowohl in geographischer als auch in intellektueller Hinsicht, dass sie diesmal von Wittgenstein und Bertrand Russell Empfehlungen erhielt. Russell urteilte: «Eine Kenntnis der scholastischen Philosophie, wie Mrs Geach sie besitzt, [...] ist unter denjenigen, die sich die moderne Logik zu eigen gemacht haben, überaus selten» (ein Echo der Empfehlung, die H. H. Price für Elizabeths Tutor Donald MacKinnon geschrieben hatte). Er klagte jedoch, dass sie «der Physik nicht genügend Aufmerksamkeit schenkt» und «die Implikationen der Quantentheorie für ihr Problem nicht berücksichtigt». Dennoch «würde [er] sich freuen, wenn sie ein Forschungsstipendium erhielte», und er glaubt, «dass ihre Arbeit die Auszeichnung rechtfertigen» werde.[183] Wittgenstein schrieb: «Ich habe mir einen genauen Eindruck von Mrs Geachs philosophischen Fähigkeiten machen können. Sie ist zweifellos die begabteste Studentin, die ich seit 1930, als ich mit meinen Vorlesungen begann, gehabt habe; und von meinen männlichen Studenten haben nur 8 oder 10 sie erreicht oder übertroffen.» Ihre Versuche, so Wittgenstein weiter, «lassen einen guten Boden für das Wachstum philosophischer Gedanken erkennen», die aber «noch sehr unreif» seien. Dies sollte allerdings nicht gegen die Bewerberin sprechen. «Es ist die unvermeidliche Folge davon, dass sie, als sie nach Cambridge kam, neuen philosophischen Einflüssen ausgesetzt war, die zu verdauen sie noch nicht die Zeit hatte.»[184] Ihr persönlich sagte Wittgenstein, ihr Schreiben sei «nicht stubenrein» [*house-trained*], was sie als «Scheiße auf dem Fußboden» glossierte.[185] Aber auch wenn sie noch nicht trainiert sei – Wittgenstein hielt sie für würdig, trainiert zu werden, und empfahl sie «wärmstens» für das Stipendium.

Doch Elizabeths Bewerbung wurde einmal mehr abgelehnt. Möglich, dass der letzte Satz ihres Antrags den Ausschuss verärgerte: «Was die Schlussfolgerungen betrifft, so weiß ich darüber noch *überhaupt nichts*.»

Einige Tage nachdem Elizabeth ihren Ablehnungsbescheid erhalten hatte, hörte Myra Curtis, die Rektorin des Newnham College, ein Klopfen an der Tür. Draußen stand Professor Wittgenstein, der (für ihn höchst ungewöhnlich) eine Krawatte trug.[186] Er sprach Elizabeths Fall an, aber Miss Curtis ließ sich von männlichen Akademikern nicht einschüchtern, ganz gleich, wie egoistisch sie waren – oder wie gewohnt, verehrt zu werden. Bevor sie Rektorin geworden war, hatte sie eine glänzende Karriere im Lebensmittelministerium, im Rentenministerium und bei der Post gemacht und war als Verwaltungsfachfrau aufgestiegen.[187] Das Verfahren musste eingehalten werden. Zwar gewährte das College Elizabeth ein Forschungsstipendium in Höhe von 50 Pfund,[188] doch ihre Zeit der Entbehrungen sollte weitergehen. Als sie im Oktober ihr zweites Kind, John, zur Welt brachte, bezahlte Wittgenstein ihren Aufenthalt in einer Entbindungsklinik.[189]

Das Ende des Krieges: Drei Freundinnen kehren nach Oxford zurück

Am 8. Mai 1945 wurde in Europa der Sieg verkündet. Das Kriegsende bedeutete auch das Ende der Verdunkelung, und die Menschen feierten landauf, landab mit Licht – so vielfältig und reichlich wie möglich. Die Straßen wurden mit Fackeln beleuchtet, der Buckingham Palace und das Hauptquartier der BBC wurden angestrahlt, überall dort, wo es etwas zu verbrennen gab, wurden Lagerfeuer entzündet, das Zifferblatt des Big Ben erstrahlte wieder, die Fenster der Pubs und Wohnhäuser waren erleuchtet.[190] Philippa und Michael irrten benommen und geblendet durch die Menschenmassen auf der Pall Mall und in St James's, wo überall Flammen loderten.[191] Auch Mary war in London, auf dem Trafalgar Square. Sie hatte sich immer über Berichte von Menschen gewundert, die «auf der Straße tanzten»: Wie konnten vernünftige Leute so etwas tun? «Es ist ganz einfach. Als ich mit ein paar Freunden zum Trafalgar Square kam, wurde im Rundfunk gerade Tanzmusik gespielt, und alle wurden in konzentrische Kreise hineingezogen, die sich mal so, mal so herum drehten.»[192] Als Mary um zwei Uhr nachts immer wieder die Löwen umkreiste, die die Nelsonsäule bewachen, tanzte Iris, die eine Pause eingelegt hatte, um in der Kathedrale von Westminster Gott zu danken, auf der nahe gelegenen Piccadilly.[193]

Mary fand ihren Weg zurück nach Oxford als Erste der vier. Es bedurfte allerdings eines kleinen freundlichen Anstoßes von Jean Rowntree, der Lehrerin, die ihr im Sommer 1938 unbedacht geraten hatte, nach Wien zu gehen. Nachdem Jean das erste Kriegsjahr damit verbracht hatte, Heime für evakuierte Londoner Kinder zu organisieren, hatte sie in der BBC-Gesprächsabteilung eine Stelle als Produzentin angenommen.[194] Sie lud Mary ein, im Rundfunk zu sprechen. Jeans Bildungsserie *What's the Point of ...?* (Wozu ist ... gut?) wurde seit April 1945 jeden Montag um 19.40 Uhr vom Home Service ausgestrahlt. Die erste Frage hatte gelautet: Wozu ist Astronomie gut? Danach hatten Philosophie, Poesie, Kirchenbrauch, Geschichte und Musik ihren Sinn darlegen dürfen. In jeder Folge brachte ein Experte oder eine Expertin dem britischen Publikum die Bedeutung des betreffenden Faches für das menschliche Leben und die Nachkriegsgesellschaft nahe. Die Frage der siebten Folge sollte lauten: «Wozu sind die ‹toten Sprachen› gut?»

Anders als in den vorangegangenen sechs Folgen sollten zwei Gäste sprechen: Mary Scrutton und der Altphilologe Gilbert Murray aus Boars Hill. Vielleicht befürchtete man, dass die Verteidigung toter Sprachen durch einen Mann, der sich seinem Achtzigsten näherte, ein wenig absurd wirken könnte. Jedenfalls sollte Mary die Jugend repräsentieren. Als sie sich daranmachte, ihre Verteidigung des Faches zu schreiben, dürfte sie an Fraenkels Agamemnon-Kurs gedacht haben. In diesem Seminar hatte sie sich zum ersten Mal als «Teil einer zeitlosen Reihe von Gelehrten» gefühlt, und sie hatte die enorme Aufgabe verstanden, die Kluft zwischen Gegenwart und Vergangenheit allein mit dem geschriebenen Wort zu überbrücken. Sie hatte angefangen zu erkennen, dass der unbequeme Stuhl eines Mönchs oder die Tinte an den Fingern eines Schreibers Ursache für Fehler in einem Text sein können und warum die Männer, die die Texte geschrieben hatten, keine bloßen Namen bleiben durften – Stephanus, Bentley, Porson, Housman –, sondern zu lebendigen historischen Persönlichkeiten werden mussten, wenn die Worte wieder mit Bedeutung gefüllt werden sollten.[195] Zweifellos hat sie sich in der Sendung in diesem Sinne geäußert. Gilbert Murray war so beeindruckt, dass er, als seine ehemalige Studentin Isobel Henderson ihm Mary als Sekretärin vorschlug, ihr die Stelle liebend gern anbot.[196] So verabschiedete sich Mary von ihrem seltsamen Stamm in Bedford und kehrte nach Oxford zurück.

Als Nächste kehrte Philippa zurück. Kurz nach dem VE-Day, dem Tag, an dem der Sieg in Europa erklärt worden war, wurde sie vom Chatham House freigestellt. Sie und Michael heirateten und zogen in die New College Lane im Zentrum von Oxford.[197] Während Michael noch einen Abschluss machen musste, sollte Philippa neben ihrem Graduiertenstudium eine Lehrtätigkeit im Somerville beginnen. Iris, die auf die Stelle gehofft hatte, hatte sich auf liebenswürdige Weise geschlagen gegeben: «Sie verdient es, da sie in Philosophie viel besser ist als ich & eine echte Susan Stebbing sein wird.»[198] Philippas Gutachter waren Sandie Lindsay, Donald MacKinnon und Heinz Cassirer gewesen: Der Erste hatte geschrieben, ihre Arbeit zeuge von «höchst ungewöhnlichem Können»,[199] der Zweite: «Ich zähle Miss Bosanquet, ohne zu zögern, zu den fähigsten Schülerinnen und Schülern, die ich je hatte»,[200] der Dritte: «Ich habe noch nie einen jungen Menschen mit auch nur vergleichbaren Fähigkeiten kennengelernt».[201] Das neue Haus der Foots hatte seit 1943, seit dem Tod von H. W. B. Joseph, dem vorherigen Bewohner, leer gestanden. Josephs letzter Vortrag im Garten des New College war eine gewaltige Attacke gegen A. J. Ayer und die neue, «analytische» Philosophie gewesen. Es hieß, Joseph sei in einem Zustand intellektueller Verzweiflung gestorben.[202]

Iris verließ London als Letzte. Die Affäre mit Tommy hatte ungut geendet, und ein widerwilliger Heiratsantrag aufgrund einer Schwangerschaftsangst hatte den Schmerz noch vergrößert.²⁰³ Im Januar 1944 hatte Iris an David Hicks geschrieben und den Wunsch geäußert, «nach Europa zu fliehen und irgendeine absolut niedere & mich vollkommen in Anspruch nehmende Arbeit anzunehmen [...] dann im Alter von 29 Jahren oder so nach England zurückzukehren [...], um in dem, was von Bloomsbury noch übrig sein wird, die erfahrene Frau zu spielen».²⁰⁴ Aber Anfang Juni 1945, als fünfzig Gemälde in die National Gallery zurückkehrten, war sie noch in London:

> Van Eyck, Der Mann & die schwangere Frau [Die Arnolfini-Hochzeit]. Bellini & Mantegna, Die Qual. Tizian, Noli me tangere. Rubens, Bacchus & Ariadne. El Greco, Die Qual, Rembrandt, Selbstporträt und Porträt einer alten Frau. Seine kleine Badende Frau (reizend!). Ein köstlicher Claude, der in Blau, Blau, Blau verblasst – blauer See, blaue Berge, blauer Himmel. Unglaubliche Entfernungen zum Atmen. Zwei Vermeers, so blau & zitronig, Honigzeug, Mädchen am Spinett. Und dann noch mehr von Bellini & Rubens, & dann die Ruisdaels, die Hobbemas & Burschen wie Cuyp, die man vergessen hatte. Ich deliriere immer noch vom ersten Schock. Es fühlte sich wirklich wie Frieden an. Und all die umherwandernden Leute sahen benommen aus.²⁰⁵

In der Hoffnung, in Frankreich eingesetzt zu werden, bewarb sie sich in jenem Monat bei der Nothilfe- und Wiederaufbauverwaltung der Vereinten Nationen (UNRRA), erhielt jedoch einen Schreibtischjob in London.²⁰⁶ Ihr einziger Trost war die französische Literatur, die sich nun in den Regalen in Seaforth ansammelte.²⁰⁷ Anfang August saß sie in der Kathedrale von Westminster, auf ihrem Schoß ein Exemplar von *La Soif*, einem Dreiakter des französischen christlichen Philosophen Gabriel Marcel, aus dem sie sich Zitate in ein Tagebuch schrieb. Der Schriftsteller dürfe «Geheimnisse nicht zu Problemen degradieren», notierte sie.²⁰⁸ Während ein «Problem», wie Marcel ihr erklärte, mit «objektiven» Begriffen öffentlich formuliert und von jedermann gelöst werden könne,²⁰⁹ gehöre ein «Geheimnis» zu einem Bereich menschlicher Erfahrung, der nicht mit objektiven Kategorien öffentlich artikuliert werden könne; auch müsse seine «Lösung» persönlich und individuell sein. Zu den Geheimnissen des Seins gehörten die Erfahrung des eigenen Körpers, das Wesen der Empfindung sowie die Liebe, die Hoffnung und der Glaube.

Als Iris über das Geheimnis nachdachte, stand das «Problem» des fortdauernden Krieges in Südostasien kurz vor seiner «Lösung». Michael hatte seine Arbeit trotz seiner körperlichen Schwäche nach seiner Rückkehr nach London rasch wieder aufgenommen, und bevor er und Philippa nach Oxford aufbrachen, hatte er die Zahl der zu erwartenden Opfer einer konventionellen Invasion auf dem japanischen Festland berechnet. Seine «Schlachterrechnung [*butcher's bill*]» hatte sich auf etwa eineinhalb Millionen belaufen.[210]

Am 6. und 9. August warfen die Alliierten Atombomben auf Hiroshima und Nagasaki. «Wenn wir über die Wasserstoffbombe sprechen», sagte Donald MacKinnon 1954 im Rundfunk, «dann sprechen wir über etwas, was wir zu entwickeln und einzusetzen uns entschieden haben. Wir sprechen über Entscheidungen, die wir wirklich getroffen haben; wir sprechen nicht über Ereignisse, in die wir verwickelt wurden. [...] Wir sprechen über menschliche Handlungen.»[211] In zwei grellen Lichtblitzen, die so hell waren, dass sie Menschen in Schatten verwandelten, wurde die Rechnung von 1,5 Millionen Soldaten von 200 000 Zivilisten beglichen. Es wurde nicht einer für einen geopfert, aber der Krieg wurde beendet. Japan kapitulierte sechs Tage später.

Kapitel 4

Park Town

September 1945 – August 1947
Oxford, Brüssel, Graz, Cambridge & Chiswick

~~~~~~~~~~~~~~~~~~~~~~~~~~~~~~~~~~~

Die Männer kehren nach Oxford zurück & Mary fährt zum Boars Hill – Philippa beschließt zu zeigen, dass Ayer unrecht hat – Iris lernt Jean-Paul Sartre kennen – Philippa, Iris & die Hilfsaktion für Flüchtlinge – Elizabeth & Philippa beginnen ein philosophisches Gespräch – Iris' kommunistische Vergangenheit holt sie ein – Lieutenant Colonel Austin treibt die Revolution voran – Elizabeth holt Wittgenstein nach Oxford – Mary & Iris bereiten sich auf ihren Wiedereinstieg in die Philosophie vor

~~~~~~~~~~~~~~~~~~~~~~~~~~~~~~~~~~~

*Die Männer kehren nach Oxford zurück,
und Mary fährt zum Boars Hill*

Mary verließ jeden Morgen ihr möbliertes Zimmer in der obersten Etage von Park Town 55 und bestieg ihr Fahrrad. Sie radelte an Haus Nummer 43 vorbei, wo Iris im zweiten Jahr gewohnt hatte, und Erinnerungen an Sardinenbüchsen und grobkörnige Zeitungsfotos von Soldaten in Reih und Glied an den Stränden von Dünkirchen gingen ihr durch den Kopf.

Sie musste aufpassen, als sie sich dem Schwarm von Radfahrer:innen anschloss, die durch die Straßen und über die Bürgersteige Oxfords klapperten. Als Studentinnen hatten sie und Iris den Eindruck gehabt, immer älter zu werden, während die Männer immer jünger wurden – eine Täuschung, die durch die Einberufung der Zwanzig- und Einundzwanzigjährigen zum Wehrdienst entstanden war. Jetzt war ihr die Grundlage entzogen. Die Männer, die in Oxford-Schnürschuhen statt Armeestiefeln aus den Zügen stiegen, um ihr Studium wieder aufzunehmen, waren reife Erwachsene. Viele von ihnen, wie Michael Foot, hatten Oxford als junge Burschen verlassen, die gerade die Schule hinter sich hatten. Nach einer sechsjährigen Unterbrechung, in der sie Offiziere, Kriegshelden, Kriegsgefangene, Invaliden oder Militärstrategen geworden waren, nahmen sie nun ihre Bücher wieder zur Hand. Es hatte etwas Absurdes an sich, dass diese bärtigen Studenten, viele von ihnen Ehemänner und Väter, in überfüllten Hörsälen neben Jünglingen saßen, für die die Universität, wie für sie selbst vor einer Ewigkeit, der erste Vorgeschmack auf die Freiheit nach der Schule war. Die älteren Studenten waren Exoten. Sie hatten einen richtigen Krieg erlebt.

Die Colleges in Oxford waren mit fast 2500 Studierenden mehr als vor dem Krieg – ein Zuwachs von 40 Prozent, der sich fast ausschließlich aus Männern rekrutierte – «bis zum Ersticken überfüllt».[1] Auf dem Cherwell wimmelte es von Ruderern und Stechkahnfahrern, aber sie riefen und schrien jetzt zum Teil auch mit amerikanischem Akzent. Soldaten der US Army, die auf ihre Heimkehr warteten, durften sich für ein oder zwei Trimester einschreiben.² Die Frauen waren wieder einmal weit in der Unterzahl, und in den Männercolleges geäußerte Befürchtungen, Dozentinnen und Flüchtlinge hätten «das Feld besetzt»,³ waren unbegründet. Die Whitehall-Beamten packten ihre Akten ein. Handschriften und andere Schätze der Colleges wurden wieder hervorgeholt. Die Blumenbeete wurden neu bepflanzt. Die Behelfshospitäler und Blutspendestationen verwandelten sich wieder in vertraute Wohnheime und Bibliotheken. Wegweiser und Straßenschilder wurden wieder aufgestellt. In den Frauencolleges wurden aus den Verdunkelungsvorhängen Talare genäht.⁴ Die Strukturen zivilen Lebens wurden wieder hergestellt.

Der starke Zustrom von Studenten trug dazu bei, dass die kriegsbedingten Verluste in den Hintergrund traten. Die Gedenktafel für die Gefallenen enthielt zwar weniger Namen als die Tafel für die Gefallenen des Ersten Weltkriegs, aber mindestens 1800 Studenten oder Absolventen Oxforder Colleges waren aus dem Feld nicht zurückgekehrt. Unter ihnen war Marys Nick Crosbie, der bei seiner ersten Begegnung mit dem Feind getötet worden war: Er hatte sich am 17. Januar 1941 an Bord der durch einen Torpedo versenkten HMS *Goshawk* befunden. Iris' Freund Noel Elridge war im September 1944 in Italien gefallen. Während Richard Hare zurückgekehrt war und seinen Abschluss machen konnte, waren Frank Thompson, Bill Cobbe und John Anscombe im Feld geblieben. Keiner der fünf Studenten, die gemeinsam mit Michael Foot auf einer Treppe des New College fotografiert worden waren, hatte überlebt.⁵ Trotz der schrecklichen Verluste und der Not der Nachkriegszeit aber war die Stimmung in Großbritannien optimistisch.

Bei den Parlamentswahlen vom Juli 1945 wählten die Briten nicht den Konservativen Winston Churchill, sondern den Labour-Politiker Clement Attlee und damit ein Programm für radikale soziale Veränderungen. All jene, die es kaum erwarten konnten, beruflich voranzukommen, freuten sich auf eine neue Ära staatlicher Vorhaben: Da die im Beveridge Report empfohlenen Sozialversicherungssysteme, vor allem der Nationale Gesundheitsdienst, und die im Butler Education Act beschlossene Sekundärschulbildung für alle Kinder Realität werden sollten, würde das Land kluge junge Männer – und Frauen – zur Planung, Verwirklichung und Verwaltung der neuen Staatsmaschinerie benötigen. Rationiert wurde weiter, aber in den Schlangen vor den Zigaretten-, Kuchen- und Sherryläden wurde über die spannenden Vorträge zurückgekehrter Akademiker diskutiert.[6] Auch vor den Bibliotheken bildeten sich Schlangen, nämlich von Studierenden und Lehrkräften, die sich um Sitzplätze und Bücher stritten.[7]

«Es ist psychologisch unmöglich, dass wir einfach dort wieder anfangen, wo wir vor sechs Jahren aufgehört haben», begann der Humeaner H. H. Price seine Rede vor der Aristotelian Society. «Und selbst wenn wir es könnten – ich glaube nicht, dass wir es wollen sollten.»[8] Genau dort wieder anzufangen, wo sie aufgehört hatten, war aber das, was viele ehemalige Kommilitonen von Elizabeth, Iris, Mary und Philippa vorhatten. Die jungen Männer, nun wieder zurück in Oxford, kramten ihre Exemplare von *Language, Truth and Logic* von 1936 hervor.

Freddie Ayer war während des Krieges ständig auf Achse gewesen. Er war von Sandown nach London, New York, Accra und Algier geschickt worden und aus Paris, wo er die Befreiung in einem Bordellcafé miterlebt hatte, nach Oxford zurückgekehrt. «Intellektuell brillant, aber unserer Meinung nach eher für Büroarbeit geeignet als für die Führung von Männern im Feld», lautet eine Notiz in seiner Militärakte.[9] Im Frühjahrstrimester 1946 sollte er eine Vorlesung über «Wahrnehmung» halten. Wenn Mary die Parks Road entlangradelte, könnte sie ihn gesehen haben, wie er zusammen mit Maurice Bowra durch das Tor zum Wadham College ging. Bowra, der Rektor des Wadham, hatte Freddie eine Stelle als Tutor verschafft. Sein ehemaliger Schützling belebte den Aufenthaltsraum für die Lehrkräfte und sicherte den Ruf seines Dining Clubs. Da Ayer einige Zeit in Frankreich verbracht hatte, war er zu einer Autorität auf dem Gebiet der existentialistischen Philosophie geworden, und Bowra billigte die Wendung, die er dem Nihilismus gab. Sartre habe recht mit seiner Überzeugung, dass das Leben keinen transzendenten Zweck habe, aber unrecht mit seiner Verzweiflung, sagte Ayer. Es gebe keine Tragödie. Die Konsequenz daraus? Hedonistischer Utilitarismus, das Leben um des Vergnügens willen.[10] Ayer lebte nach seiner Philosophie. Seine Kriegseinsätze hatten ihm viele Gelegenheiten für Liebesabenteuer geboten.[11] Auch jetzt widmete er sich wieder Affären mit schönen Frauen, darunter vielen Ehefrauen, und auf der Tanzfläche des Gargoyle in Soho war er ebenso häufig anzutreffen wie am High Table.[12]

An einem anderen Morgen, als Mary mit dem Fahrrad unterwegs war, könnte sie jemand anderen erkannt haben: Susan Stebbings Freund und Mentor – und Ayers alten Tutor – Gilbert Ryle. Wieder beim Geheimdienst, hatte er seine Militäruniform abgelegt und fand sich für ein Treffen mit dem Philosophen John Mabbott (der inzwischen auch «sicher» verheiratet war, und zwar nicht mit einer Studentin) am St John's College ein. Die beiden waren im Begriff, eine große nichtmilitärische Expansionskampagne zu starten, deren Instrument ein neuer Hochschulabschluss, der BPhil *(Bachelor of Philosophy)*, sein sollte. Ryle war 1943, nach dem Tod von R. G. Collingwood, einem Vertreter des philosophischen Idealismus, zu seinem Nachfolger als Waynflete-Professor für Metaphysik ernannt worden. Für viele hatte dieses Ereignis, kurz nach dem Tod des Platonikers H. W. B. Joseph, den endgültigen Sieg der Oxforder «Revolution in der Philosophie» markiert, den Triumph des analytischen Empirismus und der linguistischen Methode über die metaphysischen Exzesse des Idealismus und des Realismus der Vorkriegszeit. Ein unausgesprochener, von der (nun von Ryle selbst herausgegebenen) Zeitschrift *Mind* gestützter Konsens hatte sich gebildet, «wer eine ‹unbedeutende Nullnummer› sei und wer nicht».[13] Diskussionsbeiträge über Urmson, Woozley, Austin, Ayer, Ryle, Ewing, Carnap und Strawson füllten die Seiten der Zeitschrift, aber niemand «hätte es für lohnend gehalten, etwa mit Joseph oder Collingwood auch nur zu streiten».[14] Irgendwann Ende der 1940er Jahre tat J. L. Austin so, als würde er sich nur schwach an den früheren Waynflete-Professor für Metaphysik erinnern: «War er nicht eine Art Historiker?»[15]

Im Sommertrimester hielt Austin, vom Geheimdienst zurückgekehrt, eine Vorlesung über «Probleme der Philosophie». Die Somerville-Absolventin Jean Coutts, jetzt seine Ehefrau, hatte mit einer Eins Examen gemacht, obwohl sie einige Monate vor ihren Abschlussprüfungen bei einem *Blitz*-Bombenangriff verletzt worden war. Elizabeth hatte ihr entschieden abgeraten, ihren Tutor zu heiraten. «Ich habe gehört, dass du diesen furchtbaren Mann heiraten willst», hatte sie gesagt, als sie ihren Verlobungsring sah.[16] Auch Mary hatte Zweifel gehabt: «Bist du sicher, dass du das willst?»[17] Da Austin nicht wollte, dass Jean arbeitete,[18] waren sie und die beiden kleinen Kinder nun in einem Haus in Frilford Heath verwahrt, zwölf Kilometer südlich von Oxford, zusammen mit einem Goblin-Staubsauger, den ihr Mann ihr gekauft hatte.[19] (Jean kehrte erst nach dem Tod ihres Mannes wieder ans St Hilda's zurück; leider hatte sie ihr Selbstvertrauen inzwischen fast völlig verloren. Ein kurzer, klarer Artikel über «Vergnügen und Glück» beginnt mit den Worten: «Ich fürchte, ich habe bei dem Versuch, die Sache ein wenig zu klären, [...] eher Verwirrung gestiftet als verringert.»[20])

Das Ende der Metaphysik war 1945 noch nicht erklärt worden, und die Publikationen, die ihre Niederlage verkündeten, mussten erst noch geschrieben werden. In den nachfolgenden zwei Jahrzehnten sollte die Geschichte einer österreichischen Bewegung, die von geflüchteten Gelehrten und Logikerinnen in eine Cambridge-Tradition eingebettet wurde und gegen Propaganda und Verwirrung gerichtet war, zur Geschichte einer Oxforder Revolution gegen die Metaphysik werden, die von Ryle vorgedacht, von Ayer entfacht, von Austin koordiniert (in den Nebenrollen Paul Grice, H. L. A. Hart, Stuart Hampshire, Isaiah Berlin) und von deren geistigen Söhnen sowie den Söhnen ihrer Söhne in eine glänzende Zukunft getragen wurde.[21] Die 1943 verstorbene Susan Stebbing sollte schon bald aus der Geschichte herausgeschrieben werden, ebenso Margaret MacDonald, die Stebbings *Analysis* nach dem Krieg herausgab und in dem Jahr starb, in dem *The Revolution in Philosophy* (1956) in Druck ging, die erste offizielle Geschichte der Bewegung, herausgegeben von Gilbert Ryle. Keine dieser beiden Frauen wurde in dem Werk erwähnt – ein unentschuldbares Versäumnis von Ryle, der Stebbing und MacDonald wie auch ihre Arbeit gut gekannt hatte. Die «Revolution in der Philosophie» war unblutig verlaufen, dank eines Zusammentreffens von Sterblichkeit und ostentativer Missachtung.

Doch trotz der Siegesrufe waren die idealistischen und realistischen Metaphysiker noch nicht ganz ausgestorben, und einige schmiedeten Pläne. Möglich, dass Mary, um einer Gruppe älterer Studenten auszuweichen, vor dem Balliol Sandie Lindsay im Gespräch mit seiner ehemaligen Schülerin Mary Glover erblickte. 1942, als Elizabeth mit der Varsity Line fuhr, war Glover zu alt gewesen, um eingezogen zu werden, hatte sich aber als Freiwillige gemeldet. Sie hatte die akademische Kleidung gegen einen Overall getauscht und war nach Birmingham gezogen, um in einer Fabrik zu arbeiten. Und diese Erfahrung hatte sie nachhaltig verändert. Im Mai 1945 gab sie ihre Dozentinnenstelle auf und arbeitete nun an einem Buch über die Auswirkungen der mechanisierten Fabrikarbeit auf Geist und Seele. Ihr Co-Autor John Winnington war ein Kollege, der die Arbeit an der Maschine aus eigener Erfahrung kannte und «sich in verschiedenen Firmen von den schlechtestbezahlten Jobs bis in die Führungsebene hochgearbeitet hatte».[22] «Fantasie ist die ständige Kompensation für die Abfuhren und Misserfolge, die im Fabrikleben so häufig sind», schrieben die beiden. «Wenn [ein Mensch] sich in die Fantasie flüchte», könne er zwar «Niederlagen vermeiden und Probleme aus dem Weg gehen», aber er «verliere auch den Sinn für Tatsachen».[23] Nur wenn diese Flucht in die Fantasie in Schach gehalten werden könne, böten Maschinen «die Möglichkeit eines guten Lebens für den Arbeiter». Dies wiederum sei möglich, wenn die Stunden seiner Arbeit an der Maschine sein Leben nicht dominierten, sondern nur einen Teil davon ausmachten. Der Arbeiter benötige eine «gute Freizeit», eine Zeit, in der er sich nicht nur erhole, sondern Sinn finde und sein Leben bereichere: «Man könnte eine Kunstschule besuchen, mit dem Fahrrad die Cotswolds erkunden, Freundschaften pflegen», schlug Glover vor.[24] Wenn es gelänge, dem Fantasieren zu widerstehen, könnten die transzendenten Werte, die Glover Elizabeth gegenüber genannt hatte, nämlich «Wahrheit, Schönheit und Güte», ein Zuhause finden.

Sandie Lindsay fühlte sich aufgrund des Sieges von Clement Attlee «wie ein Junge vor Freude und Glück»; es war «der Anbruch einer neuen Ära». «Ich hatte gewusst, dass das geschehen würde!»[25] Lindsay bereitete sich auf eine weitere Rolle vor und mag Mary Glover seinen halbfertigen Plan verraten haben: Wenn er in Staffordshire eine neue, experimentelle Universität zur Förderung und Bildung von Arbeitern und Arbeiterinnen gründen würde – würde sie sich an dem Projekt beteiligen?[26] Mary war begeistert. Ihrer Ansicht nach gab es kein sichereres Zeichen dafür, dass die Pädagogen auf dem Holzweg seien, als die Meinung gewöhnlicher Menschen, Bildung habe nichts mit dem wirklichen Leben zu tun. Sie hatte begonnen, ihre Ideen in einer Reihe von journalistischen Beiträgen für den *Spectator* niederzuschreiben. «Die Antworten auf diese Fragen setzen die Antwort auf eine andere Frage voraus», hieß es da, «nämlich die Antwort auf die Frage, was für ein Wesen wir ausbilden wollen. Wozu ist der Mensch fähig?» «Der Mensch ist auf jeden Fall ein geistiges Tier.» Im menschlichen Leben verwandelten sich Essen und Trinken in Gemeinschaft, Sex in Liebe, die Herde in eine Gesellschaft. Und die Neugier habe «den menschlichen Geist ins Herz des Atoms und entlang der flammenden Wälle des Universums über die Milchstraße hinausgetragen».[27]

Wäre Mary Scrutton mit ihrem Fahrrad nur fünf Minuten früher am Balliol vorbeigefahren, hätte sie vielleicht einen vertrauten und willkommenen Anblick gehabt: Sie hätte ihren ehemaligen Tutor Donald MacKinnon gesehen, wie er, der nun Kollege von Lindsay am Balliol war, die Broad Street in westlicher Richtung entlangfuhr, auf dem Weg zu den Büros der Clarendon Press. In seiner Aktentasche befand sich ein Exemplar von H. W. B. Josephs Vorlesung über «Internal and External Relations and the Philosophy of Analysis» («Interne und externe Beziehungen und die Philosophie der Analyse») aus dem Jahr 1932. MacKinnon nutzte Josephs Vorlesung, von deren bleibendem Wert er überzeugt war, zur Vorbereitung seiner eigenen und wollte sich für ihre Veröffentlichung einsetzen. Er hatte jedoch Wind davon bekommen, dass in der Presse ein Heidenlärm wegen der Frage gemacht wurde, was – und wer – es wert sei, veröffentlicht zu werden.[28] Nachdem die Kriegsjahre praktisch überall die Produktion «ernsthafter Bücher» zum Erliegen gebracht hatten,[29] folgte nun aus der explosionsartigen Zunahme der Studierendenzahlen, dass mehr Bücher benötigt wurden denn je, und das in einer Zeit, in der Papier noch immer knapp war. «Die Hinterlassenschaften längst verstorbener Personen wie Joseph zu veröffentlichen» hatte keine Priorität.[30] Hinzu kam, dass Joseph letztlich Metaphysiker gewesen war.

Auf der Abingdon Road bog Mary rechts ab, überquerte den Hinksey Stream und begann den steilen Anstieg zum Boars Hill. Mit jedem (anstrengenden) Tritt in die Pedale wurde die Gegend ländlicher. In

Yatscombe stieg Mary ab, ging, außer Atem, eine Treppe hinauf und befand sich in einer anderen Welt.

In Gilbert Murrays Arbeitszimmer mit Blick über Baumkronen auf die fernen Türme Oxfords konnte Mary sich schließlich in Bücher, Papiere und Murrays schillernden Geist versenken. Als Schülerin im Downe House hatte sie seine Übersetzungen der griechischen Tragödien und Komödien studiert. «Die besondere Aufgabe des Gelehrten», hatte Murray geschrieben, «besteht darin, die schriftlichen Zeichen, in denen die antike Dichtung und Philosophie verwahrt ist, wieder in lebendige Gedanken und Gefühle zu verwandeln»: «*Er muss sie so verstehen, dass er sie nachlebt.*»[31] Dies war ihm mit seinen Übersetzungen so gut gelungen, dass das Publikum am Ende einer Aufführung von Euripides' *Troerinnen* 1918 gerufen hatte: «Autor! Autor!» Worauf Murray aufgestanden war und entschuldigend gesagt hatte: «Der Autor ist nicht da; er ist seit vielen Jahrhunderten tot, aber ich bin sicher, dass er sich freuen würde über den Anklang, den seine große Tragödie bei Ihnen gefunden hat.»[32] Worte und Symbole, so Murray, trügen ihre Bedeutung nicht wie ein Gepäckstück mit sich herum, sondern würden erst im Kontext einer Gesellschaft, an einem Ort und zu einer Zeit lebendig. Um ein «geschriebenes Zeichen» zum Leben zu erwecken, müsse man anerkennen, dass die Kultur, in der es gesprochen wurde, vergangen ist, und dennoch versuchen, sie sich vorzustellen und nachzuerleben. Und jetzt blätterte Mary in George Bernard Shaws, Bertrand Russells, Marie Curies und Ralph Vaughan Williams' Briefen an Gilbert Murray.

Mary begleitete Murray oft auf seinen täglichen Spaziergängen rund um Boars Hill, vorbei an den Häusern der Familien Carritt und Thompson, die beide um einen verlorenen Sohn trauerten. Waren sie wieder in Yatscombe, gab es für Mary und die Murrays spritzige Ingwerlimonade und Nussbraten zum Mittagessen, eine Kost für abstinente vegetarische Idealisten.

Philippa beschließt zu zeigen, dass Ayer unrecht hat

Als alte Frau mit fast neunzig Jahren erinnerte sich Philippa Foot: «Es war von großer Tragweite, dass uns die Nachricht von den Konzentrationslagern traf, als ich 1945 nach Oxford zurückkehrte. Diese Nachricht war auf eine Weise erschütternd, die heute nicht mehr leicht zu verstehen ist. Wir hätten nicht geglaubt, dass so etwas geschehen könne.»[33] Mit den britischen Soldaten, die Bergen-Belsen befreiten, waren Fotografen, Journalisten und Filmteams in das Lager gekommen. Sie hatten Bilder geschickt, auf deren Grundlage die Vorstellung vom Wesen des Menschen überdacht werden musste. «Nichts wird mehr so sein, wie es war», sagte Philippa zu Donald MacKinnon.[34]

«Was ist *das*?», fragte Elizabeth in ihrer Dissertation. Was ist die Form des Lebens, die Gestalt der Seele und die eines menschlichen Wesens? Hier waren Bilder von Menschen: von wohlgenährten jungen SS-Frauen mit schön frisiertem Haar; von verhungerten Männern und Frauen, die auf Lastwagen gehoben wurden; von Kindern, die neben Gräben voller nackter Körper spielten; von skelettierten, wie Leichen aussehenden Überlebenden mit leeren Gesichtern. «Die Grausamkeiten von Belsen wurden von Menschen begangen, die sahen, was sie taten», schrieb Mary Glover; doch es gebe «wenig Grund zur Selbstgefälligkeit, wenn wir die Grausamkeiten vorziehen, die wir nicht sehen können». Nagasaki habe uns gezeigt, «dass wir vor keinem Maß an Grausamkeit zurückschrecken, wenn es zur Erreichung nationaler Ziele dienlich erscheint».[35] «Zu Lebzeiten Platons hat sich nichts ereignet, was mit den Schrecken der ersten Hälfte des 20. Jahrhunderts vergleichbar wäre», meinte G. R. G. Mure, ein Vertreter des philosophischen Idealismus. «Sein Glaube an das Gute war nicht durch Offenbarungen eines so abgrundtiefen und allgegenwärtigen Bösen an der Wurzel vergiftet, so dass er sich fragen musste, ob viel Bewahrenswertes verloren ginge, wenn es dem Menschengeschlecht gelänge, sich auszulöschen.»[36] Janet Vaughan, die neue Leiterin des Somerville, begrüßte die Studienanfängerinnen in diesem Jahr mit einem Augenzeugenbericht vom gerade befreiten Bergen-Belsen.[37] «Sie beschrieb die unsäglichen, abstoßenden Bedingungen, Anblicke, Gerüche und Geräusche.» Prue Smith, eine neue Studentin, die die Aula in Erwartung aufmunternder Worte betreten hatte, war sich viele Jahre später sicher, «dass niemand von denen, die dabei waren, diese Ansprache und die traurige Nachricht, die sie überbrachte, nämlich wie tief die Menschheit aufgrund ihrer latenten Grausamkeit sinken kann, vergessen hat».[38] Konfrontiert mit der furchtbaren Erkenntnis, wozu menschliche Tiere fähig sind und welchen Nutzen sie aus Technik und Industrie ziehen können, aber längst ohne die beruhigende Überzeugung, dass Vernunft und Wahnsinn, Mensch und Tier sich eindeutig voneinander unterscheiden lassen, beschloss Philippa im Stillen, Moralphilosophin zu werden.[39]

Freddie Ayers Vorkriegsangriff auf Metaphysik und Ethik hatte dazu geführt, dass die Moralphilosophie angesichts der neuen Wirklichkeit sprachlos war. Der Ausdruck persönlicher Missbilligung oder subjektiver Gefühle reichte bei weitem nicht aus. Philippa war abgestoßen von dem Gedanken, dass man, wenn Moral tatsächlich so subjektiv war, wie Ayer behauptet hatte, «sich nicht vorstellen konnte, [...] zu einem Nazi auf eine Weise, die *Substanz* besaß, zu sagen: ‹Aber wir haben *recht*, und ihr habt *unrecht*›».[40] In den Zeitungen griffen die Journalisten zu gewichtigen, starken, dunklen Worten: böse, frevelhaft, Hölle, Abgrund, Verderbtheit, Schande. Aber eine solche Sprache glitt ab von der wertfreien Welt, die die Philosophen laut Ayer bewohnen sollten. Philippa formulierte die Frage, die sie für den Rest ihres Lebens umtreiben sollte: Kann es eine säkulare Philosophie geben, die mit dieser Sprache der Moral von objektiven moralischen Wahrheiten sprechen kann? Sie war überzeugt, dass Ayers moralischer Subjektivismus auf einem Denkfehler beruhen müsse und dass es ihre Aufgabe sei, diesen Denkfehler zu finden.

Wie Mary schlug auch Philippa Wurzeln in Park Town. Sie und Michael zogen aus H. W. B. Josephs ehemaligem Zuhause aus und erwarben Nummer 16, einen fünfstöckigen Bau aus vergilbtem Kalkstein in der prächtigeren der beiden mondsichelförmig angelegten Straßen von Park Town. Der Vorort war in den 1850er Jahren als Wohngegend für unverheiratete Dozenten erbaut worden und hatte nach und nach einen pikanten Ruf erworben, als Oxfords Zölibatsvorschrift, die es

Park Town 16

den Dozenten verbot zu heiraten, länger als erwartet in Kraft blieb. Die auf Erlaubnis zur Heirat wartenden «zölibatären» Dozenten hatten nämlich ihre Mätressen bei sich einquartiert. Und auch nachdem die Geliebten zu grauhaarigen älteren Jungfern [*spinsters*] mit seltsamen Angewohnheiten und ungewöhnlichen Manieren geworden waren, war der Halbmond Park Towns auf vage Weise anstößig geblieben. Michael etwa hegte einen Verdacht gegen die «alte Jungfer» im Haus nebenan, und Philippas Familie äußerte sich besorgt. Selbst der Bankdirektor warnte vor dem Kauf.[41]

Der Norden von Oxford, der nicht in Mode und daher vergleichsweise billig war, war für viele der Flüchtlinge, die vor dem Krieg in die Stadt gekommen waren, zur Heimat geworden. Zwar waren einige von ihnen nach dem Ende der Kämpfe umgezogen, doch für viele war Park Town und Umgebung nun ihr bleibendes Zuhause.[42] Die russische Dichterin und Chemikerin Lydia Pasternak, die 1935 aus München geflohen war, wohnte mit ihrem Vater, dem Maler Leonid Pasternak, in Nummer 20, der Berliner Biochemiker Hermann (Hugh) Blaschko, dessen Name auf Hitlers «Schwarzer Liste» gestanden hatte, in Nummer 24. Lotte Labowsky, die Altphilologin und Bibliothekarin des Somerville, und ihre Mutter, die angeblich «in ihrer Jugend Dante übersetzt hatte»,[43] waren anderthalb Kilometer nördlich von Park Town, in Summertown, zu Hause. Zum Summertown-Kreis hatten zeitweise auch die Cassirers, die deutsche Künstlerin Emilie Cosman und Richard Walzer gehört. Die Namen einer ganzen Reihe dieser Pioniere, nämlich Richard Walzer, Friedrich Waismann, Fritz Heinemann, Georg Katkov, Lorenzo Minio-Paluello und Jovan Plamenatz, waren bis in die 1940er und 1950er Jahre in den Vorlesungsverzeichnissen der *Gazette* zu finden. Die Erinnerungen an die nächtliche Verhaftung, an die Anfeindungen seitens ihrer Nachbarn und an die Internierung, die diese Menschen zu erleiden hatten, waren in ihr Leben unter Engländer:innen eingewoben.

Wenn sie von Boars Hill nach Hause radelte (eine aufregende Fahrt im Freilauf die Foxcombe Road hinab), klapperte Marys Fahrrad an den Häusern des deutschstämmigen Renaissance-Gelehrten Nicolai Rubinstein, des Wiener Kunsthistorikers Otto Pächt, des österreichischen Musikwissenschaftlers Egon Wellesz und des deutschen Archäologen Paul Jacobsthal vorbei (dem ein weiterer Eintrag auf der «Schwarzen Liste» gegolten hatte). Den Philosophen Karl Popper, der eine Professur in London hatte, aber manchmal einen Tagesausflug nach Oxford machte, könnte Mary beim Verlassen von Parkers Buchhandlung gesehen haben.[44]

Zur Dekoration von Marys kleinem möbliertem Zimmer im Obergeschoss (laute Sanitäranlagen, unzureichende Heizung) gehörte eine ihr «viel Mut machende» Tagesdecke, die aus einer «Vor-Mao-Flagge mit einem großen lila Drachen mit wulstigen schwarz-weißen Augen auf schwefelgelbem Grund» genäht worden war.[45] Durch das Sprossenfenster des Raumes konnte Mary aus der Vogelperspektive auf die Gemeinschaftsgärten und auf Park Town blicken. Als Philippa und Michael in Nummer 16 einzogen, wurden schwere Anrichten, übergroße Vasen, beunruhigend aussehende Pelzmäntel und eine aus dem 18. Jahrhundert stammende Weinkiste aus Mahagoni fünf Stufen aufwärts und durch das Säulenportal getragen. Verantwortlich für viele dieser unmodischen Gegenstände waren Michaels weibliche Verwandte: Tante Lindsey war gerade gestorben, und Großmutter Dolly hatte ihr Landhaus besucht und Gegenstände ausgewählt, um sie Michael und seiner neuen Frau zu schicken.⁴⁶ Für moderne Farbtupfer sorgten Philippas Lampenschirm und ihre Seidenkissen.

Da Philippa und Mary jetzt Nachbarinnen waren, sahen sie sich häufig, wobei Mary Philippa so bereichernd fand wie eh und je. Der Krieg hatte konkrete Bilder geliefert, anhand derer jede der beiden Frauen ihre eigene Moralphilosophie ausarbeiten konnte. Wir können die Hände nicht in den Schoß legen und behaupten, wir fänden die Taten eines Eichmann unverständlich, dachte Mary; wir müssen vielmehr «bereit sein, mit unserer Vorstellungskraft zu begreifen, wie [das Böse] im menschlichen Herzen – insbesondere unserem eigenen Herzen – wirkt».⁴⁷ Das Böse sei nicht mit Aggressivität identisch, «deren Eindringen ins menschliche Leben einer besonderen Erklärung [bedürfe]», sondern «eine allgemeine Form des Versagens, so zu leben, wie wir leben *könnten*».⁴⁸ Wir müssten das Böse von innen heraus verstehen, als Mitmenschen mit vielen gemeinsamen Instinkten, geteilten Wünschen und Zielen und mit einer fantasievollen Anerkennung der Möglichkeiten, wie ein menschliches Leben scheitern kann. Philippa hingegen näherte sich dem menschlichen Handeln vom anderen Ende des Spektrums her. Sie hatte die Geschichte zweier Bauernjungen aus dem Sudetenland gelesen, die sich geweigert hatten, in die SS einzutreten, und von denen einer am Vorabend ihrer Hinrichtung an seine Eltern geschrieben hatte: «Wir beide wollen lieber sterben als unser Gewissen mit so Greueltaten beflecken. Ich weiß, was die SS ausführen muss.»⁴⁹ Jede Erklärung menschlichen Handelns, so Philippa später, müsse versuchen, diese sudetendeutschen Bauernjungen und ihre Entscheidung zu verstehen. Eine Erklärung, die ihre Güte, Wahrhaftigkeit und Vernunft nicht anerkenne, müsse ein Irrtum sein.⁵⁰

Die Foots vermieteten die Zimmer im Obergeschoss an ein Paar namens Honor und Prudence Smith. Es sollte noch einige Jahre dauern, bis Philippa begann, Artikel über die Bedeutung von Tugend und

Charakter für die Ethik zu veröffentlichen, aber vielleicht erinnerten die Vornamen ihrer Untermieter [«Ehre» und «Klugheit»] sie täglich daran, dass es ein reicheres Vokabular als Ayers «Hurra!» und «Buh!» gab – eines, das auf die Beschäftigung der antiken Philosophie mit Tugenden und Motiven als Ursachen guten Handelns zurückging.

Es ist wahrscheinlich, dass sich Philippa bei Mary über ihre Arbeitsbelastung als Dozentin beklagte – sie hatte zu viele Studentinnen in jenem ersten Nachkriegsjahr, so dass ihr Gesicht am Ende des Tages stets von Erschöpfung gezeichnet war.[51] Ihre Entschlossenheit, jede Studentin als intelligente Erwachsene ernst zu nehmen und ihr als einem besonderen Menschen mit besonderen Bedürfnissen und Wünschen auf Augenhöhe zu begegnen, machte sie zu einer geduldigen und motivierenden Tutorin, aber die Anstrengung, die dazu notwendig war, forderte ihren Tribut. Manchmal, bekannte sie, war es so schlimm, dass sie zwischen den Tutorien in ihrem Zimmer im College auf dem Boden lag.[52] Trotz ihrer Erschöpfung nahm sie sich jedoch die Zeit, die Vorlesung ihres alten Tutors Donald MacKinnon über Kants *Kritik der reinen Vernunft* zu besuchen.[53] Mary interessierte sich auch für den Klatsch und Tratsch am Somerville – je krasser, umso besser – und hatte Freude an Philippas Erzählungen von ihren Studentinnen, die sie daran erinnerte, wie sie beide selbst vor sechs langen Jahren gewesen waren. Philippa informierte Mary über Stellenbesetzungen. So sollten im Oktober zwei neue Forschungsstipendiatinnen ans Somerville kommen, und wunderbarerweise war eine der beiden Elizabeth Anscombe. Mary, die Elizabeth in Cambridge besucht hatte,[54] und Philippa wussten von Elizabeths Nähe zu Wittgenstein und hatten Gerüchte über dessen geheime, brisante neue Philosophie gehört. Beide Frauen freuten sich darauf, ihre brillanteste und unkonventionellste Freundin wiederzusehen. Mary begann davon zu träumen, selbst zur Philosophie zurückzukehren.

Iris lernt Jean-Paul Sartre kennen

Derweil sollte es nicht mehr lange dauern, bis Iris, weit von ihren Freundinnen entfernt, denjenigen begegnen würde, die nicht in ihre Heimat zurückkehren konnten. Nach Monaten am Schreibtisch in London wurde endlich ihr Wunsch erfüllt, von der UNRRA ins Ausland geschickt zu werden. Sie verließ England am 1. September 1945 per Zug und Schiff und erreichte Brüssel «gerade noch rechtzeitig zur *Fęte de la Liberation!*».[55]

In Brüssel wartete sie darauf, dass ihr die Details ihrer Entsendung mitgeteilt wurden. Erschöpft von ihrer Affäre mit Tommy und dem Schlamassel mit Philippa, aber entschlossen zu einem Neuanfang, ging sie auf der Suche nach «ultimativen Menschen» wieder unter die Leute. Sie passte ihren Rhythmus und ihr Tempo ihrem neuen Lebensraum an: vergoldeten Statuetten und hohen Dächern, Türmen und Kirchen – «und auch den (für mein unschuldiges, nichtkontinentales Auge nicht weniger erstaunlichen) tausend & ein Cafés & dem verrückten Straßenbahnsystem». «Einfach nur hier zu sein & die Luft zu atmen & über das Kopfsteinpflaster zu gehen & die Plakate zu lesen & das sanfte Zwitschern des Französischen & die rauere Musik des Flämischen zu hören erfüllt mich mit einer wahnsinnigen Freude.»[56] Mitte September spürte sie, dass sich «gleichsam die Knoten lösen, ein Gefühl, wieder ich selbst zu sein, & eine innere Eloquenz, die ich immer habe, wenn es mir wirklich gut geht».[57] Es war, wie sie später sagte, «eine Zeit schierer Raserei», in der sie «neue Dinge *wollte* – & insoweit anders war».[58] Sie suchte eine anspruchsvolle Buchhandlung auf und unterhielt sich, französisch sprechend und den Klang ihrer Stimme genießend, mit der Verkäuferin. («Die Intellektuellen in Brüssel sind natürlich wahnsinnig frankophil, & das passt sehr gut zu mir.»[59]) Antwerpen erkundete sie in Windeseile, mit der Straßenbahn und zu Fuß, latschte einer Blaskapelle hinterher, sah die Kathedrale bei Mondschein und bestellte in einer Bar einen Cognac. In ihrem Büro hängte sie eine Reproduktion von Brueghels *Sturz des Ikarus* auf. Sie hörte Charles Trenet singen. Sie begann, den Kosenamen *chéri* zu verwenden. Sie erfand sich neu: als Abenteurerin, Schriftstellerin, *neuse*. Und bald darauf: als Existentialistin.

Am 25. Oktober, einige Wochen bevor die Details ihrer Entsendung eintrafen, gesellte sich Iris zu einer Menschenmenge in der Salle Giroux, einer avantgardistischen Kunstgalerie am Boulevard du Régent, nicht weit vom Parc de Bruxelles entfernt, um Frankreichs großen «Popstar», den Schriftsteller und Philosophen Jean-Paul Sartre, zu hören.[60] Sartre kam ins gerade befreite Belgien und entschuldigte sich – er hatte nichts vorbereitet. Doch nachdem er von dem Schriftsteller Charles Bernard vorgestellt worden war, hielt er den überheizten Saal zwei Stunden lang in Atem.[61]

Als Sartre denselben Vortrag vier Tage später in Paris, im Club Maintenant, hielt, waren zu viele Menschen anwesend. «Hitze, Ohnmachtsanfälle, Polizei», berichtete *Combat*, die ehemals geheime Zeitung des französischen Widerstands. Iris in Brüssel wurde nicht ohnmächtig. Ein hellblaues, leinengebundenes Notizbuch (Preis: 78 Francs[62]) in der Hand, war sie dabei, als Sartre ein existentialistisches, revolutionäres Manifest vortrug. Seine Worte mögen sie an eine Vorlesung des geflüchteten Philosophen Fritz Heinemann erinnert haben, der den Begriff «Existenzphilosophie» geprägt hatte, um damit – ein Jahrzehnt vor Sartres Auftreten – eine Strömung des westlichen Denkens zu bezeichnen. Aber als sie den Begriff jetzt wieder hörte, übersetzt aus Heinemanns gestottertem Englisch in einem halbleeren Hörsaal des New College in die Sprache der Résistance in einer vollbesetzten Galerie im Nachkriegsbelgien, muss er ihr brandneu vorgekommen sein.

Sartre versprach, aus jedem seiner Zuhörer – Bürger eines besiegten Landes – einen Monarchen oder Halbgott zu machen: «[W]enn Gott nicht existiert, so gibt es zumindest ein Wesen, bei dem die Existenz der Essenz vorausgeht, [...] und dieses Wesen ist der Mensch [...]. Was bedeutet hier, dass die Existenz der Essenz vorausgeht? Es bedeutet, dass der Mensch erst existiert, auf sich trifft, in die Welt eintritt, und sich erst dann definiert», verkündete Sartre.[63] Mit der These, beim Menschen gehe die *Existenz* der *Essenz* voraus, wollte Sartre eine Form von Säkularismus begründen, die über den Atheismus der Philosophen des 18. Jahrhunderts hinausgehen sollte. Er wollte nicht nur Gott abschaffen, sondern auch die Idee der menschlichen Natur. Der Mensch sei nicht «Schaum, Fäulnis oder ein Blumenkohl»,[64] mahnte Sartre sein Publikum. Und schon gar keine Rübe. Der Existentialismus sei die einzige Theorie, sagte er, gedemütigt nach mehr als vier Jahren Besetzung Frankreichs durch die Nazis, «die dem Menschen Würde verleiht».[65]

Es ist nicht schwer, sich vorzustellen, wie «rücksichtslos herrlich klar»[66] Sartres Vortrag Iris erschienen sein mag. In ihren Zwanzigern hatte ihr Glaube an die Kommunistische Partei ihr Orientierung gegeben. Aber dann hatte Tommy Balogh es sich während ihrer gemeinsamen Zeit zur Aufgabe gemacht, «ihr das auszureden»,[67] und ihr nach und nach die Gewissheit geraubt. Sartre nun versprach ihr, dass sie neu anfangen, sich von Neuem ein authentisches Selbst erfinden könne. Das «erste Prinzip des Existentialismus», so Sartre zu seinem hingerissenen Publikum, laute: «Der Mensch ist nichts anderes als das, wozu er sich macht.»[68] Die Welt, in die wir hineingeboren werden, ist wertfrei. Es gibt nichts, was ich bin oder werden soll. Mein Menschsein setzt meinem Dasein keine Grenzen und gibt ihm keine Form. Jedes Individuum schafft Werte durch seine Entscheidungen und seine Handlungen, durch seinen eigenen Willen.

Es mag Iris erstaunt haben, dass Sartre eine Variante von Kants kategorischem Imperativ formulierte. Sie unterschied sich jedoch radikal von jener, der sie, Philippa und Mary in Heinz Cassirers Wohnzimmer in Summertown begegnet waren. Sartre hatte die Moral transformiert, indem er sie für ein gerade erst befreites Europa von der menschlichen Natur und einer transzendenten Realität löste. Die Norm für den Menschen sei nicht, wie Elizabeth glaubte, in der Lebensform seiner Spezies zu finden. Statt uns und unsere Werte an einem äußeren Maßstab des Guten zu orientieren, sei jeder und jede Einzelne die Quelle einer Vorstellung, wie Menschen sein sollten. Wenn jeder Mensch für sich selbst entscheidet, hatte Sartre erklärt, «wählt er [für] alle Menschen»: «In der Tat gibt es für uns keine Handlung, die, den Menschen schaffend, der wir sein wollen, nicht auch zugleich ein Bild des Menschen hervorbringt, wie er unserer Ansicht nach sein soll.»[69] Wir müssten uns daher immer fragen: Würde ich durch meine Entscheidungen für die gesamte Menschheit Gesetze geben wollen?

Da es keinen äußeren, aus der Wirklichkeit, der Natur oder von Gott beziehbaren Maßstab gebe, an dem unsere Schöpfungen gemessen werden könnten, liege die Verantwortung bei uns und nur bei uns.

Sartre zufolge löst ein so hohes Maß an Verantwortung pure Angst aus. Angesichts dessen dürften wir nicht unreflektiert handeln und unser Leben führen, als hätten wir ein vorbestimmtes Wesen; das wäre *mauvaise foi*, Unaufrichtigkeit. Wenn es überhaupt einen objektiven Wert gebe, so Sartre, dann sei es Authentizität. (Bei diesen Worten wurden im Publikum frische Erinnerungen an Kollaboration und Widerstand wach.) Und Sartre schlug, durch seine dicken runden Brillengläser blickend, mit einer weiteren blasphemischen Bemerkung zu. «Dostojewski schrieb: ‹Wenn Gott nicht existiert, ist alles erlaubt.› Das ist der Ausgangspunkt des Existentialismus.»[70] Diese Worte sollten in Iris' Leben nachklingen: Wenn es Gott nicht gibt, wie kann es dann das Gute geben?

Als Sartre sich dem Ende seines Vortrags näherte, muss Iris den Aufschrei eines Zwischenrufers gehört haben. Der Philosoph Roger Troisfontaines, ein Jesuit, war in die Salle Giroux gekommen, um seinen Protest kundzutun: «Une philosophie née au café! Milieu frelaté!» («Eine Philosophie, die im Café geboren wurde! Verkehrte Welt!»), rief er vom Parkett aus – eine Art Echo auf die Reaktion seines Jesuitenbruders Martin D'Arcy auf Ayers *Sprache, Wahrheit und Logik*. In einem Café geboren, abgeschnitten von Tradition und Gelehrsamkeit – dies war eine minderwertige Philosophie, die die Jugend verdarb.[71]

Wenn irgendeine Frau Sartres Bild vom sich selbst definierenden Menschen verwirklichen konnte, war dann Iris diese Frau? Vielleicht rechnete sie sich Chancen aus. Sie war überaus intelligent und ehrgeizig, außerdem ernsthaft und hatte mit einer Eins in Oxford abgeschlossen; sie wusste wahrscheinlich schon, dass unter ihrem Pony ein Mensch hervorlugte, der die Macht hatte, fast jeden zu verführen.[72] Nach dem Vortrag drängte sie nach vorn, um zu hören, was Sartre und sein Kreis vorhatten. Am nächsten Tag erschien sie bei einer exklusiven Séance mit einem Exemplar des ersten Bandes von *Les chemins de la liberté (Die Wege der Freiheit)* in der Hand. Sartre schrieb ihr als Widmung hinein: «à Miss Iris Murdoch en sincère hommage» («für Miss Iris Murdoch in aufrichtiger Wertschätzung»).[73] In den folgenden Tagen saß Iris, nun ganz *Sartriste*, mit einer Zigarette in der Hand in Cafés und füllte die Seiten ihres teuren Leinennotizbuchs. Auf die erste Seite schrieb sie

Karte der Besatzungszonen der Alliierten in Österreich und Wien aus der «New York Times» vom 9. August 1945

säuberlich ein Zitat aus Simone de Beauvoirs Essay «Pyrrhus et Cinéas»; es folgten neun Seiten mit Notizen zu Sartres Vortrag, danach detaillierte Bemerkungen zu umfassenderen Aspekten von Sartres Philosophie; der Rest des Notizbuchs ist *L'Être et le Néant (Das Sein und das Nichts)* gewidmet. Auf der letzten Seite steht: *FIN (ENDE)*. «Das ist es», schrieb sie später ihrem Oxforder Freund David Hicks, und es ist «so aufregend & so ernüchternd, ihm endlich zu begegnen – nachdem ich mich verzweifelt von der seichten, dummen Milch- & Wasser-‹Ethik› der englischen Moralisten abgewandt habe»;[74] es ist «genau das, was der englischen Philosophie injiziert werden muss, um die widerlichen Launen von Ross & Pritchard [sic]* zu vertreiben».[75]

Iris' UNRRA-Papiere kamen im Dezember: Sie sollte Kommunikationsoffizierin in Innsbruck werden, in der französischen Zone des von den Alliierten besetzten Österreich. Noch vor Weihnachten brach sie

---

*   Gemeint: Harold Arthur Prichard (1871–1947). (Anm. d. Übers.)

auf, mit einer klaren Vorstellung von ihrem künftigen Ich und den ersten Schritten auf dem Weg zu ihm. Das Exemplar von Raymond Queneaus *Pierrot Mon Ami*, das in den letzten Kriegsmonaten in Seaforth eingetroffen war, barg den Schlüssel zu einem Teil ihrer Zukunft: Iris hoffte, das Werk ins Englische übersetzen zu dürfen, und die Aussichten waren nicht schlecht – der Verlagskaufmann Ernest Collet von Horizon bemühte sich für sie um die Rechte.[76] Der andere Teil ihrer Zukunft lag bei David Hicks, einem Freund aus ihrer kommunistischen Zeit in Oxford und einem ihrer vielen Brieffreunde aus den Kriegsjahren. Wie alle anderen, so war auch David 1938 ein wenig in Iris, seine «Märchenprinzessin», verliebt gewesen.[77] In der Erregung der Nachkriegseuphorie hatte er ihr während eines kurzen Urlaubs in London einen Heiratsantrag gemacht. Es war «ein Tornado [...] zehn Tage, die die Welt aus den Angeln hoben».[78] Auf dem Papier plante Iris ihre gemeinsame Zukunft: «Europa & lange Gespräche in Cafés & zusammen tanzen & sich zusammen betrinken, & auch lange Abende zu Hause, um Texte zu schreiben, & die Texte des anderen kritisieren, & sich streiten & verrückte Freunde & verrückte neue Ideen haben, & Bücher lesen & Bilder sehen & neue Städte & Liebe machen & etwas später wunderbare Kinder haben & sie wunderbar erziehen.»[79]

Als Iris (die sich ihr zukünftiges Ich jetzt als Mrs Hicks ausmalte) in Innsbruck ankam, waren fast alle britischen Soldaten nach Hause zurückgekehrt. Selbst diejenigen, die erst nach dem Abwurf der Atombomben aus der Kriegsgefangenschaft entlassen worden waren, waren wieder bei ihren Lieben und bemühten sich, ihre Gesundheit und ihren Verstand wiederzuerlangen. Doch in anderen Teilen Europas war die Situation ganz anders: Wie Bertha Bracey es in ihrem Vortrag im Chatham House warnend vorhergesagt hatte, wimmelte es – ein Kaleidoskop ohne erkennbares Muster – auf dem Kontinent jetzt von entwurzelten, traumatisierten und hungrigen *displaced persons*, die ihre Lebensgrundlage verloren hatten. In den ersten Tagen der alliierten Besetzung Österreichs gab es schätzungsweise 700 000 *displaced persons* und Flüchtlinge im Land, die Nahrung, Kleidung, Unterkunft, Heizmaterial und medizinische Versorgung benötigten. Viele von ihnen waren staatenlos. Und es gab Tausende unbegleiteter Kinder.[80]

Hotel Mariabrunn

Iris wohnte im beschlagnahmten Hotel Mariabrunn und pendelte mit der *téléphérique*, einer Bergbahn, über die Schneefelder. An der steilsten Stelle erreichte die Steigung 48 Grad, so dass Iris' Körper, wenn sie zum Mittagessen ins Hotel zurückfuhr, beträchtlich in Schieflage geriet. Starkes Tauwetter hatte für grüne Berge und einen «herrlichen Fluss» gesorgt.[81] Da Iris in der französischen Zone lebte, hatte sie Anspruch auf Rationen der US-Armee und konnte sich Luxusgüter wie Grapefruit und Kondensmilch leisten, die sie an ihre Kindheit erinnerten. Sie empfand dieses Privileg als «unmoralisch». Die internationale Währung waren Zigaretten, und auf einem florierenden Schwarzmarkt wurden Pakete des Roten Kreuzes gegen alles Mögliche getauscht, von Autos bis hin zu Frauen, häufiger jedoch gegen Decken oder Medikamente für Kinder.[82] Einige dieser Pakete kamen vom Oxford Committee for Famine Relief; sie waren von der neu gegründeten Organisation zur Linderung von Hungersnot zusammengestellt und gepackt worden, die, auf dem Boars Hill erträumt, in einem kleinen Laden in der Broad Street realisiert worden war.

Philippa, Iris und die Hilfsaktion für Flüchtlinge

Als Philippa eines Tages am Haus der Oxford and District Co-operative Society in der George Street vorbeikam – einem großen Gebäude aus rotem Backstein, das 1908 erbaut worden war, wie die auf dem mittleren Giebel der Fassade prangende Jahreszahl verriet –, blieb sie stehen, weil ihr eine Anzeige in einem der Fenster ins Auge gefallen war: Gesucht wurde nach Freiwilligen zum Sortieren von Kleidung. Philippa ging hinein.

Das Oxford Committee for Famine Relief war 1942, in den finstersten Tagen des Krieges, gegründet worden: als Reaktion auf die Massenhungersnot in Griechenland, eine unbeabsichtigte Folge der Blockade der Alliierten mit dem Ziel, Deutschland zur Kapitulation zu zwingen. Innerhalb von vierzehn Tagen waren 410 000 Menschen verhungert. Gilbert Murray war eines der Gründungsmitglieder gewesen, und Lady Mary hatte eine Anschubspende von 500 Pfund geleistet. Als das Komitee seine Arbeit auf den ganzen vom Krieg verwüsteten Kontinent ausdehnte, wollte «Oxfam» mit mehr als nur dem Allernotwendigsten in einer immer noch größer werdenden Tragödie helfen: Verschickt werden sollten auch Röcke für Frauen, Hüte für Männer, Hosen für Kinder. Philippa war sofort angetan von der «kühnen», ja «verwegenen» Reaktion dieser kleinen Gruppe von Freiwilligen[83] – ein bisschen menschliche Kreativität und Zusammenarbeit sorgten dafür, dass Kleidungsstücke ihren Weg von einer Person im Überfluss zu einer anderen in Not fanden. Etwas sauberes Warmes und Weiches, etwas, das einmal geliebt und geschätzt worden war und das von einer Herkunft und einer Zukunft erzählen konnte, würde Fremde daran erinnern, dass sie immer noch zur menschlichen Gemeinschaft gehörten. Philippa sortierte gespendete Kleidung: Der Pelzmantel von Michaels Tante kam auf den Haufen für «Damenkleidung, abgetragen und nicht ausgebessert». Gegenstände, die ungeeignet, aber verkäuflich waren – ein Paar falsche Zähne, ein lebendiger Esel, ein Diamantring –, wurden zum neuen Sammelzentrum und Geschenkeladen von Oxfam gebracht, wo sie verkauft wurden, um Geld aufzutreiben. Jede Woche kam ein LKW der Quäker vorbei, um die für den Kontinent bestimmten Kleider-

Oxfam-Zeitungsanzeige

pakete abzuholen. So konnten Frauen in Innsbruck, die vor nicht langer Zeit noch im Konzentrationslager inhaftiert oder auf der Flucht gewesen waren, bald Strickjacken von Marks & Spencer auf der Cornmarket Street oder Röcke tragen, die von den Ehefrauen der Dozenten nach *Vogue*-Schnittmustern genäht worden waren.

Marys frühere Lehrerin Jean Rowntree hat sich über ihre karitative, gemeinsam mit ihrer Quäkerschwester Doreen Warriner geleistete Arbeit geäußert und von ihrer Erkenntnis gesprochen, dass Vertriebene nicht nur warme Kleidung benötigten, sondern vor allem ein Bedürfnis nach Wiederherstellung der «menschlichen Grundlage des Lebens»

September 1945 – August 1947

Der Laden des Oxford Committee for Famine Relief, ca. 1948

hätten. «Die Frauen wollten stricken, die Männer Schach spielen.»[84] Diese gewohnheitsmäßigen Tätigkeiten – das Kreativsein, das Spielen, das Teilen, das Herstellen – stellten eine Verbindung zu einer Vergangenheit her, die es den in Lagern lebenden Menschen ermöglichte, sich eine Zukunft vorzustellen, in der sie das normale menschliche Leben an einem Ort, der als Heimat bezeichnet wird, wieder aufnehmen könnten. Für Philippa, die in der Broad Street still und leise Kleidungsstücke zusammenlegte, wurde vielleicht etwas vom inneren Zusammenhang eines menschlichen Lebens sichtbar.

Ziel der UNRRA war es, *displaced people* oder «DPs» zu repatriieren. Doch Tausende waren «nicht repatriierbar», da sie «nach Hause» zu schicken ihr Todesurteil gewesen wäre. Ein Vorfall machte Iris besonders betroffen: Ein jugoslawischer Fahrer, der mit einem UNRRA-Lastwagen einen Unfall gebaut hatte, hatte sich aus Angst mit einer Pistole auf den Weg nach Italien gemacht, war aber an der Grenze abgefangen worden. Iris, die einzige Französisch sprechende Mitarbeiterin im Büro, war gerufen worden, um zu dolmetschen und den Jugoslawen nach Innsbruck zurückzubringen. Der unglückliche Mann, ungefähr so alt wie sie, hatte die ganze Fahrt über geweint, und sie hatte seine Angst und seine Gewissheit empfunden, dass er nach Jugoslawien zurückgeschickt und von den Männern von Josip Broz Tito ermordet werden würde. Die Szene hatte sie krank gemacht: «Wie viele Leben sind *unwiderruflich* durch diesen Krieg zerstört worden! Nichts liegt vor diesen Menschen – nichts, nichts!» Vielleicht schämte sie sich in Erinnerung daran, wie «Iruschka» leichtfüßig durch die Kensington Gardens gegangen war, um einen Brief in den Kasten zu werfen, ohne sich über die weitreichenden Folgen dieser Handlung für Menschen in Osteuropa Gedanken zu machen. Sie fühlte sich elend und betrank sich mit einigen der «schlimmsten Straftäter im Hauptquartier» mit Sliwowitz.[85]

Im Februar 1946 löste David Hicks die Verlobung auf – so schnell, wie sie zustande gekommen war – und machte damit auch der Zukunft, die Iris sich vorgestellt hatte, ein Ende. In seinem Brief hieß es, der Gedanke, sie – Iris – zu heiraten, erschrecke ihn. Sie war also keine Märchenprinzessin mehr, sondern eine Frau aus Fleisch und Blut. «Hirn, Wille und Schoß, ihr macht mir Angst», hatte er geschrieben.[86] Er hatte sich in eine andere junge Frau verliebt, vor der er keine Angst hatte. Sein Brief kreuzte sich mit ihrem, in dem es hieß: «Mein Liebster, ich vermisse dich ständig, mit einer Art körperlichem Schmerz. Ich liebe dich und denke an dich die ganze Zeit. Ich sehne mich nach dem kommenden Jahr, nach den Prüfungen und den Höhenflügen unseres gemeinsamen Lebens! In Erwartung dessen grüße ich dich freudig!»[87] Ihr Versuch, als Frau ein sartrescher Mensch zu sein, war gescheitert.[88] Später hat sie, die aus einer Familie protestantischer irischer Exilanten stammte, von ihrer Angst berichtet, «dass ich kein Ziel erreichen, nur herumhängen und am Ende selbst eine Vertriebene werden würde».[89]

Iris' Stimmung begann sich Ende März wieder zu bessern. Auf ihrem Weg ins UNRRA-Hauptquartier in Klagenfurt besuchte sie Wien. («Viel Musik & eine Menge Leben, obwohl man in den Straßen immer noch über Berge von Schutt klettern muss.») In Klagenfurt angekommen, logierte sie in einem nahe gelegenen Bauernhaus. «Veilchen, Enziane und Anemonen wachsen bis an die Tür heran»,[90] schrieb sie. Sie empfand eine wunderbare Stille, im Innern und in der Welt um sie herum.[91] Ende April war sie in der britischen Zone, in einem Lager mit einem provisorischen Außenposten der Universität Graz. Unter der Regie von Margaret Jaboor, einer Lehrerin aus Nordengland, die später die Flüchtlingshilfe des Weltkirchenrates leiten sollte,[92] wurden die Studierenden im Lager nicht nach Nationalität, sondern nach Studienrichtung untergebracht.[93] «Ich *liebe* dieses Lager», schrieb Iris an Raymond Queneau, dessen Roman sie jetzt übersetzte. «Als ich abends über den ‹Hof› gehe, um mir die Wohnsituation in Baracke V anzusehen, treffe ich die beiden Jančars, die gerade von der Universität zurück sind. Sie studieren Medizin.» In Baracke III waren die Studenten der philosophischen Fakultät untergebracht; draußen, «[u]nter den Bäumen, sitzt Pardanjač, einer der *philosophes* […], in ein Buch vertieft». Die Abende standen oft im Zeichen eines kulturellen Austauschs. Ein eigens gegründetes Studierendenorchester spielte auf Instrumenten, die der YMCA [Young Men's Christian Association] gespendet hatte. Es gab eine Lagerzeitung und eine freiwillige Feuerwehr, die manchmal in Kostümen auftrat. Eines Abends wurden Gedichte von Taras Grigorjewitsch Schewtschenko im ukrainischen Original und anschließend in slowenischer Übersetzung gelesen. «Kamnetsky, ein Sorgenkind, faulenzt am Horizont, aber vergessen Sie nicht, dass er in einem Konzentrationslager war.»[94] Wie so viele, die aus anderen Lagern kamen, fand Iris im Studentenlager Hochsteingasse «das gelobte Land».[95] «Hier gibt es so viel *Leben* – für mich immer noch ziemlich rätselhaft, wie Fische in einem dunklen Aquarium, aber sehr bewegend und auf unklare Weise bedeutsam», berichtete sie Queneau.[96]

Im Lager Hochsteingasse beschloss Iris, einen Versuch der Rückkehr zur Philosophie zu wagen – trotz Vorbehalten. («Es ist hoffnungslos, aber ich muss es tun – danach werde ich mich nicht mehr um das akademische Leben scheren» «Ich habe im Moment überhaupt kein Zutrauen zu mir.»[97]) Im April 1945 hatte sie einem Freund geschrieben: «In meinem Kopf geht das übliche Abwägen weiter, was nach dem Krieg zu tun sei: Universität, WEA [World Evangelical Alliance], British Council,* BBC, Journalismus, Völkerbund (oder was auch immer),

---

* Der British Council ist «Großbritanniens internationale Organisation für Kulturbeziehungen und Bildungschancen», vgl. https://www.britishcouncil.de/, aufgerufen am 28. Oktober 2021. (Anm. d. Übers.)

Alliierte Kontrollkommission – irgendetwas, irgendwo, weiß der Himmel.»[98] Jetzt hatte sie sich entschieden; sie hatte einen Plan. Sie bewarb sich, und zwar gleich dreifach: um ein Stipendium am Vassar College in New York, das nur Frauen offenstand, um eine Stelle an der Universität Sheffield und, wie vor ihr Elizabeth, um ein Sarah-Smithson-Stipendium.

Ihr Brief an die Direktorin von Newnham, geschrieben auf UNRRA-Notizpapier, begann mit den Worten «Dear Madam». Seit sie Oxford verlassen habe, führte Iris aus, hätten sich ihre Interessen «in Richtung Ethik verschoben». So, wie dieses Fach in Oxford gelehrt werde, habe sie es als formalistisch und leblos empfunden – als unfähig, die moralischen Probleme anzusprechen, die den Zeitgenossen auf den Nägeln brannten. In ihrem letzten Studienjahr sei sie jedoch zu der Überzeugung gekommen, dass Ethik ernsthaft betrieben werden könne (hier dachte sie an Donald MacKinnon in seinem Zimmer im Keble College). Sie gab zu, dass ihr Denken seither nicht diszipliniert gewesen sei, doch sie habe gelesen: Dostojewskijs *Dämonen*, den christlichen Existentialisten Gabriel Marcel und «eine Reihe von Büchern dieses seltsamen Genies Jean-Paul Sartre». Sie erwähnte auch Sandie Lindsays Berufung auf Kierkegaard in seiner Darstellung der «Pflichten eines demokratischen Bürgers».[99] Was sie zu diesen Denkern hinziehe, sei deren Versuch, ethische Fragen «nicht isoliert in einer akademischen Leere, sondern mit Blick auf den *ganzen* Menschen» zu behandeln.

«Jede Einstellung zur Ethik muss explizit oder implizit auf einer Theorie vom Wesen des ‹Selbst› und von der Kommunikation zwischen ‹Selbsten› beruhen», fuhr sie fort[100] und dachte dabei an Martin Bubers *Ich und Du*. Buber, ein österreichisch-jüdischer Philosoph, der kurz vor dem Krieg aus Wien nach Israel geflohen war, unterscheidet in seinem Buch zwei Weisen, wie sich der Mensch zu seiner Welt verhält. Die erste, die er *Ich-Es* nennt, ist distanziert: *Ich* klassifiziere oder behandle eine Person oder Sache als ein Objekt, als ein *Es*, das benutzt, bewertet oder manipuliert werden kann. Die zweite Weise, *Ich-Du*, charakterisiert die Beziehung zwischen Lebewesen – Menschen, Tieren, der Natur –, wenn sie einander als den Wesen, die sie sind, begegnen. In dieser von Buber als «dialogisch» bezeichneten Beziehung bleiben beide Parteien einzigartige «Selbste», und ihre Beziehung zueinander hat eine Ganzheitlichkeit, wie sie zu einer echten Freundschaft gehört. «Ich bemerke bei dir & in deinen Briefen einen gewissen Mangel an Interesse an mir oder Neugier in Bezug auf mich. Ich habe den Verdacht, dass es dir mehr um meine Wirkung auf dich geht als um mich selbst», hatte Iris David Hicks geschrieben.[101] «Alles wirkliche Leben ist Begegnung», heißt es bei Buber.[102]

Iris schrieb in ihrer Bewerbung, dass vieles von dem, «was oft als Ethik durchgeht, unbefriedigend ist, weil es auf einer allzu naiven Psychologie beruht». Sie versprach, vom lebendigen Menschen zu sprechen, «der Blut in den Adern hat, eine komplizierte Psychologie (und sich dessen zum Teil bewusst ist) und der sich bestimmten sozialen und emotionalen Problemen stellen muss – der also der Mensch [*man*] ist, der ins Kino geht, Liebe macht und für oder gegen Hitler kämpft».[103] Und natürlich meinte sie mit dieser Beschreibung auch die Frauen.

Die Empfehlungsschreiben für Iris kamen von Donald MacKinnon und Mildred Hartley. Das Erstere ist ein bisschen vage – MacKinnon hatte sein Versprechen gegenüber seiner Frau gehalten, mit seiner hingebungsvollen Schülerin keine intime Freundschaft mehr zu unterhalten. «Wie ich es verstehe, möchte Miss Murdoch das Problem der moralischen Verantwortung erforschen», wie es von der «sogenannten *existentialistischen* Schule» behandelt werde. Sie habe ein «dauerhaftes Interesse an den abstrakteren logischen und metaphysischen Zweigen der Philosophie», schrieb er in Erinnerung an ihre intensiven Tutorien, und sei «gut qualifiziert, diese Studienrichtung zu verfolgen». Sie habe «außergewöhnliche Fähigkeiten», benötige aber «unbedingt Zeit, um ihre Ideen zu sortieren, zu kritisieren und zu ordnen».[104] Mildred Hartley, die in den letzten Jahren des Krieges für den Geheimdienst des Außenministeriums gearbeitet hatte,[105] schrieb kurz und bündig. Sie lobte Iris' «ungeheure Energie & Entschlossenheit, ihre große intellektuelle Neugier & ihr Stehvermögen». Ihr Urteil: «Meiner Meinung nach ist sie nicht so bemerkenswert wie Miss Anscombe», aber dennoch eine «gute Investition».[106] (Bevor sie den Umschlag verschloss, griff Hartley noch einmal zum Stift und fügte vor dem «so» ein einschränkendes «*ganz*» hinzu.)

Elizabeth und Philippa beginnen ein philosophisches Gespräch

Die bemerkenswerte Miss Anscombe machte sich, ab Oktober 1946 ihr Mary-Somerville-Stipendium genießend, in Oxford schon bald einen Namen. Während Peter, ihr Ehemann, zusammen mit der inzwischen drei Jahre alten Barbara und dem gerade ein Jahr alt gewordenen John weiter in der Fitzwilliam Street 19 in Cambridge wohnte, hatte Elizabeth sich in Oxford ein Zimmer gemietet. Sie war oft mit Philippa zu sehen, wie die beiden langsam die Woodstock Road in Richtung des Somerville hinaufgingen und sich angeregt über Platon, Aristoteles, Thomas von Aquin, Descartes, Kant und Wittgenstein unterhielten. Während Frauen in Cambridge noch immer nicht promovieren durften, hatte Oxford vor Kurzem seine erste Professorin ernannt, die Ophthalmologin Ida Mann, die obendrein verheiratet war. Für Philippa und Elizabeth, die bereits Stellen in Oxford innehatten, bestand nun die Möglichkeit, Professorin Foot und Professorin Anscombe zu werden.

Das Paar war ein Blickfang. Philippa: groß, in maßgeschneiderten Klamotten, selbstsicher. Die Männer in Oxford wussten, was sie von einer solchen Frau zu halten hatten, selbst wenn sie eine kluge Frau war. Sie erinnerte sie an ihre Schwestern, Verlobten, Ehefrauen. Elizabeth: unförmig, in Hosen, mit langem, ungebundenem Haar, rauchend. Gelegentlich mit einem Kleinkind oder einem Baby auf dem Arm. Peter Geach, ihr «conchie»-Ehemann, nirgends zu sehen. Sie erinnerte die Männer an niemanden.[107]

Irgendwann im Jahr 1946 begann Elizabeth Deutsch zu lernen. Wittgenstein freute sich: «Wenn Sie Deutsch lernen, kann ich Ihnen mein Buch zum Lesen geben.»[108] An Tagen, an denen Philippas Lehrverpflichtungen es zuließen, konnte man die beiden nach dem Mittagessen im Gemeinschaftsraum für Lehrkräfte finden – auf den Stühlen am Ende des Raumes beiderseits des Kamins. Wittgensteins Philosophie, so Philippa später zu ihren Studentinnen und Studenten, «muss wirklich live praktiziert werden, von zwei Personen, von denen die eine versucht, das zu artikulieren, was man gewohnheitsmäßig sagen will, während die andere versucht, sich tief in den Kopf der sprechen-

September 1945 – August 1947

Der Gemeinschaftsraum für Lehrkräfte im Somerville

den Person zu versenken und zu diagnostizieren, was falsch läuft».[109] Wären Lotte Labowsky oder Isobel Henderson auf einen Kaffee vorbeigekommen, so hätten sie die Liveperformance einer philosophischen Untersuchung gesehen: Elizabeth tief in Philippas Kopf versenkt, Philippa tapfer und widerständig, aber lebhaft; sie hatte Spaß. In Erinnerung an diese Tage schrieb Philippa viele Jahre später: «Jede Woche wurde ich besiegt, und ich kam mir vor wie eine Figur aus einem Comic für Kinder, die von einer Dampfwalze überrollt wurde und nur noch als Silhouette auf dem Boden zu sehen ist – um aber in der nächsten Folge wieder da zu sein. Elizabeth hatte große Freude daran, und wir waren gute Freundinnen geworden.»[110]

Elizabeth experimentierte in jenen frühen Tagen noch mit Wittgensteins Philosophie der Psychologie. Sie hatte viel über Descartes' Satz «Ich denke, also bin ich»[111] geschrieben und sich gefragt: «Was ist das für ein Satz? Soll er die Existenz eines Objekts beweisen, & wenn ja, welches ist dieses Objekt? Ist er nicht unkommunizierbar? Muss er einen nicht zum Solipsismus führen?»[112] Sie stellte fest, dass ihre Diskussionen in Cambridge das Kernproblem ihrer Dissertation neu zu beleuchten begannen. Worin besteht der Unterschied zwischen der Wahrnehmung, dass ich selbst etwas tue, und der Wahrnehmung, dass jemand anderes es tut? Worin besteht der Unterschied zwischen dem Verstehen dessen, was jemand sagt, und dem Akt, es selbst zu sagen?[113]

Sie konnte Philippa ein illustrierendes Beispiel geben. Descartes' Beweis, erläuterte sie, könne man nur in Bezug auf die eigene Person führen. «Ich denke, also bin ich. Und jetzt – tu du es!» Das sei von entscheidender Bedeutung. «Ich habe Schmerzen» und «Elizabeth hat Schmerzen» seien zwei völlig verschiedene Aussagen, obwohl ein und dieselbe Tatsache, Elizabeths Kopfschmerzen, beide Aussagen wahr mache. Wann sagt man: «Elizabeth hat Schmerzen»?, fragte sie Philippa und antwortete: Wenn man eine bestimmte Person an ihren körperlichen Merkmalen (ihrer Hose, ihrem Gesicht, ihrem Gang) erkennt und ihr Verhalten bemerkt – dass sie vor Schmerz zusammenzuckt oder sich die Stirn reibt. «Ich habe Schmerzen» aber sei etwas ganz anderes: eher ein Stöhnen. Hier werde niemand erkannt und auf kein Verhalten geachtet. Zu sagen «Ich habe Schmerzen» *sei* Schmerzverhalten. Ihr Deutsch war jetzt vielleicht gut genug, um Philippa aus Wittgensteins Notizen vorzulesen: «Dies ist eine Möglichkeit: Es werden Worte mit dem ursprünglichen, natürlichen, Ausdruck der Empfindung verbunden und an dessen Stelle gesetzt. Ein Kind hat sich verletzt, es schreit; und nun sprechen ihm die Erwachsenen zu und bringen ihm Ausrufe und später Sätze bei. Sie lehren das Kind ein neues Schmerzbenehmen.»[114]

Elizabeth erklärte es Philippa. Die Worte «Cogito, ergo sum» könnten genauso wenig Beweis für die Existenz eines Selbst sein wie ein Stöhnen oder Sich-am-Kopf-Kratzen. Elizabeth tastete sich 1946 immer noch an die Bedeutung dieses Gedankens heran, aber sie war bereits davon überzeugt, dass er irgendwie den Schlüssel enthalte, um «zu zeigen, dass die Vorstellung vom metaphysischen Subjekt des Bewusstseins sowohl unfruchtbar als auch irreführend ist», und um Aristoteles' These zurückzugewinnen, dass menschliche Individuen sich nicht grundsätzlich von Katzen- und Rübenindividuen unterscheiden.[115]

Wittgensteins Hinweis auf das Sprachspiel «Schmerzen haben», so Elizabeth, beleuchte unsere psychologischen Vorstellungen aus einer neuen Perspektive. Mit der Zeit sollten sie und Philippa, Iris und Mary von dieser Idee Gebrauch machen, um die naive Psychologie zu überwinden, über die sich Iris beklagt hatte. Gefühle wie Stolz, Angst, Trauer, Freude und Liebe seien keine bloßen inneren Erfahrungen, sondern mit Sprach- und Handlungsmustern verknüpft – und daher auch mit dem gesamten Gewebe unseres gemeinsamen menschlichen Lebens. «‹Kummer› beschreibt uns ein Muster, welches im Lebens-Teppich mit verschiedenen Variationen wiederkehrt», hatte Wittgenstein geschrieben (in den Notizen in deutscher Sprache, die Elizabeth zu lesen begann). «Wenn bei einem Menschen der Körperausdruck des Grames und der Freude, etwa mit dem Ticken einer Uhr, abwechselten, so hätten wir hier nicht den charakteristischen Verlauf des Grammusters, noch des Freudemusters.»[116] Das Trauern verlaufe in der Zeit. Um menschliche Trauer zu verstehen, müssten wir unser Leben als zusammenhängend, unsere Vergangenheit, unsere Zukunft und unsere Hoffnungen als miteinander verwoben betrachten. Vor diesem Hintergrund könnten wir «Anlässe zum Kummer» erkennen – ein nicht besetzter Platz am Tisch, eine verschlossene Tür, ein nicht erzählter Witz; «Anlässe zum Kummer» seien «mit 1000 andern Mustern verwoben»,[117] mit all den alltäglichen Mustern des menschlichen Lebens.

Irgendwann zur Zeit dieser Gespräche begannen Philippa und Elizabeth, gemeinsam die *Summa Theologica* von Thomas von Aquin zu lesen, wobei Philippa sich zunächst auf das spärliche Latein stützte, das Mildred Hartley ihr 1939 beigebracht hatte. Während Iris und Mary Agnostikerinnen waren, war Philippa «bekennende Atheistin».[118] «Du fragst, warum ich Atheistin bin», schrieb sie Jahre später an Elizabeth. «Ich weiß nicht, ob ich dafür besondere Gründe nennen kann; ich habe eher das Gefühl, dass ich sehr gute Gründe bräuchte, um *keine* Atheistin zu sein, und dass ich keine solchen Gründe sehe.»[119] Trotzdem war Philippa schnell bereit zu erklären, dass Thomas von Aquin eine «unserer besten Quellen für die Moralphilosophie» sei – und für Atheisten «ebenso nützlich wie für Katholiken oder andere gläubige Christen».[120] Die Lektüre dessen, was Thomas über die Tugenden geschrieben hatte, sagte sie später, habe sie «zum ersten Mal misstrauisch gemacht gegenüber den zeitgenössischen Theorien über die Beziehung zwischen ‹Tatsache› und ‹Wert›».[121]

Wenn Philippa und Elizabeth sich, in ihr Gespräch vertieft, auf den

Rückweg zu Haus Nummer 16 begaben, konnte man sie sehen, wie sie nördlich der St Giles Road in Richtung Park Town gingen, wo Mary sich zu ihnen gesellte und auf Philippas Diwan niederließ. Sie waren ein seltsames Trio: Aristokratin, Vagabundin, Gelehrte.

Iris' kommunistische Vergangenheit holt sie ein

Am 11. Oktober 1946 traf ein Brief im Haus Park Town 16 ein. Absender: Iris Murdoch, Eastbourne Road 4, Chiswick. Michael Foot erbleichte vielleicht ein wenig, als er den Brief auf der Matte sah. Iris war also weder in Innsbruck noch in Cambridge, noch in Sheffield, noch in New York.

Das Doppelhaus von Iris' Eltern in einem westlichen Vorort Londons war kulturell vom literarischen Leben, von den Pubs im Soho der Kriegsjahre und den Cafés im Brüssel und im Paris der Zeit nach der Befreiung weit entfernt. In einem Tagebucheintrag – vielleicht geschrieben, als Iris aus dem Fenster ihres ehemaligen Schlafzimmers auf gestutzte Hecken und gepflegte Rasenflächen blickte – ist Kants Bemerkung zitiert, dass der englische Geschmack in puncto Gärten ans Groteske grenze.[122] Ihr für New York gepackter Koffer mit dem unveröffentlichten Roman darin lag wieder unter dem Bett, in dem sie als Kind geschlafen hatte. Vielleicht zum ersten Mal in ihrem Leben war ihr Vater Hughes verärgert über sie.[123]

Hughes' Ärger war allerdings nicht ganz gerechtfertigt. Es war nicht ihre Schuld gewesen. Iris hatte bei der UNRRA gekündigt, die sich ohnehin darauf vorbereitete, ihren Betrieb einzustellen, und ihre Bewerbung um das Sarah-Smithson-Stipendium in Cambridge zurückgezogen, nachdem ihr ein – aufregenderes – Durant-Drake-Stipendium am Vassar College in New York angeboten worden war.

Während des Krieges, in ihrem letzten *Greats*-Jahr, hatte Iris ihren neuen Lebensplan Mary beschrieben: «Das Ganze ist kompliziert, aber es beinhaltet den Ehrgeiz, das Menschengeschlecht kennenzulernen, einen Roman zu schreiben und nach Amerika zu gehen!»[124] Bis 1946 hatte sie gute Fortschritte bei Punkt eins und zwei gemacht; New York

September 1945 – August 1947 233

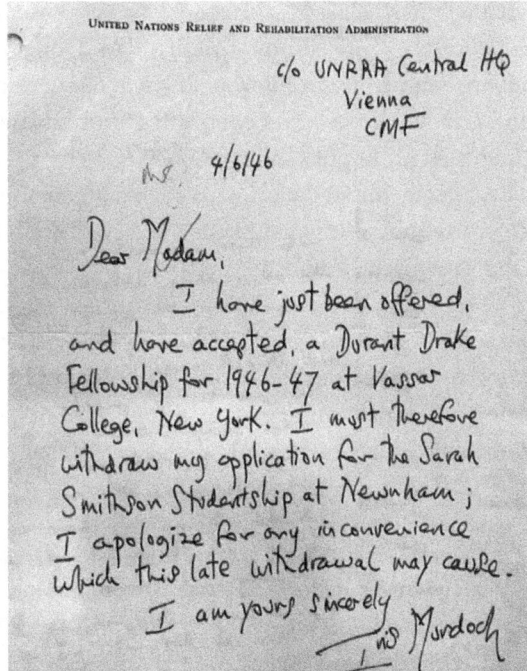

Iris Murdochs Brief vom 4. Juni 1946, in dem sie ihre Bewerbung um das Sarah-Smithson-Stipendium zurückzieht

hätte einen kompletten Satz ergeben. Doch ihr Antrag auf ein Visum war abgelehnt worden. 1942 hatte sie einer skeptischen Mary gesagt, der Staatsdienst werde sie nicht haben wollen: «Nicht mit meiner politischen Vergangenheit.»[125] Damals hatte sie sich geirrt, und Amerikas Ablehnung jetzt überraschte sie. Beim Ausfüllen ihres Visumantrags war sie ehrlich gewesen. Sie hatte bestätigt: «Ja, ich bin oder war Mitglied der Kommunistischen Partei.» Oxford hatte alles in seiner Macht Stehende getan, um «die Behörden zum Einlenken zu bewegen»: Sandie Lindsay «hat die Angelegenheit in Washington vorgebracht».[126] Aber vergeblich. Und ohne Einkommen hatte Iris keine andere Wahl, als nach Hause zurückzukehren.

Iris war zutiefst deprimiert. Ihre Übersetzung von Queneaus Roman war misslungen und sollte in Kürze vom Verlag abgelehnt werden. Außerdem hatte David Hicks ihr ein Foto von seiner neuen Verlobten geschickt.[127] Sie hatte einen Stift genommen und grimmig unter ein

Foto von sich selbst geschrieben: «Nadir» [«Am Tiefpunkt»].[128] Sie muss sich voller Verzweiflung brieflich an Donald MacKinnon gewandt haben, denn er brach das Versprechen, das er seiner Frau gegeben hatte, und trat wieder in Iris' Leben. Im Oktober 1946 organisierte er für sie einen Besuch in der Malling Abbey in Kent, deren Äbtissin nachgesagt wurde, «gut mit schwierigen Fällen umgehen zu können».[129] Iris fand Trost im hohen Anglikanismus der Benediktinerinnen: Weihrauch, Gesang, lateinische Vespern.

Der Brief, der auf der Fußmatte der Foots gelandet war, deutet darauf hin, dass Iris ihre Vergangenheit noch einmal durchlebt hatte: betrachtet gleichsam durch die Brille der existentialistischen Philosophie mit ihrer Betonung von Authentizität, Angst und radikaler Verantwortlichkeit. Iris hatte an Philippa geschrieben:

> Meine Liebe,
> ich nehme an, du hast von meinen jüngsten Missgeschicken gehört. Unsere Bemühungen in London, die Yanks zum Einlenken zu bewegen, haben keinen Erfolg gehabt – & daraus schließe ich, dass ich die USA hinter mir habe. Was soll's –
> Schau, Pippa – es kommt mir so vor, als hättet ihr, du & M., euch Sorgen um mich gemacht – ganz allgemein, meine ich. Es täte mir leid, wenn dem so wäre. Über eine histoire wie die von 1944 – das ist dir sicher klar – kommt man nicht so schnell hinweg. Wenn man sich so verhalten hat, wie ich mich damals gegenüber zwei Menschen, die man liebt, verhalten habe, dann gehen Schmerz und Schuldgefühl sehr tief. In gewisser Weise habe ich diese Ereignisse erst, seit ich aus Österreich zurück bin, *ganz* als etwas erkannt, was ich getan habe, statt nur als etwas, was ich erlitten habe. Du verstehst. Ich habe sie noch einmal durchlebt und meine Verantwortung erkannt. Das war nicht angenehm, aber es war notwendig. Verzeih mir, dass ich mich in dein Glück mit M. eingemischt habe. Ich bin wirklich froh, dass ihr, du & M., dieses gemeinsame Glück gefunden habt. Es erscheint vielleicht als eine törichte, nutzlose Geste, nach so langer Zeit zu sagen: Es tut mir leid, dass ich euch beiden Leid zugefügt habe, aber ich sage es in großer Demut, und glaub mir, ich *empfinde* es so. Die Sache hat mich in eine tiefe Verzweiflung gestürzt, aber ich denke, dass diese Zeit jetzt vorbei ist. Ihr braucht euch um mich *keine* Sorgen zu machen – dazu besteht kein Grund mehr.
> Pippa, du weißt, ohne dass ich es dir sage, dass meine Liebe zu dir so tief & so zärtlich ist wie immer – und dass sie es immer bleiben wird; sie ist so tief in mir & so sehr Teil von mir. Ich kann mir nicht vorstellen, dass jemals

jemand deinen Platz einnehmen wird. Ich denke sehr oft an dich. Mein liebes Herz, ich liebe dich –
Ja, mir geht es jetzt gut. Ich arbeite friedlich & beginne sogar das eine oder andere zu verstehen. (Z. B. was Kant betrifft, von dem ich jetzt weiß, dass er mir in Ox. ein völliges Rätsel war!) Ich lasse dir Nachrichten über meine Schritte zukommen, wenn ich irgendwelche Schritte mache.
Sei tolerant, was diesen vielleicht ermüdenden Brief betrifft.
Euch beiden meine Liebe und mein Segen –
I[130]

Pip antwortete. Sie mochte Iris immer noch, ja sie liebte sie und erhoffte sich eine Zukunft, in der die Vergangenheit bewältigt sein würde. Sie schrieb Iris, dass es keinen Konflikt gebe zwischen ihrer Liebe zu ihrem Mann und ihrer Liebe zu ihrer Freundin, auch wenn Iris in Michaels Augen von Hass erfüllt sei. «Halte durch», schrieb sie. Iris antwortete: «Sei geduldig, & lass nicht los», «es ist ein langer Weg zurück, & ich habe noch viel zu tun & viele Knoten zu lösen.» Diese Art voranzukommen, durch Entwirren der Vergangenheit, ist weit entfernt von dem, was der Existentialist Sartre predigt. Wir müssen Wurzeln schlagen, schrieb Pip, langsam, wie Pflanzen, wir müssen auf das Nachwachsen warten. Iris antwortete mit einem Wunsch: «Das Gute möge wachsen, & das Schlechte möge sterben.» «Dass dieser kostbare Mittelpunkt meines Lebens, meine Freundschaft mit dir, bleibt, gibt mir so viel Mut & innere Ruhe.»[131] Sie blickte auf den Rausch von Brüssel zurück: «Ich war sicher, Neues zu *wollen* – & in diesem Sinne anders zu sein. Aber es war keine Freude dabei.»[132]

An einem Wochenende im November kamen die beiden zaghaft und behutsam wieder zusammen. Iris nahm den Zug von Chiswick nach Oxford – die District Line bis Ealing Broadway, dann die U-Bahn, umsteigen in Slough. Sie traf sich mit Pippa, sprach mit Michael, schwor sich, geduldig, distanziert und ruhig zu sein. Die beiden Frauen sprachen, vorsichtig, über Philosophie. Philippa, den Kopf noch voll von Elizabeth, erzählte Iris vom *cogito*. Iris muss sich über Philippas neue Nähe zu Elizabeth zugleich gefreut und sie darum beneidet haben. Sie scherzten: «Ein Mann, der im Traum auf mich zukommt & sagt: cogito ergo sum. (Worauf ich antworte: ‹O nein, das tust du nicht, Kumpel!›)».[133]

«Dog of Happiness», Zeichnung von Iris Murdoch

Lieutenant Colonel Austin treibt die Revolution voran

Elizabeth pflegte das Somerville während des Herbsttrimesters 1946 jeden Freitagnachmittag zu verlassen und den kurzen, anderthalb Kilometer langen Weg zum Magdalen College zu gehen, um an einem Graduiertenkurs teilzunehmen, der kurz nach 17 Uhr in J. L. Austins Dienstzimmer begann. «Things» («Dinge») lautete das Thema des Kurses im Vorlesungsverzeichnis der *Gazette*. Wenn es je einen Kurs gab, der in den Warteschlangen der Studierenden in der Zeit der Rationierungen für Gesprächsstoff sorgte, dann war es dieser.

Austin hatte Oxford im November 1940 für eine militärische Ausbildung in Matlock verlassen.[134] Als eine der wenigen Personen außerhalb von Bletchley Park, die Zugang zu den «ultrageheimen», durch das Knacken des Codes der deutschen Verschlüsselungsmaschine Enigma gewonnenen Erkenntnissen besaßen,[135] hatte er später «mehr als jeder andere» zu der «Leben rettenden» Genauigkeit der Geheimdienstinformationen vor dem D-Day beigetragen.[136] Bis Ende des Krieges hatte er es zum Oberstleutnant gebracht. Zurück in Oxford, organisierte er eine neue Phase im Krieg gegen die Metaphysik, den sein *Brethren*-Bruder Freddie Ayer vom Zaun gebrochen hatte. Wie der ein Jahr ältere Ayer hegte Austin «Abneigung und Misstrauen» gegen sogenannte metaphysische Bestrebungen. Er akzeptierte, was «Wittgenstein im *Tractatus* geschrieben hatte: ‹Alles, was gesagt werden kann, kann klar gesagt werden.›» Aber wie H. H. Price, für den Ayer ein «junger Mann in Eile» war, fand Austin die «schwindelerregende Schnelligkeit» verdächtig, mit der Ayer seine Ergebnisse lieferte.[137] Er glaubte, dass die Probleme der Philosophie gelöst werden könnten – und dass dazu weder metaphysische Angst* noch positivistisches Gehabe einer kleinen Gruppe junger Männer notwendig sei.[138] Während er die Dogmen von Ayers logischem Positivismus ablehnte, bewunderte er «die Workshop-, ‹No-Nonsense›-Atmosphäre des Wiener Kreises» und initiierte ein Pendant im Oxford der Nachkriegsjahre.

Seine «No-Nonsense»-Workshops am Samstagmorgen, an denen man nur auf Einladung teilnehmen durfte, wurden in verschiedenen Räumen der Männercolleges abgehalten. Einige fanden im «schäbiggemütlichen, ledernen, viktorianischen Gemeinschaftsraum im vorderen Hof des Balliol» statt, andere in einem «kleineren und älteren Raum des Trinity». Austins Lieblingsambiente war ein «ziemlich prächtiger moderner Raum im St John's, mit einem großen Tisch in der Mitte und Chefsesseln drum herum, der wie der Sitzungssaal einer florierenden, nüchternen Handelsgesellschaft aussah».[139] Als Philippa viele Jahre später gefragt wurde, ob sie als Frau jemals benachteiligt wurde, bejahte sie und gab folgendes Beispiel: «Er [Austin] unterhielt etwas, das Austins Kindergarten** genannt wurde. Für Samstagmorgen lud er alle, die in seinem Alter oder noch jünger waren – daher die Bezeichnung ‹Kindergarten› –, informell zu einer Diskussion über Philosophie ein. Alle, die in Oxford einen Lehrauftrag hatten, wurden eingeladen, aber die Frauen wurden nicht gefragt. Und das war der Ort, an dem die eigentliche Arbeit stattfand.»[140]

Während des Krieges hatte Lieutenant Colonel Austins Team von Männern durch das Sammeln, Sichten und Interpretieren von Geheim-

---

* Im Orig. deutsch. (Anm. d. Übers.)
** Im Orig. deutsch. (Anm. d. Übers.)

dienstinformationen eine beeindruckend detaillierte Beschreibung möglicher Landeplätze für die britischen Truppen erstellt. Der Philosoph Austin wendete diese Strategie, sich Stück für Stück einer Masse widersprüchlicher Daten zu nähern, jetzt auf die englische Sprache an. Die Methode, die später als «Philosophie der gewöhnlichen Sprache» bekannt werden sollte, sah folgendermaßen aus: Zunächst wählte ein Team von Philosophen «einen Bereich des Diskurses aus, für den es sich interessiert[e]; oft war dies ein für ein großes philosophisches Problem relevanter Bereich».[141] Ein von Austin bevorzugter Bereich war der Diskurs von Aussagen über Visuelles: «Ich sehe eine Katze», «Ich sehe einen Regenbogen», «Der Stock sieht verbogen aus», «John und Tom sind identisch» und so weiter. Austin glaubte, dass der metaphysische Überschuss in der Philosophie der Wahrnehmung daher rühre, dass es keine eindeutige Landkarte für diesen Bereich unserer Sprache gebe.

Hatte das Team sich für einen Bereich entschieden, ging es in der nächsten Phase darum, Informationen zu sammeln. Hier war Zusammenarbeit erforderlich, da die Aufgabe gewaltig war: Alle zu diesem Bereich gehörenden Wörter und Ausdrücke mussten gesammelt werden, «indem man zunächst alle Wörter […] auflistet[e], die man finden konnte – nicht nur die meistdiskutierten oder auf den ersten Blick wichtigsten –, und anschließend in Wörterbüchern Synonyme und Synonyme von Synonymen [nachschlug] und die nichtphilosophische Literatur des Bereiches [las]».[142]

War der erste Datensatz gesammelt, erstellte das Team Metadaten. Dazu dachten die Mitglieder sich «‹Geschichten›» aus, «in denen die legitimen Wörter und Ausdrücke [vorkamen]», insbesondere «Geschichten, in denen klar [wurde], dass man ein ‹Synonym› aus dem Wörterbuch treffend verwenden [konnte], ein anderes aber nicht». Zum Beispiel können «Ausrutscher», «Versehen», «Fehler», «Unachtsamkeit» Wörterbuchsynonyme sein, aber, so Austin, «wenn wir uns Fälle lebhaft und umfassend vorstellen, sollten wir in der Lage sein zu entscheiden, mit welchen Begriffen wir, sagen wir, Miss Plimsolls Handlung präzise beschreiben, wenn sie säuberlich ‹DAIRY›* [‹Molkereiprodukte›] auf ihr schönes

---

* Statt «DIARY», Tagebuch. (Anm. d. Übers.)

neues Buch schreibt»: «Wir sollten in der Lage sein, zwischen einem bloßen, reinen, einfachen Fehler und einer Unachtsamkeit zu unterscheiden.»[143] Komplexe Geschichten konnten konstruiert werden, um subtile Aspekte des Sprachgebrauchs zu beleuchten. Im Mittelpunkt dieses Teils der Arbeit standen die «linguistische Phänomenologie» – ein Ohr für die Sprache – sowie in Idiomatik und Poesie kodiertes sprachliches Wissen.

Lagen schließlich alle sprachlichen Daten vor, ging das Team zu Analyse und Modellbildung über: Es wurde «versucht, die Bedeutung der Begriffe und ihre Beziehungen untereinander darzustellen, um die Daten zu verstehen».[144] Die Arbeit war langweilig und das Ergebnis oft enttäuschend, aber nach und nach wurde das Terrain kartiert.[145]

Aufgrund ihres Geschlechts hätte Elizabeth den «Sitzungssaal» zwar ebenso wenig betreten dürfen wie Philippa, doch konnte Austin sie nicht davon abhalten, seine Graduiertenkurse zu besuchen. In seinem Kurs über «Dinge» machte er von seiner Methode Gebrauch, um über Wahrnehmung zu sprechen. Die von seinem Team gesammelten Informationen hatten zu wichtigen Erkenntnissen geführt: Erstens hatten die linguistischen Daten gezeigt, dass der Ausdruck «indirekt wahrnehmen» verwendet wird, wenn wir Dinge im Spiegel oder durch ein Periskop sehen («Ich habe ihn *indirekt* im Spiegel gesehen»), nicht aber, wenn wir direkt auf eine Badewanne oder eine Zigarettenschachtel schauen.[146] Die These der Sinnesdatentheoretiker, wir würden Zigarettenschachteln und Katzen «indirekt» über Oberflächen und Sinneseindrücke sehen, wird also von den linguistischen Daten nicht gestützt. Zweitens hatten die linguistischen Daten, die zur Verwendung der Wörter «ununterscheidbar» und «gleich» erhoben worden waren, erhebliche Bedeutungsunterschiede ergeben. Während die Sinnesdatentheoretiker annahmen, die Erfahrung, eine Katze zu halluzinieren, und die Erfahrung, eine Katze wahrzunehmen, müssten etwas gemeinsam haben – in gewissem Sinne «gleich» sein –, weil sie «ununterscheidbar» seien, wies Austin darauf hin, dass «gleich» manchmal eine ganz andere Bedeutung hat als «ununterscheidbar». Z. B. bedeutet «John und Tom sind gleich» in der Tat etwas anderes als «John und Tom sind ununterscheidbar».[147] Auch hier stand die Sinnesdatentheorie im Widerspruch zu den linguistischen Daten.

Für Peter Strawson war es «erheiternd zu sehen, wie diese gewaltigen, imposanten Denkgebäude einfach zerbröckelten».[148] Seit Platon hatten die Philosophen versucht, eine Brücke zwischen Erscheinung und Wirklichkeit zu schlagen, und all diese Bemühungen waren nun durch eine einzige, geistreich vorgetragene sprachliche Beobachtung hinfällig geworden. Wie der logische Positivismus, so schien auch diese Methode demokratisierend zu wirken. Mary Wilson, mittlerweile Studentin der Klassischen Philologie im letzten Studienjahr am Lady Margaret Hall College, fand Austins Methode aufregend. Nach dem Krieg «hatten wir Propaganda satt», erinnerte sie sich,[149] und Austins Philosophie schien das Gegenmittel zu sein. Doch nicht nur der schottische Philosoph Clement Mundle (und H. H. Price, der ehemalige und später nochmalige Präsident der Society for Psychical Research) vermutete, dass Austins Team in Wahrheit beschreibe, wie das Englische von Männern gesprochen werde, die in Oxford eine Eins in *Classical Greats* erhalten hätten.[150] Studien der linguistischen Phänomenologie, durchgeführt von Leuten, deren Ohren auf Deutsch oder Tschechisch – oder auch nur auf schottisches Englisch – eingestellt seien, würden wahrscheinlich keine analogen Listen legitimer und illegitimer Verwendungen von Wörtern ergeben.

Elizabeth sah Austins «Dinge»-Veranstaltung ganz anders als Mary Wilson. Sie war nicht mehr die junge Studentin in der Strickjacke, die im Garten des St Hugh's College fotografiert worden war, sondern eine beeindruckende intellektuelle Persönlichkeit, die sich seit ihrer Eins im Examen auf zwei Kleinkinder, einen schwierigen Ehemann und Ludwig Wittgenstein eingelassen hatte. Sie störte die Diskussion und «mischte sich häufig ein, um sich über das Gesagte lustig zu machen».[151] An einem Freitagabend fand Mary Elizabeths Unhöflichkeit «bemerkenswert» – selbst für ihre Verhältnisse. Um nicht ungewollt den Anschein zu erwecken, sie würde sich auf ihre Seite schlagen, versuchte sie, nachdem Austin die Studierenden verabschiedet hatte, «[sich] ihr zu entziehen, [...] indem [sie sich] rasch durch den Hintereingang des Magdalen davonmachte». Doch Elizabeth folgte ihr und holte sie in der Longwall Street ein, als Mary sich mit ihrem Fahrradschloss abmühte. Erwischt!

«Wenn man bedenkt, dass Wittgenstein diesen Bastard gezeugt hat», zischte Elizabeth.[152] Mary war schockiert.

Mit der Zeit wurde es Teil der offiziellen Geschichte der Oxford-Revolution, dass J. L. Austin seine «Philosophie der gewöhnlichen Sprache» völlig unabhängig von Wittgenstein entwickelt habe, doch Elizabeth hatte gute Gründe, Austin als von Wittgenstein gezeugt zu bezeichnen. Denn Austin stellte zwar eine ebenso ostentative wie saloppe Verachtung für Wittgenstein zur Schau (er nannte ihn «Witters» und ließ verlauten, dass er von der «persönlichen Atmosphäre», die ihn umgab, «abgestoßen» sei[153]), hatte aber die Notizen des «Blauen Buches» studiert.[154] Im Februar 1940, nur wenige Monate bevor er Oxford verließ, um zur Armee zu gehen, hatte Austin vor dem Cambridge Moral Sciences Club einen Vortrag mit dem Titel «The Meaning of a Word» gehalten,[155] in dem er die Auffassung erörterte, dass die Bedeutung eines Wortes das Objekt sei, das diesem Wort entspreche. Austin hatte Wittgenstein in seinem Vortrag nicht namentlich erwähnt, aber für die Zuhörer hatte es keinen Zweifel gegeben, dass er dem «Blauen Buch», dessen erster Satz lautet: «Was ist die Bedeutung eines Wortes?», Gedanken entlehnte. Ja, sein Vortrag hatte so viele Gedanken Wittgensteins aufgegriffen – dass wir das Besondere berücksichtigen müssen, dass wir durch Sprache in die Irre geführt werden können, dass wir darauf achten sollten, wie ein Wort verwendet und wie es erklärt wird –, dass der Vortrag fast eine Hommage an den österreichischen Philosophen gewesen war.

Austin mochte also vom «Blauen Buch» ausgegangen sein, aber als Elizabeth den «Dinge»-Kurs besuchte, sah sie sich einem Philosophen gegenüber, der sich, leidenschaftslos in seinem Ledersessel am Kopfende des Tisches sitzend, von seinem Kollegen, der im Whewell Court's Tower durch den Raum schritt und schlich, kaum hätte stärker unterscheiden können. Bei Austin schien aus Wittgensteins Gedanken, man müsse, um die menschliche Sprache zu verstehen, das menschliche Leben verstehen, alles Leben entwichen zu sein. «Ich dachte, er [Wittgenstein] wäre mit vielem einverstanden, was im ‹Dinge›-Kurs gesagt worden war», bemerkte Mary Wilson (törichterweise) eines Tages Elizabeth gegenüber. «Hatte er nicht von der Notwendigkeit gesprochen, die Wörter aus ihrem metaphysischen in ihren alltäglichen Gebrauch zurückzuholen?» Elizabeth «wurde weiß vor Zorn».[156]

Austins Methode, «die Wörter aus ihrem metaphysischen in ihren alltäglichen Gebrauch zurückzuholen», bestand darin, sich auf Regeln des Sprachgebrauchs und auf Intuitionen zu berufen, welche Wörter in bestimmten Situationen richtig klingen. Wie Freddie Ayer das Kriterium der Verifizierbarkeit dazu benutzt hatte, die idealistischen und realistischen Metaphysiker zum Schweigen zu bringen, so benutzte Austin das Kriterium des Wörterbuchs, um die Philosophie auf die Sprache des einfachen Mannes und des Omnibusses zu verpflichten. Doch Wittgenstein zufolge konnte man die Bedeutung eines Wortes erst dann mit Hilfe eines Wörterbuchs klären, wenn man schon fast alles, was die Sprache und das Leben betraf, verstanden hatte. Nach den Regeln einer Sprache sollte man nicht in einer Liste mit Definitionen der Bedeutung von Wörtern suchen, das heißt in einer Liste von Wörtern, die durch andere Wörter erläutert wurden, sondern in den Formen menschlicher Praxis, in denen sich Klang, Handlung, Natur, Instinkt und Kultur miteinander verweben, um lebendige Strukturen von Sinn und Bedeutung zu schaffen.

Am 22. Januar 1947 begann es zu schneien, und es schneite 54 Tage lang; dieser Winter sollte der kälteste seit dem Ende der Napoleonischen Kriege werden. Rohre froren ein. Die Heizung in Mary Scruttons möbliertem Zimmer fiel aus. Einmal mehr zog Oxford Schlittschuhe an und ging aufs Eis. Mary, «im Begriff, in die philosophische Szene zurückzukehren», nahm ihre Gespräche mit Elizabeth über Platons Ideen wieder auf und begann neue Gespräche mit Philippa über Ethik. Iris und Philippa bauten vorsichtig ihre Beziehung aus. Es wurden Briefe gewechselt und gelegentlich Besuche gemacht. Draußen war alles gedämpft. «Bittere Kälte. Grade von Wirklichkeit. (Frostgrade!)», schrieb Iris in ihr Tagebuch.[157] Sie hatte H. H. Price' Vorwort zu *Matter, Mind and Meaning*, dem postumen Werk des Parapsychologen Whately Carington, gelesen. Wie schon nach dem Ersten Weltkrieg wandten sich viele Menschen an spirituelle Medien in der Hoffnung, die von den Toten hinterlassenen Lücken würden sich mit deren Geistern füllen. Price hatte sein Vorwort in seiner Eigenschaft als ehemaliger Präsident der Society for Psychical Research und als Experte für paranormale Phänomene geschrieben, aber er sah auch substanzielle Zusammenhänge zwischen der Philosophie der Wahrnehmung und der Parapsychologie. Wirklich seien nur Sinnesdaten – Erscheinungen, die sich zu dem zusammenfügen, was wir als individuelle Dinge bezeichnen, hatte Carington behauptet. Wir würden einen Geist oder ein Gespenst vielleicht nicht als «vollwertiges ‹Ding›» bezeichnen wollen, doch bildeten diese komplexen Systeme von Erscheinungen ihre eigenen Einheiten, die ebenso Teil der Wirklichkeit seien wie Tagesdecken und Fahrräder. Price hoffte, der Schlüssel zum Verständnis der Welt der Séancen, der Poltergeister und des Paranormalen könne darin liegen, die Wirklichkeit als Sache von Graden zu betrachten. Auch Elizabeth befasste sich mit Parapsychologie: Sie las die kürzlich veröffentlichten Experimente von Joseph Banks Rhine zur Psychokinese. Rhines Versuchspersonen waren angewiesen worden, durch ihren Willen zu bestimmen, mit welchem Ergebnis Würfel fallen sollten. Doch Elizabeth war unbeeindruckt. Es sei falsch zu sagen, «Die Seele kann Materie außerhalb des Körpers *genauso* bewegen wie Materie im Innern des eigenen Körpers». Es sei aber auch falsch, das Gegenteil zu behaupten. «Denn ich kann meine Hand *genauso wenig* durch meinen [bloßen] Willen bewegen, wie ich auf diese Weise eine Streichholzschachtel bewegen kann.»[158]

Ungefähr zu dieser Zeit begann Elizabeth mit einem neuen Ansatz zu experimentieren, um einen Gedanken von Aristoteles zum Ausdruck zu bringen: «Ich habe zu verstehen versucht, was er meint, indem ich den Körper ‹das Organ der Seele› genannt habe, so wie das Auge das Organ des Sehens ist.» Das Organ des Sehens sei das Auge; die Funktion des Auges bestehe darin, zu sehen. Das Organ der Seele sei der Körper; die Funktion des Körpers bestehe entsprechend darin, zu ...[159] Sie näherte sich tastend einer Idee: «Die ‹Seele› als ‹Leben›, d. h. ‹eine Seele haben› als ‹vitale Funktionen ausüben›.»[160]

Mary wurde nach Hause beordert: Sie musste sich um ihre Mutter kümmern, die auf dem Eis gestürzt war und einen Knochenbruch erlitten hatte – genau wie Mary selbst während des letzten großen Frostes. Mary kündigte höflich ihre Stelle als Sekretärin von Gilbert Murray und fuhr ein letztes Mal den Boars Hill hinab, wobei sie diesmal im Hinblick auf die vereiste Straße und ihre Unfallneigung den Bus nahm.

Elizabeth holt Wittgenstein nach Oxford

Oxfords Philosophengilde hoffte seit Jahren verzweifelt, dass Wittgenstein kommen würde. Man hatte seinen *Tractatus logico-philosophicus* gelesen, aber seine neue Philosophie war unveröffentlicht, und die Schnipsel, die aus Cambridge kamen, waren so interessant, dass man mehr wissen wollte. Nur wenige hatten wie J. L. Austin das «Blaue Buch» in die Hände bekommen. Vor dem Krieg hatte jede philosophische Gesellschaft aus Oxford Briefe an *Professor Wittgenstein, Trinity College, Cambridge* geschickt: zunächst nur behutsam, später zunehmend unterwürfig formuliert, ihn anflehend, doch bitte zu kommen. Wittgenstein hatte oft zugesagt, aber wenn das in Aussicht genommene Datum näher rückte, hatte der unglückliche Sekretär oder Vorsitzende ein Telegramm erhalten: Er sei erkältet, habe einen anderen Termin, eine Krise.[161] Freunden gegenüber war Wittgenstein offener gewesen: «Ich bin sicher, ihr werdet mich für ein Scheusal halten, weil ich es mir, was die Teilnahme an diesem bl.... Kongress betrifft, wieder anders überlegt habe. Aber die Wahrheit ist, ich bin froh, dass ich es mir anders überlegt habe. Es war ein schrecklicher Gedanke, hinzufahren und unter logischen Positivisten und dergleichen zu sitzen.»[162] Jetzt, nur sechs Monate nachdem sie ihre Stelle im Somerville bekommen hatte, war es Elizabeth, die Wittgenstein endlich nach Oxford holte. Es war ihr zwar nicht gelungen, Wittgenstein zu einem Vortrag zu überreden, aber er hatte sich bereiterklärt, an einer Sitzung der Jowett Society, des studentischen Philosophieclubs, teilzunehmen und auf einen Vortrag von Oscar Wood, dem Vorsitzenden der Gesellschaft, zu antworten.

Wood hatte sein Studium 1942 begonnen und stand nun, fast fünf Jahre später, kurz vor dem Abschluss. Wie Elizabeths Ehemann Peter hatte auch er den Wehrdienst verweigert und wurde deshalb von einigen Kommilitonen mit Misstrauen, ja Abneigung betrachtet. Als er 1952 eine Dozentenstelle am Worcester College erhalten hatte, drohte der Dekan mit Rücktritt. Die Eltern zahlreicher Studenten, mahnte er, «hätten sich sicher nicht für ein College entschieden, von dem sie gewusst hätten, dass ihre Söhne nach ihrem Dienst in den Streitkräften von einem Kriegsdienstverweigerer zur Betrachtung der Grundsätze ihres Verhaltens angeleitet werden würden». Dass das College «offiziell und wissentlich einen Herrn mit den ungewöhnlichen Ansichten von Mr Wood zum Dozenten für Philosophie ernennt, kommt einer Beleidigung der Lebenden und der Toten gleich».[163] Dieser Einblick in die allgemeine Stimmung gegenüber «conchies» mag erklären, warum Peter Geach trotz seiner Eins im Examen am Balliol noch immer keine feste Stelle hatte.

Elizabeth brachte Wittgenstein zu der Sitzung im Magdalen College mit.[164] Im vorderen Teil des rappelvollen Raumes saß Oscar Wood am einen Ende eines kleinen halbrunden Tisches. Wittgenstein nahm den Stuhl am anderen Ende, und Elizabeth setzte sich zu seinen Füßen auf den Boden. Obwohl sie das tat, weil es keine freien Stühle mehr gab, wurde es als emblematisch aufgefasst und trug zu den Mythen bei, die sich um ihre Beziehung zu Wittgenstein rankten. Mary war erstaunt, dass ihre Freundin anscheinend ihre Unabhängigkeit verloren hatte und «ganz klein und unterwürfig» geworden war.[165] An beiden Enden des Tisches standen brennende Kerzen, so dass es, als Wood sich erhob, so aussah, als würde er eine Séance oder eine Messe beginnen. Elizabeth dürfte die erste Reihe mit Argusaugen betrachtet haben, denn da saßen Feinde aus dem «Dinge»-Kurs. Mary Wilson, wie immer dabei, bemerkte: «Es waren praktisch alle Philosophen da, die ich je gesehen hatte.»[166] In den ersten Reihen saßen J. L. Austin, Gilbert Ryle, J. O. Urmson, Isaiah Berlin und H. A. Prichard. Auch Philippa war da, und Mary Wilson fiel ihre «gute», sichtlich nicht selbstgenähte Kleidung auf. Mrs Foot trug Strümpfe, während andere, denen Strümpfe zu teuer waren, nackte, mit Schlamm vom Fahrradfahren bespritzte Beine zeigten. Mary Scrutton, die ihre «unschönen malvenfarbenen Beine» zur Schau stellte, war mit dem schönen Wetter zurückgekehrt.[167] Weiter hinten saß Richard Hare, eine schmerzhaft dünne, bebrillte Gestalt. Er war zwar in Marys Alter, sah aber mit seinem schütteren Haar und dem hageren Gesicht viel älter aus. Sollte Mary ihn erblickt haben, hat sie ihn vielleicht nicht wiedererkannt – ihn, den sie zuletzt als jungen Mann in Fraenkels Agamemnon-Seminar gesehen hatte,[168] ins gleiche Licht getaucht wie Nick Crosbie und Frank Thompson.

Oscar Wood trug einen kurzen, sorgfältig aufgebauten Text über die Frage vor, ob Descartes' «Cogito, ergo sum» ein überzeugender Beweis sei. Nachdem er geendet hatte, begann Wittgenstein zu antworten. Er sprach so leise, dass das Publikum den Atem anhalten musste, um ihn zu verstehen. Mary Scrutton, deren natürliche Abneigung gegen alles Neurotische sie dazu disponierte, von diesem kleinen, elektrisierenden Weisen unbeeindruckt zu bleiben, war überrascht, dass sie sich in den Bann ziehen ließ: «Ungefähr fünf Minuten lang schien das, was er sagte, unglaublich wichtig und erhellend zu sein.» Sie war dankbar für die Erläuterungen, die Elizabeth so geduldig in Philippas Wohnzimmer gegeben hatte: «Die Sprache muss in der Komplexität des wirklichen Lebens verankert sein; sie darf ihm nicht von außen als aus Axiomen abgeleitetes Kalkül aufgezwungen werden», hatte Elizabeth gesagt. Der Satz «Ich denke» müsse in den Kontext des menschlichen Lebens zurückgeholt werden, wo seine Verwendung beschrieben und sein Sinn und seine Bedeutung erkennbar werden. Mary ärgerte sich, weil sie kein Notizbuch mitgenommen hatte, so dass ihr undichter Füller nutzlos in ihrer Tasche lag. Aber kaum war dieses Bedauern aufgetaucht, da begann die Sache zu kippen. Wittgenstein fing an, sich selbst zu unterbrechen: «Nein, nein, das ist es nicht – Was soll man sagen? Sie sehen, die eigentliche Schwierigkeit hier – Oh nein, nein, es ist furchtbar.»[169] «Sagen Sie, was Sie sagen *wollen*. Seien Sie mal *rabiat*, nur so kommen wir weiter»,[170] forderte er Wood auf, der – sehr zu Wittgensteins Verdruss – mit einer missmutigen, wenn auch klaren Darstellung der wichtigsten Punkte seines Textes antwortete. Mary war beeindruckt von dem Kontrast zwischen der objektiven Gelassenheit Woods und der ungeheuren Gewalt und Angst, die Wittgensteins Ablehnung des Solipsismus beseelte – seinem animalischen Gespür für die kalte, einsame, niemals endende Isoliertheit eines denkenden Ichs, das nicht nur von anderen Menschen, sondern auch vom Fleisch und Blut einer lebendigen Kreatur abgeschnitten ist; seinem verzweifelten Willen, «uns als soziale Wesen wieder in den für uns geeigneten Boden zu verpflanzen».[171] Wäre Iris dabei gewesen, hätte sie vielleicht auf die Schriften Gabriel Marcels zurückgegriffen. Für Wood war der Solipsismus ein Problem, für Wittgenstein war er ein Rätsel.

Als die Sitzung im Chaos versank, erlebte Philippa einen Augenblick höchster Klarheit: Sie spürte, wie sich etwas in ihr veränderte. Später sollte sie sagen: «Diese fünf Minuten haben sicher mehr Einfluss auf meine Philosophie und damit auf mein Leben gehabt als alles andere, was jemals jemand zu mir gesagt hat.» Sie speicherte eine Lektion ab: Wenn man sich dabei ertappt, dass man «etwas völlig Verrücktes» sagt, sollte man «nicht versuchen, den Gedanken zu verdrängen, sondern bei ihm bleiben, ihm die Zeit geben, die er braucht – seinen Tag, seine Woche, seinen Monat oder sein Jahr, wenn es sein muss».[172] Das war das genaue Gegenteil von Freddie Ayers Ansatz, der eine ganze Generation von Studenten [*male undergraduates*] hinterließ, die sich nicht zu sprechen getraute, weil ihr Gestammeltes als «Unsinn» bezeichnet werden könnte. Vielleicht bemerkte Philippa Elizabeths Blick, als den beiden dieser stumme Gedanke in den Sinn kam.

«Würde ein Mann zum Himmel blicken und sagen: ‹Ich glaube, es wird regnen, also bin ich›, so würde ich ihn nicht verstehen», fuhr Wittgenstein fort. Er versuchte, seine Zuhörer:innen an die prekären Zusammenhänge des Erkennens, der Verständlichkeit und der geistigen Gesundheit zu erinnern, die uns in der Sprache und im Leben zusammenhalten. Für den alten, zappelig in der ersten Reihe sitzenden H. A. Prichard, einen Vertreter des philosophischen Realismus, war das jedoch zu viel.[173] Sein Freund H. W. B. Joseph hatte seine letzten Jahre mit dem verzweifelten Versuch verbracht, die Absurditäten von Ayers Position aufzuspüren und zu entlarven, war aber von Ayer selbst und den anderen Exponenten der analytischen Philosophie ignoriert worden.[174] Prichard dagegen hatte beschlossen, mit den jungen Männern, die keine Zeit mit ihm verschwenden wollten, auch keine Zeit zu verschwenden. Er hatte eine Zugbrücke hochgezogen und war mit seinen eigenen ständigen Bemühungen beschäftigt, die Dinge zu klären.[175] Aber das hier war mehr, als er ertragen konnte. In seinem bahnbrechenden Aufsatz «Does Moral Philosophy Rest on a Mistake?» («Beruht die Moralphilosophie auf einem Irrtum?»), mit dem er sich 1912 einen Namen gemacht hatte, hatte er eine wichtige Überschneidung zwischen Descartes' Streben nach Gewissheit und der bei uns verbreiteten praktischen Ratlosigkeit in Bezug auf den Begriff der Pflicht festgestellt: *Was weiß ich wirklich? Warum sollte ich tun, was richtig ist?* Prichard hatte behauptet, dass keine philosophische Theorie uns bei diesen Fragen helfen könne. Dennoch müsse das Ringen um sie ernst genommen werden – es als rasenden Irrsinn abzutun beseitige weder unsere Fragen noch die Versuchung, sie zu stellen, sondern diene nur dazu, die großen, wenn auch ohne festen Halt unternommenen Anstrengungen der metaphysischen Tiere zu diskreditieren, die von ihnen ergriffen worden waren. Prichard erhob sich und ging zum Entsetzen aller zur Tür. Sein Abschiedsgruß: «Was Descartes interessierte, war viel wichtiger als alle Probleme, die Sie heute Abend angesprochen haben.»[176] Das «Sie» war an Wittgenstein gerichtet, zielte aber genauso auf die *Brethren* in der ersten Reihe.[177] Prichards Worte waren die letzten, die viele Anwesende von ihm hörten: Sechs Monate später war er tot.

Als Verwirrung und Verlegenheit nachließen, begann das Publikum sich einzumischen. So machte ein junger Mann im hinteren Teil des Raumes einige unwillkommene Kommentare, die Wittgenstein enorm zu irritieren schienen. Daraufhin versuchte Wood heroisch (wie Mary es empfand), Wittgenstein dazu zu bringen, wieder an seine zentrale Aussage über die Bedeutung des Wissens im *cogito* anzuknüpfen, aber vergeblich. Derweil begann Richard Hare unruhig zu werden. Er war zum ersten Mal bei der Jowett Society und hatte nur ein Ziel: einen Kommentar abzugeben. Er interessierte sich weder besonders für das *cogito* noch für Wittgenstein, aber Bedingung für die Mitgliedschaft in der Jowett Society war, dass man als Student bei einer der Sitzungen einen Kommentar abgegeben hatte. Dies war Hares letzte Chance. In ein paar Wochen würde er in *Greats* Examen machen, und wenn er es heute Abend nicht schaffte, einen Kommentar loszuwerden, würde er an künftigen Sitzungen als Dozent nicht teilnehmen dürfen. Als er spürte, dass die Dinge aus dem Ruder liefen, rief er laut: «Ich muss eine Anmerkung machen!» Und dann sagte er das Harmloseste, was ihm einfiel – so harmlos, dass sich hinterher niemand erinnern konnte, was er gesagt hatte. Wittgenstein glaubte, die Anmerkung stamme von dem jungen Mann, der hinter ihm saß und dessen frühere Kommentare ihn so irritiert hatten: «Sie [die Anmerkung] war der Tropfen, der das Fass zum Überlaufen brachte. Aber Wittgenstein wandte sich an *denjenigen*, der die Anmerkung nicht gemacht hatte, und riss ihn in Stücke.»[178]

«Es war schrecklich», schrieb Mary Wilson an diesem Abend in ihr Tagebuch.[179]

Mary und Iris bereiten sich auf ihren Wiedereinstieg in die Philosophie vor

Mary war zwar ein Jahr lang den Boars Hill hinauf- und hinabgestrampelt, in ihrem Leben aber nicht wirklich vorangekommen. Jetzt hatte sie gekündigt. Wie Iris, so wollte auch sie sich der Philosophie widmen. Sie besuchte ihre Tutorin für alte Geschichte im Somerville, Isobel Henderson, die sie nach Kriegsende Gilbert Murray als Sekretärin empfohlen hatte. Mary hoffte, sie würde ihr auch diesmal weiterhelfen können.

Marys beste Option für eine Karriere in der Philosophie, so Henderson, sei der von John Mabbott und Gilbert Ryle konzipierte Bachelor of Philosophy, kurz BPhil, also jener neue Studiengang, mit dem eine in den philosophischen Fakultäten in ganz Großbritannien stationierte Armee von Vertretern der analytischen Philosophie geschaffen werden sollte. Die BPhil-Rekruten trafen sich jeden Abend vor dem Essen in eigens dafür eingerichteten Kursen – Austins «Dinge»-Kurs war ein solches Angebot. Für das ungeübte Auge schienen diese kleinen Diskussionsveranstaltungen dem deutschen Seminar nachempfunden, doch hat Mabbott später betont: «Sie waren den deutschen Seminaren denkbar unähnlich»; im Unterschied zu ihren «belehrenden» teutonischen Pendants seien die Kurse «genuin explorativ» gewesen.[180] Für die Teilnehmenden sei es nicht darum gegangen zu erfahren, wie die großen Philosophen der Vergangenheit mit dem Geheimnis des menschlichen Lebens und dessen Platz im Kosmos gerungen hatten, sondern sie hätten die neue, leistungsfähige linguistische Technik beherrschen lernen sollen, um sie universell zur Umwandlung von Geheimnissen in lösbare Probleme anwenden zu können. Eine typische Woche konnte so aussehen, dass die BPhil-Studierenden am Dienstag von William Kneale im Exeter College über «Die Entwicklung der Logik» informiert wurden, am Mittwoch mit Waismann und Ryle im Magdalen «Die logische Kraft von Ausdrücken» untersuchten und Ende der Woche mit J. L. Austin und H. L. A. Hart im Balliol über «Rechtliche und moralische Verantwortung» diskutierten.

Waren die Lehrveranstaltungen für die Studierenden vor dem Krieg voller «intelligenter junger Männer» gewesen, «die gern Streitgespräche gewannen» (wobei das aggressive «Ich verstehe nicht» eine entscheidende Waffe gewesen war), so wurden die Graduiertenkurse nun von solchen Männern geleitet. Außerdem waren sie voll von Leuten, die sich speziell in den modernen Methoden und für Jobs in Berufen schulen ließen, die Cleverness, Schnelligkeit und Aggressivität belohnen. Selbst Ryle war besorgt, dass der BPhil-Studiengang nicht Philosophen, sondern Philister ausbilde.[181] Einige BPhil-Boys machten sich einen Spaß daraus, jüngere oder weniger selbstbewusste Tutoren zu terrorisieren. Herbert Hart, der, gerade ans New College berufen, mit der neuen linguistischen Methode noch nicht vertraut war, wurde blass, als Geoffrey Warnock seine Veranstaltung unterbrach, um ihm mitzuteilen: «Aber Mr Austin hat in seiner Vorlesung genau das Gegenteil gesagt.»[182]

Da nichts Marys aufkommende philosophische Träume mit größerer Sicherheit hätte zerplatzen lassen als ein solches Umfeld, schlug Isobel Henderson vor, sie solle es stattdessen mit dem DPhil versuchen, also der Promotion. Mary würde dann die Möglichkeit haben, sich drei Jahre lang weitgehend mit einem einzigen Problem auseinanderzusetzen. Sie würde nicht modern und schnell sein müssen, sondern könnte sich mit der «großen Metaphysik» befassen, über die sie und Philippa jetzt zu diskutieren begannen. Wie Donald MacKinnon ihnen dargelegt hatte, enthielt die Philosophie von A. J. Ayer unausgesprochen eine gefährliche «Lehre vom Menschen».[183] Um die aus dieser Lehre sich ergebende subjektivistische Ethik zu überwinden, würde ein alternatives Menschenbild erforderlich sein. Mary würde nach ihrer Promotion zwar weder modern sein noch vielleicht eine Stelle als Dozentin bekommen können – denn metaphysische Untersuchungen wurden «mit Misstrauen, ja Missbilligung» betrachtet, manchmal sogar zur Zielscheibe von «offenem Hohn» gemacht –,[184] doch sie würde vor der Orthodoxie des BPhil bewahrt werden.

Auf ihrer Suche nach einer «Metaphysik in großem Stil» fühlte sich Mary, wie schon bei ihrer ersten Begegnung mit Elizabeth im Speisesaal des Somerville, zu Platon hingezogen. Für viele Philosoph:innen in ihrem Umfeld, die mit der Diät des (wie sie es nannte) «extremen Empirismus» ernährt worden waren, gab es nur eine Wirklichkeit, die wertfreie Welt der empirischen, sinnlichen Tatsachen.[185] Platon jedoch hatte, ebenso wie H. H. Price, von Graden von Wirklichkeit gesprochen. In *Politeia*, dem ersten philosophischen Buch aus der Bibliothek des Downe House, das Mary wirklich fasziniert hatte, erzählt Platon das Höhlengleichnis, eine Geschichte von Gefangenen, die aus der unwirklichen Schattenwelt der Höhle zu etwas *Wirklicherem* aufsteigen:[186] aus der Finsternis zum Licht, zu Wissen, zum Guten und zur Schönheit. Von Donald MacKinnon hatte Mary gelernt, dass Gleichnisse keine Märchen sein müssten und dass Paradoxien und Dichtungen uns helfen könnten, «den Sinn einer Welt zu erfassen», die sich dem unmittelbaren Verständnis entziehe. Aber was hatte Platon gemeint, als er sagte, die Welt der Ideen sei *wirklicher* als die Welt der Dinge? Was ist das für ein «Dahinter», hatte Elizabeth gefragt.

Marys Dissertation sollte von einer Unterscheidung zwischen Existenz und Wirklichkeit ausgehen. Es ist «durchaus sinnvoll zu sagen, dass vieles existiert, was nicht wirklich ist», heißt es in einem frühen Essay. Wir sagen: «‹Er ist nur ein Schauspieler, sein ganzes Leben ist unwirklich›, ‹deine wirkliche Absicht›, ‹die ganze Sache war so unwirklich wie ein Alptraum›.» (Wenn Mary ihrer Mutter gegenüber gegen die ondulierten Locken von Frauen protestierte: «Ich glaube nicht an sie», dann wusste sie, dass sie existierten, aber sie hielt sie für etwas Unwirkliches.) Die Idealisten hätten diese Unterscheidung anerkannt. Die Erfahrung könne zeigen, dass etwas existiert, hatte F. H. Bradley 1893 geschrieben, doch es sei «bloßer Aberglaube, anzunehmen, eine Berufung auf Erfahrung könne Realität beweisen».[187] Der Vertreter des philosophischen Realismus G. E. Moore habe sich geirrt, schrieb Mary, als er «[diese] Dichotomie» als «peinlichen Ausrutscher» behandelte.[188] Um wirklich zu sein, müsse etwas «eine besondere Art von Bedeutsamkeit und Regelhaftigkeit» besitzen. Vielleicht hatte Mary, unter ihrer Tagesdecke liegend, Dorothy Emmet gelesen, die inzwischen Professorin an der Universität Manchester war und in einem im November 1946 in der Zeitschrift *Philosophy* (Marys Lieblingszeitschrift) abgedruckten Aufsatz geschrieben hatte, es gebe einen Zusammenhang zwischen Wirklichkeit und Bedeutsamkeit.[189] Wobei nicht die Bedeutsamkeit flüchtiger Interessen, Zwecke und Anliegen gemeint sei, sondern die Bedeutsamkeit dessen, was *wirklich zähle*.[190] Wir hätten eine Verantwortung, diese Dinge zu schützen. Aber zunächst müssten wir lernen, sie zu erkennen.

Mary hatte vor, diese Gedanken anhand der Schriften des neuplatonischen Philosophen Plotin aus dem 3. Jahrhundert zu untersuchen, der selbst in einer Zeit politischen und gesellschaftlichen Zusammenbruchs gelebt hatte. Im Exposé zu ihrer Dissertation heißt es, ohne «gute Gesellschaft» werde das praktische Leben schwierig. Die Ereignisse würden dann «vollkommen regellos aufeinanderfolgen», und wenn ein Mensch handle, führe das «nicht unbedingt zum gewohnten Ergebnis».[191] Wenn der Zusammenhang zwischen Mittel und Zweck nicht mehr gegeben sei, stelle sich die drängende Frage, wie man ein guter Mensch sein und seine Pflicht tun könne. Wenn ich meiner Freundin ein Lebensmittelpaket schicken will, der Postdienst aber von Gaunern und Gangstern betrieben wird, dann bleibt mir nur, das Paket abzugeben und das Beste zu hoffen. Eine Richterin, die ihre Pflicht in einer korrupten Gesellschaft tue, werde keinen Zusammenhang zwischen einem richtigen und einem guten Tun finden. «In solchen Situationen kommt es nicht zur Koinzidenz unterschiedlicher moralischer Motive, auf die sich optimistische Systeme verlassen.»[192]

Mary wollte mit dem Regius-Professor für Griechisch, E. R. Dodds, zusammenarbeiten. Wie H. H. Price, so gehörte auch Dodds dem Council der Society for Psychical Research an; als Price' Nachfolger war er von 1960 bis 1963 sogar deren Präsident. Er hatte einmal einen Exorzismus durchgeführt. Als Themen, für die er sich damals interessiert hatte, zählte Dodds in seiner Autobiographie auf: «Traum, Trance, Magie und die geheimnisvollen Kräfte, die mit Wörtern wie *menos* [Raserei], *ate* [Verblendung] und *daimon* bezeichnet werden».[193]

«Grade von Wirklichkeit. Denk über das Wort ‹Bedeutsamkeit› nach», hatte Iris einige Monate zuvor in ihr Tagebuch geschrieben (Dorothy Emmets Buch *The Nature of Metaphysical Thinking* von 1945 stand in ihrem Bücherregal in Chiswick neben Bubers *I and Thou*.)[194] Sie hatte nach und nach herausgefunden, was bedeutsam war. Sie erschuf sich nicht neu, sondern schlug Wurzeln in dem, was ihr vertraut war: in der Philosophie. «Ich kann mir einfach nicht vorstellen, dass irgendeine intellektuelle Institution jemals davon träumen könnte, mich anzustellen», hatte sie im Winter an Pip geschrieben. «Niemanden zu haben, mit dem man über diese Dinge sprechen kann, oder über irgendetwas anderes, was wichtig ist, ist manchmal eine Qual. Ich verliere jeden Sinn für meine Wirklichkeit als Denkerin. An manchen Tagen ist mir überhaupt nicht klar, worum es mir geht und was ich bin.»[195] Doch im Frühsommer 1947 hatte sie sich zusammengerissen und einen zweiten Antrag auf Gewährung eines Sarah-Smithson-Stipendiums verfasst. Dieser Antrag war straffer, fokussierter. Iris hatte zu Hause gearbeitet, wieder unter der Aufsicht von Donald MacKinnon, und für ihn Essays über «Themen in jenem Grenzbereich» geschrieben, «in dem sich die Philosophie der Logik, die Metaphysik und die Theorie der Sprache begegnen».[196]

Iris' Bewerbung zeigt Spuren von MacKinnons Einfluss, am deutlichsten in einer vertieften Auseinandersetzung mit Gabriel Marcel, dessen Buch *Être et Avoir* inzwischen regelmäßig in ihrem Tagebuch erwähnt wurde. MacKinnon hatte ihr ein Exemplar geschenkt, und zwar, wie sie darin vermerkt hatte, zu Neujahr 1947. Sie hatte vor, Marcels Unterscheidung von Problem und Geheimnis und Bubers Unterscheidung zwischen der *Ich-Es-* und der *Ich-Du*-Beziehung aufzugreifen. Anhand dieser Unterscheidungen wollte sie zeigen, «warum Sartre unrecht hat, wenn er allein die freie Handlung zum entscheidenden Merkmal seiner Ontologie macht».[197] Wenn ich Dinge und Menschen auf objektivierende Weise behandle, so Buber, beziehe ich mich auf sie als ein *Es*. Und wenn ich etwas aus dieser Perspektive erläutere, tue ich das mit Begriffen, die öffentlich verwendet und gegenüber jedermann zum Ausdruck gebracht werden können. Wenn ich zum Beispiel erläutere, warum eine heruntergefallene Tasse zerbrochen ist, und dabei Begriffe verwende, die sich auf Oberflächen und Zerbrechlichkeit beziehen, dann kann das allgemein mitgeteilt werden. Wenn ich mich jedoch auf einen anderen als ein *Du* beziehe, ist vieles oft schwer auszudrücken, ja unsagbar. Das ist keine «obskure mystische Vorstellung, sondern eine gewöhnliche Erfahrung, die die meisten Menschen kennen werden, wenn sie an ihr Leben denken», so Iris in ihrer Bewerbung. Sie dachte dabei vielleicht an ihr eigenes Leben – an Verstrickungen in Vierecksbeziehungen, Liebesbriefe und gebrochene Versprechen.[198] Sartre gehe davon aus, dass wir auf eine leere Welt träfen, in der wir als einsame Individuen durch unsere frei gewählten Handlungen Werte schaffen müssten. Doch er irre sich. Die Welt sei bereits voller Werte: Freunde,

Liebhaber, Tiere, Bäume. Alles lebende *Du's*. Allerdings «irrten» auch Marcel und Buber, und zwar aufgrund einer gewissen «Unbestimmtheit», einem «Versäumnis, ihre Begriffe zu definieren», so Iris weiter. Buber bezeichne die *Ich-Du*-Beziehung als dialogisch, bedenke aber nicht, dass viele Dialoge zwischen *Ich* und *Du* von Sprache und Symbol Gebrauch machten. Iris wollte einen logischen Rahmen finden, der solche Verwendungen von Sprache erfassen könne.[199] Und sie war sicher, dass der logische Positivismus mit seinen «logischen Gadgets»,[200] seinen Operatoren und Variablen, dazu nicht in der Lage sei. Wie hatte sie in diesem Februar in ihr Tagebuch geschrieben? «Keine Verifikation in der Du-Welt.»[201]

Iris' Gutachter war wieder MacKinnon, und diesmal hatte er mit deutlich spürbarem persönlichem Engagement geschrieben. Sie habe in den letzten Jahren «bittere» Erfahrungen gemacht,[202] scheine jedoch gereift. Das Gutachten schloss mit den Worten, dass die Bewerberin «an der Schwelle zu kreativer Arbeit von hohem Niveau» stehe. Iris' zweite Bewerbung beim Newnham College war erfolgreich. Lois MacKinnon jedoch war verzweifelt, mitansehen zu müssen, wie «dieselbe Situation sich wiederholte»[203] und Donald und Iris in ihr Muster aus Verliebtheit und Hysterie zurückfielen. Vielleicht war Donald ebenso erleichtert wie Lois, als er das Angebot eines Lehrstuhls in Aberdeen erhielt (Regius-Professur für Moralphilosophie). Mann und Frau verließen Oxford, bevor Iris eintraf.

Mary und Iris feierten ihren Wiedereinstieg in die Philosophie im Sommer 1947 mit einem Urlaub in Frankreich. Die beiden waren gemeinsam ins Somerville eingetreten und würden nun gleichzeitig ihre weiterführenden Studien aufnehmen. Sie reisten mit Marys Freund Tom Greeves, der später als Zeichner fantastischer Architektur – nicht etwa futuristischer Wolkenkratzer, sondern mittelviktorianischer, verfallener und von Vegetation überwucherter Bauwerke – berühmt werden sollte. Die drei fuhren auf gemieteten Fahrrädern durch Tours, sahen sich die Loire-Schlösser mit ihren Pfefferstreuerzinnen an – und dann Paris, mit Rucksäcken voller Proviant aus England: Ryvita-Knäckebrot, Sardinenbüchsen, Suppenpulver und einem kleinen Kocher zum Teekochen. Die 50 Pfund, die Reisende mitnehmen durften, wenn sie das

Vereinigte Königreich verließen, sollten so lange wie möglich reichen. Mary und Iris aßen am liebsten gemeinsam zu Mittag, sparsam von dem zehrend, was die Rucksäcke noch hergaben – der Gedanke, das Geld könnte ihr ausgehen, machte Mary nervös, so dass sie sich an die erfahrenere Iris hielt. Tom dagegen, eher der Feinschmecker, ging auf die Suche nach lokalen Delikatessen. Nun, die Budgetplanung funktionierte, und so konnten die drei eine Woche lang im Collège Franco-Britannique am Boulevard Jourdan logieren. Sie trafen sich auch mit Queneau. Der Dichter schrieb Iris ein Gedicht auf eine Metrofahrkarte: «Toms Tempo mag lahm sein, Marys variiert, *mais tu passes Iris ma chère comme vu éclair* [aber du, Iris, meine Liebe, gehst vorbei wie ein Blitz]».[204] Auf einem Jahrmarkt in Montmartre stieg Iris mutig in das neue Wunderwerk – den Rotor, eine sich immer schneller um eine Vertikalachse drehende Trommel, deren Boden während der Fahrt abgesenkt wurde. Dass die an der Wand stehenden Passagiere abrutschen könnten, verhinderte die Zentrifugalkraft. Das Kuriose aber war: Wer dieses Vergnügen suchte, durfte gratis mitfahren, während die Zuschauer auf einer kleinen Galerie darüber für das haarsträubende Spektakel zahlen mussten.[205] Mary opferte einen kleinen Teil ihrer 50 Pfund, um Iris sich drehen zu sehen.

Kapitel 5

Ein gemeinsames «Nein!»

Oktober 1947 – Juli 1948
Oxford & Cambridge

Das Quartett vereint gegen Ayer & Hare – Iris & Elizabeth sprechen über die Wirklichkeit des Vergangenen – Philippa bringt Tatsachen & Werte wieder zusammen – Elizabeth denkt über menschliches Handeln nach – Aristoteles erwacht zum Leben

Das Quartett vereint gegen Ayer und Hare

Mary Midgley war schon über neunzig, als sie uns eine alte Geschichte erzählte. Es war die Geschichte, die Sie gerade lesen. Ihre Version begann im Oktober 1947, als sie, damals noch Mary Scrutton, aus Paris zurückkehrte und sich wieder voll und ganz der Philosophie widmete. Mit ihren damals neunundzwanzig Jahren war Mary längst keine kleine Studentin mehr, sondern eine ausgewachsene Gelehrte, die ein anspruchsvolles Promotionsprojekt über Plotin in Angriff nahm. Auch Iris war jetzt die «erfahrene Frau», die sie immer hatte sein wollen, und wusste mehr über die neue französische und europäische Existenzphilosophie als sonst jemand in England. Sie wohnte im Pightle, einem Haus für Hochschulabsolvent:innen in Cambridge, das dem Newnham College gehörte. Aber man sah sie genauso oft aus Philippas Haus in Park Town 16 in Oxford kommen wie aus dem graublauen Bogen des Pightle. Philippas Tutorentätigkeit am College dagegen war in einen Lehrauftrag umgewandelt worden.[1] Elizabeth wiederum lebte als Forschungsstipendiatin am Somerville College in Oxford. Ihr Ehemann Peter wohnte mit Barbara und John in der Fitzwilliam Street 19 in Cambridge.[2] Iris spielte manchmal den Paketboten und brachte die Kinder zu einem wartenden Elternteil am einen oder anderen Ende der Varsity Line.[3] «Auf diese Weise», erzählte uns Mary, «konnte ich sie eine Zeit lang alle von meinem Dachfenster aus sehen, und bald bekam ich sie oft zu Gesicht.»[4] Sie hatte es immer noch deutlich vor Augen: «Zu viert saßen wir in Philippas Wohnzimmer und versuchten, die vorherrschenden Lehrmeinungen der damaligen Zeit zu widerlegen, die wir allesamt als katastrophal empfanden.»[5]

Ende 1947 hatte sich die Mini-Mondschein-Rebellion, die Mary und Iris nach ihrem Bablock-Hythe-Abschlussessen mit Isobel Henderson angezettelt hatten, zu einer waschechten philosophischen Mission ausgewachsen. «Trend ist ein guter Mensch und Rowse ein schlechter», hatte die junge Iris ganz unmodern erklärt und sich damit gegen Ayers Ablehnung objektiver ethischer Wertaussagen gestellt. Jetzt, nach dem

Krieg, war es dringend geboten, einen Weg zurück zu moralischen Wahrheiten, objektiven Werten und einer Ethik zu finden, die sich mit den wirklich wichtigen Dingen befasste. Iris hatte ehrgeizige Pläne für dieses Jahr: «Moralphilosophie erneuern. Ross vernichten. Kritik der praktischen Vernunft ernst nehmen. Die Grenzen der linguistischen Methode und damit das wahre Ausmaß der gegenwärtigen Krise der Philosophie offenlegen.»[6] Elizabeth schlug in ihrem Bericht an das Komitee des Mary-Somerville-Stipendiums vor, «meine Zweifel an dem herauszuarbeiten, was man analytische Philosophie nennt».[7] Philippa wollte zeigen, dass «es nicht nur darum gehen kann, zu buhen und zu applaudieren. Wenn wir sagen, dass der Holocaust etwas absolut Böses war, ist das nicht nur eine persönliche Entscheidung oder ein Ausdruck der Missbilligung. Vielmehr liegt etwas Objektives darin.»[8] Marys philosophisches Ziel hingegen bestand darin, «zu verstehen, wie sich die früheren und jüngeren Herangehensweisen an das Thema zueinander verhalten».[9] Am Ende dieses akademischen Jahres schrieb Iris zu Hause im Pightle in ihr Tagebuch: «Zurück aus Oxford. Eine Frauenwelt. Im Gespräch mit Mary, Pip & Elizabeth dachte ich, wie sehr ich sie alle doch mag.»[10]

Auch mit über neunzig hielt Mary ihre Geschichte noch für wichtig. Sie war der Ansicht, dass die orthodoxen Lehrmeinungen, gegen die sie gemeinsam mit ihren Freundinnen angekämpft hatte, immer noch fortlebten. «Obwohl oberflächlich betrachtet viel passiert zu sein scheint», schrieb sie zu Beginn des neuen Jahrtausends, «hat sich das Spektrum an bunten und fantastischen Ideen, in denen wir leben, doch nicht wirklich verändert.»[11] In ihrer Version der Geschichte (Mary verlor nie das Gespür für Dramatik) besetzte sie die Rolle des Antihelden mit Richard Hare. «Wie bei vielen philosophischen Schulen», so Mary, «war der Ausgangspunkt ein gemeinsames ‹Nein!›»[12]

Als sich Mary und Iris im Februar 1942 auf ihre Abschlussprüfungen vorbereiteten, war Richard Hare fast 11 000 Kilometer entfernt mit der Verteidigung Singapurs gegen die anrückenden Japaner beschäftigt. Zusammen mit Nick Crosbie, Kenneth Kirk, Frank Thompson und Noel Martin hatte ihn der Krieg Eduard Fraenkels Seminar am Corpus Christi College in Oxford entrissen und ließ ihn bald das Schicksal der gefangenen Kassandra teilen. Denn die einwöchige Schlacht endete mit der bedingungslosen Kapitulation der britischen Truppen, so dass Second Lieutenant Hare gemeinsam mit 80 000 britischen, indischen und australischen Kameraden in Kriegsgefangenschaft geriet: «Ich ziehe es vor, unser Elend nicht zu thematisieren», erwiderte er auf die Frage, wie es ihm dort ergangen sei.[13] Er gehörte zu denjenigen, die ihre Befreiung der Atombombe verdankten, ohne die, wie er später schrieb, «wir wahrscheinlich nicht überlebt hätten».[14]

Wie andere ältere Studenten [*ancient undergraduates*] kehrte Richard Hare 1945 nach Oxford zurück, um seinen Abschluss nachzuholen. Er litt immer noch an den Folgen von Hunger und Folter, zu denen auch wiederkehrende, mit Schweißausbrüchen, Schüttelfrost, Kopfschmerzen und Erbrechen einhergehende Malariaanfälle gehörten. Sandie Lindsay, sein alter Master vom Balliol College, besorgte ihm Pamaquine, ein neues und «nur schwer zu bekommendes» Malariamedikament.[15] Richard hatte es gerade so zu dem Treffen der Jowett Society geschafft, zu dem Elizabeth Wittgenstein mitgebracht hatte. Es war das erste Mal, dass er halbwegs zur Teilnahme in der Lage war, und hätte er nicht dringend eine Frage stellen müssen, er wäre wohl zu Hause geblieben, um sich bei seiner neuen Frau Catherine auszuruhen. In seinem letzten Studienjahr wurde er von Donald MacKinnon angeleitet. Hare verstand zwar nichts von dem, was ihm sein Tutor sagte, war ihm aber dankbar dafür, dass er ihn die richtigen Bücher lesen ließ.[16] Hare und MacKinnon waren beide gläubige Christen, die im September 1939 jedoch ganz unterschiedliche Entscheidungen getroffen hatten. Wir wissen nicht, wie sich der Anblick des geschwächten, malariakranken Studenten auf die Psyche des älteren Mannes auswirkte. Aber Richard Hares Einstellung zum Pazifismus hatte sich seit jenen Tagen eher noch verhärtet: «Es ist, als würde man Frauen anschaffen schicken», sollte er einmal schreiben.[17]

Ebenso wie Philippa und Mary war auch Richard durch seine persönlichen Erfahrungen zum Moralphilosophen geworden. «Ohne den Krieg wäre ich vielleicht zu den Klassikern zurückgekehrt und Altphilologe geworden. Doch der Krieg warf so viele moralische und philosophische Fragen auf, dass ich danach nur noch Philosoph sein konnte», sagte er.[18] Die Moralphilosophie, die er im Laufe des nächsten

Jahrzehnts entwickelte, speist sich aus seinen Kriegserfahrungen und insbesondere aus zwei ebenso symbolträchtigen wie entsetzlichen Erlebnissen.

Das erste ereignete sich im Februar 1942, als sich Hares Einheit ergab. Sie hatten während der gesamten japanischen Invasion der malaiischen Halbinsel nur zwei Japaner gefangen genommen, die nach der Kapitulation freigelassen wurden. «Diese taten, was ihnen geboten erschien: Zurück bei ihren Einheiten, salutierten sie vor ihren kommandierenden Offizieren und begingen Harakiri»,[19] «um die Schande der Gefangenschaft zu tilgen».[20] Für Richard Hare war dies der Moment, in dem er «aufhörte, an eine universelle, objektive Moral zu glauben, die – wie von Sir David Ross postuliert – intuitiv und ohne logische Erwägungen erkennbar ist».[21]

Die zweite Begebenheit ereignete sich in der zweiten Hälfte von Hares Gefangenschaft nach dem langen, schrecklichen Marsch den Fluss Kwai hinauf. Jeden Morgen befahl der Lagerkommandant den Gefangenen, an der Eisenbahnlinie von Birma nach Thailand zu arbeiten. Sie waren alle am Verhungern und einige außerdem an Malaria, Cholera und Ruhr erkrankt. Richard erzählte, dass der Lagerdolmetscher – bei dem es sich möglicherweise um ihn selbst handelte – versuchte, den Kommandanten davon zu überzeugen, die Kränksten nicht hinauszuschicken, da sie die Anstrengungen nicht überleben würden. Dieser Umstand schien den Lagerkommandanten jedoch nicht sonderlich zu beeindrucken. Die Haltung des Kommandanten war für Hare ein weiterer Beleg dafür, dass sich Ross und Prichard irren mussten. Während für Hare feststand, dass die Männer nicht in den Tod geschickt werden sollten, ließ der Kommandant sich von dem «ebenso klaren und unumstößlichen Gespür leiten», dass er «seine Pflicht gegenüber seinem Land erfüllen müsse».[22] Wenn das Moralempfinden mit einer objektiven ethischen Realität korreliert, sollte ein so krasser Gegensatz nicht möglich sein, dachte Hare. Intuition und Emotion führten demnach nicht zur Wahrnehmung einer unabhängigen ethischen Realität, sondern waren lediglich das Ergebnis einer besonderen Erziehung.

Als junge Philosophin im Lady Margaret Hall College lehnte Dorothy Emmet die «Welt der ethischen Gewissheiten», die von ihren dem Realismus anhängenden Dozenten postuliert wurde, als unrealistisch ab. Sie suchte stattdessen nach einer Verbindung zwischen der Ethik und den wirklich wichtigen Dingen des menschlichen Lebens. Hare hingegen wurde Tausende Kilometer von zu Hause entfernt unter entsetzlichen Bedingungen mit völlig neuen Werten konfrontiert. Und die Existenz so unterschiedlicher ethischer Gewissheiten ließ sich in seinen Augen nicht mit der Vorstellung von universellen, objektiven ethischen Standards in Einklang bringen. «Man muss wissen, dass Kriegsgefangenengemeinschaften ad hoc entstehende Gesellschaften sind, die immer wieder neu gebildet werden müssen», erinnerte sich Hare. Die Mitglieder dieser Gemeinschaften haben keinen gemeinsamen Hintergrund und folglich auch keine gemeinsamen Werte, auf die man sich verlassen könnte. In «dieser seltsamen, von ständiger Auflösung geprägten Situation […] kann das persönliche, ohnehin am seidenen Faden hängende Überleben an einem Tag von der Zusammenarbeit mit seinen Mitgefangenen abhängen, während man sich am nächsten besser nur um sich selbst kümmert».[23] Mary hatte von Plotin gelernt, dass sich ein Individuum, wenn es gezwungen ist, außerhalb einer «guten Gesellschaft» zu handeln, nicht darauf verlassen kann, dass dieselbe Ursache auch dieselbe Wirkung zeitigt. Wenn sich eine Einzelne dessen ungeachtet dafür entscheidet, in guter Absicht zu handeln – sei es aus Freundschaft, Wohlwollen, Pflicht- oder Ehrgefühl –, kann sie nicht erwarten, auch tatsächlich Gutes zu tun. Hare ging wie Plotin in die innere Immigration und legte seine eigenen moralischen Grundprinzipien fest, an die er auch sein zukünftiges Selbst zu binden versuchte, komme, was da wolle.

Als Richard Hare im Juni 1947 sein Studium mit Auszeichnung abschloss, bot Lindsay ihm eine Mitgliedschaft im Balliol an.[24] Er wurde wohl als Ersatz für den ausscheidenden MacKinnon ernannt. Hare begann über seine beiden Erlebnisse nachzudenken. Vor dem Krieg hatte ihn Ayers *Sprache, Wahrheit und Logik* nicht überzeugt, aber nachdem er nun nicht mehr an eine objektive ethische Realität glaubt, begann er das darin postulierte Bild einer wertfreien Welt zu akzeptieren.[25] Was er jedoch nicht akzeptieren konnte, war Ayers Behauptung, dass die Sprache der Moral nichts anderes als der Ausdruck von Emotionen sei, denn das hätte seine Meinungsverschiedenheit mit dem japanischen Kommandanten auf einen bloßen Zusammenstoß von Gefühlen reduziert. Vielmehr wollte er zeigen, dass moralische Meinungsverschiedenheiten, auch wenn es keine objektiven Werte in der Welt gibt, rational angegangen werden können und dass sich die Vernunft durchsetzen kann, wenn beide Parteien ehrlich und intellektuell dafür offen sind. Schon im Balliol hatte Richard Hare den Ehrgeiz entwickelt, «einen Weg zu finden, um moralische Fragen rational zu beantworten».[26]

Um die Sprache der Moral wieder im Bereich der Vernunft anzusiedeln, begann Hare damit, sie neu zu klassifizieren. Es war das dritte Mal im 20. Jahrhundert, dass ein Moralphilosoph G. E. Moores Empfehlung folgte und das Wort «gut» und nicht die Güte [*goodness*] oder das Gute [*the Good*] untersuchte, um einen Platz für seine ethischen Begriffe in einer immer fremderen Welt zu finden. Für Realisten wie Ross und Prichard unterlagen moralische Aussagen objektiven Maßstäben der Richtigkeit, die ihrem Verständnis nach in einer unabhängigen moralischen Wirklichkeit angesiedelt waren. Für Ayer waren sie Ausdruck von Emotionen, die subjektive Gefühle vermitteln. Für Hare sind sie moralische Vorschriften oder Imperative, die bestimmte Handlungsweisen empfehlen oder ablehnen. Moralische Werturteile kommen laut Hare Befehlen gleich: «Tu es!» oder «Tu es nicht!»

Anders als Gefühlsäußerungen können moralische Imperative in einer rationalen Beziehung zueinander stehen – und genau darauf kam es Hare an. Dem Befehl «Geh jetzt!» steht der Befehl «Geh jetzt nicht!» entgegen. Und der Befehl «Mach ein Omelett!» impliziert den Befehl «Schlag ein paar Eier auf!».[27] Hare erkannte, dass Imperative ein eigenes System besitzen, und so begann er, diese besondere Logik zu entschlüsseln. Just als sich Mary und Iris wieder der Philosophie zuwandten, war er bereit, seine Erkenntnisse in Abhandlungen, Vorlesungen und Seminaren vorzustellen: «Imperative Sentences» (Jowett Society, Hilary 1948), «Moral Objectivity» (Westcott House, Cambridge, Michaelmas 1948), «Some Logical Problems in Ethics» (Vorlesungen, Michaelmas 1948), «Good» (Graduate Class, Trinity 1949 und Philosophical Society, Hilary 1950), «Practical Reason» (eingereicht für den T. H. Green Moral Philosophy Prize 1950). Bald war der «universelle Präskriptivismus» [*Moral Prescriptivism*], wie er seine Theorie nannte, in den Junior Common Rooms in aller Munde.[28]

Hare wollte zeigen, dass es eine rationale Grundlage für ethische Meinungsunterschiede geben kann, auch nachdem Ayers ethisches Herbizid die Realität ihrer objektiven Werte beraubt hatte. Diese Auffassung von Ayer war es, die Philippa, Mary, Iris und Elizabeth zu ihrem kollektiven «Nein!» veranlasste. Philippa jedoch ertrug auch jene neu verpackte Version des Ayer'schen Subjektivismus nicht. Sie wollte den Nazis klipp und klar sagen können: «Wir haben recht und ihr unrecht.» Sie wollte eine Welt mit objektiven moralischen Werten, anhand derer Handlungen als *falsch* oder *schlecht* und nicht nur als *widersprüchlich* oder *unlogisch* klassifiziert werden können. Hare hatte sich jedoch für das Prinzip der Widerspruchsfreiheit entschieden: Wenn ein Mensch eine Reihe ethischer, in sich stimmiger Grundsätze vertritt und auch nach ihnen handelt, kann sich im Grunde niemand beschweren.[29] Moralische Kritik würde in diesem Fall nicht lauten: «Du liegst falsch in Bezug auf grundsätzliche Fragen der Menschlichkeit», sondern: «Deine ethischen Grundsätze sind in sich nicht stimmig» oder «Deine Handlungen stehen nicht im Einklang mit deinen Grundsätzen.» Sobald die Widersprüchlichkeit einmal festgestellt ist, «kann ich ihn nur noch selbst wählen lassen, denn schließlich ist es seine Entscheidung», sagte Hare über den japanischen Kommandanten.[30]

Später sollte Iris «diesen Abschnitt unserer philosophischen Geschichte» – von Ayer bis Hare – als «die Eliminierung der Metaphysik aus der Ethik» bezeichnen. Während sich Idealisten und Realisten mittels Selbstaufhebung oder Intuition um die Entdeckung objektiver moralischer Wahrheiten bemühten, haben wir bei Ayer und Hare «eine leere Hülle» vor uns, in der die Moral «nicht mit einer realen natürlichen oder metaphysischen Struktur verbunden ist, sondern ohne jeden transzendenten Hintergrund dargestellt wird».[31]

Wenn Mary in ihren späteren Jahren von sich und ihren Freundinnen erzählte, pflegte sie die Geschichte damit zu beginnen, wie sie Fakten und Werte wieder zusammenführten, um auf diese Weise die große Kluft in der Realität zu überwinden, die Ayer zelebrierte und Hare akzeptierte. Daraus «folgte eine Menge Metaphysik», wie sie sagte. Als Mittel dazu dienten Philippas Notizen über Thomas von Aquin (eine «unserer besten Quellen für die Moralphilosophie»), Fragmente von

Wittgensteins neuesten Schriften, die Elizabeth hervorzauberte (menschliche Lebensformen), Marys Stichpunkte über Plotin (Realität, nicht Existenz) und Iris' mit Kommentaren versehene Kopie von Gabriel Marcels *Être et Avoir* (Probleme und Rätsel). Hinzu kamen Aufzeichnungen von Seminaren aus der Kriegszeit: Ross' und Prichards moralische Intuition, Collingwoods Wäscheleine und Lindsays *entia rationis*, die unbeobachteten Katzen von Price, Cassirers Lektionen über Kants *Achtung*, Josephs «bits of living» und Mary Glovers Vortrag über die Fähigkeit der Liebe, das Gute zu offenbaren, außerdem Platon, Aristoteles, die analogischen Begriffe Donald MacKinnons und diese Einsicht: *Wir sind metaphysische Lebewesen.*

Iris und Elizabeth sprechen über die Wirklichkeit des Vergangenen

Für Elizabeth und Iris war die «Welt der Frauen», die Philippa und Mary im grünen Park Town eingerichtet hatten, nur die eine Hälfte ihres intellektuellen Lebens. Die andere war das «unruhige, ungeduldige, ruhelose» Cambridge, wo Frauen noch keinen Abschluss machen durften und die Doktoranden nach Iris' Eindruck nur ein Thema kannten: «Wittgenstein, Wittgenstein und Wittgenstein».[32] Dieser war im August 1947 von seinem Lehrstuhl zurückgetreten, als Iris im Pariser Rotor ihre Runden drehte. Schon sein letztes Trimester (Michaelmas 1947) war ein Freitrimester gewesen. Seine Abwesenheit erleichterte es den Doktoranden, vom Meister ungestört über die Bedeutung seiner Philosophie zu diskutieren. Er selbst zog sich in das abgelegene Rosroe, ein Ferienhaus in Connemara an der irischen Westküste, zurück, wo er die Nachbarsfamilie in Angst und Schrecken versetzte. Die Leute hielten ihn für verrückt und verboten ihm, ihr Land zu betreten. Seine geliebten amerikanischen Pulp-Kriminalmagazine hatte er nicht mehr und las deshalb die Kriminalromane von Dorothy L. Sayers. Die Geschichten um die fiktive Somerville-Absolventin Harriet Vane deprimierten ihn jedoch.[33]

Iris war Anfang Oktober 1947 in Cambridge angekommen, mit wenigstens zwei Exemplaren von *L'Être et le Néant*, Albert Camus' *La Peste* und einigen Werken der französischen Avantgarde im Gepäck. Im selben Monat reiste sie zweimal nach London, um in der zerbombten St Anne's Church in Soho Vorträge über Sartre zu halten.[34] Ihre Tagebücher aus dem Vorjahr sind voller Reflexionen über Marcel, Kant, Bradley, Sartre, Hegel, Buber, Heidegger, Platon, Ayer, Russell, Kierkegaard und den thomistischen Philosophen Pierre Rousselot. Sie war nun bereit für ernsthafte Arbeit, und Philippa schickte ihr eine Gelehrtenrobe.[35]

Sobald sie ausgepackt hatte, ging sie zu Elizabeth. «*Aufgewärmte* Philosophien taugen nichts», sagte diese gewichtig. «Man muss ganz von vorn anfangen – und es dauert lange, bis man einen Anfang hat.»[36] «Jedes Gespräch mit E. ist belebend und anregend, selbst wenn es um die banalsten Dinge geht», schrieb Iris an Philippa.[37] Im Laufe des Jahres taucht der Name ihrer Freundin als «E.» fast 150 Mal in ihrem Tagebuch auf.

Iris hatte zwar durch Philippa schon von Elizabeths neuer Art zu philosophieren gehört, kam aber erst einige Tage nach ihrer Ankunft, an einem düsteren Donnerstagabend, direkt damit in Kontakt. Elizabeth stellte dem Cambridge Moral Sciences Club, einer seit langem bestehenden Diskussionsgruppe des Fachbereichs, deren Schriftführerin sie 1945–1946 gewesen war, ihre Arbeit «Die Wirklichkeit des Vergangenen» vor. Es war fast auf den Tag genau ein Jahr her, dass der Club Zeuge jenes berühmten Vorfalls geworden war, bei dem Wittgenstein Karl Popper mit einem Schürhaken bedroht hatte.[38] Elizabeth war nervös. Zum ersten Mal versuchte sie umzusetzen, was sie von Wittgenstein gelernt hatte, so dass sie es für angebracht hielt, mit einer Entschuldigung zu beginnen: «Ich ahme im gesamten vorliegenden Aufsatz seine (Wittgensteins) Ansichten und Diskussionsmethoden nach; aber selbst das Beste, was ich zu Papier bringe, ist lediglich ein fader Abklatsch einiger Aspekte des Originals. Der Wert dieser Arbeit wird also durch meine Fähigkeit begrenzt, Dr. Wittgensteins Werk zu verstehen und zu benutzen.»[39] Als sie jedoch zu sprechen begann, wurde sofort klar, dass dies längst nicht mehr die stotternde Elizabeth war, die im Turm von Whewell's Court nur ein paar abgehackte Bemerkungen zuwege gebracht hatte. Denn sie präsentierte den Zuhörer:innen nicht nur Gedankenfragmente, sondern eine ausgereifte philosophische These.

Sie begann mit einem Paradoxon, das der Vorsokratiker Parmenides formuliert hatte: «‹Was sich denken lässt, das kann auch der Fall sein und umgekehrt.› Also kann man sich nichts denken, was weder der Fall ist noch der Fall sein kann. Was vergangen ist, ist aber weder der Fall, noch kann es der Fall sein. Also kann man sich Vergangenes nicht denken, und folglich trügt der Anschein, dass wir einen Begriff von der Vergangenheit haben.»[40]

Dieses Parmenides-Fragment drücke keinen «cartesischen Zweifel» aus, erläuterte Elizabeth ihrem Publikum. Parmenides sei nicht darüber besorgt, dass es unmöglich sein könnte, etwas über die Vergangenheit zu *wissen*, sondern wirft eine noch grundsätzlichere Frage auf: Wie ist es überhaupt möglich, über die Vergangenheit zu *reden* oder zu *denken*? Seine Frage dreht sich um Bedeutung und Verständlichkeit: «Ist es nicht völlig unmöglich, dass wir einen Begriff von der Vergangenheit haben», lautet die Frage.[41]

Das Paradoxon des Parmenides, so erklärte Elizabeth ihrem Publikum, resultiert aus unserer Vorstellung über die Art und Weise, wie Denken und Sprache mit der Welt verbunden sind. Und diese Vorstellung ist uns so selbstverständlich, dass wir sie vielleicht gar nicht bemerken. Sie sieht folgendermaßen aus: Der Name «Iris» bezeichnet Iris, indem er sozusagen auf sie verweist. Ein Gedanke oder Satz, der den Namen «Iris» verwendet, handelt von Iris, weil der Name auf Iris verweist. Der Gedanke oder Satz ist aufgrund dieser schlichten Verbindung zwischen Name und Benanntem sinnvoll und wahrheitsfähig. «Wenn ich an meinen Bekannten A denke und denke, dass er in Birmingham ist, dann denke ich an ihn, an A selbst, und an Birmingham, an die Stadt selbst», erklärt Elizabeth.[42] Das Problem mit der Vergangenheit tritt dann auf, fährt sie fort, wenn wir versuchen, unser Reden über die Vergangenheit anhand dieses Sprachmodells zu verstehen, denn wir stellen fest, dass wir das nicht können. «Der Name oder die Vorstellung von etwas Vergangenem scheint in genau demselben Sinn auf den entsprechenden Gegenstand zu verweisen, wie das der Name oder die Vorstellung von jedem wirklichen Gegenstand tut. Aber wie sollte das möglich sein, wo doch der entsprechende Gegenstand gar nicht existiert?»[43] So sehen wir uns wie Parmenides zu dem absurden Schluss gezwungen, dass die Annahme, über die Vergangenheit nachdenken zu können, eine Illusion ist.

Elizabeth hatte erkannt, dass das von Parmenides formulierte Problem Phänomenalisten wie Freddie Ayer, die Aussagen über materielle Objekte – Tische, Badewannen, Katzen und Rüben – in Form von sensorischen Erfahrungen analysieren wollten, zutiefst beunruhigen sollte. Ein Phänomenalist untersucht Aussagen über unbeobachtete Objekte mit Hilfe der kontrafaktischen Analyse: «Im Zimmer nebenan steht ein Tisch»[44] bedeutet: «Wenn man ins Nebenzimmer ginge, dann würde man ... sehen.» Handelt es sich jedoch um eine Aussage über die Vergangenheit – «Im Zimmer stand ein Tisch» –, dann besteht, so Elizabeth, das Problem nicht darin, wie jemand in der Vergangenheit eine entsprechende Beobachtung gemacht haben könnte. Es ist vielmehr so, dass der Begriff der Vergangenheit auf beiden Seiten der phänomenalistischen Analyse als ein unanalysierter erscheint! «Da war ein Tisch im Zimmer» = «Wäre man zu dieser Zeit im Zimmer gewesen, hätte man ihn gesehen.» Aber das hilft beim Paradoxon des Parmenides überhaupt nicht weiter.

Phänomenalisten, so Elizabeth weiter, «tun so, als ob bereits ein leeres System der Zeiten vorhanden sei und es die einzig verbleibende Aufgabe sei herauszufinden, was an die unterschiedlichen Stellen des Systems gehört.»[45] Es sei, als befänden sich «vor mir Bilder in einer Reihe. Die Bilder zur Rechten repräsentieren die Zukunft, die zur Linken die Vergangenheit», und diese Bilder verschieben sich fortwährend nach links.[46] In dieser Vorstellung ist jeder Einzelne von uns ein statischer Punkt. Die Ereignisse ziehen an uns vorbei und fixieren sich dabei. «Von etwas Vergangenem zu sprechen» hieße dann, «unsere Gedanken auf etwas zu richten, das zwar da ist», sich jedoch außerhalb unserer Reichweite befindet. Wie aber, so fragt Parmenides, können wir unser Denken auf Ereignisse und Gegenstände richten, die an uns vorübergegangen sind und nicht mehr existieren?[47]

Die Vorstellung von vergangenen und zukünftigen Ereignissen als Bilderreihe auf einer festgelegten Zeitachse, so Elizabeth weiter, ist auch mit der Auffassung verbunden, dass sich zwar die Zukunft, nicht aber die Vergangenheit ändern lässt. Diese Auffassung von der Unveränderlichkeit des Vergangenen ließe sich «dadurch repräsentieren, dass ich ein Bild nicht mehr aus der Reihe entfernen kann, wenn es sich nach links geschoben hat, wohingegen ich ein Bild auf der rechten Seite entfernen könnte. Die Vorstellung, dass das Geschehen eines Ereignisses dessen Beschaffenheit festlegt, kann dadurch repräsentiert werden, indem sie sich nach links an mir vorbeischieben, fixiert werden, wohingegen die Bilder zur Rechten noch veränderbar oder vielleicht sogar nur leere Flächen sind.»[48] Das führt jedoch zu weiteren philosophischen Problemen. Warum kann die Vergangenheit nicht verändert werden? Handelt es sich lediglich um eine empirische Unmöglichkeit, so als wären eine Reihe von Fotografien in einer versiegelten Box archiviert oder auf einem speziellen Material gedruckt worden, das die Bilder fixiert? Oder ist die Unveränderlichkeit der Vergangenheit irgendwie in der Natur der Wirklichkeit verankert? Können wir uns nicht einfach eine Modifizierung der Vergangenheit vorstellen, so als würde sich plötzlich eines der Bilder verändern, die bereits an uns vorübergegangen sind?

Nun war Elizabeth bereit, Wittgensteins Methode anzuwenden, um diesen gordischen Knoten aus Rätseln und Paradoxien zu zerschlagen. Wenn uns ein Sachverhalt verwirrt, so hatte Wittgenstein sie gelehrt, weist das stets auf einen Punkt hin, an dem wir uns «im Unklaren» darüber sind, wie unsere Begriffe funktionieren.[49] An solchen Punkten sind Philosoph:innen allzu leicht bereit, die Grenzen der sinnvollen Rede zu überschreiten und verrückte Dinge zu sagen wie: «Es ist nicht möglich, über die Vergangenheit zu denken!» oder «Ist es nicht denkbar, dass sich die Vergangenheit verändert, obwohl das nie geschieht?» «Weiß ich wirklich, dass dies ein Baum ist?» oder «Sehe ich wirklich diese Zigarettenschachtel?» Von Wittgenstein hatte sie gelernt, dass ein:e Philosoph:in just an dieser Peripherie des Sinns tätig werden sollte, an der Grenze zwischen Verständlichkeit und Unverständlichkeit oder zwischen Vernunft und Wahnsinn, wo uns die Gewissheit abhandenkommt, auch tatsächlich zu verstehen, was wir meinen. Im Publikum lauschte Iris wie gebannt Elizabeths Worten und zückte ihr Notizbuch.

«Das Vergangene ist wirklich», «die Vergangenheit kann sich nicht ändern», sagte Elizabeth, sind Aussagen aus unserem täglichen Sprachgebrauch und damit Teil einer Praxis, die wir beschreiben können. Sie lud die Zuhörer:innen ein, mit ihr gemeinsam über den Tellerrand hinauszublicken, und präsentierte ihnen dazu ein Beispiel: «Stellen wir uns einmal Folgendes vor: (1) Wir bringen jemandem bei, ‹rot› zu sagen, wenn vor ihm eine rote Lampe aufleuchtet, ‹gelb›, wenn eine gelbe Lampe aufleuchtet usw. (2) Anschließend bringen wir ihm bei, dann ‹rot›, ‹gelb› usw. zu sagen, wenn eine entsprechende Lampe an *war*, jetzt aber wieder aus ist.»[50] Man kann sich gut vorstellen, wie sie dieses Spiel mit Barbara und John spielte: Die vierjährige Barbara wird in der Regel schnell verstanden haben, während der gerade zwei Jahre alte John noch kaum den ersten Teil begriff.

Elizabeth wollte zeigen, dass dieses einfache Kinderspiel, richtig gehandhabt, sehr viel besser dazu geeignet ist, die Struktur unseres Begriffs der Vergangenheit zu entschlüsseln, als die Vorstellung von Bildern, die an einem statischen Betrachter vorüberziehen. Auf die Frage «Was ist passiert?» muss das Kind antworten: «Die gelbe Lampe war an und ist wieder ausgegangen» oder «Die rote Lampe war aus und ist wieder angegangen» und so weiter, je nachdem, wie das Spiel gespielt wurde. Die Erwachsene wird «ja» sagen, wenn sich die Aussage des Kindes mit ihren eigenen Beobachtungen deckt, und es korrigieren, wenn dies nicht der Fall ist. Später, wenn das Kind die Frage «Was ist passiert?» im Rahmen eines Alltagsgesprächs beantworten kann, können andere Fehler auftreten. Zum Beispiel könnte das Kind sagen: «Ich bin morgen in den Park gegangen.» Die Erwachsene könnte antworten: «Nein, das kannst du nicht sagen.»

Bereits in diesen kleinen Szenen wird die Struktur des Begriffs erkennbar. Aussagen über die Vergangenheit werden korrigiert, revidiert oder von Zeugen bestätigt: «Das ist nicht das, was passiert ist. Ich habe ... gesehen.» Die Erwachsene benutzt den Ausdruck «Du kannst nicht ... sagen», um das Kind die Struktur des Begriffs zu lehren und ihm beizubringen, was es heißt, von der Vergangenheit zu sprechen.

Elizabeth' Beispiel ist ein Dialog zwischen einem Kind und einer Erwachsenen, die beide die Ereignisse bezeugen können, über die sie reden. In einem nächsten Schritt, so Elizabeth, bringen wir dem Kind dann bei, über eine Vergangenheit zu sprechen, die keine:r von uns bezeugen kann. «Der Glaube an aufgezeichnete Geschichte», schrieb sie später, «ist im Grunde ein Glaube an eine ununterbrochene, bis in die Gegenwart reichende Überlieferungskette aus Berichten und Aufzeichnungen. Und dieser Glaube an historische Fakten beruht nicht auf Schlussfolgerungen, die die Glieder einer solchen Kette durchwirken.»[51]

Die «historische Vergangenheit» wird in der Regel überliefert, indem Zeugenberichte aufgezeichnet, wiederholt und weitergegeben werden. Zu glauben, dass Aischylos den *Agamemnon* geschrieben hat, bedeutet, auf das kontinuierliche menschliche Bemühen zu vertrauen, uns das Zeugnis derer zu bewahren, die diesen Umstand aus eigener Anschauung bezeugen konnten. Das ist etwas, das Mary schon früh in Fraenkels Seminar, dann in Gilbert Murrays Arbeitszimmer auf dem Boars Hill und jetzt als Doktorandin erkannt hatte. Und sie verankerte es metaphysisch in Plotins Unterscheidung zwischen Existenz und Wirklichkeit. Dieser war der Vergangenheit durch die endlosen Schichten aus Kopien und Reproduktionen, Nacherzählungen und Neuinterpretationen nachgejagt, mit denen die Menschen seit jeher versuchen, sie zu bewahren.

In ihrem Vortrag über die Wirklichkeit des Vergangenen tauschte Elizabeth das Bild des einsamen statischen Beobachters gegen eine menschliche Gemeinschaft aus, in der jeder und jede Einzelne einen Teil des menschlichen Lebens bezeugen kann. Auf diese Weise verwandelte sie das isolierte Individuum in jemanden, der in einem bestimmten historischen Moment existiert und eine von vielen möglichen Perspektiven einnimmt. Er lebt in einer Gesellschaft, die durch eine gemeinsame Vergangenheit zusammengehalten wird, indem sie verschiedene Formen dieser Fragen beantwortet: «Was ist passiert?» «Was hast du getan?» «Was hast du gesehen?» Jede:r Einzelne trägt einen Faden zu diesem Geflecht bei, das weit über sein und ihr Wissen hinausgeht. Nur gemeinsam können wir die historische Vergangenheit lebendig erhalten, denn wir müssen Zeugnisse aufzeichnen und sie über die Generationen hinweg bewahren. Was zu unserer gemeinsamen Vergangenheit wird, hängt von ebendieser Tätigkeit ab.

Dass die Vergangenheit real ist und sich nicht verändert, sagte Elizabeth, zeigt sich daran, wie wir in der Gegenwart agieren. Wir tauschen Erinnerungen aus, legen Zeugnis ab, ziehen uns gegenseitig zur Rechenschaft und schreiben Geschichtsbücher. Auch die Art, wie wir uns mit unserer Zukunft auseinandersetzen, hängt von unseren früheren Taten ab: Wir planen Rache und tun Buße oder leisten Wiedergutmachung. In diesen Praktiken offenbart sich die Realität des menschlichen Begriffs der Vergangenheit.

Als Iris nach Elizabeths Vortrag nach Hause kam, füllte sie erst einmal sieben Tagebuchseiten mit Notizen. «Beziehe E.s Aussagen auf meine eigenen vagen Verallgemeinerungen über die linguistische Methode & die Berufung auf die [normale] Sprache», schrieb sie. «E. beruft sich nicht auf die ‹normale Sprache›. Sie beschreibt, wie wir den Gebrauch von Worten (und damit Begriffe) erlernen. Was ist diese Methode? Was sind ihre Implikationen für moralische Personen? In welcher Beziehung steht sie zur Psychologie?»[52]

In der folgenden Woche traf Iris in London den französischen christlichen Philosophen Gabriel Marcel, dessen Worte sie wenige Tage vor dem Atombombenabwurf in der Kathedrale von Westminster in ihr Tagebuch notiert hatte: «*Mysterien nicht zu Problemen degradieren.*» Marcel war zwanzig Jahre älter als sie und betrauerte den Tod seiner kürzlich verstorbenen Frau Jacqueline Boegner. Er arbeitete gerade an den Gifford-Vorlesungen, die er im folgenden Jahr halten würde. Sein Thema war das «Geheimnis des Seins».[53] In der Woche von Elizabeths Vortrag hielt er sich zwar in Cambridge auf,[54] doch ob er unter den Zuhörern war, ist nicht bekannt. Vielleicht begegneten sich Gabriel und Elizabeth auch nur in Iris' Gedanken und in ihrem Tagebuch.

Marcel erwägt eine «kinematografische» Zeitauffassung, bei der die Vergangenheit als eine feste Abfolge von Ereignissen gedacht wird – ähnlich der Bilderreihe, die Elizabeth verwendet, um die Vorstellung von der Vergangenheit als etwas Unveränderlichem zu veranschaulichen.[55] Es ist ein Bild von der Zeit, das in der *Ich-Es*-Welt funktioniert, schreibt Marcel in Anlehnung an Martin Bubers Sprechweise. Aber wenn es um lebende Individuen geht, also um die *Ich-Du*-Welt, ist die kinematografische Zeitauffassung unzureichend. In der Welt der Menschen bleibt die Vergangenheit in Gegenwart und Zukunft lebendig. «Alle Vergangenheit kann ‹wiedererschaffen werden› – meine eigene & die anderer», resümiert Iris.[56] Die Verflechtung von Vergangenheit, Gegenwart und Zukunft in der *Ich-Du*-Welt zeigt sich am anschaulichsten im Fall von Versprechen: «Relation der Sprache zu Vergangenheit & Zukunft. Versprechen.»[57] Ein Versprechen ist ein Akt des Glaubens oder der «schöpferischen Loyalität»,[58] weil uns ein Versprechen zwar auf eine gemeinsame Zukunft ausrichtet, aber keiner von uns wissen kann, was für Menschen wir in dieser Zukunft sein werden.[59] Vielleicht erinnerte Iris sich an ihre aufgelöste Verlobung mit David Hicks, als für eine kurze Zeit die Worte «Wir werden …» eine Zukunft zu formen schienen, bestehend aus «langen Gesprächen in Cafés & zusammen tanzen & sich zusammen betrinken, & auch lange Abende zu Hause …» Die Erinnerung an eine vergangene Zukunft, die niemals war.

Iris und Gabriel gingen im St James's Park spazieren und beobachteten die Enten.[60] Anschließend machten sie sich auf den Weg nach Soho, wo er – wahrscheinlich in der Kirche St Anne's – einen Vortrag hielt. Irgendwie vergaß Iris, Philippa davon zu erzählen («Das macht mich ganz krank», «Es tut mir *wahnsinnig leid*, dass ich so dumm war, nicht daran zu denken»).[61] Ähnlich wie Iris gehörte Philippa zu den besten Kennern des französischen Existenzialismus in Großbritannien. Sie hatte die während ihrer letzten Tage in Seaforth begonnene Lektüre fortgesetzt und im Laufe des Sommers Martin Buber und André Gide gelesen.[62] Auf ihre Empfehlung hin hatte sich Iris in den Metaphysiker Louis Lavelle vertieft. Seine platonischen Tendenzen sind «für Elizabeth verrückt», wusste Iris ihrerseits zu berichten.[63]

In Cambridge verbrachte Iris einen Großteil ihrer Zeit eine halbe Meile von der Pightle entfernt auf der anderen Seite des Flusses im Trinity College. Sie «wohnte beinahe dort», in den Zimmern von Wasfi Hijab und Kanti Shah, zwei jener Doktoranden, für die das Wort «Wittgenstein» geradezu ein Mantra war.[64] Ich «koche für Shah und Hijab», schrieb sie Pip in einem Brief, «sie meinen, das sei eine gute Art, Geld zu sparen! (Sie hoffen, dass ich schnell lerne!)»[65] Im Vorjahr hatten Wasfi und Elizabeth gemeinsam an einem Privatissimum Wittgensteins über Religionsphilosophie teilgenommen.[66] Man konnte das Trio dabei beobachten, wie es wieder und wieder den Garten des Trinity College umrundete und über das Wesen des religiösen Glaubens diskutierte. «Ein Mensch würde um sein Leben kämpfen, um nicht in das Feuer gezogen zu werden», hatte Wittgenstein gesagt. «Keine Einziehung. Schrecken. Das ist sozusagen Teil des Wesens des Glaubens.»[67] Wasfis Glaube und seine intellektuellen Grundlagen waren durch die Begegnung erschüttert worden.[68] Als Iris im Trinity College für ihn kochte, war sein Heimatland im Bürgerkrieg versunken – er war kein palästinensischer Araber mehr und seine Heimatstadt Nablus vorübergehend von Jordanien annektiert worden.[69] Kanti Shah, ein südindischer Jain, war ein weiterer von Wittgensteins Favoriten gewesen. Im Vorjahr hatte er gemeinsam mit Allan Jackson und Peter Geach Wittgensteins Vorlesungen über die Philosophie der Psychologie besucht und sich akribisch Notizen gemacht.[70] Auch Georg Kreisel, ein aus Österreich geflüchteter Mathematiker, gehörte zu den Wittgenstein-Besessenen. Elizabeth, Peter und der Katholik Yorick Smythies schlossen sich der Gruppe an. Der religiöse Mix aus Islam, Jainismus, Judentum und Katholizismus brachte auch kulinarische Herausforderungen mit sich, die keineswegs zu unterschätzen waren. Als Muslim aß Wasfi Fleisch, während der Jain Kanti Vegetarier war, und «das wirft eine Reihe moralischer Probleme auf», erklärte Iris Philippa durchaus ernsthaft. «Zum Beispiel: Soll ich das Fleischfett mit dem Pflanzenfett mischen oder beides strikt voneinander trennen? Dergleichen ist viel wichtiger als Philosophie.»[71]

Iris war neu in der Gruppe und kannte Wittgensteins Philosophie im Gegensatz zu den anderen noch nicht aus erster Hand. Sie hatte ihn auch erst einmal getroffen, bevor er Cambridge verließ. Sie konnte Elizabeth überreden, als Abgesandte zu fungieren, und wurde Ende Oktober 1947 in seinem bühnenbildartigen Arbeitszimmer vorstellig. «Seine außergewöhnliche Direktheit und das Fehlen jeglicher Paraphernalien verunsicherten die Menschen», sagte sie später einem Journalisten. «Ich meine, den meisten Menschen begegnet man in einem bestimmten Rahmen, und es existieren bestimmte Konventionen, wie man mit ihnen spricht und so weiter. Es kommt zu keiner direkten Konfrontation der Persönlichkeiten. Bei Wittgenstein jedoch kam es immer zu dieser Konfrontation.»[72] Iris hielt das kurze, surreale Gespräch, das sie auf Liegestühlen sitzend führten, in ihrem Tagebuch fest. Wittgenstein ärgerte sich über den ständigen Strom von Besuchern, die auf der Suche nach Antworten an seine Tür klopften: «Es ist, als hätte ich einen Apfelbaum in meinem Garten & jeder schafft die Äpfel weg & schickt sie in die ganze Welt. Und Sie fragen: Kann ich einen Apfel von Ihrem Baum haben?» «Ja, aber ich bin mir nie sicher, ob der Apfel, den ich bekomme, auch wirklich von Ihrem Baum ist», hatte Iris schlagfertig erwidert. «Stimmt», sagte er. «Ich muss allerdings sagen, dass es keine guten Äpfel sind.» Dann fasste er die Sinnlosigkeit der Situation kurz und bündig zusammen: «Was nützt eine einzelne philosophische Diskussion? Das ist, als würde man nur eine einzige Klavierstunde nehmen.»[73]

Philippa bringt Tatsachen und Werte wieder zusammen

Bis 1948 hatten Philippa, Iris, Mary und Elizabeth mit Unterbrechungen fast zehn Jahre philosophischen Klavierunterricht genossen. Ihre wöchentlichen Treffen mit Elizabeth hatten Philippa gutgetan. Das Hochstapler-Syndrom, unter dem sie litt, würde sie zwar nie ganz ablegen – daran änderten auch die außergewöhnlichen Fähigkeiten nichts, die ihr 1945 von den drei Gutachtern bescheinigt worden waren. Aber im Moment war sie selbstbewusst genug, um sich zumindest ein gewisses Talent für das Erspüren von Problemen zuzugestehen. Es war dieses vertraute Gefühl körperlichen Unbehagens, das ihr verriet, ob etwas nicht stimmte, wenn sie eine philosophische Abhandlung las oder einer Argumentation folgte.[74] Hares «universeller Präskriptivismus» löste genau dieses Unbehagen bei ihr aus, und sie begann eine Erwiderung darauf zu formulieren.

An einem Nachmittag jenes Jahres trafen sich die vier Frauen in Lyons' Teestube in der Cornmarket Street 3 in Oxford.[75] Es war eine Filiale wie jede andere, mit weißen Tischdecken, Kunstblumen, Aschenbechern und geschürzten «Nippy»-Kellnerinnen, die man so nannte, weil sie stets in Eile zu sein schienen. Der Laden erinnerte Philippa und Iris an den Tee und die klebrigen Brötchen aus ihrer Seaforth-Zeit. Seit die Regierung das im Krieg erlassene Speiseeisverbot aufgehoben hatte, entwickelte das Unternehmen eine Methode zur Herstellung von Speiseeis ohne die immer noch knappe und deshalb rationierte Milch. In der Speiseeis-Abteilung der Firma arbeitete übrigens eine Chemikerin und frischgebackene Somerville-Absolventin namens Margaret Roberts, aus der viele Jahre später Premierministerin Thatcher werden sollte.[76]

Philippa erläuterte den anderen ihre Idee in dem geschäftigen Café, während die Nippy Mary und Philippa eine Kanne Tee und Iris und Elizabeth schwarzen Kaffee servierte.

Innenansicht von Lyons' Teestube um 1943

«Man kann ohne Übertreibung sagen, die gesamte Moralphilosophie, wie sie heute weithin gelehrt wird, beruhe auf einer Entgegensetzung zwischen Tatsachen- und Wertaussagen», könnte Philippa gesagt haben. Denn so begann sie 1958 ihren Vortrag «Moral Beliefs» («Moralische Überzeugungen»), der aus diesem Gespräch hervorging.[77] Für Freddie Ayer sind Wertaussagen Ausdruck von Emotionen (Buh! Hurra!), für Richard Hare hingegen Vorschriften (Tu es nicht! Tu es!). Aber den Gegensatz zu akzeptieren, auf dem die zeitgenössische Moralphilosophie beruht, bedeutet, dass zwei Menschen angesichts derselben Fakten entgegengesetzte Wertaussagen treffen können, ohne dass einer von ihnen falschliegt. Und Philippa erkannte, dass uns das daran hindert, zu einem Nazi zu sagen: «Wir hatten recht und ihr unrecht.»

1948 war Philippa zwar noch nicht dazu in der Lage, den moralischen Subjektivismus zu besiegen, erkannte aber bereits, dass der Gegensatz, auf dem diese Philosophie beruhte, vollkommen wirklichkeitsfremd war. Sie wies darauf hin, dass ein Großteil unserer Sprache sowohl wertend als auch beschreibend ist. «Nehmen wir nur das Wort ‹unhöflich›», sagte sie. Jemanden als «unhöflich» zu bezeichnen, bedeutet, seine Missbilligung auszudrücken. Wenn ich sage: «Den Kopf auf den Tisch zu legen ist unhöflich», dann meine ich damit, dass man es nicht tun sollte (dabei warf sie Iris vielleicht einen kurzen Blick zu). Etwas als «unhöflich» zu bezeichnen ist also eindeutig eine Wertaussage. «Aber die Bedeutung von ‹unhöflich›», fährt sie fort, «ist mit der Tatsachenbehauptung verbunden, auf der sie beruht. Ich kann nicht einfach sagen, es ist ‹unhöflich›, langsam auf eine Haustür zuzugehen oder sich auf einen Heuhaufen zu setzen.»[78] Das ergäbe keinen Sinn. Damit die Wertaussage Sinn ergibt, muss ich eine Verbindung zwischen den Tatsachen und der Wertung herstellen, indem ich auf einige allgemeingültige Voraussetzungen für eine Beleidigung hinweise. Als Iris in der Old Hall in Kirkleatham ihren Teller beiseiteschob und ihren Kopf auf Esther Bosanquets Esstisch legte, war die Gastgeberin beleidigt. Es mag Fälle geben, in denen wir uns nicht einig sind, was beleidigend ist und was nicht, aber Anlässe für Beleidigungen sind – ebenso wie Anlässe zur Trauer – Fäden im Gewebe des Lebens. Ein Tischgast ist dankbar (auch wenn die Spaghetti nicht schmecken), bleibt aufmerksam (auch wenn die Unterhaltung langweilig ist) und sitzt zumindest halbwegs aufrecht (auch wenn sie noch so müde ist). Damit erweitert Philippa Wittgensteins Argumentation auf einfache und elegante Weise: Unsere evaluative Sprache dient nicht dazu, die Welt zu entblößen und in eine wertlose Kulisse zu verwandeln, die wir «Wirklichkeit» oder «Natur» nennen können. Vielmehr macht eine wertende Beschreibung nur dann Sinn, wenn sie in ein Muster oder eine Form des menschlichen Lebens eingebettet ist.[79]

Philippas Versuch, Werte und Tatsachen wieder zusammenzubringen, stieß bei den anderen auf großes Interesse, und es entspann sich eine angeregte Diskussion.[80] Wir wissen nicht genau, was gesprochen wurde, aber man kann sich gut vorstellen, wie die Nippy ihre Ohren spitzt, als die größte der vier Frauen sich vorbeugt und ihre runde Brille die Nase hinaufschiebt: «Die Bedeutung von ‹beleidigend› findet sich nicht nur im Wörterbuch, sondern auch im menschlichen Leben. Wenn man die Bedeutung des Wortes angibt, beschreibt man damit nicht nur die Regeln von Etikette und Beleidigung, sondern auch das gesellschaftliche Leben der Menschen, also wie Hierarchien gebildet und aufrechterhalten oder Beziehungen aufgebaut und zerstört werden.» Als Nächstes bringt auch Mary einige Lektionen Wittgensteins ein: «Die Sprache muss im wirklichen Lebens verwurzelt sein und darf ihm nicht wie ein aus Axiomen abgeleitetes Kalkül von außen aufgezwungen werden.» Schließlich meldet sich die kettenrauchende Frau in Hosen mit ihrer überraschend schönen Stimme zu Wort: «Angenommen, ich würde sagen: ‹Einen Cracker zu essen ist unhöflich!› Wie seltsam! Wenn ich aber den Kontext der Aussage beschreibe, in dem ein kniender Atheist gerade die Hostie empfängt, wird sofort klar, warum das beleidigend ist. Die ethische Dimension des Werturteils kommt ans Licht, wenn der Kontext mit etwas in Zusammenhang steht, das für einen Menschen von großer Bedeutung ist – in diesem Fall die Beziehung zum Göttlichen.»

An dieser Stelle können wir aufhören zu spekulieren, denn wir wissen, wie das Gespräch endete. Iris hatte darüber sinniert, wie sich die Bedeutung von Unhöflichkeit je nach den gemachten Erfahrungen von Mensch zu Mensch unterschied, und warf nun ein: «Elizabeth, ich könnte mir vorstellen, dass einige Menschen dich als ‹unhöflich› beschreiben würden.»[81] Tatsächlich war Elizabeths «rücksichtslose Authentizität» eine der Eigenschaften, die Iris seit ihrer Rückkehr zur Philosophie an ihrer Freundin so sehr bewunderte und schätzte.[82] In Oxford hätten allerdings wohl nicht wenige der Ansicht Mary Wilsons zugestimmt, dass Elizabeth mit ihrer Direktheit bisweilen über das Ziel hinausschoss. Tatsächlich war ihre Unhöflichkeit «so sprichwörtlich», dass Mary Scrutton meinte, sie sei stolz darauf. Doch zu aller Entsetzen «erstarrte Elizabeth, wurde vollkommen still und ging auf geradezu eisige Distanz». Man darf vermuten, dass Iris Mary und Philippa flehende Blicke zuwarf, aber niemand wusste so recht, was geschehen war oder wie sich die Situation noch retten ließe. Nach einer Weile stand Elizabeth auf und wandte sich an Iris. Sie «betrachtete jede Andeutung in dieser Richtung als eine unerträgliche und ungeheure Beleidigung». Sie schob ihren Stuhl zurück und «ging würdevoll schweigend hinaus», drei fassungslose Gesichter und eine halbvolle Tasse kalten Kaffees zurücklassend.[83]

Elizabeth denkt über menschliches Handeln nach

In Erinnerung an ihre damaligen Gespräche über Hare sagte Mary zu uns: «Dieses gemeinsame ‹Nein!› hatte eine Menge metaphysischer Konsequenzen.» Die Verknüpfung der Sprache von Tatsachen mit der Rede von Werten ist gleichbedeutend mit der Wiedervereinigung von Materie und Geist, so dass verständlich wird, wie die physischen Bewegungen menschlicher Körper «gut» oder «schlecht» genannt werden und wie gute oder schlechte Handlungsmotive zu einer unterschiedlichen Betrachtung der Tatsachen führen können. Während Philippa sich also mit der Sprache der Moral beschäftigte, vertiefte Elizabeth sich in das menschliche Handeln. Ihr erstes Buch – *Absicht* – sollte zwar noch einige Jahre auf sich warten lassen, aber in seinen Grundzügen zeichnete es sich bereits in einem Vortrag ab, den sie im Februar 1948 vor dem Oxford Socratic Club hielt. «Die Metaphysik all dessen ist sehr schwierig»,[84] wie Mary Glover sagte.

Elia Estelle Aldwinckle, eine ehemalige Tabakbäuerin aus Südafrika, hatte Elizabeth zum Vortrag eingeladen. Stella war 1929 nach Oxford gekommen, um Theologie zu studieren, nachdem sie mit einundzwanzig ein Bekehrungserlebnis gehabt hatte. Nach einem kurzen Intermezzo als Theologiedozentin am St Christopher College – einer Schule in Blackheath, London – kehrte sie 1941 als Kaplanin für Studentinnen an die Universität Oxford zurück. Der von ihr gegründete Socratic Club sollte als evangelisches Instrument diejenigen erreichen, die zwar offen für «unangenehme Fragen», aber noch keine Christen waren.[85] Ihre Stellung als Kaplanin verlieh ihr in Iris' Erinnerung etwas Unaufhaltsames. «Kühn betrat sie die Oxforder Colleges, obwohl sie nicht immer willkommen war, denn es war ihr gutes Recht. Und sie erfüllte ihre Aufgabe mit großer Selbstverständlichkeit.» Sie kam nicht, um zu «bekehren», sondern lehrte durch das, was sie war – «ihre Präsenz, ihren Glauben und ihr Interesse».[86]

Iris und Stella wurden Freundinnen, während Mary Stellas Selbstgefälligkeit als recht nervtötend empfand. Und es war natürlich auch nicht hilfreich, dass Stella sie ausgerechnet vor ihrer Abschlussprüfung in Logik nachts um elf durch lautes Klopfen weckte und sie zuckersüß lächelnd fragte: «Hättest du nicht Lust, mit uns im Socratic Club zu debattieren?» «Heile, heile Gänschen, komm und lass dir den Hals umdrehen», dachte Mary. Sie erinnerte sich auch gut an das «märtyrerhafte und verzeihende Lächeln», das Stella aufzusetzen pflegte, wenn sie sich «höflich ihren unzumutbaren Aufforderungen verweigerte».[87]

Elizabeth war durch Iris mit Stella befreundet,[88] ging aber nicht davon aus, dass sie es im Socratic Club leicht haben würde. Stella bestand darauf, dass es bei den Treffen «sehr zivil» zuging: «Wir wollten der Wahrheit auf den Grund gehen und den Argumentationen in gutem Glauben und gut gelaunt folgen, wohin auch immer sie uns führen mochten.»[89] C. S. Lewis, der Präsident des Clubs, stand allerdings im Ruf, heftige Debatten zu mögen. Der Universitätsdozent war zwanzig Jahre älter als Elizabeth und «debattierte, um zu gewinnen», wie es hieß.[90] «Atheisten und Agnostiker willkommen!», verkündete an jenem Abend ein Plakat am schwarzen Brett des St Hilda's Junior Common Room.

C. S. Lewis hatte sein eigenes Plädoyer befolgt, auch «in Kriegszeiten weiter zu lernen», und gerade *Miracles (Wunder)* veröffentlicht. Doch nun war Elizabeth gekommen, um das Buch vor dem Autor zu zerpflücken. Sie nahm sich das dritte Kapitel vor. «Ich möchte Ihre Behauptung diskutieren, dass sich das, was Sie ‹Naturalismus› nennen, selbst widerlegt, weil es mit dem Glauben an die Allgemeingültigkeit der Vernunft unvereinbar ist», begann sie, direkt an den Präsidenten gewandt. «Damit empfehlen Sie im Grunde die Vernichtung des Naturalismus.»[91] In jenem Kapitel behauptet Lewis, dass «Naturalisten» den rationalen Charakter des Denkens nicht erklären können. Das Denken, so Lewis, wird von rationalen Beziehungen beherrscht. Schlussfolgerungen ergeben sich logisch aus Prämissen. Naturalisten hingegen bestehen darauf, dass alle Beziehungen letztlich kausal sind. Menschliches Verhalten und Denken ergibt sich daher auf kausale und nicht rationale Weise aus anderen physikalischen Vorgängen. Diese Position hält Lewis für selbstzerstörerisch. Der Naturalist glaubt, er habe rationale Gründe für seinen Glauben an den Naturalismus. Wenn aber der Naturalismus wahr ist, dann hat der Glaube an ihn überhaupt keine rationalen Gründe. Vielmehr handelt es sich lediglich um einen physikalischen

Vorgang, der sich wie jeder andere kausal erklären lässt. Ein Glaube ohne rationale Gründe sei jedoch irrational, so dass sich die Position der Naturalisten laut Lewis selbst untergrabe.

«Erörtern möchte ich heute», so Elizabeth weiter, «die zentrale Behauptung dieses Arguments, ‹der Glaube an die Allgemeingültigkeit der Vernunft› sei mit der Vorstellung unvereinbar, ‹dass menschliches Denken vollständig als Produkt nicht-rationaler Ursachen erklärt werden kann›.» Erneut wendet sie sich direkt an Lewis: «Das scheint mir ein Fehler zu sein, der auf einigen Irrtümern beruht, die Ihnen bei den Begriffen ‹Grund›, ‹Kausalität› und ‹Erklärung› unterlaufen sind.»[92] Das Publikum blieb beinahe die Luft weg, denn Miss Anscombe hatte offenkundig nicht die Absicht, respektvoll zu sein.

Ein Wissenschaftler, der die physiologischen Vorgänge kausal erkläre, die bei der Argumentation eines Menschen eine Rolle spielen, ignoriere, so Anscombe, vollkommen den Inhalt der Aussage. Er könne und wolle diese Vorgänge nicht unter dem Gesichtspunkt der «Allgemeingültigkeit», «Wahrheit» oder «Evidenz» betrachten. Für ihn seien sie schlicht physiologische Prozesse, und weil er sie unter diesem Gesichtspunkt betrachte, hätten Fragen der «Rationalität» und «Irrationalität» keinen Einfluss auf seine Erklärung.

Aber das bedeutet laut Elizabeth nicht, dass Überzeugungen keine rationale Erklärung haben. «Wenn wir eine Schrift lesen, die eine bestimmte Ansicht vertritt, können wir die Frage ‹Ist das eine gute Schlussfolgerung?› erörtern, ohne uns mit den physikalischen Umständen ihrer Entstehung befassen zu müssen.»[93] Denn für die Stichhaltigkeit der Argumentation ist es nicht von Belang, ob der Text mit einer Schreibmaschine geschrieben, auf ein U-Bahn-Ticket gekritzelt oder unter der Dusche gesungen wurde. Die Frage «Warum?» lässt sich immer stellen, ganz gleich, ob man nun nach einer kausalen oder rationalen Erklärung sucht. Sie hat viele Anwendungen. Der «Glaube an die Allgemeingültigkeit der Vernunft» ist also durchaus mit der Vorstellung vereinbar, dass es eine kausale Erklärung für das menschliche Denken geben kann.

Der Standpunkt, den Elizabeth an diesem Abend vertrat, war weder wissenschaftsfeindlich noch antinaturalistisch. Bei ihrem Disput mit Lewis ging es unter anderem um die Bedeutung von «natürlich».

Lewis vertrat den Standpunkt, dass die menschliche Vernunft nur dann natürlich sein könne, wenn sie sich auf eine kausale Erklärung reduzieren lasse. Elizabeth widersprach ihm jedoch und sagte, dass «natürlich» keineswegs «auf eine kausale Erklärung reduzierbar» bedeute. Nichts sei für Lebewesen wie uns natürlicher, als zu denken und zu argumentieren, zu hinterfragen und zu erklären. Dies zu tun sei Teil unserer Natur. Wir ziehen aus Hinweisen Schlussfolgerungen und fragen: «Warum ist das passiert?» «Warum denkst du das?» Oder: «Welches sind deine Gründe?» Es liege in unserem Wesen, Fragen wie diese zu stellen und nach Gesetzmäßigkeiten zu suchen. Lewis weise zwar zu Recht darauf hin, dass wir die Rationalität des menschlichen Denkens und Handelns nicht mit demselben wissenschaftlichen Instrumentarium erklären können, das wir zur Erklärung von Gehirnwellen entwickelt haben. Dies bedeute jedoch nicht, dass Gehirnwellen natürlich seien, die Vernunft aber nicht.

Mary Glover hätte sicherlich der Argumentation ihrer ehemaligen Schülerin und auch der Darstellung des menschlichen Handelns beigepflichtet, die Elizabeth später in *Absicht* entwickeln sollte. Darin zeigt sie, dass wir nicht nach Kausalketten suchen, wenn wir etwas über die Gründe und das Gelingen des menschlichen Denkens und Handelns erfahren wollen, sondern nach übergeordneten Strukturen. Damit sind nicht die Gesetzmäßigkeiten von Ursache und Wirkung oder konstanten Verknüpfungen gemeint, sondern jene Muster, die das darstellen, was H. W. B. Joseph als «bits of living» («Stücke des Lebens») innerhalb einer rationalen Reihenfolge bezeichnete.

In ihrem Buch verdeutlicht Elizabeth Anscombe diese Strukturen anhand eines überzeugenden Beispiels, in dem es um Nazis, Mord und eine Verschwörung geht und in deren Mittelpunkt ein Mann steht, der Wasser in den Trinkwassertank eines bestimmten, von Nazis bewohnten Hauses pumpt – vielleicht hatte sie dabei die Kübelspritzen, Wassertanks und Schläuche während des Krieges in Cambridge vor Augen. «Eine andere Person hat herausgefunden, wie man die Quelle systematisch mit einem kumulativ wirkenden tödlichen Gift verseuchen kann. [...] Die Person, die das Trinkwasser verseucht, hat sich überlegt: Falls diese Leute getötet werden, kommen gute Menschen an die Macht, die ein gerechtes Regiment führen oder sogar den Himmel auf Erden verwirklichen und allen Menschen ein glückliches Leben gewährleisten. Diese Überlegung und die Tatsache der Vergiftung hat der Betreffende dem Mann mitgeteilt, der die Pumpe bedient. [...] Der Arm unseres Mannes geht auf und ab, auf und ab.»[94]

Anscombe stellt dann die einfache Frage «Warum?» – so wie in: «Warum tust du das?» –, um die rationale Reihenfolge in der Handlung des pumpenden Mannes offenzulegen. Die ehrlichen Antworten des Mannes auf diese Frage ließen sich laut Anscombe zu einer Reihe anordnen:[95]

> Warum bewegst du den Arm auf und ab?
> Um die Pumpe zu bedienen. (A)
> Warum bedienst du die Pumpe?
> Um den Wasservorrat aufzufüllen. (B)
> Warum füllst du den Wasservorrat auf?
> Um die Hausbewohner zu vergiften. (C)
> Warum vergiftest du die Hausbewohner?
> Um den Himmel auf Erden zu verwirklichen. (D)

Die Angaben über das «Bedienen der Pumpe», die «Versorgung des Hauses mit Wasser» und das «Umbringen der Bewohner» sind aufgrund ihrer Bedeutung und der Beschaffenheit der Welt miteinander verbunden. In dieser Situation dient das Betätigen der Pumpe dazu, die Wasservorräte aufzufüllen, was wiederum dazu dient, die Bewohner zu vergiften. Einige Aspekte des Szenarios gehen auf die Verschwörer zurück, denn sie haben das Wasser vergiftet. Andere waren vorgegeben, denn die Pumpe diente immer schon dazu, den Wasservorrat des Hauses aufzufüllen. Wieder andere liegen in der menschlichen Natur begründet, denn Gifte sind für Lebewesen wie uns nun einmal schädlich.

In Elizabeths Beispiel weiß der Mann an der Pumpe über das alles Bescheid: Er weiß, wie die Pumpe funktioniert, und ist in den Plan eingeweiht, die Nazis zu vergiften. (Er ist kein unwissender Tölpel, den die Verschwörer zur Ausführung ihres Planes überlistet haben.) Sein Wissen, so Elizabeth, versetzt den Mann in die Lage, die Pumpe zu betätigen, *um* den Wasservorrat aufzufüllen und *dadurch* die Bewohner zu vergiften. Obwohl er aus seiner Position an der Pumpe die Kausalität des Vorgangs nicht mitverfolgen kann, durch den das Gift in die Menschen gelangt, weiß er – auch «ohne Beobachtung», wie sie es ausdrückt –, dass er genau das tut.

Die Rationalität, mit der der Mann an der Pumpe handelt, impliziert laut Elizabeth jedoch keinen expliziten Denkprozess. Vielmehr weiß er, «wie man bestimmte Dinge tut»,[96] und wendet sein Wissen an, um das Ziel zu erreichen. Man müsse gar keinen «wirklichen mentalen Prozess» voraussetzen, um sein Handeln als rational, also als Folge eines Grundes, zu betrachten. Da er genau weiß, was er tut, könnte er ebenso gut auch, ohne nachzudenken, anfangen zu pumpen. Man kann sagen, dass er *aus einem bestimmten Grund* handelt, ohne eine seinem Handeln vorangehende mentale Episode postulieren zu müssen, einen hydraulischen Schub, der sein Agieren in der Welt kausal erklärt, wobei das, was nach dem Pumpen geschieht, lediglich ein Effekt seines Handelns wäre. Vielmehr gilt es anzuerkennen, dass dieses «Stück Leben» – die Pumpbewegung des Arms – einen Platz in einem für uns erkennbaren Muster hat, einer Anordnung der Welt, die er durch die Bewegung seines Armes hier und jetzt erschafft.

Am Tag nach ihrer Begegnung mit Lewis schrieb Elizabeth an Wittgenstein, um ihm zu berichten, wie es gelaufen war. Lewis war «in der Diskussion viel höflicher, als ich erwartet hatte», schrieb sie, «obwohl er sehr schlagfertig war und alle möglichen Tricks anwandte, um den Sachverhalt zu vernebeln. Aber wirklich unangenehm war er nicht.» Yorick Smythies hatte ihr bei der Vorbereitung des Vortrags geholfen, indem er in einem Entwurf «‹Scheiße!› neben meine Ausführungen schrieb».[97] Einen Verbündeten hatte sie im Clubsekretär Frank Goodridge gefunden, der zwar ein Schüler von Lewis, aber mit Elizabeth befreundet war.[98] Nachdem ihre Argumente ihn – «wahrscheinlich viel zu leicht» – überzeugt hatten, ging Frank «auf Lewis los, als dieser davon sprach, sein Buch ‹auf ziemlich populärwissenschaftlichem Niveau› gehalten zu haben.» Frank «warf ihm vor, dass es unmoralisch sei, nur um der Popularität willen falsche Behauptungen zu verbreiten». Der Brief endet mit einem «P. S. Öffentliche Diskussionen fallen mir wirklich sehr schwer. Ich habe es dann immer so schrecklich eilig, auf das Gesagte zu antworten. Denn sobald ich versuche, gründlich darüber nachzudenken, wird mein Kopf völlig leer. Also gebe ich viel Unnützes von mir.»[99]

Gemeinhin wird die «Anscombe-Affäre» oder auch «Anscombe-Lewis-Debatte» allerdings etwas anders dargestellt.[100] Die «Respekt einflößende» Miss Anscombe «griff» Lewis an, der daraufhin «schwer gedemütigt» und «zutiefst verstört» die Theologie an den Nagel hängte, um nur noch Andachts- und Kinderbücher zu schreiben. Miss Anscombe «vernichtete» ihn als Apologeten. Elizabeth «deutete die etwas seltsame Darstellung der Angelegenheit durch einige seiner Freunde – denen es offenbar gar nicht um das Thema oder die eigentlichen Argumente ging – als interessantes Beispiel für ein Phänomen namens ‹Projektion›».[101]

Obwohl Elizabeth Lewis' Aussagen über Ursachen und Gründe als verwirrt empfand, sympathisierte sie durchaus mit seinen Beweggründen. Er war der Meinung, dass der Naturalismus überwunden werden müsse, damit Wunder einen Platz im menschlichen Leben haben könnten. Elizabeth dagegen sah hier keinen Konflikt. Peter und sie unterrichteten die fünfjährige Barbara und den fast dreijährigen John in Transsubstantiation, denn sie waren der Ansicht, dass ihnen dergleichen so früh wie möglich nahegebracht werden sollte. Die Kinder waren natürlich noch zu jung für das Wort «Transsubstantiation», aber sie lernten das Sprech- und Handlungsritual, in die der Gebrauch dieses Wortes später eingeflochten werden konnte. Sie lernten, ein Muster im Ritual zu erkennen, auf das sich die Vorstellung von der «Verwandlung des Weins in das Blut Jesu» einmal anwenden ließe.

«Seht! Seht, was der Priester tut», flüsterte Elizabeth ihren Kindern auf den Kirchenbänken von St Aloysius zu. «Er spricht die Worte Jesu, die das Brot in seinen Leib verwandeln. Jetzt hebt er es hoch. Seht hin! Jetzt beugt euer Haupt und sagt: ‹Mein Herr und Gott›.» Und dann: «Seht, jetzt nimmt er den Kelch in die Hand. Er spricht die Worte, die den Wein in das Blut Jesu verwandeln. Schaut auf den Kelch. Nun neigt euer Haupt und sprecht: ‹Wir glauben, wir verehren dein kostbares Blut, o Christus Gottes.› » Elizabeth war zwar überzeugt, dass ihr Unterricht «die Menschen in der Nähe nicht störte», aber ein paar missbilligende Blicke wird man ihr schon zugeworfen haben. Der Unterricht war unerwartet erfolgreich, denn eines Tages, als Elizabeth von der Kommunionbank zurückkam, fragte Barbara ehrfürchtig: «Ist er in dir?» «Ja», erwiderte sie, und zu ihrem freudigen Erstaunen warf das Kind sich vor ihr nieder.[102]

Aristoteles erwacht zum Leben

Donnerstagabends besuchte Mary mit Elizabeth die «besonders spannenden» Aristoteles-Kurse von Richard Walzer in der New Bodleian Library. Während des Krieges hatte David Ross dem geflohenen Gelehrten geholfen, indem er ihn zum Mitglied des Oriel College machte und dort unterrichten ließ. Im Jahr 1945 wurde Walzer schließlich zum Dozenten für mittelalterliche Philosophie ernannt und brachte den Studenten unter anderem Aristoteles-Schriften wie die *Metaphysik*, *De Anima* und die *Dialoge* nahe. Auch Yorick Smythies, Peter Strawson und Peter Geach nahmen bisweilen an den Kursen teil, denn hier vermischte sich Thomas von Aquin mit Wittgenstein und Wittgenstein mit Aristoteles.[103]

Wittgenstein prahlte: «Hier bin ich, ein ehemaliger Philosophieprofessor, der nie ein Wort von Aristoteles gelesen hat!»[104] Iris, Mary und Elizabeth dagegen hatten es getan. Mary erinnerte sich noch gut daran, wie Elizabeth geduldig Wittgensteins Interesse am menschlichen Leben erklärte, das sie mit dem von Aristoteles verglich: «Die besondere Bedeutung der Sprache liegt nicht darin begründet, dass es sich um ein besonders großartiges isoliertes Phänomen handelt. Entscheidend ist vielmehr, dass die Sprache eine zentrale menschliche Aktivität darstellt, die unser Wesen als Ganzes widerspiegelt. Denn anders als die Mathematik ist die Sprache mit der Gesamtstruktur unseres Lebens verwoben.» Deshalb ist das Studium der Sprache auch «eine Untersuchung unserer ganzen Natur».[105] Die Ordnung, die Elizabeth mit Hilfe von Wittgensteins Methoden im menschlichen Handeln gefunden hatte, erwies sich als «dieselbe Ordnung», die Aristoteles beschrieben hatte.[106] Bevor sie Wittgenstein kennenlernte, waren ihr «die großen Philosophen der Vergangenheit wie schöne Statuen erschienen», sagte Elizabeth, aber «durch ihn waren sie für sie lebendig geworden».[107]

Während jenes Jahres arbeiteten sich Iris und Mary durch «Das Blaue Buch», während Elizabeth weitere Wittgenstein-Fragmente in Form von Zetteln und Gesprächsfetzen aus Cambridge mit nach Oxford brachte. Ihr Deutsch war mittlerweile so gut, dass sie auch seine neuesten, noch nicht übersetzten Schriften lesen konnte. Es erstaunte Wittgenstein, wie schnell sie die Sprache erlernt hatte, während sie selbst sein Erstaunen erstaunte: «Es verwunderte mich, dass er ausgerechnet eine so grundlegende Fertigkeit bewunderte, deren Ausübung meines Erachtens keiner sonderlichen Intelligenz bedurfte, während man doch in seinen Vorlesungen allzu leicht ins Schwimmen geraten konnte, weil man etwas nicht verstand, das nun wirklich große Anstrengungen und harte Denkarbeit erforderte, wenn man es begreifen wollte.»[108]

Bis 1948 hatte Wittgensteins Denken Elizabeths Dissertation durchdrungen. 1944, einige Monate bevor sich die beiden kennenlernten, hatte sie über ihr Vorhaben geschrieben, für die Beantwortung der Frage «Was ist ein menschliches Individuum?» einen «objektiven Ansatz» zu wählen. Sie würde von der Frage «Was ist *das*?» ausgehen und dann die organisierenden Prinzipien beschreiben, die sie bei Menschen beobachtete. Damals war sie noch im Zweifel: «Gibt es hier Arbeit für Philosoph:innen oder nur für experimentelle Psycholog:innen?» Diese Frage konnte sie nun mit Hilfe der Denkwerkzeuge beantworten, die Wittgenstein ihr an die Hand gegeben hatte. Philosoph:innen wollen nicht bestimmte Menschen, ihre individuelle Psychologie oder mentalen Prozesse beschreiben. Vielmehr geht es ihnen um die Form oder die Strukturen des menschlichen Lebens insgesamt. Ihr Ziel ist es, die «Grammatik» dieses Lebens zu erfassen. Sie wollen verstehen, welche Praktiken und Begriffe von Bedeutung sind, auf welche Weise man weiterkommen kann und wie Natur, Instinkt, Vernunft und Sprache durch das menschliche Leben geformt werden und es ihrerseits formen. Das erfordert ein hohes Maß an Selbstbeobachtung und Selbsttranszendenz, denn Philosoph:innen studieren die Lebensform, der sie selbst angehören. Und wie Mary von Plotin lernte, spiegelt sich der äußere Makrokosmos im inneren Mikrokosmos wider.[109]

In ihren Tagebüchern brütet Iris weiter über «E.s» Vortrag über die Vergangenheit. Im Spätfrühling 1948 notiert sie in ihr Tagebuch: «Es gibt keine *ergänzungsbedürftigen* Erinnerungen an die Vergangenheit (ebenso wenig wie es *ergänzungsbedürftige* Sinneswahrnehmungen gibt). Es gibt nur die gewebte Textur ... die Verflechtung von bezeugten und aus Schlussfolgerungen abgeleiteten Vergangenheiten mit der eigenen erinnerten Vergangenheit.» Tief über die Seite gebeugt, macht sie sich über die Implikationen von E.s Bild Gedanken. «Problem: eine Theorie der historischen Vergangenheit zu finden, die sie nicht ‹gespenstisch› erscheinen lässt.» Dann fügt sie hinzu: «Ist sie außer für Historiker nicht immer gespenstisch? ... Vieles aus der Vergangenheit ist für mich gespenstisch ... Teile meiner eigenen Vergangenheit erscheinen mir gespenstisch.»[110] Wiederholt diskutierte sie mit Wasfi und Kanti darüber und griff das Thema in ihren Aufzeichnungen fast auf den Tag genau ein Jahr nach der ersten Notiz wieder auf. «All das hat für mich *Biss*. Es fesselt. Worin besteht der Biss?»[111]

Aus Elizabeths Vortrag nahm Iris den Gedanken mit, dass über einen Begriff zu verfügen bedeutet, eine Fähigkeit zu besitzen. Durch ihre Gedanken über sprachliche oder begriffliche Fähigkeiten führte Elizabeth Iris weg von den oberflächlichen Sprachmerkmalen – wie sie J. L. Austin und sein Kindergarten so fleißig sammelten und analysierten – und hin zu «Fakten darüber, wie wir den Gebrauch von Worten (also Begriffe) erlernen».[112] Das versetzte Iris in die Lage, eine neue Verbindung zwischen den Ideen Wittgensteins und Martin Bubers zu knüpfen: «Witts erkenntnistheoretische Revolution verläuft parallel zu Bubers psychisch-moralischer Revolution. Wir sind von Beginn an nicht allein.»[113] Wir lernen den Gebrauch unserer Worte von den Menschen, mit denen wir unser Leben teilen. Ein begriffliches Vermögen erwirbt man, ebenso wie die Fähigkeit zu rechnen oder zu kochen, mit der Zeit durch Übung und Wiederholung, wobei man von den Menschen in seiner Umgebung unterstützt und korrigiert wird. Wie bei allen Fähigkeiten ist die Kompetenz eines Menschen anfangs beschränkt: $1 + 1$ und 4×10, schlechte Omeletts und Spaghetti aus der Dose. Aber wenn er fleißig übt und auf seine Mitmenschen hört, wird er immer besser und kompetenter werden: $c = va^2 + b^2$, Soufflé und Ravioli alla calabrese.

Jeder Begriff, über den ein Individuum verfügt, hat seine eigene persönliche Geschichte. Eine Reise nach Frankreich, die Herausforderungen der Kriegsrationierung, das Wohnen in der Nähe von Mrs Palms Delikatessenladen – all das verleiht den Kochkünsten eines Menschen eine individuelle Note. Der Verlauf des Lebens formt seine Begriffe auf einzigartige Weise. Jedes Mal, wenn man sich verliebt, etwas bereut, Gewissensbisse verspürt, vergibt, hasst oder vertraut, ändert sich das Verständnis, das man von diesen Begriffen hat, wird persönlicher und verbindet sich immer mehr mit einem selbst und den besonderen Umständen des eigenen Lebens. Wenn sich die persönlichen Vorstellungen verändern, kann einem auch die eigene Vergangenheit in neuem Licht erscheinen. Iris wählt ein Beispiel, das ihren persönlichen Erfahrungen recht nahe kommt. Angenommen, ich werde Marxistin, müsste ich dann nicht meine Vergangenheit als bürgerlichen Selbstbetrug betrachten? Und nun wieder mit Et-Zeichen: aber wenn «ich ständig dazulerne & meine Sprache überarbeite & erschaffe & neu erschaffe», muss ich dann nicht auch fortwährend meine Vergangenheit überdenken?[114] «‹Du musst so & so nicht hassen› – du ‹hast› so & so in deiner Vergangenheit verankert – & du kannst ihn in gewisser Weise auch in deiner Vergangenheit ent-hassen. Nach der Versöhnung überdenkt man die Vergangenheit im Lichte dessen, was danach gekommen ist.»[115]

In ihrem Fellowship-Antrag von 1947 hatte Iris davon gesprochen, dass es eines logischen Rahmens bedürfe, um unsere tatsächlichen Beziehungen zu anderen Menschen verstehen zu können: Liebe, Versprechen, Körper – das geheimnisvolle Reich des Seins und der Gefühle. Der Praxis und Leben betonende Ansatz, den Elizabeth von Wittgenstein übernommen hatte, basierte auf der Einsicht, dass «wir von Beginn an nicht allein sind», denn wir werden in eine Welt hineingeboren, die wir mit anderen teilen. Doch Iris war nicht sicher, ob sie das Wesen der von Elizabeth beschriebenen Regeln auch wirklich verstanden hatte. – «Logik ist keine Super-Physik. (Wie Platon und Aristoteles dachten?) Was zum Henker ist sie dann?»[116] – Sie fürchtete, dass Wittgenstein dadurch, dass er alles als öffentlich und frei zugänglich betrachtete, die Sphäre zerstört hatte, in der sie die geheimnisvolle schöpferische Treue zu verorten gedachte, die zwei Individuen durch ein

Skizze von Iris Murdoch: Husserl und Wittgenstein als Hydra

Versprechen miteinander verbindet. «Arbeite anhand dieser Überlegungen den Eindruck heraus, dass Witt. den Körper aus den Dingen herausnimmt – aus den Gefühlen usw.»[117] Stellenweise wird sie sehr energisch: «Witts Kampf gegen das Epistemologische, Psychologische. Das geht gegen alle meine Instinkte ... Was ist falsch am Konzept der Phänomenologie? Kämpfe bei jedem Schritt gegen Witt.!»[118]

In diesem Jahr hatte Iris viel vor. Dennoch schaffte sie es, ihre Gedanken in einer groben Zusammenfassung zu umreißen. Sie plante, die Phänomenologie Edmund Husserls – zumindest das Wenige, was sie davon wusste, denn in Cambridge kannte ihn kaum jemand[119] – in meditativen Einklang mit Wittgensteins strengem Logizismus zu bringen: *Ideen* und *Tractatus*. Und stets lauerte Søren Kierkegaard im Hintergrund, der allgegenwärtige SK in ihren Tagebüchern. Diese amphibische Kreatur habe der europäischen Philosophie eine neue «Wendung» gegeben, hatte sie in ihrem Stipendiumsantrag erklärt. Er hatte gezeigt, dass «philosophische Spekulation wertlos ist, wenn sie sich nicht mit dem real existierenden Individuum befasst»[120] – und genau das hatte sie vor. Das Rätselhafte, das Unzugängliche, das Reale. Welcher logische Rahmen könnte dem gerecht werden? Im Mai 1948 brauchte sie 35 Worte, um das Thema ihrer Dissertation im Titel angemessen wiederzugeben: «Some post-Hegelian theories of consciousness: a study in phenomenological and existential philosophy (Husserl, Sartre and others) with reference to Hegel's ‹Phenomenology of Mind› and to the work of Kierkegaard, also to the work of Wittgenstein» («Einige posthegelianische Bewusstseinstheorien: Eine phänomenologische und existenzphilosophische Studie (Husserl, Sartre und andere) unter Berücksichtigung von Hegels ‹Phänomenologie des Geistes› sowie der Werke Kierkegaards und Wittgensteins»).[121]

Bisweilen griff Elizabeth ein, um ihre Freundin ein wenig zu bremsen. «Elizabeth hat recht – man muss sich weiter abmühen wie die alten Philosophen.»[122] Doch obwohl Iris ihrer bewunderten Freundin zuhörte, ließ sie sich nicht so leicht unterkriegen. In den Gesprächen mit Elizabeth lenkte Iris die Dampfwalze genauso oft, wie sie von ihr niedergewalzt wurde. Auch Elizabeth war mit den sumpfigen Gefilden vertraut, denn sie kannte ihren Kierkegaard nur zu gut. Ja, SK spreche das Individuum an, räumte Elizabeth ein. Aber es wäre «Betrug, sein Denken zu systematisieren». Sie selbst habe nicht länger «Sehnsucht nach einem System, nach Einheitlichkeit», sagte Elizabeth. «Das Denken sucht nach einem System», entgegnete Iris.[123] Die beiden debattierten regelmäßig bis nach Mitternacht, tranken Wein und rauchten, noch lange nachdem Shah, Wasfi und Kreisel nach Hause gegangen waren. Sie trafen sich auch bei Tageslicht und machten lange Spaziergänge an beiden Enden der Varsity Line: «Am Montag Gespräch mit Elizabeth über die Unsterblichkeit der Seele (beim Spaziergehen über die Wiesen von Christ Church) & das Gedächtnis (in ihrem Zimmer). Außerdem über Analogien und Metapherntheorien (am Radcliffe Square).»[124] Peter, Barbara und John tauchen in Iris' zumeist nächtlich geführten Tagebüchern allerdings nur selten auf. Eine Ausnahme bildet ein Frühlingsausflug, auf den Iris ihre Familie begleitete. Er führte sie zum Gog Magog, einem sechs Meilen südlich von Cambridge gelegenen Höhenzug aus niedrigen Kreidehügeln. «Ein strahlend blauer, dämmriger Abend & blühender Schlehdorn. Ein trauriger, wunderschöner Tag.»[125]

Im April 1948 erschien in der *Oxford Gazette* eine Stellenanzeige, in der die St Anne's Society einen «Philosophietutor» suchte. Das St Anne's hatte den Ruf, das «aufregendste» aller Frauencolleges zu sein, ein Ort, an dem Studentinnen auch dann nicht weggeschickt wurden, wenn sie heirateten oder ein Kind erwarteten. Akademisch gesehen war es allerdings «das Aschenputtel unter den Oxforder Colleges».[126] Das sollte sich unter der kühnen Leitung der Historikerin Mary Ogilvie, einer Somerville-Absolventin, ändern, deren neun junge Dozentinnen als die hübschesten – und brillantesten – in ganz Oxford galten.[127]

Philippa schnitt die Anzeige aus und schickte sie ins Pightle. Iris solle sich bewerben, obwohl Mary das auch vorhabe, warnte sie. Drei Tage später landete Iris' Antwort im Briefkasten von Park Town Nummer 16:

> Meine Liebe, vielen Dank für die Informationen über St Anne's. Der Gedanke, mit Mary zu konkurrieren, behagt mir zwar nicht, aber ich werde mich wohl trotzdem bewerben. Es ist ohnehin viel wahrscheinlicher, dass sie die Stelle bekommt, denn sie hat bereits Lehrerfahrung, ist Latinistin usw. Also werde ich versuchen, mir keine allzu großen Hoffnungen zu machen. Obwohl ich zugeben muss, dass ich die Stelle schon gerne hätte.[128]

Isobel Henderson und Donald MacKinnon verfassten jeweils ein Gutachten über beide Frauen. «Was ihre allgemeinen Fähigkeiten betrifft, kann ich mich nicht zwischen den beiden entscheiden», schrieb Isobel in einem zweiseitigen Brief, der ihre Ambivalenz zum Ausdruck bringt: «Miss Scrutton ist die genuinere Akademikerin.» «Miss Murdoch ist vielleicht eher in der Lage, interessante philosophische Arbeiten zu verfassen.» Miss Scrutton ist die «bessere Gelehrte». Miss Murdoch «ist ein Mensch mit grenzenlosem Unternehmungsgeist». «Miss Scrutton scheint mir die bessere Oxford-Dozentin zu sein.» Miss Murdoch «ist die Originellere». Miss Scrutton ist «brillanter und subtiler als Miss Murdoch, wenn auch weniger kraftvoll und unkonventionell». Für Donald MacKinnon ist Mary «zweifellos die bessere Gelehrte von beiden», aber Iris sei «die bessere Philosophin». Mary ist «immer aufmerksam und total interessiert. Sie ist überaus neugierig und bereit, viel zu lesen.» Iris «macht großen Eindruck auf die Menschen und kann sie, ohne es selbst zu bemerken, stark beeinflussen». Mary ist die vernünftige Wahl («das allgemeine Niveau ihrer Intelligenz und die Standfestigkeit ihres Charakters machen sie zu einer sehr guten Kandidatin»). Miss Murdoch ist «ein ganz anderer Mensch», und St Anne's würde mit ihr «ein Risiko eingehen». («Sie war aktive Kommunistin.») Isobel Henderson schließt mit den Worten: «Ich wünschte, Sie könnten sie beide nehmen.»[129]

Im Juli erhielt Iris die Zusage, und Mary war selbstredend enttäuscht. Etwas melodramatisch tröstete sie sich selbst, indem sie im Garten der Foots scherzhaft ein paar Schwertlilien enthauptete.[130] Hin- und hergerissen zwischen den beiden, versuchte Philippa Mary aufzumuntern, freute sich aber auch, dass Iris sich nun in Oxford niederlassen würde. Sie gratulierte ihr in einem Brief und lud sie ein, zu Michael und ihr in die Park Town 16 zu ziehen. Iris antwortete:

> Für die Unterkunft danke ich dir so sehr! ... Wie du dir bestimmt vorstellen kannst, hatte ich etwas Angst vor dem Umzug, aber bei dieser in fast jeder Hinsicht wunderbaren Aussicht fühle ich mich gleich viel besser. Ich hoffe nur, dass Michael sich im Grunde seines Herzens nicht durch meine Anwesenheit im Haus gestört fühlen wird. Verzeih, aber wenn ich mir in dieser Hinsicht vollkommen sicher sein könnte, wäre ich über den Plan wirklich mehr als glücklich. Entschuldige. Ich habe diesbezüglich wohl einfach mehr «Komplexe» als du oder M. Außerdem macht mich die Rückkehr nach Oxford etwas nervös – verzeih mir das Nervenflattern. Aber die Idee, mit dir zusammenzuleben, ist schon ziemlich «gewagt» ...[131]

Kapitel 6

Zurück ins Leben

Oktober 1948 – Januar 1951
Oxford, Cambridge, Dublin & Wien

Elizabeth hält ihre erste Vorlesung – Elizabeth & Iris in der Krise – Metaphysik im großen Stil & ein Neuanfang für Mary – Philippa hält eine Vorlesung & Elizabeth fährt nach Wien – Iris & Philippa fügen den Hintergrund hinzu – Wittgenstein unterzeichnet sein Testament

Elizabeth hält ihre erste Vorlesung

In Oxford hatte Elizabeth einen guten Kilometer von Park Town entfernt ein Zimmer bei Miss Mary Isabel Lawson in der St John Street 27. Die alte Dame war eine der beiden noch lebenden ledigen fünf Schwestern, die das Haus nach dem Ersten Weltkrieg vom St John's College gepachtet hatten.[1] Mit ihren fast achtzig Jahren hatte Miss Lawson allerdings Mühe, das Haus in Ordnung zu halten. Obwohl ihre Putzfrau, die patente Mrs Colter, ihr bei Hausarbeit und Wäsche zur Hand ging, Fenster putzte und Kartoffeln schälte,[2] verfiel das Gebäude zusehends. Irgendwann war in einem der Zimmer die Decke herabgestürzt, und niemand hatte sie repariert. Es gab weder eine Heizung noch warmes Wasser oder eine Innentoilette. Stattdessen befand sich auf der Rückseite des Hauses ein düsterer Waschraum. Auch die Fensterrahmen zeigten deutliche Verfallserscheinungen,[3] und das Innere des Hauses war alles andere als lichtdurchflutet, denn anders als die gegenüberliegenden Häuser profitierte Nummer 27 nicht von der tief stehenden Wintersonne. Elizabeth bewohnte ein winziges Zimmer im obersten Stockwerk.[4] Als Miss Lawson Anfang 1949 starb, besuchte ein Inspektor des St John's College das Haus und zeigte sich «beunruhigt» über dessen Zustand. Der Verwalter war regelrecht «entsetzt». «Das Haus ist vollkommen verdreckt und des Colleges unwürdig.»[5] Es müsse «von Grund auf gereinigt» sowie «mit anständigen Sanitäreinrichtungen und ordentlicher Beleuchtung versehen» werden. Gar nicht zu reden von der Installation einer Heizung und der Reparatur der eingestürzten Zimmerdecke.[6] Elizabeth fragte, ob man bei dieser Gelegenheit nicht auch gleich Bilderleisten in den Zimmern anbringen könne.[7] «Wäre Miss Anscombe nicht so freundlich zu der verstorbenen Miss Lawson gewesen, ich hätte unter diesen Umständen eine andere Mieterin vorgezogen», notierte der Verwalter.[8] Der Zustand des Hauses war so schlimm, dass das College von den Mietern verlangte, für die Dauer der Renovierungsarbeiten auszuziehen.

Auch das Ehepaar Gillian und Frank Goodrich – derselbe Frank,

Oktober 1948 – Januar 1951

Außenansicht der St John Street 27

der sich im Socratic Club auf Elizabeths Seite geschlagen hatte – und Barry Pink (eigentlich Thomas Barrington), ein Kunststudent und Erfinder, waren Mieter im Haus.[9] Die armselige Unterkunft war der anhaltenden materiellen Not geschuldet, unter der Elizabeth und Peter litten. Ihr Stipendium reichte bei Weitem nicht. Peter, der mit den Kindern in Cambridge geblieben war, hatte immer noch keine feste Anstellung gefunden und gab etwas Nachhilfeunterricht in Cambridge. Sie mussten einige lieb gewonnene Bücher verkaufen, um die Familienkasse aufzubessern.[10] Als Wittgenstein während eines Regensturms bemerkte, dass Elizabeth keinen Regenmantel besaß und sich auch keinen leisten konnte, kaufte er ihr ein weißes Regencape. Als er später von ihrer prekären Wohnsituation erfuhr, kamen noch zwei Stühle und ein Papierkorb hinzu. «Du schreibst, also brauchst du einen Papierkorb.»[11]

Im Zuge der Renovierung wurde die Abstellkammer, in der Elizabeth bis dahin gehaust hatte, in ein Bad verwandelt, so dass sie nach Abschluss der Arbeiten ein größeres Zimmer im ersten Stock auf der Rückseite des Hauses bezog, während die Goodrichs das Erdgeschoss übernahmen. In ihrem neuen Zimmer, am oberen Ende der dunklen Treppe auf der Rückseite des Hauses, hielt sie häufig Tutorien ab. Sie half jetzt bei der Übersetzung von Wittgensteins neuestem Werk, und der Fußboden war mit den Zetteln* übersät, auf denen er seine philosophischen Gedanken notiert hatte.[12] Die unübersichtlichen Stapel gehorchten einer Ordnung, die nur Elizabeth kannte. Sie rauchte viel bei der Arbeit und benutzte eine hohle Säule als Aschenbecher, die wie ein Taufbecken mitten im Zimmer stand. Elizabeth und Wittgenstein arbeiteten gemeinsam an den Fragmenten, wobei ständig neue Zettel dazukamen, die sie zu den bereits im Sommer aus Cambridge mitgebrachten Stapeln hinzufügte.[13] Sie tippten Typoskript um Typoskript in die Schreibmaschine und entwickelten auf diese Weise langsam jene Version, die später als *Philosophische Untersuchungen* veröffentlicht werden sollte. Manchmal las Elizabeth ihren Studierenden Teile der Übersetzung laut vor. Zu ihnen gehörte auch Mary Wilson aus dem «Dinge»-Kurs, die Elizabeth von J. L. Austins Philosophie der normalen Sprache abbringen wollte. Elizabeth wählte verschiedene grammatische und linguistische Inhalte aus, um sie zu überzeugen. Mary Wilson fand diesen «uneindeutigen» Ansatz ganz «wundervoll»,[14] denn sie fühlte sich an Coleridge erinnert, dessen Notizbücher sie gelesen hatte. Elizabeth lieh ihr sogar einen Teil des neuesten Typoskripts, das nun «Spätfassung»** genannt wurde,[15] und Mary Wilson radelte mit den Blättern los, um sie abzuschreiben. Darin ging es um die Bedeutung von Empfindungswörtern und – so seltsam es klingt – einen Käfer. «So kam es, dass ich einige der späteren Arbeiten Wittgensteins zu Gesicht bekam, bevor die meisten überhaupt wussten, dass sie existierten. Dafür war ich Elizabeth ungeheuer dankbar», schrieb Wilson später.[16]

Am Morgen des 12. Oktober 1948, einem Dienstag, war Elizabeth nicht in ihrem Arbeitszimmer zu finden. Sie hatte das Haus in der St John Street verlassen und war hinaus in die kalte Herbstluft getreten, wie üblich mit offenem Haar und mit einer unförmigen braunen Hose be-

---

* Im Orig. deutsch. (Anm. d. Übers.)
** Im Orig. deutsch. (Anm. d. Übers.)

kleidet. Nur die schwarze Gelehrtenrobe verriet, dass sie auf dem Weg zu einer Vorlesung war – ihrer ersten eigenen Vorlesung.

Sie erreichte das Gebäude der Examination Schools in der High Street um kurz vor 10 Uhr. Iris, Philippa und Mary waren vermutlich schon dort, um sie zu begrüßen, denn das Trio pflegte gemeinsam von Park Town aus durch University Parks in die High Street zu gehen. Iris hatte ihren Rock geändert und ihn in Nachahmung des New Look mit zusätzlichen Stoffbahnen versehen – nach dem Krieg, als Stoffe noch rationiert waren, entrüsteten sich patriotische Französinnen über Materialverschwendung dieses Kleiderstils.[17] Philippa hingegen war wie stets tadellos gekleidet und trug einen maßgeschneiderten Rock mit Bluse. Mary begann gerade erst ihren eigenen Stil zu finden – ihr Markenzeichen sollten später Hut und Perlen werden. Das Quartett wird wohl eine oder zwei Zigaretten auf dem Gehweg geraucht und dabei dicht beisammengestanden haben, um sich vor dem Oktoberwind und den Blicken der Studierenden zu schützen, die an ihnen vorbei ins Gebäude strömten. Es war schon richtig, dass Elizabeth, die Älteste und Brillanteste von ihnen, als Erste ans Vorlesungspult trat, darin waren sich alle vier einig.

Wenn es ein Gemäuer gibt, das angehende Dozent:innen bis heute vor Furcht erbeben lässt, dann ist es dieser 1881 fertiggestellte Bau mit der Tourelle, den venezianischen Fenstern und den fünf großen Bögen. Sein Inneres schmücken Marmorsäulen, Büsten bedeutender Persönlichkeiten (ein Graf, ein Priester, ein Herzog) sowie kunstvolle Tier- und Vogelfriese. Unter den im Vergleich dazu geradezu armselig wirkenden Deckengewölben legen bibbernde Studentinnen und Studenten Jahr für Jahr ihre Prüfungen ab.[18] Als die vier Frauen das ehrwürdige Haus betraten, das während der Weltkriege als Lazarett gedient hatte, kamen sie an einem vergessenen Schild vorbei, dessen Aufschrift «Wiederbelebungsraum» nicht unbedingt zu Elizabeths Beruhigung beitrug.

Seit sie als Studentin ans St Hugh's College gekommen war, hatten es nur vier Philosophinnen auf die Seiten der *Gazette* geschafft, nämlich Martha Kneale, Lucy Sutherland, Margaret MacDonald und Mary Glover. Unter den sechsundsechzig Philosophiedozent:innen, die hier seit Kriegsende am Vorlesungspult gestanden hatten, waren tatsächlich nur zwei Frauen gewesen. Als Elizabeth sich an diesem Oktobertag 1948 anschickte, es ihnen gleichzutun, saßen nur wenige junge Frauen im Auditorium. Der Saal war vor allem mit jungen Männern angefüllt, die gewillt waren, die «Demütigung» zu ertragen, einer weiblichen Dozentin zuhören zu müssen. Miss Anscombes Vorlesungen genossen allerdings bald schon einen legendären Ruf, der sich aus ihrer schönen Stimme, einer bisweilen unflätigen Ausdrucksweise und vor allem der Tiefe ihres Denkens speiste. Als man sie einmal um ein Beispiel für eine intrinsisch angenehme Tätigkeit bat, sagte sie: «Scheißen.»[19] Während ihrer Sprechpausen konnte man Elizabeth förmlich ansehen, wie sie nachdachte.[20] Ihre Rede war sorgfältig und überlegt, und beim Sprechen beachtete sie ihr Publikum kaum. «Jetzt wird es *sehr* interessant», sagte sie einmal und schrieb ganz bedächtig «ve r y» an die Tafel.[21]

Elizabeth las in diesem Trimester über «Probleme der Erkenntnistheorie». In ihrem Bericht an das Komitee des Mary-Somerville-Forschungsstipendiums hatte sie Anfang des Jahres geschrieben, dass sie sich, ausgehend von Platons *Theaitetos*, mit dem «Phänomenalismus» beschäftige. Dabei ging es ihr um «die Widerlegung des Phänomenalismus durch die Überlegung, dass jede Aussage und jeder Begriff eine Logik besitzt, so auch die vom Phänomenalismus als Daten angeführten Bezeichnungen für sinnliche Eigenschaften und erkenntnistheoretisch primitiven Urteile [*propositions*]». «Diese Arbeit und vieles zum Problem falscher Überzeugungen wird in die Vorbereitung der *Theaitetos*-Vorlesung im nächsten Trimester einfließen», hatte sie dem Komitee erklärt.[22] Dieser Dialog mache, wie sie sagte, eine Verbindung zwischen dem Phänomenalismus – denn «weder ist es möglich, eine Meinung zu haben von den Dingen, die nicht sind, noch etwas anderes zu meinen als das, was man selbst erlebt; das aber ist immer wahr» (167a4)[23] – und der Lehre des Protagoras sichtbar, dass «der Mensch das Maß aller Dinge ist». «Ich bin der Richter über das, was für mich ist, dass es ist, und über das, was für mich nicht ist, dass es nicht ist» (160c2).[24] Elizabeth hatte diese Passagen im Lichte der Anmerkungen in Wittgensteins Manuskript betrachtet, die später als das «Privatsprachenargument» bekannt werden sollten. (Es waren just jene Seiten, mit denen Mary Wilson davongeradelt war.) Elizabeth war nun bereit, ihr Denken, das Gegenstand so vieler nächtlicher Auseinandersetzungen mit Iris gewesen war, auch mit anderen zu teilen: «E. sagte, dass Witt.

und Platon das gleiche Problem hatten – wie können falsche Aussagen einen Sinn haben?»,[25] hatte Iris im Juni des Vorjahres in ihr Tagebuch geschrieben.

Für protagoräische Phänomenalisten ist die eigene Wahrnehmung unfehlbar («was man selbst erlebt, ist immer wahr»), weshalb die Dinge so sind, wie sie dem oder der Wahrnehmenden erscheinen. Wenn also «derselbe» Wind den einen kühl und den anderen warm erscheint, kann nicht gesagt werden, dass der Wind «an sich» kühl oder warm ist (152b).[26] Das Objektiv-Faktische löst sich in Luft auf. Ob der Wind nun warm oder kühl ist, hängt allein von der Wahrnehmenden ab. Für Protagoräer ist also jeder einzelne Mensch das Maß aller Dinge, «des Weißen, des Schweren, des Leichten, kurz aller Dinge ohne Ausnahme. Denn er trägt den Maßstab dafür in sich selbst» (178b1).[27] Alles ist im Fluss.

Gegen die Auffassung, dass der Mensch den Maßstab *(kritêrion)* für alle Dinge in sich trägt, wendet Platon in seinem *Theaitetos* ein, dass jeder Mensch dann nicht nur das Maß dafür sei, wie die Dinge sind, sondern auch dafür, wie sie sein werden. Und das könne nicht richtig sein. So könne ein Winzer den künftigen Geschmack seines Weines sicher besser beurteilen als ein Leierspieler. Ebenso sei das Urteilsvermögen eines Kochs über den zu erwartenden Genuss von Speisen sicherlich höher einzuschätzen als das eines unkundigen Gastes (178c–d).[28] «Hier liegt so etwas wie Kompetenz vor», sollte Elizabeth später schreiben. Um zu beurteilen, wie anämisch jemand ist, gleichen Ärzte das Ergebnis von Blutproben mit Hilfe einer Skala ab – doch ein Arzt kann einen anderen bitten, die Richtigkeit seines Urteils zu überprüfen, «ohne dass es sich irgendwie unsinnig anfühlt».[29] Wenn Protagoras jedoch recht hätte, würden wir Menschen nichts dergleichen tun. Dann wäre es nämlich vollkommen sinnlos, überhaupt von «falsch» und «richtig» zu sprechen. «Man möchte hier sagen», so Wittgenstein, «richtig ist, was immer mir als richtig erscheinen wird. Und das heißt nur, dass hier von ‹richtig› nicht geredet werden kann.»[30] Ebenso wie Platon war Wittgenstein der Ansicht, dass die Regel für die Anwendung eines Begriffes auf neue Fälle von außerhalb des Individuums kommen muss, wenn es überhaupt so etwas wie Bedeutung geben soll.

Nach der Vorlesung hielten die Frauen eine kurze Manöverkritik ab. Elizabeth sagte: «Ich würde gerne an die Tafel schreiben: ‹Ich kann verdammt noch mal auch falschliegen!›» Philippa schloss sich an: «Ich würde gerne ein Transparent hochhalten, auf dem ‹Wir sind Schwachköpfe› steht.» Iris war «berührt von so viel Bescheidenheit auf beiden Seiten!».[31] In einer späteren Vorlesung, die der Vorbereitung von *Absicht* diente, gab Elizabeth einmal diesem Impuls nach und schrieb «Ich bin ein Dummkopf» an die Tafel. Und sie tat es mit geschlossenen Augen, um zu zeigen, dass man für gewöhnlich sagen kann, was man (mit Absicht) tut, ohne nachsehen zu müssen, was geschieht.[32]

Gleich Elizabeths erste Vorlesung rief die Universitätsbehörden auf den Plan, denn man fürchtete, dass junge Studentinnen durch ihr Beispiel korrumpiert werden könnten. Das Problem war jedoch nicht der Frontalangriff auf den Phänomenalismus, sondern ihre Hose. Binnen achtundvierzig Stunden erreichte die Nachricht von Miss Anscombes Aufzug den Sekretär der Examination Schools George White. Er schrieb an den Senior Proctor: «Eine neu an die Schule gekommene Dozentin hielt in Hosen und im Talar eines Master of Arts eine Vorlesung vor etwa 120 Zuhören ... Die Frauen, die an den Schulen lehren, sind unbedingt für die Maßnahmen, die sicherstellen, dass die Studentinnen die Vorschriften einhalten.»[33] An Elizabeth schrieb White, dass sie gefälligst angemessen, also im Rock, zu erscheinen habe. Tatsächlich wurden mit Hosen bekleidete Akademikerinnen in Oxford erst in den 1970er Jahren geduldet.

Wir wissen nicht, wie Elizabeth auf das Schreiben reagierte, doch in den Annalen des Somerville College hat der Vorfall geradezu mythische Ausmaße, denn Elizabeth war allseits bekannt für ihre unerschrockene Haltung gegenüber jeder Form von Autorität. Im folgenden Jahr etwa berichtete sie der besorgten Iris, sie sei verhaftet worden, «weil sie um 5 Uhr morgens mit offenem Haar herumlief und sich weigerte, ihren Namen zu nennen».[34] Aus den offiziellen Verlautbarungen des Somerville College geht jedenfalls hervor, dass sich die Fronten offenbar verhärteten. Danach lauerte der Sekretär Miss Anscombe jeden Dienstag und Donnerstag um 10 Uhr morgens auf und ließ sie nicht in die Vorlesung gehen, wenn sie Hosen trug. Der Legende nach wurde schließlich ein Kompromiss gefunden: Die Schule stellte ihr eine Um-

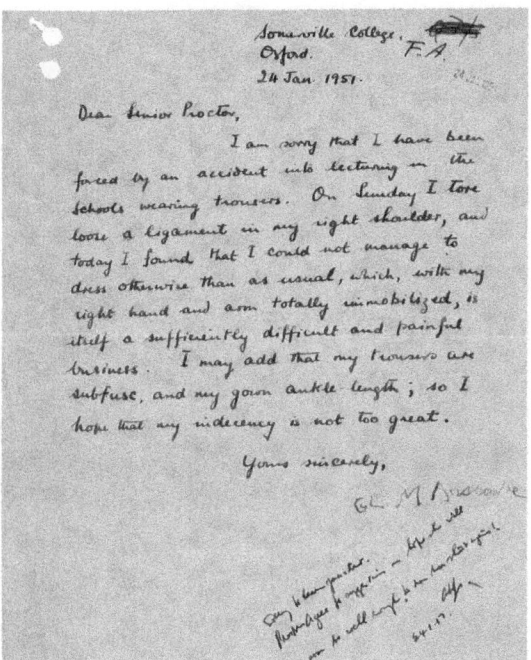

Brief von Elizabeth
Anscombe an den
Senior Proctor,
24. Januar 1951

kleidekabine zur Verfügung, in der ein Rock bereitlag und eine Karaffe mit Sherry bereitstand. Sie durfte die Schule zwar in Hosen betreten, musste die Vorlesung aber im Rock halten. Dem Vernehmen nach trug sie den Rock jedoch nicht selten über der Hose.[35]

Damit war die Sache allerdings längst nicht ausgestanden. Zwei Jahre später kam Sekretär White nicht umhin, sich erneut an den Senior Proctor zu wenden. Er legte dem neuen das alte Schreiben bei, um deutlich zu machen, dass es sich bei Miss Anscombe um eine Wiederholungstäterin handelte. In ihrer Erwiderung, die sie einem Schreiber diktierte und mit einer krakeligen linkshändigen Unterschrift versah, brachte Elizabeth ihre Hoffnung zum Ausdruck, «nicht allzu unanständig» gewesen zu sein.

Dass es Elizabeth gelungen war, in die *Gazette* aufgenommen zu werden, scheint Philippa geholfen haben, auch für sich selbst eine Zukunft im Fach zu sehen. Das vorangegangene akademische Jahr hatte sie so sehr erschöpft, dass sie ernsthaft erwog, «die Philosophie hinzu-

Höhlenmalerei in Lascaux

schmeißen». Daraufhin hatte Iris ihr strikte Ruhe verordnet: «Wenn du für drei Wochen einfach mal gar nichts tust (und das kannst du im Sommer), würde das sicher helfen. Ich weiß, wie krank einen das alles machen kann – ich hoffe, du musst im nächsten Trimester weniger unterrichten. Geh es ruhig an, mein Schatz – mach einfach weiter mit Nichts, wenn möglich. (Damit meine ich nicht *néant*, was natürlich eine *ernste* Sache ist, sondern das gute alte Gar-Nichts).»[36] Also fuhren Philippa und Michael im Juli 1948 nach Südfrankreich und machten Urlaub in Cahors. Bei dieser Gelegenheit gehörten sie auch zu den ersten Touristen, die die Höhlen von Lascaux betraten.[37] In dieser wenigstens 17000 Jahre alten Kathedrale der paläolithischen Kunst, mit ihren in Schwarz, Rot und Gelb auf die Felswände getupften, gespritzten und geritzten Hirschen, Pferden, Stieren, Auerochsen und Löwen, ist der jagende Mensch nur eine Randfigur in der von Tieren beherrschten Landschaft.

Elizabeth und Iris in der Krise

Iris unterrichtete gern, aber die Oxforder «*Gesellschaft*» machte ihr bisweilen zu schaffen – das galt es stets zu unterstreichen. «Dieses oberlehrerhafte Gehabe, die Raffinesse – all die blutleeren *Intellektuellen*. Was für eine Erleichterung, in den Zug nach London zu steigen und diese verdammten Türme verschwinden zu sehen.»[38] Als sie 1938 in Oxford ankam, war das St Anne's College noch die Oxford Society for Home Students und hatte weder Unterkünfte noch einen Speisesaal. Die meisten Dozent:innen unterrichteten in ihren eigenen Wohnzimmern. Das war auch ein Jahrzehnt später noch der Fall, als Iris Mutter Grant, eine in Habit und Schleier gekleidete Nonne des Sacred-Heart-Ordens, einlud, auf Philippas Sofa Platz zu nehmen («Ivan the Divan», wie Mary es nannte[39]), während Iris selbst in ihren weiten Röcken auf dem Kaminvorleger saß. In den Diskussionen ging es nicht nur um Mutter Grants thomistisch geprägte Aufsätze zur Individuation, sondern auch um Iris' aufgewühlte Seele. Mutter Grant erzählte, wie besorgt sie als Kind gewesen war, weil die Liste der Menschen, für die sie beten musste, länger und länger geworden war. Und nun kam auch noch Iris hinzu.[40]

Iris' seelische Probleme lagen in ihrer Freundschaft mit Elizabeth begründet. Viele Jahre später sagte Elizabeth zu Peter Conradi, dem Biographen von Iris Murdoch: «Ich glaube, wir haben im Grunde nie herausgefunden, was wir einander bedeuteten.»[41] Diese neutrale Formulierung wird den Schwierigkeiten allerdings nicht ganz gerecht, in denen ihre Freundschaft Mitte des Michaelmas-Trimesters 1948 steckte.

Sie sahen sich nach wie vor beinahe täglich: bei Elizabeth, bei Philippa, nach einer Vorlesung, vor einem Seminar, im Somerville College, im St Anne's College, in White's Bar,[42] am Radcliffe Square, in der Christ Church Meadow,[43] im Clarendon Arms,[44] im Chequers Inn,[45] in der Jowett Society oder im Socratic Club. Sie redeten über alles Mögliche: Gedächtnis, Wahrheit, Bedeutung, Platon, Descartes, Wittgenstein oder Kierkegaard.[46] Sie diskutierten auch Elizabeths Aufsatz über das Kopfrechnen.[47] Außerdem waren sie beide begeisterte Kafka-Leserinnen.[48] Iris wartete Woche für Woche vor der Schule auf Elizabeth, als wäre diese «die Queen», und Iris «errötete vor Freude, wenn sie herauskam». Anschließend gingen sie gemeinsam auf Oxfords belebten Bürgersteigen davon, um einen Ort zu suchen, an dem sie sich aufwärmen konnten.[49] Sie sahen sich allein, aber auch in Gesellschaft. Oft waren sie mit Yorick Smythies unterwegs, der nach Oxford gezogen war, nachdem Wittgenstein Cambridge verlassen hatte, und manchmal auch mit seiner Frau Polly (Diana Pollard).[50] In Iris' Tagebüchern aus dieser Zeit findet «E.» derart häufig Erwähnung, dass es schon an Besessenheit grenzt. Und Polly war überzeugt, dass Elizabeth in Iris verliebt war.[51] Aus Iris' Tagebucheinträgen geht deutlich das Ringen um eine Art philosophisches und persönliches Gleichgewicht hervor:

> Alles ist im Fluss. Mir war Elizabeths Redeweise nicht ganz geheuer – wir verstehen das als Physik *oder* Erkenntnistheorie. (Sie entschuldigte sich für den Ausdruck «metaphysischer Fluss».) Ich dachte an Hegel & sagte zu ihr: Du lässt die Möglichkeit außer Acht, dass der erkenntnistheoretische Fluss ein ontologischer Fluss *ist*. Sie sagte ungeduldig: «Das hängt davon ab, wie du die innere Beziehung zum Laufen bringst.»[52]

Die Gespräche, die sie in Park Town mit Mary und Philippa führten, sprühten geradezu vor Witz. Iris fragte Philippa: «Ist [Spinoza] ein Augenblick in Gottes Selbstbewusstsein?» «Ich weiß nicht mehr, ob er *das* ist ...», erwiderte diese halb im Ernst.[53] Doch bei Elizabeth in der St John Street, in der dunklen, verrauchten Atmosphäre ihres Zimmers, verloren die Gespräche all ihre Leichtigkeit. Iris war oft dort. Elizabeth rief im St Anne's oder im Somerville an, und sie kam, um bis in die frühen Morgenstunden zu bleiben. Sie tranken Wein und Brandy. Iris rauchte, Elizabeth widerstand (sie war bei einem Hypnotiseur, um aufzuhören: Die Sitzungen versetzten sie in einen seltsamen Geisteszustand),[54] und sie stritten über Gut und Böse. In diese Dispute, die sich über Tage hinziehen konnten, bezogen sie wechselnde Gesprächspartner ein. Dostojewski romantisiert Gut und Böse ebenso wie Graham Greene. Im Vergleich zu den Griechen ist Shakespeare ein Romantiker, im Vergleich zu Dostojewski aber eher unromantisch. Für die Griechen existieren kosmische Kräfte, ein objektives Gut und Böse, das jenseits des Menschen liegt. Auch bei Shakespeare gibt es solche Kräfte. Bei

Dostojewski hingegen sind sie verinnerlicht. Elizabeth wandte sich entschieden gegen die Romantisierung von Gut und Böse. «E. führte Stawrogin als Beispiel für die Romantisierung von Gut und Böse an – Dostojewski war auch hier der Gelackmeierte – das *Gift* in ihm. (Sie meinte, ‹Aufzeichnungen aus dem Kellerloch› ist noch das ungiftigste von D.s Werken.) ... In gewisser Weise hat E. ja recht, aber sie schlägt auch etwas Wertvolles in den Wind, wenn sie sich gegen die Romantisierung des Guten stellt.»[55]

Iris' Tagebucheinträge zeugen von einer Anspannung, die im Laufe der Zeit immer größer wurde. Am 4. November schrieb sie: «Es gibt so viel im Leben, das man nicht versteht. Habe heute Morgen mit E. über die Undurchschaubarkeit des Lebens anderer gesprochen.»[56] Iris wollte von Elizabeth unmittelbar wahrgenommen werden, fürchtete jedoch (vielleicht in Erinnerung an deren Eiseskälte in Lyons' Teestube), «dass E. sich nicht mit mir, sondern mit meinem Bild auseinandersetzt». Oder hatte auch sie es nur mit einem Bild von Elizabeth zu tun?[57] Ihre Tagebücher sind jedenfalls voller Selbstkasteiungen. In Elizabeth finde sich keine Spur von «Kleinheit», schreibt Iris, während ihr selbst «der Wille zu gefallen ins Gesicht geschrieben steht».[58]

Iris empfand offenbar große Ehrfurcht vor Elizabeths «hoher Kälte», wie sie es nannte. Dabei handelt es sich um eine Einschätzung, die auf einer von ihr selbst entwickelten, alltagsnahen Theorie [*folk theory*] beruht, anhand derer sie ihre Freunde und Freundinnen einstufte. So waren Philippa und Donald «hoch» und «warm», Mary hingegen «tief» und «kalt». Iris lieferte auch einen Erklärungshinweis: «Entscheidend sind die Haltung zum Psychologischen (Mary) und die Frage der Sentimentalität / Mitgefühl (Elizabeth).» Die vernünftige Mary ist nicht sentimental (also wie Elizabeth «kalt»). Ihr Ansatz ist empirisch (also «tief»). «Wie unterschiedlich gefärbt diese Auffassungen vom Universum doch sind. (Eine oberlehrerhafte Phrase, würde E. sagen, aber da sind wir total unterschiedlicher Meinung.)» «Mich selbst kann ich danach nicht wirklich einordnen», räumte sie ein.[59]

Bei einer Party, die Elizabeth am Sonntag, den 14. November gab, spitzte sich die Situation zu. Von Zigarettenrauch umnebelt, fasste die weinselige Iris Elizabeth am Arm[60] und teilte ihr etwas mit. Die im

Geheimen gesagten Worte hielten beide in ihren Tagebüchern fest. Elizabeth zeigte Iris später, was sie geschrieben hatte.[61] Iris riss die betreffenden Seiten aus ihrem Tagebuch heraus.

Am Morgen nach der Party rief Elizabeth Iris im Somerville an, um mit ihr über die «Sonntagsparty in der John Street 27 und andere Dinge» zu sprechen.[62] Eine Woche später besuchte sie Iris am Abend und gleich am nächsten Morgen nach ihrer Vorlesung erneut.[63] In ihrem Tagebuch sinniert Iris über Sünde und Reue. «Wenn man etwas tut, ist es bei aller Reue fast unmöglich, es so zu betrachten, wie man es betrachten würde, wenn man es nicht getan hätte.» Wenn man einmal etwas falsch gemacht hat, vermischt sich das Vergnügen der Tat mit ihrer Falschheit. Die Reue ist dann nur oberflächlich, denn die Einsicht, falsch gehandelt zu haben, wird durch das damit einhergehende Vergnügen verwässert – zumal, wenn am Ende alles gut gegangen ist oder man sich damit beruhigen kann, dass niemand es herausgefunden hat. «Diese Reue ist nicht mit der Vorstellung von der Wichtigkeit der Vermeidung vergleichbar, die ich gehabt hätte, wenn ich es nicht getan hätte.» Das klingt ein wenig paradox, aber sie fährt fort: «Das Problem ist: Die wahren Güter erkennt man nur, wenn man ihnen sehr nahe ist, während die falschen einen stets verlocken. Manchmal denke ich, dass ich mir etwas unaussprechlich Schönes versagt & stattdessen nur einen hoffnungslosen Kampf bekommen habe ...» Dann nimmt sie die Worte des heiligen Augustinus auf: «Wirf dich auf Gott, dann springst du nicht ins Leere.»[64]

Darauf folgt eine große Leere in Iris' Tagebuch, denn sieben Seiten wurden herausgerissen.

Der November hüllte London in dichten Smog und den Rest des Landes in eisigen Nebel. Als sich die Schwaden verzogen hatten, schrieb Iris in ihr Tagebuch: «War es erst gestern, als E. fortging? Es scheint Jahre her zu sein.»[65] Und: «Ob ich jemals dazu bereit sein werde, meine Liebe zu E. für den Rest meines Lebens nur kalt & beiläufig auszudrücken?»[66]

Am 10. Dezember hatte sich Elizabeth in Richtung Dublin aufgemacht, um Wittgenstein zu besuchen.[67] Von Yorick erfuhr Iris, dass Elizabeth nach der Party die ganze Nacht wach geblieben war, um zu

Oktober 1948 – Januar 1951

beten. Ihre Abreise sei das Ergebnis von Gebeten, sagte er.[68] Iris ging in die Messe und betete ebenfalls, «für E. & für mich selbst, dass ich wirklich nur möchte, dass es ihr gut geht».[69] Sie schrieb sogar ein Sonett:

> Das süße Bild deines gemeißelten Hauptes
> Erfüllt alle düsteren Dimensionen meines Schmerzes.
> Deine sehnlichst begehrenden Lippen und Augen
> Erstrahlen aus dem Spiegel, den ich nach meinem Namen frage.
> Die köstliche Komplizenschaft, als die griechischen
> Verse du mir sagtest, das köstliche Trugbild
> Wird zunichte, sobald wir sprechen
> Oder handeln oder uns entschließen.
> Mag ich auch wünschen, dich für immer so zu besitzen,
> Mein Liebling, in unbeweglicher Geste
> Nach mir greifend. Doch ich weiß,
> das bedeutet, deinen Tod zu wünschen. Deine Natur
> ist hart und hoch, und du musst frei sein.
> Zwei böse geheime Seiten
> tief in mir verquickt.[70]

Iris betete erneut und fragte sich, ob Elizabeth Wittgenstein wohl alles gestehen würde.[71] «Ich brauche eine Geldkassette, um dieses verdammte Tagebuch darin aufzubewahren. Vermutlich sollte ich alle Einträge der letzten drei Wochen streichen. Warum bin ich nicht bereit dazu?»[72]

Elizabeth hatte den Zug von Oxford nach Holyhead genommen, eine sechsstündige Reise, die sie in nordwestlicher Richtung nach Wales führte. Mit jeder Meile, die der Zug sie von der Enge der St John Street fortbrachte, wurde Elizabeth offener für die Weiten des Himmels und der Küste von Holyhead, jener walisischen Hafenstadt, die für das im 6. Jahrhundert von St Cybi gegründete Kloster bekannt ist. Von dort aus setzte sie mit der Fähre nach Dun Laoghaire, den Hafen von Dublin, über, wo an diesem Tag die mildesten jemals in Irland gemessenen Dezembertemperaturen herrschten. Sie machte sich den River Liffey entlang auf den Weg zu Ross's Hotel in der Parkgate und entledigte sich ihrer Kleidung.

Weil er sich dort nicht mehr wohlfühlte, hatte Wittgenstein das

Hasen-Entenkopf

wilde Rosroe im August verlassen und war über Wien und Cambridge nach Dublin gereist.⁷³ Nun saß er dort im Palmenhaus des Botanischen Gartens oder in Bewleys Oriental Café in der Grafton Street und schrieb seine philosophischen Gedanken nieder, so dass sich die Zettel mittlerweile häuften. Ross's Hotel, in dem er wohnte, lag nicht weit vom Zoologischen Garten im Phoenix Park entfernt, wo er die Giraffen, Elefanten, Tapire und Schimpansen beobachtete und sich die unermessliche Vielfalt der Arten bewusst machte.⁷⁴

Als Elizabeth eintraf, war Wittgenstein also bereit für seine Übersetzerin und philosophische Gesprächspartnerin. Er hatte mit großer Intensität an Notizen gearbeitet, die später als *Letzte Schriften über die Philosophie der Psychologie* erscheinen sollten (obwohl es sich nicht um seine letzten Schriften handelte), und sich außerdem Teil II der *Philosophischen Untersuchungen* gewidmet. Die in Notizbücher gekritzelten Fragmente waren ein so wildes Durcheinander, als handelte es sich um Aufzeichnungen über ein unbekanntes Land. Die beiden gingen zusammen in den Zoo, und Elizabeth wurde von einem Krokodil angebellt; sie sprang zurück, aber Wittgenstein blieb ungerührt (dieses Beispiel sollte später in ihrem Buch *Intention* auftauchen).⁷⁵ In Wittgensteins Zimmer, das im obersten Stockwerk des Hotels lag und ihnen einen Ausblick auf den Phoenix Park gewährte, gingen sie gemeinsam die Fragmente durch.⁷⁶

Eine Bildergeschichte. Auf einem der Bilder sind Enten, auf einem anderen Hasen zu sehen; aber einer der Entenköpfe ist genauso wie ein Hasenkopf gezeichnet. Jemand sieht sich die Bilder an, bemerkt es aber nicht. Wenn er sie beschreibt, beschreibt er diese Form erst als das eine und dann, ohne zu zögern, als das andere. Als man ihn darauf hinweist, dass die Formen identisch sind, ist er erstaunt.[77]

Anfang des Jahres hatte Elizabeth über ihr Vorhaben geschrieben, den Phänomenalismus ausgehend von der Annahme widerlegen zu wollen, «dass jede Aussage und jeder Begriff eine eigene Logik besitzt, so auch die Bezeichnungen von sinnlichen Eigenschaften».[78] Nun verfügte sie über die richtige Grundlage, um diese Aussagen vor einem Hintergrund zu verorten, der ihren Platz im menschlichen Leben beleuchten würde. Als sie Mitte Dezember nach Oxford zurückkehrte, war sie gut gelaunt. Sie führte dies auf Wittgensteins Gesellschaft, ein paar Nächte guten Schlafs und Nikotin zurück: Sie hatte das Rauchen wieder aufgenommen (und den Hypnotismus aufgegeben).[79]

Wir verfügen in unserer Sprache, so Elizabeth in *Absicht*, über viele Beschreibungen für «isolierte» Bewegungsabläufe («unterschreiben», «springen», «lachen», «pumpen», «greifen»). Die Bewegungen, die durch diese Beschreibungen isoliert werden, sind jedoch so kleinteilig und komplex wie die nicht beschreibbaren Bewegungen der Blätter eines Baumes, der sich im Wind wiegt.[80] Dass wir in unserer Sprache über solche Beschreibungen verfügen, spiegelt das allen Menschen gemeinsame Interesse wider, das wir aneinander, an anderen Lebewesen, an der Natur und an Artefakten haben.

«Einen Brief aufgeben». «Den Busfahrschein bezahlen». «Den Wasservorrat auffüllen». Viele Beschreibungen von Handlungen – sowie die Handlungen, die sie beschreiben – sind nur in einer Welt verständlich und möglich, die über eine Vielzahl von Strukturen, Institutionen, Konventionen und Hilfsmittel verfügt: Transport-, Post- und Geldwesen, Versprechen und Schläuche. Für Menschen bedeutet Erwachsenwerden, unter den Beschreibungen zu handeln und wahrzunehmen, über die unsere Sprache verfügt.[81]

1965 veröffentlichte Elizabeth eine Erwiderung auf J. L. Austin, die ihren Café-Krieg mit sich selbst endgültig beendete.[82] In Bezug auf die Frage «Was sehe ich wirklich?» verortete Austin sich selbst auf der Gegenseite von Sinnesdaten-Philosophen wie H. H. Price und Freddie Ayer. Laut Elizabeth macht er jedoch denselben Fehler wie die anderen beiden, denn sie alle gehen davon aus, dass ein «Objekt des Sehens» eine Art von Ding ist. Weiße Dreiecke oder Badewannen, schwarze Flecken oder Katzen. Elizabeth weist jedoch darauf hin, dass es noch eine andere Verwendung des Wortes «Objekt» gibt, bei der es nicht «Ding» bedeutet. Um das zu veranschaulichen, vergleicht sie die Verben «sehen» und «zielen» und das Objekt des Sehens mit dem Objekt des Zielens.

Nehmen wir an, ein Jäger im Wald zielt auf einen Hirsch und schießt, sagt Elizabeth. Doch was er für einen Hirsch hielt, ist in Wirklichkeit sein Vater, so dass er auf seinen Vater schießt. Beim Prozess berichtet ein Zeuge: «Er hat auf seinen Vater gezielt.» Der Zeugenbericht ist zwar wahr, kann aber auch irreführend sein. Obwohl «sein Vater» eine wahre Beschreibung des materiellen Objektes (Dings) ist, auf das der Jäger tatsächlich zielte, wird damit nicht seine Intention beschrieben – sie gibt also nicht das intentionale Objekt des Zielens an. Hätte man den Jäger gefragt: «Worauf zielst du», wäre seine wahrheitsgemäße Antwort gewesen: «Auf einen Hirsch.» Diese Antwort ist «die Beschreibung, unter der man etwas intendiert», bezeichnet also das intentionale Objekt seines Zielens. In den meisten Fällen ist das Zielen des Jägers eine wahre Beschreibung des materiellen Objektes (eines Dings), auf das er zielt, aber in einigen Fällen eben auch nicht. Denn der Vater des Jägers (Ding) ist kein Hirsch (Objekt des Zielens).[83]

«Zielen» ist laut Elizabeth ein *intentionales Verb*, weil sein grammatisches Objekt «die Beschreibung, unter der man etwas intendiert», also die Intention des Zielens, ist. Es ist ein Kennzeichen von intentionalen Verben, dass die Person, die etwas tut – zielen, anbeten, wünschen –, eine gewisse Autorität besitzt. Wenn der Jäger ehrlich ist, gibt seine Antwort «ein Hirsch» sein Ziel und seine Sichtweise an, auch wenn es in der betreffenden Situation in Wirklichkeit nichts gibt, das unter diese Beschreibung fällt.

Auch «sehen» ist für Elizabeth ein intentionales Verb. Wie beim Zielen ist die Beschreibung, unter der man etwas sieht – die das Ergebnis einer ehrlichen Antwort auf die Frage «Was siehst du» ist –, eine Beschreibung, die normalerweise auf das Ding zutrifft, das man sieht. Aber manchmal eben auch nicht. «Ich sehe einen Hirsch», ruft der tragische Jäger.

Auf dieser Grundlage ist Elizabeth in der Lage, zwei Verwendungsarten des Verbs «sehen» zu bestimmen, während die Vertreter der normalsprachlichen (Austin) und der Sinnesdaten-Philosophie (Price und Ayer) nur eine kennen. Sie nennt es den *materiellen* und den *intentionalen* Gebrauch. Meistens verwenden wir das Verb «sehen» materiell, um das zu beschreiben, was für jeden sichtbar ist. In diesem Fall ist eine bestimmte Art von Irrtum möglich: Der Jäger irrt sich, wenn er wahrheitsgemäß sagt: «Ich sehe einen Hirsch», obwohl «ein Hirsch» sein Objekt des Sehens bezeichnet. Wir verwenden «sehen» materiell, um uns gegenseitig über unsere gemeinsame Welt zu informieren und diejenigen mit Zeugenberichten und Beschreibungen zu versorgen, die nicht anwesend waren oder nicht in der Lage sind, das Geschehen selbst zu verfolgen. Aber wir können das Verb auch rein intentional verwenden, ohne das Ziel, ein Ding zu beschreiben, sondern um einer anderen Person etwas Privates, Subjektives oder Persönliches mitzuteilen. (Wenn H. H. Price während einer Meskalin-Halluzination sagt: «Ich sehe einen großen Blätterhaufen auf meiner Tagesdecke», dann ist das eine rein intentionale Verwendung des Wortes.[84] Er beschreibt damit, wie ihm die Dinge erscheinen, obwohl er weiß, dass dort keine Blätter sind.)

Unsere körperlichen Eigenschaften und unser Standort in Raum und Zeit bestimmen ebenso die Grenzen dessen, was wir sehen können, wie die Grenzen dessen, was wir beißen, greifen, treten oder tragen können. Doch Elizabeths Erläuterung der Wahrnehmung zeigt, dass wir in Bezug auf das Sehen auch durch unsere Teilnahme am menschlichen Leben und den Gebrauch von Sprache limitiert oder eben befähigt werden. Wir können sagen: «Das Baby sieht, wie seine Mutter einen Brief einwirft» oder «Wäsche aufhängt», wenn das Baby eine klare Sicht auf die Mutter hat. Aber «einen Brief einwerfen» ist keine Beschreibung, unter der das Baby sieht – solange es nichts über Briefe, Briefmarken und Briefträger weiß, weiß es nicht, was es sieht, und kann es folglich auch nicht beschreiben. Und solange es nichts über Kleidung und Hygiene weiß und auch keine Vorstellung von Sauberkeit und

Gerüchen hat, kann es keine «Wäscheleine» sehen. Was für uns Erwachsene ohne Weiteres sichtbar ist, bleibt für das Baby unsichtbar. Ebenso können wir auf Anhieb erkennen, dass ein Mann «pumpt» oder sogar «den Wasservorrat auffüllt» (wenn wir wissen, wofür die Pumpe gut ist). Aber nur diejenigen, die in die Verschwörung eingeweiht sind, können die Beschreibung «Vergiftung der Nazis» hinzufügen. Nur sie können die Handlung des Mannes in einen größeren Zusammenhang einordnen und sehen, was er tut, wenn er seinen Arm auf und ab bewegt. Sehen, Beschreiben und Handeln kommen in diesem Bild zusammen. Die Vielfalt und Reichhaltigkeit der menschlichen Welt wird größer oder kleiner und verändert sich, wenn wir zu sprechen und zu handeln lernen.

Während Elizabeths Gebete sie zu Wittgenstein führten, führte das «sehnsüchtige Suchen» Iris in die Räume von Eric Mascall im 1. Stock des Tom Quad am Christ Church College.[85] Sie war zum ersten Treffen einer Gruppe eingeladen worden, die sich «The Metaphysicals» («Die Metaphysischen») nannte, was zu einer Zeit, da «‹metaphysisch› unter Philosophen als Schimpfwort galt»,[86] ein recht provokanter Name war. Iris erschien pünktlich und musste feststellen, dass sie die einzige Frau unter den Anwesenden war. Wie üblich zog sie es vor, auf dem Boden zu sitzen.[87]

Iris sah vier Männer am Fenster beisammenstehen. Die beiden älteren, Eric Mascall und Austin Farrer, trugen schwarze Anzüge und Priesterkragen. Die beiden jüngeren waren Ian Crombie und Dennis Nineham (ein weiterer Student von MacKinnon) und etwa in Iris' Alter. An der Wand hing ein beeindruckendes Porträt von König Charles I., dem einzigen Heiligen der anglikanischen Kirche. Eric Mascall hatte, wie E. R. Dodds, tatsächlich einmal einen Exorzismus durchgeführt. Austin Farrer, der Dennis Nineham an Iris erinnerte, war ein elfenhafter Mystiker: «Ich hatte immer das Gefühl, dass ihm und seiner Frau Katharine jeden Moment hauchdünne Flügelchen wachsen und sie durch das Fenster davonfliegen könnten», erinnerte sich Mascall später.[88] Farrer hatte im vorangegangenen Trimester (Trinity 1948) eine Vorlesung über den «Essay on Metaphysics» gehalten, den Collingwood auf dem Weg nach Java an Bord der *Alcinous* geschrieben hatte. Katharine Farrer arbeitete an einer englischen Übersetzung von Marcels *Être et Avoir*, die 1949 mit einem Vorwort von Donald MacKinnon veröffentlicht werden sollte. In einer Zeit, «in der Genauigkeit und Subtilität des Geistes allzu oft das Vorrecht der leichtfertig Destruktiven sind», wird MacKinnon schreiben, erinnert uns Marcel daran, «dass wahre Genauigkeit und wahre intellektuelle Subtilität in der Demut und Reinheit des Herzens verwurzelt sind».[89] Für ihn gebe es nichts Wichtigeres als Marcels Schriften über Metaphysik. Nicht alle stimmten mit ihm darin überein. Als Gabriel Marcel 1948 vor der Philosophischen Gesellschaft in Oxford sprach, ereiferte sich Paul Grice – der Philosoph, den MacKinnon 1936 bei der Besetzung der Keble-Stelle ausgestochen hatte – darüber, dass ein solcher «Scharlatan» als Redner eingeladen worden sei. Iris, die sich bei dieser Gelegenheit zu Marcels Vortrag äußerte – und ihn möglicherweise sogar arrangiert hatte –, versuchte zu vermitteln, musste jedoch feststellen, dass man Marcel gar nicht verstehen wollte. «Es liegt Blockadehaltung in der Luft», bemerkte H. H. Price.[90]

Weil es im Zimmer so zugig war, servierte Eric Mascall den Metaphysicals süßen Cyprus Sherry.[91] Die Theologen übernahmen zusammen mit Basil Mitchell die Gesprächsführung. Dieser war ebenfalls in Iris' Alter und wurde von Donald MacKinnon kurz vor seinem Wechsel ans Balliol zum Philosophietutor des Keble College ernannt. Wie MacKinnon war Mitchell Christ, aber sein Gottesglaube war vom Sufismus und der Lehre Hazrat Inayat Khans geprägt. Vor dem Krieg hatte er indische Philosophie studiert und bei Sarvepalli Radhakrishnan Sanskrit gelernt.

Zu den Anwesenden gehörte auch der schweigsame und etwas krank aussehende Michael Foster, der 1929 Freddie Ayers Tutor gewesen war. Nachdem er ihm Platon und Kant nahegebracht hatte, blieb das Leben der beiden Männer auf unschöne Weise miteinander verknüpft.[92] Verstanden hatten sich der Puritaner und der Playboy ohnehin nie, und dass Foster sich wiederholt als Karrierehindernis für Ayer erwies, machte es natürlich nicht besser. So bestand Ayers einzige Hoffnung auf ein Christ-Church-Stipendium viele Jahre lang darin, dass Foster das College verließ. Gelegentlich sah Foster sich heftigen fachlichen Attacken seitens des Jüngeren ausgesetzt, die auch sehr persönlich werden konnten, etwa nachdem er dem Trinity College mitgeteilt hatte, dass Ayer ungeeignet sei, junge Menschen zu unterrichten. Ayers Schimpftiraden und seinen philosophischen Zurechtweisungen begegnete Foster «gequält und mit verlegenem Schweigen».[93] Er bewegte sich ständig am Rande einer schweren Depression, und es hieß, dass er die vollkommene Heiligkeit nur deshalb nicht erlange, weil es ihm an der Freude der Heiligen mangele.[94]

In Mascalls Räumen konnten die Metaphysicals «alle Fragen stellen, die sie wollten», auch solche, die von der analytischen Philosophie als unstellbar erachtet wurden. Niemand würde die Nase rümpfen oder mit einem «Ich verstehe die Frage nicht» reagieren, wenn jemand nach Gott, der Wirklichkeit oder der Wahrheit fragte. Ziel des Kreises war es «zu erkunden, inwieweit der antimetaphysischen Voreingenommenheit der analytischen (linguistischen) Philosophie widerstanden werden kann», «eine solide philosophische Grundlage für eine religiöse Metaphysik zu erschaffen» und «zu zeigen, dass der theologische Diskurs eine echte metaphysische Bedeutung hat».[95] Man plante, sich drei- oder viermal pro Trimester zu treffen, Paper zu lesen, zu reden und der Metaphysik wieder auf die Beine zu helfen.[96] Obwohl jeder Elizabeth kannte, wurde sie nicht eingeladen. Denn die Männer befürchteten, sie würde «entweder in die Enge getrieben oder das Zepter übernehmen und nicht mehr aufhören zu reden».[97]

Richard Hares Anwesenheit hingegen erregte Argwohn unter den Theologen. Er akzeptierte Ayers Unterscheidung zwischen Fakten und Werten und gehörte überdies Austins Kindergarten an.[98] Ob er denn eine Kluft zwischen sich und der antimetaphysischen linguistischen Philosophie spüre, wollte man von ihm wissen. Nicht in der Sache, gab Hare zu. Aber er stimme mit J. L. Austin nicht in der Frage des «Geistes» überein. «In allen Fächern gibt es solche, die es nicht stört, für ernsthaft gehalten zu werden, und solche, die unbekümmerter erscheinen wollen, als sie es tatsächlich sind. Das ist eine Frage des Temperaments und furchtbar wichtig. Ich persönlich ziehe die Ersteren vor.»[99]

Metaphysik im großen Stil und ein Neuanfang für Mary

Anfang 1949 hatte Mary den geistreichen und fantasievollen Stil gefunden, der ihr späteres Werk kennzeichnen sollte. Ihr Horror vor Neurosen begann Eingang in ihre Erkenntnistheorie zu finden. So empfahl sie, ein ernstes Wort mit denjenigen zu reden, deren «philosophische Zweifelshaltung» nichts weiter als «ein unersättlicher Hunger nach Gewissheit ist, ein neurotisches Verlangen, das man daran erkennt, dass es niemals gestillt wird». «Man müsste das nicht denken, wenn man aus einer Stimmung herauskäme, für die es objektiv keinen Grund gibt.» Ihre Antwort lautete in etwa: «Ach, werd' erwachsen!» Um die «Selbstquäler» von den Metaphysikern zu unterscheiden, «müssen wir den Charakter jedes Philosophen bewerten». «Ich stütze mich dabei auf Kriterien der geistigen Gesundheit und der Selbstverständlichkeit, die sich nicht vollständig analysieren lassen», bemerkt sie mit einem Augenzwinkern.[100]

Auch ihre Erkundungen der Wirklichkeit gingen weiter. Für Plotin geht der Makrokosmos «fast vollständig im Mikrokosmos auf. Alles, was dieselbe Struktur & Substanz wie das Selbst hat, ist zu einem Teil daraus gemacht», schreibt sie Ende 1948.[101] Indem Plotin Wirklichkeit und Selbst miteinander verschränkt, gelingt es ihm, die Tugend in einer zerfallenen politischen Landschaft zu retten: Er versucht, «wahre Tugend zu etwas Innerem zu machen», sagt sie weiter.[102] Die Kontingenz und Formlosigkeit des Unwirklichen bleiben außen vor.

Sie wollte herausfinden, was in der Philosophie Plotins «ein wirkliches Ding von einem nur existierenden unterscheidet». «Antwort: Schönheit. Das Wirkliche ist das Schöne, was, wie sich zeigt, bedeutet, dass es das ist, was die Seele anzieht, weil es ihr ähnlich ist und sie erst *wirklich* zu sich selbst macht.»[103] Als die Gefangenen blinzelnd aus Platons Höhle emporsteigen, zieht es sie zu dem hin, was wirklich und schön ist. «Die Begierde fordert laut Plotin also dazu auf, welche Zustände zu vermeiden? Zustände der Formlosigkeit, wobei die Form in seinem Sinne als Einfluss des Guten zu verstehen ist.»[104] Das Geld für Unterkunft und Verpflegung verdiente sie mit gelegentlichen Tutorien und Benotungen am Somerville und St Hugh's College. Einmal blieb sie schwarzen Kaffee trinkend die ganze Nacht auf, um die General Papers für die Aufnahmeprüfung am Somerville College zu korrigieren: «Um drei Uhr morgens sahen alle Aufsätze gleich aus.»[105] Gegen Ende 1948 griff ihr Donald MacKinnon, der immer noch auf sie achtete, unter die Arme, indem er ihr ermöglichte, im dritten Radioprogramm regelmäßig Bücher zu rezensieren. Ihre erste Besprechung, in der sie Bertrand Russells *Human Knowledge: Its Scope and Limits* behandelte, wurde am Dienstag, den 18. Januar um 19 Uhr gesendet.

Das Schreiben der Radiomanuskripte war zwar anstrengend und mühsam, aber Mary entdeckte, dass sie ein Talent dafür hatte, und begann, Spaß daran zu haben. Das erste, wie sie selbst sagte, «wilde und intolerante»[106] Skript ist zwar nicht erhalten, aber man darf getrost davon ausgehen, dass sie Russell als Vertreter der analytischen Philosophie zu den Leuten mit einem «unersättlichen Hunger nach Gewissheit» zählte. In *Human Knowledge* geht Russell der Frage nach, ob unsere «kurzen, persönlichen und begrenzten» Erfahrungen unsere Alltagsüberzeugungen über die Welt wirklich rechtfertigen können. Seine ausführliche Untersuchung der Induktion, jener Form der Schlussfolgerung, der sich Empiriker seit David Hume bedienen, lässt ihn mit Bedauern zu dem Ergebnis kommen, dass es nicht einmal *wahrscheinlich*, geschweige denn *sicher* ist, dass die objektive Welt mit ihren Bädern, Zügen und Bäumen existiert.[107] Unser Alltagsleben hänge davon ab, dass wir die Gleichförmigkeit der Natur und das Fortbestehen des Individuums blindlings und ohne Beweise akzeptieren. Und das müssten wir schon deshalb tun, um nicht den Verstand zu verlieren.

In den folgenden Jahrzehnten griff Mary den wissenschaftlichen Imperialismus, für den Russell stand – den unpersönlichen, reduktiven und atomistischen –, immer wieder an. Man kann sich gut vorstellen, wie ihre Stimme im Januar 1948 in den Wohnzimmern erklang und die Zuhörer:innen daran erinnerte, die Wissenschaft an ihrem Platz zu belassen. In gewisser Weise hat Russell recht, dachte sie. Wie der Idealist F. H. Bradley – dessen Philosophie Russell ablehnte – bemerkt hatte, ist «die Annahme, dass ein Appell an die Erfahrung die Wirklichkeit beweisen kann, reiner Aberglaube».[108] Russell nimmt jedoch an, dass uns die Erfahrung nur dann blind macht, wenn wir glauben, dass Wissenschaft und empirische Beobachtung die einzigen Möglichkeiten sind, um etwas über die Wirklichkeit zu erfahren. Ähnlich wie andere idealistische Metaphysiker und auch Wittgenstein erkannte Bradley, dass wir uns, um die Wirklichkeit zu entdecken, von Russells Strom der eingehenden Erfahrungsfragmente lösen müssen. Stattdessen sollten wir den Hintergrund ansehen, zu dem diese Fragmente gehören und vor dem sie ihren Platz als Teil eines Ganzen haben. Für Russell ist die «Gleichförmigkeit» der Natur eine Hypothese, aber wie auch die Idealisten erkannte Mary, dass das Vorhandensein von Formen und Mustern in der Natur keine empirische Hypothese, sondern ein Hintergrund (eine Wirklichkeit) ist, vor dem wissenschaftliche Untersuchungen erst durchgeführt werden können. Sie hatte das Badezimmerrätsel gelöst, mit dem ihr philosophisches Leben begonnen hatte. Und wie R. G. Collingwood an Bord der *Alcinous* schrieb, ist Metaphysik kein pubertäres Verlangen nach Gewissheit, sondern ein Versuch, den transzendenten Hintergrund des menschlichen Lebens zu verstehen, auf dessen Basis einzelne Aussagen durch Beobachtung und wissenschaftliche Untersuchung überprüft werden können. Um die Form der Realität, ihre Komplexität, ihre Strukturen und Wechselbeziehungen untersuchen zu können, besitzen wir eine Reihe von Methoden. Poesie, Kunst, Religion, Geschichte, Literatur und Komödie sind die Werkzeuge der Metaphysik. Mit ihnen erforschen, entdecken und beschreiben metaphysische Lebewesen das, was wirklich (und schön und gut) ist.

Nach Elizabeths Rückkehr aus Dublin versuchten Iris und sie, die Vergangenheit hinter sich zu lassen, um – wie Iris es ausdrückte – ihre Liebe «unter neuen Vorzeichen» in sicherer Form zu bewahren.[109] Elizabeth wirkte sichtlich erschöpft, «blass & nervös»,[110] «so nervös und unglücklich wie schon lange nicht mehr»,[111] notiert Iris, ganz die aufmerksame Beobachterin von Elizabeths Stimmungen, in ihrem Tagebuch. In einem Bericht an das Somerville College am Ende des folgenden Jahres erklärt Elizabeth, dass sie «einige gesundheitliche Probleme» gehabt habe, die sie bei der Arbeit behinderten, darunter einen Bänderriss in der Schulter, der sie dazu zwang, in Hosen zu lehren, und Sehstörungen.[112] «Meine Arbeit hat zunehmend negative und destruktive Züge.»[113] Diese Nachricht dürfte Direktorin Janet Vaughan kaum gefallen haben.

In ihrer Vorlesung am 1. März 1949 befasste sich Elizabeth mit Platons *Theaitetos*, betrachtete dieses Mal jedoch einen späteren Teil des Dialogs und «das Problem falscher Überzeugungen». Die Frage, wie es zum falschen Glauben kommen kann, hatten Iris und Elizabeth häufig im Zusammenhang mit Elizabeths Vortrag über «Die Wirklichkeit des Vergangenen» und das Parmenides-Paradoxon diskutiert: «*Was sich denken lässt, das kann auch der Fall sein und umgekehrt.*» Elizabeth arbeitete noch immer an der Fertigstellung des Aufsatzes, der zusammen mit Beiträgen von Alice Ambrose und Margaret Masterman «in einem Band über ‹analytische Philosophie›» erscheinen sollte.[114] «P. war in der Vorlesung von E. ziemlich lustig und stritt sich mit E.», bemerkte Iris.[115]

Iris wartete nach der Vorlesung auf Elizabeth und freute sich, sie gut gelaunt zu sehen. Sie spekulierte schon, ob sich ihre Freundin womöglich mit Koffein aufgeputscht hatte, doch weit gefehlt. Elizabeths Stimmung war eher geistig als chemisch bedingt. Sie war am Morgen in St Aloysius gewesen. Eine Frau hatte sich in einem unschönen Brief darüber «beschwert, dass sie *zur Frühmesse Hosen* trug», notierte Iris in ihr Tagebuch. Anders als die Klage des Sekretärs der Examination Schools hatte diese Beschwerde Elizabeth schwer getroffen. War ihre Kleidung wirklich so pietätlos und sündig? Iris gegenüber hatte sie sogar «davon gesprochen, einen Psychiater aufzusuchen», war an diesem Morgen aber dann doch lieber in die Kirche zu einem Priester gegangen. Sie hatte sich ganz bewusst für den «ältesten, nüchternsten und strengsten» entschieden, denn sein Urteil würde unanfechtbar sein. Glücklicherweise beruhigte er sie: Die Kirche habe nichts gegen Hosen einzuwenden. Iris war erleichtert und froh, E. «weniger *von Dämonen geplagt*» zu sehen.[116]

Am Nachmittag kaufte Iris Krokusse für Mary, wofür sie wahrscheinlich in den Covered Market ging. Denn während Elizabeth über falsche Überzeugungen las, hatte Mary ein Vorstellungsgespräch für einen Lehrauftrag am St Hugh's College. Die Krokusse waren als eine Art nachträglicher Glücksbringer gedacht. (Freudig gestimmt, wie sie war, kaufte Iris auch gleich für Philippa einen Strauß.) Iris und Mary trafen sich am Fluss, wo sie über die Archetypen des Witzes plauderten. Sich an ihre Krokusse klammernd meinte Mary, dass die Grundlage des Humors das Lachen über sich selbst sei. Das befreiende Gefühl, das man dabei erfährt, bringt uns auf eine tiefere Wirklichkeitsebene – und zu einem tieferen Wissen über uns selbst. Es lässt uns das Unechte und Triviale klarer erkennen und damit auch das, was wirklich und ernst ist. Nach dem Vorstellungsgespräch war Mary wohl etwas aufgedreht, und es tat ihr gut, über ihr morgendliches Ich und seine stotternden Antworten zu lachen. Sie war froh über die Katharsis, die das Lachen bewirkte, und freute sich «zu sehen, wie die Welt sich weiterdreht». Ob sie die Stelle nun bekomme oder nicht, das Leben und die Wirklichkeit würden weitergehen, sagte sie. Mit den Krokussen in der Hand wies sie auf die Enten, die jetzt im März mit dem Nestbau beschäftigt waren. «Da sind sie, verdammt noch mal! Schaut euch die kleinen Bastarde an.»[117] Jahr für Jahr folgen die Enten dem Rhythmus des Universitätskalenders: Stockenten paaren sich zu Beginn von Michaelmas und legen am Ende von Hilary ihre Eier. Die Küken schlüpfen zu Anfang von Trinity und werden zusammen mit den Studierenden nach den Sommerprüfungen flügge.

Mary konkurrierte mit Mary Wilson um die Stelle am St Hugh's, die jetzt mit Geoffrey Warnock, einem Eleven Austins, verlobt war. Sie wurden beide von Evelyn Proctor interviewt, die 1946 als Nachfolgerin von Barbara Gwyer Direktorin des Colleges geworden war und außerdem von Annie Rogers den Titel des *Custos Hortulorum* übernommen hatte. Dass letztlich Mary Wilson die Stelle bekam, war natürlich enttäuschend, aber auch kein Beinbruch. Denn von Philippa erfuhr Mary, dass Herbert Hodges in Reading einen Assistenten oder eine Assistentin suchte. Hodges hatte in den frühen 1920er Jahren am Balliol College mit Sandie Lindsay als Tutor klassische Philologie studiert. Als Philosoph bezog er sein Leben lang gegen den logischen Empirismus und die darauf aufbauende Philosophie Stellung.[118] Nachdem er Oxford in Richtung Reading verlassen hatte, erschuf Hodges seine eigene Miniaturversion einer kooperativen, synthetischen Philosophie, bei der sich Dozenten und Studenten der Anglistik, der klassischen Philologie und der Philosophie um ein gemütliches Feuer auf einer viktorianischen Terrasse versammelten, um frei und ohne Angst vor Verspottung zu debattieren.[119] Diese Auffassung von Philosophie als «Erfahrungswissenschaft geistiger Phänomene»[120] leitete er vom deutschen Soziologen und Philosophen Wilhelm Dilthey ab, über den er 1949 sein zweites

Buch schrieb. In seiner Besprechung von Hodges' erstem Buch bemerkte Sandie Lindsay «die beträchtliche Ähnlichkeit zwischen dem Denken Diltheys und Collingwoods». Beide «erkannten, dass Geist, Körper, Mensch und Natur» «eng miteinander verbunden» sind.[121]

Mary bewarb sich auf die Stelle und bekam sie. Den letzten Sommer in ihrem Park-Town-Zimmer verbrachte sie unter anderem mit dem Verfassen von Radiorezensionen, in denen sie A. C. Ewings *Goodness and Philosophers*, Erich Fromms *Psychoanalyse und Ethik* sowie Arthur Koestlers *Insight and Outlook* besprach. Das Radiopublikum fand Gefallen an Marys Auftritten. «Ich kann zwar nicht beurteilen, inwieweit Miss Mary Scrutton Arthur Koestler als Philosophen in die Schranken weisen konnte», schrieb ein Zuhörer. «Ich kann aber sagen, dass sie einige schwere Geschütze aufgefahren hat, die sie so geschickt bediente und so zuversichtlich abfeuerte, dass es ebenso meine Bewunderung erregte, wie es meinen Verstand anregte.»[122]

Obwohl sie ihr Zimmer aufgab, saß Mary regelmäßig im Zug von Reading nach Oxford und ließ ihren Blick auf der 50 Kilometer langen Fahrt über die vertrauten Chiltern Hills schweifen. Manchmal nahm allerdings auch Iris den Zug, um sie in Reading zu besuchen.[123] Da Mary weiterhin an Plotin arbeitete, waren die Recherchen in der Bodleian Library und die Treffen mit E. R. Dodds der perfekte Vorwand, um nach Oxford zu fahren und mit ihren Freundinnen am Cherwell spazieren zu gehen.[124]

Philippa hält eine Vorlesung, und Elizabeth fährt nach Wien

Es war eine Woche nach ihrem neunundzwanzigsten Geburtstag, als Philippa Foot zu Beginn des Michaelmas-Trimesters 1949 University Parks durchquerte, um ihre erste Vorlesung zu halten: «Some Problems in Kantian Philosophy» («Einige Probleme der kantischen Philosophie»). Während sie Donald MacKinnon und Heinz Cassirer zitierte, beschrieb sie mit ihrer krakeligen Handschrift die Tafel. Sie widerstand jedoch der Versuchung, Elizabeths Schlachtruf «Ich kann verdammt noch mal auch falschliegen» hinzukritzeln. Philippas Studierende sollten sich an das von ihr vermittelte Gefühl erinnern, wie schwer es ist, Philosophie zu betreiben – «leises Gekicher über die seltsamen Implikationen einiger philosophischer Sichtweisen».[125]

An diesem Morgen hatte Iris nicht auf der Treppe von Park Town Nummer 16 gestanden, denn sie war im Sommer ausgezogen und hatte sich in Nummer 58 ein Zimmer genommen, nicht weit entfernt von Mary, die nun nach Reading ging. Vermutlich hatte sich Iris bei den Foots nicht mehr ganz wohlgefühlt, denn ungeachtet aller Versprechungen erwies es sich selbst für die hartgesottene Philippa als schwierig, Iris und Michael gleichermaßen zu lieben. Jetzt, da sie Mrs Foot war, musste vieles aus der Vergangenheit ruhen, und die Bemühungen von Pip, Iris und Michael, einander nicht zu hassen, hatten ihr Ziel noch nicht erreicht. – Fünfzig Jahre später sollte er Peter Conradi sagen, dass erst die Lektüre seiner Biografie über Iris «die Bitterkeit vertrieben hat, die sich seit dem Winter 1943/44 in mir festgesetzt hatte».[126] Iris lebte immer noch so, wie sie es in London getan hatte. In ihrer rastlosen Suche nach Anschluss, Liebe und Leben füllte sie ihre Abende mit Alkohol, Partys, Romantik und Drama. Das laute Schlüsselgeklapper, das erklang, wenn sie zu später Stunde von einem weiteren Abenteuer zurückkehrte, passte wohl einfach nicht mehr ins häusliche Ambiente der Foots. Vielleicht brauchte Iris auch einfach mehr Freiheit.

Jetzt, da sie ein eigenes Zimmer hatte, konnte sie selbst Gastgeberin spielen.

> I. Wenn wir das Ding an sich beiseitelassen, haben Witt. und Kant mit *demselben* Bild gearbeitet. Das traue ich mich zu sagen, nach dem, was Witt. im *Tractatus* über das metaphysische Subjekt sagt.
> E. Die Frage des metaphysischen Subjekts hat nichts mit der Frage zu tun, wie Sprache die Welt abbildet.
> I. Was ist mit «die Grenzen meiner Sprache sind die Grenzen meiner Welt»?
> E. Touché! Das allein *scheint* für eine «subjektivistische» Sicht des *Tractatus* zu sprechen.[127]

Während des Sommers lud Iris Elizabeth häufig zum Abendessen ein. Sie spazierten dann den Fluss entlang zum Victoria Arms und redeten über Liebeslyrik. Elizabeth sagte: «Man kann keine Liebeslyrik schreiben, wenn man verliebt ist. Sie ist nicht wie ein Liebesbrief und verhält sich zum Verliebtsein nicht wie Weinen zur Trauer. Sie ist indirekt, ein Bild.» Iris war da anderer Ansicht.[128] Platon begegnete ihnen an allen möglichen Orten: im Clarendon Arms, in der Walton Street, in Jericho oder in Iris' Zimmer. Manchmal blieb Elizabeth bis spät in die Nacht, bis 2 Uhr morgens oder länger und sie überlegten, was man berücksichtigen muss, um seinen eigenen Charakter einzuschätzen.[129] Iris sprach vom Gefühl der Freude darüber, dass sie Elizabeth so gern hatte. In einer anderen Nacht kam Yorick vorbei, und zu dritt tranken sie bis 6 Uhr morgens. Sie diskutieren über Bedeutung und Vergleich – «Was hat es für eine Bedeutung, einen ‹Kern› zu haben?» – und leerten dabei vier Flaschen Wein.[130] Iris schrieb, wie glücklich Elizabeth sie mache. Sie fühlte sich frei und unbeschwert.

Aber die Vergangenheit war noch nicht vollständig überwunden. «E. sagte, sie sei unglücklich über mich», notierte Iris im Juni in ihrem Tagebuch. «Wegen der früheren Schrecken schien es eine Barriere zwischen uns zu geben, ich war ‹zurückhaltend.›»[131] Auch im November war Iris immer noch besorgt über den Zustand ihrer Freundschaft. «Als ich las, was ich vor etwa einem Jahr geschrieben habe, ergriff mich Unruhe. Bin ich schlecht für E.? ... Betreten wir erst *jetzt*, da wir die List des Schweigens gelernt haben, unser eigenes Reich?» Sie fasste einen Entschluss: «Ich sollte sie besser seltener sehen.» Doch Elizabeth sagte ihr, dass sie «jetzt ihre ‹Ohren› für eine intime Freundschaft hergeben würde»,[132] und so trafen sie sich weiterhin genauso häufig wie zuvor. Die Vergangenheit, so glaubte Iris, könne sich ändern, wenn sie sich ändern solle.

Am Abend des 17. November 1949, also fast auf den Tag genau ein Jahr nach der Party, durch die ihre Freundschaft in die Krise geraten war, besuchte Iris Elizabeth. Die beiden machten sich durch die dunklen Straßen auf den kurzen Weg zum Chequers Inn, einem Pub aus dem 15. Jahrhundert. Sie tranken bis zur Sperrstunde und gingen dann im trüben Licht des Halbmondes zurück in die St John Street. Elizabeth war «in einem schlechten Zustand ... Sie las Stücke vom Ende des *Tractatus* vor & sagte: ‹Das bedeutet die schiere Verzweiflung für einen. Man könnte das lesen & sich umbringen.›»[133]

> 6.41 Der Sinn der Welt muß außerhalb ihrer liegen. In der Welt ist alles, wie es ist, und geschieht alles, wie es geschieht; es gibt *in* ihr keinen Wert – und wenn es einen gäbe, so hätte er keinen Wert.
> Wenn es einen Wert gibt, der Wert hat, muß er außerhalb alles Geschehens und So-Seins liegen. Denn alles Geschehen und So-Sein ist zufällig.
> Was es nichtzufällig macht, kann nicht *in* der Welt liegen, denn sonst wäre dies wieder zufällig.
> Es muß außerhalb der Welt liegen.
> 6.42 Darum kann es auch keine Sätze der Ethik geben. Sätze können nichts Höheres ausdrücken.
> 6.421 Es ist klar, daß sich die Ethik nicht aussprechen läßt.[134]

In der ersten Dezemberwoche sagte Elizabeth zu Iris: «Wittgenstein stirbt an Krebs ... Wenn er so stirbt, kommt er in die Hölle.»[135]

Zu diesem Zeitpunkt hatten Elizabeth und Wittgenstein bei der Bearbeitung und Übersetzung der *Philosophischen Untersuchungen* bereits große Fortschritte gemacht. Wittgensteins Krebsdiagnose verlieh ihrer Arbeit allerdings eine neue Dringlichkeit. Elizabeth versuchte, Wittgenstein zu überreden, nach Oxford zu kommen und dort zu leben («chez elle oder zu Yorick»), doch er war fest entschlossen, nach Wien zu fahren.[136] Also entschieden sie, dass es gut für Elizabeth wäre, wenn sie ihm folgte, um ihr Deutsch zu perfektionieren. Das Somerville College gewährte ihr ein Stipendium,[137] und so machte Elizabeth sich am 16. Januar auf den Weg. Sie war im zweiten Monat schwanger und wurde von Iris begleitet.[138]

Wittgenstein war drei Wochen vor Elizabeth in Wien angekommen, aber zu krank gewesen, um zu schreiben. Er ruhte sich in der Alleegasse 16, dem Zuhause der Familie, aus, wo auch seine Schwester Hermine wohnte. Sie war ebenfalls an Krebs erkrankt und hatte zu diesem Zeitpunkt nur noch wenige Wochen zu leben. Elizabeth kam bei Freunden unter und besuchte ihn zwei- bis dreimal pro Woche. Sie lernte Paul Feyerabend kennen, der sie einlud, vor dem Kraft-Kreis zu sprechen, einem nur aus Männern bestehenden Studentenclub, der sich in den Räumen des alternden Victor Kraft, eines ehemaligen Mitglieds des Wiener Kreises, traf. Die Mitglieder des Kraft-Kreises waren alle Anfang bis Mitte zwanzig und betrachteten sich als Erben des logischen Empirismus. Entsprechend skeptisch war die Gruppe, als Elizabeth ihnen in etwas stockendem Deutsch Wittgensteins neue Methode vorstellte und erklärte, wie wichtig es sei, auf welche Art Sprache erlernt wird. Ihre Zuhörer:innen hielten es jedoch für eine besonders flache Art der Kinderpsychologie.[139] Als Elizabeth in Cambridge ihre Dissertation mit der Frage «Was ist *das*?» begonnen hatte, mag ein solches Urteil sie noch beunruhigt haben, doch inzwischen wusste sie es längst besser. Die Kinderpsychologie stellt empirische, auf Beobachtung beruhende Hypothesen über den normalen Spracherwerbsprozess auf. Wittgenstein hingegen beschrieb die Struktur unseres auf dem Sprachgebrauch basierenden Lebens und zeigte den Hintergrund auf, vor dem eine empirische Hypothese formuliert und überprüft werden kann.

Die Abwesenheit aus Oxford scheint Elizabeth gestärkt zu haben. Denn kurz vor ihrem Vortrag im Kraft-Kreis schrieb sie einen schon viel optimistischer klingenden Bericht an Janet Vaughan:

> Ich bin sehr dankbar für die Unterstützung, die es mir ermöglicht hat, nach Wien zu kommen, und möchte dem Komitee und den Spendern dafür danken. Meine Deutschkenntnisse haben sich bereits enorm verbessert, auch wenn die Sprache schwieriger zu beherrschen ist, als ich gedacht hatte. In Kürze halte ich einen philosophischen Vortrag vor einer Diskussionsgruppe, wofür mein Deutsch von anderen Leuten gründlich korrigiert wurde. Aber ich werde lesen und übersetzen können, was ich zukünftig benötige, so dass das Hauptziel meines Besuchs erreicht ist. Das Stipendium, das mir gewährt wurde, hat bis jetzt schon sehr viel gebracht.[140]

Der Philosoph und die Philosophin arbeiteten hart über Februar und März, wobei Wittgenstein auch sein Interesse an philosophischen Gesprächen wiederfand. Seine Gedanken kehrten zu seinem alten Freund G. E. Moore zurück, und er diskutierte mit Elizabeth dessen Widerlegung des Idealismus und seine «Verteidigung des Common Sense». Wittgenstein schrieb in diesen Wochen 65 Notizen, die im Band *Über Gewissheit* veröffentlicht wurden.[141]

Iris und Philippa fügen den Hintergrund hinzu

Am Sonntag, den 26. Februar 1950 um 18.50 Uhr war Iris im Radio zu hören. Ihre weichen irischen Vokale klangen so ganz anders als das abgehackte Königsenglisch, in dem der BBC-Sprecher sie ankündigte: «Und nun ‹Der Schriftsteller als Metaphysiker›». Der erste von zwei Vorträgen von Iris Murdoch. Die Referentin analysiert Werke der Existentialisten Sartre, Camus und Simone de Beauvoir, um herauszufinden, was sich hinter dieser Annäherung von Literatur und Philosophie verbirgt.»[142] Prudence Smith, ihre Vorgängerin im zweiten Stock von Park Town Nr. 16, hatte Iris beauftragt, einen Radiobeitrag zu machen. Denn sie fand, dass Iris «eine schöne Stimme» habe.[143]

«Das freie und einsame Selbst ... stellt fest, dass die Welt voller Mehrdeutigkeiten ist», erklang Iris' Stimme im Radio und beschrieb die Welt, in der sich Sartres Helden bewegt. «Sie müssen sein und werden durch Handlungen oder jene Art des Handelns entschieden, die wir Untätigkeit nennen. Das heißt, wir sind gezwungen zu wählen. Für unsere Religion oder gegen eine solche, für unsere Politik oder gegen eine solche, Freunde und Freundinnen zu haben oder sie nicht zu haben. Innerhalb der Grenzen unserer jeweiligen historischen Umstände wählen wir die eine oder die andere Welt.»[144]

Während Iris in Brüssel von Sartres Philosophie ergriffen und gestärkt worden war, wusste sie nun, dass das Bild, das Sartre zeichnete und das in ähnlicher Form Richard Hare in der Zerfallswelt seines Kriegsgefangenenlagers Linderung verschafft hatte, nicht für das normale bürgerliche Leben geeignet war. «Die Existentialisten haben etwas verallgemeinert und scheibchenweise philosophisch verpackt, das die meisten von uns aus ihren Lebenskrisen kennen», nämlich den Wunsch, «gemachten Erfahrungen einen neuen Sinn zu verleihen», «eine neue Sichtweise auf [unsere] Persönlichkeit zu kreieren» und «mit dieser Sichtweise einverstanden zu sein». Das war etwas, das sie von sich selbst kannte. Aber was in Krisensituationen wahr ist und eine therapeutische Wirkung hat, erweist sich als falsch und schädlich, sobald man es auf das normale Leben anwendet. Ihre nächsten Worte schienen sich direkt an Elizabeth zu richten:

Dieser Standpunkt wurde vor langer Zeit in Wittgensteins *Tractatus* eindrucksvoll formuliert. «Der Sinn der Welt muss außerhalb ihrer liegen. In der Welt ist alles, wie es ist, und geschieht alles, wie es geschieht; es gibt in ihr keinen Wert – und wenn es einen gäbe, so hätte er keinen Wert. Wenn es einen Wert gibt, der Wert hat, muss er außerhalb alles Geschehens und So-Seins liegen. Denn alles Geschehen und So-Sein ist zufällig.»[145]

Für Sartre (im besetzten Frankreich), Wittgenstein (in den Schützengräben des Ersten Weltkriegs) und Hare (im Kriegsgefangenenlager) ist «das grundlegende moralische Dilemma dasselbe».[146] Sich zu entscheiden und immer wieder neu zu wählen, wobei jede Wahl sich selbst und die Welt des Individuums neu erschafft. Darin hallen Elizabeths Worte nach: «Das bedeutet die schiere Verzweiflung für einen.» Und Sartres Romane zeigen, warum, denn sie «stellen die Abenteuer von Lebewesen in einer von Ungewissheit geprägten Situation im Detail dar».

Der Sinn wird plötzlich als entzogen wahrgenommen … Das ist ein Sprung ins Absurde. Wenn wir tatsächlich nicht nur ethischen und religiösen Systemen, sondern auch der physischen Welt Sinn verleihen … dann könnte dieser Sinn im Prinzip verschwinden und uns mit einer brutalen und namenlosen Natur konfrontieren.[147]

Sartres Sprung ins Absurde ist kein Witz von der Art, wie Mary ihn beschrieben hat und der uns daran erinnert, dass es etwas Wichtigeres gibt, das fortbestehen wird, wie immer wir uns entscheiden. Für Existentialisten bezeichnet «Natur» keinen Ort, an dem es Enten gibt, deren Leben eine Struktur, ein Muster und einen Wert hat. Vielmehr ist es eine denaturierte Welt. Existentialisten bestreiten, was Thomisten – und Marxisten – versichern: «Es gibt eine erkennbare Einheit von Mensch und Natur. Die Natur hat ihre eigene dialektische Geschichte und ihre eigenen, rational erklärbaren und sich entwickelnden Wechselwirkungen mit den Handlungen des Menschen.» Während Thomisten und Marxisten die Natur als Quelle von Wundern und Bedeutungen erachten, betrachten Existentialisten «die Natur als brutale und bedeutungslose Szenerie, der der Mensch unerklärlicherweise ausgesetzt ist.»[148]

Da Iris nach einer Aufführung von Beethovens Streichquartett Nr. 15 in a-Moll gesendet wurde, verpasste Richard Hare in seinem

Haus in der St Margaret's Road möglicherweise den Anfang der Sendung. Denn seine Kriegserfahrungen hatten bei ihm eine Abneigung, ja ein tiefes Misstrauen gegenüber Beethoven bewirkt. Vor dem Krieg hatte ihn die Beschwörung der Gnadengebete in der *Missa solemnis* sehr bewegt. Jetzt empfand er sie als hohl und trügerisch: «Die Art von Frieden, die wir anstrebten», sei kein von außen kommendes Geschenk, sondern entstehe erst, wenn wir lernten, «die Kräfte des Bösen in uns selbst zu besänftigen».[149] Vielleicht also verpasste er Iris' ersten Schritt, in dem sie von «seltsam vertrauten» Strömungen des Existenzialismus (wenn auch ohne Glamour und Gauloises) in der Oxforder Moralphilosophie sprach. Denn beide «nehmen Positionen ein, die sich in mancher Hinsicht verblüffend ähneln».[150]

Mit der Zeit sollte Iris eine Vorstellung von der Freiheit entwickeln, die sich deutlich von derjenigen Sartres und Hares unterscheidet. Moralische Freiheit, so wird sie später argumentieren, ist nicht die Fähigkeit, die eigenen moralischen Prinzipien in einer ansonsten wertfreien Welt zu wählen. Wahre moralische Freiheit ist die Fähigkeit, die Realität beständig im Auge zu behalten und die Dinge gerecht zu betrachten. Zu erkennen, worauf es ankommt und welche Dinge gut und wichtig sind. Immer wieder hinzusehen und die Vergangenheit zu überdenken. Diese Arbeit des Hinsehens beinhaltet nicht nur plötzliche Willensregungen in einzelnen ausgewählten Momenten, sondern ist eine kontinuierliche Aufgabe. Und wie schon Donald MacKinnon erkannte, erfordert sie Demut und Reinheit des Herzens. «Liebe ist die äußerst schwierige Erkenntnis, dass etwas anderes als man selbst wirklich ist», sollte Iris schreiben.[151]

Iris hatte im Radio vom unrealistischen Bild des menschlichen Daseins in den Philosophien von Sartre und Hare gesprochen. Beide betrachteten sich als einsame Subjekte, die einer «brutalen und namenlosen Natur» gegenüberstehen. Philippa war bereit, dieses Bild mit der Vorstellung der moralischen Subjektivisten vom tiefen Gegensatz zwischen Aussagen über Tatsachen und Bewertungen zu verknüpfen. Und ihre Erkenntnisse über das Wort «unhöflich», die sie zum ersten Mal in Lyons' Teestube geäußert hatte, sollte sie dazu nutzen, um die deskriptive und die bewertende Sprache wieder miteinander zu verbinden.

Hares «universeller Präskriptivismus» folgte Kant dahingehend, dass ein Verhaltensgrundsatz dann als *moralisches* Prinzip gelten kann, wenn eine Person ihm universelle und allgemeine Gültigkeit verleiht. Ich mag denken, dass ich Nazis töten sollte, ohne zu denken, dass es jeder tun sollte. Wenn ich aber denke, dass jeder, unabhängig von den Umständen, Nazis töten sollte, dann würde es für mich zum moralischen Prinzip werden. Doch daraus ergibt sich ein Problem, das Philippa bald auf einem philosophischen Symposium ansprechen sollte. Denn wäre Hares Auffassung richtig, könnte man jeden noch so trivialen oder albernen Verhaltensgrundsatz in ein moralisches Prinzip umwandeln, solange nur irgendjemand die Ansicht vertritt, dass es universell und allgemein anwendbar ist.[152] Das von Hare propagierte, rein formale Kriterium schließt jede Einschränkung des moralischen Inhalts und damit auch jede logische Verbindung zum menschlichen Leben aus. So wie der Wittgenstein des *Tractatus* den Wert «außerhalb alles Geschehens» ansiedelt (Worte, die Philippa Iris im Radio hatte sagen hören), ist Hare der Ansicht, dass es in der Wirklichkeit nichts gibt, was die Objektivität moralischer Urteile begründen könnte. Seine Philosophie behält also, wie die Sartres, die formale Struktur von Kants kategorischem Imperativ bei – allerdings mit moralischen Prinzipien ohne jeden transzendentalen Hintergrund.

In ihrem Symposiumsvortrag «When is a Principle a Moral Principle?» («Wann ist ein Grundsatz ein moralisches Prinzip?») wies Philippa darauf hin, dass das nicht richtig sein kann. Es stimmt einfach nicht, dass moralische Urteile vollkommen unabhängig von unseren Vorstellungen über ein gutes menschliches Leben sind. Die Wirklichkeit ist nicht brutal und namenlos. Der Sinn wird nicht entzogen. Vielmehr seien wir nur dann bereit, etwas als *moralisches* Prinzip zu bezeichnen, wenn wir «einen gewissen Hintergrund hinzufügen können». Wie sie bei der gemeinsamen Thomas-von-Aquin-Lektüre mit Elizabeth gelernt hatte, ermöglicht es dieser Hintergrund, «im Geist des Menschen eine Verbindung zu dieser (zugegebenermaßen üppigen) Ansammlung von Tugenden und Lastern» zu sehen. Sie veranschaulichte diesen Umstand mit einem Beispiel. Nehmen wir an, ein Mann sagt, es gehöre zu seinen moralischen Prinzipien, keine bunten Farben zu tragen. Wir würden das auch dann nicht als solches anerkennen, wenn er der Meinung wäre, dass niemand jemals bunte Farben tragen sollte, er selbst niemals bunte Farben trüge und sogar versuchte, andere daran zu hindern. Wir würden es für eine Besessenheit oder Phobie halten, aber nicht als eine Frage der Moral akzeptieren. Wenn er allerdings erläutern würde, das Tragen bunter Farben sei *prahlerisch* und zeuge von einem Übermaß an *Stolz*, würden wir anfangen zu verstehen, wie ein solches Prinzip moralisch sein könnte, auch wenn wir nicht damit einverstanden sind. Tugendbegriffe «verbinden neue und womöglich überraschende Anwendungen von ‹gut› und ‹schlecht› miteinander» und führen zu «einer speziellen Betrachtungsweise», erklärte Philippa ihrem Publikum.[153] Sie beleuchten das Muster im Hintergrund. Um ihr Missfallen darüber auszudrücken, dass ihr Sohn von Frauen unterrichtet wurde, benutzte Lady Bathurst das Wort «demütigend», das uns viel über ihre Weltsicht verrät. Denn es verbindet ihr Urteil mit ihren Ansichten über Würde, Scham, Stolz, Wert und Status.[154] Lady Bathursts Sprache kann uns auch dabei helfen, die Sorgen des Proctors über Elizabeths Hosen oder Esther Bosanquets Bedenken über Philippas Brille zu verstehen.

Vielleicht stellte Philippa jetzt auch die Verbindung her, der sie im nur wenige Jahre später veröffentlichten Aufsatz «Moralische Überzeugungen» nachgehen sollte. Auch wenn wir uns uneinig darüber sind, ob Lady Bathursts Sohn gedemütigt wurde oder das Tragen von bunter Kleidung (oder Hosen) prahlerisch ist, sind der sinnvollen Verwendung dieser Worte durch die Wirklichkeit und das menschliche Leben doch Grenzen gesetzt. «Es ist gewiss klar», so schreibt sie, «dass moralische Tugenden mit menschlichem Wohl und Übel zu tun haben müssen, und es ist ganz unmöglich, alles Beliebige Wohl oder Übel zu nennen.»[155] Mit dieser Einsicht fand sie einen Weg, den Werten wieder einen festen Platz in der Welt einzuräumen und auch die Sprache der Moral wieder im menschlichen Leben zu verankern. Die Verbindung zu Tugend oder Laster ist jedoch kein versteckter Appell an ein übergeordnetes Prinzip: «Du sollst nicht prahlen» oder «Sei stets bescheiden». Anders als viele heutige Vertreter:innen der «Tugendethik» war Philippa nicht der Ansicht, dass die Beschreibung einer Handlung als Tugend impliziert, dass sie auch vollzogen werden sollte. Vielmehr eröffnen Tugendbegriffe eine «Betrachtungsweise», mithin eine Art, die

Tatsachen im Lichte der Vorstellungen über das menschliche Wohl zu sehen.

«Niemand glaubte mehr an den logischen Empirismus», sagte Mary Wilson später über diese Zeit. «Aber wir waren noch nicht in der Lage, die Moralphilosophie aus seinen Klauen zu befreien. Es war Philippa Foot, der es schließlich gelang.»[156] Wie ihr alter Dozent H. H. Price 1945 in seinem Vortrag vor der Aristoteles-Gesellschaft vorausgesagt hatte, begann A. J. Ayers Schlachtruf «Unsinn!» «ein wenig lächerlich zu wirken».[157]

Wittgenstein unterzeichnet sein Testament

Elizabeth kehrte kurz vor ihrem dreißigsten Geburtstag aus Wien zurück, und Wittgenstein folgte ihr. Wenige Wochen später, am Dienstag, den 25. April 1950, zog er in die Mansarde der St John Street.[158] Elizabeth begann sich um Wittgensteins unsterbliche Seele zu sorgen. Die Gespräche, die die beiden daraufhin über Religion und Gott führten, fanden Eingang in seine letzten Schriften:

> Das Leben kann zum Glauben an Gott erziehen. Und es sind auch *Erfahrungen*, die dies tun; aber nicht Visionen oder sonstige Sinneserfahrungen, die uns die «Existenz dieses Wesens» zeigen, sondern z. B. Leiden verschiedener Art. Diese zeigen uns Gott nicht wie ein Sinneseindruck einen Gegenstand, noch lassen sie ihn *vermuten*. Erfahrungen, Gedanken – das Leben kann uns diesen Begriff aufzwingen.[159]

Wittgenstein schreibt, dass die Erfahrung des Leidens und des Lebens uns eine Einstellung zur Wirklichkeit aufzwingen kann. Nicht bestimmte, persönliche Überzeugungen (die sich eine nach der anderen überprüfen lassen), sondern eine Art, die Welt zu sehen und in ihr zu sein. Es sei diese Einstellung, sagt er, «die eine bestimmte Sache ernst nimmt, sie aber dann an einem bestimmten Punkt doch nicht ernst nimmt und erklärt, etwas anderes sei noch ernster».[160]

Wittgenstein scheint durch seine Leiden in den letzten Lebensmonaten zu dieser Haltung gelangt zu sein. In seinen *Bemerkungen über die Farben* schreibt er: «So kann Einer sagen, es ist sehr ernst, daß der und der gestorben ist, ehe er ein bestimmtes Werk vollenden konnte; und in anderem Sinne kommt's darauf gar nicht an. Hier gebraucht man die Worte ‹in einem tiefern Sinne›.»[161] Auf seine Bitte hin arrangierte Elizabeth einen Hausbesuch des Dominikaners Pater Conrad, um über Gott zu reden.

Am 29. Januar 1951 unterzeichnete Wittgenstein sein Testament, wobei Elizabeths Untermieter Barry Pink als Zeuge fungierte. Er vermachte Elizabeth ein Drittel der Urheberrechte an seinen noch unveröffentlichten Schriften, die sie mit Rush Rhees und Georg Henrik von Wright nach eigenem Ermessen herausbringen sollte. Außerdem bekam sie alle seine Möbel, ein Drittel der Tantiemen aus seinen Werken und ein Drittel des restlichen Nachlasses. Seinem langjährigen Gefährten Ben Richards überließ er «meine französische Reiseuhr, meinen Pelzmantel, meine vollständige Ausgabe von Grimms Märchen und mein Buch ‹Hernach› von W. Busch».[162]

Zehn Tage später, am 8. Februar, nahmen Elizabeth und Wittgenstein die Varsity Line nach Cambridge. Sie fuhren erster Klasse, damit er auf den Sitzen liegen konnte.[163] Da er nicht im Krankenhaus sterben wollte, zog er zu seinem Arzt Dr. Edward Bevan und dessen Frau Joan ins Haus: Storey's End.

Kapitel 7

Metaphysische Tiere

Mai 1950 – Februar 1955
Newcastle & Oxford

~~~~~~

Mary verlässt Oxford – Lotte Labowsky & die Warburg-Schule – Elizabeth gibt die «Philosophischen Untersuchungen» heraus – Iris & Mary diskutieren Poesie & Paradoxie – Iris über Sartre, Hare & den Stil der Zeit – Mary stellt «die Frauenfrage» & Iris nimmt Unterricht in Sachen Liebe – Zurück ins Leben

~~~~~~

Mary verlässt Oxford

Während Elizabeth sich auf ihrem Dachboden einem sterbenden Wittgenstein widmete, schlug Mary einen für eine junge Ehefrau eher üblichen Weg ein. Sie hatte ihren zukünftigen Ehemann, Geoffrey Midgley, zum ersten Mal in den Graduiertenkursen gesehen. Er war groß, trug einen Tweed, rauchte Pfeife und hatte ein freundliches und etwas verschmitztes Gesicht. Obwohl er einer von Gilbert Ryles BPhil-Jungs war, versuchte Geoffrey, genauso wie Mary, eine Möglichkeit zu finden, die antike Philosophie in die unübersichtliche Szene der Nachkriegszeit einzupassen. Irgendein Nachmittag im Sommer 1949, den sie mit einem gemeinsamen Freund in Marys Wohnheim verbrachten, wo sie bei Schweinefleischpastete und Spaghetti über Philosophie sprachen, erweckte sowohl in Mary als auch in Geoff den Wunsch, sich näher kennenzulernen. (Geoff gestand später, dass er von Marys kulinarischem Angebot sehr beeindruckt war – was für sie tatsächlich ein Erfolg war, denn ihre Küche sollte auch künftig einen Picknickstil aufweisen). Am Ende dieses Sommers zog Mary jedoch in den Süden nach Reading und Geoff in den Norden nach Newcastle, so dass sie nicht mehr Knie an Knie auf Marys Diwan sitzen konnten, sondern nun fast 300 Meilen voneinander entfernt waren.[1]

Im folgenden Sommer trafen sie sich auf einer Philosophiekonferenz in Bristol wieder. Das Thema dieser Konferenz, die im Rahmen der Tagungsreihe ‹Joint Session of the Mind Association and Aristotelian Society› stattfand, lautete in diesem Jahr 1950 «Psychische Forschung, Ethik und Logik». Die Sonne schien, und nach dem Mittagessen am Sonntag versammelten sich die Philosoph:innen mit ihren Kaffeetassen und Zigaretten im Freien. Dies war die Gelegenheit für ehrgeizige junge Männer, einen Professor oder eine Professorin anzusprechen und einen guten Eindruck zu machen, für die Schüchternen und Unbeholfenen, ihre Schuhe zu begutachten, und für die romantisch Veranlagten, den ersten Schritt zu tun. Geoff und Mary, die sicherlich zur dritten Gruppe gehörten, bemerkten, «dass einer der

Mai 1950 – Februar 1955

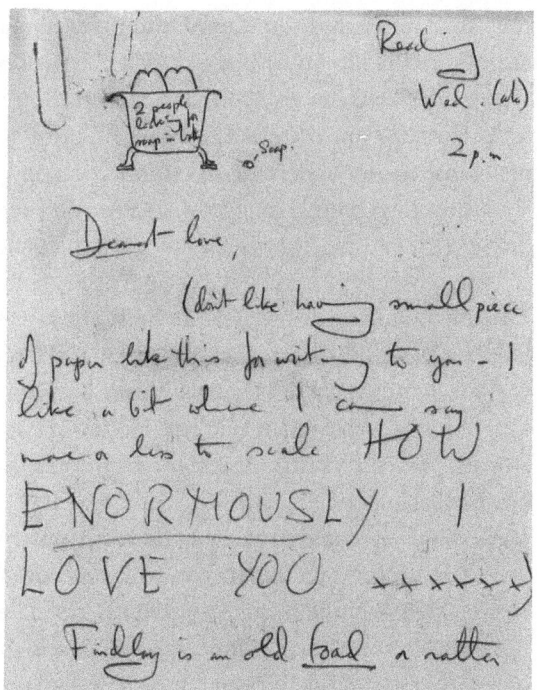

Brief von Mary Scrutton an Geoff Midgley

größten Langweiler der Branche herumlief und versuchte, jemanden zu finden, der mit ihm spazieren gehen wollte» – möge diese Person anonym bleiben. Die Blicke des Paares trafen sich, und Geoff sagte: «Ja. Jetzt. Schnell!» Sie stellten ihre Kaffeetassen ab und rannten los, um selbst einen Spaziergang zu machen, und zwar *ohne* den Langweiler. Mary schreibt in ihren Memoiren, dass «eines zum anderen führte, und noch vor Ende jener Reise waren wir verlobt».[2] Die unglückliche Vorstellung von sich selbst als einer Art Wechselbalg, als «hässlich», ausgestattet «mit den Bedürfnissen einer Frau, aber ohne die Mittel, sie zu befriedigen», dafür aber versehen «mit einem männlichen Verstand wie ein Trostpflaster», schwand dahin.[3] Unter Geoffs liebevollem Blick fand sie sich verwandelt – vom hässlichen Entlein in einen Schwan.

Nach einigem Hin und Her, ob sie in Newcastle oder Reading leben sollten («Ich würde auch mit Freuden mit dir am Nordpol leben»),[4] beschlossen sie, dass es Newcastle upon Tyne sein sollte – nicht der Nordpol, aber immerhin die nördlichste Stadt Englands. Mitten durch die Stadt verläuft die von Kaiser Hadrian errichtete Mauer, die einst die Grenze der zivilisierten Welt markieren sollte. Allerdings hatte es auch seine Vorzüge, unter Barbaren zu leben: Für Ryles BPhil-Armee stiegen die Gehälter, je weiter man sich vom «Knotenpunkt der philosophischen Zivilisation» (Oxford) entfernte. Geoffs 550 Pfund waren fürstlich, wobei seinem Freund Antony Flew sogar königliche 800 Pfund angeboten wurden, um über die Grenze nach Aberdeen zu gehen.[5] Mary und Geoff einigten sich auf ein Ehebett: «Es wäre schön, ein großes zu haben – aber gib nicht deinen letzten Sixpence aus!»[6] Als sie Oxford verließ, hatte Mary ihr Einzelzimmer an Philippa vermacht. Und als sich das Jahr 1950 seinem Ende zuneigte, wurde inmitten eines Schneesturms über Surrey aus Miss Mary Scrutton Mrs Mary Midgley. Iris (die einzig verbleibende Solistin der vier) war ihre Brautjungfer.[7] Ihre Flitterwochen verbrachten Mary und Geoff in Paris.

Mary fühlte sich in den von Kohlenstaub bedeckten Häusern von Newcastle gleich heimisch. Als Kind hatte sie oft bei ihrer Patentante Bessie Callender übernachtet, die ihr Geschichten über ihr Leben als eine der ersten Studentinnen im nahe gelegenen Durham erzählte. Ihr Großvater David Hay vom Ingenieurbüro Mott, Hay & Anderson hatte an der großen Tyne Bridge in der Stadt mitgebaut.[8] Anfangs lebten die Midgleys in Jesmond in einer kleinen Wohnung, die sich von einem zentralen Wohnzimmer aus erstreckte, in dem Geoff Radios zerlegte und wieder zusammenbaute – eine Freizeitbeschäftigung aus Kriegszeiten, von der Mary befürchtete, dass sie sich irgendwann über die ganze Behausung ausdehnen könnte. Im Spätsommer 1950 zogen sie in eine geräumigere dreistöckige viktorianische Doppelhaushälfte mit Garten, und Marys unmittelbare Aufmerksamkeit galt nun nicht mehr Plotin, sondern dem verwilderten Garten und den sanitären Anlagen. J. N. Findlay, der Leiter des Fachbereichs in Newcastle, bot ihr eine Lehrtätigkeit an, aber Mary lehnte ab: «Ich wollte wirklich einfach nichts machen.» Vorerst konnten die beiden von Geoffs Gehalt leben, zu dem noch ein kleines Einkommen aus dem Testament ihres Großvaters mütterlicherseits kam.[9] Eine willkommene Spende von edwardianischen Möbeln aus der Familie Scrutton kam in einem Konvoi aus dem Süden, und einige riesige metallene Bücherregale kamen durch

Geoffs Onkel ins Haus. Wenn sie auf ihren ungezähmten Garten blickte, schätzte sich Mary sehr glücklich, dass sie sich gegen Iris und Mary Wilson nicht hatte durchsetzen können.[10]

Zwischen Januar 1949 und März 1951 trat Mary zehnmal im dritten Programm der BBC auf. Der BBC-Produzentin Anna Kallin gefiel Marys prägnanter und fesselnder Stil, so dass sie dort schon bald nicht mehr nur Rezensionen, sondern auch Radiovorträge zum Besten gab. Im Juni 1951 las sie anlässlich des 100. Geburtstags der antisuffragistischen Schriftstellerin Mary Augusta Ward einen Essay vor. Letztere war es auch, die vorgeschlagen hatte, Oxfords neue Einrichtung für die Ausbildung von Frauen nach der Wissenschaftlerin und Universalgelehrten Mary Somerville zu benennen. Als die ersten Studentinnen 1879 in Somerville Hall eintrafen, wurden sie von der achtundzwanzigjährigen Mary Ward empfangen, die zu diesem Zeitpunkt mit ihrem dritten Kind im achten Monat schwanger war. Für diese Mädchen begann das Leben am Somerville mit einem neuen Frauenbild: dem einer berufstätigen, publizierenden, gebildeten und schwangeren Frau, die sieben Sprachen sprach und sich in der erklärtermaßen männlichen Welt Oxfords wohlfühlte.[11]

Lotte Labowsky und die Warburg-Schule

Während Mary sich an das neue Leben in Newcastle gewöhnte, bildeten sich in Oxford neue Muster heraus. Im Sommertrimester 1951 verzeichnete die *Oxford Gazette* nicht nur eine, sondern gleich zwei neue Dozentinnen für Philosophie. Als deren Namen neben denen von «Mrs Martha Kneale», «Mrs Foot» und «Miss G. E. M. Anscombe» gesetzt wurden, war klar, dass Oxford zum ersten Mal in seiner 850-jährigen Geschichte fünf weibliche Dozenten für Philosophie in einem einzelnen Trimester aufbot. Die schlimmsten Befürchtungen von Vizekanzler Lewis Farnell hinsichtlich der Verfraulichung Oxfords schienen sich zu bewahrheiten. Dienstags und donnerstags um 11 Uhr vormittags unterrichtete eine «Mrs H. M. Warnock» «Logik» für die *Honour Moderations* an den Colleges. Dabei handelte es sich um die frühere Mary

Wilson, die, Elizabeths unerbittlicher Agitation zum Trotz, inzwischen Geoffrey Warnock geheiratet hatte. Elizabeth hatte, wie sich Mary Wilson später erinnerte, «eine Mission in ihrem Leben, aus der später zwei wurden. Die erste bestand darin, mich von meiner Leidenschaft für J. L. Austin abzubringen und zu versuchen, mich von seinen Vorlesungen fernzuhalten. Dies wurde dann später von der Mission abgelöst, mir meinen Ehemann madig zu machen, um mich davon abzuhalten, ihn zu heiraten.»[12] Doch auch wenn Mary Wilson in Elizabeths Augen nun völlig dem verderblichen Sumpf der Philosophie der normalen Sprache und «diesem Scheißkerl Geoffrey» verfallen war, störte das Mrs Warnock nicht. Elizabeths Mann, Peter Geach, hielt sie jedenfalls für «ein Monster», denn sie hatte einmal gesehen, wie er ein Kind an den Beinen aus dem Fenster baumeln ließ – zur Strafe dafür, dass es einige polnische Deklinationen nicht beherrschte.[13]

Der andere neue Name war «Miss Labowsky», die sowohl aufgrund ihres Geschlechts als auch ihrer Nationalität fraglos eine «Invasorin auf dem Gebiet» war. Wie die *Gazette* ankündigte, würden sie und Miss Anscombe gemeinsam ein Seminar abhalten.

Wir sind Lotte Labowsky schon mehrmals im Hintergrund dieser Geschichte begegnet. Vor dem Krieg war sie für Mary, Iris und Philippa ein vertrauter Anblick zwischen den Bücherstapeln der Bibliothek des Somerville, wo sie mit adrettem dunklem Haar und einem gelehrtenhaften Gesicht saß und arbeitete. Sie war es, die Heinz Cassirer nach Chamberlains Münchner Abkommen an den Pförtnern des Colleges vorbei nach Somerville geschmuggelt hatte, um ihn Mildred Hartley vorzustellen. Als Elizabeth Philippa überwältigte, saß sie im Senior Common Room und blickte von ihrem Buch auf. Sie wohnte in Summertown, und auf ihrem täglichen Weg nach Somerville ratterte Marys Fahrrad an ihr vorüber.

Dr. Carlotta Labowsky gehörte zu der schillernden Schar humanistischer Intellektueller, die es in den ersten Jahrzehnten des 20. Jahrhunderts nach Hamburg gezogen hatte. Ihr Anziehungspunkt war die Kulturwissenschaftliche Bibliothek Warburg, die frühere Privatbibliothek des Bankiers und Gelehrten Aby Warburg. Dessen esoterische Vision war es, eine Speicherstätte für das kollektive Gedächtnis und die Weis-

Mai 1950 – Februar 1955   341

Lotte Labowsky

heit der europäischen Zivilisation zu schaffen, einschließlich ihrer okkulten Erscheinungsformen: Heidentum, Magie und Rituale. Bücher und Manuskripte standen neben Keramiken, Fotografien, Wandteppichen, Spiegeln und anderen talismanischen Kulturgütern und wurden in vier exzentrische Kategorien eingeteilt: BILD, WORT, HANDLUNG und ORIENTIERUNG. Ernst Cassirer, der berühmte Kant-Forscher und Vater von Heinz, hatte 1919, kurz nachdem er eine Professur an der Universität Hamburg angenommen hatte, in den Bücherregalen dieses Ortes eine konkrete Umsetzung seiner abstrakten Theorie über das Wesen des Menschen gefunden.[14] «Wir sind symbolische Tiere» *(«animal symbolicum»)*, wie er schrieb.[15] («Die Frage der Geschichte. Halte dich an den Menschen als Symbolmacher. Der Hinweis liegt irgendwo hier», hatte Iris im Juni 1947 in ihrem Tagebuch notiert.[16]) Der ältere Cassirer hatte gerade eine Vorlesung über Kants Moralphilosophie gehalten, als ein junger Donald MacKinnon, verzückt von der Gegenwart eines so großen Gelehrten, im Wintertrimester 1934 in einem Hörsaal des All Souls Platz nahm.[17] Auch Lottes Doktorarbeit, die sie 1932 abschloss, erwachte inmitten der Bücher und Artefakte der Warburg-Bibliothek zum Leben. Es handelte sich um eine Studie über Leben und Kunst, und zwar in ihrer Vermittlung durch den griechischen Stoiker Panaitios von Rhodos und die römischen Philosophen Cicero und

Der Dampfer «Hermia»

Horaz. Das Leben eines Menschen kann ihr zufolge wie eine gut gemachte Rede konstruiert oder wie eine musikalische Komposition aufgebaut sein,[18] und so wie diese Dinge kann es auch moralische Schönheit oder (nach dem heiligen Thomas von Aquin) Glanz besitzen. Tugendhaftigkeit kann durch die Aufmerksamkeit für harmonische Handlungen und Gegenstände kultiviert werden.[19] Zwei Jahre nach der Fertigstellung ihrer Arbeit war Lotte völlig mittellos in England angekommen, da sie aufgrund der antisemitischen Gesetzgebung der Nazis von einer Anstellung an der Universität ausgeschlossen worden war. Die Warburg-Bibliothek war ihr bereits um einige Wochen zuvorgekommen.[20]

1933, kurz vor Weihnachten, verließ der Dampfer *Hermia* den Hamburger Hafen in Richtung London, beladen mit Büchern und seltenen Manuskripten sowie Tausenden von Dias, Fotografien, Kunstgegenständen und Möbeln. Lottes bester Freund (und einmaliger Liebhaber) Raymond Klibansky hatte die Rettung eingefädelt, indem er diese Evakuierung als Leihgabe inszenierte.[21] Er wartete an den Londoner Docks, um diese höchst ungewöhnlichen Flüchtlinge in Empfang zu nehmen. Zwei Wochen später wäre es zu spät gewesen, denn die Verbrennung «undeutscher» Literatur war bereits seit Mai im Gange, und Ende Dezember wäre die «Leihgabe» von Joseph Goebbels' Propagandaministerium überprüft worden. Mehr als 25 000 Bücher ließ man auf dem Areal des Berliner Opernplatzes (dem heutigen Bebelplatz) gegenüber der Humboldt-Universität in Rauch aufgehen. Bücher von Platon und Aristoteles, Hume, C. S. Lewis und Freud gesellten sich zu solchen von Brecht, Einstein und Kafka auf die Scheiterhaufen.[22] Nachdem Warburgs Schätze gerettet waren, galt es nun, die Archivar:innen und Wissenschaftler:innen zusammenzubringen, die ihre Geheimnisse entschlüsseln konnten. Und während sich die Leiterin des Somerville, Helen Darbishire, um Dr. Labowskys Belange kümmerte, half David Ross Raymond Klibansky dabei, ein Stipendium am Oriel College zu ergattern und die Finanzierung seiner Arbeit durch die British Academy zu sichern.[23]

Die Entscheidung von Lotte und Elizabeth, im Sommertrimester 1951 gemeinsam ein Seminar zu veranstalten, war zum Teil aus der Not heraus geboren. Denn Lotte hatte von der Tutorin für klassische Philologie, Mildred Hartley, erfahren, dass sie einen Mastertitel sowie eine kleine Gehaltserhöhung erhalten würde, wenn ihr Name im Vorlesungsverzeichnis erscheinen würde, und Elizabeth war vertraglich dazu verpflichtet, in diesem Trimester zu unterrichten, wollte aber keine richtigen Vorlesungen halten. Sie war wieder schwanger, was allerdings – wie Lotte Raymond im März berichtete – «seltsamerweise niemand bisher bemerkt zu haben scheint». («Iss Knäckebrot oder so», hatte Wittgenstein Elizabeth geraten, als er bemerkte, dass sie zunahm; als er erfuhr, dass sie schwanger war, «wirkte er sehr erschrocken»).[24] Elizabeth wollte etwas «Kleines und Gemütliches» veranstalten, da der Geburtstermin bereits einige Wochen nach Trimesterbeginn sein sollte.[25] Zudem ging es ihr nicht gut: Im Oktober 1950 musste sie operiert werden, um die Sehkraft eines Auges zu erhalten, und anschließend musste sie zehn Tage lang in einem dunklen Raum auf dem Rücken liegen.[26] Daher boten sie und Elizabeth also eine gemeinschaftlich geleitete Veranstaltung am Somerville an. Ihr Seminarthema, nämlich «Proklos' Kommentar zu Platons *Parmenides* 141e10–142a8» (dabei handelt sich um zehn Zeilen plus ein Wort Text) war zwar möglicherweise so gewählt, dass sichergestellt war, «nicht mehr als etwa vier Leute» im Plenum zu haben;[27] allerdings hegten beide Frauen durchaus ein ernsthaftes wissenschaftliches Interesse an Platons Text und Proklos' Kommentar dazu.

Schon seit der Vorkriegszeit waren Lotte und Raymond Klibansky gemeinsam an einem ambitionierten Übersetzungs- und Editionsprojekt beteiligt. Raymond hatte nämlich in der Bibliothek des Universalgelehrten und Mystikers Nikolaus von Kues, der im 15. Jahrhundert lebte, eine vollständige lateinische Übersetzung des Proklos'schen Kommentars zu Platons *Parmenides* aus dem 13. Jahrhundert entdeckt. Da alle vier bisher bekannten erhaltenen Fassungen des Proklos-Kommentars unvollständig waren, war diese Entdeckung sensationell. Das Paar fing an, gemeinsam an den lateinischen und griechischen Kommentaren zu arbeiten. In einem Brief an Raymond, in dem sie ihm von ihren Plänen mit Elizabeth berichtete, bezeichnete Lotte das wiedergefundene Fragment liebevoll als «‹unser› Endstück».[28] Und dieses «Stück» sollte 1953 im dritten Band des *Corpus Platonicum Medii Aevi* erscheinen, einem Kompendium all jener Texte, die die platonische Tradition des Mittelalters ausmachten. Als Übersetzerinnen des Fragments ins Englische werden Carlotta Labowsky und Miss G. E. M. Anscombe angeführt.[29] Dieser Band ist zwar der erste, in dem Labowsky (neben Klibansky) als Mitherausgeberin des *Corpus* genannt wird, aber die Historiker:innen sind sich einig, dass sie auch bei den ersten beiden Bänden die eigentliche «Gelehrte» – und, wie einige sagen, auch der eigentliche «Kopf» – im Hintergrund war.[30]

Elizabeths Interesse am Neuplatonismus sowie ihre Bekanntschaft mit Lotte, Raymond und den Warburgianern nahmen bereits während ihres Studiums ihren Anfang. Die *Gazette* stellte sie damals vor die Wahl zwischen «Frühmittelalterlicher Philosophie», «Johannes von Salisbury» und «Logik und Wissenschaft im frühen Mittelalter» – alles Themen, die für eine Neubekehrte, die sich in die katholische Philosophie vertiefen wollte, interessant gewesen wären. Im Frühjahrstrimester 1941 erhielt sie informellen Unterricht von Klibanksy, der in einem Brief an Mary Glover berichtet, dass Elizabeths Herangehensweise an die Geschichte der Philosophie anfänglich «dezidiert negativ» war («zweifellos beeinflusst durch die allgemein vorherrschende Verachtung für die Geschichte der Philosophie»), lobt aber ihre Bemühungen, ihr Talent und ihre Originalität. «Wenn ihr Wissen über den historischen Teil

auf den Stand ihrer kritischen Fähigkeiten gebracht werden kann [...],
dann hat sie eine gute Chance, einen ersten Platz zu bekommen», prophezeite er.[31] Lotte und Elizabeth wurden 1946 gleichzeitig Forschungsstipendiatinnen am Somerville, und Erstere sollte noch viele Gelegenheiten dazu haben, sich an Philippa und Elizabeths Trainingskämpfen im Aufenthaltsraum der Lehrkräfte des Colleges zu beteiligen. Elizabeth, Lotte und Raymond arbeiteten weiterhin, zusätzlich mit Peter Geach, gemeinsam an verschiedenen Übersetzungs- und Editionsvorhaben bis mindestens in die 1960er Jahre hinein, als Raymond und Elizabeth Platons Dialogwerke *Sophistes* und *Politikos* in der Übersetzung von A. E. Taylor herausgaben. «Die Art und Weise, wie die Ideen behandelt werden [...] wäre für Aristoteles völlig akzeptabel», wie Taylor in seiner Einleitung betont.[32]

Die *Gazette* riet denjenigen, die das Seminar von Miss Labowsky und Miss Anscombe besuchen wollten, sich bis zum ersten Montag des Trimesters bei Lotte zu melden. Ein paar Wochen später schrieb diese an Raymond, der jetzt an der McGill-Universität in Kanada war. Wie sich herausstellte, lag sie mit ihrer Vorhersage von «etwa vier» Studierenden völlig daneben:

> Eine gute Sache – und sehr lustig. E. Anscombe und ich haben nur eine einzige Interessentin für unser Seminar!! Es ist die Tutorin für Philosophie, Philippa Foot (geb. Bosanquet). Wir werden also die Zeit damit verbringen, über Parmenides und den Sophistes usw. zu diskutieren, und ich muss dafür überhaupt nichts vorbereiten.[33]

Das Seminar ging weiter, und zwar ohne Studierende. Drei brillante Frauen, die der Krieg zusammengeführt hatte, studierten stattdessen gemeinsam ein Manuskript, das den Scheiterhaufen der Nazis entgangen war: eine mittelalterliche lateinische Übersetzung eines griechischen Kommentars aus dem 5. Jahrhundert zu Platons imaginärer Erinnerung an ein Gespräch zwischen Sokrates und Parmenides, dem Verfasser eines 500 Jahre vor Christi Geburt verfassten Gedichts; ein Gegenstand von tiefer metaphysischer Struktur, eine über 100 Generationen hinweg bewahrte Vergangenheit, bestehend aus kontinuierlichen Schichten menschlicher Anstrengungen des Kopieren und Reproduzierens, der Nach- und Neuerzählung. «Unsere wöchentlichen Diskussionen über Parmenides sind sehr interessant», schrieb Lotte.[34]

Elizabeth diskutierte mit Wittgenstein über Proklos' Kommentar zu Platons *Parmenides*. «Proklos sagte», so erzählte sie ihm, «dass ein Name ein logisches Bild seines Gegenstandes sei.» Ein «logisches Bild» oder «*icon logike*».[35] Zu ihrer Überraschung sagte Wittgenstein darauf: «Diesen Gedanken habe ich schon so oft gehabt.» Überrascht war sie deshalb, weil sie angenommen hatte, «dass die Objekte, die Einfachen, von denen im *Tractatus* die Rede ist, einheitliche, charakterlose Atome sind» und dass Wittgenstein, wenn er sagte, der Satz sei ein «logisches Bild», damit bestreiten wollte, dass dies auch für Namen gelte.[36] Später sollte dieses Gespräch große Früchte tragen – und es sollte Elizabeth helfen, Wittgensteins *Tractatus* in einem neuen Licht zu sehen.

Für den Wittgenstein des *Tractatus* können Objekte, wie Elizabeth Anscombe erklärte, «je nach ihrer Form in einige Zusammensetzungen eingehen und in andere nicht», und das gilt auch für die Namen dieser Objekte. Sie gibt ein Beispiel: Der Satz «Der Mount Everest hat Napoleon aus Kairo vertrieben» beschreibt keine mögliche Tatsache, weil «Mount Everest» der Name eines Berges ist und Berge ihrer Beschaffenheit nach nun einmal Dinge sind, die keine Vertreibungen vornehmen. Wenn «Mount Everest» der Name *eines Berges* ist, dann sind bestimmte Verwendungsweisen dieses Namens also ausgeschlossen; das ist es, was es heißt zu sagen, dass der Name eine logische Form oder ein «inneres Wesen» hat.[37] Unter «den Modernen» herrscht, wie sie klagt, die Tendenz, «von dem, was gedacht werden kann, auf das zu schließen, was sein könnte». Wittgenstein verfolge hingegen einen besseren Ansatz, einen, den er mit Platon gemeinsam habe. «Ein Gedanke war unmöglich, weil das Ding unmöglich war, oder, wie der *Tractatus* es ausdrückt: ‹Was man nicht denken kann, das kann man nicht denken›: ein *unmöglicher* Gedanke ist ein unmöglicher *Gedanke*.»[38]

Diese Idee wird, wie Elizabeth erkannte, in Wittgensteins späterem Werk mit neuem Leben gefüllt. Statt von logischer Form sprach er nun von Grammatik. Das innere Wesen eines Namens wird durch die Muster der menschlichen Praktiken offenbart, in denen er verwendet wird. Die Schachfigur, die den Namen «König» trägt, hat eine bestimmte konventionelle Form – sie ist die größte Figur und hat ein kleines Kreuz auf dem Kopf. Aber das Wort «König» benennt nicht diese Form. Es benennt vielmehr eine Figur, die sich in einem Schachspiel nach diesen und jenen Vorschriften bewegt.[39] Alle diese Regeln sind in den Namen «König» eingeflossen – also in das, was eine Person, die dieses Zeichen als Namen benutzt, kennen und verstehen kann, genauso wie alle Praktiken und Gepflogenheiten des Staates in sein Homonym «König» eingeflossen sind. Deshalb sagt Wittgenstein: «Man muß schon etwas wissen (oder können), um nach der Benennung fragen zu können.»[40] In einer Vorlesung hatte er angemerkt: «Es ist eine sehr wichtige Information über ein Wort, dass es ein Eigenname ist, und noch mehr, von welcher Art von Ding es ein Eigenname ist – ein Mann, eine Schlacht, ein Ort usw. usw.»[41]

Diese Einsicht von Proklos sollte Elizabeth schließlich das letzte noch fehlende Puzzlestück für die Beantwortung der Frage liefern, die sie sich mitten im Krieg vorgenommen hatte, als sie die Varsity Line nach Cambridge bestieg. Von dem Ding zu erfahren, das ein Name «n» bezeichnet, heißt, wie sie nun erkennt, die Identitätsbedingungen für *n* genannt zu bekommen. «Tier, Pflanze, Pfau, Mensch, Floh, Drillingsblume, Bananenstaude», zählt sie auf. «Geht es um Pflanzen und Tiere, dann ist die Identität eines einzelnen Exemplars eine andere als zum Beispiel die eines Bleiklumpens. ‹Das Fortbestehen eines bestimmten Musters in einem Strom aus Materie› geht in unsere Erklärung ein; der Begriff eines Musters, ebenso wie der einer Form, ist an dieser Stelle besonders.» Denn wenn wir von «der Form eines Pferdes oder eines Menschen» sprechen, dann meinen wir «Form» in einem bestimmten Sinne, so fährt sie fort – nämlich in dem, dass «wir nicht sagen, dass sich die Form eines Menschen ändert, wenn er sich hinsetzt». Und mit «Muster» wollen wir die «‹Muster› einer Entwicklung» bezeichnen, «die sich über den ganzen Verlauf eines Lebens erstrecken und erhebliche Veränderungen mit sich bringen, wie etwa die zwischen dem Stadium der Raupe oder Larve zur Puppe und dann zum Schmetterling».[42] Und unser Verständnis dieser Lebensmuster spiegelt sich in unserem Gebrauch der Namen der Arten verschiedener Lebewesen wider. Eine Person, die weiß, dass «Elizabeth» der Name eines *Menschen* ist, verwendet ihren Namen auf eine Weise, die die Muster, Normen und die enormen Veränderungen reflektiert, die zum menschlichen Leben dazugehören.

Eine Woche nach Beginn von Lottes und Elizabeths Veranstaltung, genauer am 29. April 1951, starb Ludwig Wittgenstein in Storey's End. Elizabeth, Ben Richards und Yorick waren bei ihm, zusammen mit einem katholischen Priester, den Yorick mitgebracht hatte. Sie kamen allerdings zu spät, um noch ein letztes Mal mit ihm zu sprechen – er hatte schon am Vortag das Bewusstsein verloren, nicht ohne jedoch Joan Bevan eine Nachricht für seine Freunde zu übermitteln: «Sagen Sie ihnen, daß ich ein wunderbares Leben hatte.»[43]

Viele Jahre später griff Philippa Foot auf diese Worte zurück, um die Frage zu beantworten, die sie seit ihrer Kindheit beschäftigte: Was ist Glück? «Denkt man an glückliche Bewußtseinszustände, wäre es [...] in der Tat sehr merkwürdig, ein so schwieriges Leben wie das von Wittgenstein gut zu nennen», schrieb sie später. Aber seine Worte am Sterbebett «schein[en] gerechtfertigt durch das, was er mit seltener Leidenschaft und Begabung tat». Sie verglich Wittgensteins Glück mit dem eines lobotomierten Patienten, der «vollkommen glücklich damit [war], den ganzen Tag Blätter aufzusammeln». Doch trotz all seiner Qualen und des Elends ist es eben Wittgensteins Leben, wie sie sagt, und nicht das des Patienten, das uns mehr darüber verrät, was Glück für den Menschen bedeutet.[44] Sein großes Werk war vollendet (was wichtig war); und an seinen letzten Tagen war er von denen umgeben, die ihn liebten (was in einem tieferen Sinne wichtig war) – die letzte Szene in Storey's End.

«Elizabeth scheint sehr mitgenommen zu sein», sagte Lotte zu Raymond.[45] Gegen Ende des Trimesters setzten bei Elizabeth die Wehen ein, und Mary Geach wurde geboren – das Kind Nummer drei (Peter, Barbara und John lebten noch in Cambridge). In den Wochen zuvor war Lotte darüber erstaunt gewesen, wie wenig dieses bevorstehende Ereignis in Elizabeths Zukunftsplänen vorkam, die ganz auf Wittgensteins schriftliche Hinterlassenschaften ausgerichtet zu sein schienen.[46] Nur vier Tage nach Wittgensteins Tod (und vier Wochen vor der Geburt der kleinen Mary) war Elizabeth mit ihrem Mitherausgeber Rush Rhees zum Hauptsitz des Blackwell-Verlags geeilt, um das Typoskript der *Philosophischen Untersuchungen* abzuliefern. Elizabeth und Rush wussten, dass die Geschichte der Sprachphilosophie bereits von J. L. Austin und seinem Kindergarten geschrieben wurde und sie sich daher keine Verzögerungen bei der öffentlichen Verfügbarmachung von Wittgensteins Werk leisten konnten.[47] Eine Woche später krampften Lottes Hände; ihre Arthritis hatte sich durch einen ungewöhnlich kalten Frühling verschlimmert. Ihre Mutter war krank, und sie hatte Mühe, über die Runden zu kommen. Raymond bot ihr an, ihr ein Lebensmittelpaket zu schicken.[48]

Das Seminar mit Lotte, Elizabeth und Philippa ging weiter, ohne dass Tod, Geburt oder Krankheit es unterbrochen hätten. «Manchmal komme ich mir sehr leichtsinnig vor», vertraute Lotte Raymond an, «wenn die beiden anderen Teilnehmerinnen immer sorgenvoller aussehen und sich mit Falten auf der Stirn gegenübersitzen und schweigend und angestrengt nachdenken.»[49] (Elizabeth wurde später für ihr Schweigen berühmt: Ein Student verbrachte eine ganze Unterrichtsstunde in einem Zustand der Verzweiflung, während sich das Schweigen unendlich in die Zukunft ausdehnte; Jahre später erinnerte sich Elizabeth an diesen Vorfall als eine Situation, in der sie beide zu überwältigt von der Schönheit der *Philosophischen Untersuchungen* gewesen seien, um sprechen zu können.[50]) «[S]ollte sich herausstellen, dass ich den M. A. für diese Leistung per Dekret erhalte, dann wäre das ein guter Witz», so Lotte im Vertrauen, «und ein angenehmes Zwischenspiel in der Geschichte der Parmenides-Interpretation (und Schweigen beendet die Diskussion über das Eine).»[51]

Iris nahm zwar nicht an dem Proklos-Seminar teil, hatte aber im vorigen Trimester gemeinsam mit Pip zumindest einige von Elizabeths Vorlesungen über Platon besucht. Da diese immer dienstags und donnerstags um 12 Uhr mittags stattfanden, war dies der perfekte Zeitpunkt, um hinterher die Diskussion beim Mittagessen in der Dining Hall des Somerville College fortzuführen, genau wie in den alten Zeiten.

Eine der längsten und nachhaltigsten Diskussionen in den *Philosophischen Untersuchungen* ist der Abschnitt, der heute als die «Überlegungen zum Regelfolgen» bekannt ist – die Paragraphen 185 bis 242 –, und in ihren Vorlesungen oder den Gesprächen hinterher stellte Elizabeth Platon und Wittgenstein in einem Zuge vor.[52] In Platons Dialog *Menon* entlockt Sokrates einem Jungen ohne mathematische Schulbildung den

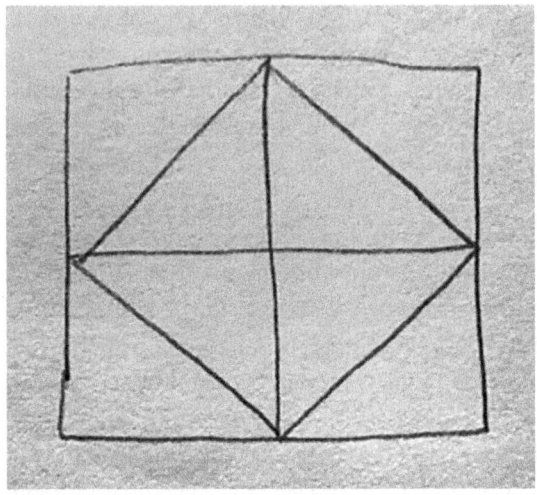
Geometrischer Beweis

geometrischen Beweis dafür, dass ein zweites Quadrat, das auf der Diagonalen eines anderen Quadrats liegt, die doppelte Fläche des ersten hat. Dies tut er, indem er eine geometrische Figur auf den Boden zeichnet.

Platon behauptet nun, dass die einzige Erklärung für die Einsicht des Jungen darin besteht, dass diese Demonstration in ihm ein Wissen erweckt hat, das seine Seele bereits besessen hatte, und auf Sokrates' Befragung hin erinnert sich die Seele des Jungen dann an das, was sie schon vor seiner Geburt wusste.

In ihrem Tagebuch erinnerte sich Iris an ein Gespräch mit E.:

> E. sagte vorhin zu mir: Es gibt keinen Unterschied zwischen der *nächsten* Anwendung von «blau» & der *nächsten* Zahl, vom Stpkt. dieses Problems aus betrachtet. Oder zwischen dem «Beweis» (dem Menon-Beispiel) und irgendeinem Begriff. In all diesen Fällen können wir mehr *tun*, als wir von den Beispielen *bekommen*, die uns lehren.[53]

Platons Theorie der Wiedererinnerung berührt nun, wie E. anzudeuten schien, das gleiche Phänomen, das Wittgenstein in den dem Regelfolgen gewidmeten Passagen in den *Philosophischen Untersuchungen* beschäftigt: Wie kann ein Kind, dem ein Teil eines Musters gezeigt wird, wissen, wie es «weitermachen» soll? Wie können wir «mehr *tun*, als wir von den Beispielen *bekommen*, die uns lehren»?

Nehmen wir an, eine Lehrerin zeigt ihren Schülern, wie man die Regel «+ 2» befolgt, und demonstriert sie ihnen anhand von Zahlenreihen: «2, 4, 6, 8, ...», dann «11, 13, 15, ...», dann «144, 146, 148, ...». Jetzt befielt sie ihren Schülern: «Setzt die Reihe 1000, 1002, 1004 fort.» Diese Zahlen sind höher als alle anderen in den vorherigen Beispielen. Und doch versteht das Kind sie und tut es: «1006, 1008, 1010.»[54] Ist es nicht bemerkenswert, dass so etwas möglich ist? Wie kann das Kind mehr *tun*, als es von den Beispielen der Lehrerin *bekommt*? Platons Antwort lautet: Was die Schüler in den Beispielen erhalten, ist eine Erinnerung an das angeborene Wissen, das ihre Seele bereits besitzt – und gar kein wirkliches «Lernen». Wittgenstein sagt dagegen: Was die Schüler von den Beispielen bekommen, ist genau das, was sie eben von ihnen bekommen. Aber die Schüler sind menschliche Wesen, und das Muster ist Teil des menschlichen Lebens, und Geschöpfe wie wir – oder wie sie – begreifen solche Muster. Täten wir dies nicht, dann wäre unser Leben nicht so, wie es ist.[55] Wenn die Kinder solche Muster nicht erkennen oder nicht erkennen können, so gibt es auch noch viele weitere Bereiche des menschlichen Lebens, von denen sie abgeschnitten werden. Die Beispiele erinnern die unsterbliche Seele nicht daran, was sie bereits weiß, sondern wir lehren, indem wir dem Schüler mit dem Bleistift in der Hand zeigen, wie es weitergeht, wie wir weitergehen.

Nach der Vorlesung:

> P. sagte: Werden da nicht drei Dinge verwechselt? Der Unterschied zwischen «es einfach tun» (z. B. morgens aufstehen, einen Fuß vor den anderen setzen) und es nach einer Regel tun. Der Unterschied zwischen Wiederholung und Entwicklung. Der Unterschied zwischen einer endlichen und einer unendlichen Reihe.[56]

Doch diese «Verwirrung» ist gewollt. Wenn Elizabeth ihrem Sohn John den Farbbegriff «rot» lehrt, muss John ein Muster des Sprachgebrauchs, einen Rhythmus erfassen, der über alles hinausgeht, was in der konkreten Unterrichtssituation vorhanden ist oder vorhanden sein könnte. Nichts garantiert, dass er nicht hinter der nächsten Ecke auf einen Gegenstand stößt, auf den ihn sein Lernen nicht vorbereitet hat. Ein rotes

Gesicht, ein roter Himmel bei Nacht, ein rotes Nachbild, ein Feiertag [*red-letter day*], ein rotes Tuch für einen Stier – wie lernen wir, den Rhythmus und die Muster der komplexen menschlichen Praktiken (konventionell, ad hoc, rituell, gewohnheitsmäßig) zu erfassen, die letztlich unsere Lebensformen ausmachen und die weit über uns selbst hinausgehen? Das ist etwas Natürliches, sagt Wittgenstein.[57] Wenn wir es nicht so machen würden, hätten wir solche Praktiken nicht. Wir machen einfach. Wir machen verdammt noch mal einfach weiter!

Elizabeth gibt die «Philosophischen Untersuchungen» heraus

Elizabeth hatte mit der Last des Wittgenstein'schen Erbes zu kämpfen – einem *Nachlass** von über 20 000 Seiten, von dem ein Großteil in der St John Street Nr. 27 lag, zusammen mit einem Neugeborenen.[58] Die *Philosophischen Untersuchungen* bestanden nun aus zwei Teilen: Sie und Rush Rhees hatten dem ersten Typoskript ein zweites hinzugefügt, das einen Großteil der Arbeiten enthielt, die Wittgenstein und Elizabeth im Dubliner Zoologischen Garten diskutiert hatten. Iris liebte dieses Material – ihr Exemplar des veröffentlichten Buches ist fast schwarz und mit Notizen auf dem Titelblatt versehen, von denen viele jene Passagen glossieren, in denen Wittgenstein das Aspektsehen und den Hasen-Entenkopf diskutiert. Eine dieser Bemerkungen liest sich so: «Ich treffe Einen, den ich jahrelang nicht gesehen habe; ich sehe ihn deutlich, erkenne ihn aber nicht. Plötzlich erkenne ich ihn, sehe in seinem veränderten Gesicht sein früheres. Ich glaube, ich würde ihn jetzt anders porträtieren, wenn ich malen könnte.»[59] 1947 hatte Iris sich gefragt, wie ein Mensch seine eigene Vergangenheit anders sehen könnte als die Gegenwart. Jetzt konnte sie diesen Gedanken so formulieren wie Wittgenstein: Sollte ich jetzt nicht eine andere Geschichte meines vergangenen Lebens schreiben?

---

* Im Orig. deutsch. (Anm. d. Übers.)

Iris und Lotte halfen Elizabeth dabei, das Manuskript der *Philosophischen Untersuchungen* vorzubereiten, durchkämmten ihre Übersetzung und suchten nach Ungenauigkeiten.[60] Noch bis zu dem Tag, an dem der Text in den Druck ging, schickte Elizabeth Korrekturen. Sie «stellte alle möglichen Verrenkungen an, um in einem reinen und kompakten Englisch zu schreiben», und nahm an Wittgensteins Deutsch «einen ganz besonders luziden Charakter» wahr – «hart, klar, knackig, lebendig und ernst» –, den sie sich zu imitieren bemühte. «Gutes Englisch ist in der heutigen Zeit gut gekleidet; wenn man Umgangssprache oder Slang einführt, heißt das, absichtlich einen niedrigen Stil anzunehmen. Jeder englische Stil, den ich mir vorstellen kann, wäre eine falsche Darstellung dieser Aufzeichnungen.»[61]

Während Iris und Lotte mit Elizabeth über Wittgensteins Texten brüteten, warteten J. L. Austin und viele in seinem Kindergarten ungeduldig auf die Veröffentlichung des Werks. Isaiah Berlin von den *Brethren* drängte Denis Paul, einen gemeinsamen Schüler von ihm und Elizabeth, ihm das Manuskript zu zeigen – aber «fragen Sie Miss Anscombe nicht um die Erlaubnis, es mir zu zeigen». Isaiahs Abneigung gegen Elizabeth saß tief. Nach der Veröffentlichung des Buches versuchte er, ihre Einladung zu einem Radiovortrag zu torpedieren, indem er Anna Kallin, der Produzentin des dritten Programms der BBC, schriftlich von «den Wittgenstein-Intimi – Miss Anscombe und ihrem Mann Geach und anderen» berichtete. «Eine Menge heftiger künstlicher Neurosen, sie waschen sich nicht usw., Sie können es sich vorstellen – furchtbares Gestammel anstelle von artikulierter Sprache, ein perverser Katholizismus und all die anderen appetitlichen Eigenarten.» Zu Denis Paul sagte er nun: «Sie dürfen mich nicht falsch verstehen, aber ich möchte lieber nicht, dass sie darum gebeten wird, mir einen Gefallen zu tun [...]. Mir wäre es lieber, Sie ließen sie mit mir in Ruhe. Ich werde es mit großem Eifer lesen, falls und wenn es erscheint. Erscheint es nicht, dann möchte ich es heimlich gezeigt bekommen oder, wenn das gegen Ihre Prinzipien verstößt, was zweifellos der Fall sein dürfte, es überhaupt nicht lesen.»[62]

Den Schwierigkeiten zum Trotz, die mit der Aufgabe einer literarischen Nachlassverwalterin verbunden sind, war das Jahr 1951 der Beginn hei-

Elizabeth Anscombe und Peter Geach mit Mary und John

tererer, leichterer Zeiten für Elizabeth. Wittgensteins Vermächtnis beendete die Zeit ihrer finanziell angespannten Lage, und im Dezember des Jahres gewährte die Rockefeller Foundation dem Somerville College Fördermittel, um Elizabeth bei ihrer Arbeit als Herausgeberin und Übersetzerin zu unterstützen. Bis 1958 erhielt das College 16 200 Dollar (was nach dem heutigen Wert etwa 200 000 Pfund entspricht), um sie von ihrer Lehrtätigkeit zu entlasten und ihr die Möglichkeit zu geben, sich auf den Nachlass zu konzentrieren.[63] Nach Jahren der befristeten und nur gelegentlichen Beschäftigung in der Lehre und des harten Sparens hatte Peter endlich eine feste akademische Anstellung gefunden, und sein Einsatz als Holzfäller während des Krieges wurde endlich vergessen. Dennoch wurde er 1966 bei einem Einstellungsgespräch für eine Professorenstelle an der Universität Leeds, nachdem er bereits 15 Jahre an der Universität Birmingham tätig gewesen war, wieder darauf angesprochen. Peter Geachs Blick verfinsterte sich: «Ich habe Baumstämme gerrrrrollt!»[64] Die Kinder zogen in die St John Street, und die Familie legte sich eine Katze namens Tibbles zu. Von Oxford aus pendelte Peter nach Birmingham; mit Hilfe von Mrs Colters Gebäck und Kehrblech gelang es dem Paar auf seine ganz eigene Art, die Kunst der «Telegamie» zu perfektionieren – der Ehe auf Distanz.[65]

Die Veröffentlichung der *Philosophischen Untersuchungen*, die von Elizabeth wundervoll übersetzt worden waren – wobei Lotte und Iris in den Anmerkungen der Übersetzerin ihr Dank ausgesprochen wird –, wurde als einer der wichtigsten Wendepunkte in der Philosophie des 20. Jahrhunderts gepriesen. Anna Kallin ignorierte Isaiah Berlins Verleumdungen, und Elizabeth nahm eine 24-minütige Radiosendung für das dritte Programm auf, die im Juli 1953 gesendet wurde. Teil II der *Philosophischen Untersuchungen* übertrifft, wie sie sagte, alles, was Wittgenstein je geschrieben hat: «Durch seine Verdichtung, gepaart mit einer reichen und scharfen Ausdruckskraft, und durch den Reichtum an unanfechtbaren Beobachtungen und strenger Überprüfung.»[66] Und sie schloss mit der Frage, wie diese Schrift wohl als literarische Errungenschaft aufgenommen werden würde.

Iris und Mary diskutieren Poesie und Paradoxie

Mitte Juli 1951 stieg Iris aus dem Flying Scotsman und betrat die glitzernde, kohlenstaubbedeckte Arena von Newcastle upon Tyne. Auf dem Bahnsteig erwartete sie eine schwangere Mary, die sich in ihrem neuen Leben eingerichtet hatte. Iris verspürte hingegen nicht den Wunsch, sich einzurichten. Die Namen von Bahnhöfen, die sie an die rechten Ränder ihrer Briefe kritzelte, zeugen von ihrer Rastlosigkeit: Gedanken in einem Zug, gefangen in einem Waggon oder auf einem Bahnsteig, zwischen Orten («District line», «Hammersmith Station», «Piccadilly line», «im Zug»).[67] Verschiedene Liebhaber (und Liebhaberinnen) tauchen in ihren Tagebüchern auf und wieder ab: Michael Oakeshott, der konservative politische Philosoph (sie verliebt sich im Oktober 1950 in ihn. «Ich hoffe, M. bricht mir nicht noch vor Ostern das Herz»[68] – aber er tut es); Wallace Robson (er spielt Bridge, und ihre Mutter ist beeindruckt;[69] kurzzeitig sind sie halb verlobt und trennen sich im April 1952 in einem Schmerzensrausch wieder); Arnaldo

Momigliano, ein jüdischer italienischer Warburgianer und geflüchteter Gelehrter (sie lesen Dantes *Rime* und unternehmen drei Reisen nach Italien;[70] er ist verheiratet); Elias Canetti, emigrierter Romancier, künftiger Literaturnobelpreisträger (ihre Tagebücher dokumentieren ihr Liebesleben, seine Dominanz; er spioniert ihr nach);[71] und Peter Ady, ihre Kollegin in St Anne's und das Mädchen hinter der Heiratsumfrage am Somerville im Jahr 1938 (sie küssen sich leidenschaftlich in einem Auto nach einer Kostümparty in Burcot Grange).[72]

Iris' Berichte über das Leben in der philosophischen Zivilisation stärkte Mary noch weiter in ihrer Überzeugung, dass sie sich glücklich schätzen konnte, ihm entgangen zu sein. Dieses Mal brachte Iris eine Horrorgeschichte von einem Vortrag mit, den sie gerade vor einem hochkarätig besetzten Panel gehalten hatte, auf dem außer ihr unter anderem noch der Oxforder Waynflete-Professor Gilbert Ryle und der Logikprofessor von der Universität St Andrew's Tony Lloyd saßen (Letzterer ein früherer Panzerkommandant, der dafür bekannt war, dass er «nichts so sehr mochte wie einen Vortrag, von dem er fand, dass er einen energischen Angriff verdient habe»[73]). Die Veranstaltung wurde von H. H. Price geleitet. Diese vier waren, zusammen mit ein paar Hundert weiteren professionellen Philosoph:innen, zur diesjährigen Joint Session nach Edinburgh gereist, und Iris war auf dem Rückweg nach Oxford in Newcastle aus dem Zug gestiegen.[74]

In ihrem Vortrag, der «Thinking and Language» («Denken und Sprache») hieß, hatte Iris den zentralen Gegenstand ihres Antrags auf das Sarah-Smithson-Stipendium von 1947 zum Thema gemacht, nämlich «Gedanken und Gefühle, die nicht darstellbar sind». Und obgleich sich Iris später selbst als «Wittgensteinianerin» bezeichnen sollte,[75] war ihr alter Widerwille gegen Wittgensteins Denken im Ganzen zu jener Zeit immer noch vorhanden (und sollte in einer gewissen Weise auch bestehen bleiben).[76] Seit ihren ersten Gesprächen mit Elizabeth war sie sich sicher, dass Wittgensteins Philosophie etwas ausließ, und jetzt glaubte sie, es gefunden zu haben – sie konnte dem Netz der Sprache entgehen, indem sie sich mit der Erfahrung des Denkens beschäftigte.[77] Iris wollte zeigen, dass eine sorgfältige und faktengetreue Beschreibung der Phänomenologie des Denkens nicht zu der von vielen Sprachphilosoph:innen favorisierten Auffassung von Bedeutung passte. Im

Großen und Ganzen denken wir nicht in Aussagen, die wir in einer Art inneren Rede ausdrücken, welche wir öffentlich teilen und durch das Aussprechen gewöhnlicher Wörter zugänglich machen könnten, wie sie schrieb. Nein. Beim Denken ist die Sprache, wenn sie präsent ist, untrennbar mit dem Gefühl, der Metapher und dem nur halbwegs sinnlich artikulierten Bild verknüpft.[78] Die Phänomenologie des Denkens zeigt uns, dass Bedeutung mehr ist als der Gebrauch öffentlicher Zeichen. Manche Gedanken können nicht mit den einfachen Worten eines einfachen Menschen mitgeteilt werden; ihr Ausdruck hängt davon ab, dass es einen anderen gibt, ein *Du*, das bereit ist, auf das gestotterte Wort und die Geste genau Acht zu geben, und das nahe genug steht, um eine Bedeutung zu «kapieren», die nur teilweise ausgedrückt wird. Eine solche Kommunikation ist, wie Iris sagte, «oft nur in begrenzter Gesellschaft möglich, manchmal sogar nur zwischen zwei Menschen» – einem Paar, dessen gemeinsames Leben Wege des Anschließens und Reagierens kennt, die für andere nicht zugänglich sind.[79]

Iris wollte ihrer Zuhörerschaft, die aus analytischen Philosoph:innen bestand (also aus Experten und Expertinnen für sprachliche Klarheit), demonstrieren, dass diese Art der Kommunikation – unaussprechlich, geheimnisvoll und persönlich – von tiefgreifender Bedeutung für das menschliche Leben ist; sogar so wichtig, dass wir Objekte schaffen und aufbewahren, die dieses fragile Verständnis erleichtern. Ein «öffentliches Objekt, das wir alle behandeln» und dem wir gemeinsam Aufmerksamkeit schenken können, ist in der Lage, wie sie erklärte, einen ansonsten unaussprechlichen Gedanken zu enthüllen. Ihrem Publikum legte sie folgenden Auszug aus einem Gedicht von John Clare vor:

> Zerbrechlicher Bruder des Morgens,
> der aus den winzigen Biegungen und beschlagenen Blättern
> sein furchtsames Horn zurückzieht
> und ängstliche Bilder webt.[80]

Anschließend versuchte Iris, ihren Kollegen und Kolleginnen zu vermitteln, was sie selbst beim Lesen dieser Worte von John Clare erlebt hatte (der hier eine Schnecke beschreibt, die in einer sommerlichen Hecke sitzt): das Gefühl «einer sanften, zarten Spannung, gefolgt von einem enormen Eindruck von chaotischer Ausdehnung in der letzten Zeile» – das war ihr Versuch, das Unaussprechliche aussprechbar zu machen, eine Möglichkeit, aufzuzeigen, wie wir die Wirklichkeit mit Hilfe der Sprache durch Metaphern begreifen.[81] Iris wollte zeigen, dass sich die innere Erfahrung den logischen Techniken der analytischen Philosophie entzieht – und dass es keinen Sinn ergibt, danach zu fragen, wie die Erfahrung eines Menschen *wirklich* war. Die innere Welt verändert sich – ebenso wie die äußere –, wenn sich unsere Begriffe vertiefen und neue Metaphern und Bilder es uns ermöglichen, neue Zusammenhänge zu erkennen.

Tony Lloyd war der Erste, der auf ihren Beitrag reagierte. Er konnte ihr nicht beipflichten und sprach doppelt so lange wie Iris, um seinen Punkt ganz deutlich zu machen. Iris schien offenbar, ganz im Sinne der alten Idealisten, vorzuschlagen, dass der Geist die Welt konstruieren kann. «Könnte ich aber dann nicht ein paar Fakten über meinen Garten ändern, indem ich Sprachen lerne, anstatt Gartenarbeit zu machen? [...] Die Antwort auf den faulen Gärtner lautet Nein.»[82] Gilbert Ryle, dem (unfairerweise) nachgesagt wurde, er habe überhaupt kein Innenleben, war der Nächste in der Reihe und ein weiterer nichtidealer Gesprächspartner für Iris.[83] Ryle, der selbst kein fauler Gärtner war, kannte Schnecken bis dahin vielleicht nur als Schädlinge, wie er sie in seinem tüchtig zerlesenen Exemplar von Robinsons *English Flower Garden* beschrieben fand.[84] Wir «bedienen uns von Natur aus einer metaphorischen Redeweise», hatte Iris zu ihm gesagt, und «trotzdem können wir einander verstehen und sogar beeinflussen, was der andere erlebt».[85] Eine Metapher kann auf einen neuen Weg hinweisen, den wir gemeinsam beschreiben können, auf ein neues Muster in unserem Leben. Doch Ryle verwarf ihre Ansichten vollkommen und fand, dass Miss Murdochs subtile Phänomenologie nur von geringem philosophischem – oder gar praktischem – Interesse war. «Wenn wir einen Soldaten bitten, uns von einer Schlacht zu erzählen [...], dann interessiert es uns nicht, welche Stiefel er trug, wann er eine Zigarette rauchte, über welches Gras er lief [...]. Wir wollen wissen, wie die Schlacht verlief [...]. Die ganzen Einzelheiten sind vernachlässigbar.»[86]

Als Moderator des Plenums ließ sich Price in seinen Schlussbemerkungen durch die Ausführungen von Iris dazu bewegen, selbst ein wenig Introspektion zu wagen: «Wie unsinnig das klingt!», bemerkte er, als er wie Iris darum rang, die Phänomenologie des Denkens in Worte zu fassen. «Ich weiß, dass es das tut, und ich weiß, wie ungehörig es ist, das Wort ‹fühlen› überhaupt zu benutzen.» Aber er konnte nicht widerstehen und sagte: «Jetzt gehe ich wirklich in die Vollen», fuhr er fort und riskierte die Behauptung, dass es beim Denken «fast so ist, als ob man einen Dämon oder ein Orakel befragt».[87]

Iris, die das übliche Scrutton'sche Chaos übersah, während sie vielleicht von der ein wenig demütigenden Erfahrung berichtete, von einem Raum voller (fast ausschließlich männlicher) Philosophen nicht verstanden zu werden, muss Marys Leben wie der Inbegriff von Stabilität, Sicherheit und Komfort erschienen sein. Sie arrangierten sich in den alten Konstellationen, die an einen neuen Ort versetzt wurden: Da war Miss Murdoch, die im Schneidersitz auf Mrs Midgleys Kaminvorleger hockte, während überall Romane und Bücher über Poesie, Philosophie und das Leben herumlagen, ebenso wie Teile von Radiogeräten und ein paar Katzen. Geoff ging ein und aus, die Hände voll mit Radioteilen; er baute eine Wechselsprechanlage, damit Mary das Neugeborene von ferne hören konnte. Mary und Geoff fingen an, ihre eigene Privatsprache zu entwickeln, wie es alle Paare, die ein Leben lang zusammen sind, irgendwann tun. Könnte Iris sich vorstellen, in einen solchen Rhythmus hineinversetzt zu werden? («Ich möchte einfach nur am Feuer sitzen und *Woman's Own* lesen», scherzte sie in einem Brief an Wallace Robson.[88])

Doch welchen Eindruck Iris auch immer von Marys Leben hatte, es ließ in Wirklichkeit wenig Zeit für die Lektüre von *Woman's Own*. Später in jenem Jahr, an einem kalten Oktoberabend, war Mary in einer Unterhaltungssendung im dritten Programm von BBC Radio zu hören. Der Titel ihres Vortrags, «The Natural History of Contradictions» («Die Naturgeschichte der Widersprüche»), dürfte in britischen Wohnzimmern für einige Verwunderung gesorgt haben: Wollte Miss Scrutton (sie wurde dort mit ihrem Mädchennamen genannt) wirklich sagen, dass Widersprüche eine *Naturgeschichte* haben? Wollte sie wirklich andeuten, dass Paradoxien ein geeignetes Thema für Leute sein könnten, die sich für alte Geschichte und Natur interessierten?

«Paradoxien werden von Philosoph:innen mehr oder weniger erwartet», begann Mary. «Es überrascht niemanden, wenn sie sagen, dass der Geist realer ist als die Materie, dass der Weise auf der Folterbank glücklich sein kann oder dass man nichts mit Gewissheit wissen kann.» Ein Wissenschaftler mag sich zwar für schlau halten, weil er «durch einen scheinbar festen Boden hindurchsehen kann und weiß, dass es sich nur um eine gesprenkelte Leere handelt», aber das ist noch nichts im Vergleich mit einem Philosophen, der «ein so weiser Mensch ist, dass er den Schein im Allgemeinen (und nicht nur den Boden) durchschauen kann». Die unter den professionellen Philosophen der Gegenwart verbreitete Mode, das Paradoxe abzulehnen (sie führt Wittgenstein, Moore und Russell an, hätte aber auch noch Ayer, Austin und Hare hinzufügen können), hat die Anziehungskraft von «paradoxen Schriftstellern» wie Blake, Nietzsche und Kierkegaard nur noch verstärkt: «In der Spekulation wie in Klatsch und Tratsch haben wir eine natürliche Neigung dazu, die überraschendere Version der Geschichte hören zu wollen.»[89] Unser Interesse am Paradoxen gehört, wie Mary ihren Zuhörer:innen erklärte, zu unserer Naturgeschichte; das Paradox nimmt im menschlichen Leben einen wichtigen Platz ein.

Mary wies darauf hin, dass viele praktische Reformer:innen das Paradoxe benutzt haben, um damit eine bestimmte Scheinheiligkeit zu verdeutlichen; der Schock über einen Widerspruch zwischen dem, was wir sagen, und dem, was wir tun, könnte eine Veränderung erzwingen. «Der Mensch ist frei geboren, aber überall liegt er in Ketten», schimpft Rousseau. Und wenn ein Philosoph einen Widerspruch in die Praxis umsetzt, wie Jean-Jacques es hier tut, dann verhält er sich eher wie ein Installateur, so Mary: Er «deckt Mängel in gewöhnlichen Gedanken auf, wie ein Klempner, der Wasser durch ein Leck laufen lässt, um sich klarzumachen, was falsch ist, bevor er es repariert».[90]

Während solche lecken Stellen für Jean-Jacques ein Mittel zum Zweck sind, sind sie für andere ein Selbstzweck; sie lassen Wasser ab, ohne die Absicht zu haben, die Leitungen zu reparieren. Der Dichter Alexander Pope ist der Meinung, dass uns ein Leck nicht viel ausmacht, «solange wir nicht versuchen, ein Bad zu nehmen», und für andere ist die Freude über ein wässriges Chaos schon eine Belohnung an sich.[91]

Mary war von dieser Klempnermetapher begeistert. Schließlich war sie selbst so etwas wie eine Amateurklempnerin, nachdem sie gelernt hatte, mit den oft zugefrorenen Rohren im Haus Park Town 55 zurechtzukommen (im Keller war «ein Badezimmer mit einer braunstichigen Badewanne und einem launischen Geysir – einem, der Pennies fraß, eine Woche brauchte, um zu funktionieren, und viel mehr Dampf als heißes Wasser ausspuckte»).[92] Zeit ihres Lebens verglich sie fortan Philosoph:innen mit Klempnern und freute sich über eine Analogie, die ihre Überzeugung widerspiegelte, dass Philosophie kein Luxusgut, sondern ein menschliches Grundbedürfnis ist. «Philosophie lässt sich am besten als eine Art Klempnerarbeit verstehen», schrieb sie in ihren Neunzigern. Sie ist eine «Weise, auf die wir die grundlegende Infrastruktur unseres Lebens instand halten – die Muster und Abläufe, die wir für selbstverständlich halten, weil sie nicht wirklich in Frage gestellt wurden».[93] Diese spielen sich unter der Oberfläche ab, in der Dunkelheit.

Die Klempnermetapher gefiel auch Philippa – vielleicht blieb sie ihr nach Marys Vortrag im Kopf, ging vielleicht aber auch aus einem Gespräch in Park Town über Plotin hervor. «Manchmal denke ich, ein Philosoph ist wie ein Klempner», sagte sie einem Interviewpartner, als sie bereits in ihren Achtzigern war. «Wenn Sie Probleme mit Ihren Rohren haben, holen Sie einen Klempner, wenn Sie Probleme mit Ihren Begriffen haben, holen Sie einen Philosophen.»[94] Probleme mit Begriffen sind, ebenso wie die mit Rohren, der Preis, den wir für unsere komplexen, miteinander verflochtenen und kontingenten Leben zahlen. Es ist der Preis, den wir für unsere Naturgeschichte zahlen, in der jede begriffliche Neuerung der Anfang eines neuen Musters ist, das irgendwo anders ein Leck verursachen kann, jetzt oder in ferner Zukunft. Und das ist, wie Mary oft wiederholt hat, der Grund, warum das Bedürfnis nach Philosophie niemals verschwinden wird.[95]

In den letzten Minuten ihrer Sendung wandte sich Mary einem Gebrauch von Widerspruch und Paradoxie zu, der weder praktisch noch absurd ist, sondern etwas Ernstes und Mystisches offenbart. Dabei bezog sie sich auf ein Fragment ihrer unvollendeten Dissertation. So wie

Iris Gilbert Ryle ein Gedicht geschenkt hatte, so schenkte auch Mary ihren Zuhörer:innen eines. Sie wählte «Man» von dem elisabethanischen Dichter John Davies.

> Ich weiß, dass meine Seele die Macht hat, alle Dinge zu wissen,
> Und doch ist sie blind und unwissend in allem;
> Ich weiß, dass ich einer der kleinen Könige der Natur bin,
> Und doch bin ich den kleinsten und gemeinsten Dingen verfallen.
> Ich weiß, mein Leben ist ein Schmerz und nur eine Elle;
> Ich weiß, mein Verstand wird in allem verhöhnt;
> Und zum Schluss weiß ich, dass ich ein Mensch bin –
> Was ein stolzes und doch erbärmliches Ding ist.[96]

So wie die Kulturgüter, die ihren Weg über die Nordsee auf dem Dampfer *Hermia* fanden, gehören Gedichte zu unserer gemeinsamen Tradition, unserem gemeinsamen Hintergrund. Die Dichtung «konstituiert einen öffentlichen Gegenstand», notierte Iris in ihrem Tagebuch.[97] Ihr zufolge können uns solche Gegenstände dabei helfen, Aspekte unseres Innenlebens mitzuteilen, die ansonsten privat bleiben müssten, und für Mary können Gedichte Widersprüche und Zusammenhänge aufzeigen, die wir zuvor nicht bemerkt haben, und uns so wieder ins Leben zurückbringen, chaotisch und kompliziert, wie es ist. Die Dichtkunst ist daher also ein weiteres Werkzeug der Metaphysik («Kunst als Kristallisationspunkte der Wirklichkeit»).[98] Mit den «Und dochs» seines Gedichts bedient sich John Davies eines Widerspruchs, um uns etwas Wirkliches und Wahres zu zeigen, und beleuchtet damit einen Bruch im Muster, den wir vorher nicht erkannt haben. «Es besteht *wirklich* ein Widerspruch zwischen unseren Vorstellungen von der Macht des Menschen und seinem Schicksal, vom freien Willen und der Notwendigkeit, von unserer Eingebundenheit und unserer Einsamkeit.»[99] Dies ist jene Art von Widerspruch, die sich «auch der geduldigsten akademischen Disziplin nicht beugt»; ein «und», das sich nicht in ein «oder» auflösen lässt; ein Rätsel, das nicht auf ein Problem reduzierbar ist. Und dennoch ... ist das genau die Stelle, an der wir auf das stoßen, was wirklich ist. Dies ist der Ort, an dem die Philosoph:innen – neben den Dichter:innen, Künstler:innen und Schriftsteller:innen – ihr Werk verrichten; der Ort, an dem metaphysische Tiere ihre Fragen stellen.

Iris hatte das Tagebuch verloren, das sie zwischen März und August 1951 geführt hat. Am 11. August setzte sie daher ein altes fort und notierte einen neuen Gedanken.

> Poesie: eine aufgemöbelte Version des erweiterten Verstehens, das wir die ganze Zeit über durch das Benennen tun.[100]

Im folgenden Monat hielt Miss Murdoch eine Vorlesung über «Begriffe und Bilder».

Iris über Sartre, Hare und den Stil der Zeit

Am 25. Oktober 1951 kehrte Winston Churchill an die Macht zurück, als eine von der Labour-Partei verlangte vorgezogene Neuwahl zur Vergrößerung ihrer knappen Parlamentsmehrheit nach hinten losging. Obwohl Labour fast eine Viertelmillion mehr Stimmen erhielt als die Torys und ihre Verbündeten zusammen, errang Churchill eine Mehrheit von 26 Sitzen. Es hieß, die Labour-Partei habe «in erster Linie in der Schlange vor den Fleischereien und Lebensmittelgeschäften verloren».[101] Die Konservativen hatten ein Ende der Rationierung von Fleisch, Butter und Zucker versprochen, denn «der Sozialismus gedeiht auf dem Boden der Knappheit», wie Churchills Partei den Wähler:innen vermittelte.[102] Je nachdem, wo man in Oxford hinsah, war die Stimmung entweder trübsinnig oder vergnügt.

Vor dem Hintergrund dieser politischen Entwicklungen schloss Iris «eine kleine Sache über Sartre» ab.[103] Diese «kleine Sache» war das Manuskript für *Sartre. Romantic Rationalist*, das erste Buch über die existentialistische Heldengestalt, das überhaupt in englischer Sprache publiziert wurde.

«Jean-Paul Sartre zu verstehen bedeutet, etwas Wichtiges über die Gegenwart zu begreifen», heißt es am Anfang ihres Buchs. Sartre ist ganz und gar ein Mensch der Gegenwart: «[E]r hat den Stil der Zeit.»[104] Wie das Werk von Richard Hare ist auch das von Sartre eine Reaktion auf den Verlust des Hintergrunds unseres moralischen und politischen Denkens. Zu diesem Hintergrund zählen die Vorstellungen, dass manche Werte allen denkenden Wesen gemeinsam sind, dass Einzelne in einer größeren ethischen und metaphysischen Struktur stehen, die über sie selbst hinausgeht, und dass die menschliche Kultur ein Bollwerk gegen die Verderbtheit darstellt. Dieser Hintergrund wurde Sartre und Hare durch eine Mischung aus ihren eigenen individuellen Erfahrungen (mit Widerstand und Gefangenschaft) und den Druck der Moderne generell genommen.

So ist Sartres Schlagwort vom Vorrang der *Existenz* vor der *Essenz* zu verstehen: Mit ihm legt er ein neues Bild vor, um das verlorene zu ersetzen, eines, um die entstandene Lücke zu füllen. Aber, so Iris, das Bild, das er uns an die Hand gibt, ist nutzlos. Da der Hintergrund verbrannt ist, kann «das Gute» nicht mehr länger der Name für eine objektive Qualität sein. Ebenso gilt, dass «Demokratie» ohne einen solchen Hintergrund nicht die Form einer guten Gesellschaft bezeichnen kann, sondern etwas ist, das wir nur durch unsere Appelle empfehlen können. Iris erkennt im Existentialismus – vielleicht wieder in ihr früheres Ich verfallend – die Ideologie des europäischen bürgerlichen Intellektuellen: «Dies ist die Mythologie derer, die zwar den Kapitalismus mit seinen materialistischen Werten und seiner Abstumpfung der menschlichen Tätigkeit ablehnen», die «aber trotzdem Angst haben, sich dem Sozialismus zu verschreiben». Diejenigen, «die moralisch sensibel und intelligent genug sind, um sich nicht vom Kapitalismus blenden zu lassen, schließen sich stattdessen einem solipsistischen und nihilistischen Individualismus an».[105] Sie bleiben einsam, leer, ein Nichts.

«Diese Schilderung mag einem englischen Publikum völlig unwirklich erscheinen», räumte Iris ein, als sie diese Ideen im Frühjahrstrimester 1952 vor dem Socratic Club vortrug.[106] Unter den Zuhörer:innen waren die einstigen «Oxford Reds» aus ihren kommunistischen Jugendjahren, die mittlerweile zu «Salonkommunisten» [«*posh Labour*»] mit Dozentenstellen geworden waren. (Vielleicht eine Verwechslung? *Mauvaise foi? Moi?*) Die Dixieland-Band gab es schon lange nicht mehr; an ihre Stelle waren jetzt auf «erwachsenen Dinnerpartys» Musiktruhen und Babysitter, Parlamentsabgeordnete und schaurige Cocktails und, wie in Iris' Fall üblich, Heiratsanträge getreten.[107] Aber, so betonte Iris, ihr tanzenden Ökonomen habt, ob ihr es erkennt oder nicht, «den Stil der Zeit». Und sie machte ihrer Zuhörerschaft mit Nachdruck klar: Wir müssen uns fragen, wozu uns «die Ablehnung des Marxismus verdammt».[108]

Bei den nächsten Parlamentswahlen, die im Mai 1955 stattfanden und zu einer deutlich vergrößerten konservativen Mehrheit führten, hatte Iris eine viel klarere Vorstellung. «Die sozialistische Bewegung in England leidet unter einem Energieverlust», warnt sie in ihrem Essay «A House of Theory»,[109] der für einen Sammelband entstanden ist, auf dessen Schutzumschlag damit geworben wurde, er sei von einem Dutzend «nachdenklicher junger Männer» produziert worden.[110] Der Wohlfahrtsstaat hat die schlimmsten Formen der Entbehrung, «die offensichtlichsten Ungerechtigkeiten» beseitigt, und «das Gefühl der Ausbeutung ist verblasst». Wie also «sollen wir *den Gedanken* an den Sozialismus und das *moralische Interesse* am Sozialismus in einem Wohlfahrtsstaat am Leben erhalten?»[111]

Die Energie, die sie und die Roten optimistisch durch die Nachwahlen in Oxford 1938 getragen hatte, hatte sich verflüchtigt. Sozialistische Theorie war, wie sie feststellte, nie in akademischen Institutionen zu Hause, sondern hat ihren Sitz vielmehr in der sozialistischen Bewegung – einem politischen, radikalen, progressiven Teil der Gesellschaft, der auf Veränderungen drängt. Sozialistisches Denken wurde in den Fabrikhallen von philosophischen Ideen, Begriffen und Visionen «genährt», die dem Utilitarismus, dem Marxismus und dem Utopismus entlehnt waren, und dann durch eine praktische Forderung nach Veränderung mit Leben gefüllt. Die britische philosophische Tradition hegte gegenüber groß angelegten Theorien zwar immer eine gewisse Skepsis, hat aber den Sozialismus mit Begriffen und Visionen vom menschlichen Leben, der Wohlfahrt, von Politik und Arbeit versorgt. Doch jetzt liegen die Dinge anders. Es ist nun fast ein halbes Jahrhundert her, dass sich die Philosophie auf die technische Aufgabe der Sprachanalyse und «die Erfindung ‹logischer Spielereien›» zurückgezogen hat. Der «Strom der philosophischen Ideen», der die sozialistische Bewegung speist, ist versiegt.[112] Die Begriffe, die diese Bewegung braucht – Gleichheit, Arbeit, Freiheit –, sind schal geworden, abgeschnitten von den philosophischen Visionen, die sie einst unterfüttert haben. Die praktische Ökonomie hat sich währenddessen in einem zunehmend positivistischen Umfeld technisiert; Effizienz ist zum Maßstab des Erfolgs geworden. Die Fachleute, die die Technik beherrschen, sind von denen getrennt, die es nicht tun. Ohne eine sozialistische Vision gibt es kein «Haus der Theorie», das Zuflucht vor dem Vormarsch von Bürokratie und Effizienz bietet. Der Kampf um Gleichheit und Bildung ist zum Kampf um höhere Löhne geworden. Ohne eine sozialistische Vision haben die Arbeiter:innen keine Möglichkeit, sich in einer Welt zurechtzufinden, in denen ihnen Dinge widerfahren, an denen sie nicht beteiligt sind. «Es gibt ein gewisses moralisches Vakuum im Leben des Landes», so ihre Warnung weiter.[113]

Elizabeth sympathisierte mit diesem Denken. In dem Jahr, in dem «A House of Theory» veröffentlicht wurde, nahm sie eine Radiosendung auf, in der sie sich über die Art und Weise beklagte, in der sich das «Verfahren, moralische Entscheidungen zu treffen», das «an der Universität gelehrt wird», im neuen wohlfahrtsstaatlichen System der Nachkriegszeit manifestierte.[114] Die Ziele der «Gerechtigkeit» und der «Wohltätigkeit» – die eine metaphysische Erklärung der menschlichen Güte verlangen – wurden zugunsten von metaphysisch leeren Idealen wie «Fairness», «Effizienz» und einer «allgemeinen Wohlfahrt» verworfen. Der National Assistance Act von 1948 verpflichtete die lokalen Behörden, älteren oder gebrechlichen Menschen eine angemessene Unterkunft bereitzustellen, wenn sie nicht mehr in der Lage waren, für sich selbst zu sorgen. Welche Arten von Ungerechtigkeit könnten, so fragte Elizabeth, bei der Verfolgung einer wohlwollenden Politik der allgemeinen Wohlfahrt begangen werden? «Ein häufiges Vorkommnis ist [...], dass ältere Witwen behördlicherseits aus ihren Wohnungen geholt werden, von denen jeder sehen kann, dass sie sie nicht den Hygienestandards entsprechend pflegen, die für ihr eigenes Wohlergehen und das der Allgemeinheit wünschenswert wären», wie es bei ihr heißt. Vielleicht dachte sie dabei an Miss Lawson, die sie einst in der St John Street 27 betreut hatte. Und am Rande ihrer Erzählung merkte sie an: «Die Barmherzigkeit des Bösen ist grausam.»[115]

Ein paar Monate nach Iris' Vortrag wären Elizabeth und sie beinahe in einen sehr viel praktischeren und konkreteren Angriff auf die «tanzenden Ökonomen» verwickelt worden. Alles fing damit an, dass Elizabeth Iris in ihrer Wohnung anrief. Sie war auf dem Weg nach Paris mit Georg Kreisel (dem, ebenso wie Iris und Lotte, in den Anmerkungen der Übersetzerin der *Philosophischen Untersuchungen* gedankt wird) und dessen Freund Gabriel Dirac (Sohn des Physikers Paul Dirac). Ob Iris sich ihnen wohl anschließen könne?

Elizabeth und Georg waren in letzter Zeit bei Iris in Ungnade gefallen, nachdem sie wegen der Eskapaden der beiden aus ihrer Wohnung geworfen worden und anschließend gezwungen war, zwei unmöblierte, wenn auch zentral gelegene Zimmer in der King Edward Street 13 zu beziehen (für sieben Pfund pro Monat und mit einer Vermieterin, die eines Tages «unweigerlich mit dem Beil erschlagen» werden würde).[116] Georg war ein guter Koch, und er und Elizabeth veranstalteten oft «Bankette» in der St John Street.[117] Elizabeth hatte ihn dazu herausgefordert, durch die Produktion einer perfekten Heringssuppe einen Hauch von Mitteleuropa wiederherzustellen. Iris war nicht in der Stadt, und aus Gründen, die heute nicht mehr nachvollziehbar sind, beschlossen sie, die Suppe auf dem Gasherd in ihrem Zimmer in Park Town zuzubereiten, wobei sie ihren blauen Chiffonschal (ein Geburtstagsgeschenk ihrer Mutter) als provisorisches Sieb benutzten.[118] Die Suppe war zwar ein großer Erfolg, aber die beiden räumten hinterher nicht auf, und als Iris nach dem Wochenende nach Hause kam, wurde sie von einer wütenden Vermieterin und einem entsetzlichen Gestank empfangen. Der Schal war ruiniert, die Vermieterin hatte die Suppenherausforderung für eine Orgie gehalten, und Iris fand sich mit ihrem Koffer auf dem Bürgersteig wieder. Sie ärgerte sich schrecklich, verzieh aber auch wieder rasch.

Um sich eine kleine Reise nach Paris nicht entgehen zu lassen, legte Iris ihre Tutorien um und nahm den Zug um 9.50 Uhr morgens nach London, um dort ihren Reisepass zu holen.[119] Elizabeth sollte sie am nächsten Morgen mit genaueren Anweisungen anrufen, aber als der Anruf um 9.30 Uhr tatsächlich kam, war nicht Elizabeth, sondern ihr Student Denis Paul in der Leitung: Elizabeth hatte die Grippe und konnte nicht reisen. Einige Nachforschungen seitens Iris förderten jedoch zutage, dass Elizabeth «einen Brief von K. erhalten hatte, in dem der Satz enthalten war: ‹Du kennst ja den Grund dieser Reise?›», woraufhin sie in Panik geraten war. Iris, die diese Nachricht genauso wie Elizabeth deutete, kehrte nach Oxford zurück und empörte sich im

Namen ihrer Freundin. Sie stellte Kreisel zur Rede: Waren die Bedingungen so, wie sie sie verstanden hatten, nämlich «ins Bett [zu] gehen»?[120] (Iris hatte Kreisel einmal einem Freund gegenüber als «sexbesessenen Mathematiker» bezeichnet.)[121] Kreisel antwortete spöttisch: «[N]ichts *dergleichen*. Es würde allerdings erwartet, dass du etwas transportierst.»[122]

Es stellte sich heraus, dass Dirac, ein überzeugter Kommunist, seit einigen Jahren Goldsovereigns von England auf den Kontinent geschmuggelt hatte, wo sie mit großem Gewinn verkauft werden konnten. 50 Pfund war damals immer noch der Höchstbetrag, den Reisende mit ins Ausland nehmen durften; Dirac bezahlte hingegen Freund:innen und Bekannte dafür, dass sie Tausende Pfund aus dem Land brachten. Einige Jahre später wurde eine seiner Rekrutinnen, Anna Bernard, auf ihrer dritten einschlägigen Reise mit 1653 Pfund erwischt, die sie in einem Beutel auf ihrem Rücken befestigt hatte (nach heutigen Maßstäben entsprach diese Summe dem Wert von 45 000 Pfund).[123] Dafür verbüßte sie eine Haftstrafe im Holloway-Gefängnis.

Als Iris und Elizabeth die Wahrheit herausfanden, waren sie zwar schockiert, aber anscheinend nicht empört. «Chez E., ich habe herausgefunden, dass jene unklaren Ausdrücke das bezeichnen, was Dirac den ‹Mösentransport› von Sovereigns nennt. Hilflos vor Lachen.»[124] Diese Reaktion und die Tatsache, dass Dirac davon ausgegangen war, die Frauen würden mit ihrer Fracht schon zufrieden sein, lässt darauf schließen, dass die Bezeichnung «bürgerlicher Intellektuelle» auf niemanden von ihnen zutraf.

Mary stellt «die Frauenfrage», und Iris nimmt Unterricht in Sachen Liebe

Für Mary ergaben sich aus ihrem neuen Habitat und ihrer neuen Rolle Fragen über Frauen. Sie hatte ein Leck in den begrifflichen Rohrleitungen entdeckt. Vielleicht bemerkte sie auch erst jetzt, da sie weit weg von Oxford war, dass in der Philosophie, die sie gelernt hatte, Frauen und das Denken über Frauen merkwürdigerweise keine Rolle gespielt hatten. Und selbst wenn ausnahmsweise einmal eine Frau am Katheder stand, so war es immer ein Mann, über den sie sprach. Mary Glover: Aristoteles und Locke. Martha Kneale: Locke, Berkeley, Hume, Descartes, Spinoza und Leibniz. Lucy Sutherland: Edmund Burke. Und wenn die Männer, die Gegenstand dieser Vorlesungen waren, von den «Rechten», von der «Natur» und von der «Freiheit» «des Menschen» sprachen, dann war mit «Mensch» zumeist diejenige Hälfte der Spezies gemeint, deren Leben sich in den öffentlichen Sphären von Politik, Recht, Handel und Bildung abspielte. Männer, nicht Menschen. «Niemand kann auf alles Acht geben», wird Mary später feststellen. «Und das ist normalerweise auch nicht dramatisch, denn es ist die Aufgabe des nächsten Philosophen, auf diese blinden Flecken hinzuweisen. Das Besondere an der Frauenfrage ist aber, dass es niemand getan hat. Die Ignoranz ging einfach immer weiter. Die mit ihr verbundenen Interessen waren bis vor Kurzem wohl zu stark, als dass eine wirkliche Beachtung möglich gewesen wäre.»[125]

Im Februar 1952, vier Tage nach der Proklamation von Elizabeth Windsor zur Königin und vier Wochen nach der Geburt ihres Babys Tom, schrieb Mary einen Brief an ihr zukünftiges Ich und verlas ihn über den Äther. «Meine liebe Nachwelt, ich bin hier, um dir die Sicht der Frauen zu schildern», beginnt Mary mit der für sie typischen Dramatik. Sie ist hoffnungsvoll: Die Zeiten sind vorbei, in denen «Frauen eine andere Sprache haben als Männer, eigene Traditionen, eigene Geschichten und Überzeugungen, eine ganz eigene Kultur, die im stummen Gegensatz zur offiziellen steht». Heute sind Frauen «in tausend männliche Geheimnisse eingeweiht, von der klassischen Gelehrtheit bis hin zum Ingenieurwesen. Sie müssen sich nicht mehr aus dem Gespräch zurückziehen. Sie können sich einen redlichen Lebensunterhalt verdienen.»[126] Frauen werden nicht mehr als «falsch geborene Männer» behandelt, sondern als die eine Hälfte einer Spezies, ausgestattet mit einer Art, zu sehen, zu denken und zu schreiben, die das menschliche Leben auf andere Weisen beleuchten kann. Sie schreibt ihre Skripte zwischen dem Füttern des Kindes, Einkaufstouren und (schlechtem) Kochen. Bücher stapeln sich auf Babykleidung. «Ich wünschte, ich könnte mich daran erinnern, welche Person es war, die den Fluss von Virginia Woolfs Prosa mit den Gedanken einer Frau verglichen hat, die Kindern eine Geschichte erzählt, während sie die ganze Zeit strickt, dabei noch das Feuer im Auge behält und nie vergisst, dass noch ein Kuchen im Ofen ist.»[127]

Nicht alle von Marys Überlegungen zur «Frauenfrage» stießen bei Anna Kallin auf wohlwollende Resonanz. «Rings and Books», das sie auf der alten Schreibmaschine tippte, begann mit einer Feststellung: «Praktisch alle großen europäischen Philosophen waren Junggesellen»[128] – Männer, die ein halbmönchisches Leben führten, das die eine Hälfte des erwachsenen Teils und sämtliche Angehörigen des jungen Teils der Spezies ausschloss. Und Mary fragt: Könnte die Philosophie von Menschen, die ihre Tage in einer gemischten Gemeinschaft verbringen, unter Männern, Frauen und Kindern, und die schrieben, während die Babys oben schliefen – nächtliche Philosoph:innen wie sie selbst –, sich ein wenig unterscheiden von dem, was wir in der europäischen Tradition vorfinden? Schließlich ist es aus der Sicht einer schwangeren Frau gar nicht unlogisch, dass sich zwei Menschen zur selben Zeit am selben Ort befinden können. Und für eine stillende Mutter, die sich Sorgen macht, ob es etwas war, was *sie* gegessen hat, das ihr Baby in Unruhe versetzt hat, kann sich das Problem des Fremdpsychischen nicht wirklich stellen. Daher fragte Mary: Ist diese Besessenheit der europäischen Tradition von Solipsismus und Freiheit nicht doch ein wenig … pubertär?[129] Kallin war entsetzt – nicht von dem Gedanken, dass die europäische philosophische Tradition fast ausschließlich von Junggesellen gebildet wurde oder dass Dichter ~~schlecht~~ wie verrückt heiraten [*that poets marry ~~badly~~ madly*], sondern von dem «trivialen und irrelevanten Eindringen privater Angelegenheiten in das intellektuelle Leben».[130] Das Skript wurde nie gesendet.

Hätte Iris einen Blick auf Marys wogende Kolonne von Philosophen-Junggesellen geworfen, so wäre ihr möglicherweise ein anderes Muster aufgefallen – ein weniger radikales als das von Mary zwar, aber ein vielleicht mehr auf die eigentliche Quelle der Wirklichkeitsferne der Philosophie abgestimmtes, die Mary beklagt. Auch Iris hatte nämlich die Weise bemerkt, in der der Café-Dauergast Sartre «intime Bindungen meidet».[131] Aber ein Leben ohne Angehörige muss, sogar wenn es in Isolation gelebt wird, nicht wirklichkeitsfern und unverbunden sein, wie sie meinte; nicht, wenn es mit Liebe gelebt wird.

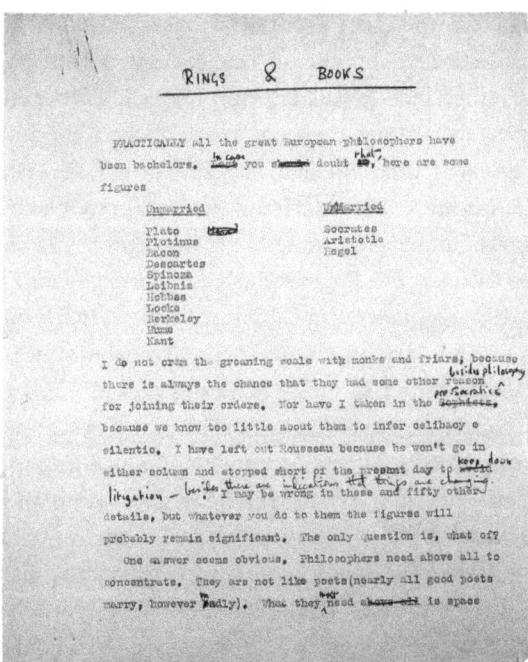

Mary Scrutton,
«Rings & Books»,
Seite 1

Iris' lebenslange philosophische und literarische Liebesaffäre mit der Liebe begann so richtig im Jahr 1951, als sie sich bereiterklärte, eine Reihe von Rundfunkvorträgen über das Werk der französischen Philosophin Simone Weil zu halten, einer christlich-jüdischen Mystikerin und politischen Aktivistin, die 1943 gestorben war.[132] Sie, die aus der Mittelschicht stammte und die École Normale Supérieure besucht hatte, entschied sich nach ihrem Abschluss dafür, sich unter die vielen unausgebildeten Frauen zu mischen, die in den Pariser Fabriken ihr Dasein fristeten. Wie Mary Glover vom Somerville hoffte auch Simone, sich eine anschauliche Vorstellung vom proletarischen Kampf machen zu können, und auch sie erlebte unmittelbar, was es hieß, entmenschlicht zu werden, ein lebendiges Rädchen im Getriebe einer Maschine zu sein, deren Struktur nicht zu durchschauen war.[133] Doch Simone Weil ging weit über Mary Glover hinaus: Sie kehrte nicht zu ihren Studien zurück, um über das Erlebte nachzudenken, sondern tauchte immer tiefer in das Leben ein, das sie zu verstehen suchte. Sie beschränkte sich auf die gleichen Hungerrationen, die auch ihre verarmten Arbeitskolleginnen verzehrten, und reduzierte ihre Nahrungsaufnahme, während sie ihre Arbeit bis zum buchstäblichen Zusammenbruch intensivierte.[134] «Fast das ganze menschliche Leben hat sich immer weit von [erwärmenden Bädern] abgespielt», wie sie in ihrem Essay über die *Ilias* bemerkte.[135] Weil starb mit nur 34 Jahren. Nach ihrem Tod wurden vier ihrer Bücher veröffentlicht: *Das Unglück und die Gottesliebe, Schwerkraft und Gnade, Die Einwurzelung. Einführung in die Pflichten dem menschlichen Wesen gegenüber* und *La Connaissance Surnaturelle*.[136]

Als Mary an einem Donnerstagabend im Oktober 1951 nach dem Abendessen Iris' erster Sendung lauschte, erkannte sie vielleicht einige Fragmente aus ihren Gesprächen in Park Town wieder. Simone Weils französische Worte, die in Iris' Oxford-Englisch einen Widerhall fanden, sprachen genau jene Schwierigkeiten an, mit denen sie und ihre Freundinnen so oft in Philippas Wohnzimmer zu kämpfen gehabt hatten. «Der Widerspruch allein beweist uns, dass wir nicht alles sind», schreibt Simone Weil. Auf einen Widerspruch – eine Lücke, ein Paradoxon – zu stoßen bedeutet, auf die Wirklichkeit zu stoßen, auf etwas anderes. Auch das Elend tut dies, sagt Weil. «Die Erfahrung des Leidens ist die Erfahrung der Wirklichkeit. Denn unser Leiden ist nichts, was wir erfinden. Es ist wahr.»[137] Das Elend zwingt den Blick unserer Aufmerksamkeit auf die Realität, deren Anderssein unsere üblichen Versuche, uns mit Erfindungen und Fantasie zu trösten, entkräftet. Die Erfahrung des Widerspruchs, des Elends *(le malheur)* und des Widerstands wirft ein Licht auf die Hindernisse, die wir überwinden müssen, wenn wir das betrachten wollen, was wirklich ist. Iris' Philosophie und ihre Romane sollten später auf kluge, witzige und tragische Weise zeigen, wie die «Fantasie» – der tröstliche, egoistische, mechanistische Teil der Einbildungskraft – die Realität verschleiern und uns daran hindern kann, uns gegenseitig und das Gute zu begreifen.[138] Wir können leicht von unseren persönlichen, selbst ersonnenen Welten absorbiert werden. Was aber braucht es, um uns aus unserer Träumerei wachzurütteln? Um uns zu zwingen, wieder hinzusehen?

Inzwischen war der erste Entwurf von Iris' erstem veröffentlichten Roman *Unter dem Netz*, einer «philosophischen Abenteuergeschichte»,[139] im Entstehen begriffen. Schon bald würde sie die kleinteilige, umsichtige Arbeit des Überarbeitens, Neuformulierens, Streichens und erneuten Lesens in Angriff nehmen – und zwar bei insgesamt sieben Notizbüchern (ihre Überarbeitungen erscheinen in dunklerer blauer Tinte, zwischen den Zeilen oder auf den Rückseiten der Blätter).[140] Iris versuchte, das zu tun, was John Clare für die Schnecke getan hatte: eine ästhetische Form zu schaffen, in der wir die Realität widergespiegelt sehen können, nicht naturalistisch aber, sondern durch ein komplexes Gewirr von Gespür und Charakterisierung, Humor und nachdenklicher Erkenntnis, Parodie und Farce. Zurück zum Leben. Durch die Linse des Romans betrachtet sind große Künstler:innen in der Lage, eine moralische Vision auszudrücken, die tief und gerecht und mitfühlend ist.[141] Indem sie sich der Welt ohne Fantasie oder Hoffnung auf Trost zuwenden, versetzen sie uns in die Lage, die Realität in all ihrer Kontingenz klarer zu erkennen – und uns manchmal auch zum Staunen zu bringen, so wie es die Schönheit der Natur vermag. Dies ist die Stelle, an der Iris Murdoch (in Anlehnung an ihr Kant-Studium bei Heinz Cassirer) die große Menschlichkeit von Künstler:innen und die Kontinuität von Kunst und Moral verortet: «Das Wesen beider ist die Liebe.»[142]

In diesem Wechselspiel zwischen Vorstellung und Wirklichkeit, Kunst und Wahrheit, Erinnern und Erkenntnis begegneten Iris die Schriften von Simone Weil zum ersten Mal. Vor allem erschlossen sie ihr die Bedeutung von Platon. Als jugendliche Kommunistin während des Krieges hatten die Vorlesungen von E. R. Dodds (Marys zukünftigem Doktorvater) sie kaltgelassen. 1940 hatte sie Platons *Politeia* gelesen, während sie sich mit den Oxford Reds auf eine weitere bolschewistische Revolution vorbereitete, und war von «dem alten Reaktionär» so angewidert, dass sie, wie sie gegenüber einem Freund scherzte, jetzt den kommunistischen *Daily Worker* verkaufte.[143] Sie wollte den «gedrängten Massen» nahe sein, deren Leben «in Bergwerken & Baumwollspinnereien» eine Absage an Platons Vision einer gerechten Herrschaft des Adels war. Nun begegnete sie in Simone Weil einer Roten, die das *Symposium* in der Tasche hatte: Als sie in Vichy-Frankreich als Traubenpflückerin arbeitete, trug sie es bei sich und lehrte es ihre Arbeitskolleg:innen.[144]

Im *Symposium* vertritt Platon nicht mehr die Ansicht, dass Wissen eine Sache der unsterblichen Seele ist, die sich an das erinnert, was sie bereits weiß, wie es noch im *Menon* der Fall war. Stattdessen kann die Seele durch die Liebe zum Schönen – zuerst zu den Körpern und Seelen einzelner Männer und Frauen, dann zu Körpern und Seelen im Allgemeinen, dann zu Gesetzen und Praktiken, dann zum Wissen (Wissenschaft und schönen Ideen und Theorien; schließlich ist der Philosoph ein Liebhaber der Weisheit) – wie auf einer Leiter aufsteigen und die Form des Schönen, wie sie sich in all diesen schönen Dingen manifestiert, beständig schauen; so wie sie in der *Politeia* die Form des Guten betrachtet. Für Weil enthalten Platonismus, Kommunismus und Christentum alle dieselbe grundlegende Wahrheit: Die menschliche Seele lernt die Wirklichkeit durch die Liebe kennen,[145] genau wie es Mary Glover gesagt hatte.[146] «Schönheit ist die einzige geistige Sache, die wir auf instinktive Weise lieben», wird Iris Murdoch später schreiben.[147]

Die posthume Stimme von Simone Weil schwebte durch britische Wohnzimmer, als Iris in jenem Oktober 1951 sprach. «Deshalb ist das einzige Organ für den Kontakt mit der Existenz das Annehmen, die Liebe. Deshalb sind Schönheit und Wirklichkeit identisch. Deshalb sind Freude und der Sinn für das Wirkliche identisch.» Iris überzog die Zeit um einige Sekunden[148] – und um einige Worte. «Sie war eine sehr mutige Denkerin.»[149]

Iris' Lektionen von der Liebe fielen in ihrem Leben mit einer Beziehung zusammen, die all jene Weil'schen Themen des Leidens und des Elends in sich barg.[150] Franz Baermann Steiner war ein geflüchteter jüdischer Anthropologe aus Prag. Seine letzte Erinnerung an seine Eltern stammte aus der Zeit kurz vor dem Einmarsch der Nazis in die Tschechoslowakei und Chamberlains Erklärung des «Friedens für unsere Zeit». Er sah sie noch, wie sie im Sonnenlicht auf einer Parkbank saßen.[151] Während des gesamten Krieges erfuhr er nichts von ihrem Schicksal; dann erhielt er im Juli 1945 einen Brief von seinem engen Jugendfreund Hans Günther (H. G.) Adler, der bald auch Iris' Freund werden sollte. Franz' Eltern waren von Juli bis Mitte Oktober 1942 zusammen mit ihm in Theresienstadt gewesen, und Hans schrieb ihm, dass sie in Treblinka umgekommen waren. Adlers über tausendseitige Studie über das Ghetto Theresienstadt, *Theresienstadt 1941–1945. Das Antlitz einer Zwangsgemeinschaft*, die er 1947 fertiggestellt hatte, beschreibt detailliert die Mechanismen des nationalsozialistischen Völkermords – Transport, Unterbringung, Ernährung und die administrativen Strukturen.[152]

Kurz nachdem er Adlers Brief erhalten hatte, erlitt Steiner einen Nervenzusammenbruch. Im Jahr 1948 begann er unter starken Brustschmerzen zu leiden. Ein Jahr später, im Alter von 40 Jahren, hatte er seinen ersten Herzinfarkt.[153]

Wie Iris war auch Franz ein Tagebuchschreiber:

11. Mai 1951
Iris Murdoch tritt auf.[154]

In diesem Jahr unterrichtete Iris F. H. Bradley, den Idealisten, dessen Unterscheidung zwischen Existenz und Realität für Mary so wichtig war. Es war das erste Mal, dass Bradley unterrichtet wurde, seit Freddie Ayer die Metaphysiker für ausgestorben erklärt hatte. Franz hielt in der Zwischenzeit Vorlesungen über «Theorien des Tabus» und «Die Erforschung von Verwandtschaftsverhältnissen».[155] Über ein paar Gläsern billigen Weins im Golden Cross und dem Lamb and Flag verliebten sie sich ineinander. Sie sprachen über alles:[156] über Kafkas Prag und Joyce' Dublin, über das Exil, über die Unübersetzbarkeit von Werten,[157] über Rilke, über Gott. Später beschrieb der Leiter des Warburg Institute Steiner als einen lebenden Bücherwurm, der sich durch die Bücherstapel im Britischen Museum fraß.[158] Iris war auf irgendeine Weise in der Lage, Franz' Vergangenheit zu verdauen. «Eine abgeschlossene Vergangenheit ist einem anderen in gewisser Weise einfacher zu vermitteln als eine kontinuierliche», wie er ihr sagte.[159] Sie ergriff seine Hand. Sie fragte ihn, ob er an Gott glaube; «er *liebte* Gott».[160] Sie nahm ihn mit in die St John Street 27, um ihn Elizabeth in ihrem «unordentlichen Esszimmer» vorzustellen, während eine verlotterte und barfüßige Barbara (mittlerweile neun Jahre alt) um sie herumlief. Elizabeths «schönes Gesicht kam mir bekannt vor», wie er schrieb.[161] «Poesie und Philosophie liegen doch nahe beieinander – das sehe ich jetzt», erklärte Iris ihrem Tagebuch.[162] Sie las seine Gedichte. Sie sprachen über Magie und Tabu und Mythos – Steiners Freund Elias Canetti sollte später über ihn sagen, dass er Mythen «für das Höchste und Kostbarste» hielt, «das die Menschheit sich gewonnen hatte».[163]

Zu Iris' Geburtstag schenkte Franz ihr ein Gedicht und ein Präsent.

Dieses weinglas schenk ich dir,
Trink aus ihm, trink aus mir,
Wahr das schöne gleichgewicht
Und zerbrich uns beide nicht.[164]

Sie lieh ihm im Gegenzug eine Kopie ihres wertvollsten Besitzes: des Manuskripts von *Unter dem Netz*.

Am 18. Oktober 1952 kehrte Franz nach einem Urlaub in Spanien nach Oxford zurück. Als sich sein Zug näherte, sah er die Lichter der Stadt. Iris wartete auf dem Bahnsteig auf ihn, bekleidet mit einer Hose und einem grauen Dufflecoat, lächelnd, ernst und süß. Sie hielt einen Strauß Enzian in der Hand.[165] Einen Monat später erlitt er einen zweiten, diesmal tödlichen Herzinfarkt. Sein Tod setzte Iris sehr zu; sie hatten vorgehabt zu heiraten. Sie rief Philippa an; sie konnte nicht allein sein. «Krank und von Elend zerrissen. Die Art, wie F.s Augen durch die Brille leuchteten […].»[166] Eine Notiz an ihrer Tür sagte ihre Tutorien für den Rest des Trimesters ab.

Zurück ins Leben

Philippa war nicht abgeneigt, «im Stillen» über die Tugenden nachzudenken. Aber von den vier Freundinnen war sie doch diejenige, deren guter Wille am deutlichsten zu erkennen war und deren normales Leben am auffälligsten mit guten Taten gefüllt war. Ihre «bits of living» in der Broad Street 17 waren – im Stillen und ohne großes Aufsehen – Teil einer umfassenden Anstrengung, menschliches Leid zu lindern.

1951 war für Oxfam ein Jahr des Umbruchs. Der Gesamtwert von Kleidungsstücken, Sach- und Geldspenden belief sich in diesem Jahr auf etwa 80 000 Pfund (was nach heutigen Maßstäben über 2,5 Millionen Pfund entspricht). Das bedeutete eine Menge Sortieren, Falten, Verschicken und Protokollieren, und jedes «Stückchen Leben» war dabei Teil eines größeren Zusammenhangs, in dem Handlungen in ganz neuen

Größenordnungen möglich wurde: mit dem eigenen Namen unterschreiben, *um damit* einen Scheck auszustellen, *um damit* eine Spende zu leisten, *um damit* Hilfsgüter an palästinensische Flüchtlinge zu schicken. Der neue Generalsekretär von Oxfam, Leslie Kirkley (ein pazifistischer Quäker und Anhänger des Pädagogen Joseph Lancaster), sah keineswegs den plötzlichen Anbruch eines großen Morgens gekommen und schloss sich Philippa und den anderen Freiwilligen an, die sich durch den Haufen von «Damenkleidung, abgetragen und nicht ausgebessert», hindurchsortierten. Der Fortschritt kam zwar nur langsam und benötigte ebenso viele Schildkröten wie Hasen, aber er kam. Schon bald nach Kirkleys Amtsantritt beschloss Oxfam, außer bei Kriegen auch im Falle von «natürlichen» Katastrophen tätig zu werden, und schickte in diesem Jahr humanitäre Hilfe zur Linderung der Hungersnot im indischen Bihar. Zudem wurde die Organisation erstmals im Unterhaus erwähnt.[167]

Auch im akademischen Bereich betrachtete sich Philippa selbst eher als Schildkröte. In einem Vorwort zu ihren gesammelten Werken verweist sie zwar auf ihre viele Jahre anhaltende mangelnde Produktivität (und dankt dem Somerville College für seine Geduld).[168] In Wirklichkeit arbeitete sie jedoch so, wie Wittgenstein es empfohlen hatte. «Die Leute haben den eigentlichen Punkt seiner Aussage nicht verstanden, dass ‹man Philosophie sehr, sehr langsam betreiben muss›», bemerkte sie später einmal. «In der Philosophie ist es schwierig, langsam genug zu arbeiten.»[169] «Wir müssen Dinge schreiben!», hatte Iris ihren Freundinnen eines Nachmittags im Jahr 1948 in Philippas Wohnzimmer verkündet.[170] Aber erst jetzt begann Philippa, sich für diese Aufgabe zu erwärmen. Im Sommer 1951 erprobte sie ihre neueste Strategie zum Angriff auf Richard Hare in einer Vorlesung über «Ethische Ausdrücke und ethische Aussagen» und veröffentlichte 1952 ihren ersten Artikel namens «The Philosopher's Defence of Morality». Ihr zweiter, «When is a Principle a Moral Principle?», folgte kurz danach. Gegen Ende des Jahres 1953 notierte Iris: «Neulich Gespräch mit Philippa. Warum beruht die Moralphilosophie auf der ‹Wahl›? Warum soll man es immer Wahl nennen – es ist ja keine Wahl. Auch hier lernen wir von Witt.: Suche nicht nach einer zu tiefen Logik.»[171]

Iris hatte in ihrer Kritik an Hare und Sartre darauf hingewiesen, dass dann, wenn der metaphysische Hintergrund wegfällt, das isolierte

Subjekt nichts anderes tun kann als wählen. Philippa erkannte nun, dass der Verlust dieses Hintergrunds auch den Verlust der Begriffe bedeutete, auf die wir uns stützen, um uns in unseren ethischen Beziehungen zu anderen zu orientieren. Im Sommertrimester 1954 kehrten die beiden Freundinnen an das Keble College zurück, wo sie während des Krieges gemeinsam mit Donald MacKinnon unterrichtet hatten, um jene Überlegung gemeinsam vor einem Graduiertenseminar zu erläutern. Ihr alter Tutor, der sie vor all den Jahren auf die Gefahr hingewiesen hatte, die Freddie Ayers Unkrautvernichtungsmittel für metaphysische Tiere darstellte, hätte dies mit Wohlwollen betrachtet. Sie hielten das Seminar zusammen mit Basil Mitchell ab, den sie zuletzt bei einem Schluck Zypern-Sherry mit den Metaphysicals getroffen hatten. «Wir verbrachten viel Zeit mit der Untersuchung von ‹gemischten Wörtern›», erinnerte sich Basil später.[172] Iris und Philippa erklärten dem Seminar, dass «gut» und «schlecht», «richtig» und «falsch» *allgemeine* Wörter sind. Wenn eine Person sie verwendet, erfahren wir nur sehr wenig über ihre moralische Einstellung, abgesehen davon, dass sie etwas gut oder schlecht findet. Die Bedeutung dieser Begriffe erschöpft sich, wie Mary Glover es vielleicht ausgedrückt hätte, in ihrem verurteilenden oder empfehlenden Inhalt. Deshalb war es für Ayer so einfach, sie in «Buh!» und «Hurra!» zu verwandeln, und für Hare, sie in «tu es nicht!» und «tu es!» zu übersetzen. Doch Wörter wie «ehrlich», «aufrichtig», «geduldig», «prahlerisch», «dankbar», «beschämend», «stolz» und «demütigend» sind *spezialisierte* Wörter mit einer tiefen, weitverzweigten Struktur, die sich mit dem vielschichtigen Hintergrund des menschlichen Lebens verbindet.[173] Bei Iris war vor Kurzem eine partielle Taubheit diagnostiziert worden, und sie nahm Unterricht im Lippenlesen an der Radcliffe Infirmary;[174] ihre großen Augen waren nun fest auf die sich bewegenden Lippen ihrer Gesprächspartner gerichtet – erst Philippas, dann Basils und jetzt die ihrer Studierenden. «Dankbar», «beschämend», «stolz», «demütigend» – eine Beschreibung der sich wandelnden, vielgestaltigen Formen menschlicher Güte erfordert mehr Konzentration (und Aufmerksamkeit) als «Buh!» oder «Hurra!».

Damals bei den Barbaren hatte Marys Schreibmaschine in einem kontinuierlichen Rhythmus geschlagen. Buchbesprechungen für den *New*

Statesman, zumeist über neue Romane, flossen aus ihren Hämmern: *Ein Segen für die Liebe* von Nancy Mitford; *Night Without Sleep* von Elick Moll; *No Music for Generals* von Frederick Howard.[175] Anfang der 1950er Jahre las sie alle drei Wochen zwölf Romane, und Geoffs metallene Bücherregale waren der immer weiter ansteigenden Bücherflut schutzlos ausgeliefert.[176] Nachts, wenn Tom schlief, versuchte sie, sich zu konzentrieren.

Trotz der Entfernung – und des Babys – besuchte Mary Iris auch weiterhin in Oxford und kam zum Tee im St Anne's vorbei. Bei einem dieser Besuche, gegen Ende des Jahres 1952, fand sie sich in einer Buchhandlung vor einem Meer von lilafarbenen Buchrücken und einer Schlange von Student:innen wieder, die die einzelnen Exemplare förmlich aus den Regalen rissen.[177] Hares Buch *The Language of Morals*, das Manifest des universellen Präskriptivismus, war erschienen und ein großer Erfolg. Mr Hares «bewundernswertes Büchlein», das nicht nach seinem «bemerkenswert niedrigen Preis» (7 Schilling und 6 Pence) zu beurteilen ist, verdient es, von allen ernsthaften Studierenden der Moralphilosophie zur Kenntnis genommen zu werden, schrieb Richard Braithwaite in *Mind*.[178] Die Vorstellung von einer neuen Generation von Moralphilosoph:innen, die sich von Hares moralischem Subjektivismus nährte, machte Mary «vollkommen niedergeschlagen».[179] An besagtem Tag war sie aber eigentlich auf der Suche nach einem ganz anderen Buch, und zwar nach einem mit einer gänzlich anderen Färbung. Denn ihr Vater, der ihr erneut den Weg wies, hatte ihr empfohlen, das gerade frisch übersetzte Buch *Er redete mit dem Vieh, den Vögeln und den Fischen* (englischer Titel: *King Solomon's Ring. New Light on Animal Ways*) des österreichischen Verhaltensbiologen Konrad Lorenz zu lesen.

In der englischen Übersetzung ist *King Solomon's Ring* nach jenem biblischen König benannt, der mit den Tieren sprechen konnte, und steckt voller Geschichten (und Zeichnungen) von den freilaufenden Tieren, die Lorenz' Wiener Menagerie bevölkerten: Dohlen, Graugänse, Raben, Kakadus, Lemuren und Kapuzineräffchen.[180] Für Mary war dieses Buch eine Offenbarung.

Vor der Lektüre war ihr gar nicht aufgefallen, dass der seltsam unrealistische Begriff «Tier» so unterschiedliche Lebewesen wie Flöhe und Gorillas, Hunde und Kraken zu einem abstrakten Kollektiv zusam-

Illustration aus Konrad Lorenz, «King Solomon's Ring»

menfasste, nur um sie dem Menschen gegenüberstellen zu können. Nach ihrer Lektüre von Lorenz' Buch kam ihr der Begriff «Tier» nun wie ein absurdes Werkzeug vor, das von unserer Kultur einfach nur zu dem Zweck erfunden wurde, eine fehlgeleitete Vorstellung von der Würde des Menschen zu schützen.[181] Die Vorstellung, dass *wir nicht wie die Tiere* sind. Und dennoch ... gehören Menschen, wie Mary erkannte, durchaus zur Klasse der Tiere, sie sind auch «Tiere des Feldes», wie es in der Bibel heißt; und außerdem unterscheiden sich Schnecken von Schneeleoparden genauso sehr wie Menschen von Buckelwalen. Und mit dieser schlaglichtartigen Einsicht verschob sich der Hintergrund von Marys Denken; ihre Begriffe ordneten sich neu, und ihre Gedanken gerieten in Fluss. Indem sie den Gegensatz zwischen Tier und Mensch aufhob, dämmerte es ihr, dass sie damit beginnen konnte, jenes Paradoxon aufzulösen, das im Zentrum unseres Selbstverständnisses steht («Ich weiß, dass ich einer der kleinen Könige der Natur bin»). Unser Leben ist ein tierisches, das in vielerlei Hinsicht auf einer Ebene mit dem von Flöhen, Gorillas, Katzen und Dohlen liegt. Selbst unser Gefühl für unsere eigene Würde und Bedeutung zeichnet uns nicht aus;

jedes Tier weiß, dass es «ein kleiner König» in seinem eigenen Reich ist, wie Mary dachte. Später schrieb sie: «Der Gesang des Vogels ist nicht nur ein mechanischer Vorbote der Gewalt, mit der Eindringlinge bei Bedarf zurückgeschlagen werden.» Vielmehr «muss der Gesang in erster Linie expressiv sein. Er besagt: ‹Hurra, hurra, ich bin's, alles meins, ich bin der Größte.›»[182] Eine Erinnerung an die – selten anzutreffenden – Familienkatzen der Scruttons, wie sie den Dackel ihrer Mutter mit einem Blick feliner Überlegenheit fixieren.[183] John Clares «zerbrechlicher Bruder des Morgens», die Fühler aufgerichtet.

Jetzt fügten sich Teile ihres Lebens, die ihr einst als hoffnungslos voneinander isoliert erschienen waren (die Tierliebe ihrer Kindheit, ihre Gespräche mit Charlotte Williams-Ellis beim Essen im Somerville, ihre neue Rolle als Mutter), als Teil eines Ganzen zusammen. Sie richtete ihren ethologischen Blick auf Tom, ein winziges Lebewesen. «Kleine Kinder sind so buchstäblich und unverkennbar sowohl Tiere als auch Menschen.»[184] Und sie begann, ihre Vergangenheit zu überdenken. Ihre Fahrradtouren in der Kindheit zum Ruislip Reservoir, wo sie und ihr Bruder Hugh schwimmen gingen: Warum hatte sie da das Balzverhalten des Haubentauchers nicht bemerkt, das die ganze Zeit anhielt, während sie zwischen den Gänsen, Schwänen und Enten herumplanschte?[185] Und der singende Dackel, die Katzen, sie und Hugh und die ganze Familie Scrutton? Sie waren, wie sie jetzt erkannte, Teil einer «gemischten Gemeinschaft» gewesen,[186] eines ganz und gar vertrauten speziesübergreifenden Kollektivs, das durch soziale Bande des Vertrauens, der Freundschaft und der Fürsorge zusammengehalten wurde. Hunde und Pferde hören auf ihre Namen. Während des Krieges: Traueranzeigen in der *Times*; Luftschutzvorkehrungen für Tiere.

Und als Mary jetzt auf die Unterschiede zwischen den Menschen blickte, begann sie sich zu fragen, ob zwei Individuen ein und derselben Spezies überhaupt so unterschiedlich sein könnten wie ein Entenküken und ein kleiner Stier. Geoffs Ausbrüche ansteckender Ausgelassenheit verbargen eine depressive Seite («Weißt du, ich bin eigentlich manisch-depressiv», hatte er ihr schon früh gesagt); sie war «eine kleine Pollyanna»:[187] er, der aufgrund einer Mischung von extremem Perfektionismus und einer grauenhaften Angst vor Kritik keinen seiner zahlreichen philosophischen Artikel veröffentlichen konnte; sie, die einen Essay

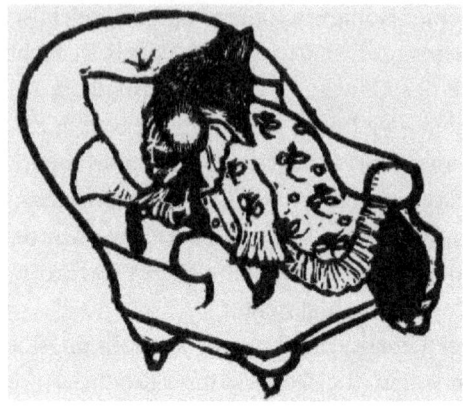

Illustration aus «Lady into Fox»

nach dem anderen veröffentlichte und im Radio und Fernsehen auftrat. In ihren Notizen zu David Garnetts Roman *Lady into Fox* von 1922 (der die Geschichte einer Lady erzählt, die sich in einen Fuchs verwandelt, und deren Ehemann versucht, sich um sie zu kümmern) schreibt sie, dass uns diese Geschichte deshalb so rühre, weil «Menschen sich mit Menschen einlassen, die von ihnen durch so tiefe Unterschiede getrennt sind wie denen, die zwischen den Spezies bestehen». Man «deckt [die Differenz] mit Weintrauben und blauen Bettjacken und all den Ritualen der Gesellschaft zu».[188] Oder man bringt, wie Iris bemerkt hatte, ein ganzes Leben damit zu, zu versuchen, die anderen so zu sehen, wie sie wirklich sind.

Von diesem Zeitpunkt an stürmte Mary die städtischen Bibliotheken von Newcastle und lieh sich Bücher und Studien über alle möglichen Arten von Tieren aus, vom Erdferkel über Zebras, Ameisen, Rotwild, Lemminge, Paviane und so weiter.[189] Das hatte sie von ihrem Vater gelernt: «[D]as ist eine ganz vernünftige Sache [...]: Wenn jemand Nilpferde erwähnt, schlägt man sie eben nach.»[190]

Auch Philippa wandte ihre Gedanken der Welt der Pflanzen und der Tiere zu. Ausdrücke von Tugend und Laster sind, wie sie und Iris dem Graduiertenseminar am Trinity College 1954 erklärten, «spezialisierte Beschreibungen», die mit Vorstellungen des Guten und des Bösen im Menschen verbunden seien. Doch obwohl es «ganz unmöglich ist, alles

Beliebige Wohl oder Übel zu nennen»,[191] ist es nicht einfach zu erkennen, wo die Grenzen liegen, oder sich über die Quelle dieser Unmöglichkeit klar zu werden. Freundschaft, Wärme und Gesundheit sind gut und Isolation, Obdachlosigkeit und Krankheit schädlich; dennoch ziehen manche Menschen die Isolation vor, suchen die Freiheit der Straße oder finden Frieden im Leiden. Wittgensteins Leben war voller Leiden, und doch war es gut. Philippas Kindheit war privilegiert, und doch hatte sie ihr geschadet. So wie Elizabeth festgestellt hatte, dass es ihr half, Menschen zusammen mit Katzen und Rüben aufzulisten, fand Philippa heraus, dass das Nachdenken über das Gute und das Schädliche für andere Arten von Lebewesen ihr half, ihr Nachdenken über das menschliche Gute in der Wirklichkeit verankert zu halten. Moralphilosoph:innen sollten den Anfang damit machen, über Pflanzen nachzudenken, erklärte sie einmal gegenüber einem verblüfften Publikum.[192]

Wie Philippa bereits seit den 1950er Jahren betonte, gibt es für Lebewesen einen Standard des Guten und Schlechten, der völlig unabhängig von menschlichen Entscheidungen oder Bewertungspraktiken ist. In seinem lilafarbenen Buch behauptete Richard Hare, dass zum Zeitpunkt der erstmaligen Einfuhr von Kakteen nach Großbritannien es keine Bewertungsmaßstäbe, keinen Sinn gegeben habe, in dem ein Kaktus als gut oder schlecht, besser oder schlechter bezeichnet werden konnte.[193] (Der Zweite Weltkrieg hatte die Kakteenimporte aus Amerika vorübergehend gestoppt und damit den Nachschub für die aufkeimende Gemeinschaft der britischen Kakteenliebhaber:innen unterbrochen. Im Jahr 1947 wurden die Importe wieder aufgenommen, sehr zur Freude der neu gegründeten National Cactus and Succulent Society[194]). Mit Anklängen an Sartre vertrat Hare die Ansicht, dass erst dann, wenn die Menschen beginnen, sich für den einen Kaktus statt für den anderen zu entscheiden oder Standards einzuführen (der Höhe, der Farbe oder der Stacheligkeit), evaluative Ausdrücke zur Anwendung kommen könnten. Das hieß, dass die Entscheidung, ob ein Kaktus «besser» sei als ein anderer, allein auf einer menschlichen Wahl und Vorliebe beruhte. Doch, so erwiderte Philippa, ein Kaktus ist ein lebendiger Organismus, und seine Lebensform als solche setzt einen immanenten Standard für die Spezies selbst fest.[195] Der National Cactus and

Kleine, bewaldete Senke im Garten des St Hugh's College

Succulent Society steht es zwar frei, ihren eigenen evaluativen Rahmen für Wettbewerbe und Züchter:innen festzulegen, aber es bleibt eine objektive Angelegenheit – unabhängig von deren Wahl –, ob ein bestimmter Kaktus gesund oder ungesund, blühend oder geschädigt ist. Die Natur ist nicht roh und unbehauen, sondern lebendig und geordnet, und sie ist eine Quelle von Werten, die völlig unabhängig von menschlichen Aktivitäten sind. Wer genug vom Kaktus, von der Passionsblume oder vom Sonnenröschen weiß, wird erkennen können, ob ein Exemplar gedeiht, und beurteilen können, wodurch es geschädigt oder gepflegt wird. Annie Rogers vom St Hugh's wusste das, als sie einen geschützten Platz für ihre Passionsblumen und einen schattigen für ihre Farne wählte.

Obwohl er schwieriger auszumachen ist, gibt es nun, wie Philippa behauptete, auch einen solchen Standard, der der menschlichen Spezies inhärent ist und dem zufolge ein menschliches Leben gut oder schlecht verläuft. Dies ist nicht die protagoräische Vorstellung, dass «der Mensch das Maß aller Dinge» ist. Ihr liegt es vollkommen fern zu glauben, dass jeder einzelne Mensch das Maß dafür ist, was süß oder sauer, warm oder kühl, gut oder schlecht ist; sie ist vielmehr der Ansicht, dass es so etwas wie eine Natur des Guten gibt. Es steht uns nicht frei zu entscheiden, was als Nutzen oder Schaden für den Menschen gilt, oder einfach *ex nihilo* zu wählen, was ein gutes menschliches Leben ausmacht. Philippa wusste das, als sie sich Gedanken um ihre Kindheit machte, Leslie Kirkley und die Freiwilligen von Oxfam wussten das, als sie Geld nach Griechenland schickten, um die Ausbildung junger Frauen zu unterstützen,[196] und Wittgenstein wusste es, als er sein Leben als ein glückliches einschätzte.

«Leute, die Topfpflanzen mit nach Hause bringen», schrieb Iris später, «könnten sich sogar über die Vorstellung wundern, dass diese Dinge irgendetwas mit Tugenden zu tun haben.»[197]

«The Philosopher's Defence of Morality» war zwar Philippas erster veröffentlichter Artikel, doch ihre erste Publikation überhaupt war eine kritische Rezension von *The Philosophy of Ernst Cassirer* aus dem Jahr 1951, eines Sammelbands mit Aufsätzen von Gegenwartsphilosoph:innen über das Werk des großen warburgianischen Philosophen. «Bei der Lektüre dieser Aufsätze merkte ich, dass ich mir die eigentümliche Vortrefflichkeit von Cassirers Werk gar nicht mehr ins Gedächtnis rufen konnte; sie beeindruckte mich aber sofort auf Neue, als ich zum Original zurückkehrte», wie sie beklagte.[198] Ihr letztes Wort in Sachen Ethik, nämlich ihr Buch *Die Natur des Guten*, befördert versteckte Spuren des warburgianischen Einflusses ans Tageslicht, die in das Gewebe ihres eigenen philosophischen Denkens eingewoben waren. Für Ernst Cassirer ist jeder Organismus von seiner eigenen Umwelt* umgeben. Die Welt des Seeigels ist voll von «Seeigel-Dingen», die der Fliege voller «Fliegen-Dinge» und die Welt des Menschen eben voller «Menschen-Dinge». Und zu diesen Menschen-Dingen gehört ein symbolisches System.[199]

Was denkbar ist, wird zwar, wie Elizabeth gesagt hatte, vonseiten der Realität bestimmt; die menschliche Realität ist jedoch randvoll mit unseren eigenen Kreationen. Wir errichten Strukturen, die neue Möglichkeiten des Handelns und des Sehens erzeugen. Wir schreiben Geschichten, die die Fäden von Zeugnissen und Erzählungen zusammen-

---

* Im Orig. deutsch. (Anm. d. Übers.)

Drei römische Münzen aus «Natural Goodness»

führen, um neue Muster zu entwerfen. Wir schaffen symbolische Objekte, *entia rationis*, die uns helfen, unseren Weg zu finden: Gedichte, Worte, Landkarten, Geschichten. Und ein kulturelles Artefakt wie ein Gedicht, ein Gemälde oder ein Konzert – ein «öffentliches Objekt, das wir alle anfassen können» – ist ebenso Teil unserer *Umwelt* wie eine Rübe oder eine Katze. (Eines Abends in der St John Street 27 hatte Elizabeth Iris auf dem Grammophon Schumann vorgespielt. «Wir saßen ganz still da. Die Katze kletterte zuerst auf ihr Knie, dann auf meines. Zweimal trafen sich unsere Blicke. E. war völlig entrückt, wunderschön, ernst und höchst konzentriert. Später sagte sie: Es ist eine Art Laster, bestimmte Dinge immer und immer wieder hören zu wollen.»[200])

Kleine Fragmente aus der Literatur erhellen die Seiten von Philippa Foots *Natur des Guten:* George Eliot, Gertrude Stein, Montaigne, Hardy, Dostojewski, Conrad. Am unteren Rand der ersten Seiten sind drei Abbildungen syrakusanischer oder karthagischer Münzen abgedruckt. Eine davon zeigt eine Pflanze, eine ein Tier und eine einen Menschen. («Haltet euch an den Menschen als Symbolmacher», hatte Iris 1947 geschrieben. «Der entscheidende Hinweis liegt irgendwo hier.»[201])

In einer Reflexion über die Aufgabe, mit der es die Philosophie zu tun hat, notierte Wittgenstein: «Was wir liefern, sind eigentlich Bemerkungen zur Naturgeschichte des Menschen.»[202] Eine solche Naturgeschichte des Menschen wird Fakten über die menschliche Natur enthalten, und zwar von jener Art, wie man sie auch in einer Naturgeschichte der Kakteen oder der Katzen finden würde. *Der Kaktus braucht warmes Wetter, um zu überleben. Ein Katzenjunges wird mit geschlos-*

senen Augen geboren. Der erwachsene Mensch hat 32 Zähne. Aber wir Menschen sind metaphysische Tiere. Wir leben in der Vergangenheit und in der Gegenwart gleichermaßen. «Du solltest dich schämen», «Wir sind sehr stolz auf dich», «Was du getan hast, war mutig», «Du musst dich entschuldigen». Spezialisierte Beschreibungen – ‹demütigend›, ‹mutig›, ‹respektlos› – lassen uns Orientierung an der Welt und am anderen finden. Wir machen Versprechungen und imaginieren unsere Zukunft. Fragen zu stellen gehört zu unserer Natur. Durch seine Frage nach dem «Warum?» findet das Kind eine Möglichkeit, Zusammenhänge zu erkennen – also die übergeordneten Muster nachzuvollziehen, die über die Regionen von Raum und Zeit hinausgehen, in denen es sich selbst befindet, und Ursache und Wirkung, Zweck und Ziel in Beziehung zu setzen. Es kann erkennen, dass ein und dasselbe Ereignis hier und jetzt unter verschiedene Beschreibungen fällt. Es kann es vor einem größeren Hintergrund betrachten. Ein quadratisches Blatt Papier kommt in einen Kasten in London: *Ich sende einen Brief ab*; ein Pelzmantel wird gefaltet: *Ich spende an ein Hilfsprogramm*; ein Pumpenschwengel bewegt sich auf und nieder: *Ich vergifte die Einwohner*.

Die Erwachsenen helfen dem Kind, indem sie Arten von Dingen benennen, wobei jeder Name die Struktur, die Muster der Praxis einfasst, in der der Name seinen Platz hat. Namen von Gegenständen: Dies ist ein Pfau, ein Mensch, ein Floh; das ist Nahrung, das ist Kleidung; das ist ein Freund, das ist ein Elternteil. Die Namen von Handlungsarten: Das ist Pumpen; das ist Sitzen; das ist Schreiben; das ist Bezahlen. Namen von Tugenden: Dies zu tun ist großzügig; diese Handlung ist mutig; diese Antwort ist wahrhaftig.[203] Gedichte, Landkarten, Geschichten spiegeln diese Worte und Handlungen wider und zeigen, wie sie in einer riesigen und veränderlichen Welt zusammenpassen und nicht zusammenpassen. Wie sie zusammenpassen könnten. Auf fast wundersame Weise muss ein menschliches Kind die Bedeutung dieser Beschreibungen «begreifen» und seine eigenen Handlungen und die der Menschen in seiner Umgebung darunter fassen. Doch das Kind muss «mehr *tun*, als es von den Beispielen des Lehrers *bekommt*». Es muss sehen, wie es weitergehen muss, wie es das Muster selbst fortsetzen kann, einen Fuß vor den anderen setzend.

Richard Hare wurde ärgerlich. «Wir haben das Glück, in Oxford in den Frauencolleges eine Reihe fähiger und angesehener Philosophinnen zu haben; und die meisten von ihnen verbringen einen großen Teil ihrer Zeit damit, die Ansichten ihrer männlichen Kollegen anzugreifen», klagte er bald. Hare sah sich als Opfer: «Wenn ich die Zielscheibe bin, werfen sie mir alle vor, dass ich allgemeinen Prinzipien zu viel und den Besonderheiten einzelner Fälle zu wenig Beachtung schenken würde – die es aber verlangen, mit einer weiblichen Intuition ausgekostet zu werden, bevor ein richtiges moralisches Urteil über sie gefällt werden kann.»[204] Die «fähigen und angesehenen Philosophinnen» von den Oxforder Frauencolleges behaupteten jedoch nach wie vor, dass es nicht um weibliche Intuition, sondern vielleicht um eine Bekräftigung einer Art von realistischem Intuitionismus ging, der seinerzeit durch eine Art idealistische Metaphysik zum Leben erweckt wurde.

Jeden Samstagmittag im Januar und Februar 1955 konnte man Philippa Foot beim Betreten der Examination Schools beobachten. Die Studierenden der Philosophie standen an diesen Samstagen um die Mittagszeit vor einer schwierigen Wahl: Sie konnten zwischen zwei parallel stattfindenden Vorlesungen über Platon wählen oder beide überspringen und am Oriel ein Seminar über Thomas von Aquin bei Lorenzo Minio-Paluello besuchen. Sie konnten aber auch zum Christ Church gehen und Michael Foster von den Metaphysicals (der gerade an seinem Buch *Mystery and Philosophy* schrieb) hören, wie er «die Philosophie der Analyse» attackierte.

Diejenigen, die sich für Philippas «Einführung in die Ethik» entschieden, wurden Zeugen von etwas, was sich für ihre Dozentin wie ihr eigener Anfang anfühlte. Endlich erkannte sie, welche Arbeit eine Moralphilosophin zu leisten hatte. In ihrem Aufsatz «The Philosopher's Defence of Morality», der 1952 veröffentlicht wurde, hatte sie sich ein wenig über jene Philosophen lustig gemacht, die meinten, ihre Aufgabe sei es, «eine Verteidigung gegen feindliche Theorien zu liefern, von denen es heißt, sie würden ‹die Grundlagen der Moral untergraben›» – also den moralischen Subjektivismus von A. J. Ayer und Richard Hare.[205] «Es wäre aber lächerlich anzunehmen, dass die Philosophin eine Art Bannzauber gegen jene gleichgültige Stimmung ausstoßen kann, in der jemand fragt, warum er sich darum scheren sollte, was richtig und was falsch ist», hatte sie in gewisser Anlehnung an H. A. Prichard geschrieben.[206] 1955 fing sie an zu begreifen, dass die Moralphilosophie eine andere Aufgabe hat als die, eine Theorie bereitzustellen, mit der Moralität verteidigt werden kann. «Die Moral hat einen transzendenten Bezug», hatte Mary Glover am Vorabend des Krieges geschrieben. Sie ist mit «einem objektiven Standard verknüpft, den wir uns nach und nach erschließen können». Gut möglich, dass Philippa ihren Studierenden in dieser Vorlesung erzählt hat, dass die Aufgabe der Moralphilosophin darin besteht, unsere moralische Sprache wieder zum Leben zu erwecken. Nach dem Ende ihrer Veranstaltung ging sie auf die High Street hinaus und bog nach links ab, in Richtung Broad Street 17 und Oxfam.

Während Philippa ihre Vorlesungsreihe zur Ethik beendete, stellte Iris (in ihrer neuen Dachgeschosswohnung in der Beaumont Street 25) den zweiten Entwurf[207] eines «namenlosen Romans» fertig (er wird «vom Stil her wahrscheinlich als der meine erkennbar sein», sagte sie später zu ihrer Verlegerin, «nur für den Fall, dass ich vergesse, meinen Namen draufzuschreiben»).[208] Bei diesem Werk handelte es sich um *Flucht vor dem Zauberer*, eine düstere und hypnotische Fantasie, deren Figuren, geblendet von ihrer eigenen Achtlosigkeit gegenüber der Realität der anderen, vertrieben und versklavt (und versklavend) werden. Kleine Fragmente aus Iris' Biografie hatten auf diesen Seiten neue Schattierungen angenommen: UNRRA, Simone Weil, Franz, sein Jugendfreund Elias Canetti, der Liebhaber-Charmeur, dem sie sich nach Franz' Tod zugewandt hatte. In diesem Trimester hielt sie in den Examination Schools montags morgens um 10 Uhr eine Vorlesung über «Moralphilosophie und die Ethik des Liberalismus». Philippas verblasste Schrift an der Tafel, die noch von ihrer samstäglichen Vorlesung übrig geblieben war, ließ sie möglicherweise zum Staubtuch greifen. «R. M. Hare», «Präskriptivismus», «Wahl», «Pflicht». Iris hatte einen neuen Gedanken hinzuzufügen. «Der Mensch ist ein Wesen, das sich ein Bild von sich selbst macht und sich diesem dann anähnelt» (diese Worte erschienen im folgenden Jahr in gedruckter Form). «Das ist der Vorgang, den die Moralphilosophie zu beschreiben und zu analysieren versuchen muss.»[209]

Marys Tom war gerade drei Jahre alt geworden und hatte einen jüngeren Bruder bekommen, David. Ein Exemplar von Iris' erstem Roman, *Unter dem Netz*, hatte seinen Weg in den Norden nach Newcastle gefunden und gefiel Mary sehr. Wie Philippa war sie hocherfreut, als sie entdeckte, was für eine geistreiche Autorin Iris war,[210] und sie lachte, als der Erzähler Jake «immer wieder nach der Person suchte, von der er glaubte, dass sie seine Probleme lösen würde, obwohl er sie in Wirklichkeit selbst lösen musste».[211] Vielleicht war es im Lichte von Jakes hoffnungslosem Scheitern daran, seine Zukunft selbst in die Hand zu nehmen, dass sie sich ein neues, zaghaftes Bild von sich selbst als einer Schriftstellerin machte: «Wenn Iris es kann, warum nicht?» Und so begann Mary mit der Arbeit an einem Science-Fiction-Roman mit dem Titel *Wintersault*, ihrer eigenen Naturgeschichte des Menschen. Die Erzählerin ist eine Historikerin aus der Zukunft, die von einer Studie über das menschliche Leben in den 1950er Jahren berichtet, «bevor die Menschheit in den Winterschlaf ging».[212] Die kalten, dunklen Tage des Krieges, die eingefrorenen Leitungen und die unzureichende Heizung in ihrer Oxforder Wohnung rückten immer weiter in die Vergangenheit, und Mary stellte die Frage: Was für ein Tier wäre der Mensch, wenn er Winterschlaf hielte, statt sich den Wintermonaten zu stellen? Wie affiziert die Tatsache, dass unsere Spezies insgesamt dem Winter – also Kälte, Hunger und Krankheit – ausgesetzt ist, unsere Gewohnheiten, unsere Sensibilität und unser Wesen? Wie sähe das menschliche Leben aus, wenn es sich nur in der sanften Wärme eines Oxforder Frühlings und Sommers abspielen würde?

Am 7. Februar wurde in einigen Teilen der Midlands eine Temperatur von 13,8 Grad Celsius gemessen. Das Fenster des Arbeitszimmers im ersten Stock in der St John Street 27 mag leicht angelehnt gewesen sein, und vielleicht reflektierte ein Lichtschimmer von den Mikrofilmkopien von Wittgensteins Notizbüchern aus dem Ersten Weltkrieg. Die Katze Tibbles strich um den Nachlass* herum. Elizabeth hatte die Aufnahmen durchforstet, um Licht in bestimmte Passagen des *Tractatus* zu bringen.[213] Ihre Übersetzung von Wittgensteins *Bemerkungen*

---

*   Im Orig. deutsch. (Anm. d. Übers.)

über die Grundlagen der Mathematik war mittlerweile im vollen Gange. «*Woher weiß ich*, dass ich bei der Ausführung der Reihe plus 2 ‹20004, 20006› schreiben muss und nicht ‹20004, 20008›? *Wie weiß ich* ...?*»[214]

Während Elizabeths Feder über das Blatt wanderte («Wie weiß ich ...»), stimmten eine halbe Meile von der St Johns Street entfernt, in einem langgezogenen Raum des Clarendon Building in der Broad Street, 22 Mitglieder des ausschließlich mit Männern besetzen Hebdomadalrates der Universität Oxford über den von Vizekanzler Alic Halford Smith eingebrachten Vorschlag ab, Harry S. Truman die Ehrendoktorwürde zu verleihen. Kein anderer Raum ist «so von einem feierlichen Empfinden durchdrungen», wie man sagte.[215] Porträts ihrer erhabenen Vorgänger blickten auf die Männer herab, als sie sich in einer Reihe anstellten, um ihr Vorhaben abzuschließen. Am Fenster stand eine uralte Abstimmungsvorrichtung, in die die Ratsmitglieder ihre geheimen Stimmsteine einwerfen konnten – rechts für Nein, links für Ja.[216] Die Auszählung ergab ein «praktisch einstimmiges» Ergebnis, wie der Protokollführer notierte, «21 von 22 möglichen Stimmen».[217] Als Alic Halford Smith die Sitzung für beendet erklärte und über den gekiesten Boden zur Bodleian Library schritt, war er zuversichtlich, dass die uralte Maschinerie des Verfahrens und der Tradition die nächsten Schritte regeln würde.

---

* Im Orig. deutsch. (Anm. d. Übers.)

Epilog

Noch einmal: Mr Trumans Ehrendoktor

Mai 1956
Oxford

Anfang Juni 1956 spielten sich seltsame Szenen in der St John Street Nr. 27 ab. Außenstehenden muss der stetige Besucherstrom reichlich verdächtig erschienen sein. Die Menschen kamen zu Fuß, mit dem Fahrrad und manche sogar mit dem Auto. Einige gingen selbstbewusst auf das Haus zu, klopften kräftig an die Tür und traten einfach ein. Sie waren offensichtlich schon einmal hier gewesen und wussten daher, dass die Tür nicht verschlossen war. Anderen war ihre Unsicherheit anzumerken, wenn sie vor dem Anklopfen noch einmal auf die Messingziffern starrten und darauf warteten, dass ihnen geöffnet wurde. An der Tür erschien dann eine etwas unordentlich aussehende Frau mit einem Baby auf dem Arm und ein, zwei, drei oder vier weiteren schmutzigen Kindern vom Kleinkind- bis ins Teenageralter im Gefolge. Zu den Besuchern zählten Studierende, Mütter mit Kinderwagen, Universitätsdozent:innen, Nonnen und alte Jungfern, ungepflegt wirkende Burschen und schick angezogene Frauen, Anarchist:innen, Kommunist:innen und Katholik:innen. An der Türschwelle dann die verdächtige Transaktion: Besucher:innen händigten der Frau verstohlen einen Schilling aus und erhielten dafür einen dünnen Umschlag. Meistens wurden noch ein paar Worte gewechselt, und Tibbles, die Hauskatze, nutzte die Gelegenheit, um sich zwischen den Beinen hindurch nach draußen zu schleichen. Dann schüttelte man sich die Hand, und die Besucher:innen gingen wieder ihrer Wege. Bei dem vermeintlich verdächtigen Inhalt der Umschläge handelte es sich um Exemplare von Elizabeth Anscombes kurzem, im Selbstverlag erschienenen Pamphlet *Mr Truman's Degree*. Auf der Innenseite des Titelblattes stand geschrieben: «Mit Respekt, aber ohne Erlaubnis, den anderen gewidmet, die ‹Non placet› sagten.»[1] Wie schon 1939, als sie mit Daniel Norman gegen das Unrecht des Krieges protestiert hatte, war sie auch jetzt noch der Meinung, dass «katholisch zu sein nicht nur eine überirdische, sondern ebenso eine weltliche, soziale und politische Angelegenheit ist».[2]

Vielleicht waren es die vor ihrer Haustür abgelegten Briefe, die sie dazu ermutigt hatten, den Stift in die Hand zu nehmen. Begonnen hatte es, kurz nachdem sie am 1. Mai von der Convocation zurückgekehrt war, um sich des verhassten Rockes zu entledigen und wieder in ihre geliebten Hosen zu schlüpfen. «Bravo!», hieß es auf einer handschriftlichen Nachricht von Philippas Nachbarin, der Bloomsbury-Töpferin Phyllis Keyes, von Park Town Nr. 14: «Jedem, der es ‹wagt›, ein Daniel zu sein, und sich getraut, in unserer ach so hoch organisierten Gesellschaft, die nur jene belohnt, die sich der Zweckdienlichkeit beugen, allein für seine Prinzipien einzustehen, kann man nur zu seiner moralischen Courage gratulieren. Dafür musste ich Ihnen einfach auf die Schulter zu klopfen.»[3] Am nächsten Tag traf ein Schreiben der Women's International League for Peace and Freedom ein, in dem man sie zu einem Vortrag einlud.[4] Doch sie erhielt nicht nur Beifall: «Als ehemaliger Kriegsgefangener der ‹liebreizenden› Japaner kenne ich mich wohl besser mit deren Wesen aus als Sie, und ich finde es, gelinde gesagt, empörend, dass Sie Ihre eigenen Landsleute so geringschätzen.»[5] «Spinnerin.»[6]

In ihrem Fach im Somerville College lagen eine handschriftliche Notiz von Vera Farnell und ein Brief von Donald MacKinnon. «Obwohl ich mit dem Standpunkt übereinstimme, den der Zensor (Alan Bullock) heute Nachmittag dargelegt hat, möchte ich sagen, wie sehr ich die Würde bewundere, mit der Sie Ihren Protest vorgetragen haben», schrieb die Frau, die Iris und Mary vor so vielen Jahren gewarnt hatte: «Ihr müsst aufpassen, wie ihr euch verhaltet.»[7] Donald MacKinnon: «Ich schreibe Ihnen, um Ihnen meine aufrichtige Bewunderung für den Mut und Integrität Ihres Handelns ausdrücken.»[8]

Nach wenigen Tagen wurden die Poststempel exotischer, denn Zeitungen auf der ganzen Welt hatten über ihren Protest berichtet.

Mehrere Briefe erreichten sie aus den USA. «Sie hatten den Mut, die Wahrheit über Mr Truman zu sagen», schrieb «eine amerikanische Frau».[9] «Wie recht Sie haben», meinte eine andere.[10] Ein Schreiber aus Taipeh drückte seine große Bewunderung aus: «Ich bedaure, dass Sie gescheitert sind, aber eine einsame Kämpferin gegen die menschliche Dummheit und Heuchelei kann wohl nichts anderes erwarten.»[11] Auch die australische Frauenrechtlerin Jessie Street gratulierte Elizabeth zu ihrem Mut. Dem Brief waren einige Zeugenaussagen beigefügt, die sie 1954 in Japan gesammelt hatte.

> Nur ein einzelnes Flugzeug wurde im Anflug auf Hiroshima gesichtet. Die Bevölkerung strömte auf die Straßen, um es sich anzusehen. Der Mann, der mir das erzählte, ist selbst auf der Straße gewesen und hat seine Augen zum Schutz gegen die Sonne mit der Hand abgeschirmt, um den Flug der Maschine verfolgen zu können. Plötzlich fiel ein glänzendes Objekt herunter, das Flugzeug beschrieb eine Rechtskurve und flog davon. Er beobachtete das Flugzeug weiter und fragte sich, ob das glänzende Objekt wohl eine Friedensbotschaft enthielt, als ihn plötzlich eine gewaltige Hitze traf. Da er nur eine Hose trug, bildeten sich auf seinem Oberkörper, seinem Gesicht und seinen Armen augenblicklich Brandblasen. Noch während er die Verbrennungen betrachtete, wurde er von einem heftigen Windstoß erfasst, der die verbrannte Haut in flatternde Fetzen verwandelte ... Die Menschen schrien vor Angst und rannten umher. Die Kinder erkannten ihre Eltern nicht mehr und die Eltern nicht ihre Kinder.[12]

Es war entscheidend, das Pamphlet noch vor dem 20. Juni zu veröffentlichen, denn an diesem Tag fand die Encaenia statt, also jene Zeremonie, bei der die Ehrendoktorwürde verliehen werden sollte. Elizabeth wollte das Plädoyer, das sie bei der Convocation gehalten hatte, noch einmal in gedruckter Form vorlegen, um darauf hinzuweisen, dass es noch nicht zu spät sei, Stellung zu beziehen: «Es ist immer noch Zeit, sich von dieser schändlichen Angelegenheit zu distanzieren», schrieb sie. Es sei «möglich, der Encaenia fernzubleiben. Wem es unangenehm ist, andere Geschäfte vorzuschieben, soll einfach im Bett bleiben. Ich jedenfalls habe schon deshalb Angst hinzugehen, weil Gottes Geduldsfaden ganz plötzlich reißen könnte.»[13]

Als Elizabeth sich an den Schreibtisch setzte, war sie sich über ihren eigenen Standpunkt vollkommen im Klaren. Dennoch verstand sie noch immer noch nicht so recht, was genau am Tag der Convocation eigentlich vorgefallen war. Alan Bullocks Verteidigungsrede war dermaßen erbärmlich, dass sie «in Nürnberg nicht gut aufgenommen worden wäre», dachte sie. Er musste so tun, als ob «ein paar Massaker, die ein Mann zu verantworten hat, noch lange kein Grund sind, ihn nicht zu ehren». Aber das war absurd. Vielleicht warf sie noch einmal einen Blick auf die Interviews, die Jessie Street ihr mitgeschickt hatte. Unschuldige waren getötet worden, «unzählige von ihnen auf einen Schlag, ohne Vorwarnung, ohne die Chance zu entkommen oder Schutz zu finden», schrieb sie.[14] Sie war perplex, dass angesichts dieser Tatsache «so viele Menschen in Oxford bereit sein würden, einem solchen Mann Honig ums Maul zu schmieren». Sie «suchte nach einer Erklärung dafür».[15]

Bei ihren Nachforschungen wurde sie von Verbündeten in den Männercolleges unterstützt. Sie ergaben, dass viele bereits entschlossen waren, sich ihr entgegenzustellen, obwohl sie ihre Argumente noch gar nicht kannten. Diese Leute waren dazu «aufgestachelt worden, für die Ehrung zu stimmen». Man fürchtete offenbar, dass «die Frauen etwas im Schilde führen», und Elizabeth fand heraus, dass an den High Tables am Worcester, All Souls und New College «das Gewissen so stark beansprucht wurde, [bis] eine zufriedenstellende Begründung gefunden war: ‹Es wäre falsch, Mr Truman BESTRAFEN zu wollen!›» Diese Begründung war jedoch absurd. Denn es ist keine Strafe, nicht geehrt zu werden. Elizabeth dachte noch einmal über Bullocks Rede nach. An der Herstellung der Bombe waren sehr viele Menschen beteiligt, und wir können nicht einem einzigen Mann die alleinige Verantwortung zuschieben, nur weil es letztlich seine Unterschrift war, die auf dem Einsatzbefehl stand.[16] Aber *seine Unterschrift stand auf dem Befehl*, dachte sie vielleicht und hatte wieder das glänzende Objekt vor Augen, das über Hiroshima aus dem Himmel herab auf Kinder fiel, die ihre Augen abschirmten und auf eine Friedensbotschaft hofften. Dann fügten sich die Puzzleteile langsam aneinander.

«Um etwas Licht in die Angelegenheit zu bringen, muss man sich nur die Entwicklung der Oxforder Moralphilosophie seit dem Ersten Weltkrieg ansehen», schrieb sie, denn in dieser Zeit wurden die bis dahin bestimmenden Idealisten von Realisten wie Prichard und Ross verdrängt. Diesmal brauchte sie nicht die Erlaubnis des Erzbischofs, denn sie firmierte nicht als Katholikin, sondern als sie selbst: Miss Elizabeth Anscombe, Philosophin. «Bis zum Zweiten Weltkrieg lehrte die vorherrschende Moralphilosophie in Oxford, dass eine Handlung ‹moralisch gut› sein kann, ganz gleich wie verwerflich die Tat auch sein mag.» Die Realisten hatten behauptet, «dass ‹Richtigkeit› eine objektive Eigenschaft von Handlungen ist, die von einem moralischen Bewusstsein erkannt werden kann», und dass es folglich «richtig sein könne, Unschuldige zum Wohle des Volkes zu töten»[17] – die Verpflichtung, keine Unschuldigen zu töten, könne also durch die Verpflichtung, Leben zu retten, außer Kraft gesetzt werden. Sie hatten, mit anderen Worten, die Pflicht vom Guten entkoppelt.

Nach dem Krieg, fuhr sie fort, finde man anstelle dieser Philosophie nun eine vor, «deren Hauptgrundsatz darin besteht, dass ‹gut› kein ‹beschreibender› Begriff ist»,[18] wobei sie offenkundig Ayer und Hare im Blick hatte. Sobald Werte und Tatsachen voneinander getrennt sind, bleibe dem einzelnen Menschen gar nichts anderes übrig, als seine eigenen Prinzipien zu wählen und nach ihnen zu leben, so gut er eben kann. Für eine solche Philosophie seien moralische Gesetze wie «Du sollst nicht töten» nichts weiter als persönliche Grundsätze, die wie Kants moralische Gesetze aussehen. Diese Philosophie entspreche «so vollkommen unserem Zeitgeist, dass man sie als Philosophie der Anbiederung an diesen Zeitgeist bezeichnen könnte». Als sie ihre Einschätzungen über die Oxforder Moralphilosophie einige Monate später im Radioprogramm der BBC wiederholte, löste sie damit eine wahre Briefflut aus: «Quälender Sarkasmus», «bitterer Hohn» oder «ein Affront gegen professionelle Standards und die Anstandsregeln der Kontroverse»,[19] stand darin geschrieben. Die Äußerungen in den privaten Briefen an Hare waren weit weniger zurückhaltend. «Giftiger Mist» oder «Höllenfeuer-Obskurantismus», hieß es darin. Der «Angriff auf Ihre Ansichten ist eine solche Farce, dass man gar nicht weiß, wo man anfangen soll».[20]

Elizabeth, Iris, Philippa und Mary hatten sich jedoch mit früheren Debatten über die Begriffe der Pflicht und der Prinzipien auseinandergesetzt und begannen, die ihnen zugrunde liegende Metaphysik besser zu verstehen. Nun arbeiteten sie an einer Auffassung des menschlichen Lebens, des Handelns und der Wahrnehmung, um die Moral wieder dort zu verankern, wo es wirklich darauf ankommt.

Wir wenden Beschreibungen von Handlungen und Begriffe der Tugend zu bestimmten Zeiten und an bestimmten Orten an. Und wir lehren diese Beschreibungen und ihre Anwendung anhand von *nachvollziehbaren Beispielen*. «Er gibt einen Brief auf», «er bedient eine Pumpe», «das ist nett», «sie ist mutig», «das ist demütigend». Ein Kind, dem diese Beispiele vorgeführt werden, muss allerdings mehr tun, als es in den Beispielen sieht. Es muss erkennen, wie es damit weitergehen kann. Erwachsen zu werden bedeutet, angesichts der Beschreibungen zu handeln und wahrzunehmen, über die unsere Sprache verfügt, denn sie sind es, die unsere Welt und die verschiedenen Formen des Zusammenlebens überhaupt erst ermöglichen. Das bedeutet es, «sich in der Welt zurechtzufinden». Die Wirklichkeit des menschlichen Lebens setzt der sinnvollen und wahrhaftigen Anwendung dieser Beschreibungen jedoch Grenzen. Wenn die Welt sich zu schnell oder gewaltsam verändert, kann es passieren, dass ihre Anwendung nicht mehr so selbstverständlich ist, wie sie es sein sollte. Unsere Möglichkeiten, gut oder schlecht zu handeln, können sich ganz überraschend verschieben oder sogar ins Gegenteil verkehren, wenn sich neue Handlungsmöglichkeiten auftun oder alte nicht mehr offenstehen. Im durch den Krieg veränderten Oxford konnte man im Kino Zuflucht suchen, in die Bibliothek gehen, um Blut zu spenden, hungernden Menschen in Griechenland helfen, indem man einen Pelzmantel in einen Laden in der Broad Street brachte, oder mit einer Beschwerde über ihre Verdunklungsvorhänge dafür sorgen, dass eine Nachbarin verhaftet wurde. In einer Welt, die sich in Auflösung oder im Wandel befindet, kann man leicht aus den Augen verlieren, worauf es bei einem guten menschlichen Leben wirklich ankommt und was ihm wirklich schadet.

Harry S. Truman handelte in einer Wirklichkeit, die über ihn selbst hinausging. Sein «bit of living», ein Befehl auf einem Blatt Papier, vollzog sich in einer Welt natürlicher Gegebenheiten und menschlicher Institutionen, einer Welt voller Konventionen und technologischer Möglichkeiten, einer Welt der Präsidenten, Friedensverträge und Kapitulationserklärungen. Sein Hintergrund war die gewaltige Kriegsmaschinerie mit ihren Codenamen und Komitees, ihren Reaktoren und Laboratorien, ihren modifizierten B29-Bombern und mit Uran beladenen Schiffen. Harry S. Truman hat diese Strukturen nicht selbst aufgebaut, die Institutionen, in denen er agierte, nicht selbst erschaffen und auch die Technologie nicht selbst entwickelt. Aber als Präsident der Vereinigten Staaten war er auf einzigartige Weise in diese Muster verwoben, und das wusste er auch ganz genau. Die Beschreibung «den Abwurf der Bombe befehlen» traf auf Harry S. Trumans Verhalten nur aufgrund der Umstände zu, unter denen er handelte. Dazu gehörten neue Strukturen, die ein Handeln im großen Stil ermöglichten.

Harry S. Truman bewegte seine Hand über das Blatt Papier, um es zu unterschreiben (A). Mit seiner Unterschrift befahl er den Abwurf der Atombombe (B). Er befahl den Abwurf der Bombe, um die bedingungslose Kapitulation der Japaner sicherzustellen (D). Die Tötung der Bevölkerung von Hiroshima war das Mittel zu diesem Zweck (C). Um dieses Ziel zu erreichen, war es unumgänglich, dass Menschen in diesem Ausmaß starben, denn sonst wäre die bedingungslose Kapitulation sicher nicht zustande gekommen. Als Präsident der Vereinigten Staaten war Harry S. Truman in der einzigartigen Position, dieses Ziel, ein Geschehen in der Welt, allein dadurch zu erreichen, dass er seine Hand über ein Blatt Papier bewegte und den Befehl dazu unterschrieb. Es ist wahr, dass seine Handlung ohne die Wissenschaftler, die das Uran anreicherten, ohne die Ingenieure, die das Flugzeug für den Abwurf modifizierten, und ohne die Piloten, die es flogen, nicht möglich gewesen wäre. Und es ist wahr, dass Harry S. Truman ohne die Staatskonventionen, die das Präsidentenamt geschaffen haben, nicht in der Lage gewesen wäre, das Ziel zu bestimmen.

Das waren die Umstände, unter denen er agierte. Harry S. Truman handelte weder blindlings, noch löste er unwissentlich eine Ereigniskette aus, die er nicht beabsichtigt hatte. Er war in einer ganz anderen Position als die Mehrzahl der fast 200 000 Menschen, die am Bau der Atombombe mitwirkten und keine Ahnung hatten, was genau sie da eigentlich taten. Nein, Truman handelte in einer Welt, die zu überblicken er durchaus in der Lage war. Er wusste, dass «die grausamsten Methoden der Kriegsführung» notwendig sein würden, damit die Japaner bedingungslos kapitulierten, und entschied sich dennoch dafür, die

Sache durchzuziehen. Er wusste genau, dass einige Zeit nach seiner Unterschrift in Hiroshima ein glänzendes Objekt vom Himmel fallen würde. «Wir sind im Besitz des zerstörerischsten Explosivstoffs, über den die Menschheit jemals verfügte. Die Explosivkraft einer einzigen unserer neu entwickelten Atombomben entspricht der Bombenlast von 2000 unserer B29-Bomber. Diese entsetzliche Tatsache sollten Sie sich bewusst machen, und wir schwören feierlich, dass es sich genauso verhält», hieß es in den Flugblättern, die amerikanische Piloten über japanischen Städten abwarfen.[21] Einen «Regen des Verderbens» nannte Truman es beschönigend gegenüber der amerikanischen Öffentlichkeit. Er war sich vollkommen im Klaren darüber, dass die Ziele nicht rein militärischer Natur sein konnten. «Ich dachte mir, dass das Leben einer Viertelmillion unserer jungen Männer schon ein paar japanische Städte wert waren», sollte er später sagen.[22]

«Wenn ich sage, dass es Mord ist, Unschuldige als Mittel zum Zweck zu töten, gebe ich damit nur etwas wieder, das allgemein als richtig erachtet wird», schrieb Elizabeth. Man mag sich fragen, was genau «unschuldig» bedeutet, aber eine Definition ist in diesem Fall gar nicht notwendig. Denn «bei Hiroshima und Nagasaki haben wir es nicht mit einem Grenzfall zu tun. Bei der Bombardierung dieser Städte wurde zweifelsfrei entschieden, Unschuldige als Mittel zum Zweck zu töten.»[23]

Der Hintergrund, vor dem die Unterschrift unter einen Befehl einen Massenmord darstellt, hat so gewaltige Ausmaße und ist so komplex, dass die Dozenten und sogar Truman selbst diese beiden Ereignisse gar nicht in einem einzigen Bild erfassen konnten. Denn alle menschlichen Maßstäbe (gefaltete Pullover, Stricken, kostenlose Abendessen, Bild des Monats) werden damit gesprengt. Die Dozenten, die nach Bösartigkeiten [*wickedness*] Ausschau hielten, die Truman unterstellt werden sollten, konnten jenes Bild nicht sehen. Stattdessen erkannten sie nur einen Mann, der vor einer schwierigen Entscheidung stand und tat, was er für seine Pflicht hielt, und dabei versuchte, seine Moralprinzipien so gut wie möglich anzuwenden. Aber das Böse [*wickedness*] ist keine Charaktereigenschaft wie Mut oder Aggression. Es bedeutet, «absichtlich Handlungen auszuführen, die falsch sind»,[24] sollte Mary Midgley später schreiben. Ein schlecht organisierter Lebenshintergrund kann es ganz normalen und freundlichen Menschen erschreckend leicht machen, böse zu handeln. So leicht, dass es niemandem, ja noch nicht einmal dem Handelnden selbst auffällt. Unter den entsprechenden Umständen «kann ein Durchschnittsmensch unfassbar böse Dinge tun».[25]

«Wir hätten niemals gedacht, dass so etwas passieren könnte», sagte Philippa Foot, als sie nach dem Krieg mit dem Wissen um die Konzentrationslager nach Oxford zurückkehrte.

«Proteste von Menschen ohne Macht sind Zeitverschwendung», sagte Elizabeth am 1. Mai 1956 bei der Convocation. Sie sei auch nicht für eine «Geste des Protests» gegen die Atombombe gekommen. «Ich lehne es jedoch entschieden ab, dass *wir* Mr Truman die Ehrendoktorwürde verleihen.»[26]

Harry S. Truman ist für eine Tat berühmt, die für immer unauslöschlich mit seinem Namen verbunden sein wird. Diesen Mann zu einem Symbol der Ehrenhaftigkeit zu erheben bedeutet, *diese Tat* für gut, gerecht und mutig zu befinden und sie mit dem Vermerk «Zur Nachahmung empfohlen» ins Archiv einzustellen. Wenn wir *Taten wie diese* mit *Beschreibungen* wie «mutig» und «gerecht» versehen, konterkarieren wir damit den Sinn dieser Begriffe. Präsident Truman zu ehren – «einen Mann [...], der überall für eine so schreckliche Tat bekannt ist»[27] – heißt aus dem Blick zu verlieren, worauf es bei einem guten Leben wirklich ankommt.

Donald MacKinnon hatte Philippa gesagt, Platon habe «sich von der Überzeugung leiten lassen, dass Sokrates' Leben und Tod eine Verdichtung [...] dessen sei, wie sich die Dinge letztlich verhalten».[28] Die Taten eines Einzelnen können die Wirklichkeit in den Fokus rücken, sie erhellen und uns neue Wege des Handelns aufzeigen.

Nachtrag

Elizabeth, Iris, Mary und Philippa begannen ihr gemeinsames philosophisches Leben kurz nachdem Freddie Ayer die Metaphysik für tot erklärt hatte. Sein ethisches «Unkrautvernichtungsmittel» hatte das menschliche Wesen auf eine effiziente Rechenmaschine reduziert. «Ich verstehe nicht!» war nicht länger ein Hilferuf, mit dem man sich an ein anderes metaphysisches Lebewesen wandte, um eine klare Sicht auf die Dinge zu bekommen. Vielmehr war es zu einem Instrument geworden, das die Sprache einschränkte, die Kreativität unterdrückte und alle Spekulationen erstickte. Wir haben die vier Freundinnen in Speisesäle, Wohnzimmer, Teestuben und Pubs begleitet und sind den Gedanken in ihren Briefen gefolgt, während sie mühsam begannen, der Ethik wieder zu ihrem angestammten Platz zu verhelfen. Wir haben gesehen, wie sie wuchsen, heranreiften und wie sie zu erkennen versuchten, worauf es im menschlichen Leben wirklich ankommt. Der Umstand, dass sie sich dieser Aufgabe in einer dunklen, von Krieg, Massenmord, Vertreibung, Traumata und Leid geprägten Wirklichkeit annahmen, machte ihre Bemühungen umso dringlicher.

In unserer Geschichte über diese vier Frauen haben wir versucht, einige lose Fäden aufzunehmen und sie in die bekannten Muster der Philosophie des 20. Jahrhunderts einzuweben, während wir uns zugleich bemühten, die unterschiedlichen Auffassungen von Philosophie zu beleuchten. Den vier Freundinnen ging es vor allem darum, die Philosophie wieder zurück ins Leben zu bringen. Dazu war es notwendig, sie wieder in den Kontext der chaotischen Wirklichkeit des alltäglichen Lebens einzubetten, das sich nun einmal als menschliches Miteinander gestaltet. Außerdem mussten sie die tiefe Verbindung wiederherstellen, die die alten Philosophen zwischen dem menschlichen Leben, dem Guten und seiner Form erkannt hatten, und endlich wieder der Tatsache Rechnung tragen, dass wir Lebewesen sind, deren Natur ihre Art zu leben bestimmt.

Jede der vier Frauen hat ihren eigenen Weg gefunden, um unsere Natur mit dem Umstand in Einklang zu bringen, dass wir sprechende, fragende und bildschaffende Wesen sind. Als *metaphysische Tiere* verändern wir durch unsere Erfindungen, Symbole und Kunstwerke unsere Umwelt* und bis zu einem gewissen Grad auch unser Wesen selbst. Die Beantwortung der Frage «Was für ein Lebewesen ist der Mensch?» ist an sich schon «entsetzlich schwer». Und die Tatsache, dass unsere Antworten selbst zum Bestandteil unserer Wirklichkeit werden, sorgt dafür, dass keine Antwort jemals endgültig sein kann. In der Philosophie gilt stets aufs Neue: «Man muss ganz von vorn anfangen.»[1]

«Ich glaube, ich bin auf einen fruchtbaren Strang der Moralphilosophie gestoßen», sagte Philippa Foot 1957 zu Janet Vaughan.[2] Und das war sie in der Tat, denn zwischen 1952 und 1961 veröffentlichte sie «The Philosopher's Defence of Morality»,[3] «When is a Principle a Moral Principle?»,[4] «Free Will Involving Determinism»,[5] «Moralische Überzeugungen»,[6] «Moral Arguments»[7] und «Gutsein und Wählen».[8] Die frühen Kamingespräche, die sie mit Elizabeth im Somerville geführt hatte, blieben für ihre Philosophie prägend. Noch im Jahr 2000 schrieb sie: «Ich erinnere mich, dass ich schon in den späten 1940er Jahren in einer der vielen Diskussionen, die wir von da an führten, selbstbewusst auf ‹die Unterscheidung zwischen deskriptiver und wertender Sprache› hinwies. [Elizabeth] war auf eine genuine Weise verwundert und fragte einfach: ‹Was meinst du?›»[9] Elizabeths Verwunderung war, wie Philippa sagte, der Beginn ihres vierzigjährigen Ringens darum, die Verbindung zwischen dem vernünftigen Denken und dem Guten zu verstehen.

1959 beendete Michael seine Ehe mit Philippa. «Ich wollte nach wie vor unbedingt Kinder, doch es stellte sich heraus, dass sie keine bekommen konnte. Ich fühlte mich wie ein furchtbarer Schuft und verließ sie.»[10] Sie blieb bis 1969 im Somerville, dann kündigte sie, um ihre Zeit zwischen Oxford und den USA aufteilen zu können, wo sie zahlreiche

---

* Im Orig. deutsch. (Anm. d. Übers.)

Gastprofessuren innehatte, die wichtigste davon an der UCLA. Während sie in Amerika war, verlagerte sich ihr philosophischer Schwerpunkt von der Metaphysik der Ethik auf die angewandte Ethik. In diesem Zusammenhang stritt sie in Publikationen mit Elizabeth über das Thema Abtreibung und wurde für ihre Auslegung des «Trolley-Problems» bekannt, eines berühmten Gedankenexperiments, in dem es um die Frage geht, ob man einen Menschen opfern dürfe, um fünf andere Menschen zu retten. Als sie sich 1991 aus der Lehre zurückzog, kehrte sie zu ihrer metaphysischen Auseinandersetzung mit dem moralischen Subjektivismus zurück. In ihrem Meisterwerk *Die Natur des Guten*, das sie gegen Ende ihres Lebens verfasste, legt sie in eleganter Ausführlichkeit eine moralische Vision dar, die ihren Ursprung bereits in den 1940er Jahren hatte. Es handelt sich um eine Theorie des Natürlich-Guten und der natürlichen Tugend, die ihren Ausgangspunkt in Überlegungen zur Pflanzenwelt hat. «Alles geschieht zum ersten Mal in dieser anderen Welt ohne sie», notierte Philippa nach Elizabeths Tod im Jahr 2001 in ihr Tagebuch.[11] «Ich habe alles von ihr gelernt.»[12] Neben ihrer Tätigkeit als Philosophin arbeitete Philippa weiter bei Oxfam und wurde schließlich Treuhänderin. «Ich glaube, ich hatte ein sehr glückliches Leben, und Oxfam war sicherlich einer der roten Fäden, die es durchzogen.»[13] Foot gehört zu den bedeutendsten analytischen Moralphilosoph:innen des 20. Jahrhunderts.

Die Wiederbelebung der aristotelischen Tugendethik im 20. Jahrhundert ist neben Philippa Foot vor allem Elizabeth Anscombe zu verdanken, die immer unter dem Namen «G. E. M. Anscombe» publizierte. Ihr Aufsatz «Modern Moral Philosophy», in dem sie dafür argumentiert, dass die Moralphilosophie «beiseitegelegt werden sollte, bis wir eine adäquate Philosophie der Psychologie besitzen», gehört zu den meistgelesenen und meistzitierten Texten der modernen Ethik.[14] Ihr Paper «Die erste Person» hat die Art und Weise verändert, wie in der Philosophie über das Selbstbewusstsein nachgedacht wird.[15] Elizabeth blieb im Somerville, bis sie 1970 den vormals von Wittgenstein bekleideten Lehrstuhl an der Universität Cambridge übernahm. Peter und sie hatten sieben Kinder. Ihrer Übersetzung ist es zu verdanken, dass Wittgensteins *Philosophische Untersuchungen* nicht nur als philosophisches, sondern auch als literarisches Meisterwerk gelten. Ihre gesammelten Werke sind in drei Bänden erschienen: *From Parmenides to Wittgenstein*, *Metaphysics and the Philosophy of Mind* und *Ethics, Religion and Politics*.[16] Ihr Buch über den Begriff der *Absicht* erfand die Philosophie des Handelns in ihrer gegenwärtigen Form. Man ist sich darin einig, dass sie «die bedeutendste Denkerin der Handlungsphilosophie seit Aristoteles» ist.[17]

Als ihre Studierenden im St Anne's College hörten, dass die brillante Philosophin Iris Murdoch «versuchte», einen Roman zu schreiben, fanden sie das amüsant.[18] In den 1950er Jahren galt Murdoch als eines der vielversprechendsten philosophischen Talente Großbritanniens. In dieser Zeit veröffentlichte sie viele wichtige Aufsätze: «The Novelist as Metaphysician», «The Existentialist Hero», «Thinking and Language», «The Existentialist Political Myth», «Nostalgia for the Particular», «Vision and Choice in Morality», «Metaphysics and Ethics», «A House of Theory», «The Sublime and the Good» und «The Sublime and the Beautiful Revisited». Im Jahr 1963 verließ sie Oxford und wechselte ans Royal College of Arts in London. Dennoch gab sie die Philosophie nicht auf. Neben ihren sechsundzwanzig Romanen verfasste sie noch drei weitere philosophische Monografien: *The Sovereignty of Good*, *The Fire and the Sun: Why Plato Banished the Artists*[19] und *Metaphysics as a Guide to Morals*. Letztere ist Elizabeth Anscombe gewidmet. Im August 1956 heiratete sie John Bayley, einen Englischdozenten vom St Antony's College. Bei dieser Gelegenheit trug sie ein hellblaues Seidenkleid und einen Regenmantel. Es sollte keine herkömmliche Ehe werden, denn auch nachdem die beiden sich ein gemeinsames Zuhause geschaffen hatten, lebte Iris weiterhin viele Leben mit vielen Menschen. Im Jahr 1968 hatte sie eine kurze Affäre mit Pip.[20] Iris Murdochs Bestreben, konkrete historische Individuen – und das wirkliche Leben – ins Zentrum der Moralphilosophie zu stellen, ist es zu verdanken, dass Begriffe wie Aufmerksamkeit, Liebe und Moralpsychologie wieder Eingang in die analytische Moralphilosophie gefunden haben.

Mary Midgley blieb in Newcastle upon Tyne. 1964 nahm sie eine Teilzeitstelle an der Universität an, aus der eine Vollzeitstelle wurde, nachdem auch das letzte ihrer Kinder das Haus verlassen hatte.[21] An der Universität bauten Geoff und sie ein hervorragendes Philosophieinstitut auf, in dem sich Studierende mit Dozent:innen mischten, um ihre Ideen und ihr Leben miteinander zu teilen. Sie führten ein offenes Haus, in dem «Tee, hausgemachtes Bier und guter Whisky» gereicht und «heftige Diskussionen» geführt wurden.[22] Ihre drei Söhne gediehen prächtig in diesem Ambiente. Als Mary Midgley im Alter von neunundfünfzig Jahren mit *Beast and Man* ihr erstes Buch veröffentlichte, waren Iris Murdochs Worte auf der Rückseite des Einbands zu lesen: «Dies ist ein sehr wichtiges Buch.»[23] Es sollten noch achtzehn weitere folgen. Aus ihrem Werk speist sich ein Großteil der heutigen Tier- und Umweltethik. «Wir sind nicht nur so etwas wie Tiere, wir *sind* Tiere», erklärte sie, und genau auf dieser Erkenntnis baut ihre Arbeit auf.[24] Sie hatte auch niemals Skrupel, laut «Humbug!» zu rufen, wenn jemand etwas Dummes oder Geistloses von sich gab.[25]

Als unter der konservativen Regierung der ehemaligen Somerville-Absolventin Margaret Thatcher in den 1980er Jahren ein philosophisches Institut nach dem anderen geschlossen wurde, versuchte Mary mit einer Kampagne ihr eigenes zu retten. Das gelang ihr zwar nicht, aber sie hörte trotzdem niemals auf, die Philosophie zu verteidigen. Philosophie ist kein Luxus, betonte sie stets. Die Philosophie ist etwas, das die Menschen brauchen, um ein gutes Leben zu führen. Mit großem argumentativem Geschick entlarvte sie den Mythos, dass wir unsere Zukunft getrost Technologie und künstlicher Intelligenz anvertrauen können. Denn das klingt auf den ersten Blick zwar beruhigend, aber es wäre geradezu selbstmörderisch, sich darauf zu verlassen, denn technologische Lösungen allein können weder Umweltzerstörung und Klimawandel aufhalten noch etwas gegen Bildungsmangel und Kriege ausrichten. Ihr letztes Buch, *What is Philosophy For?*, schließt sie mit einer Warnung und einem Imperativ:

> Was letztlich mit uns geschieht, wird immer noch von menschlichen Entscheidungen bestimmt. Selbst die allerbesten Maschinen können keine besseren Entscheidungen treffen als die Menschen, die sie programmieren. Wir sollten also lieber unseren Verstand benutzen, anstatt darauf zu warten, dass Sachen die Dinge für uns regeln werden.

Wenn ich damit richtigliege, wird […] philosophisches Denken künftig von größter Bedeutung sein. Denn wir werden darüber nachdenken müssen, *wie* wir am besten über diese neuen, schwierigen Themen nachdenken – wie wir sie uns vorstellen, sie visualisieren und in ein stimmiges Weltbild einfügen. Und das müssen wir schon selbst tun, denn das kann uns niemand abnehmen.[26]

Elizabeth Anscombe

Philippa Foot und Iris Murdoch

Mary Midgley

Anhang

Anmerkungen

Häufig zitierte Archivquellen

CIAA: Collegium Institute Anscombe Archive, Philadelphia
IMC: Iris Murdoch Collections, Kingston School of Art, Kingston University, London
MGMP: Mary and Geoff Midgley Papers, Durham University Library Special Collections, Durham
NCA: Newnham College Archive, Newnham College, Cambridge University
PCA: The Peter Conradi Archive, Kingston School of Art, Kingston University, London
RKA: Raymond Klibansky Archive, Deutsches Literaturarchiv, Marbach
SCA: Somerville College Archive, Somerville College, University of Oxford
SHCA: St Hugh's College Archive, St Hugh's College, University of Oxford

Vorwort

1 Mary Midgley, «Rings & Books» (Radioessay, Mitte der 1950er Jahre), S. 1, in: Mary and Geoff Midgley Papers, Universität Durham, Spezialsammlungen der Bibliothek, Durham, MGMP, MID/C/3.
2 Mary Midgley, *The Owl of Minerva. A Memoir* (London: Routledge, 2005), S. 181.
3 Ebd., S. 83.
4 Iris Murdoch, *Sartre. Romantic Rationalist* (Glasgow: Fontana Collins, 1976), Einleitung.
5 Donald M. MacKinnon, «And the Son of Man that Thou Visitest Him», in: *Christendom* 8, September 1938 (Teil 1), S. 186–192, und Dezember 1938 (Teil 2), S. 262–272, hier S. 264.
6 Mary Midgley, «The Golden Age of Female Philosophy», in: *The Guardian*, 28. November 2013.
7 Ved Mehta, *Fly and the Fly-Bottle. Encounters with British Intellectuals* (New York: Columbia University Press, 1962), S. 56.

8 Midgley, «The Golden Age of Female Philosophy».
9 Midgley, *The Owl of Minerva*, S. 104 f.
10 Iris Murdoch, *The Sovereignty of Good* (London: Routledge & Kegan Paul, 1970), S. 80.
11 Mary Midgley, *What is Philosophy For?* (London: Bloomsbury Academic, 2018), S. 207 f.
12 G. E. M. Anscombe, Begleitschreiben zu einem Antrag auf Gewährung eines Sarah-Smithson-Stipendiums, 30. April 1944, S. 1 f., in: Archive des Newnham College, Universität Cambridge [NCA], AC/5/2. © M. C. Gormally.

Prolog:
Mr Trumans Ehrendoktor
Mai 1956, Oxford

1 L. H. Dudley Buxton, *Oxford University Ceremonies* (Oxford: Clarendon Press, 1935), S. 57.
2 G. E. M. Anscombe, *Mr Truman's Degree* (Oxford: Oxonian Press, 1956), S. 65.
3 Buxton, *Oxford University Ceremonies*, S. 33.
4 Anscombe, *Mr Truman's Degree*, S. 65.
5 Bericht des Kommitees zur Vergabe von Ehrentiteln, 7. und 11. Februar 1955, Korrespondenzakte der Zentralverwaltung für das Komitee zur Vergabe von Ehrentiteln, Archive der Universität Oxford, UR 6/HD/7, Akte 3.
6 Anscombe, *Mr Truman's Degree*, S. 65.
7 Pauline Adams, *Somerville for Women. An Oxford College, 1879–1993* (Oxford: Oxford University Press, 1996), S. 233.
8 Anscombe, *Mr Truman's Degree*, S. 65 f.
9 Ebd., S. 65.
10 John C. Masterman, *On the Chariot Wheel. An Autobiography* (Oxford: Oxford University Press, 1975), S. 304.
11 Bericht des Kommitees zur Vergabe von Ehrentiteln, 7. und 11. Februar 1955; J. Glover, *Humanity. A Moral History of the Twentieth Century* (New Haven: Yale University Press, 2001), S. 106 f.
12 Mary Geach, «Introduction», in: G. E. M. Anscombe, Mary Geach und Luke Gormally (Hg.), *Human Life, Action, and Ethics* (Exeter: Imprint Academic, 2005), S. XIV.
13 Masterman, *On the Chariot Wheel*, S. 304.
14 Basil Mitchell, *Looking Back: On Faith, Philosophy and Friends in Oxford* (Durham: Memoir Club, 2009), S. 230.
15 Anscombe, *Mr Truman's Degree*, S. 64. (Alle von Anscombe gesprochenen

Anmerkungen zum Prolog 413

Worte sind Zitate aus diesem Pamphlet. Wo erforderlich, haben wir die Zeitform angepasst.)
16 Ebd., S. 64–69.
17 «Solitary Opponent of Mr Truman's honorary degree», in: *Manchester Guardian*, 2. Mai 1956, S. 3.
18 Masterman, *On the Chariot Wheel*, S. 304.
19 Ebd.
20 Anscombe, *Mr Truman's Degree*, S. 70.
21 Alfred Felix Landon Beeston, Brief im *Oxford Magazine* (Herbsttrimester 1995), zitiert in: Glover, *Humanity*, S. 107.
22 Glover, *Humanity*, S. 106.
23 Wie in Anscombe, *Mr Truman's Degree*, S. 66, berichtet wird.
24 Alan Bullock, *Hitler. Eine Studie über Tyrannei* (Düsseldorf: Droste, 1953).
25 Anscombe, *Mr Truman's Degree*, S. 66.
26 Ebd., S. 66.
27 Masterman, *On the Chariot Wheel*, S. 304.
28 Anscombe, *Mr Truman's Degree*, S. 64.
29 Masterman, *On the Chariot Wheel*, S. 304.
30 Jenny Teichman, «Gertrude Elizabeth Margaret Anscombe 1919–2001», in: *Proceedings of the British Academy* 115 (2002), S. 49.
31 «Solitary Opponent of Mr Truman's Honorary Degree», S. 3.
32 M. R. D. Foot, «Degree for Mr Truman», in: *Manchester Guardian*, 7. Mai 1956, S. 6.
33 «Oxford Don Fights Honor For Truman», in: *New York Times*, 19. Juni 1956, S. 3.
34 David McCullough, *Truman* (New York: Simon & Schuster, 1992), S. 415.
35 Gaudy-Menü 1956, Archive des Christ Church College, Universität Oxford, sxxiv.c.1/5.
36 Ebd. «Segonzac Fine Champagne 1924» ist trotz seines Namens ein Cognac und kein Champagner.
37 McCullough, *Truman*, S. 957.
38 Michael Dummett, Ansprache bei der Gedenkfeier für Philippa Foot am Somerville College, Archive des Somerville College, Universität Oxford [SCA], SC/AO/AA/FW/Foot, S. 3.
39 Brief von Philippa Foot an Janet Vaughan, 3. November 1957, SCA, SC/AO/AA/FW/Anscombe.
40 McCullough, *Truman*, S. 348.
41 Richard Doll, «Vaughan [married name Gourlay], Dame Janet Maria (1899–1993)», in: *Oxford Dictionary of National Biography* (Oxford: Oxford University Press, 2010).
42 Ebd.

43 Brief von Philippa Foot an Janet Vaughan.
44 Trumans Ansprache, http://news.bbc.co.uk/onthisday/hi/dates/stories/august/6/newsid_3602000/3602189.stm, abgerufen am 14. September 2021.
45 Iris Murdoch, Tagebuch 4, 25. Juli 1947, in: Iris Murdoch Collection, Universität Kingston [IMC], KUAS202/1/4, S. 25.

Kapitel 1
Auf Bewährung
Oktober 1938 – September 1939, Oxford

1 Mary Midgley, *The Owl of Minerva. A Memoir* (London: Routledge, 2005), S. 60.
2 Ebd., S. 2.
3 Ebd., S. 21.
4 Ebd., S. 77.
5 Ebd., S. 3.
6 Ebd., S. 93.
7 Mary Midgley im Interview mit Paul Merchant, in: *Science and Religion. Exploring the Spectrum. Life Story Interviews*, British Library C1672/05, Track 2, S. 21.
8 Mary Scrutton, «On Being Reformed», in: *The Listener* 1428 (1956), S. 196.
9 Brief von Rev. Tom Scrutton an Mary Scrutton, 26. Mai 1936, in: Briefe von unmittelbaren Familienangehörigen, MGMP, MID/F.
10 Midgley, *The Owl of Minerva*, S. 81 f.
11 «Jean Wilhelma Rowntree» (Oral History), Audioarchiv des Imperial War Museum, https://www.iwm.org.uk/collections/item/object/80014585, aufgerufen am 16. September 2021.
12 Midgley, *The Owl of Minerva*, S. 83.
13 Brief von Rev. Tom Scrutton an Mary Scrutton, 24. April 1939, MGMP, MID/F.
14 Bericht und Kalender des Somerville College, 1938–1939, SCA, SC/GB/AR/RC 1938–1939.
15 Anne Ridler, *Olive Willis and Downe House. An Adventure in Education* (London: John Murray, 1967), S. 81 f.
16 John Dewey, *Experience and Education* (New York: Kappa Delta Pi, 1948), S. 28.
17 Ebd., S. 74.
18 Ebd., S. 49.
19 Jennifer Hart, *Ask Me No More* (London: Peter Halban, 1998), S. 14.
20 Mary Scrutton, «On Being Reformed», S. 196.

Anmerkungen zu Kapitel 1 415

21 Prudence Smith, *The Morning Light. A South African Childhood Revalued* (Kapstadt: David Philip, 2000), S. 221; SCA, Gespräch mit den Autorinnen.
22 Smith, *The Morning Light*, S. 221.
23 Midgley, *The Owl of Minerva*, S. 77.
24 Peter J. Conradi, *Iris Murdoch. Ein Leben* (Wien, Frankfurt am Main: Deuticke, 2002), S. 95.
25 Ebd., S. 59.
26 Ebd., S. 95.
27 Jean Storry, *At Badminton with B. M. B. by Those Who Were There* (Bristol: Badminton School, 1982), S. 7 f.
28 Dulcibel Jenkins McKenzie, *Steps to the Bar* (Itchenor: Greengate Press, 1998), S. 31 f.
29 Brief an Mr W. D. Howarth, 10. Januar [?], PCA, KUAS6 / 10 / 1 / 7.
30 McKenzie, *Steps to the Bar*, S. 32.
31 Brief von Leila Eveleigh an Peter Conradi, 27. Juni [1998], PCA, KUAS6 / 10 / 1 / 1 / 1.
32 McKenzie, *Steps to the Bar*, S. 32.
33 Brief von Pat Trenaman an John Bayley, 29. Februar 1999, PCA, KUAS6 / 10 / 1 / 10.
34 Brief an Conradi von Mary Jeffery, 22. Februar 1981, PCA, KUAS6 / 10 / 1 / 3.
35 Midgley, *The Owl of Minerva*, S. 86.
36 Conradi, *Iris Murdoch*, S. 141.
37 Ebd., S. 496.
38 Ebd., S. 125.
39 Peter Conradi zufolge wurde Iris in Somerville ursprünglich für Anglistik zugelassen, stieg aber irgendwann im Laufe des ersten Trimesters auf *Mods and Greats* um: ebd., S. 127.
40 Nähere Informationen dazu finden sich in Robert Currie, «The Arts and Social Studies, 1914–1939», in: Brian Harrison (Hg.), *The History of the University of Oxford*, Bd. VIII: *The Twentieth Century* (Oxford: Clarendon Press, 1994), S. 109–138.
41 Pauline Adams, *Somerville for Women. An Oxford College, 1879–1993* (Oxford: Oxford University Press, 1996), S. 233.
42 Midgley, *The Owl of Minerva*, S. 86. Der Innenhof «East» heißt heute «Darbishire», benannt nach Helen Darbishire, Rektorin von Somerville in den Jahren von 1930 bis 1945.
43 Joyce Reynolds, Gespräch mit den Autorinnen, 2. Juli 2020.
44 Conradi, *Iris Murdoch*, S. 125.
45 Ebd., S. 123. Siehe auch Midgley, *The Owl of Minerva*, S. 86.
46 Buxton, *Oxford University Ceremonies*, S. 42 f.
47 Postkarte der Dekanin des Oxforder Somerville College (Vera Farnell), die

angemessene akademische Bekleidung für Frauen betreffend, MGMP, MID / E / 36.
48 Adams, *Somerville for Women*, S. 121.
49 Colin Seymour-Ure, «Bathurst [née Borthwick], Lilias Margaret Frances, Countess Bathurst (1871–1965)», in: *Oxford Dictionary of National Biography* (Oxford: Oxford University Press, 2010).
50 Janet Howarth, «Women», in: Harrison (Hg.), *The History of the University of Oxford*, Bd. VIII: *The Twentieth Century*, S. 345–376, hier S. 360.
51 Jane Robinson, *Bluestockings* (London: Viking, 2009), S. 78 f.
52 Brian Harrison, «College Life, 1918–1939», in: ders. (Hg.), *The History of the University of Oxford*, Bd. VIII: *The Twentieth Century*, S. 81–108, hier S. 101.
53 Adams, *Somerville for Women*, S. 164: «Cambridge würde, wie es hieß, vom Image von Oxford als ‹sozialistisch, sportlich schwach und verweiblicht [*be-womaned*]› profitieren.»
54 Vera Farnell, *A Somervillian Looks Back* (Privatdruck, Oxford University Press, 1948), S. 1.
55 Howarth, «Women», S. 362.
56 Edna Healey, *Part of the Pattern. Memoirs of a Wife at Westminster* (London: Headline, 2007), S. 36.
57 Midgley, *The Owl of Minerva*, S. 88.
58 Ebd., S. 88; siehe auch «Friday Train to Reading», undatiert, MGMP, MID / F.
59 Midgley, *The Owl of Minerva*, S. 131. Dies ist Midgleys Umkehrung der normalen Reihenfolge.
60 Conradi, *Iris Murdoch*, S. 139.
61 Adams, *Somerville for Women*, S. 233.
62 Jan Morris, *Oxford* (Oxford: Oxford University Press, 2001), S. 65.
63 Ebd., S. 119.
64 Diese Berechnung basiert auf Morris, *Oxford*, S. 67 (St John's ist ungefähr doppelt so wohlhabend wie das All Souls und das All Souls ungefähr 50 Mal reicher als Somerville).
65 Adams, *Somerville for Women*, S. 163–165.
66 John D. Mabbott, *Oxford Memories* (Oxford: Thorntons, 1986), S. 81 f.
67 Adams, *Somerville for Women*, S. 115.
68 Mark Rowe, *J. L. Austin. Philosopher and D-Day Intelligence Officer*, unveröffentlichtes Manuskript (Oxford: Oxford University Press, in Vorbereitung), Kapitel 9. Mit Dank an Fanny Mitchell für die Erlaubnis, diese Notiz hier verwenden zu dürfen.
69 Midgley, *The Owl of Minerva*, S. 23.
70 Conradi, *Iris Murdoch*, S. 107.
71 Storry, *At Badminton with B. M. B. by Those Who Were There*, S. 11.

72 Bericht des Debattierclubs, in: *Badminton School Magazine* LX, Sommertrimester 1936, Archiv der Badminton School.
73 Conradi, *Iris Murdoch*, S. 106.
74 Storry, *At Badminton with B. M. B. by Those Who Were There*, S. 8, zitiert in: Conradi, *Iris Murdoch*, S. 106.
75 «Christmas Holiday Lectures», *Headway*, März 1937, S. 48, PCA, KUAS6/10/2/8. Siehe auch Conradi, *Iris Murdoch*, S. 116.
76 Iris Murdoch, «If I were Foreign Secretary», in: *Badminton School Magazine* LXXV, Herbsttrimester 1937, S. 16, Archiv der Badminton School. Siehe auch Conradi, *Iris Murdoch*, S. 118.
77 Mehr dazu findet sich in Colin Carritt, *The Oxford Carritts* (unveröffentlichte Familiengeschichte, 2006).
78 Iris Murdoch, «Badmintonians at Oxford», in: *Badminton School Magazine* LXXIX, Frühlings- und Sommertrimester 1939, S. 27 f., Archiv der Badminton School, zitiert in: Conradi, *Iris Murdoch*, S. 124.
79 Conradi, *Iris Murdoch*, S. 269.
80 Ebd., S. 124.
81 Adams, *Somerville for Women*, S. 220.
82 Penny Griffin, *St Hugh's. One Hundred Years of Women's Education in Oxford* (London: Palgrave Macmillan, 1986), S. 107.
83 Midgley, *The Owl of Minerva*, S. 94.
84 Conradi, *Iris Murdoch*, S. 126.
85 Ebd., S. 124.
86 Ebd., S. 132.
87 Midgley, *The Owl of Minerva*, S. 87.
88 Conradi, *Iris Murdoch*, S. 126.
89 Amabel Williams-Ellis, *All Stracheys are Cousins* (London: Weidenfeld & Nicolson, 1983), S. 128.
90 Midgley, *The Owl of Minerva*, S. 94.
91 Mary Midgley im Interview mit Paul Merchant, Track 2, S. 22.
92 St Hugh's College Chronicle. 1938–39, Nr. 11, S. 31.
93 Deborah Quare, «Mordan, Clara Evelyn (1844–1915)», in: *Oxford Dictionary of National Biography*.
94 Bericht von D. H. Gray, Frühjahrstrimester 1938, Studentinnenakte Elizabeth Anscombe, Archiv des St Hugh's College, Universität Oxford [SHCA], SHG/J/3/2.
95 Fotokopierte Dokumentation von G. E. M. Anscombes Schülerinnenakte an der Sydenham High School, Collegium Institute Anscombe Archive an der Universität von Pennsylvania, Kislak Centre for Special Collections, Rare Books and Manuscripts [CIAA], Box 14, Akte 562.
96 Ebd.

97 Mary Geach, Korrespondenz mit den Autorinnen, 28. September 2020.
98 Ebd.
99 Anne Keene, «Gwyer, Barbara Elizabeth (1881–1974)», in: *Oxford Dictionary of National Biography*.
100 Janet Howarth, «Anglican Perspectives on Gender. Some Reflections on the Centenary of St Hugh's College, Oxford», in: *Oxford Review of Education* 12:3 (1986), S. 299.
101 Griffin, *St Hugh's*, S. 20.
102 Annie Mary Anne Henley Rogers, *Degrees by Degrees. The Story of the Admission of Oxford Women Students to Membership of the University* (Oxford: Oxford University Press, 1938).
103 Janet Howarth, «Rogers, Annie Mary Anne Henley (1856–1937)», in: *Oxford Dictionary of National Biography*.
104 Siehe https://www.st-annes.ox.ac.uk/this-is-st-annes/history/founding-fellows/annie-rogers/, aufgerufen am 26. Juli 2021.
105 Griffin, *St Hugh's*, S. 304–316.
106 Mary Geach, «Introduction», in: G. E. M. Anscombe, *Faith in a Hard Ground. Essays on Religion, Philosophy, and Ethics*, hrsg. v. Mary Geach und Luke Gormally (Exeter: Imprint Academic, 2008), S. i–xxvi, hier S. xxii.
107 G. E. M. Anscombe, «Introduction», in: dies., *Metaphysics and the Philosophy of Mind: Collected Philosophical Papers*, Bd. 2 (Oxford: Blackwell, 1981), S. vii–x, hier S. vii.
108 Ebd.
109 Ebd., S. vii.
110 Mary Midgley, Korrespondenz mit den Autorinnen, September 2016.
111 Anscombe wurde im Juli 1939, also ein Jahr später, in Frankreich gefirmt: G. E. M. Anscombes Firmungsurkunde, CIAA, Box 10, Akte 373.
112 Tatsächlich wurde Eleonora in Essen geboren und war, ebenso wie ihre Eltern, deutsche Staatsbürgerin. Mit größter Wahrscheinlichkeit waren ihre Großeltern unter den vielen Polen, die in den frühen 1870er Jahren aus dem östlichen Preußen dorthin ausgewandert sind. Siehe Michaela Bachem-Rehm, «A Forgotten Chapter of Regional Social History. The Polish Immigrants to the Ruhr 1870–1939», in: Darja Reuschke, Monika Salzbrunn und Korinna Schönhärl (Hg.), *The Economies of Urban Diversity. The Ruhr Area and Istanbul* (New York: Palgrave Macmillan, 2013).
113 E. F. A. Geach und D. Wallace, *–esques* (Oxford: Blackwell, 1918). Zu einer kurzen Biografie von Eleonora Geach siehe http://desturmobed.blogspot.com/2012/10/efa-geach.html, aufgerufen am 1. August 2021.
114 Peter Geach, «A Philosophical Autobiography», in: Harry A. Lewis (Hg.), *Peter Geach. Philosophical Encounters* (Dordrecht: Springer, 1991), S. 1–25, hier S. 2.
115 Ebd., S. 4.

Anmerkungen zu Kapitel 1

116 Anthony Kenny, «Peter Thomas Geach, 1916–2013», in: *Biographical Memoirs of Fellows of the British Academy* 14 (2015), S. 185–203, hier S. 186.
117 Geach, «A Philosophical Autobiography», S. 10.
118 https://www.bioethics.org.uk/page/about_us/about_elizabeth_anscombe, aufgerufen am 1. August 2021.
119 Kenny, «Peter Thomas Geach, 1916–2013», S. 187.
120 Geach, «A Philosophical Autobiography», S. 11.
121 Midgley, *The Owl of Minerva*, S. 94.
122 Ebd.
123 Peter Conradis Interviews in Oxford, Frühjahrstrimester 1999, Notizbuch, IMC, KUA26/4/1/1.
124 Conradi, *Iris Murdoch*, S. 128.
125 Beatrix Walsh, «Mildred Hartley. A Wartime Recollection», in: *Somerville College Annual Report 1996*, SCA, S. 134–137, hier S. 134.
126 Ebd.
127 Drusilla Scott, *A. D. Lindsay. A Biography* (Oxford: Basil Blackwell, 1971), S. 245.
128 Conradi, *Iris Murdoch*, S. 132.
129 Midgley, *The Owl of Minerva*, S. 85.
130 Sally Humphreys, «Obituary. Mary Isobel Henderson, Fellow and Tutor 1933–1967; Vice Principal 1960–1967», in: *Somerville College Annual Report 1967*, SCA, S. 28–31, hier S. 30.
131 Adams, *Somerville for Women*, S. 232.
132 Humphreys, «Obituary. Mary Isobel Henderson», S. 30.
133 Averil Cameron, «Past Masters», *Times Higher Education Supplement*, 27. Oktober 1994.
134 «Marriages», in: *The Times*, 20. Juni 1933.
135 A. L. Rowse, «Mr Charles Henderson», in: *The Times*, 2. Oktober 1933.
136 Scott, *A. D. Lindsay*, S. 250.
137 Denis Healey, *The Time of My Life* (London: Michael Joseph, 1989), S. 28.
138 Scott, *A. D. Lindsay*, S. 250.
139 Roger Eatwell, «Munich, Public Opinion, and Popular Front», in: *Journal of Contemporary History* 6/4 (1971), S. 122–139, hier S. 128.
140 Healey, *Part of the Pattern*, S. 42.
141 Conradi, *Iris Murdoch*, S. 131 f.
142 Brief von Margaret Stanier an Peter Conradi, 29. Oktober 1998, IMA, KUAS6/3/143/3.
143 Avril Horner und Anne Rowe, *Living on Paper. Letters from Iris Murdoch, 1934–1995* (London: Chatto, 2015) S. 10 f.
144 Ebd.
145 Timothy Snyder, *Bloodlands. Europa zwischen Hitler und Stalin* (München: C. H. Beck 2011), S. 93.

146 John Dewey et al., *Not Guilty. Report of the Commission of Inquiry into the Charges Made Against Leon Trotsky in the Moscow Trials* (New York: Harper and Brothers Publishers, 1938).
147 Midgley, *The Owl of Minerva*, S. 111.
148 © David Midgley, zitiert in: ebd.
149 Michael Ignatieff, *Isaiah Berlin. Ein Leben* (München: C. Bertelsmann Verlag, 2000), S. 99.
150 Leslie Mitchell, *Maurice Bowra. A Life* (Oxford: Oxford University Press, 2010), S. 200.
151 Eric Robertson Dodds, *Missing Persons. An Autobiography* (Oxford: Clarendon Press, 1977), S. 131.
152 Siehe Chris Birks, «From Pacifism to Popular Front. The Changing Views of the Left and the Liberal Intelligentsia in Oxford, 1933–1938» (MA-Dissertation, Universität Oxford, 2020).
153 Everlyn Waugh, Wiedersehen mit Brideshead. Die heiligen und profanen Erinnerungen des Captain Charles Ryder (Berlin: Volk und Welt, 1986), S. 32.
154 Peter J. Conradi, *A Very English Hero. The Making of Frank Thompson* (London: Bloomsbury, 2013), S. 46.
155 Siehe Carritt, *The Oxford Carritts*, S. 2.
156 Stuart Brown und Hugh T. Bredin (Hg.), *Dictionary of Twentieth-Century British Philosophers* (London: Bloomsbury Academic, 2005), S. 157.
157 Conradi, *A Very English Hero*, S. 113.
158 Bryan Magee, «Foreword», in: Dorothy Emmet, *Philosophers and Friends. Reminiscences of Seventy Years in Philosophy* (Basingstoke: Macmillan, 1996), S. 33.
159 Scott, *A. D. Lindsay*, S. 120.
160 Ebd., S. 106.
161 Matthew Grimley, *Citizenship, Community and the Church of England. Liberal Anglican Theories of the State Between the Wars* (Oxford: Oxford University Press, 2004).
162 Scott, *A. D. Lindsay*, S. 106.
163 Siehe Jon Savage, *Teenage. Die Erfindung der Jugend (1875–1945)* (Frankfurt am Main: Campus, 2008).
164 Healey, *The Time of My Life*, S. 27.
165 Mitchell, *Maurice Bowra*, S. 160–162.
166 Ebd., S. 249.
167 Smith, *The Morning Light*, S. 235.
168 Sally Crawford, Katharina Ulmschneider und Jaś Elsner (Hg.), *Ark of Civilization. Refugee Scholars and Oxford University, 1930–1945* (Oxford: Oxford University Press, 2017), S. 14. Siehe auch Bernard Williams, *Scham, Schuld und Notwendigkeit* (Berlin: Akademie-Verlag, 2000), S. XIII.
169 Crawford et al. (Hg.), *Ark of Civilization*, S. 1.

170 Jaś Elsner, «Pfeiffer, Fraenkel, and Refugee Scholarship in Oxford during and after the Second World War», in: ebd., S. 25–49, hier S. 31.
171 Crawford et al. (Hg.), *Ark of Civilization*, S. 1.
172 Humphreys, «Obituary. Mary Isobel Henderson», S. 30 f.
173 Midgley, *The Owl of Minerva*, S. 97.
174 Eduard Fraenkel, *Aeschylus: Agamemnon*, Bd. 1 (Oxford: Oxford University Press, 1950), S. 95.
175 Siehe Christopher Stray, «A Teutonic Monster in Oxford. The Making of Fraenkel's Agamemnon», in: S. Christina und Christopher Stray Kraus (Hg.), *Classical Commentaries. Explorations in a Scholarly Genre* (Oxford: Oxford University Press, 2015), S. 39–57.
176 Siehe John G. Darwin, «A World University», in: Harrison (Hg.), *The History of the University of Oxford*, Bd. VIII, S. 607–638, hier S. 609.
177 Midgley, *The Owl of Minerva*, S. 97.
178 Ebd., S. 96 f.
179 Eduard Fraenkel, *Aeschylus: Agamemnon*, Bd. 3 (Oxford: Oxford University Press, 1950), S. 485, zitiert in: Crawford et al. (Hg.), *Ark of Civilization*, S. 42.
180 G. R. Burton und John F. Toland, «Ludwig Edward Fraenkel. 28 May 1927–27 April 2019», in: *Biographical Memorials of Fellows of the Royal Society* 69 (2020), S. 175–201.
181 Wendy Webster, *Mixing It. Diversity in World War Two Britain* (Oxford: Oxford University Press, 2018), S. 168.
182 Fraenkel, *Aeschylus: Agamemnon*, Bd. 1, S. 95.
183 Mathura Umachandran, «‹The aftermath experienced before›. Aeschylean Untimeliness and Iris Murdoch's Defence of Art», in: *Ramus* 48/2 (2019), S. 225 und passim.
184 © Audi Bayley, zitiert in: Conradi, *Iris Murdoch*, S. 171.
185 Ebd., S. 140 f.
186 Ebd., S. 137.
187 Sue Summers, «The Lost Loves of Iris Murdoch», in: *Mail on Sunday*, 5. Juni 1988, S. 17, zitiert in: Conradi, *Iris Murdoch*, S. 139.
188 Conradi, *Iris Murdoch*, S. 136.
189 Zu einem allgemeinen Überblick siehe W. J. Mander, *Idealist Ethics* (Oxford: Oxford University Press UK, 2016); vgl. zudem J. H. Muirhead, «How Hegel came to England», in: *Mind* 36:144 (1927), S. 423–447; T. H. Green, *Prolegomena to Ethics* (Oxford: Oxford University Press, 2003); Bernard Bosanquet, *Some Suggestions in Ethics* (London: Macmillan, 1918); sowie A. D. Lindsay, «The Idealism of Caird and Jones», in: *Journal of Philosophical Studies* 1:2 (1926), S. 171–182.
190 G. E. Moore, «Die Widerlegung des Idealismus», in: ders., *Ausgewählte Schriften*, Bd. 2 (Frankfurt am Main: Ontos, 2007), S. 1–26.

191 G. E. Moore, *Principia Ethica* (Stuttgart: Reclam, 1984), Kap. 2, insbes. S. 77 f.
192 H. A. Prichard, «Beruht die Moralphilosophie auf einem Irrtum?», in: Kurt Bayertz (Hg.), *Warum moralisch sein?* (Paderborn: Schöningh 2002), S. 49–68, hier S. 68.
193 Dorothy Emmet, *Role of the Unrealisable. Study in Regulative Ideals* (London: Palgrave Macmillan, 1993), S. 64.
194 Peter J. Conradi, *Iris Murdoch, A Writer at War: Letters and Diaries, 1939–1945* (Oxford: Oxford University Press, 2011), S. 251. Siehe auch Conradi, *Iris Murdoch*, S. 216.
195 Ernest Nagel, «Impressions and Appraisals of Analytic Philosophy in Europe. I», in: *The Journal of Philosophy* 33:1 (1936), S. 5–24, hier S. 9. Siehe auch Ben Rogers, *A. J. Ayer: A Life* (New York: Grove Press, 1999), S. 104.
196 Ebd., S. 114.
197 Ebd., S. 58.
198 Siehe Friedrich Stadler, Der Wiener Kreis: Ursprung, Entwicklung und Wirkung des Logischen Empirismus im Kontext (Cham: Springer International Publishing AG, 2015).
199 Siehe https://www.psy.ox.ac.uk/about-us/120-years-of-psychology-at-oxford, aufgerufen am 1. August 2021.
200 Midgley, *The Owl of Minerva*, S. 84.
201 L. Susan Stebbing, «Moore's Influence», in: Paul Arthur Schilpp (Hg.), *The Philosophy of G. E. Moore. The Library of Living Philosophers* (La Salle, Illinois: Open Court, 1942), S. 517–532, hier S. 530.
202 Nagel, «Impressions and Appraisals of Analytic Philosophy in Europe. I», S. 6.
203 Ebd., S. 13.
204 John Wisdom, «L. Susan Stebbing, 1885–1943», in: *Mind* 53:211 (1944), S. 283–285, hier S. 283.
205 L. Susan Stebbing, *A Modern Introduction to Logic* (London Methuen, 1930/1948), S. 1.
206 Ebd., S. 163–165.
207 L. Susan Stebbing, *Thinking to Some Purpose* (Harmondsworth: Penguin Books, 1939), S. 64.
208 Ebd., S. 70.
209 Siobhan Chapman, *Susan Stebbing and the Language of Common Sense* (London: Palgrave Macmillan, 2013), S. 126.
210 Rogers, *A. J. Ayer*, S. 55.
211 A. J. Ayer, *A Part of My Life: The Memoirs of a Philosopher* (Oxford: Oxford University Press, 1978), S. 122.
212 Ludwig Wittgenstein, *Tractatus logico-philosophicus. Logisch-philosophische Abhandlung* (Frankfurt am Main: Suhrkamp, 1969).

213 Ebd., §§ 4116 und 7.
214 Brief von A. J. Ayer an Ryle, 9. February 1933, in: Gilbert Ryle Collection, Linacre College, Universität Oxford.
215 Ebd.
216 A. J. Ayer, *Sprache, Wahrheit und Logik* (Stuttgart: Reclam, 1970), S. 83.
217 Ebd.
218 Ayer, *A Part of My Life*, S. 144.
219 Ayer, *Sprache, Wahrheit und Logik*, S. 45. Ayer hat diese Aussage übernommen aus Francis Herbert Bradley, *Erscheinung und Wirklichkeit. Ein metaphysischer Versuch* (Hamburg: Meiner, 1928).
220 Siehe Bertrand Russell, «Über das Kennzeichnen», in: ders., *Philosophische und politische Aufsätze* (Stuttgart: Reclam, 1971), S. 3–22.
221 Ayer, *Sprache, Wahrheit und Logik*, S. 56.
222 Iris Murdoch, «Metaphysics and Ethics» (1957), in: dies., *Existentialists and Mystics. Writings on Philosophy and Literature*, hrsg. v. Peter J. Conradi (London: Chatto & Windus, 1997), S. 99–123, hier S. 60.
223 Midgley, *The Owl of Minerva*, S. 118–120.
224 Mary Midgley, *The Myths We Live By* (London: Routledge, 2011), S. 59.
225 Price, *Hume's Theory of the External World*, S. 8.
226 Ayer, *Sprache, Wahrheit und Logik*, S. 136.
227 Ayer, *A Part of My Life*, S. 154.
228 Rogers, *A. J. Ayer*, S. 123.
229 Siehe Ignatieff, *Isaiah Berlin. Ein Leben*, S. 114.
230 Donald M. MacKinnon, «And the Son of Man that Thou Visitest Him», in: *Christendom* 8, September 1938 (Teil 1), S. 186–192, und Dezember 1938 (Teil 2), S. 262–272, hier S. 269.
231 Ebd., S. 266.
232 Rogers, *A. J. Ayer*, S. 124.
233 Midgley, *The Owl of Minerva*, S. 118.
234 Ayer, *A Part of My Life*, S. 166.
235 H. H. Price' Empfehlungsschreiben für A. J. Ayer, 8. Februar 1935, in: A. J. Ayer Archive, Trinity College, Universität Oxford, zitiert in: Rogers, *A. J. Ayer*. S. 106.
236 Ayer, *A Part of My Life*, S. 145.
237 «D'Arcy, Martin Cyril, SJ (1888–1976)», in: Thomas Worcester, SJ (Hg.), *The Cambridge Encyclopedia of the Jesuits* (Cambridge: Cambridge University Press, 2017), S. 219.
238 Zitiert in: Colin Wilks, *Emotion, Truth and Meaning. In Defense of Ayer and Stevenson* (Dordrecht: Kluwer Academic Publishers, 2002), S. 38.
239 R. M. Hare, «A Philosophical Autobiography», in: *Utilitas* 14:3 (2002), S. 269–305, hier S. 288.

240 G. R. G. Mure, *Retreat from Truth* (London: Blackwell, 1958), S. VII.
241 Rogers, *A. J. Ayer*, S. 124.
242 R. G. Collingwood, *An Essay on Metaphysics* (1940) (Oxford: Clarendon Press, 1957), S. VIII.
243 Ebd., S. 162–166.
244 Ebd., S. 21.
245 A. D. Lindsay, «What Does the Mind Construct?», in: *Proceedings of the Aristotelian Society* 25 (1924), S. 1–18, hier S. 11. Siehe auch Emmet, *Philosophers and friends*, S. 16.
246 Fred Inglis, *History Man. The Life of R. G. Collingwood* (Princeton: Princeton University Press, 2011), S. 249.

Kapitel 2
Studieren in Kriegszeiten
September 1939 – Juni 1942, Oxford

1 Siehe Conradi, *Iris Murdoch*, S. 153 f.
2 Midgley, *The Owl of Minerva*, S. 102. In Wirklichkeit hatte Chamberlain am 27. September 1938 im Rundfunk über die Annexion des Sudetenlands durch Deutschland gesagt: «Wie furchtbar, unsinnig, unglaublich ist es, dass wir hier wegen einer Auseinandersetzung zwischen uns unbekannten Menschen in einem weit entfernten Land Gräben ausheben und Gasmasken anprobieren müssen.»
3 Webster, *Mixing It*, S. 42.
4 Iris Murdoch, Tagebuch 1, undatiert, S. 103, IMC, KUAS 202/1/1.
5 Midgley, *The Owl of Minerva*, S. 103.
6 Addison, «Oxford and the Second World War», in: Harrison (Hg.), *The History of the University of Oxford*, Bd. VIII: The Twentieth Century, S. 167–188, hier S. 169.
7 Ebd., S. 167.
8 M. R. D. Foot, *Memories of an S. O. E. Historian* (Barnsley: Pen & Sword Books, 2009), S. 52.
9 Fotokopie eines Briefes von Noel Eldridge an seine Mutter [November 1939], S. 2 f., PCA, KAUS6/11/1/16/3, zitiert in: Conradi, *Iris Murdoch*, S. 214.
10 Ebd., S. 153.
11 P. Warner, *Phantom: Uncovering the Secrets of the WW2 Special Forces Unit* (Barnsley: Pen & Sword Books, 1990), S. 325 f.
12 Conradi, *Writer at War*, S. 111.
13 Siehe Conradi, *Iris Murdoch*, S. 145.
14 © Kate Thompson, zitiert in: ebd. (Übersetzung modifiziert, Anm. d. Übers.)

Anmerkungen zu Kapitel 2

15 Conradi, *Writer at War*, S. 121, 118.
16 Brief von Nick Crosbie an Mary Scrutton, undatiert, MGMP, MID / F.
17 Iris Murdoch, «More about Wartime Oxford», in: *Badminton School Magazine* LXXXII, 1941/42, S. 23, Archiv der Badminton School.
18 C. S. Lewis, «Learning in War-Time» (22. Oktober 1939), in: C. S. Lewis, *The Weight of Glory: A Collection of Lewis's Most Moving Addresses* (London: William Collins, 2013), S. 49 f.
19 Brief von Iris Murdoch an Mary Scrutton, undatiert, abgeschickt von 9 Waller Avenue, MGMP MID / F.
20 Midgley, *The Owl of Minerva*, S. 106.
21 Alice Prochaska, «Patricia Margaret Norman», https://principal2010.files.wordpress.com/2013/09/patricia-margaret-norman.pdf (2013), aufgerufen am 1. August 2021.
22 Adams, *Somerville for Women*, S. 242.
23 Horner und Rowe (Hg.), *Living on Paper*, S. 14.
24 Conradi, *Writer at War*, S. 186.
25 Ebd., S. 190.
26 Brief von Iris Murdoch an Patrick O'Regan, Blackpool, undatiert [Juli 1940], PCA, KUAS6/1/42/12.
27 Brief von Iris Murdoch an Patrick O'Regan, Blackpool, undatiert [wahrscheinlich März 1941], PCA, KUAS6/1/42/10.
28 Fans von Murdochs Romanen werden sie in der Figur der Paula in *Lauter feine Leute* wiedererkennen.
29 «Philippa Foot (1920–1910) – An Oxfam Tribute», S. 3, SCA, SC / AO / AA / FW / Foot.
30 Martin Gornall, «Philippa Foot and Thoughts about Oxfam», Typoskript, SCA, Nachlass Philippa Foot, Box 10, Oxfam-Material.
31 Unter ihnen der junge Philosoph und Aufsichtführende H. J. Paton; siehe Robert Currie, «The arts and social studies, 1914–1939».
32 Gornall, «Philippa Foot and Thoughts about Oxfam», S. 1.
33 Rosalind Hursthouse, «Philippa Ruth Foot 1920–2010», in: *Biographical Memoirs of Fellows of the British Academy* 11 (2012), S. 179–196, hier S. 181.
34 Currie, «The Arts and Social Studies, 1914–1939», S. 116.
35 Brief an den Herausgeber, *The Times*, 26. Mai 1936.
36 «Esther Cleveland Weds Capt. Bosanquet: Late President's Daughter Marries Coldstream Guards Officer in Westminster Abbey», *New York Times*, 15. März 1918.
37 «Old Hall, sales particulars. Sanderson Townend & Gilbert», in SCA, Nachlass Philippa Foot, Box 1, Familienmaterial, 1/2.
38 Jane O'Grady, «Philippa Foot: Obituary», in: *The Guardian*, 5. Oktober 2010.

39 «Commonplace book», 4. Januar 1998, SCA, Nachlass Philippa Foot, Box 3, Notebooks & Commonplace books.
40 P. J. Conradi, *Family Business: A Memoir* (Bridgend: Seren, 2019), S. 177.
41 Prophecy Coles, «Memories of Philippa Foot, 2020», Korrespondenz mit den Autorinnen, S. 3.
42 «Commonplace book», 4. Januar 1998, a. a. O.
43 Conradi, *Family Business*, S. 178.
44 Foot, *Memories of an S. O. E. Historian*, S. 16 f.
45 Gornall, «Philippa Foot and Thoughts about Oxfam», S. 4.
46 M. Pugh, *We Danced All Night: A Social History of Britain Between the Wars* (London: Random House, 2013), S. 129.
47 Conradi, *Family Business*, S. 177.
48 Gornall, «Philippa Foot and Thoughts about Oxfam», S. 1.
49 Peter Conradi, «The Guises of Love: The Friendship of Professor Philippa Foot and Dame Iris Murdoch», in: *The Iris Murdoch Review* 5 (2014), S. 17–28, hier S. 27.
50 Notebook 4 («Red hardback»), August 2001, SCA, Nachlass Philippa Foot, Box 3, Notebooks & Commonplace books.
51 Peter Conradi und Gavin Lawrence, «Professor Philippa Foot: Philosopher Regarded as being among the finest moral thinkers of the age», in: *Independent*, 23. Oktober 2011.
52 «Philippa Foot (1920–1910) – An Oxfam Tribute», S. 2.
53 Jonathan Rée, «Philosophical Lives: Philippa Foot interview», Transkription, 19. September 2000, SCA, Nachlass Philippa Foot, Box 11: SC / LY / SP / PF / 11, S. 5.
54 Gornall, «Philippa Foot and Thoughts about Oxfam», S. 1.
55 Philippa Foot, «Mildred Hartley», in: *Somerville College Annual Report 1996*, SCA, S. 130 f.
56 Ebd., S. 130.
57 Hursthouse, «Philippa Ruth Foot 1920–2010», S. 181.
58 Currie, «The Arts and Social Studies, 1914–1939», S. 120.
59 *The Oxford Magazine*, 5. Juni 1941, S. 338.
60 Ebd., 21. November 1940, S. 1.
61 Horner und Rowe (Hg.), *Living on Paper*, S. 14; Farnell, *A Somervillian Looks Back*, S. 74.
62 Addison, «Oxford and the Second World War», S. 170.
63 Adams, *Somerville for Women*, S. 239.
64 Farnell, *A Somervillian Looks Back*, S. 73.
65 Midgley, *The Owl of Minerva*, S. 109.
66 K. M. Lea, «Elisabeth Blochmann Obituary 1892–1972», in: *The Brown Book: Lady Margaret Hall Magazine*, 1972.

67 Laurence Brockliss, «Welcoming and Supporting Refugee Scholars: The Role of Oxford's Colleges», in: Crawford et al. (Hg.), *Ark of Civilization*, S. 62–76, hier S. 72.
68 Valerie Purton, *An Iris Murdoch Chronology* (Basingstoke: Palgrave Macmillan, 2007), S. 16.
69 J. Gardiner, *Wartime Britain 1939–1945* (London: Headline, 2016), S. 166 f.
70 Ebd., S. 59.
71 V. Lynn und V. Lewis-Jones, *Keep Smiling Through: My Wartime Story* (London: Random House, 2017), S. 115.
72 Addison, «Oxford and the Second World War», S. 171.
73 Siehe Scott, *A. D. Lindsay*, S. 257–287.
74 Midgley, *The Owl of Minerva*, S. 105.
75 Transkription eines Interviews von (Sir) Brian Harrison mit R. M. Hare, 17. Juni 1989, S. 10, Archiv des Balliol College, Universität Oxford, Nachlass R M. Hare.
76 Hare, «A Philosophical Autobiography», S. 276.
77 John Haldane, «Anscombe: Life, Action and Ethics in Context», in: *Philosophical News* 18 (2019), S. 45–75, hier S. 65.
78 Anscombe, *The Justice of the Present War Examined*, S. 72.
79 Ebd., S. 75.
80 Ebd., S. 81.
81 «The Parish of Beguildy», S. 6.
82 G. E. M. Anscombe, *Collected Philosophical Papers*, Bd. 3: *Ethics, Religion and Politics*, S. VII.
83 «Oxford Student Begs for Revolt in Stuart ‹Plot›: ‹Party› is Serious», in: *New York Herald Tribune*, 7. März 1937. Siehe auch «Rupprecht called ‹King of Britain›», in: *New York Times*, 31. Januar 1937, S. 26; «Student made ‹Prince› by Oxford Jacobites», in: *Washington Post*, 31. Januar 1937; «Prince Rupprecht: Jacobite Ceremony at Oxford», in: *Scotsman*, 1. Februar 1937; «Anti-Coronation Stunt Suppressed at Oxford», in: *St Louis Post*, 8. Mai 1937; und «Jacobite Leader», in: *Vancouver Sun*, 8. Juni 1937. Dank an Roger Teichmann für diesen Hinweis.
84 «Oxford Clique aims at Revolt: Backs Stuart Pretender Against Reigning», in: *Daily Boston Globe*, 7. März 1937.
85 Geach, «A Philosophical Autobiography», S. 11 f.; Kenny, «Peter Thomas Geach, 1916–2013», S. 188.
86 https://www.theweatheroutlook.com/twoother/twocontent.aspx?type=tystat&id=1180&title=January+1940, aufgerufen am 1. August 2021.
87 Midgley, *The Owl of Minerva*, S. 97.
88 Ebd., S. 100.
89 Ebd.
90 «Mary Midgley interviewed by Paul Merchant», https://sounds.bl.uk/rela

ted-content / TRANSCRIPTS / 021T-C1672X0005XX-0000A0.pdf, Track 2, S. 26, aufgerufen am 16. November 2021.
91 Rowe, *J. L. Austin*, Kapitel 9.
92 C. E. M. Joad, «Appeal to Philosophers», in: *Philosophy* 15:60 (1940), S. 400–416, hier S. 405.
93 Dorothy Emmet, *The Nature of Metaphysical Thinking* (London: Macmillan, 1961).
94 H. H. Price, «The Inaugural Address: Clarity is Not Enough», in: *Proceedings of the Aristotelian Society, Supplementary Volumes* 19 (1945), S. 1–31, hier S. 24, 30 f. («Weltanschauung» im Orig. deutsch, Anm. d. Übers.)
95 Christopher Stray, «Eduard Fraenkel (1888–1970)» in: Crawford et al. (Hg.), *Ark of Civilization*, S. 180–200, hier S. 184.
96 Conradi, *Iris Murdoch*, S. 166.
97 Elsner, «Pfeiffer, Fraenkel, and Refugee Scholarship in Oxford during and after the Second World War», S. 29.
98 Kate Lowe, «‹I shall snuffle about and make relations›: Nicolai Rubinstein, the Historian of Renaissance Florence, in Oxford during the war», in: Crawford et al. (Hg.), *Ark of Civilization*, S. 220–233, hier S. 222.
99 Conradi, *Writer at War*, S. 187.
100 Stray, «Eduard Fraenkel (1888–1970)», S. 184. Siehe auch «Super Tastes at a Pioneering Shop», in: *Oxford Mail*, 30. März 2011. («Sauerkraut» im Orig. deutsch, Anm. d. Übers.)
101 *Oxford Gazette* (1939–1940), S. 536.
102 Midgley, *The Owl of Minerva*, S. 114; Rowe, *J. L. Austin*, Kapitel 9.
103 Midgley, *The Owl of Minerva*, S. 114 f.
104 Ebd.
105 Mary Midgley, Gespräch mit den Autorinnen, September 2016.
106 Conradi, *Iris Murdoch*, S. 159 f.
107 Midgley, *The Owl of Minerva*, S. 110. Siehe auch Nina Bawden, *In My Own Time* (London: Virago, 1994), S. 109.
108 Mary Midgley, Gespräch mit den Autorinnen, September 2016.
109 Mary Midgley, «Park Town» (unveröffentlichtes Manuskript), 2016, S. 8.
110 Ebd.
111 Midgley, *The Owl of Minerva*, S. 125.
112 Ebd.
113 Philippa Foot, «The Grammar of Goodness», in: *The Harvard Review of Philosophy* 11:1 (2003), S. 33.
114 Midgley, *The Owl of Minerva*, S. 36.
115 Philippa Foot, *Die Natur des Guten*, übers. v. Michael Reuter (Frankfurt am Main: Suhrkamp, 2004), S. 15, Fn. 1.

116 Fotokopie eines Briefes von Iris Murdoch an Rosalind Hursthouse, undatiert [Ende 1993], PCA, KUAS6/3/65/3. Siehe auch Hursthouse, «Philippa Ruth Foot 1920–2010», S. 181.
117 Conradi, *Iris Murdoch*, S. 178.
118 Harold Mytum, «Networks of Association: The Social and Intellectual Lives of Academics in Manx Internment Camps during the Second World War» in: Crawford et al. (Hg.), *Ark of Civilization*, S. 96–118, hier S. 109; Anna Teicher, «Jacob Leib Teicher between Florence and Cambridge: Arabic and Jewish Philosophy in Wartime Oxford», in: Crawford et al. (Hg.), *Ark of Civilization*, S. 327–340, hier S. 335. Siehe auch Beatrix Walsh, «From Outer Darkness: Oxford and her Refugees», in: *Oxford Magazine* (1992), S. 5–10.
119 Kriegstagebücher von H. W. B. Joseph, 23. September 1940, S. 72, Bodleian Archives & Manuscripts, MSS. Top. Oxon. E. 289.
120 Addison, «Oxford and the Second World War», S. 171.
121 Kriegstagebücher von H. W. B. Joseph, 23. September 1940, S. 72.
122 Dodds, *Missing Persons*, S. 138 f.
123 Iris Murdoch, «News from Oxford», in: *Badminton School Magazine* LXXXI, Frühlings- und Sommertrimester 1941, S. 19, Archiv der Badminton School.
124 Brief von Iris Murdoch an Patrick O'Regan, Somerville, undatiert [wahrscheinlich Juni 1940], PCA, KUAS6/1/42/7. («Lebensraum» im Orig. deutsch, Anm. d. Übers.)
125 V. Brittain, *England's Hour* (London: Macmillan, 1941), S. 209 f., zitiert in: Addison, «Oxford and the Second World War», S. 174.
126 Mary Warnock, *A Memoir: People and Places* (London: Duckworth, 2000), S. 56.
127 Jonathan Harrison, «Henry Habberley Price, 1899–1984», in: *Proceedings of the British Academy* 80, S. 473–491, hier S. 476.
128 Anscombe, «Introduction», in: *Metaphysics and the Philosophy of Mind*, S. viii.
129 Ayer, *The Central Questions of Philosophy* (London: Weidenfeld, 1977), S. 23.
130 Anscombe, «Introduction», in: *Metaphysics and the Philosophy of Mind*, S. viii.
131 H. H. Price, *Hume's Theory of the External World* (Oxford: Clarendon Press, 1940/1963), S. 11 f.
132 Ebd., S. 50 f.
133 Ebd., S. 52. (Das Zitat im Zitat steht in: David Hume, *Ein Traktat über die menschliche Natur*, auf der Grundlage der Übersetzung von Theodor Lipps neu hrsg. v. Horst D. Brandt (Hamburg: Meiner, 2013), Teilband 1, Buch I: *Über den Verstand*, Vierter Teil, Erster Abschnitt, S. 246, Anm. d. Übers.)
134 Hume, *Ein Traktat über die menschliche Natur*, S. 269 f.; vgl. Price, *Hume's Theory of the External World*, S. 65, Fn. 1.
135 Price, *Hume's Theory of the External World*, S. 81.
136 Anscombe, «Introduction», in: *Metaphysics and the Philosophy of Mind*, S. viii.

137 Ebd.
138 Vgl. Anscombe, «Substance» (1964), in: *Metaphysics and the Philosophy of Mind*, S. 37–43, hier S. 39.
139 H. H. Price, «A Mescaline Experience», in: *Journal of the American Society for Psychical Research* 58:1 (1963), S. 3–20, hier S. 4.
140 Ebd., S. 18 f.
141 Midgley, *The Owl of Minerva*, S. 60,
142 Brief von Iris Murdoch an Frank Thompson, Frühsommer 1940, in: Conradi, *Writer at War*, S. 95 f.
143 H. H. Price, «Animals and the Supernatural», in: *The Listener*, 29. April 1936, S. 838.
144 Brief von Iris Murdoch an Mary Scrutton, Blackpool, undatiert, MGMP, MID/F.
145 Purton, *An Iris Murdoch Chronology*, S. 19.
146 Brief von Iris Murdoch an Patrick O'Regan, Blackpool, undatiert [Juli 1940], PCA, KUAS6/1/42/12.
147 Walsh, «From Outer Darkness», S. 7.
148 Ebd., S. 10.
149 Regina Weber, *Lotte Labowsky (1905–1991) – Schülerin Aby Warburgs, Kollegin Raymond Klibanskys* (Berlin und Hamburg: Dietrich Reimer Verlag, 2012), S. 65.
150 Farnell, *A Somervillian Looks Back*, S. 70.
151 Weber, *Lotte Labowsky*, S. 70.
152 Hartley, «A Wartime Recollection», in: *Somerville College Annual Report 1996*, SCA, S. 134–137, hier S. 136.
153 Webster, *Mixing It*, S. 62.
154 Mary belegte auch Cassirers Seminar «General Problems in Moral Philosophy» («Allgemeine Probleme der Moralphilosophie») im Sommertrimester 1940; Midgley, *The Owl of Minerva*, S. 114.
155 Ebd.
156 Immanuel Kant, *Prolegomena zu einer jeden künftigen Metaphysik, die als Wissenschaft wird auftreten können*, in: *Werke in sechs Bänden*, hrsg. v. Wilhelm Weischedel (Darmstadt: Wissenschaftliche Buchgesellschaft, 1998), Bd. III: *Schriften zur Metaphysik und Logik*, S. 118.
157 Ebd., S. 116.
158 G. E. M. Anscombe, «Kausalität und Determination» (1971), in: dies., *Aufsätze*, übers. v. Katharina Nieswadt (Berlin: Suhrkamp, 2014), S. 173–199, hier S. 176.
159 Immanuel Kant, *Grundlegung zur Metaphysik der Sitten*, in: Kant, *Werke in sechs Bänden*, hrsg. v. Wilhelm Weischedel (Darmstadt: Wissenschaftliche Buchgesellschaft, 1998), Bd. IV, S. 51. Purton, *An Iris Murdoch Chronology*, S. 19.

Anmerkungen zu Kapitel 2 431

(Die berühmtere Formel aus der *Kritik der praktischen Vernunft* lautet: «Handle so, dass die Maxime deines Willens jederzeit zugleich als Prinzip einer allgemeinen Gesetzgebung gelten könne.» Ebd., S. 140, Anm. d. Übers.) Vgl. H. J. Paton, *The Categorical Imperative: A Study in Kant's Moral Philosophy* (London: Hutchinson's University Library, 1946), S. 133.

160 Midgley, *The Owl of Minerva*, S. 114.
161 Brief von Iris Murdoch an Philippa Foot, 10. Oktober 1946, IMC, KUAS100/1/2.
162 Vgl. Immanuel Kant, *Kritik der Urteilskraft*, in: *Werke in sechs Bänden*, hrsg. v. Wilhelm Weischedel (Darmstadt: Wissenschaftliche Buchgesellschaft, 1998), Bd. V, S. 358. (Anm. d. Übers.)
163 Irene Cassirer, Korrespondenz mit den Autorinnen, 27. August 2021.
164 Brief von Lotte Labowsky an Raymond Klibansky, Februar 1951, Raymond-Klibansky-Archiv [RKA], Deutsches Literaturarchiv Marbach.
165 Irene Cassirer, Korrespondenz mit den Autorinnen, 12. November 2020.
166 Iris Murdoch, Tagebuch 4, 8. Oktober 1947, S. 90.
167 Brief von A. D. Lindsay an Mrs Gwyer, undatiert [ca. 1927], SHCA, Mary Glover Papers [SHCA].
168 Korrespondenz mit den Autorinnen, 18. Oktober 2020.
169 C. H., «Mary Reaveley Glover», in: *St Hugh's College Chronicle* 55 (1982/83), S. 44.
170 Kate Price, Korrespondenz mit den Autorinnen, 14. Oktober 2020.
171 «Report from Victor White to Miss Glover, 9. Juni 1939», Studentinnenakte Elizabeth Anscombe, SHCA, SHG/J/3/2. Für eine Erörterung siehe John Berkman, «The Influence of Victor White and the Blackfriars Dominicans on a young Elizabeth Anscombe», in: *New Blackfriars* (2021).
172 Lesley Brown, «Anscombe at Somerville», Vortrag auf der Anscombe Centenary Conference am Somerville College, 11. September 2019.
173 Mary Glover, «Obligation and Value», in: *Ethics* 49:1 (1938), S. 68–80.
174 Ebd., S. 68.
175 Vgl. ebd., S. 69, und H. B. W. Joseph, *Some Problems in Ethics* (Oxford: Oxford University Press, 1931), S. 94.
176 Joseph, *Some Problems in Ethics*, S. 45.
177 Ebd.
178 H. W. B. Joseph, «Purposive Action», in: *Hibbert Journal* 32 (1933), S. 197.
179 Joseph, *Some Problems in Ethics*, S. 102 f.
180 Glover, «Obligation and Value», S. 71.
181 Ebd., S. 76.
182 Mehta, *Fly and the Fly-Bottle*, S. 52. Für eine Erörterung des Verhältnisses von Glover und Murdoch siehe Robert Audi, «On Mary Glover's ‹Obligation and Value›», in: *Ethics* 125:2 (2015), S. 525–529.

183 «Report on Miss Anscombe, Michaelmas Term 1949», Studentinnenakte Elizabeth Anscombe, SHCA SHG/J/3/2.
184 «Report from William G. de Burgh to Miss Glover, Michaelmas Term 1940», Studentinnenakte Elizabeth Anscombe, SHCA SHG/J/3/2.
185 Ebd.
186 «Report from MacKinnon, Hilary Term 1940 and Trinity Term [1940?]», Studentinnenakte Elizabeth Anscombe, SHCA SHG/J/3/2.
187 «Report from Isobel Henderson to Miss Glover, Hilary Term 1941», Studentinnenakte Elizabeth Anscombe, SHCA SHG/J/3/2.
188 «Report by Miss Glover, Trinity Term 1940», Studentinnenakte Elizabeth Anscombe, SHCA, SHG/J/3/2.
189 Midgley, *The Owl of Minerva*, S. 113 f.
190 Teichman, «Elizabeth Gertrude Margaret Anscombe», S. 38; Michael Dummett, «Obituary (G. E. M. Anscombe)», in: *Tablet*, 13. Januar 2001, S. 31.
191 «Mrs. Gertrude Elizabeth Margaret (née) Anscombe», NCA, AC/5/2. © M. C. Gormally.
192 Teichman, «Gertrude Elizabeth Margaret Anscombe», S. 33.
193 Peter Conradis Notizen zu einem Gespräch mit Polly Smythies, 3. Februar 1998, PCA, KUAS6/1/50/1.
194 Jeremy A. Crang, «‹Come into the Army, Maud›: Women, Military Conscription, and the Markham Inquiry», in: *Defence Studies* 8:3 (2008), S. 381–395, hier S. 386.
195 Da seine «polnische» Mutter und seine Großeltern deutsche Staatsbürger waren, konnten seine Bemühungen natürlich nicht erfolgreich sein.
196 Brief von Isobel Henderson an Mary Midgley, undatiert [1942], MGMP, MID/F.
197 Conradi, *Iris Murdoch*, S. 159.
198 Midgley, *The Owl of Minerva*, S. 105.
199 Addison, «Oxford and the Second World War», S. 170.
200 Brief von Donald MacKinnon an M. B. Reckitt, 3. Juli 1940, zitiert in: Muller, «Donald M. MacKinnon», S. 189.
201 Midgley, *The Owl of Minerva*, S. 117.
202 Brief von Donald MacKinnon an Maurice Reckitt, 3. August 1940, Nachlass Maurice Reckitt, University of Sussex Special Collections, SxMs44/2/2/2/8.
203 Brief von Lois MacKinnon an Peter Conradi, 24. September 1999, PCA, KUAS6/1/31/2.
204 Brief von Donald MacKinnon an Maurice Reckitt, 3. August 1940. Ob MacKinnon wirklich «raked» geschrieben hat, ist umstritten – seine Handschrift ist bekanntlich schwer zu lesen. Wir nehmen an, dass es so etwas wie «vom rechten Weg abgekommen» bedeutet. (Diese Deutung wurde bei der Übersetzung des Zitats bereits berücksichtigt, Anm. d. Übers.)

Anmerkungen zu Kapitel 2

205 Muller, «Donald M. MacKinnon», S. 206.
206 Brief von H. H. Price an B. J. Kidd, 26. November 1936, zitiert in: Muller, «Donald M. MacKinnon», S. 76 und 94. (In Bezug auf den letzten Satz nennt Price eine einzige Ausnahme: A. E. Taylor in Edinburgh.)
207 «Report by Miss Glover, Michaelmas Term 1939», Studentinnenakte Elizabeth Anscombe, SHCA SHG/J/3/2.
208 Conradi, *Iris Murdoch*, S. 173.
209 Midgley, *The Owl of Minerva*, S. 116.
210 «Mary Midgley interviewed by Paul Merchant», Track 2, S. 24.
211 Rogers, *A. J. Ayer*, S. 164.
212 «Mary Midgley interviewed by Paul Merchant», Track 2, S. 24.
213 Conradi, *Iris Murdoch*, S. 173.
214 Ebd., S. 177.
215 Ebd., S. 173; John Jones, «Iris, Hegel and Me», in: *London Review of Books* 25/24, 18. Dezember 2003.
216 Brief von Iris Murdoch an Philippa Foot, undatiert [ungefähr Januar 1947], IMC, KUAS100/1/9.
217 Brief von Vera Crane an Peter Conradi, 8. Oktober 1998, PCA, KUAS6/11/1/12.
218 Conradi, *Iris Murdoch*, S. 174. Siehe auch Brief von Vera Crane an Peter Conradi, PCA, KUAS6/11/1/12/1.
219 Donald M. MacKinnon, «And the Son of Man that Thou Visitest Him», Teil 2, S. 264. Siehe auch ders., *A Study in Ethical Theory* (London: A. & C. Black, 1957), S. 15.
220 MacKinnon, «And the Son of Man that Thou Visitest Him», Teil 2, S. 264.
221 Donald M. MacKinnon, «Revelation and Social Justice» (1941), in: ders., *Philosophy and the Burden of Theological Honesty*, S. 145.
222 Andrew Bowyer, «‹To Perceive Tragedy Without the Loss of Hope›: Donald MacKinnon's Moral Realism» (Philosophische Dissertation, Universität Edinburgh, 2015), S. 185, Fn. 770.
223 Donald M. MacKinnon, «And the Son of Man that Thou Visitest Him», in: *Christendom* 8, September und Dezember 1938 (Teil 1, September 1938, S. 187, Fn. 2).
224 Donald M. MacKinnon, «The Function of Philosophy in Education (1941)», in: John McDowell (Hg.), *Philosophy and The Burden of Theological Honesty: A Donald MacKinnon Reader* (London: T & T Clark, 2011), S. 11.
225 Ebd., S. 14.
226 Siehe z. B. E. L. Mascall, «The Doctrine of Analogy», in: *Cross Currents* 1:4 (1951). Zur Erörterung siehe auch Emmet, *The Nature of Metaphysical Thinking*.

227 Donald M. MacKinnon, «Metaphysical and Religious Language», in: *Proceedings of the Aristotelian Society* 54 (1953/54), S. 115–130, hier S. 122.
228 Ebd., S. 118.
229 Donald M. MacKinnon, *The Problem of Metaphysics* (Cambridge: Cambridge University Press, 1974).
230 MacKinnon, *A Study in Ethical Theory*, S. 6.
231 Ebd., S. 11 f.
232 Conradi, *Iris Murdoch*, S. 176, Fn.
233 Midgley, *The Owl of Minerva*, S. 103.
234 Brief von Donald MacKinnon, 9. Mai 1942, und Brief von Isobel Henderson, undatiert [Sommertrimester 1942], MGMP, MID / F.
235 Conradi, *Iris Murdoch*, S. 178 f.
236 Ebd., S. 179.
237 Philippa Foot, «Obituary: A Personal Memoir», in: *Iris Murdoch News Letter* 13 (Herbst 1999), S. 13.
238 Conradi, *Iris Murdoch*, S. 70.
239 Howarth, «Women», S. 348.
240 Conradi, *Writer at War*, S. 191.
241 Midgley, *The Owl of Minerva*, S. 113.
242 Brief von Isobel Henderson, undatiert [Sommer 1942], MGMP, MID / F.
243 Brief von Donald MacKinnon, 14. Juli 1942, MGMP, MID / F.
244 Postkarte von Donald MacKinnon, 10. Juli 1942, MGMP, MID / F.
245 Brief von Donald MacKinnon, 14. Juli 1942, MGMP, MID / F.
246 Brief von Isobel Henderson, undatiert [Sommer 1942], MGMP, MID / F.
247 Brief von Iris Murdoch an Philippa Foot, undatiert [Spätsommer 1942] IMC, KUAS100 / 1 / 1.
248 Brief von Isobel Henderson an Miss Plumer, Juni 1948, Personalakte Iris Murdoch, Archiv des St Anne's College, Universität Oxford.
249 Brief von Isobel Henderson, undatiert [Juli 1942], MGMP, MID / F.
250 So beschrieb Matthew Arnold die Gegend in seinem Gedicht «The Scholar Gipsy» (1853).
251 Midgley, *The Owl of Minerva*, S. 126.
252 Ebd., S. 125 f.

Kapitel 3
Unordnung und Not
Juni 1942 – August 1945, Cambridge & London

1. Midgley, *The Owl of Minerva*, S. 125.
2. John Haffenden, «Interview with Iris Murdoch», in: *Literary Review* 58 (April 1983), S. 31–35.
3. Midgley, *The Owl of Minerva*, S. 130.
4. *Animal & Zoo Magazine*, 5:6 (November 1940), S. 12.
5. Gardiner, *Wartime Britain 1939–1945*, S. 375.
6. Ebd., S. 383.
7. Alison Feeney-Hart, «The Little-Told Story of the Massive WWII Pet Cull», in: BBC News Magazine, 12. Oktober 2013.
8. Ann Sylph, «Whipsnade during the Second World War» (6. November 2019), Zoological Society of London, https://www.zsl.org/blogs/artefact-of-the-month/whipsnade-during-the-second-world-war, aufgerufen am 1. August 2021.
9. *Animal and Zoo Magazine*, 5:4 (September 1940), S. 12.
10. Ebd., 5:7 (Dezember 1940), S. 25.
11. Brief von Myra Curtis an Barbara Gwyer, 24. Juni 1942, SHCA, SHG/J/3/2.
12. Brief von Barbara Gwyer an Myra Curtis, 25. Juni 1942, SHCA, SHG/J/3/2.
13. Keene, «Gwyer, Barbara Elizabeth (1881–1974)».
14. Brief von Barbara Gwyer an Myra Curtis, 25. Juni 1942, a. a. O.
15. A. Phillips, *A Newnham Anthology* (Cambridge: Cambridge University Press, 1979), S. 208.
16. Für weitere Informationen über Eisenbahnen in Kriegszeiten siehe D. Wragg, *Wartime on the Railways* (Cheltenham: History Press, 2012).
17. Gardiner, *Wartime Britain 1939–1945*, S. 233 und passim.
18. Ray Monk, *Wittgenstein: Das Handwerk des Genies*, übers. v. Hans Günter Holl und Eberhard Rathgeb (Stuttgart: Klett-Cotta, 2000), S. 449.
19. Ebd., S. 471–473.
20. Wolfe Mays, «Recollections of Wittgenstein», in: F. A. Flowers III und Ian Ground (Hg.), *Portraits of Wittgenstein*, gekürzte Ausgabe (London: Bloomsbury Academic, 2018), S. 337–342, hier S. 339.
21. Bertrand Russell, «Philosophers and Idiots», in: Flowers und Ground (Hg.), *Portraits of Wittgenstein*, S. 69–71, hier S. 71.
22. Monk, *Wittgenstein*, S. 501.
23. Protokollbuch des Cambridge Moral Sciences Club, Herbsttrimester 1942, Archive der Universität Cambridge, Min. IX. 42.
24. Emmet, Philosophers and Friends, S. 100.

25 Siehe England and Wales Census Register 1939 sowie Donald MacKinnon, «Philosophers in Exile», in: *The Oxford Magazine* (Herbsttrimester 1992), S. 15 f., hier S. 15.
26 Gordon Baker, «Waismann, Friedrich (1896–1959)», in: *Oxford Dictionary of National Biography*.
27 Monk, *Wittgenstein*, S. 437.
28 Baker, «Waismann, Friedrich (1896–1959)».
29 Alice Ambrose, «Ludwig Wittgenstein: A Portrait», in: Flowers und Ground (Hg.), *Portraits of Wittgenstein*, S. 245–255.
30 Emily Dezurick-Badran, «‹It is a person's privilege to go to hell›: how Ludwig Wittgenstein and Alice Ambrose fell out», 5. August 2013, https://specialcollections-blog.lib.cam.ac.uk/?p=5219, aufgerufen am 1. August 2001.
31 Ambrose veröffentlichte die Arbeit und kehrte nach Amerika zurück. Sie nahm eine Stelle am Smith College an, einem Frauen vorbehaltenen College für Geisteswissenschaften in Massachusetts, und veröffentlichte wichtige Arbeiten zur Sprachphilosophie (wobei viele ihrer interessantesten Ideen fälschlich ihrem Ehemann, dem Philosophen Morris Lazerowitz, zugeschrieben wurden). Siehe Sophia Connell, «Alice Ambrose and Early Analytic Philosophy», in: *British Journal for the History of Philosophy* (in Vorbereitung).
32 Ambrose, «Ludwig Wittgenstein: A Portrait», S. 252. (Anm. d. Übers.)
33 Ebd., S. 252 f.
34 G. E. M. Anscombe, Begleitschreiben zu einem Antrag auf Gewährung eines Sarah-Smithson-Stipendiums, S. 1 f. © M. C. Gormally.
35 Ebd.
36 G. E. M. Anscombe, «Rough Scheme for Proposed Work for a Sarah Smithson Studentship» [Grobes Konzept einer geplanten Arbeit für einen Antrag auf Bewilligung eines Sarah-Smithson-Stipendiums], undatiert [30. April 1944], © M. C. Gormally.
37 René Descartes, *Meditationen. Mit sämtlichen Einwänden und Erwiderungen*, übers. und hrsg. v. Christian Wohlers (Hamburg: Meiner, 2009), S. 30.
38 G. E. M. Anscombe, «The Principle of Individuation», in: *Proceedings of the Aristotelian Society, Supplementary Volumes* 27 (1953), S. 83–96, hier S. 94.
39 Descartes, *Meditationen*, S. 28.
40 Ebd., S. 39.
41 G. E. M. Anscombe, «Events in the Mind» (1963), in: *Metaphysics and the Philosophy of Mind*, S. 57–63, hier S. 60.
42 Aristotle, *The Complete Works of Aristotle: Two Volumes*, ed. Jonathan Barnes (Princeton: Princeton University Press, 2014).
43 Siehe Michael Thompson, «Apprehending Human Form», in: *Royal Institute of Philosophy Supplement* 54 (2004), S. 47–74.

44 Siehe E. L. Mascall, «The Doctrine of Analogy», *Cross Currents* 1:4 (1951), S. 38–57, hier S. 45.
45 Anscombe, «Rough Scheme for Proposed Work».
46 Midgley, *The Owl of Minerva*, S. 133.
47 Margaret Jones, «Ackroyd, Dame Dorothy Elizabeth», in: *Oxford Dictionary of National Biography*.
48 Midgley, *The Owl of Minerva*, S. 132 f.
49 Ebd., S. 133.
50 «Mary Midgley interviewed by Paul Merchant», Track 1, S. 14.
51 Brief von Iris Murdoch an Philippa Foot, undatiert [Spätsommer 1942], IMC, KUAS100/1/1.
52 Ebd.
53 Conradi, *Iris Murdoch*, S. 193.
54 Brief von Iris Murdoch an Philippa Foot, undatiert [Spätsommer 1942], IMC, KUAS100/1/1.
55 Conradi, *A Writer at War*, S. 123.
56 Iris Murdoch, «A Woman Don's Delight», in: Paul Hullah und Yozo Muroya (Hg.), *Occasional Essays by Iris Murdoch* (Okayam: University Education Press, 1998), S. 17. Auch in Dorothy Sheridan (Hg.), *Wartime Women: A Mass-Observation Anthology 1937–45* (London: Phoenix, 2002), S. 196–205.
57 Conradi, *A Writer at War*, S. 97 und 101.
58 Conradi, *Iris Murdoch*, S. 237.
59 Foot, *Memories of an S. O. E. Historian*, S. 70.
60 Ebd., S. 72 f.
61 Gardiner, *Wartime Britain 1939–1945*, S. 466.
62 Charles Wheeler, Brief an die *Times*; Informationsdatei zum «Picture of the Month», National Gallery Research Centre.
63 Informationsdatei zum «Picture of the Month».
64 Foot, *Memories of an S. O. E. Historian*, S. 72.
65 Informationsdatei zum «Picture of the Month».
66 Gardiner, *Wartime Britain 1939–1945*, S. 466.
67 Conradi, *A Writer at War*, S. 256.
68 Conradi, *Iris Murdoch*, S. 237.
69 Conradi, *Family Business*, S. 176.
70 Midgley, *The Owl of Minerva*, S. 133.
71 Brief von Iris Murdoch an Margorie Boulton, 16. August 1942, in: Horner und Rowe (Hg.), *Living on Paper*, S. 26 f.
72 Brief von Iris Murdoch an Philippa Foot, Juli 1942, in: ebd., S. 25.
73 Conradi, *Iris Murdoch*, S. 198.
74 Brief an Margorie Boulton vom 16. August 1942, in: Horner und Rowe (Hg.), *Living on Paper*, S. 27.

75 Brief an Frank Thompson vom 24. November 1942, ebd., S. 28–30.
76 Ebd., S. 30.
77 Brief an Margorie Boulton vom 16. August 1942, in: Horner und Rowe (Hg.), *Living on Paper*, S. 27.
78 Midgley, *The Owl of Minerva*, S. 134.
79 Brief an Frank Thompson, 22. Januar 1943, in: Conradi, *A Writer at War*, S. 124 f.
80 Conradi, *A Writer at War*, S. 112.
81 Beitrag zur Dokumentarreihe *The World at War*, Thames Television Ltd. (1973 / 74), Folge 8.
82 Ebd.
83 Gardiner, *Wartime Britain 1939–1945*, S. 87.
84 Brief an Frank Thompson vom 19. Oktober 1942, in: Conradi, *A Writer at War*, S. 119.
85 Brief an Frank Thompson vom 24. November 1942, in: Horner und Rowe (Hg.), *Living on Paper*, S. 29.
86 Conradi, *A Writer at War*, S. 122 f.
87 Ebd., S. 123.
88 Conradi, *A Writer at War*, S. 243, und Conradi, *Iris Murdoch*, S. 229.
89 M. Luke, *David Tennant and the Gargoyle Years* (London: Weidenfeld & Nicolson, 1991); siehe auch Conradi, *Iris Murdoch*, S. 229.
90 Conradi, «‹The Guises of Love›», S. 18.
91 Brief von Philippa Bosanquet an ihre Mutter, undatiert, SCA, PF 1/6/k.
92 Fotokopie eines Briefes von Iris Murdoch an Rosalind Hursthouse, PCA, KUAS6/3/65/3.
93 Brief von Philippa Bosanquet an ihre Mutter, undatiert, SCA, PF 1/6/k.
94 J. Morris, *The Life and Times of Thomas Balogh: A Macaw Among Mandarins* (Chicago: Sussex Academic Press, 2007), S. 38.
95 Peter Conradis Interviews in Oxford, Frühjahrstrimester 1999, PCA, KUAS6/4/1/1.
96 Brief von Philippa Bosanquet an ihre Mutter, undatiert, SCA, PF 1/6/k.
97 Ebd.
98 Morris, *The Life and Times of Thomas Balogh*, S. 34.
99 I. W. Busbridge, «Anne Philippa Cobbe», in: *Bulletin of the London Mathematical Society* 5:3 (November 1973), S. 358–360.
100 Fotokopie eines Briefes von Iris Murdoch an Rosalind Hursthouse, PCA, KUAS6/3/65/3, S. 3.
101 Morris, *The Life and Times of Thomas Balogh*, S. 166.
102 Gornell, «Philippa Foot and Thoughts about Oxfam», S. 2.
103 Brief von Philippa Bosanquet an ihre Mutter, undatiert, SCA, PF 1/6/c.

104 Vgl. Margaret Mead, «The Factor of Food Habits», in: *The Annals of the American Academy of Political and Social Science* 225 (1943), S. 136–141.
105 Vgl. Bertha Bracey, «Europe's Displaced Persons and the Problems of Relocation», in: *International Affairs* 20 (1944), S. 225–243.
106 Ebd., S. 225 f.
107 Ebd., S. 227.
108 Roy Greenslade, «Daily Telegraph's Holocaust article in 1942 that Went Unheralded», in: *The Guardian*, 27. Januar 2015.
109 Brief von Philippa Bosanquet an ihre Mutter, undatiert, SCA, PF 1/6/f.
110 J. J. O'Conner und E. F. Robinson, «Anne Philippa Cobbe», April 2015, http://mathshistory.st-andrews.ac.uk/Biographies/Cobbe.html, aufgerufen am 27. Januar 2021.
111 Philippa Foot, «Obituary: A Personal Memoir», S. 12–14; siehe auch Conradi, *Iris Murdoch*, S. 225.
112 T. Harding, *Legacy: One Family, a Cup of Tea and the Company that Took On the World* (London: Random House, 2019), S. XII.
113 Philippa Foot, «Obituary: A Personal Memoir», S. 12–14.
114 Conradi, *Iris Murdoch*, S. 228.
115 «Photocopy of a letter from Iris Murdoch to Rosalind Hursthouse», PCA, KUAS6/3/65/3.
116 Philippa Foot, «Iris at Home in London», S. 3.
117 Conradi, *Iris Murdoch*, S. 229.
118 Ebd.
119 Protokollbuch des Cambridge Moral Sciences Club, Frühjahrstrimester 1942, Archive der Universität Cambridge, Min. IV. 44; David Archibald, *Charles Darwin: A Reference Guide to His Life and Works* (Maryland: Rowman & Littlefield, 2018), S. 46.
120 Donald M. MacKinnon, «Revelation and Social Justice» (1941), in: McDowell (Hg.), *Philosophy and the Burden of Theological Honesty*, S. 145.
121 Anscombe, «Rough Scheme for Proposed Work», S. 2.
122 Ebd.
123 Ebd., S. 1.
124 Siehe G. E. M. Anscombe, «Modern Moral Philosophy», in: *Philosophy* 33, Nr. 124 (1958), S. 14.
125 Ebd.
126 Anscombe, «Rough Scheme for Proposed Work», S. 2.
127 Calista Lucy, «A Memorial to Fallen» [erstellt vom Archivar], Dulwich College, S. 23.
128 Arthur Foss und Kerith Trick, *St Andrew's Hospital, Northampton: The First One Hundred and Fifty Years (1838–1988)* (Cambridge: Granta Editions, 1989), S. 260.
129 «The Parish of Beguildy», S. 6.

130 John Wisdom, «Report to the Fellowship Electors Newnham College on Mrs Geach's (Miss Anscombe [sic]) dissertation 1944», NCA, AC/5/2.
131 Brief von Friedrich Waismann an Miss Curtis zur Unterstützung von G. E. M. Anscombes Bewerbung um ein Stipendium, 15. Mai 1944, NCA, AC/5/2.
132 MacKinnon, «Philosophers in Exile», S. 15.
133 Conradi, *Iris Murdoch*, S. 230.
134 Brief von Philippa Bosanquet an ihre Mutter, undatiert, SCA, PF 1/6/f.
135 Brief an David Hicks, 6. November 1945, in: Conradi, *A Writer at War*, S. 254.
136 Ebd., S. 255.
137 Conradi, *Iris Murdoch*, S. 240.
138 Foot, *Memories of an S. O. E. Historian*, S. 84.
139 Ebd.
140 Ebd.
141 Brief an David Hicks, 6. November 1945, in: Conradi, *A Writer at War*, S. 255.
142 Midgley, *The Owl of Minerva*, S. 133.
143 Ebd., S. 19.
144 Ebd., S. 134.
145 Ebd., S. 55.
146 Ridler, *Olive Willis and Downe House*, S. 158–161.
147 Midgley, *The Owl of Minerva*, S. 134.
148 Archive des St Hilda's College, Universität Oxford, Immatrikulationslisten (Margaret Elizabeth Rhoda Torrance wurde 1941 immatrikuliert).
149 Midgley, *The Owl of Minerva*, S. 136.
150 Mary Midgley, Gespräch mit den Autorinnen, Januar 2017.
151 Midgley, *The Owl of Minerva*, S. 136.
152 Fann, *Ludwig Wittgenstein*, S. 54.
153 Desmond Lee, «Wittgenstein 1929–31», in: Flowers und Ground (Hg.), *Portraits of Wittgenstein*, S. 178–187, hier S. 179.
154 Theodore Redpath, «A Student's Memoir», in: Flowers und Ground (Hg.), *Portraits of Wittgenstein*, S. 258–272, hier S. 259.
155 I. A. Richardson, «The Strayed Poet», zitiert in: Monk, *Ludwig Wittgenstein*, S. 289 f., wiedergegeben mit freundlicher Genehmigung von Routledge & Kegan Paul. (Das Gedicht ist in der deutschen Übersetzung von Monks Buch erwähnt (S. 312), aber weder in Englisch noch in Übersetzung abgedruckt; Anm. d. Übers.)
156 Ludwig Wittgenstein, *Über Gewissheit*, in: *Werkausgabe*, Bd. 8 (Frankfurt am Main: Suhrkamp, 1989), S. 213 (Nr. 467).
157 Theodore Redpath, «A Student's Memoir», S. 259.
158 Gitta Deutsch Arnold, «Recollections of Wittgenstein» in: Flowers und Ground (Hg.), *Portraits of Wittgenstein*, S. 398 f., hier S. 398.

159 Anscombe, «Anecdotes about Wittgenstein», CIAA Box 1, File 259. © M. C. Gormally.
160 Ludwig Wittgenstein, *Vorlesungen über die Philosophie der Psychologie 1946/47*, Aufzeichnungen von P. T. Geach, K. J. Shah und A. C. Jackson, hrsg. v. P. T. Geach, übers. v. Joachim Schulte. (Frankfurt am Main: Suhrkamp, 1991), S. 52 f.
161 Ludwig Wittgenstein, *Philosophische Untersuchungen*, in: *Werkausgabe*, Bd. 1 (Frankfurt am Main: Suhrkamp, 1989), S. 250 (Nr. 23).
162 Brief von Philippa Bosanquet an ihre Mutter, undatiert, SCA PF 1/6/e.
163 Margaret Staniers getippte Erinnerungen an Iris Murdoch, Oktober 1998, PCA, KUAS6/11/1/31.
164 Foot, «Fotokopie eines Briefes von Iris Murdoch an Rosalind Hursthouse».
165 Conradi, *Iris Murdoch*, S. 769, En 58. Siehe auch Informationsdatei zum «Picture of the Month».
166 Philippa Foot, «Obituary: A Personal Memoir», S. 12–14.
167 Conradi, *A Very English Hero*, S. 318 und 345; Thompson war am 27. Mai 1944 in Bulgarien angekommen und am 10. Juni ermordet worden.
168 Ebd., S. 328.
169 Conradi, *Iris Murdoch*, S. 257.
170 Brief von Iris Murdoch an Leo Pliatzky, 30. Oktober 1945, IMC, KUAS134.
171 Conradi, *Iris Murdoch*, S. 303.
172 Brief von Philippa Bosanquet an ihre Mutter, undatiert, SCA, PF 1/6/h.
173 Brief von Philippa Bosanquet an ihre Mutter, Oktober 1944, SCA, PF 1/6/a.
174 Ebd.
175 A. G. Hodges und D. George, *Behind Nazi Lines: My Father's Heroic Quest to Save 149 World War II POWs* (New York: Berkley Caliber, 2015), S. 185.
176 Brief von Philippa Bosanquet an ihre Mutter, undatiert SCA, PF 1/6/h.
177 Foot, *Memories of an S. O. E. Historian*, S. 97.
178 Ebd., S. 99.
179 G. E. M. Anscombe, Anschreiben für eine Bewerbung um ein Forschungsstipendium, 5. Mai 1945, NCA AC/5/2. © M. C. Gormally.
180 Ebd.
181 Anscombe, «Anecdotes about Wittgenstein».
182 Anscombe, «Rough Scheme for Proposed Work», S. 2.
183 Bertrand Russell, «Reference for Elizabeth Anscombe», 20. Mai 1945, NCA, AC/5/2.
184 Ludwig Wittgenstein, «Reference for Elizabeth Anscombe», 18. Mai 1945, NCA, AC/5/2.
185 John Schwenkler, «Untempted by the Consequences: G. E. M. Anscombe's Life of ‹Doing the Truth›», in: *Commonweal* (2. Dezember 2019), https://www.commonwealmagazine.org/untempted-consequences, aufgerufen am 1. August 2021.

186 Teichman, «Gertrude Elizabeth Margaret Anscombe», S. 37; siehe auch Geachs Vorwort zu Wittgensteins *Lectures on Philosophical Psychology, 1946–47*, Notes by P. T. Geach, K. J. Shah, and A. C. Jackson (Chicago: University of Chicago Press, 1989), S. XI.
187 Mary Alvey Thomas, «Curtis, Dame Myra (1886–1971)», in: *Oxford Dictionary of National Biography*.
188 «Mrs Gertrude Elizabeth Margaret (née) Anscombe, CV», NCA AC/5/2. © M. C. Gormally.
189 Geach, Vorwort zu Wittgensteins *Lectures on Philosophical Psychology, 1946–47*, S. XI.
190 Gardiner, *Wartime Britain 1939–1945*, S. 668.
191 Foot, *Memories of an S. O. E. Historian*, S. 100.
192 Midgley, *The Owl of Minerva*, S. 139.
193 Purton, *An Iris Murdoch Chronology*, S. 36.
194 Jean Wilhelma Rowntree, Oral History, Tonarchiv des Imperial War Museum, https://www.iwm.org.uk/collections/item/object/80014585, aufgerufen am 1. August 2021.
195 Midgley, *The Owl of Minerva*, S. 96.
196 Brief von Isobel Henderson, 18. März 1944, MGMP, MID/F.
197 Foot, *Memories of an S. O. E. Historian*, S. 102.
198 Conradi, *A Writer at War*, S. 254.
199 A. D. Lindsay, «Reference for Philippa Foot», 24. Mai 1945, SCA, Box 5 Appointments and Appreciations.
200 Donald MacKinnon, «Reference for Philippa Foot», 24. Mai 1945, SCA, Box 5 Appointments and Appreciations.
201 Heinz Cassirer, «Reference for Philippa Foot», 28. Mai 1945, SCA Box 5, Appointments and Appreciations.
202 Isaiah Berlin, *Persönliche Eindrücke*, hrsg. v. Henry Hardy, übers. v. Werner Schmitz (Berlin: Berlin Verlag, 2001), S. 208.
203 Morris, *The Life and Times of Thomas Balogh*, S. 34.
204 Conradi, *A Writer at War*, S. 203.
205 Ebd., S. 227.
206 Conradi, *Iris Murdoch*, S. 206.
207 Brief von Iris Murdoch an Leo Pliatzky, 30. Oktober 1945, IMC, KUAS134.
208 Iris Murdoch, Tagebuch 3, 5. August 1945, S. 20, IMA, KUAS202/1/3.
209 Brendan Sweetman, «Introduction», in: *A Gabriel Marcel Reader* (South Bend, Indiana: St Augustine's Press, 2011), S. 5.
210 Foot, *Memories of an S. O. E. Historian*, S. 100.
211 Donald M. Mackinnon, «Reflections on the Hydrogen Bomb», in: *The Listener* 52, 13 (1954), S. 239.

Kapitel 4
Park Town
September 1945 – August 1947, Oxford, Brüssel, Graz,
Cambridge & Chiswick

1 Der Leiter des New College, zitiert in: Nicola Lacey, *A Life of H. L. A. Hart: The Nightmare and the Noble Dream* (Oxford: Oxford University Press, 2004), S. 126. Siehe auch Addison, «Oxford and the Second World War», S. 187.
2 E. L. Mascall, *Saraband: The Memoirs of E. L. Mascall* (Leominster: Gracewing, 1992), S. 246.
3 Mehta, *Fly and the Fly-Bottle*, S. 27.
4 Adams, *Somerville for Women*, S. 254.
5 Foot, *Memories of an S. O. E. Historian*, S. 50.
6 Warnock, *People and Places*, S. 44.
7 Adams, *Somerville for Women*, S. 255.
8 Price, «Clarity is Not Enough», S. 1.
9 Rogers, *A. J. Ayer*, S. 182.
10 Ebd., S. 196 f.
11 Ebd., S. 138.
12 Ebd., S. 228.
13 G. J. Warnock, «Gilbert Ryle's Editorship», in: *Mind* 85:337 (1976), S. 47–56, hier S. 48.
14 Ebd.
15 Rowe, *J. L. Austin*, Kapitel 7.
16 Ebd., Kapitel 23.
17 Mary Midgley, Gespräch mit den Autorinnen, September 2016.
18 Rowe, *J. L. Austin*, Kapitel 9.
19 Ebd., Kapitel 21.
20 Jean Austin, «Pleasure and Happiness», in: *Philosophy* 43:163 (1968), S. 51–62.
21 A. Biletzki und A. Matar, *The Story of Analytic Philosophy: Plot and Heroes* (New York: Routledge, 1998), S. 22.
22 C. Reaveley (Glover) und J. Winnington, *Democracy and Industry* (London: Chatto & Windus, 1947), S. VII. Mary Glover war nicht nur Mitautorin dieses Buches, sondern schrieb auch eine Reihe von Zeitungsartikeln unter dem Pseudonym Constance Reaveley.
23 Reaveley und Winnington, *Democracy and Industry*, S. 78.
24 Ebd., S. 141.
25 Scott, *A. D. Lindsay*, S. 293.
26 Siehe C. H., «Mary Reaveley Glover», und Scott, *A. D. Lindsay*, Kapitel 17

und 19. Aus dem 1949 gegründeten University College of North Staffordshire wurde 1962 die University of Keele.
27 Constance Reaveley (Glover), «Wrong Things to Teach», in: *Spectator*, 2. Februar 1945, S. 101.
28 Brief von Donald MacKinnon an Christopher Cox, 11. September 1958, Archive des New College, Oxford, Nachlass von H. W. B. Joseph, PAJOS Box 23/1–2.
29 Brief von Kenneth Sisam an Rektor Alic Smith, 11. Juli 1947, Archive des New College, Oxford, Nachlass von H. W. B. Joseph, PAJOS Box 23/1–2.
30 Brief von Donald MacKinnon an Christopher Cox, 11. September 1958, Archive des New College, Oxford, Nachlass von H. W. B. Joseph, PAJOS Box 23/1–2. 1949 wurde Josephs Vorlesung über Leibniz veröffentlicht, herausgegeben von J. L. Austin.
31 Zitiert in Midgley, *The Owl of Minerva*, S. 143. Auf Murrays Grabstein in der Dichterecke der Westminster Abbey steht: «Als er lebte, lebten die Buchstaben der alten Griechen wieder.»
32 G. Murray, *Gilbert Murray: An Unfinished Autobiography* (Oxford: Oxford University Press, 1960), S. 166.
33 A. Voorhoeve, *Conversations on Ethics* (Oxford: Oxford University Press, 2011), S. 91.
34 Gornall, «Philippa Foot and Thoughts about Oxfam», S. 2.
35 Constance Reaveley (Glover), «Could We Go Nazi», in: *The Spectator*, 5. Oktober 1945, S. 307 f., hier S. 307.
36 G. R. G. Mure, *Retreat From Truth* (Oxford: Blackwell, 1958), S. 4.
37 Doll, «Vaughan [married name Gourlay], Dame Janet Maria (1899–1993)».
38 Smith, *The Morning Light*, S. 234.
39 Voorhoeve, *Conversations on Ethics*, S. 91.
40 Ebd., S. 92.
41 Foot, *Memories of an S. O. E. Historian*, S. 102.
42 Crawford et al. (Hg.), *Ark of Civilization*, S. 3.
43 I. Jacoby, *My Darling Diary*, Bd. 1, *The Girl In and Out of Love: Oxford 1944–1950* (Penzance: United Writers, 2006), zitiert in: Anthony Grenville, «Academic Refugees in Wartime Oxford: An Overview», in: Crawford et al. (Hg.), *Ark of Civilization*, S. 50–61, hier S. 60.
44 Grenville, «Academic Refugees in Wartime Oxford», S. 60.
45 Midgley, *The Owl of Minerva*, S. 148.
46 Foot, *Memories of an S. O. E. Historian*, S. 102 f.
47 Mary Midgley, *Wickedness: A Philosophical Essay* (London: Routledge, 1984/2001), S. 4.
48 Ebd., S. 7.
49 Helmut Gollwitzer, Käthe Kuhn, Reinhold Schneider (Hg.), *Du hast mich*

Anmerkungen zu Kapitel 4 445

heimgesucht bei Nacht: Abschiedsbriefe und Aufzeichnungen des Widerstandes 1933–1945 (München: Kaiser, 1954), S. 335.
50 Philippa Foot, «Rationality and Goodness», in: *Royal Institute of Philosophy Supplement* 54 (2004).
51 Barbara Harvey, «Address Given in Commemoration of Philippa Foot in Somerville Hall», 19. März 2011, SCA, SC / AO / AA / FW / Foot.
52 Gaby Charing, «Memorial Address», 19. März 2011, SCA, SC / AO / AA / FW / Foot.
53 Von Iris Murdoch existiert ein undatierter Brief an Philippa aus Chiswick, in dem sie ihren Neid darüber zum Ausdruck bringt, dass die Freundin MacKinnons Vorlesungen besucht (IMC, KUAS100 / 1 / 9).
54 «Mary Midgley interviewed by Paul Merchant», Track 5, S. 64.
55 Conradi, *A Writer at War*, S. 237.
56 Brief von Iris Murdoch an Leo Pliatzky, 30. Oktober 1945, IMC, KUAS134.
57 Conradi, *A Writer at War*, S. 237.
58 Brief von Iris Murdoch an Philippa Foot, 11. November 1946, IMC, KUAS 100 / 1 / 7.
59 Siehe Brief von Iris Murdoch an Leo Pliatzky, 30. Oktober 1945.
60 Iris Murdoch, *Sartre, Romantic Rationalist*, with new introduction by Iris Murdoch (London: Penguin, 1987 / 1989), S. 10.
61 Catherine Lanneau, *L'inconnue française: La France et les Belges Francophones, 1944–1945* (Bruxelles: P. I.E. Peter Lang, 2008), S. 259 f.
62 Das entspricht etwa 14 Euro. F. White, *Becoming Iris Murdoch* (London: Kingston University Press, 2014), S. 32. Das Notizbuch befindet sich im IMA, verzeichnet unter dem Titel «Notes on a lecture given by Jean Paul Sartre», IMA, IML 682.
63 Jean-Paul Sartre, «Der Existentialismus ist ein Humanismus», in: ders., *Der Existentialismus ist ein Humanismus und andere philosophische Essays 1943–1948*, übers. v. Werner Bökenkamp et al. (Reinbek bei Hamburg: Rowohlt, 2000), S. 145–192, hier S. 149.
64 Ebd., S. 150.
65 Ebd., S. 165.
66 Conradi, *A Writer at War*, S. 251.
67 Morris, *The Life and Times of Thomas Balogh*, S. 34.
68 Sartre, «Der Existentialismus ist ein Humanismus», S. 150.
69 Ebd., S. 151.
70 Ebd., S. 154 f.
71 Lanneau, *L'inconnue Française*, S. 259–261, hier S. 261.
72 Iris Murdoch, Tagebuch 6, 12. Dezember 1948, S. J.
73 «Notes on a lecture given by Jean Paul Sartre», IMA, IML 682.
74 Conradi, *A Writer at War*, S. 251.

75 Brief von Iris Murdoch an Leo Pliatzky, 30. Oktober 1945, IMC, KUAS0134.
76 Brief von Iris Murdoch an David Hicks, 3. Dezember 1945, in: Conradi, *A Writer at War*, S. 264.
77 Conradi, *Iris Murdoch*, S. 270.
78 Brief von Iris Murdoch an Hal Lidderdale, 28. Februar 1946, IMC, KUAS78 / 65; siehe auch Conradi, *Iris Murdoch*, S. 285.
79 Conradi, *A Writer at War*, S. 269.
80 Eine UNRRA-Mitteilung aus der britischen Zone gab die Zahl der Flüchtlingskinder im September 1946 mit 1049 an. Von diesen 1049 seien 830 in österreichischen Familien untergekommen, doch sei es «sehr wahrscheinlich, dass für jedes Kind, das als in einer österreichischen Familie befindlich aufgelistet ist, noch ein oder zwei weitere entdeckt werden». Vgl. das «Staff Bulletin October 1946», S. 22, UN Archives (https: / / archives.un.org), United Nations Relief and Rehabilitation Administration (1943–48), Austria Mission / Monthly Narrative Reports, item ref. S-1494-0000-0106-00001.
81 Conradi, *A Writer at War*, S. 273.
82 Conradi, *Iris Murdoch*, S. 307 f.
83 Gornall, «Philippa Foot and Thoughts about Oxfam», S. 9.
84 https: / / www.iwm.org.uk / collections / item / object / 80014585, aufgerufen am 1. August 2021.
85 Conradi, *A Writer at War*, S. 288.
86 Ebd., S. 303.
87 Horner und Rowe (Hg.), *Living on Paper*, S. 58 f.
88 Conradi, *A Writer at War*, S. 298.
89 Conradi, *Iris Murdoch*, S. 322.
90 Brief von Iris Murdoch an Hal Lidderdale, 17. April 1946, IMC, KUAS78 / 66.
91 Purton, *An Iris Murdoch Chronology*, S. 45.
92 H. C. Fey, *A History of the Ecumenical Movement*, Bd. 2: *1948–1968* (Eugene, Oregon: Wipf & Stock Publishers, 2009).
93 M. Metod Milač, *Resistance, Imprisonment & Forced Labor: A Slovene Student in World War II* (New York: Peter Lang, 2002).
94 Horner und Rowe (Hg.), *Living on Paper*, S. 71.
95 Siehe http: / / www.dpcamps.org / graz.html, aufgerufen am 1. August 2021.
96 Horner und Rowe (Hg.), *Living on Paper*, S. 71.
97 Ebd., S. 68 f.
98 Brief von Iris Murdoch an Leo Pliatzky, 4. April 1945, IMC KUAS134.
99 Brief von Iris Murdoch an «Madam» (Miss Myra Curtis, Rektorin des Newnham College), betreffend ein Sarah-Smithson-Stipendium, von UNRRA, Wien, 9. April 1946, NCA AC / 5 / 2 / 1, S. 1 f.
100 Ebd., S. 1.

101 Brief von Iris Murdoch an David Hicks, 5. Januar 1946, in: Conradi, *A Writer at War*, S. 280.
102 Martin Buber, *Ich und Du* (Köln: Hegner, 1966), S. 18.
103 Brief von Iris Murdoch an «Madam», betreffend ein Sarah-Smithson-Stipendium, S. 2.
104 Brief von Donald MacKinnon an die Rektorin, 27. April 1946, NCA, AC/5/2/3.
105 Akte von Mildred Hartley (unter ihrem Ehenamen), SCA SC/AO/AA/FW/Taylor.
106 Brief von Mildred Hartley an die Rektorin, 6. Juni 1946, NCA AC/5/2/4.
107 Für eine Erörterung siehe J. Searle, «Oxford Philosophy in the 1950s», in: *Philosophy*, 90(2), 2015.
108 Christian Erbacher, «Wittgenstein and His Literary Executors», in: *Journal for the History of Analytical Philosophy*, 4, 3 (2016), S. 29.
109 «John Campbell memorial address», 19. März 2011, S. 1, SCA, SC/AO/AA/FW/Foot.
110 Rée, «Philosophical Lives: Philippa Foot interview», S. 2.
111 Anscombes eigene Übersetzung von Descartes' berühmter Formel lautet: «I am thinking, therefore I exist», siehe René Descartes, *Philosophical Writings*, hrsg. v. G. E. M. Anscombe und P. T. Geach (London: Nelson, 1970), S. 69.
112 G. E. M. Anscombe, «Mary Somerville Research Fellow Report, May 1947», SC/AO/FS/MSRF/Fellows' Reports. © M. C. Gormally.
113 G. E. M. Anscombe, «Rough Scheme for Proposed Work».
114 Wittgenstein, *Philosophische Untersuchungen*, S. 357 (Nr. 244).
115 G. E. M. Anscombe, «Mary Somerville Research Fellow Report, May 1948», SC/AO/FS/MSRF/Fellows' Reports. © M. C. Gormally.
116 Wittgenstein, *Philosophische Untersuchungen*, S. 489.
117 Ludwig Wittgenstein, *Letzte Schriften über die Philosophie der Psychologie*, in: *Werkausgabe*, Bd. 7 (Frankfurt am Main: Suhrkamp, 1989), S. 475 (Nr. 966).
118 Rée, «Philosophical Lives: Philippa Foot interview», S. 2.
119 Brief von Philippa Foot an G. E. M. Anscombe, Boston, 19. Februar 1964, CIAA, Box 14, 580.
120 Philippa Foot, *Virtues and Vices: and Other Essays in Moral Philosophy* (Oxford: Basil Blackwell, 1978), S. 2.
121 Ebd., S. XI.
122 Iris Murdoch, Tagebuch 4, 25. Oktober 1947, S. 145.
123 Peter J. Conradi, *Iris Murdoch: A Life* (London: HarperCollins, 2001), S. 246.
124 Brief von Iris Murdoch an Mary Scrutton, o. J. [ca. 1941], MGMP, MID/F.
125 Midgley, *The Owl of Minerva*, S. 125.
126 Kopie eines Schreibens von Donald MacKinnon an die Rektorin [Myra Curtis], Balliol College, 3. Juni 1947, NCA, AC/5/2/10.

127 Purton, *An Iris Murdoch Chronology*, S. 47.
128 Conradi, *Iris Murdoch*, S. 322.
129 Ebd.
130 Brief von Iris Murdoch an Philippa Foot, Chiswick, 10. Oktober 1946, IMC, KUAS100/1/2.
131 Brief von Iris Murdoch an Philippa Foot, Chiswick, undatiert, IMC, KUAS100/1/4.
132 Brief von Iris Murdoch an Philippa Foot, Chiswick, 11. November 1946, IMC, KUAS100/1/7.
133 Iris Murdoch, Tagebuch 3, 17. März 1947, S. 84.
134 Rowe, *J. L. Austin*, Kapitel 9.
135 Ebd., Kapitel 10.
136 G. J. Warnock, «John Langshaw Austin: A Biographical Sketch (1963)», in: K. T. Fann (Hg.), *Symposium on J. L. Austin* (London: Routledge & Kegan Paul, 1969), S. 3–21, hier S. 9.
137 G. J. Warnock, *J. L. Austin* (London: Routledge, 1989), S. 6 f.
138 J. O. Urmson, «Austin's Philosophy», in: Fann (Hg.), *Symposium on J. L. Austin*, S. 22–32, hier S. 24.
139 G. J. Warnock, «Saturday Mornings», in: Isaiah Berlin (Hg.), *Essays on J. L. Austin* (Oxford: Clarendon Press, 1973), S. 31 f.
140 Rée, «Philosophical Lives: Philippa Foot interview», S. 2. Austin machte später eine Ausnahme für Mary Wilson – aber erst, nachdem sie durch Heirat mit Austins Lieblingsschüler Geoffrey Warnock zu Mary Warnock geworden war (Warnock, *People and Places*, S. 17).
141 Urmson, «Austin's Philosophy», S. 24.
142 Ebd.
143 J. L. Austin, «A Plea for Excuses», in: *Proceedings of the Aristotelian Society* 57 (1956/57), S. 1–30, hier S. 24.
144 Urmson, «Austin's Philosophy», S. 24 f.
145 Bryan Magee und Anthony Quinton, *Modern British Philosophy* (Oxford: Oxford University Press, 1971), S. 95.
146 J. L. Austin, *Sense and Sensibilia* (reconstructed from the manuscript notes by G. J. Warnock) (Oxford: Oxford University Press, 1962), S. 16.
147 Ebd., S. 50–52.
148 Magee und Quinton, *Modern British Philosophy*, S. 116.
149 Gespräch mit den Autorinnen, Januar 2016.
150 Chapman, *Susan Stebbing and the Language of Common Sense*, S. 177.
151 Warnock, *People and Places*, S. 65.
152 Ebd.
153 Warnock, «John Langshaw Austin: A Biographical Sketch», S. 11.

Anmerkungen zu Kapitel 4   449

154 Daniel W. Harris und Elmar Unnsteinsson, «Wittgenstein's Influence on Austin's Philosophy of Language», in: *British Journal for the History of Philosophy* 26:2 (2018), S. 371–395.
155 Siehe J. L. Austin, «Die Bedeutung eines Wortes», in: ders., *Wort und Bedeutung. Philosophische Aufsätze*, übers. v. Joachim Schulte (München: List, 1975), S. 11–36.
156 Warnock, *People and Places*, S. 65.
157 Iris Murdoch, Tagebuch 3, 21. Februar 1947, S. 54.
158 Anscombe, «Mary Somerville Research Fellow Report, May 1947».
159 Anscombe, «Mary Somerville Research Fellow Report, May 1948».
160 G. E. M. Anscombe, «Mary Somerville Research Fellow Report, May 1949», SCA, SC / AO / FS / MSRF / Fellows' Reports. © M. C. Gormally.
161 Isaiah Berlin, «I'm Going to Tamper with Your Beliefs a Little» (2006), Transkription, The Isaiah Berlin Virtual Library, https://berlin.wolf.ox.ac.uk/, S. 19 f.
162 Brief von Wittgenstein an Rush Rhees, 13. Juli 1938, in: *Wittgenstein in Cambridge: Letters and Documents 1911–1951* (Oxford: Wiley, 2012), S. 279.
163 Briefe zur Ernennung von Oscar Wood, Archiv des Worcester College, Universität Oxford, WOR / PRO 10 / 1 / 54.
164 Monk, *Wittgenstein*, S. 527.
165 «Mary Midgley interviewed by Paul Merchant», Track 3, S. 36.
166 Monk, *Wittgenstein*, S. 526 (Übersetzung modifiziert, Anm. d. Übers.).
167 Warnock, *People and Places*, S. 52.
168 Transkription eines Interviews von (Sir) Brian Harrison mit R. M. Hare, S. 10.
169 Midgley, *The Owl of Minerva*, S. 159 f.
170 Foot, *Die Natur des Guten*, S. 15.
171 Midgley, *The Owl of Minerva*, S. 160.
172 Rée, «Philosophical Lives: Philippa Foot interview», S. 3.
173 Mary Warnock, «A Tremendous Coup», in: Flowers und Ground (Hg.), *Portraits of Wittgenstein*, S. 395–397, hier S. 396.
174 Prichard, «H. W. B. Joseph», in: *Mind* 53:210 (1944), S. 189–191.
175 Emmet, *Philosophers and Friends*, S. 4.
176 Warnock, *People and Places*, S. 57.
177 Für eine leicht abweichende Darstellung der Einzelheiten dieser Auseinandersetzung – allerdings nicht des Ergebnisses – siehe Lacey, *A Life of H. L. A. Hart*, S. 140.
178 Transkription eines Interviews von (Sir) Brian Harrison mit R. M. Hare, S. 16.
179 Warnock, «A Tremendous Coup», S. 395.
180 Mabbott, *Oxford Memories*, S. 147.

181 Midgley, *The Owl of Minerva*, S. 156 f.
182 Lacey, *A Life of H. L. A. Hart*, S. 128.
183 MacKinnon, «And the Son of Man that Thou Visitest Him», Teil 2, S. 264.
184 Midgley, *The Owl of Minerva*, S. 156.
185 Mary Scrutton, unbetitelter Aufsatz über Theorien der Wahrnehmung in der Philosophie Plotins, undatiert [1948/49], MGMP, MID/E/69.
186 «Mary Midgley interviewed by Paul Merchant», Track 2, S. 19.
187 Francis Herbert Bradley, *Erscheinung und Wirklichkeit. Ein metaphysischer Versuch*, übers. v. Friedrich Blaschke (Hamburg: Meiner, 1990), S. 168.
188 Mary Scrutton, «Individuation in Plotinus», undatiert [1948/49], MGMP MID/C/22, MID/E/71, S. 27.
189 Dorothy M. Emmet, «On the Idea of Importance», in: *Philosophy* 21:80 (1946), S. 234–244.
190 Dieser Gedanke wird viele Jahre später in Mary Midgleys Aufsatz «Is ‹Moral› a Dirty Word?», in: *Philosophy* 47:181 (1972), S. 206–228, wieder erscheinen.
191 Mary Scrutton, «Self and Not-Self in Plotinus», 1. Dezember 1948, S. 18, MGMP, MID/C/22, MID/E/68.
192 Ebd., S. 18.
193 Dodds, *Missing Persons*, S. 180.
194 Iris Murdoch, Tagebuch 3, 17. März 1946, S. 86.
195 Brief von Iris Murdoch an Philippa Foot, undatiert [wahrscheinlich Winter 1946/47], IMC, KUAS100/1/9.
196 Brief von Donald MacKinnon an die Rektorin, 3. Juni 1947.
197 Iris Murdoch, «Scheme of Work for Sarah Smithson Studentship» [Exposé für eine Arbeit für ein Sarah-Smithson-Stipendium], undatiert [Mai 1947], S. 4, NCA, AC/5/2/20.
198 Ebd., S. 3.
199 Ebd., S. 4.
200 I. Murdoch, «A House of Theory» (1956), in: dies., *Existentialists and Mystics*, S. 174.
201 Iris Murdoch, Tagebuch 3, 27. Februar 1947, S. 64.
202 Brief von Donald MacKinnon an die Rektorin, 3. Juni 1947.
203 Brief von Lois MacKinnon an Peter Conradi, 24. September 1999, IMC, KUAS6/1/31/2.
204 Iris Murdoch, Tagebuch 4, 23. Februar 1947, S. 53.
205 Conradi, *Iris Murdoch*, S. 330, und Midgley, *The Owl of Minerva*, S. 151.

Kapitel 5
Ein gemeinsames «Nein!»
Oktober 1947 – Juli 1948, Oxford & Cambridge

1 Adams, *Somerville for Women*, S. 259.
2 Teichman, *Elizabeth Anscombe*, S. 34.
3 Iris Murdoch, Tagebuch 6, 12. Juni 1948, S. 106.
4 Midgley, *The Owl of Minerva*, S. 147.
5 Mary Midgley, «Then and Now» (2016), Transkription, https:/ / www.wo meninparenthesis.co.uk/ then-and-now/, aufgerufen am 1. August 2021.
6 Iris Murdoch, Tagebuch 4, 8. Oktober 1947, S. 90.
7 Anscombe, «Mary Somerville Research Fellow Report, 1948».
8 Rée, «Philosophical Lives: Philippa Foot interview», S. 1.
9 Midgley, *The Owl of Minerva*, S. 170.
10 Iris Murdoch, Tagebuch 6, 12. Juni 1948, S. 106.
11 Mary Midgley, «Sorting Out the Zeitgeist», in: *Changing English* 7:1 (2000), S. 89–92, hier S. 89.
12 Midgley, «Then and Now».
13 Hare, «A Philosophical Autobiography», S. 283.
14 Niederschrift eines Interviews von R. M. Hare mit (nun Sir) Brian Harrison, S. 8.
15 Hare, «A Philosophical Autobiography», S. 285.
16 Ebd.
17 Niederschrift eines Interviews von R. M. Hare mit (nun Sir) Brian Harrison, S. 4.
18 Ebd., S. 2.
19 Ebd., S. 8.
20 Hare, «A Philosophical Autobiography», S. 285.
21 Ebd., S. 281.
22 R. M. Hare, «Moral Objectivity», undatiertes Manuskript, S. 8–10, R. M. Hare papers.
23 Hare, «AUTOB2», 31. Mai 1994, MS, S. 4, R. M. Hare papers.
24 Hare, «A Philosophical Autobiography», S. 285.
25 Ebd., S. 288.
26 Ebd., S. 269.
27 R. M. Hare, *Die Sprache der Moral* (Frankfurt am Main: Suhrkamp, 1983), insb. Kapitel 2 und 3.
28 R. M. Hare papers, Archiv des Balliol College.
29 R. M. Hare, «Imperative Sentences», in: *Mind* 58:229 (1949) S. 21–39; und Hare, *Die Sprache der Moral*.

30 Hare, «Moral Objectivity», S. 10.
31 Murdoch, «Metaphysics and Ethics», in: dies., *The Nature of Metaphysics*, S. 22–123, hier S. 63.
32 Conradi, *Iris Murdoch*, S. 341.
33 Monk, *Ludwig Wittgenstein*, S. 528.
34 Conradi, *Iris Murdoch*, S. 349.
35 Brief von Iris Murdoch an Philippa Foot, Newnham, 16. November 1947, KUAS100/1/28.
36 Iris Murdoch, Tagebuch 4, 25 Juli 1947, S. 25.
37 Brief von Iris Murdoch an Philippa Foot, Cambridge, 17. Oktober [1947], KUAS100/1/8.
38 Siehe D. Edmonds und J. Eidinow, *Wie Ludwig Wittgenstein Karl Popper mit dem Feuerhaken drohte: Eine Ermittlung* (Stuttgart und München: DVA, 2001).
39 G. E. M. Anscombe, «Die Wirklichkeit des Vergangenen», in: dies., *Aufsätze* (Berlin: Suhrkamp, 2014), S. 261–290, hier S. 281. Alle im Folgenden wiedergegebenen Aussagen Anscombes sind Zitate (oder leicht abgewandelte Zitate) aus diesem Aufsatz.
40 Anscombe, «Die Wirklichkeit des Vergangenen», S. 261.
41 Ebd., S. 261. (Anm. d. Übers.)
42 Ebd. (Anm. d. Übers.)
43 Ebd., S. 262.
44 Ebd., S. 276. (Anm. d. Übers.)
45 Ebd. (Anm. d. Übers.)
46 Ebd., S. 278 f. (Anm. d. Übers.)
47 Ebd., S. 278.
48 Ebd., S. 279.
49 G. E M. Anscombe, *Absicht* (Berlin: Suhrkamp, 2011), § 1.
50 Anscombe, «Die Wirklichkeit des Vergangenen», S. 263.
51 G. E. M. Anscombe, «Hume and Julius Caesar» (1973), in: *From Parmenides to Wittgenstein: Collected Philosophical Papers Volume I* (Oxford: Basil Blackwell, 1981), S. 86–92, auf S. 89.
52 Iris Murdoch, Tagebuch 4, 17. Oktober 1947, S. 129.
53 G. Marcel, *Geheimnis des Seins* (Wien: Herold, 1952).
54 Iris Murdoch, Tagebuch 4, 8. Oktober 1947, S. 89.
55 G. Marcel, *Sein und Haben* (Paderborn: Schöningh, 1968), S. 20.
56 Iris Murdoch, Tagebuch 4, 17. Oktober 1947, S. 128.
57 Ebd., 2. November 1947, S. 158.
58 Ebd., 8. Oktober 1947, S. 89.
59 Siehe Sweetman, «Introduction».
60 Iris Murdoch, Tagebuch 4, 7. November 1947, S. 166.

61 Brief von Iris Murdoch an Philippa Foot, Cambridge, 8. November 1947, IMC, KUAS100/1/11.
62 Brief von Iris Murdoch an Philippa Foot, 30. Mai 1947, IMC, KUAS100/1/22.
63 Brief von Iris Murdoch an Philippa Foot, Cambridge, 15. November 1947, IMC, KUAS100/1/12.
64 Conradi, *Iris Murdoch*, S. 340.
65 Horner und Rowe, *Living on Paper*, S. 108.
66 Monk, *Ludwig Wittgenstein*, S. 527.
67 Ludwig Wittgenstein, *Vorlesungen und Gespräche über Ästhetik, Psychoanalyse und religiösen Glauben* (Bonn: Parerga, 1996), S. 81.
68 D. Edmonds und J. Eidinow, *Wie Ludwig Wittgenstein Karl Popper mit dem Feuerhaken drohte*, S. 21.
69 Iris Murdoch, Tagebuch 4, 4. April 1948, S. 55.
70 Ludwig Wittgenstein, *Vorlesungen über die Philosophie der Psychologie 1946/47* (Frankfurt am Main: Suhrkamp, 1991).
71 Brief von Iris Murdoch an Philippa Foot, Cambridge, 24. April 1948, IMC, KUAS100/1/16.
72 Mehta, *Fly and the Fly-Bottle*, S. 55.
73 Iris Murdoch, Tagebuch 4, 23. Oktober 1947, S. 127.
74 Prophecy Coles, Korrespondenz mit den Autorinnen, 13. Oktober 2020.
75 Midgley, *The Owl of Minerva*, S. 115, sowie Gespräch mit den Autorinnen, September 2016.
76 Harding, *Legacy*, S. 386.
77 Für diese Szene wurden Philippas Worte aus ihren veröffentlichten Arbeiten entnommen und leicht angepasst. Siehe Philippa Foot, «Moralische Überzeugungen», in: dies., *Die Wirklichkeit des Guten. Moralphilosophische Aufsätze* (Frankfurt am Main: Suhrkamp, 1997), S. 47.
78 Philippa Foot, «Moral Arguments», in: *Mind* 67:268 (1958), S. 502–513, hier S. 507.
79 Ebd., S. 508.
80 Midgley, *The Owl of Minerva*, S. 115.
81 Ebd.
82 Iris Murdoch, Tagebuch 4, 25. Juli 1947, S. 25.
83 Midgley, *The Owl of Minerva*, S. 115 f.
84 Glover, *Obligation and Value*, S. 76.
85 Joe D. Heck (Hg.), *Socratic Digest 1943–1952* (Austin, Texas: Concordia University Press, 2012), S. 102.
86 Iris Murdoch in ihrem Vorwort zu S. Aldwinckle, *Christ's Shadow in Plato's Cave: A Meditation on the Substance of Love* (Oxford: Amate Press, 1990), S. 7.
87 Brief an Jim Stockton von der Boise State University, Idaho, Abteilung für Philosophie, 2012, MID/E/48.

88 Jim Stockton, «Chaplain Stella Aldwinckle: A Biographical Sketch of the Spiritual Foundation of the Oxford University Socratic Club», in: *Inklings Forever: Published Colloquium Proceedings 1997–2016* 8:26 (2012), S. 1–8, hier S. 6.
89 Stella Aldwinckle, «Memories of the Socratic Club», in: *C. S. Lewis and His Circle: Essays and Memoirs from the Oxford C. S. Lewis Society*, hrsg. v. Roger White, Judith Wolfe und Brendan N. Wolfe (Oxford: Oxford University Press, 2015), S. 192–196, hier S. 192.
90 Michael Ward, «Afterword: A Brief History of the Oxford C. S. Lewis Society», in: *C. S. Lewis und His Circle*, S. 249–56, hier S. 252.
91 G. E. M. Anscombe, «A Reply to Mr. C. S. Lewis's Argument that ‹Naturalism› is Self-Refuting» (1948), in: dies., *Metaphysics and the Philosophy of Mind*, S. 224–233, hier S. 224.
92 Ebd., S. 224–226.
93 Ebd., S. 227 f.
94 Anscombe, *Absicht*, § 23.
95 Ebd.
96 Ebd., § 48.
97 Brief von G. E. M. Anscombe an L. Wittgenstein, 3. Februar 1948, S. 1, CIAA Box 13, file 537.
98 Brief von Peter Daniel an Peter Conradi, 17. März 1998, PCA KUAS6/1/51/3.
99 Brief von G. E. M. Anscombe an L. Wittgenstein.
100 http://www.lewisiana.nl/anscombe/, aufgerufen am 1. August 2021.
101 Anscombe, *Metaphysics and the Philosophy of Mind*, S. x.
102 G. E. M. Anscombe, «On Transubstantiation» (1974), in: dies., *Ethics, Religion and Politics: Collected Philosophical Papers Volume III* (Oxford: Basil Blackwell, 1981), S. 107–112, hier S. 107. Mary Geach identifiziert das Kind als Barbara in ihrer Einführung zu Anscombe, *Faith in a Hard Ground*, S. xxii.
103 Midgley, *The Owl of Minerva*, S. 131.
104 Maurice O'Connor Drury, *The Selected Writings of Maurice O'Connor Drury: On Wittgenstein, Philosophy, Religion and Psychiatry*, London 2017, S. 65.
105 Midgley, *The Owl of Minerva*, S. 159.
106 Anscombe, *Absicht*, §42.
107 G. E. M. Anscombe, *From Plato to Wittgenstein*, in: Mary Geach und Luke Gormally (Hg.), *St Andrews studies in philosophy and public affairs* (Exeter: Imprint Academic, 2011), S. xiii.
108 Erbacher, «Wittgenstein and His Literary Executors», S. 28.
109 «Self and not-self in Plotinus», 1. Dezember 1948, S. 5, MGMA MID/E/68.
110 Iris Murdoch, Tagebuch 4, 17. Oktober 1947, S. 126–127.
111 Ebd., 30. Oktober 1948, S. 154.
112 Ebd., 17. Oktober 1948, S. 129.
113 Ebd., 3. November 1947, S. 161.

114 Ebd., 18. Oktober 1947, S. 133.
115 Ebd., 9. November 1947, S. 180.
116 Iris Murdoch, Tagebuch 6, 24. Februar 1948, S. 23.
117 Ebd., 5. März 1948, S. 39.
118 Ebd., 24. Februar 1948, S. 23.
119 Brief von Iris Murdoch an Lucy Klatschko, undatiert [1989?], PCA KUAS6/18/2/16.
120 Arbeitsschema, undatiert, S. 1. NCA AC/5/2/20.
121 Bewerbungsbrief von Iris Murdoch an Miss Curtis für das Smithson-Stipendium, 28. Mai 1948. AC/5/2/27.
122 Iris Murdoch, Tagebuch 6, 24. Februar 1948, S. 23.
123 Ebd., 18. Februar 1948, S. 12. Am 1. März schreibt Iris: «(vgl. meine Auseinandersetzung mit Elizabeth über das Denken, das ein System sucht!)»
124 Ebd., 12 June 1948, S. 106.
125 Ebd., 4. April 1948, S. 55.
126 Hart, *Ask Me No More*, S. 135.
127 Conradi, *Iris Murdoch*, S. 375.
128 Brief von Iris Murdoch an Philippa Foot, Cambridge, 24. April 1948, KUAS100/1/16.
129 Brief von Donald MacKinnon an Miss Plumer, 1. Juni 1948, und Brief von Isobel Henderson an Miss Plumer, Juni 1948, Personalakte Iris Murdoch, Archiv des St Anne's College, Universität Oxford.
130 Conradi, *Iris Murdoch*, S. 371.
131 Horner und Rowe, *Living on Paper*, S. 112.

Kapitel 6
Zurück ins Leben
Oktober 1948 – Januar 1951, Oxford, Cambridge,
Dublin & Wien

1 Verwalter an Anscombe, 6. Mai 1949, Briefwechsel zwischen Anwalt, Verwalter und G. E. M. Anscombe die St John Street 27 betreffend, Archiv des St Johns College, Universität Oxford.
2 M. C. Gormally, Korrespondenz mit den Autorinnen, 25. September 2020.
3 Verwalter an Anscombe, 6. Mai 1949.
4 Anscombe, «Anecdotes about Wittgenstein».
5 Hinweis des Verwalters an die «Gentlemen», 6. Mai 1949, Briefwechsel zwischen Anwalt, Verwalter und G. E. M. Anscombe die St John Street 27 betreffend, S. 1.
6 Verwalter an Anscombe, 6. Mai 1949.

7 Anscombe an Mr Chick, 14. Juni 1949.
8 Hinweis des Verwalters an die «Gentlemen», 6. Mai 1949.
9 Monk, *Ludwig Wittgenstein*, S. 600.
10 Kenny, «Peter Thomas Geach, 1916–2013», S. 188.
11 Anscombe, «Anecdotes about Wittgenstein».
12 Mary Warnock, Gespräch mit den Autorinnen, 13. Januar 2016.
13 Anscombe, «Anecdotes about Wittgenstein».
14 Mary Warnock, Gespräch mit den Autorinnen, 13. Januar 2016.
15 Erbacher, «Wittgenstein and His Literary Executors», S. 26.
16 Warnock, *People and Places*, S. 59.
17 Brief von Iris Murdoch an Philippa Foot, Chiswick, 10. Juli 1943, IMA KUAS100/1/43; siehe auch Conradi, *Iris Murdoch*, S. 371.
18 N. Pevsner und J. Sherwood, *Oxfordshire* (Harmondsworth: Penguin, 1974), S. 266.
19 Jane O'Grady, «Elizabeth Anscombe», in: *The Guardian*, 11. Januar 2001.
20 Teichman, «Gertrude Elizabeth Margaret Anscombe», S. 35.
21 Adrian Moore, Gespräch mit den Autorinnen, 31. Mai 2021.
22 Anscombe, «Mary Somerville Research Fellow Report, Mai 1948».
23 Timothy Chappell (seit 2014 Sophie Grace Chappell), *Reading Plato's Theatetus* (Cambridge: Hackett, 2004), S. 103. (Deutsch angeglichen an die Übersetzung von F. E. D. Schleiermacher in: *Platons Werke. Zweiter Teil, erster Band* [Berlin: Realschulbuchhandlung, 1818]. Anm. d. Übers.)
24 Chappell, *Reading Plato's Theatetus*, S. 83. (Deutsch angeglichen an die Schleiermacher-Übersetzung, Anm. d. Übers.)
25 Iris Murdoch, Tagebuch 6, 9. Juni 1948, S. 101.
26 Chappell, *Reading Plato's Theatetus*, S. 56 f. (Deutsch angeglichen an die Schleiermacher-Übersetzung, die Seitenangabe der Stephanus-Paginierung wurde hinzugefügt, Anm. d. Übers.)
27 Ebd., S. 130. (Deutsch angeglichen an die Schleiermacher-Übersetzung, Anm. d. Übers.)
28 Ebd. (Die Seitenangabe der Stephanus-Paginierung wurde hinzugefügt, Anm. d. Übers.)
29 G. E. M. Anscombe, «The Subjectivity of Sensation» (1976), in: dies., *Metaphysics and the Philosphy of Mind*, S. 44–56, hier S. 44.
30 Wittgenstein, *Philosophische Untersuchungen*, Nr. 258.
31 Iris Murdoch, Tagebuch 6, 15. Oktober 1948, S. 133.
32 Anscombe, *Absicht*, § 46.
33 Brief von G. H. White an den Senior Proctor, 14. Oktober 1948, Archiv der Oxford University, PR 1/12/4.
34 Iris Murdoch, Tagebuch 7, 31 Oktober 1949, IMJ, KUAS202/1/7, S. 40.
35 Adams, *Somerville for Woman*, S. 318.

36 Horner und Rowe, *Living on Paper*, S. 105.
37 Foot, *Memories of an S. O. E. Historian*, S. 119.
38 Brief von Iris Murdoch an Hal Lidderdale, 29. Dezember [?], IMC, KUAS78/13.
39 Mary Scrutton an Geoff Midgley, undatiert [Ende 1949], MGMP, MID/F.
40 Iris Murdoch, Tagebuch 7, 1. März 1949, S. 7; siehe auch Conradi, *Iris Murdoch*, S. 381.
41 Ebd., S. 367.
42 Iris Murdoch, Tagebuch 6, 12. November 1948, S. E.
43 Iris Murdoch, Tagebuch 6, 30. Juni 1948, S. 106.
44 Iris Murdoch, Tagebuch 7, 15. Juni 1949, S. 22.
45 Iris Murdoch, Tagebuch 7, 17. November 1949, S. 42.
46 Iris Murdoch, Tagebuch 6 und 7, passim.
47 Iris Murdoch, Tagebuch 6, 14. Mai 1948, S. 84.
48 Siehe Erbacher, «Wittgenstein and His Literary Executors», S. 25, und Iris Murdoch, Tagebuch 4, passim.
49 Iris Murdoch, Tagebuch 7, 15. Juni 1949, S. 22.
50 Iris Murdoch, Tagebuch 6 und 7, passim.
51 Peter Conradi, Notizen eines Gespräches mit Polly Smythies, 3. Februar 1998, PCA KUAS6/1/50/1, zitiert in: Conradi, *Iris Murdoch*, S. 367, Anmerkung 79.
52 Iris Murdoch, Tagebuch 6, 9. November 1948, S. 150/C–D.
53 Iris Murdoch, Tagebuch 6, 11. Oktober 1948, S. 132.
54 Anscombe, «Anecdotes about Wittgenstein».
55 Iris Murdoch, Tagebuch 6, 27. Oktober 1948, S. 150/B.
56 Iris Murdoch, Tagebuch 6, 4. November 1948, S. C.
57 Iris Murdoch, Tagebuch 6, 14. Dezember 1948, S. P.
58 Iris Murdoch, Tagebuch 7, 30. Januar 1949, S. 2.
59 Iris Murdoch, Tagebuch 6, 14. Dezember 1948, S. O.
60 Iris Murdoch, Tagebuch 9, 14. Februar 1959, S. 38.
61 Iris Murdoch, Tagebuch 6, 15. November 1948, S. Q.
62 Iris Murdoch, Tagebuch 6, 15. November 1948, S. G.
63 Iris Murdoch, Tagebuch 6, 23. November 1948, S. H.
64 Ebd.
65 Iris Murdoch, Tagebuch 6, 12. Dezember 1948, S. I.
66 Iris Murdoch, Tagebuch 6, 14. Dezember 1948, S. Q.
67 Iris Murdoch, Tagebuch 6, 12. Dezember 1948, S. J.
68 Ebd., S. I.
69 Ebd.
70 Ebd., S. L.
71 Ebd., S. I–K.

72 Iris Murdoch, Tagebuch 6, 13. Dezember 1948, S. M. Zitiert in: Conradi, *Iris Murdoch*, S. 353.
73 Monk, *Ludwig Wittgenstein*, S. 565 f.
74 Ebd., S. 568.
75 Anscombe, «Anecdotes about Wittgenstein», S. 1.
76 Erbacher, «Wittgenstein and His Literary Executors», S. 25 f. Siehe auch Anscombe, «Anecdotes about Wittgenstein», S. 3.
77 L. Wittgenstein, *Letzte Schriften über die Philosophie der Psychologie* (Frankfurt am Main: Suhrkamp 1993), Nr. 165.
78 Anscombe, «Mary Somerville Research Fellow Report, Mai 1948».
79 Anscombe, «Anecdotes about Wittgenstein», S. 1.
80 Anscombe, *Absicht*, § 46.
81 Anscombe, *Absicht*, § 4.
82 Anscombe, «Die Intentionalität der Wahrnehmung: Ein grammatischer Aspekt», in: G. E. M. Anscombe, *Aufsätze* (Berlin: Suhrkamp 2014), S. 230–260.
83 Dieser Absatz mit seinen teils wörtlichen und teils paraphrasierten Zitaten bezieht sich überwiegend auf ebd., S. 242. (Anm. d. Übers.)
84 Siehe ebd., S. 259. (Anm. d. Übers.)
85 Mascall, *Saraband*, S. 247.
86 Zitiert in ebd., S. 254.
87 Conradi, *Iris Murdoch*, S. 391.
88 Mascall, *Saraband*, S. 234.
89 D. M. MacKinnon, «Preface», in: Gabriel Marcel, *Being and Having*, S. 3.
90 Mitchell, *Looking Back*, S. 254.
91 Mascall, *Saraband*, S. 248.
92 Rogers, *A. J. Ayer*, S. 66 f.
93 Ebd., S. 114 f.
94 V. A. Demant, «Michael Beresford Foster: Died October 15, 1959», in: *Christian Scholar*, 43:1 (März 1960), S. 3–7, hier S. 5.
95 Peter Conradi, Notizen eines Gespräches mit Denis Nineham, 1. April 1998, S. 1, PCA, KUAS6/13/16/1.
96 Mitchell, *Looking Back*, S. 136.
97 Peter Conradi, Notizen eines Gespräches mit Denis Nineham, S. 2.
98 Hare, «A Philosophical Autobiography», S. 296.
99 R. M. Hare, «A Chapter of Gulfs», undatiertes unveröffentlichtes Manuskript, S. 4, R. M. Hare papers.
100 Scrutton, «Individuation in Plotinus», S. 11 f.
101 Scrutton, «Self and Not-self in Plotinus», S. 5.
102 Ebd., S. 19.
103 Scrutton, «Individuation in Plotinus», S. 29 f.
104 Ebd., S. 37.

105 Midgley, *Owl of Minerva*, S. 160 f.
106 Ebd., S. 139.
107 B. Russell, *Human Knowledge, Its Scope and Limits* (London: Allen & Unwin, 1948).
108 Bradley, *Erscheinung und Wirklichkeit* (Leipzig: Meiner, 1928), S. 206.
109 Iris Murdoch, Tagebuch 6, 12. Dezember 1948, S. K.
110 Iris Murdoch, Tagebuch 7, 3. Februar 1949, S. 4.
111 Iris Murdoch, Tagebuch 7, 26. Februar 1949, S. 6.
112 Anscombe, «Mary Somerville Research Fellow Reports, Mai 1951», SCA. © M. C. Gormally.
113 Anscombe, «Mary Somerville Research Fellow Reports, Mai 1949», SCA. © M. C. Gormally.
114 Anscombe, Mary Somerville Research Fellow Reports, Mai 1948», SCA. © M. C. Gormally.
115 Iris Murdoch, Tagebuch 7, 1. März 1949, S. 7.
116 Iris Murdoch, Tagebuch 7, 26. Februar – 1. März 1949, S. 6 f.
117 Iris Murdoch, Tagebuch 7, 1. März 1949, S. 8.
118 https://www.giffordlectures.org/lecturers/herbert-arthur-hodges, aufgerufen am 1. August 2021.
119 Midgley, *Owl of Minerva*, S. 167.
120 Rudolf Makkreel, «Wilhelm Dilthey», in: *The Stanford Encyclopedia of Philosophy* (Ausgabe Frühling 2021).
121 A. D. Lindsay, «Wilhelm Dilthey», in: *Nature* 156:3964 (1945), S. 461.
122 Martin Armstrong, «Critic on the Hearth», in: *Listener* 42:1078 (1949), S. 507.
123 Briefwechsel zwischen Mary Scrutton und Geoff Midgley, passim, MGMA, MID/F.
124 Midgley, *Owl of Minerva*, S. 170 (zitiert mit dem Einverständnis von Mirjam Foot).
125 Sarah Broadie, «On Philippa Foot», 18. Juni 2013, *LSE* Podcast mit Alex Voorhoeve, https://soundcloud.com/lsepodcasts/on-philippa-foot-audio, aufgerufen am 1. August 2021.
126 Brief von Michael Foot an Peter Conradi, 17. Dezember 2000, PCA, KUAS6/3/40/8 (zitiert mit dem Einverständnis von Mirjam Foot).
127 Iris Murdoch, Tagebuch 6, 9. Juni 1948, S. 102. (Wir haben den Tagebucheintrag geändert, um ihn als Dialog darzustellen.)
128 Iris Murdoch, Tagebuch 7, 10. August 1949, S. 31.
129 Iris Murdoch, Tagebuch 7, 1. Juni 1949, S. 13.
130 Iris Murdoch, Tagebuch 7, 4. Juni 1949, S. 14–17.
131 Ebd., S. 14.
132 Iris Murdoch, Tagebuch 7, 10. November 1949, S. 41 f.
133 Iris Murdoch, Tagebuch 7, 17. November 1949, S. 42.

134 L. Wittgenstein, *Tractatus Logico-philosophicus*. Logisch-philosophische Abhandlung, Frankfurt am Main 1963, Nr. 6.41–6.421.
135 Iris Murdoch, Tagebuch 7, 7. Dezember 1949, S. 44.
136 Ebd.
137 Anscombe, «Mary Somerville Research Fellow Report, May 1950», © M. C. Gormally.
138 Iris Murdoch, Tagebuch 7, 16. Januar 1950, S. 45.
139 P. Feyerabend, *Zeitverschwendung* (Frankfurt am Main: Suhrkamp, 1995), S. 105.
140 Anscombe, «Mary Somerville Research Fellow Reports, 1950».
141 Monk, *Ludwig Wittgenstein*, S. 595.
142 Radio Times, «Third Programme», Issue 1376, 26. Februar 1950, S. 19.
143 Conradi, *Iris Murdoch*, S. 273.
144 Iris Murdoch, «The Novelist as Metaphysician» (1950), in: dies., *Existentialists and Mystics*, S. 104 f.
145 Ebd., S. 105.
146 Ebd.
147 Ebd., S. 107 f.
148 Murdoch, «The Existentialist Hero», S. 111 f.
149 R M. Hare, «Off the record» Transskript, 6. September 1982, R. M. Hare papers.
150 Murdoch, «The Novelist as Metaphysician», S. 105.
151 Iris Murdoch, «The Sublime and The Good», in: *Chicago Review* 13:3 (1959), S. 42–55, hier S. 51.
152 Foot, «Moral Arguments», S. 512.
153 Philippa Foot, «When is a Principle a Moral Principle?», in: *Aristotelian Society*, Supplementary 28:1 (1954), S. 95–110, hier S. 108.
154 Ebd.
155 Philippa Foot, «Moralische Überzeugungen», in: dies., *Die Wirklichkeit des Guten. Moralphilosophische Aufsätze*, S. 59.
156 Mary Warnock (geborene Wilson), Gespräch mit den Autorinnen, 13. Januar 2016.
157 Price, «The Inaugural Address: Clarity is Not Enough», S. 31.
158 Anscombe, «Anecdotes about Wittgenstein».
159 L. Wittgenstein u. a., *Culture and Value* (Oxford: Blackwell, 1980), S. 85, zitiert in: Monk, *Ludwig Wittgenstein*, S. 605.
160 Ebd., S. 606.
161 Ludwig Wittgenstein, *Bemerkungen über die Farben* III, § 317, in: *Remarks on Colour / Bemerkungen über die Farben*, hrsg. v. G. E. M. Anscombe (University of California Press, 1978), S. 58 f., zitiert nach: ders., *Werkausgabe*, Bd. 8 (Frankfurt am Main: Suhrkamp, ⁴1990), S. 106.

162 «Letzter Wille und Testament von Ludwig Wittgenstein» [Kopie], CIAA.
163 Anscombe, «Anecdotes about Wittgenstein».

Kapitel 7
Metaphysische Tiere
Mai 1950 – Februar 1955, Newcastle & Oxford

1 Midgley, *The Owl of Minerva*, S. 171 f.
2 Ebd., S. 171.
3 Brief von Mary Scrutton an Geoff Midgley, undatiert [frühe 1950er Jahre], MGMP, MID / F.
4 Brief von Mary Scrutton an Geoff Midgley, undatiert [Ende 1949], MGMP, MID / F.
5 Midgley, *The Owl of Minerva*, S. 161.
6 Brief von Mary Scrutton an Geoff Midgley, undatiert [Ende 1949].
7 Midgley, *The Owl of Minerva*, S. 172.
8 Ebd., S. 34.
9 Ebd., S. 171.
10 Ebd., S. 162.
11 Janet Penrose Trevelyan, *The Life of Mrs Humphrey Ward* (London: Constable & Co., 1923); Mrs Humphrey Ward, *A Writer's Recollections*. Siehe auch den Artikel über Mrs Humphrey Ward in *The Times*, 25. März 1920.
12 Gespräch mit den Autorinnen, 13. Januar 2016.
13 Ebd. (das genannte Ereignis spielte sich in der Fitzwilliam Street Nummer 19 in Cambridge ab).
14 Siehe Mario Wimmer, «The Afterlives of Scholarship. Warburg and Cassirer», in: *History of Humanities* 2:1 (2017), S. 245–270.
15 Ernst Cassirer, *An Essay on Man. An Introduction to a Philosophy of Human Culture* (Yale: Yale University Press, 1944), S. 26.
16 Iris Murdoch, Tagebuch 4, 13. Juni 1947, S. 5.
17 Donald MacKinnon, «Philosophers in Exile», *The Oxford Magazine* (Herbsttrimester 1992), S. 15 f., hier S. 16.
18 Regina Weber, *Lotte Labowsky (1905–1991) – Schülerin Aby Warburgs, Kollegin Raymond Klibanskys. Eine Wissenschaftlerin zwischen Fremd- und Selbstbestimmung im englischen Exil* (Berlin, Hamburg: Dietrich Reimer Verlag, 2012), S. 48.
19 Jennifer McMahon, «Beauty as harmony of the soul. The aesthetic of the Stoics», in: Marietta Rossetto et al. (Hg.), *Greek Research in Australia. Proceedings of the Eighth Biennial International Conference of Greek Studies* (Adelaide: Flinders University, 2009), S. 54–63.

20 Weber, *Lotte Labowsky*, S. 57.
21 Siehe Carole Gibson-Wood, «Raymond Klibanksy and the Warburg Institute», in: *Canadian Art Review* 27:1/2 (2000), S. 137–139.
22 L. Noble, «Burning Books», https://www.lib.cam.ac.uk/collections/departments/germanic-collections/about-collections/spotlight-archive/burning-books, aufgerufen am 1. August 2021.
23 Anna Teicher, «Jacob Leib Teicher between Florence and Cambridge. Arabic and Jewish Philosophy in Wartime Oxford», in: Sally Crawford et al. (Hg.), *Ark of Civilization. Refugee Scholars and Oxford University, 1930–1945* (Oxford: Oxford University Press, 2017), S. 327–340, hier S. 329.
24 Anscombe, «Anecdotes about Wittgenstein».
25 Brief von Lotte Labowsky an Raymond Klibansky, 8. März 1951, RKA.
26 Brief von Lotte Labowsky an Raymond Klibansky, 28. Oktober 1950, RKA.
27 Brief von Lotte Labowsky an Raymond Klibansky, 8. März 1951, RKA.
28 Weber, *Lotte Labowsky*, S. 95.
29 Paul Oskar Kristeller, «Reviewed Work(s): Plato Latinus by Corpus Platonicum Medii Aevi and Raymundus Klibansky: Volumen II: Phaedo by Henrico Aristippo, Laurentius Minio-Paluello and H. J. Drossaart-Lulofs: Volumen III: Parmenides usque ad finem Primae Hypothesis nec non Procli Commentarium in Parmenidem by Guillelmo de Moerbeka, Raymundus Klibansky and Carlotta Labowsky», in: *Journal of Philosophy* 53:5 (1956), S. 196–201.
30 Weber, *Lotte Labowsky*, S. 89.
31 Raymond Klibansky, Bericht über Elizabeth Anscombe für Miss Glover, Frühjahrstrimester 1941, SHCA, SHG/J/3/2.
32 Siehe Julius M. E. Moravcsik, «Review. Plato's The Sophist and the Statesman by A. E. Taylor, Raymond Klibansky and Elizabeth Anscombe», in: *Philosophical Review* (1963), S. 122–124.
33 Weber, *Lotte Labowsky*, S. 95.
34 Brief von Lotte Labowsky an Raymond Klibansky, 14. Mai 1951, RKA.
35 G. E. M. Anscombe, «Cambridge Philosophers II. Ludwig Wittgenstein», in: *Philosophy* 70:273 (1995), S. 395–407, hier S. 399 («*icon*» nach der Schreibweise in der gedruckten Fassung des Beitrags).
36 G. E. M. Anscombe, «Grammar, Structure and Essence», in: *Areté. Revista de Filosofía* 12:2 (2000), S. 113–120, hier S. 113
37 Ebd., S. 114.
38 G. E. M. Anscombe, *From Parmenides to Wittgenstein* (Oxford: Basil Blackwell, 1981), S. XI.
39 Ludwig Wittgenstein, *Philosophische Untersuchungen*, Nr. 31.
40 Ebd., Nr. 30.

41 Anscombe, «Cambridge Philosophers II: Ludwig Wittgenstein», S. 399.
42 Anscombe, «Grammar, Structure and Essence», S. 118.
43 Monk, *Ludwig Wittgenstein*, S. 612.
44 Philippa Foot, *Die Natur des Guten* (Frankfurt am Main: Suhrkamp, 2004), S. 115.
45 Weber, *Lotte Labowsky*, S. 98.
46 Brief von Lotte Labowsky an Raymond Klibansky, 2. Juni 1951, RKA.
47 Christian Erbacher, *Wittgenstein's Heirs and Editors* (Cambridge: Cambridge University Press, 2020), S. 3.
48 Brief von Lotte Labowsky an Raymond Klibansky, 28. Oktober 1951, RKA.
49 Brief von Lotte Labowsky an Raymond Klibansky, 14. Mai 1951, RKA.
50 So berichtet von Lesley Brown, Korrespondenz mit den Autorinnen, 1. Juli 2019.
51 Brief von Lotte Labowsky an Raymond Klibansky, 14. Mai 1951, RKA.
52 G. E. M. Anscombe, Mary Somerville Research Fellow Report, Mai 1949, SCA, SC / AO / FS / MSRF / Fellows' Reports. © M. C. Gormally.
53 Iris Murdoch, Tagebuch 7, 1. März 1951, S. 64.
54 Wittgenstein, *Philosophische Untersuchungen*, Nr. 185.
55 Ebd., Nr. 198.
56 Iris Murdoch, Tagebuch 7, 1. März 1951, S. 64.
57 Wittgenstein, *Philosophische Untersuchungen*, Nr. 211 und passim, Nr. 185.
58 Erbacher, *Wittgenstein's Heirs and Editors*, S. 2.
59 Wittgenstein, *Philosophische Untersuchungen*, S. 525.
60 Brief von Iris Murdoch an Wallace Robson, 16. Dezember 1951, in: Horner und Rowe (Hg.), *Living on Paper*, S. 130 f.
61 G. E. M. Anscombe, maschinenschriftliches Transkript für die Sendung über Ludwig Wittgenstein im dritten Programm der BBC vom 23. April 1953, S. 2 und S. 5, CIAA, Box 22, File W1. © M. C. Gormally.
62 John Haldane, «Anscombe. Life, Action and Ethics in Context», in: *Philosophical News* 18 (2019), S 45–75, hier S. 55.
63 Ebd., S. 50 f.
64 Christopher Coope, Korrespondenz mit den Autorinnen, 3. April 2020.
65 Jenny Teichman, «Gertrude Elizabeth Margaret Anscombe 1919–2001», in: *Proceedings of the British Academy* 115 (2002), S. 34.
66 Anscombe, maschinenschriftliches Transkript für die Sendung vom 23. April 1953.
67 Siehe Horner und Rowe (Hg.), *Living on Paper*.
68 Iris Murdoch, Tagebuch 7, 1. November 1950, S. 60.
69 Horner und Rowe (Hg.), *Living on Paper*, S. 131.
70 Conradi, *Iris Murdoch*, S. 400–402.

71 Valerie Purton, *An Iris Murdoch Chronology* (Basingstoke: Palgrave Macmillan, 2007), S. 63.
72 Conradi, *Iris Murdoch*, S. 379.
73 Richard Sorabji, «Antony Charles Lloyd, 1916–1994», in: *Proceedings of the British Academy* 97 (1998), S. 347–355.
74 Horner und Rowe (Hg.), *Living on Paper*, S. 128 f.
75 Iris Murdoch, Interview mit Radio New Zealand, 1978, abgedruckt in: *The Iris Murdoch Review* 1:3 (2011), S. 8.
76 Iris Murdoch, Tagebuch 6, 24. Februar 1948, S. 23.
77 Iris Murdoch, «Symposium: Thinking and Language», in: *Proceedings of the Aristotelian Society* 25 (1951), S. 25–34.
78 Ebd., S. 32.
79 Ebd., S. 29.
80 John Clare, «Summer Images», https://www.poetryfoundation.org/poems/43952/summer-images, aufgerufen am 14. Oktober 2021. (Anm. d. Übers.)
81 Murdoch, «Symposium: Thinking and Language», S. 29.
82 A. C. Lloyd, «Symposium: Thinking and Language», in: *Proceedings of the Aristotelian Society* 25 (1951), S. 35–65, hier S. 63.
83 Charlotte Vrijen, *The Philosophical Development of Gilbert Ryle. A Study of his Published and Unpublished Writings* (Diss., Groningen, 2007), S. 25.
84 Sein Exemplar befindet sich heute im Ryle Archive am Linacre College in Oxford.
85 Murdoch, «Thinking and Language», S. 29.
86 Gilbert Ryle, «Symposium: Thinking and Language», in: *Proceedings of the Aristotelian Society* 25 (1951), S. 65–82, hier S. 75.
87 H. H. Price, «Symposium on Thinking and Language. Remarks by the Chairman», in: *Proceedings of the Aristotelian Society* 51 (1951), S. 334 f.
88 Horner und Rowe (Hg.), *Living on Paper*, S. 134.
89 Mary Midgley (Scrutton), «The Natural History of Contradictions», in: *The Listener*, 11. Oktober 1951, S. 589 f., hier S. 589.
90 Ebd.
91 Ebd.
92 Midgley, *The Owl of Minerva*, S. 148.
93 Mary Midgley, *What is Philosophy For?* (London: Bloomsbury Academic, 2018), S. 64; siehe auch dies., «Philosophical Plumbing», in: *Royal Institute of Philosophy Supplement* 33 (1992), S. 139–151.
94 Jonathan Rée, «Philosophical Lives», Interview mit Philippa Foot, Transkript, 19. September 2000, SCA, Philippa Foot papers, Box 11: SC/LY/SP/PF/11, S. 4.
95 Midgley, *The Owl of Minerva*, S. XII.
96 Midgley (Scrutton), «The Natural History of Contradictions», S. 590.

Anmerkungen zu Kapitel 7   465

97   Iris Murdoch, Tagebuch 7, 13. März 1951, S. 66.
98   Iris Murdoch, Tagebuch 3, 21. Februar 1947, S. 54.
99   Midgley (Scrutton), «The Natural History of Contradictions», S. 590.
100 Iris Murdoch, Tagebuch 7, 11. August 1951, S. 67.
101 Jährlicher Konferenzbericht der Frauenorganisation der Labour-Partei, April 1952, S. 12, zitiert in: Martin Pugh, *Women and the Women's Movement in Britain, 1914–1959* (London: Macmillan, 1992), S. 291.
102 Ina Zweiniger-Bargielowska, «Rationing, Austerity and the Conservative Party Recovery after 1945», in: *Historical Journal* 37:1 (1994), S. 173–197, hier S. 186.
103 Brief von Iris Murdoch an Hal Lidderdale, 29. Juni 1951, in: Horner and Rowe (Hg.), *Living on Paper*, S. 128.
104 Iris Murdoch, *Sartre. Romantic Rationalist* (Glasgow: Fontana Collins, 1953/1976), S. 7.
105 Iris Murdoch, «The Existentialist Political Myth», in: *Socratic Digest* 5 (1952), S. 52–63. Wiederabgedruckt in: dies., *Existentialists and Mystics. Writings on Philosophy and Literature* (London: Chatto & Windus, 1997), S. 236.
106 Ebd., S. 239.
107 Conradi, *Iris Murdoch*, S. 378.
108 Murdoch, «The Existentialist Political Myth», S. 239.
109 Murdoch, «A House of Theory», in: dies., *Existentialists and Mystics*, S. 171–186, hier S. 171.
110 Justin Broackes, *Iris Murdoch, Philosopher* (Oxford: Oxford University Press, 2012), S. 30.
111 Murdoch, «A House of Theory», S. 182.
112 Ebd., S. 171–174.
113 Ebd., S. 171.
114 G. E. M. Anscombe, «Does Oxford Moral Philosophy Corrupt the Youth?», in: *Listener*, 14. Februar 1957, S. 226–271, hier S. 267.
115 Ebd.
116 Conradi, *Iris Murdoch*, S. 405.
117 Peter Conradis Notizen aus einem Gespräch mit Polly Smythies, 3. Februar 1998.
118 Anthony Kenny, *Brief Encounters. Notes from a Philosopher's Diary* (London: SPCK Publishing, 2019), S. 176.
119 Iris Murdoch, Tagebuch 7, 5. März 1952, S. 104 f.
120 Conradi, *Iris Murdoch*, S. 403.
121 Brief von Iris Murdoch an Hal Lidderdale, undatiert, IMC, KUAS78/17.
122 Iris Murdoch, Tagebuch 7, 5. März 1952, S. 105.
123 Siehe Graham Lord, *Just the One. The Wives and Times of Jeffrey Bernand (1932–1997)* (London: Headline, 1997); zudem Conradi, *Iris Murdoch*, S. 403 f.

124 Iris Murdoch, Tagebuch 7, 5. März 1952, S. 104 f.
125 Diese Bemerkungen wurden zusammen mit Judith Hughes verfasst; siehe Mary Midgley und Judith Hughes, *Women's Choices. Philosophical Problems Facing Feminism* (London: Weidenfeld & Nicolson, 1983), S. 41.
126 Mary Midgley (Scrutton), «Letter to Posterity», in: *Listener*, 27. März 1952, S. 510–511.
127 Ebd., S. 511.
128 Mary Midgley (Scrutton), «Rings and Books», undatiert [195?], MGMP, MID/C/3, S. 1.
129 Ebd., S. 3.
130 Midgley, *The Owl of Minerva*, S. 181.
131 Iris Murdoch, «The Image of Mind» (1951), in: dies., *Existentialists and Mystics*, S. 125–129, hier S. 129.
132 Justin Broackes, «Iris Murdoch's First Encounters with Simone Weil», in: *Iris Murdoch Review* 8 (2017), S. 17–20.
133 Simone Weil, *Unterdrückung und Freiheit. Politische Schriften* (München: Rogner & Bernhard, 1975), S. 122 f.
134 Siehe Lawrence A. Blum und Victor J. Seidler, *A Truer Liberty. Simone Weil and Marxism* (London: Routledge, 2009).
135 Simone Weil, «Ilias: Dichtung der Gewalt», in: *Merkur* 36 (Februar 1951), https://www.merkur-zeitschrift.de/simone-weil-ilias-dichtung-und-gewalt/, aufgerufen am 16. Oktober 2021.
136 Iris Murdoch, «‹Waiting on God›. A Radio Talk on Simone Weil» (1951), in: *Iris Murdoch Review* 8 (2017), S. 9–16, hier S. 10, Fn. 1. Siehe auch Justin Broackes, «‹Waiting on God›. Prefatory note on the text», in: ebd., S. 9–16.
137 Murdoch, «‹Waiting on God›», S. 11.
138 Siehe Iris Murdoch, *The Sovereignty of Good* (London: Routledge Classics, 2001), S. 52 und passim.
139 Conradi, *Iris Murdoch*, S. 482.
140 Billie Batchelor, «Revisions in Iris Murdoch's *Under the Net*», in: *Books at Iowa* 8 (1968), S. 30–36, hier S. 30.
141 S. B. Sagare und Iris Murdoch, «An Interview with Iris Murdoch», in: *Modern Fiction Studies* 47:3 (2001), S. 696–714, hier S. 697.
142 Iris Murdoch, «The Sublime and the Good», in: *Chicago Review* 13:3 (1959), S. 42–55, hier S. 51.
143 Purton, *An Iris Murdoch Chronology*, S. 40.
144 Siehe A. Rebecca Rozelle-Stone und Benjamin P. Davis, «*Simone Weil*», Stanford Encyclopedia of Philosophy (Herbst 2020), https://plato.stanford.edu/entries/simone-weil/, aufgerufen am 16. Oktober 2021.
145 Ebd.
146 Mary Glover, «Obligation and Value», in: *Ethics* 49:1 (1938), S. 68–80, hier S. 75.

Anmerkungen zu Kapitel 7

147 Murdoch, *The Sovereignty of Good*, S. 85.
148 Broackes, «Prefatory note», S. 9.
149 Murdoch, «Waiting on God», S. 15 f.
150 Für weitere Informationen zu Murdoch und Steiner siehe J. Adler und R. Fardon, *Franz Baermann Steiner: A Stranger in the World* (New York: Berghahn, 2022)
151 Conradi, *Iris Murdoch*, S. 407.
152 Siehe Peter Filkins, *H. G. Adler. A Life in Many Worlds* (Oxford: Oxford University Press, 2019).
153 Jeremy Adler und Richard Fardon (Hg.), *Taboo, Truth and Religion. Franz Baermann Steiner Selected Writings*, Bd. 1 (Oxford: Berghahn Books, 1999), S. 88.
154 Conradi, *Iris Murdoch*, S. 405 f.
155 Adler und Fardon (Hg.), *Taboo, Truth and Religion*, S. 92 f.
156 Conradi, *Iris Murdoch*, S. 406.
157 Adler und Fardon (Hg.), *Taboo, Truth and Religion*, S. 89.
158 Ebd., S. 18.
159 Conradi, *Iris Murdoch*, S. 406.
160 Adler und Fardon (Hg.), *Taboo, Truth and Religion*, S. 89.
161 Franz Steiner, Tagebuch, 31. Oktober 1952, Deutsches Literaturarchiv Marbach, Zugangsnummer HS.1996.0151.00892, Mediennummer HS001523034.
162 Conradi, *Iris Murdoch*, S. 317.
163 Elias Canetti, «Franz Steiner», in: *Akzente* 3 (Juni 1995), S. 204, zitiert in: Adler und Fardon (Hg.), *Taboo, Truth and Religion*, S. 80.
164 Franz Baermann Steiner, *Am stürzenden Pfad. Gesammelte Gedichte* (Göttingen: Wallstein, 2000), S. 326, © J. D. Adler. (Im Orig. deutsch, Kleinschreibung von «w» und «g» nach dem Original, Anm. d. Übers.).
165 Zitiert in: Adler und Fardon (Hg.), *Taboo, Truth and Religion*, S. 97.
166 Conradi, *Iris Murdoch*, S. 428.
167 Maggie Black, *A Cause for Our Time. Oxfam, the First Fifty Years* (Oxford: Oxford University Press, 1992), S. 37–40.
168 Siehe zum Beispiel das Vorwort zu Philippa Foot, *Virtues and Vices* in der Fassung des Jahres 1977 (Oxford: Basil Blackwell).
169 Rée, «Philosophical Lives», S. 3.
170 Mary Midgley, Gespräch mit den Autorinnen, September 2016.
171 Iris Murdoch, Tagebuch 8, 12. November 1953.
172 Basil Mitchell, *Looking Back. On Faith, Philosophy and Friends in Oxford* (Durham: Memoir Club, 2009), S. 257.
173 Murdoch, *Sovereignty of Good*, S. 22. Bernard Williams, der an diesem Seminar teilnahm, nutzt die Bezeichnungen «dünn» und «dicht» anstelle von Murdochs «allgemein» und «spezialisiert»; siehe Bernard Williams, *Ethik und die Grenzen der Philosophie* (Hamburg: Rotbuch-Verlag, 1999), S. 182 f.

174 Purton, *An Iris Murdoch Chronology*, S. 67.
175 Mary Scrutton, «Review», in: *New Statesman and Nation*, 1951.
176 Midgley, *The Owl of Minerva*, S. 182.
177 Mary Midgley im Interview mit Paul Merchant, in: *Science and Religion. Exploring the Spectrum. Life Story Interviews*, British Library C1672 / 05, Track 2, S. 28.
178 Richard B. Braithwaite, «Hare, R. M. – The Language of Morals», in: *Mind* 63 (1954), S. 249–262.
179 Mary Midgley, Gespräch mit den Autorinnen, September 2016.
180 Siehe Konrad Lorenz, *Er redete mit dem Vieh, den Vögeln und den Fischen* (München: dtv, 2004).
181 Midgley, *The Owl of Minerva*, S. 6.
182 Mary Midgley, *Beast and Man. The Roots of Human Nature* (London: Routledge, 2002), S. 245.
183 Midgley, *The Owl of Minerva*, S. 30.
184 Ebd., S. 189.
185 Ebd., S. 31.
186 Mary Midgley, *Animals and Why They Matter* (Athens, Georgia: University of Georgia Press, 1998), S. 112–124.
187 Midgley, *The Owl of Minerva*, S. 202 und 208.
188 Mary Midgley (Scrutton), unbenannter Essay, undatiert, MGMP, nichtkatalogisierter Essay, S. 9.
189 Midgley, *The Owl of Minerva*, S. 188.
190 Mary Midgley im Interview mit Paul Merchant, Track 1, S. 8.
191 Philippa Foot, «Moralische Überzeugungen», in: dies., *Die Wirklichkeit des Guten*, S. 47–70, hier S. 59.
192 Philippa Foot, «Interview with Rick Lewis», in: *Philosophy Now* 41 (Mai / Juni 2003).
193 Richard M. Hare, *Die Sprache der Moral* (Frankfurt am Main: Suhrkamp, 1972), S. 128 f.
194 «Editorial», in: *The Cactus and Succulent Journal of Great Britain* 8:3 (1946).
195 Philippa Foot, «Gutsein und Wählen», in: dies., *Die Wirklichkeit des Guten*, S. 71–88, hier S. 81 f.
196 Black, *A Cause for Our Time*, S. 36 f.
197 Murdoch, *The Sovereignty of Good*, S. 85.
198 Philippa Foot, «Review: The Philosophy of Ernst Cassirer. The Library of Living Philosophers Vol. VI, ed. Paul Arthur Schilpp», in: *Philosophy* 26:98 (1951), S. 273 f.
199 Cassirer, *An Essay on Man*, S. 23–26.
200 Iris Murdoch, Tagebuch 8, 12. März 1953.
201 Iris Murdoch, Tagebuch 4, 13. Juni 1947, S. 5.

202 Wittgenstein, *Philosophische Untersuchungen*, Nr. 415.
203 G. E. M. Anscombe, «The Moral Environment of the Child», undatiert, Manuskript, in: Mary und Gormally Geach (Hg.), *Faith in a Hard Ground. Essays on Religion, Philosophy and Politics by G. E. M. Anscombe* (Exeter: Imprint Academic, 2008), S. 224–233, hier S. 230.
204 Richard M. Hare, «An Apology for Being a Philosopher», Typoskript, R. M. Hare papers, Balliol College Archives, S. 2.
205 Philippa Foot, «The Philosopher's Defence of Morality», in: *Philosophy* 27:103 (1952), S. 311–328, hier S. 311.
206 Ebd., S. 319.
207 Purton, *An Iris Murdoch Chronology*, S. 70.
208 Brief von Iris Murdoch an Mrs Smallwood, 2. Mai 1955, in: Horner und Rowe (Hg.), *Living on Paper*, S. 170 f.
209 Iris Murdoch, «Metaphysics and Ethics», in: Peter J. Conradi (Hg.), *Iris Murdoch: Existentialists and Mystics. Writings on Philosophy and Literature* (London: Chatto & Windus, 1997), S. 59–75, hier S. 75.
210 Conradi, *Iris Murdoch*, S. 484.
211 Midgley, *The Owl of Minerva*, S. 183.
212 Mary Midgley (Scrutton), *Wintersault*, undatiertes Manuskript, MGMP MID / C / 22.
213 Erbacher, *Wittgenstein's Heirs and Editors*, S. 13.
214 Ludwig Wittgenstein, *Bemerkungen über die Grundlagen der Mathematik*, in: *Werkausgabe*, Bd. 6 (Frankfurt am Main: Suhrkamp, 1984), Teil 1, Abschnitt 3.
215 Jan Morris, *Oxford* (Oxford: Oxford University Press, 2001), S. 42.
216 Ebd.
217 Bericht des Komitees zur Vergabe von Ehrentiteln, 11. Februar 1955, Central University Administrative Correspondence File for the Committee on Honorary Degrees, Oxford University Archives, UR6 / HD / 7 / 3.

Epilog
Noch einmal: Mr Trumans Ehrendoktor
Mai 1956, Oxford

1 G. E. M. Anscombe, *Mr Truman's Degree*, Autorin im Selbstverlag 1956, CIAA, Box 531.
2 G. E. M. Anscombe, «I Am Sadly Theoretical», in: *Catholic Herald*, 8. Juli 1938, S. 7; siehe John Berkman, «Justice and Murder: The Backstory to Anscombe's ‹Modern Moral Philosophy›», in: *The Oxford Handbook of Elizabeth Anscombe*, hrsg. v. Roger Teichmann (Oxford: Oxford University Press, 2021).
3 Brief von Park Town Nummer 14, 2. Mai 1956, CIAA, Box 394.

4 Brief von der Women's International League for Peace and Freedom, 4. Mai 1956, CIAA, Box 394.
5 Brief von General E. C. O. Murphy, 2. Mai 1956, CIAA, Box 394.
6 Brief von General E. C. O. Murphy, 8. Mai 1956, CIAA, Box 394.
7 Brief von Vera Farnell, undatiert, CIAA, Box 394.
8 Brief von Donald MacKinnon, 2. Mai 1956, CIAA, Box 394.
9 Brief von einer amerikanischen Frau, 4. Mai 1956, CIAA, Box 394.
10 Brief von Carrie Packinton [?], 4. Mai 1956, CIAA Box 394.
11 Brief vom Ordnance Research Institute, Taipei, 3. Mai 1956, CIAA Box 394.
12 Brief von Jessie Street, 5. Mai 1956, CIAA Box 394.
13 Anscombe, *Mr Truman's Degree*, S. 70.
14 Ebd., S. 64 f.
15 Ebd., S. 70.
16 Ebd., S. 65 f.
17 Ebd., S. 70 f.
18 Ebd., S. 71.
19 Anscombe, «Does Oxford Moral Philosophy Corrupt the Youth?», S. 266 f. und S. 271; Briefe von R. M. Hare und P. H. Nowell-Smith in Ausgabe 1456; Brief von Anthony Flew in Ausgabe 1458; Brief von P. H. Nowell-Smith in Ausgabe 1459; Brief von Anthony Flew in Ausgabe 1460; Brief von R. M. Hare in Ausgabe 1461.
20 Brief an R. M. Hare von Bernard Williams, 26. Januar 1957, R. M. Hare Archive, Hare 2018, Box of Letters. Zitiert mit der Genehmigung von Patricia Williams. Siehe auch die Briefe von Patrick Nowell-Smith und Anthony Flew.
21 Vgl. https://www.atomicheritage.org/key-documents/warning-leaflets, aufgerufen am 5. Januar 2022.
22 McCullough, *Truman*, S. 439.
23 Anscombe, *Mr Truman's Degree*, S. 64.
24 Midgley, *Wickedness*, S. vii.
25 Anscombe, *Mr Truman's Degree*, S. 64.
26 Ebd., S. 70.
27 Ebd., S. 64.
28 MacKinnon, *The Problem of Metaphysics*, S. 110.

Nachtrag

1 Iris Murdoch, Tagebuch 4, 25. Juli 1947. S. 25.
2 Brief von Philippa Foot an Janet Vaughan, 3. November 1957, Somerville College Archiv, Oxford.

Anmerkungen zum Nachtrag

3 Foot, «The Philosopher's Defence of Morality».
4 Foot, «When is a Principle a Moral Principle?».
5 Philippa Foot, «Free Will Involving Determinism», in: *Philosophical Review* 66:4 (1957), S. 439–450.
6 Foot, «Moralische Überzeugungen», in: dies., *Die Wirklichkeit des Guten*, S. 47–70.
7 Foot, «Moral Arguments».
8 Foot, «Gutsein und Wählen», in: dies., *Die Wirklichkeit des Guten*, S. 71–88.
9 Philippa Foot, «Does Moral Subjectivism Rest on a Mistake?», in: *Royal Institute of Philosophy Supplement* 46:107 (2000), S. 107–23, hier S. 107. (Der zitierte Passus befindet sich nicht in der deutschen Version in Philippa Foot, «Beruht der moralische Subjektivismus auf einem Irrtum?», in: *Die Wirklichkeit des Guten*, S. 226–249. Anm. d. Übers.)
10 Foot, *Memories of an S. O. E. Historian*, S. 130.
11 Grünes gebundenes Notizbuch mit Tagebucheintragungen vom August 1996, Eintrag vom 15. Januar 2001, SCA, Philippa Foot papers, Box 3.
12 Rée, «Philosophical Lives: Philippa Foot», S. 2.
13 Gornell, «Philippa Foot and Thoughts about Oxfam», S. 10.
14 G. E. M. Anscombe, «Modern Moral Philosophy», S. 1.
15 G. E. M. Anscombe, «Die erste Person», in: dies., *Aufsätze*, S. 200–229.
16 Anscombe, *From Parmenides to Wittgenstein*; Anscombe, *Metaphysics and the Philosophy of Mind*; Anscombe, *Ethics, Religion and Politics*.
17 Donald Davidson auf dem Umschlag einer neueren englischen Ausgabe von *Absicht*: G. E. M. Anscombe, *Intention* (Harvard: Harvard University Press, 2000).
18 Smith, *The Morning Light*, S. 240.
19 Iris Murdoch, *The Fire and the Sun: Why Plato Banished the Artists* (London: Viking, 1990).
20 Horner und Rowe, *Living on Paper*, S. 357.
21 Midgley, *Owl of Minerva*, S. 183.
22 Jane Heal, «Mary Midgley Obituary», in: *The Guardian*, 12. Oktober 2018.
23 Midgley, *Beast and Man*.
24 Midgley, Einführung in die erste Auflage von *Beast and Man*.
25 Mary Midgley, «The Objection to Systematic Humbug», in: *Philosophy* 53:204 (1978), S. 147–169.
26 Midgley, *What is Philosophy For?*, S. 208.

Bibliografie

Zitierte Bücher und Aufsätze von Autorinnen des «Quartetts»

Anscombe, G. E. M. «I Am Sadly Theoretical», in: *Catholic Herald*, 8. Juli 1938, S. 7.
—. (mit N. Daniel). *The Justice of the Present War Examined*. Oxford 1939.
—. «A Reply to Mr. C. S. Lewis's Argument That ‹Naturalism› is Self-Refuting», in: *Socratic Digest* 4, 2 (1948), S. 7–16.
—. «Die Wirklichkeit des Vergangenen», in: dies., *Aufsätze*, herausgegeben und aus dem Englischen übersetzt von Katharina Nieswandt und Ulf Hlobil, mit einem Nachwort von Anselm W. Müller. Berlin: Suhrkamp, 2014, S. 261–290.
—. «Die erste Person», in: dies., *Aufsätze*, S. 200–229.
—. «The Principle of Individuation», in: *Proceedings of the Aristotelian Society*, Supplementary Volumes 27 (1953), S. 83–96.
—. *Mr Truman's Degree*. Oxford: Oxonian Press 1956.
—. «Does Oxford Moral Philosophy Corrupt the Youth?», in: *The Listener*, 14. Februar 1957, S. 266–271.
—. *Absicht*, aus dem Englischen von Joachim Schulte. Berlin: Suhrkamp, 2011.
—. «Modern Moral Philosophy», in: *Philosophy* 33, 124 (1958), S. 1–19.
—. «Hume and Julius Caesar», in: *Analysis* 34, 1 (1973), S. 1–7.
—. «Kausalität und Determination», in: dies., *Aufsätze*, S. 173–199.
—. *From Parmenides to Wittgenstein. Collected Philosophical Papers Volume I*. Oxford: Basil Blackwell, 1981.
—. *Metaphysics and the Philosophy of Mind. Collected Philosophical Papers Volume II*. Oxford: Basil Blackwell, 1981.
—. *Ethics, Religion and Politics. Collected Philosophical Papers Volume III*. Oxford: Basil Blackwell, 1981.
—. «Events in Mind» (1963), in: dies., *Metaphysics and the Philosophy of Mind*. Oxford: Basil Blackwell, 1981, S. 57–63.
—. «Die Intentionalität der Wahrnehmung: Ein grammatischer Aspekt», in: dies., *Aufsätze*, S. 230–260.
—. «On Transubstantiation» (1974), in: dies., *Ethics, Religion and Politics*. Oxford: Basil Blackwell, 1981, S. 107–112.

—. «The Subjectivity of Sensation» (1976), in: dies., *Metaphysics and the Philosophy of Mind*. Oxford: Basil Blackwell, 1981, S. 44–56.
—. «Cambridge Philosophers II: Ludwig Wittgenstein», in: *Philosophy* 70, 273 (1995), S. 395–407.
—. *Human Life, Action, and Ethics: Essays by G. E. M. Anscombe*, herausgegeben von M. Geach und L. Gormally. Exeter: Imprint Academic, 2005.
—. *Faith in a Hard Ground: Essays on Religion, Philosophy, and Ethics by G. E. M. Anscombe*, herausgegeben von M. Geach und L. Gormally. Exeter: Imprint Academic, 2008.
—. «The Moral Environment of the Child», in: *Faith in a Hard Ground: Essays on Religion, Philosophy, and Ethics*, herausgegeben von M. Geach und L. Gormally. Exeter: Imprint Academic, 2008.
—. *From Plato to Wittgenstein: Essays by G. E. M. Anscombe*, herausgegeben von M. Geach und L. Gormally. Exeter: Imprint Academic, 2011.
—. «Grammar, Structure and Essence», in: *Areté. Revista de Filosofía* 12, 2 (2000), S. 113–120.
Foot, P. Rezension von P. A. Schilpp (Hg.), *The Philosophy of Ernst Cassirer*, in: *Philosophy* 26, 98 (1951), S. 273 f.
—. «The Philosopher's Defence of Morality», in: *Philosophy* 27, 103 (1952), S. 311–328.
—. «When is a Principle a Moral Principle?», in: *Proceedings of the Aristotelian Society*, Supplementary Volumes 28, 1 (1954), S. 95–110.
—. «Moral Arguments», in: *Mind* 67, 268 (1958), S. 502–513.
—. «Free Will Involving Determinism», in: *The Philosophical Review* 66, 4 (1957), S. 439–450.
—. «Moralische Überzeugungen», in: Foot, *Die Wirklichkeit des Guten. Moralphilosophische Aufsätze*, herausgegeben und eingeleitet von Ursula Wolf und Anton Leist, aus dem Englischen von Anton Leist, Hermann Vetter, Ursula Wolf. Frankfurt: Fischer Taschenbuch Verlag, 1997, S. 47–70.
—. «Gutsein und Wählen», in: dies., *Die Wirklichkeit des Guten*, S. 71–88.
—. «Beruht der moralische Subjektivismus auf einem Irrtum?», in: *Die Wirklichkeit des Guten*, S. 226–248.
—. *Virtues and Vices. And Other Essays in Moral Philosophy*. Oxford: Basil Blackwell, 1978.
—. *Die Natur des Guten*, aus dem Englischen von Michael Reuter. Frankfurt am Main: Suhrkamp, 2004.
—. «Rationality and Goodness», in: *Royal Institute of Philosophy Supplement* 54 (2004), S. 1–13.
Midgley (Scrutton), M. «Letter to Posterity», in: *The Listener*, 27. März 1952, S. 510 f.
—. «The Natural History of Contradictions», in: *The Listener*, 11. Oktober 1951, S. 489 f.

—. «On Being Reformed», in: *The Listener*, 9. August 1956, S. 196 f.
—. «The Objection to Systematic Humbug», in: *Philosophy* 53, 204 (1978), S. 147–169.
—. «Philosophical Plumbing», in: *Royal Institute of Philosophy Supplement* 33 (1992), S. 139–151.
—. *Animals and Why They Matter*. Athens, Georgia: University of Georgia Press, 1983 / 1998.
—. *Beast and Man: The Roots of Human Nature*. London: Routledge, 1978 / 2002.
—. *Wickedness: A Philosophical Essay*. London: Routledge, 1984 / 2001.
—. *Heart and Mind. The Varieties of Moral Experience*. London: Routledge, 1981 / 2003.
—. *The Myths We Live By*. London: Routledge, 2011.
—. *The Owl of Minerva: A Memoir*. London: Routledge, 2005.
—. «Park Town», 2016. MGMP.
—. «Rings & Books», 1950er Jahre. MGMP.
—. «Sorting out the Zeitgeist», in: *Changing English* 7, 1 (2000), S. 89–92.
—. «Then and Now», 2016. MGMP.
—. *What Is Philosophy For?* London: Bloomsbury Academic, 2018.
—. (mit J. Hughes). *Women's Choices: Philosophical Problems Facing Feminism*. London: Weidenfeld & Nicolson, 1983.
Murdoch, I. «Thinking and Language», in: *Proceedings of the Aristotelian Society* 25 (1951), S. 25–34.
—. «The Existentialist Political Myth», in: *Socratic Digest* 5 (1952), S. 52–63.
—. *Sartre: Romantic Rationalist*. Glasgow: Fontana Collins, 1953 / 1976.
—. *Sartre: Romantic Rationalist*. London: Penguin Books, 1987 / 1989.
—. «Metaphysics and Ethics», in: D. F. Pears (Hg.), *The Nature of Metaphysics*. London: Macmillan, 1957, S. 99–123.
—. «The Sublime and the Good», in: *Chicago Review* 13, 3 (1959), S. 42–55.
—. *The Sovereignty of Good*. London: Routledge & Kegan Paul, 1970.
—. *Existentialists and Mystics: Writings on Philosophy and Literature*, herausgegeben von P. J. Conradi, mit einem Vorwort von G. Steiner. London: Chatto & Windus, 1997.
—. «The Novelist as Metaphysician» (1950), in: *Existentialists and Mystics*. London: Chatto & Windus, 1997, S. 101–107.
—. «The Existentialist Hero» (1950), in: *Existentialists and Mystics*. London: Chatto & Windus, 1997, S. 108–115.
—. «The Image of Mind» (1951), in: *Existentialists and Mystics*. London: Chatto & Windus, 1997, S. 125–129.
—. «A House of Theory» (1956), in: *Existentialists and Mystics*. London: Chatto & Windus, 1997, S. 171–186.

—. «Salvation by Words» (1972), in: *Existentialists and Mystics*. London: Chatto & Windus, 1997, S. 235–242.

—. *The Fire and the Sun: Why Plato Banished the Artists*. London: Chatto & Windus, 1977.

—. «A Woman Don's Delight», in: *Occasional Essays by Iris Murdoch*, herausgegeben von P. Hullah und Y. Muroya. Okayam: University Education Press, 1998.

—. *Metaphysics as a Guide to Morals*. London: Chatto & Windus, 1992.

—. «‹Waiting on God›: A Radio Talk on Simone Weil (1951)», in: *Iris Murdoch Review* 8 (2017), S. 9–16.

Auswahlbibliografie

(Publikationsangaben zu zitiertem Material, das hier nicht aufgeführt ist, finden sich in den Anmerkungen.)

Adams, P. *Somerville for Women: An Oxford College, 1879–1993*. Oxford: Oxford University Press, 1996.

Addison, P. «Oxford and the Second World War», in: B. Harrison (Hg.), *The History of the University of Oxford, Volume VIII*. Oxford: Oxford University Press, 1994, S. 167–188.

Adler, J., und R. Fardon (Hg.). *Taboo, Truth and Religion: Franz Baermann Steiner, Selected Writings Vol. 1*. New York und Oxford: Berghahn Books, 1999.

—. *Am stürzenden Pfad. Gesammelte Gedichte*. Göttingen: Wallstein, 2000.

Aldwinckle, S., und I. Murdoch. *Christ's Shadow in Plato's Cave: A Meditation on the Substance of Love*. Oxford: Amate Press, 1990.

Audi, R. «On Mary Glover's ‹Obligation and Value›», in: *Ethics* 125: 2 (2015), S. 525–529.

Austin, J. L. «Die Bedeutung eines Wortes», in: ders., *Wort und Bedeutung. Philosophische Aufsätze*, aus dem Englischen und mit einem Nachwort von Joachim Schulte. München: List, 1975, S. 11–36.

—. *Sinn und Sinneserfahrung (Sense and Sensibilia)*, nach den Vorlesungsmanuskripten zusammengestellt und herausgegeben von G. J. Warnock, aus dem Englischen übersetzt von Eva Cassirer. Stuttgart: Reclam, 1975.

Austin, Jean. «Pleasure and Happiness», in: *Philosophy* 43, 163 (1968), S. 51–62.

Ayer, A. J. *Sprache, Wahrheit und Logik*, aus dem Englischen übersetzt und herausgegeben von Herbert Herring. Stuttgart: Reclam, 1970.

Ayer, A. J. *A Part of My Life: The Memoirs of a Philosopher*. Oxford: Oxford University Press, 1978.

Beaney, M. *The Oxford Handbook of the History of Analytic Philosophy*. Oxford: Oxford University Press, 2013.

Beaney, M., und S. Chapman. «Susan Stebbing», in: E. N. Zalta (Hg.), *The Stanford Encyclopedia of Philosophy* 2017.

Berkman, J. «Justice and Murder: The Backstory to Anscombe's ‹Modern Moral Philosophy›», in: R. Teichmann (Hg.) *The Oxford Handbook of Elizabeth Anscombe*. Oxford: Oxford University Press, 2021.

—. «The Influence of Victor White and the Blackfriars Dominicans on a young Elizabeth Anscombe. An Essay accompanying the Republication of Elizabeth Anscombe's ‹I am Sadly Theoretical: It is the Effect of Being at Oxford› (1938)», *New Blackfriars*, September 2021.

Berlin, I. (Hg.). *Essays on J. L. Austin*. Oxford: Clarendon Press, 1973.

Berlin, I. *Persönliche Eindrücke*, herausgegeben von Henry Hardy, mit einer Einführung von Noel Annan, aus dem Englischen von Werner Schmitz. Berlin: Berlin Verlag, 2001.

Biletzki, A., und A. Matar. *The Story of Analytic Philosophy: Plot and Heroes*. New York: Taylor & Routledge, 1998.

Birks, C. «From Pacifism to Popular Front: The Changing Views of the Left and the Liberal Intelligentsia in Oxford, 1933–1938», Master of Studies degree in Historical Studies, University of Oxford, 2020.

Black, M. *A Cause for Our Time: Oxfam, the First Fifty Years*. Oxford: Oxford University Press, 1992.

Blum, L. A., und V. J. Seidler. *A Truer Liberty: Simone Weil and Marxism*. London: Routledge, 2009.

Bowyer, A. «‹To Perceive Tragedy Without the Loss of Hope›: Donald MacKinnon's Moral Realism». University of Edinburgh, 2015.

Bradley, F. B. *Erscheinung und Wirklichkeit: Ein metaphysischer Versuch*, aus dem Englischen übersetzt von Friedrich Blaschke. Hamburg: Meiner, 1990.

Broackes, J. (Hg.). *Iris Murdoch, Philosopher*. Oxford: Oxford University Press, 2011.

—. «Introduction», in: J. Broackes (Hg.), *Iris Murdoch, Philosopher*. Oxford: Oxford University Press, 2012, S. 1–92.

—. «Iris Murdoch's First Encounters with Simone Weil», in: *The Iris Murdoch Review* 8 (2017), S. 17–20.

—. «Waiting on God»: Prefatory Note on the Text. in: *The Iris Murdoch Review* 9 (2017), S. 9.

—. *The Sovereignty of Good: A Philosophical Commentary*. Oxford: Oxford University Press, 2022.

Brown, S., und H. T. Bredin. *Dictionary of Twentieth-Century British Philosophers*. London: Bloomsbury Academic, 2005.

Browning, G. *Why Iris Murdoch Matters*. London: Bloomsbury, 2018.

Buber, M. *Ich und Du*. Köln: Hegner, 1966.

Bullock, A. *Hitler: Eine Studie über Tyrannei*, übertragen von Wilhelm und Modeste Pferdekamp. Düsseldorf: Droste, 1953.

Cassirer, E. *An Essay on Man: An Introduction to a Philosophy of Human Culture.* New Haven: Yale University Press, 1944.

Chapman, S. *Susan Stebbing and the Language of Common Sense.* Palgrave: Macmillan UK, 2013.

Collingwood, R. G. *An Essay on Metaphysics* (1940). Oxford: Clarendon Press, 1957.

Connell, S. M., und F. Janssen-Lauret (Hg.). *Lost Voices. Women in Philosophy 1900–1970*, in: *British Journal for the History of Philosophy* 2022.

Conradi, P. J. *Iris Murdoch. Ein Leben*, aus dem Englischen von Juliane Gräbener-Müller und Marion Balkenhol. Wien, Frankfurt am Main: Deuticke, 2002.

—. *Family Business: A Memoir.* Brigend: Seren, 2019.

—. «‹The Guises of Love›: The Friendship of Professor Philippa Foot and Dame Iris Murdoch», in: *The Iris Murdoch Review* 5 (2014), S. 17–29.

—. *Iris Murdoch, a Writer at War: Letters and Diaries, 1939–1945.* Oxford: Oxford University Press, 2011.

—. *A Very English Hero: The Making of Frank Thompson.* London: Bloomsbury, 2013.

Crawford, S., K. Ulmschneider und J. Elsner. Ark of Civilization: *Refugee Scholars and Oxford University, 1930–1945.* Oxford: Oxford University Press, 2017.

Currie, R. «The Arts and Social Studies, 1914–1939», in: B. Harrison (Hg.), *The History of the University of Oxford Volume VIII: The Twentieth Century.* Oxford: Oxford University Press, S. 109–138.

Darwin, J. G. «A World University», in: B. Harrison (Hg.), *The History of the University of Oxford Volume VIII: The Twentieth Century.* Oxford: Oxford University Press, 1994, S. 607–638.

Descartes, R. *Meditationen. Mit sämtlichen Einwänden und Erwiderungen*, übersetzt und herausgegeben von Christian Wohlers. Hamburg: Meiner, 2009.

Dewey, J. *Experience and Education.* New York: Touchstone, 1997.

Dodds, E. R. *Missing Persons: An Autobiography.* Oxford: Clarendon Press, 1977.

Dudley Buxton, L. H. *Oxford University Ceremonies.* Oxford: Clarendon Press, 1935.

Edmonds, D., und J. Eidenow. *Wie Ludwig Wittgenstein Karl Popper mit dem Feuerhaken drohte. Eine Ermittlung*, Aus dem Englischen von Suzanne Gangloff. Stuttgart und München: Deutsche Verlags-Anstalt, 2001.

Edmonds, D. *Die Ermordung des Professor Schlick. Der Wiener Kreis und die dunklen Jahre der Philosophie*, aus dem Englischen übersetzt von Annabel Zettel. München: C. H. Beck 2021.

Emmet, D. «On the Idea of Importance», in: *Philosophy* 21, 80 (1946), S. 234–244.

—. *The Nature of Metaphysical Thinking.* London: Macmillan, 1945 / 1966.

—. *Philosophers and Friends: Reminiscences of Seventy Years in Philosophy*, mit einem Vorwort von Bryan Magee. Basingstoke: Macmillan, 1996.

—. *Role of the Unrealisable: Study in Regulative Ideals.* London: Macmillan, 1993.

Erbacher, C. «Wittgenstein and His Literary Executors», in: *Journal for the History of Analytical Philosophy* 4, 3 (2016), S. 1–40.
—. *Wittgenstein's Heirs and Editors*. Cambridge: Cambridge University Press, 2020.
Fann, K. T. *Ludwig Wittgenstein*, aus dem Englischen von Gisela Shaw. München: List, 1971.
Farnell, V. *A Somervillian Looks Back*. Privatdruck. Oxford: University Press, 1948.
Feyerabend, P. *Zeitverschwendung*, aus dem Engl. übersetzt von Joachim Jung. Frankfurt am Main: Suhrkamp, 1995.
Filkins, P. *H. G. Adler: A Life in Many Worlds*. Oxford: Oxford University Press, 2019.
Flowers III, F. A., und I. Ground. *Portraits of Wittgenstein*. London: Bloomsbury Academic, 1999 / 2018.
Foot, M. R. D. *Memories of an S. O. E. Historian*. Barnsley: Pen & Sword Books, 2008.
Fraenkel, E. *Aeschylus: Agamemnon, Vol. 1: Prolegomena, Text, Translation*. Oxford: Oxford University Press, 1950.
Gardiner, J. *Wartime Britain 1939–1945*. London: Headline, 2016.
Geach, P. «A Philosophical Autobiography», in: H. A. Lewis (Hg.), *Peter Geach: Philosophical Encounters*. Dordrecht: Springer Netherlands, 1991, S. 1–25.
Gibson-Wood, C. «Raymond Klibanksy and the Warburg Institute», in: *Canadian Art Review* 27, 1/2 (2000), S. 137–139.
Glover, J. *Humanity: A Moral History of the Twentieth Century*. New Haven: Yale University Press, 2001.
Glover, M. «Obligation and Value», in: *Ethics* 49, 1 (1938), S. 68–80.
—. Reaveley, C., und J. Winnington. *Democracy and Industry*. London: Chatto & Windus, 1947.
—. Reaveley, C. «Wrong Things to Teach», in: *The Spectator*, 2. Februar 1945, S. 101 f.
—. Reaveley, C. «Could We Go Nazi», in: *The Spectator*, 5. Oktober 1945, S. 175.
Gollwitzer, H., K. Kuhn, R. Schneider (Hg.). *Du hast mich heimgesucht bei Nacht. Abschiedsbriefe und Aufzeichnungen des Widerstandes 1933–1945*. München: Kaiser, 1954.
Griffin, P. *St Hugh's: One Hundred Years of Women's Education in Oxford*. London: Palgrave Macmillan, 1986.
Grimley, M. *Citizenship, Community and the Church of England: Liberal Anglican Theories of the State between the Wars*. Oxford: Oxford University Press, 2004.
Hacker-Wright, J. *Philippa Foot on Goodness and Virtue*. Place: Springer International Publishing, 2018.
—. *Philippa Foot's Moral Thought*. London: Bloomsbury, 2013.
Haddock, A., und R. Wiseman. *The Anscombean Mind*. London: Routledge, 2022.

Haldane, J. «Anscombe: Life, Action and Ethics in Context», in: *Philosophical News* 18 (2019), S. 45–75.

Hämäläinen, N., und G. Dooley. *Reading Iris Murdoch's Metaphysics as a Guide to Morals*. Cham: Springer International Publishing, 2019.

Hare, R. M. «Imperative Sentences», in: *Mind* 58, 229 (1949), S. 21–39.

—. «A Philosophical Autobiography: R. M. Hare», in: *Utilitas* 14, 3 (2002), S. 269–305.

—. *Die Sprache der Moral*, aus dem Englischen von Petra von Morstein. Frankfurt am Main: Suhrkamp, 1972.

Harris, D., und E. Unnsteinsson. «Wittgenstein's Influence on Austin's Philosophy of Language», in: *British Journal for the History of Philosophy* 26, 2 (2018), S. 371–395.

Harrison, B. «College Life, 1918–1939», in: B. Harrison (Hg.), *The History of the University of Oxford Volume VIII: The Twentieth Century*. Oxford: Oxford University Press, 1994, S. 81–108.

—. *The History of the University of Oxford: Volume VIII: The Twentieth Century*. Oxford: Oxford University Press, 1994.

Heck, J. D. (Hg.). *Socratic Digest 1943–1952*. Austin, Texas: Concordia University Press, 2012.

Hopwood, M., und S. Panizza. *The Murdochian Mind*. London: Routledge, 2022.

Horner, A., und A. Rowe (Hg.). *Living on Paper: Letters from Iris Murdoch*. London: Chatto & Windus, 2015.

Howarth, J. «Anglican Perspectives on Gender: Some Reflections on the Centenary of St Hugh's College, Oxford», in: *Oxford Review of Education* 12, 3 (1986), S. 299–304.

—. «Women», in: B. Harrison (Hg.), *The History of the University of Oxford Volume VIII: The Twentieth Century*. Oxford: Oxford University Press, 1994, S. 345–376.

Hume, D. *Ein Traktat über die menschliche Natur*, auf der Grundlage der Übersetzung von Theodor Lipps neu herausgegeben von Horst D. Brandt. Hamburg: Meiner, 2013.

Ignatieff, M. *Isaiah Berlin: Ein Leben*, aus dem Englischen übertragen von Michael Müller. München: Bertelsmann, 2000.

Inglis, F. *History Man: The Life of R. G. Collingwood*. Princeton: Princeton University Press, 2011.

Joad, C. E. M. «Appeal to Philosophers», in: *Proceedings of the Aristotelian Society* 40, 1 (1940), S. 27–48.

Joseph, H. W. B. «Purposive Action», in: *Hibbert Journal* 32: 2 (1933), S. 213–226.

—. *Some Problems in Ethics*. Oxford: Oxford University Press, 1933.

Kant, I. *Prolegomena zu einer jeden künftigen Metaphysik, die als Wissenschaft wird auftreten können*, in: Kant, *Werke in sechs Bänden*, herausgegeben von Wilhelm Weischedel. Darmstadt: Wissenschaftliche Buchgesellschaft, 1998, Bd. III: *Schriften zur Metaphysik und Logik*.

—. *Grundlegung zur Metaphysik der Sitten*, in: Kant, *Werke in sechs Bänden*, Bd. IV: Schriften zur Ethik und Religionsphilosophie.

—. *Kritik der praktischen Vernunft*, in: Kant, *Werke in sechs Bänden*, Bd. IV: Schriften zur Ethik und Religionsphilosophie.

Kenny, A. «Peter Thomas Geach 1916–2003», in: *Biographical Memoirs of Fellows of the British Academy* XIV (2015), S. 185–203.

Kidd, I. J., und L. McKinnell. *Science and the Self: Animals, Evolution, and Ethics: Essays in Honour of Mary Midgley*. London: Routledge, 2015.

Lanneau, C. *L'inconnue Française: La France et les Belges Francophones, 1944–1945*. Bruxelles: Peter Lang, 2008.

Leeson, M. *Iris Murdoch: Philosophical Novelist*. London: Bloomsbury, 2011.

Levine, E. J. «The Other Weimar: The Warburg Circle as Hamburg School», in: *Journal of the History of Ideas* 74, 2 (2013), S. 307–330.

Lindsay, A. D. «What Does the Mind Construct?», in: *Proceedings of the Aristotelian Society* 25 (1924), S. 1–18.

—. «The Idealism of Caird and Jones», in: *Journal of Philosophical Studies* 1, 2 (1926), S. 171–182.

—. «Wilhelm Dilthey», in: *Nature* 156, 3964 (1945), S. 461–461.

Lipscomb, B. *The Women Are Up to Something: How Elizabeth Anscombe, Philippa Foot, Mary Midgley, and Iris Murdoch Revolutionized Ethics*. Oxford: Oxford University Press, 2021.

Loner, J. D. *Wittgenstein and his Students, 1912–1968*. Dissertation Universität Cambridge, 2018.

Lorenz, K. *Er redete mit dem Vieh, den Vögeln und den Fischen*. München: dtv, 2004.

Lynn, V., und V. Lewis-Jones. *Keep Smiling Through: My Wartime Story*. London: Random House, 2017.

MacKinnon, D. M. «And the Son of Man That Thou Visitest Him», in: *Christendom* 8, September und Dezember (1938), S. 186–192 und 260–272.

—. «The Function of Philosophy in Education (1941)», in: J. McDowell (Hg.), *Philosophy and the Burden of Theological Honesty*. London: T & T Clark, 2011, S. 11–14.

—. «Revelation and Social Justice (1941)», in: J. McDowell (Hg.), *Philosophy and the Burden of Theological Honesty*. London: T & T Clark, 2011, S. 137–160.

—. «Preface», in: G. Marcel, *Being and Having*. London, Westminster: Dacre, 1949, S. 1–3.

—. «Metaphysical and Religious Language», in: *Proceedings of the Aristotelian Society* 54 (1954), S. 115–310.

—. «Reflections on the Hydrogen Bomb», in: *The Listener* 52, 13 (1954), S. 239 f.

—. *A Study in Ethical Theory*. London: A & C Black, 1957.

—. «Philosophers in Exile», in: *The Oxford Magazine*, 1992, S. 15 f.
—. *The Problem of Metaphysics*. Cambridge: Cambridge University Press, 1974.
McCullough, D. *Truman*. New York: Simon & Schuster, 1992.
McElwain, G. *Mary Midgley: An Introduction*. London: Bloomsbury, 2019.
McGuinness, B. (Hg.). *Wittgenstein in Cambridge: Letters and Documents 1911–1951*. Oxford: Wiley-Blackwell, 2012.
Mabbott, J. D. *Oxford Memories*. Oxford: Thorntons of Oxford, 1986.
Magee, B., und A. Quinton. *Modern British Philosophy*. Oxford: Oxford University Press, 1971.
Mander, W. J. *Idealist Ethics*. Oxford: Oxford University Press UK, 2016.
—. *British Idealism: A History*. Oxford: Oxford University Press, 2014.
Marcel, G. *Sein und Haben*, Übersetzung und Nachwort Ernst Behler. Paderborn: Schöningh, 1968.
—. *Geheimnis des Seins*, Nachwort von Leo Gabriel, autorisierte Übersetzung von Hanns von Winter. Wien: Herold, 1952.
Mascall, E. L. «The Doctrine of Analogy», in: *Cross Currents* 1, 4 (1951), S. 38–57.
—. *Saraband: The Memoirs of E. L. Mascall*. Leominster: Gracewing, 1992.
Matherne, S. *Cassirer*. London: Routledge, 2021.
Masterman, J. C. *On the Chariot Wheel: An Autobiography*. Oxford: Oxford University Press, 1975.
Mehta, V. *Fly and the Fly-Bottle: Encounters with British Intellectuals*. New York: Columbia University Press, 1962.
Mitchell, B. *Looking Back: On Faith, Philosophy and Friends in Oxford*. Durham: Memoir Club, 2009.
Mitchell, L. *Maurice Bowra: A Life*. Oxford: Oxford University Press, 2010.
Monk, R. *Wittgenstein. Das Handwerk des Genies*, aus dem Englischen übertragen von Hans Günter Holl und Eberhard Rathgeb. Stuttgart: Klett-Cotta, 1994.
Moore, A. W. *The Evolution of Modern Metaphysics: Making Sense of Things*. Cambridge: Cambridge University Press, 2012.
Moore, G. E. «Die Widerlegung des Idealismus», in: ders., *Ausgewählte Schriften Bd. 2: Philosophische Studien*, deutsche Übersetzung von Sebastian Muders. Frankfurt am Main: Ontos, 2007, S. 1–26.
—. *Principia Ethica*, aus dem Englischen übersetzt und herausgegeben von Burkhard Wisser. Stuttgart: Reclam, 1984.
Morris, Jan. *Oxford*. Oxford: Oxford University Press, 2001.
Morris, June. *The Life and Times of Thomas Balogh: A Macaw among Mandarins*. Eastbourne: Sussex Academic Press, 2007.
Muirhead, J. H. «How Hegel Came to England», in: *Mind* 36, 144 (1927), S. 423–447.
Muller, A. «Donald M. MacKinnon: The True Service of the Particular, 1913–1959», Dissertation, University of Otago, 2010.

Mure, G. R. G. *Retreat from Truth*. Oxford: Blackwell, 1958.
Murray, G. *Gilbert Murray: An Unfinished Autobiography*. Oxford: Oxford University Press, 1960.
Nagel, E. «Impressions and Appraisals of Analytic Philosophy in Europe. I», in: *The Journal of Philosophy* 33, 1 (1936), S. 5–24.
Paton, H. J. *The Categorical Imperative: A Study in Kant's Moral Philosophy*. London: Hutchinson's University Library, 1946.
Pevsner, N., und J. Sherwood. *Oxfordshire*. Middlesex: Penguin, 1974.
Phillips, A. *A Newnham Anthology*. Cambridge: Cambridge University Press, 1979.
Price, H. H. «The Inaugural Address: Clarity is Not Enough», in: *Proceedings of the Aristotelian Society*, Supplementary Volumes 19 (1945), S. 1–31.
—. «The Permanent Significance of Hume's Philosophy», in: *Philosophy* 15, 57 (1940), S. 7–37.
—. *Hume's Theory of the External World*. Oxford: Clarendon Press, 1963.
Prichard, H. A. «Beruht die Moralphilosophie auf einem Irrtum?», in: K. Bayertz (Hg.), *Warum moralisch sein?* Paderborn: Schöningh, 2002, S. 49–68.
—. *Moral Obligation. Essays and Lectures*. Oxford: Clarendon Press, 1949.
Pugh, M. *We Danced All Night: A Social History of Britain between the Wars*. London: Random House, 2013.
—. *Women and the Women's Movement in Britain, 1914–1959*. London: Macmillan, 1992.
Purton, V. *An Iris Murdoch Chronology*. Basingstoke: Palgrave Macmillan, 2007.
Ridler, A. *Olive Willis and Downe House: An Adventure in Education*. London: Murray, 1967.
Robinson, J. *Bluestockings*. London: Viking, 2009.
Rogers, A. M. A. H., und C. F. Rogers. *Degrees by Degrees: The Story of the Admission of Oxford Women Students to Membership of the University*. Oxford: Oxford University Press, 1938.
Rogers, B. *A. J. Ayer: A Life*. New York: Grove Press, 1999.
Ross, W. D. *The Right and The Good*, herausgegeben von Philip Stratton-Lake, Oxford: Clarendon Press, 1930 / 2002.
Rowe, M. *J. L. Austin: Philosopher and D-Day Intelligence Officer* (unveröffentlichtes Manuskript, erscheint bei der Oxford University Press).
Rozelle-Stone, A., R. und B. P. Davis. «Simone Weil», in: *The Stanford Encyclopedia of Philosophy* (Ausgabe Herbst 2020), https:/ / plato.stanford.edu / archives / fall2020 / entries / simone-weil /.
Russell, B. *Das menschliche Wissen*, übersetzt von Werner Bloch. Darmstadt: Holle, 1952.
—. «Über das Kennzeichnen», in: ders., *Philosophische und politische Aufsätze*, herausgegeben von Ulrich Steinvorth. Stuttgart: Reclam, 1971, S. 3–22.

Sagare, S. B., und I. Murdoch. «An Interview with Iris Murdoch», in: *Modern Fiction Studies* 47, 3 (2001), S. 696–714.
Sartre, J.-P. «Der Existentialismus ist ein Humanismus», in: ders., *Der Existentialismus ist ein Humanismus und andere philosophische Essays 1943–1948*, deutsch von Werner Bökenkamp et al. Reinbek bei Hamburg: Rowohlt, 2000.
Savage, J. *Teenage: Die Erfindung der Jugend (1875–1945)*, deutsch von Conny Lösch. Frankfurt am Main: Campus, 2008.
Schwenkler, J. *Anscombe's Intention: A Guide*. Oxford: Oxford University Press, 2019.
Scott, D. *A. D. Lindsay: A Biography*. Oxford: Basil Blackwell, 1971.
Searle, J. «Oxford Philosophy in the 1950s», in: *Philosophy* 90, 2 (2015), S. 173–193.
Sheridan, D. (Hg.). *Wartime Women: A Mass-Observation Anthology 1937–45*. London: Phoenix, 2002.
Smith, P. *The Morning Light: A South African Childhood Revalued*. Newfields: David Philip, 2000.
Stadler, F. *Der Wiener Kreis. Ursprung, Entwicklung und Wirkung des Logischen Empirismus im Kontext*. Cham: Springer International Publishing AG, 2015.
Stebbing, S. L. *Thinking to Some Purpose*. Middlesex: Penguin Books, 1939.
Stray, C. «A Teutonic Monster in Oxford: The Making of Fraenkel's Agamemnon», in: C. S. Kraus und C. Stray (Hg.), *Classical Commentaries: Explorations in a Scholarly Genre*. Oxford: Oxford University Press, 2015.
Teichmann, R. *The Oxford Handbook of Elizabeth Anscombe*. Oxford: Oxford University Press, 2022.
—. *The Philosophy of Elizabeth Anscombe*. Oxford: Oxford University Press, 2008.
Thompson, M. «Apprehending Human Form», in: *Royal Institute of Philosophy Supplement* 54 (2004), S. 47–74.
Umachandran, M. «‹The Aftermath Experienced Before›: Aeschylean Untimeliness and Iris Murdoch's Defence of Art», in: *Ramus* 48, 2 (2019), S. 223–247.
Urmson, J. O. «Austin's Philosophy», in: K. T. Fann (Hg.), *Symposium on J. L. Austin*. London: Routledge & Kegan Paul, 1969.
Voorhoeve, A. *Conversations on Ethics*. Oxford: Oxford University Press, 2011.
Vrijen, C. «The Philosophical Development of Gilbert Ryle: A Study of His Published and Unpublished Writings», Dissertation Groningen, 2007.
Walsh, B. «From Outer Darkness: Oxford and Her Refugees», in: *Oxford Magazine*, 1992, S. 5–7.
Warnock, G. J. «Gilbert Ryle's Editorship», in: *Mind* 85, 337 (1976), S. 47–56.
—. «John Langshaw Austin: A Biographical Sketch (1963)», in: K. T. Fann (Hg.), *Symposium on J. L. Austin*. London: Routledge & Kegan Paul, 1969.
Warnock, M. *A Memoir: People and Places*. London: Duckworth, 2000.
Waugh, E. *Wiedersehen mit Brideshead. Die heiligen und profanen Erinnerungen des Captain Charles Ryder*, aus dem Englischen von Franz Fein, nach der letzten

Fassung von 1959 überarbeitet von Arnulf Conradi. Berlin: Volk und Welt, 1986.

Weber, R. *Lotte Labowsky (1905–1991) – Schülerin Aby Warburgs, Kollegin Raymond Klibanskys*. Berlin and Hamburg: Dietrich Reimer Verlag, 2012.

Webster, W. *Mixing It: Diversity in World War Two Britain*. Oxford: Oxford University Press, 2018.

Weil, S., und J. P. Holoka. *Simone Weil's* The Iliad, or, the Poem of Force: *A Critical Edition*. London: Peter Lang, 2003.

—. *Unterdrückung und Freiheit. Politische Schriften*, aus dem Französischen übersetzt und mit einem Vorwort von Heinz Abosch. München: Rogner & Bernhard, 1975.

White, F. *Becoming Iris Murdoch*. London: Kingston University Press, 2014.

White, R., J. E. Wolfe und B. N. Wolfe. *C. S. Lewis and His Circle: Essays and Memoirs from the Oxford C. S. Lewis Society*. Oxford: Oxford University Press, 2015.

Williams, B. *Ethik und die Grenzen der Philosophie*, aus dem Englischen von Michael Haupt. Hamburg: Rotbuch-Verlag, 1999.

—. *Scham, Schuld und Notwendigkeit. Eine Wiederbelebung antiker Begriffe der Moral*, mit einem Vorwort des Autors zur deutschsprachigen Ausgabe, aus dem Englischen von Martin Hartmann. Berlin: Akademie-Verlag, 2000.

Wimmer, M. «The Afterlives of Scholarship: Warburg and Cassirer», in: *History of Humanities* 2, 1 (2017), S. 245–270.

Winch, P. *Simone Weil: «The Just Balance»*. Cambridge: Cambridge University Press, 1989.

Wiseman, R. *Routledge Philosophy Guidebook to Anscombe's* Intention. London: Routledge, 2016.

Wittgenstein, L. *Tractatus logico-philosophicus. Logisch-philosophische Abhandlung*, in: ders., Werkausgabe Bd. 1. Frankfurt am Main: Suhrkamp, 1989.

—. *Philosophische Untersuchungen*, in: ders., Werkausgabe Bd. 1. Frankfurt am Main: Suhrkamp, 1989.

—. *Bemerkungen über die Grundlagen der Mathematik*, herausgegeben von G. E. M. Anscombe, Rush Rees, G. H. von Wright. Werkausgabe Bd. 6. Frankfurt am Main: Suhrkamp, 1989.

—. *Letzte Schriften über die Philosophie der Psychologie*, in: ders., Werkausgabe Bd. 7. Frankfurt am Main: Suhrkamp, 1989.

—. *Über Gewissheit*, in: ders., Werkausgabe Bd. 8. Frankfurt am Main: Suhrkamp, 1989.

—. *Vorlesungen über die Philosophie der Psychologie 1946/47*, Aufzeichnungen von P. T. Geach, K. J. Shah und A. C. Jackson, herausgegeben von P. T. Geach, übersetzt von Joachim Schulte. Frankfurt am Main: Suhrkamp, 1991.

—. *Letzte Schriften über die Philosophie der Psychologie 1949–1951*. Frankfurt am Main: Suhrkamp, 1993.

—. *Vorlesungen und Gespräche über Ästhetik, Psychoanalyse und religiösen Glauben*, zusammengestellt und herausgegeben aus Notizen von Yorick Smythies, bearbeitet von Cyril Barrett, deutsche Übersetzung von Ralf Funke. Düsseldorf, Bonn: Parerga, 1996.

Wragg, D. *Wartime on the Railways*. Stroud: The History Press, 2012.

Zum Weiterlesen

Es gibt eine reichhaltige und immer noch wachsende Literatur über die Philosophien von Anscombe, Foot, Midgley und Murdoch. Hier einige Hinweise auf weiterführende Schriften, von der wir bei unseren Recherchen zu «The Quartet» profitiert haben.

Für allgemeine Überblicke empfehlen wir Teichmann, *The Philosophy of Elizabeth Anscombe*; Hacker-Wright, *Philippa Foot's Moral Thought*; McElwain, *Mary Midgley: An Introduction*; Broackes, *Iris Murdoch, Philosopher*. An Kompendien zu wichtigen Texten sind erhältlich: Schwenkler, *Anscombe's Intention: A Guide*; Wiseman, *Routledge Philosophy Guidebook to Anscombe's Intention*; Broackes, *Sovereignty of Good: A Philosophical Commentary*; Hämäläinen und Dooley, *Reading Iris Murdoch's Metaphysics as a Guide to Morals*. Eine hilfreiche Open-Access-Ressource ist die *Stanford Encyclopaedia of Philosophy*.

In jüngster Zeit sind einige ausgezeichnete Sammelbände erschienen, darunter Teichmann, *The Oxford Handbook of Elizabeth Anscombe*; Haddock und Wiseman, *The Anscombean Mind*; Hacker-Wright, *Philippa Foot on Goodness and Virtue*; Kidd und McKinnell, *Science and the Self: Animals, Evolution, and Ethics. Essays in Honour of Mary Midgley*; Broackes, *Iris Murdoch, Philosopher*; Hopwood und Panizza, *The Murdochian Mind*.

Weitere biografische Details finden Sie in Warnock, *A Memoir: People and Places*; Kenny, *Brief Encounters: Notes from a Philosopher's Diary*; Lipscomb, *The Women Are Up to Something: How Elizabeth Anscombe, Philippa Foot, Mary Midgley, and Iris Murdoch Revolutionized Ethics*; Haldane, «Anscombe: Life, Action and Ethics in Context»; Teichmann, *Elizabeth Anscombe*; Midgley, *The Owl of Minerva: A Memoir*; Conradi, *Iris Murdoch: Ein Leben*; White, *Becoming Iris Murdoch*. Für Arbeiten, die Iris Murdochs Romane aus philosophischer Sicht betrachten, siehe Browning, *Why Iris Murdoch Matters*, und Leeson, *Iris Murdoch: Philosophical Novelist*.

An weiteren philosophiegeschichtlichen Büchern und Aufsätzen, die dazu beitragen können, die Konturen der britischen Philosophie des 20. Jahrhunderts und das Leben wichtiger Denkerinnen und Denker zu erfassen, seien genannt: Beaney, *The Oxford Handbook of The History of Analytic Philosophy*; Blum und Seidler, *A Truer Liberty: Simone Weil and Marxism*; Chapman, *Susan Stebbing and the Language of Common Sense*; Connell und Janssen-Lauret, «Lost Voices. Women in Philosophy 1900–1970»; Edmonds, *Die Ermordung des Professor Schlick. Der Wiener Kreis und die dunklen Jahre der Philosophie*; Loner, *Wittgenstein and his Students, 1912–1968*; Mander, *British Idealism: A History*; ders., *Idealist Ethics*; Monk, *Wittgenstein. Das Handwerk des Genies*; Moore, *The Evolution of Modern Metaphysics: Making Sense of Things*; Matherne, *Cassirer*; Rogers, *A. J. Ayer: A Life*; Muller, *Donald M. MacKinnon: The True Service of the Particular, 1913–1959*; Rowe, *J. L. Austin: Philosopher and D-Day Intelligence Officer*; Stadler, *Der Wiener Kreis. Ursprung, Entwicklung und Wirkung des Logischen Empirismus im Kontext*; Sweetman, *A Gabriel Marcel Reader*; Weber, *Lotte Labowsky (1905–1991) – Schülerin Aby Warburgs, Kollegin Raymond Klibanskys*; Winch, *Simone Weil: «The Just Balance»*.

Besonders erhellend fanden wir u. a. Arbeiten der folgenden zeitgenössischen Interpretinnen und Interpreten: Hannah Altorf (Murdoch); David Bakhurst (Murdoch); Paul Bloomfield (Anscombe, Foot, Murdoch); Justin Broackes (Murdoch); Sophie Grace Chappell (Anscombe und Murdoch); Sophia Connell (Anscombe und Midgley); Alice Crary (Murdoch); Anton Ford (Anscombe); Jennifer Frey (Anscombe und Foot); Mark Hopwood (Murdoch); Katherine Nieswandt (Foot und Anscombe); Evgenia Mylonaki (Anscombe und Murdoch); Gavin Lawrence (Foot); Kieran Setiya (Anscombe und Murdoch); Roger Teichmann (Anscombe).

Philosophinnen und Philosophen der älteren Generation, die sich heute auf die Arbeiten dieser Frauen beziehen und von denen viele bei ihnen studiert haben, sind: Lawrence Blum (Murdoch); Cora Diamond (Anscombe und Murdoch); Rosalind Hursthouse (Foot); Anthony Kenny (Anscombe); Sabina Lovibond (Murdoch); Alisdair MacIntyre (Anscombe); John McDowell (Anscombe und Murdoch); Martha Nussbaum (Murdoch); Charles Taylor (Murdoch); Michael Thompson (Anscombe und Foot); Candace Vogler (Anscombe).

Abbildungsverzeichnis

Seite 21 Illustrationen von Elizabeth Anscombe, Philippa Foot, Mary Midgley und Iris Murdoch: © Sally Pilkington, Morph Creative

Seite 42 Iris Murdoch und Mary Scrutton auf dem Immatrikulationsfoto, Somerville 1938: SCA, C/IA/P4/19 (0163) (The Fellows and Principal of Somerville College)

Seite 44 Notiz von Vera Farnell an Mary Scrutton bezüglich akademischer Kleidung: MGMP, MID/F (Durham University Archives and Special Collections)

Seite 52 Speisesaal des Somerville College in den 1930er Jahren: SCA, SC/IA/P21/1 (0036) (The Fellows and Principal of Somerville College)

Seite 55 Elizabeth Anscombe im Garten des St Hugh's College, 1938: SHCA, SHG/M/2/7/12 (The Fellows and Principal of St Hugh's College)

Seite 64 A. D. Lindsays Wahlkampfflugblatt für die Nachwahlen in Oxford 1938: Lindsay Papers, GB172 L192 (Keele University Special Collections and Archives)

Seite 67 Handgezeichnete Postkarte von Iris Murdoch an Mary Scrutton: MGMP, MID/E (Durham University Archives and Special Collections © Audi Bayley)

Seite 81 Büste von Ernst Mach im Rathauspark Wien (Creative Commons)

Seite 101 Philippa Bosanquet, ca. 1938: SCA, Philippa Foot Papers, Box 14 (The Fellows and Principal of Somerville College © Lesley Brown)

Seite 104 Provisorische Stationsbaracken im Garten von St Hugh's um 1940 SHCA, HHA/6/3/9 (The Fellows and Principal of St Hugh's College)

Seite 108 Richard Hare mit dem Ruderachter des Balliol College, 1938: Balliol College Archive, PHOT 39.15A (The Master and Fellows of Balliol College)

Seite 109 Das Pamphlet «The Justice of the Present War Examined» von Elizabeth Anscombe und Norman Daniel: CIAA, No. 535, Box 13 (The Collegium Institute Anscombe Archive at the University of Pennsylvania, Kislak Center for Special Collections, Rare Books and Manuscripts)

Seite 118   Die Evakuierung von Dünkirchen im Juni 1940 (Creative Commons)
Seite 130   Mary Glover (Kate Price, Richard Glover and Jane Glover)
Seite 137   Donald MacKinnon (© JPI Media)
Seite 148   Elefant beim Pflügen: *Animal & Zoo Magazine* 5:4 (September 1940), S. 12
Seite 150   Luftschutzübung der Universität Cambridge am Emmanuel College, 1939 oder 1940
Seite 159   Die Westminster Abbey mit Bombenschäden (Creative Commons)
Seite 161   Tizian, *Noli me tangere*: The National Gallery, London (Public Domain)
Seite 163   Das Interieur von 5 Seaforth Place
Seite 184   Der Turm, Whewell's Court, Trinity College, Cambridge (Fotografie der Autorinnen)
Seite 192   Elizabeth Anscombes Forschungsvorhaben, 1945: NCA, AC/5/2 (The Fellows and Principal of Newnham College © M. C. Gormally)
Seite 210   Park Town 16 (Fotografie der Autorinnen)
Seite 218   Karte der Besatzungszonen der Alliierten in Österreich und Wien: *New York Times*, 9 August 1945, S. 11 (© New York Times)
Seite 220   Hotel Mariabrunn (Creative Commons)
Seite 222   Oxfam-Zeitungsanzeige: The Bodleian Library, University of Oxford, MS. Oxfam APL/3/1/1 (The Bodleian Library, Oxford University; and Oxfam. Oxfam befürwortet nicht automatisch Texte oder Aktivitäten, die mit den Inhalten einhergehen.)
Seite 223   Der Laden des Oxford Committee for Famine Relief, ca. 1948: The Bodleian Library, University of Oxford, Per. G. A. Oxon C.86 (V. 71) 1940/41 (The Bodleian Library, Oxford University; and Oxfam. Oxfam befürwortet nicht automatisch Texte oder Aktivitäten, die mit den Inhalten einhergehen.)
Seite 229   Der Gemeinschaftsraum für Lehrkräfte im Somerville (JT Interiors)
Seite 233   Iris Murdochs Brief vom 4. Juni 1946, in dem sie ihre Bewerbung um das Sarah-Smithson-Stipendium zurückzieht: 1946: NCA, AC/5/2/1 (The Fellows and Principal of Newnham College © Audi Bayley)
Seite 236   «Dog of Happiness», Zeichnung von Iris Murdoch: IMA, KUAS100/1/38 (© Kingston University)
Seite 276   Innenansicht von Lyons' Teestube um 1943: Photograph D6573 (Ministry of Information Second World War Official Collection, Imperial War Museum)

Abbildungsverzeichnis

Seite 290 Skizze von Iris Murdoch: Husserl und Wittgenstein als Hydra: IMC, «Letter from Iris Murdoch to Hal Lidderdale», 29. Februar 1948, KUAS78 / 60 (© Kingston University)
Seite 297 Außenansicht der St John Street 27 (Fotografie der Autorinnen)
Seite 303 Brief von Elizabeth Anscombe an den Senior Proctor, 24. Januar 1951: Oxford University Archive, PR 1/12/4 (The Bodleian Library, Oxford University © M. C. Gormally)
Seite 304 Höhlenmalerei in Lascaux (Creative Commons)
Seite 310 Hasen-Entenkopf (John Wiley and Sons Limited)
Seite 337 Brief von Mary Scrutton an Geoff Midgley: MGMP, MID / F (Durham University Archives and Special Collections © David Midgley)
Seite 341 Lotte Labowsky
Seite 342 Der Dampfer *Hermia* (Hapag-Lloyd AG, Hamburg)
Seite 350 Geometrischer Beweis (Illustration der Autorinnen)
Seite 354 Elizabeth Anscombe und Peter Geach mit Mary und John (© M. C. Gormally)
Seite 371 Mary Scrutton, «Rings & Books», Seite 1: MGMP, MID / C / 3 (Durham University Archives and Special Collections © David Midgley)
Seite 380 Illustration aus Konrad Lorenz, *King Solomon's Ring* (Routledge)
Seite 382 Illustration aus *Lady into Fox* (Chatto & Windus)
Seite 384 Kleine, bewaldete Senke im Garten des St Hugh's College: SHCA, SHG / M / 4 / 3 (9–3) (The Fellows and Principal of St Hugh's College)
Seite 386 Drei römische Münzen aus *Natural Goodness* (© Oxford University Press)
Seite 408 Elizabeth Anscombe (© The Anscombe Bioethics Centre, Oxford); Philippa Foot und Iris Murdoch (© Peter Conradi and Jim O'Neill); Mary Midgley (© Ian Ground)

Es wurden alle Anstrengungen unternommen, um die Inhaber und Inhaberinnen von Urheberrechten an den Abbildungen ausfindig zu machen und zu kontaktieren. Sollte es versehentlich zu Auslassungen oder Fehlern gekommen sein, ist der Verlag gerne bereit, diese bei nächster Gelegenheit zu korrigieren.

Dank

Wir haben dieses Buch während der Covid-19-Pandemie geschrieben. Als wir uns im Februar 2020 von Anne Manuel und Kate O'Donnell, den Archivarinnen des Somerville College, verabschiedeten, gingen wir davon aus, dass dieser Besuch nur der erste von vielen war, die noch folgen würden. Es sollte jedoch zwei Jahre und einen kompletten Manuskriptentwurf dauern, bis wir wiederkommen konnten. Deshalb gilt unser größter Dank diesen beiden fantastischen Frauen. Es waren beängstigende und nie dagewesene Bedingungen, und dennoch beantworteten sie während der gesamten Pandemie auch unsere seltsamsten Anfragen und beklagten sich nicht ein einziges Mal über unsere nicht enden wollenden Bitten um Scans oder Kopien. Ohne sie, ohne ihre Freundlichkeit und Begeisterung, wäre dieses Buch *buchstäblich* niemals entstanden. In Oxford haben wir zu danken: Amanda Ingram (St Hugh's), Oliver Mahony (Lady Margaret Hall und St Hilda's), Bethany Hamblen und Amy Boylan (Balliol), Fiona Richardson (Linacre), Judith Curthoys (Christ Church), Jennifer Thorp (New College), Emma Goodrum (Worcester), Michael Riordan (Queen's), Alice Millea, Anne Petre, Nicola O'Toole und vielen anderen (Oxford University Archives). In Cambridge: Frieda Midgley (Newnham) und Jonathan Smith (Trinity). Kate O'Donnell und Anne Manuel (Somerville), Andrew Gray (Mary und Geoff-Midgley-Archiv, Durham) und Dayna Miller (Iris-Murdoch-Archiv, Kingston) haben sich ebenso heldenhaft bemüht, uns zu helfen, wie Janet Dilger (Klibanksy und Steiner-Archive, Deutsches Literaturarchiv Marbach). Daniel Cheely sowie Terrence und Jessica Sweeney (im Collegium Institute Anscombe Archive, University of Pennsylvania) sprangen ein, als die Pandemie unsere USA-Reise verhinderte. Diese nicht durchgeführte Reise und vor allem das Sabbatical, in dem wir dieses Buch schrieben, wurden durch ein Stipendium des Arts and Humanities Research Council finanziert. Wir sind auch dankbar für die Zuschüsse, die wir vom Collegium Institute, der British Academy, dem Royal Institute of Philosophy, der British Society of Aesthetics und den Universitäten Durham und Liverpool erhalten haben. Und den Wissenschaftler:innen, die unsere Anträge befürwortet haben, darunter Nancy Cartwright, Jenny Saul und Matthew Soteriou, sind wir selbstredend zu großem Dank verpflichtet.

Gleiches gilt für unsere Kollegen und Kolleginnen. David Bakhurst, Ana

Barandalla, Justin Broackes, Lesley Brown, Gary Browning, Siobhan Chapman, Alix Cohen, Peter Conradi, Andy Hamilton, Miles Leeson, André Müller, Mark Rowe und Robert Stern haben das Manuskript gelesen und uns auf diese Weise so manche Peinlichkeit erspart. John Berkman, Chris Birks, Colin Carritt, John Haldane, André Müller und Mark Rowe stellten uns ihre unveröffentlichten Forschungsergebnisse zur Verfügung und waren zu einem regen E-Mail-Austausch bereit. Paul Bryers überließ uns großzügigerweise das Drehbuch seines brillanten Dokumentarfilms *A Vote for Hitler* aus dem Jahr 1988 und überspielte uns den Film mühsam in kleinen Sequenzen über unsere instabile Internetverbindung. Die Mitglieder des Netzwerks «Women In Parenthesis» haben uns inspiriert, mit Ideen versorgt und auch praktische Hilfe zuteilwerden lassen: Unser besonderer Dank gilt der brillanten Rachel Bollen, Ana Barandalla (deren prägnantes Lektorat wirklich ein Wunder ist), Mara-Daria Cojocaru (die das Steiner-Gedicht im Text übersetzt hat), Amber Donovan, Eva-Maria Düringer, Sasha Lawson-Frost, David Loner, Annie MacCallion, Amber Perera, Sally Pilkington, Ellie Robson, Anne Sterle und Amy Ward. Hannah Altorf, Luna Dolezal, Liza Thompson und Dawn Wilson waren frühe Freundinnen von «Women In Parenthesis». Alle unsere Kollegen und Kolleginnen in Durham und Liverpool haben uns auf diverse Weise unterstützt und ermutigt. Besondere Erwähnung verdienen Chiara Brozzo, Simon Hailwood, Michael Hauskeller, Daniel Hill, Ian James Kidd, Liz McKinnell, Joe Saunders, Vid Simoniti, Ben Smith, Richard Stopford und Sara Uckelman Yiota Vassilopoulou sowie Áine Mahon und Danielle Petheridge vom University College Dublin. Es gab noch so viele andere, die uns ermutigt haben und uns an ihrem Fachwissen teilhaben ließen, dass wir sie nicht alle namentlich nennen können, aber wir hoffen, Sie wissen, dass Sie gemeint sind. Erwähnen möchten wir an dieser Stelle jedoch einige der inspirierenden Frauen, die uns Mentorinnen waren: Maria Baghramian, Nancy Cartwright, Cora Diamond, Susan Frenk, Jane Heal, Jennifer Hornsby, Marie McGinn, Sarah Richmond, Christine Sypnowich, Gabrielle Taylor, Mary Warnock und Alison Wiley.

Zu den großen Freuden beim Schreiben dieses Buches gehörte es, Menschen zu treffen, die unsere Protagonistinnen persönlich kannten und liebten. Die Familien, Freunde und Nachlassverwalter von Elizabeth Anscombe, Philippa Foot, Mary Midgley und Iris Murdoch haben uns viel Zeit geopfert, zahllose Geschichten erzählt und großzügig mit Genehmigungen versehen. Audi Bayley erlaubte uns die Verwendung der in Durham verwahrten Briefe von Iris an Mary. Mary und Luke Gormally versorgten uns mit Fotos und Geschichten über Familie Anscombe und gestatteten uns viele unveröffentlichte Quellen zu kopieren und zu zitieren. Francis und Penelope Warner ließen uns in ihr Haus (St John's Street 27). Lesley Brown half uns dabei, uns ein Bild von der (schrecklich privaten) Philippa Foot zu machen, und gestattete uns die Verwendung unveröffentlichten Materials aus dem Somerville-Archiv. Lawrence Blum, John Campbell, Prophesy

Coles und Martin Gornall wussten uns wichtige Geschichten zu erzählen. Joyce Reynolds unterstützte uns dabei, das Somerville College der 1930er Jahre ein wenig zu rekonstruieren. Mary und ihre Familie – ihre drei Söhne, Enkelkinder sowie zahlreiche Freunde, Freundinnen und ehemalige Kolleg:innen – sind durch diesen Prozess unsere Freunde geworden: Gillian Allnutt, Mike Bavidge, Jessica und Sheridan Few, Ian Ground, Tenzin Haarhaus, Judith Hughes sowie David, Martin und Tom Midgley. Miles Leeson, Anne Rowe und Francis White haben ihre Weisheiten über Iris Murdoch mit uns geteilt. Wir sind auch den Freund:innen und Familien von Heinz Cassirer (und Iona Hine), Michael Foot, Mary Glover, R. M. Hare, Lotte Labowsky, Donald MacKinnon, H. H. Price, Franz Steiner, Jessie Street, Frank Thompson, Victor White und Bernard Williams (und Adrian Moore) dankbar. Das Buch von Peter Conradi, *Iris Murdoch. Ein Leben*, war eine unerschöpfliche Quelle für unsere Arbeit. Aber Peter ist uns auch ein Freund und Mentor geworden, dem wir nicht nur für all die Hilfe beim Schreiben unseres Buches und die vielen Geschichten über Iris und Philippa danken, sondern auch für die Möglichkeit, uns in der Sauna und im Schwimmbad des idyllischen Hauses ein wenig zu erholen, das er mit Jim bewohnt. Nochmals danke. Das hatten wir nach Abgabe des Manuskripts wirklich nötig.

Wir hatten das große Glück, mit einem fantastischen Frauenteam an diesem Buch zu arbeiten. Unsere Agentin Zoë Waldie (von RCW) ist ein Phänomen. Ihrem Enthusiasmus, ihren Ermutigungen und ihrem sorgfältigen Management ist es zu verdanken, dass wir in den letzten (ungefähr) drei Jahren auf Kurs geblieben sind. Clara Farmer (bei Chatto & Windus, Großbritannien) und Kris Puopolo (bei Doubleday, USA), die unsere vier Heldinnen ebenso sehr lieben wie wir, haben stets rechtzeitig mit großem Augenmaß redaktionell eingegriffen und sind auch dann noch ruhig geblieben, als wir Amok liefen. Alle drei arbeiten mit tollen Teams, zu denen Mary Chamberlain, Tom Atkins, Ryan Bowes, Becky Hardie und Natasia Patel gehören.

Unsere eigenen Familien, aber ganz besonders Joseph, Rob, Penelope und Ursula, haben uns mit all ihrer Liebe geduldig ertragen, während wir versuchten, dieses Buch zu schreiben, und uns geholfen, diverse Lockdowns, Home-Schooling-Phasen, Fehlschläge, Katastrophen und Dramen zu überstehen. Sie haben Entwürfe gelesen, uns bei Recherchen unterstützt, Lieder gesungen, Bilder gemalt, Abendessen gekocht und uns gesagt, wann es Zeit war, aufzuhören! Wir lieben sie alle und freuen uns, dass das Buch (dieses Mal wirklich) fertig ist.

Personenregister

Kursive Seitenzahlen verweisen auf Abbildungen

Ackroyd, Dame Elizabeth (Betty) 158, 181
Adler, Hans Günther (H. G.) 374 f.
Ady, Peter 46, 356
Aischylos 72–74, 271
Aldwinckle, Stella (Elia Estelle) 22, 279 f.
Ambrose, Alice 21, 153 f., 183, 320
Anand, Mulk Raj 167
Anscombe, Allen Wells 57
Anscombe, Gertrude 54, 175 f.
Anscombe, John 54, 58, 175, 201
Anscombe, Tom 54, 58, 175
Aristoteles 19, 42, 48, 75, 78, 114, 125, 131, 133 f., 145, 149 f., 155 f., 174, 176, 191, 228, 230, 243, 257, 265, 286, 289, 332, 343, 369, 405 f.
Attlee, Clement 201, 205
Augustinus 308
Austin, Jean (geb. Coutts) 48, 105, 115 f., 203 f.
Austin, J. L. (John Langshaw) 13, 15, 18, 22, 48, 67 f., 88, 113, 199, 203 f., 236–242, 244 f., 249 f., 288, 298, 311 f., 316, 321, 340, 348, 353, 360
Ayer, A. J. (Alfred Jules; «Freddie») 13, 15, 18, 22, 35, 75, 80 f., 84–92, 95, 113, 121, 131, 134, 138–141, 151, 196, 199, 202–204, 208 f., 213, 217, 237, 242, 247, 250, 257 f., 262–264, 266, 268, 276, 312 f., 315 f., 332, 360, 375, 378, 388, 397, 403
Ayer, Renée (geb. Orde-Lees) 84 f.

Baker, Beatrice May (BMB) 40 f., 49
Balogh, Thomas 142, 168–170, 173, 177–179, 196, 214, 216
Bathurst, Gräfin Lilias Margaret Frances 45, 331
Baumgartel, Elise 126
Bayley, John 406
Beauvoir, Simone de 218, 327
Beckett, Samuel 173
Beethoven, Ludwig van 328 f.
Bellini, Giovanni 188
Benny, Mark 173
Bentley, Arthur F. 196
Berkeley, George 59, 369
Berlin, Isaiah 22, 67, 88, 204, 245, 353, 355
Bernard, Anna 368
Bernard, Charles 215
Bevan, Edward 333
Bevan, Joan 333, 348
Beveridge, William 69
Bieber, Margarete 126
Blake, William 360
Blaschko, Hermann (Hugh) 211
Blochmann, Elisabeth 105
Bosanquet, Bernard 76

Bosanquet, Esther (geb. Cleveland) 100, 102, 153, 171, 173, 177, 277, 331
Bosanquet, Marion 100, 172
Bosanquet, William 100
Bosse, Käthe 126
Bowra, Maurice 67, 70 f., 80, 202
Bracey, Bertha 170 f., 219
Bradley, F. H. (Francis Herbert) 76, 138, 251, 266, 318 f., 375
Braithwaite, Catherine 152
Braithwaite, Lewis 152
Braithwaite, Richard 152, 379
Brecht, Bertolt 343
Bridges, Robert 69
Brochard, Jeanne 155
Brueghel, Pieter der Ältere 214
Buber, Martin 22, 226 f., 253 f., 266, 272 f., 288
Bullock, Alan 28, 394, 396
Burgh, William George de 113, 133
Burke, Edmund 369

Caesar, Gaius Julius 71
Callender, Bessie 116 f., 338
Cameron, Alice 48
Camus, Albert 266, 327
Canetti, Elias 356, 375, 389
Carington, Whately 242 f.
Carnap, Rudolf 203
Carritt, E. F. (Edgar Frederick) 22, 50, 68 f., 92, 97, 113, 207
Carrit, Winifred 22, 68
Carroll, Lewis (Charles Dodgson) 56, 71
Cassirer, Ernst 62, 341, 385
Cassirer, Eva 22, 125, 168, 171, 211
Cassirer, Heinz 22, 62, 93, 115, 119, 125 f., 128 f., 137, 146, 151, 168, 171, 196, 211, 216, 265, 322, 340 f., 373
Cassirer, Irene 128 f.
Chamberlain, (Arthur) Neville 37, 61–63, 94 f., 109, 340, 374

Charles I., König von England 111, 314
Chesterton, G. K. (Gilbert Keith) 57
Churchill, Randolph 63
Churchill, Winston 63, 201, 363
Cicero 71, 341
Clare, John 357, 373, 381
Cleveland, Grover 100
Cloake, Anne 52 f.
Clough, Anne 45
Cobbe, Anne 142, 169, 172, 178
Cobbe, Bill (Alexander William Locke) 172, 178, 201
Cobbe, Lady Winifred (geb. Bowen) 169
Colebrook, Miss (Schulsekretärin) 40
Coleridge, Samuel Taylor 298
Collet, Ernest 219
Collingwood, R. G. (Robin George) 15, 18, 22, 63, 76, 89, 91 f., 116, 140, 203, 265, 314, 319, 322
Collingwood, Ruth 116
Colter, Mrs 296, 354
Conrad, Joseph 386
Conrad, Pater 333
Conradi, Peter 305, 323
Cosman, Emilie 211
Coutts, Jean *siehe* Austin, Jean
Crombie, Ian 22, 314
Crosbie, Nick 22, 75, 97, 201, 245, 259
Curie, Marie 207
Curtis, Myra 21, 149, 194

Daniel, Norman 108, *109*
Dante Alighieri 111, 211, 356
Darbishire, Helen 21, 51, 69, 98 f., 104, 120, 126, 343
D'Arcy, Pater Martin 90, 113 f., 217
Darwin, Charles 38, 174
Daryush, Elizabeth (geb. Bridges) 69
Davies, Arthur, Dekan von Worcester 244

Personenregister

Davies, John 362
Degras, Jane 173
Deneke, Helena 105
Descartes, René 19, 78, 103, 154–156, 174, 192, 228–230, 246–248, 305, 369
Dewey, John 38 f., 66
Dickens, Charles 173
Dilthey, Wilhelm 321 f.
Dirac, Gabriel 367 f.
Dirac, Paul 367
Dodds, E. R. (Eric Robertson) 22, 68, 72, 252, 314, 322, 373
Dostojewski, Fjodor 164, 217, 226, 306 f., 386
Doughty, Charles Montagu 70
Dudden, Frederick Homes 106

Earp, Thomas Wade 59
Edward VIII., König von England 110 f.
Einstein, Albert 343
Eldridge, Noel 95, 201
Eliot, George (Mary Ann Evans) 386
Eliot, T. S. (Thomas Stearns) 177
Elizabeth II., Königin von England 369
Emmet, Dorothy 18, 21, 69, 79, 113, 152, 251 f., 261
Euripides 207
Ewing, A. C. (Alfred Cyril) 203, 322

Farnell, Lewis 45, 339
Farnell, Vera 21, 43–45, 51 f., 65, 98, 394
Farrer, Austin 22, 314
Farrer, Katharine 22, 314 f.
Feyerabend, Paul 325
Findlay, J. N. (John Niemeyer) 338
Flew, Antony 338
Foot, M. R. D. (Michael Richard Daniel) 22, 29, 75, 95 f., 160 f., 172, 178 f., 181, 188–191, 194, 196, 198,
200 f., 209–212, 221, 232, 234 f., 293, 304, 323, 404
Foot, Brigadier Richard 95, 189 f.
Foster, Michael 22, 80, 134, 315, 388
Fraenkel, Eduard 22, 72–75, 105, 112, 114, 184, 186, 195, 245, 259, 271
Fraenkel, Ruth (geb. von Velson) 73 f.
Franco, Francisco 50, 62
Frege, Gottlob 19, 60
Freud, Sigmund 343
Fromm, Erich 322
Fry, Margery 47

Galitzine, Prinzessin Natalya 52
Gandhi, Mohandas Karamchand («Mahatma») 69, 152
Garnett, David 382
Geach, Barbara 157, 174, 177, 228, 258, 270, 285 f., 291, 348, 375
Geach, Eleonora (geb. Sgonina) 59
Geach, George Hender 59 f.
Geach, John 228, 258, 270, 285, 291, 348, 351 f., 354
Geach, Mary 349, 354
Geach, Peter 22, 58–60, 107, 110 f., 130, 135, 150, 157, 174, 176 f., 183, 228, 244 f., 258, 274, 285 f., 291, 297, 340, 345, 348, 353, 354, 355, 405
George VI., König von England 110 f.
Gide, André 273
Glover, Mary 18, 21, 93, 129–134, 205 f., 208, 265, 279, 282, 299, 344, 369, 371, 374, 378, 389
Goebbels, Joseph 342
Gombrich, Ernst 375
Goodridge, Frank 284, 296 f.
Goodridge, Gillian 296 f.
Goodwin, William Watson 39
Goya, Francisco de 188
Grant, Mutter 305
Gray, Dorothea 53

Greene, Graham 306
Greeves, Tom 254 f.
Grice, (Herbert) Paul 137, 204, 315
Gwyer, Barbara 21, 51, 55 f., 149, 321

Halford Smith, Alic 24 f., 391
Halifax, Edward Wood, 1st Earl of 29
Hampshire, Stuart 88, 113, 204
Hardie, Agnes 135
Hardy, Thomas 386
Hare, Catherine 260
Hare, R. M. (Richard Mervyn) 15, 22, 107, 108, 201, 245, 248, 257–264, 275 f., 279, 316, 327–330, 335, 360, 363 f., 377–379, 383, 388 f., 397
Harrod, Roy 62
Hart, H. L. A. (Herbert Lionel Adolphus) 204, 249 f.
Hartley, Mildred 21, 51, 61 f., 71, 102 f., 112, 125 f., 128, 227, 231, 340, 343
Hay, David 338
Healey, Denis 63
Heath, Edward (Ted) 63
Heather, Lillian 181
Hegel, G. W. F. (Georg Wilhelm Friedrich) 19, 42, 76, 266, 291, 306
Heidegger, Martin 72, 105, 266
Heinemann, Fritz 22, 114, 119, 125, 151, 211, 215
Henderson, Charles 63
Henderson, Isobel (geb. Munro) 21, 31, 51, 62 f., 69, 71 f., 91, 116, 133, 135, 142–144, 196, 229, 249 f., 258, 292 f.
Herbert, A. P. (Alan Patrick) 126
Hicks, David 22, 98, 162, 178, 197, 218 f., 224, 227, 233, 273
Hijab, Wasfi 22, 273 f., 288, 291
Hitler, Adolf 11 f., 27 f., 50, 62, 68, 105, 107, 114, 120, 136, 153, 171, 211, 227
Hoar, Vera 173
Hobbes, Thomas 134

Hodges, Andrew 190
Hodges, Herbert 321 f.
Hogg, Quintin 62–64, 67 f.
Holbein, Hans 161
Homer 162, 164
Horaz 342
Housman, A. E. (Alfred Edward) 196
Howard, Frederick 379
Hubbard, Margaret 29
Hume, David 19, 87, 93, 120–124, 126 f., 318, 343, 369
Husserl, Edmund 290, 291

Inayat Khan, Hazrat 315

Jaboor, Margaret 225
Jackson, Allan 274
Jacobsthal, Paul 211
James, Henry 98
Jeffery, Miss 41
Jerusalem, Leni 38
Jerusalem, Wilhelm 38
Jex-Blake, Katharine 45
Jex-Blake, Sophia 45
Joad, Cyril 113
John, Augustus 167
Johnson, Hewlett, Dekan von Canterbury 66
Joseph, H. W. B. (Horace William Brindley) 15, 18, 22, 69, 90, 119, 131 f., 196, 203, 206, 209, 247, 265, 282
Joseph, Margaret (geb. Bridges) 69
Joyce, James 375

Kafka, Franz 305, 343, 375
Kaldor, Nicky 168–170, 173
Kallin, Anna 339, 353, 355, 370
Kant, Immanuel 19, 42, 80, 93, 120, 125, 127 f., 138, 146, 168, 213, 228, 232, 235, 265 f., 315, 322 f., 330, 341, 373, 397

Katkov, Georg 211
Kehoe, Pater Richard 58
Keyes, Phyllis 394
Keynes, Neville 59
Kierkegaard, Søren 63, 226, 266, 290 f., 305, 360
Kirk, Kenneth 75, 259
Kirkley, Leslie 377, 385
Klatschko, Lucy 52
Klibansky, Raymond 22, 115, 342–345, 348 f.
Kneale, Martha (geb. Hurst) 21, 46, 58, 299, 339, 369
Kneale, William 249
Koestler, Arthur 167, 322
Koffka, Kurt 115
Köhler, Wolfgang 115
Kraft, Victor 325
Kreisel, Georg 22, 274, 291, 367 f.

Labowsky, Carlotta (Lotte) 18, 21, 125 f., 211, 229, 335, 339 f., 341, 342–346, 348 f., 353, 355, 367
Lancaster, Joseph 377
Larkin, Philip 95
Lavelle, Louis 273
Lawson, Mary Isabel 296, 366
Leech, Ann 65
Leibniz, Gottfried Wilhelm 369
Lewis, C. S. (Clive Staples) 22, 97, 280–282, 284 f., 343
Lewy, Casimir 111
Lindsay, A. D. (Sandie; Alexander Dunlop), 1st Baron Lindsay of Birker 22, 62–64, 67–71, 90–92, 107, 110, 113, 129, 138, 146, 168, 196, 205 f., 226, 233, 260, 262, 321 f.
Lindsay, Anna (geb. Dunlop) 69
Lindsay, Lady Erica Violet (geb. Storr) 22, 69 f.
Lloyd, Tony 356, 358

Locke, John 63, 369
Lorenz, Konrad 379, 380
Lutyens, Edwin 167

Mabbott, John 47 f., 203, 249
MacDonald, Margaret 204, 299
Mach, Ernst 80, 81
MacKinnon, Donald 18, 22, 88 f., 93, 133, 136–143, 161 f., 168, 171, 173 f., 177 f., 183, 188, 193, 196, 198, 206, 208, 213, 226, 234, 250 f., 253 f., 260, 262, 265, 292, 307, 314 f., 318, 322, 329, 341, 378, 394, 401
MacKinnon, Lois (geb. Dryer) 137 f., 162, 254
Macmillan, Harold 63
MacNabb, Donald 88
Mann, Ida 228
Marcel, Gabriel 22, 197, 226, 246, 253 f., 265 f., 272 f., 315
Marcel, Jacqeline (geb. Boegner) 272
Marsh, Léonie 52, 65, 75, 160, 178
Martin, Noel 75, 259
Marx, Karl 42
Mascall, Eric 314–316
Masterman, John 25, 27–29
Masterman, Margaret (Mrs R. B. Braithwaite) 21, 152–154, 183, 320
Matisse, Henri 167
McTaggart, John 59
Mead, Margaret 170
Midgley, David 390
Midgley, Geoffrey 22, 336–339, 359, 379, 381, 407
Midgley, Tom 369, 379, 390
Mill, John Stuart 59
Minio-Paluello, Lorenzo 119, 125, 151, 211, 388
Minio-Paluello, Magda 125
Mitchell, Basil 22, 315, 378

Mitford, Nancy 379
Moll, Elick 379
Momigliano, Arnaldo 355 f.
Montaigne, Michel de 386
Moore, Dorothy (geb. Ely) 152
Moore, G. E. (George Edward) 19, 22, 31, 76–78, 81 f., 84, 86, 88, 111, 152 f., 176, 251, 263, 326, 360
Mordan, Clara Evelyn 53
Muirhead, J. H. (John Henry) 76
Mundle, Clement 240
Murdoch, Hughes 40, 232
Mure, G. R. G. (Geoffrey Reginald Gilchrist) 76, 90, 208
Murray, Gilbert 22, 68 f., 71, 90, 195 f., 207, 221, 243, 249, 271
Murray, Lady Mary 22, 68, 221
Mussolini, Benito 50
Myers, Greta 53

Nagel, Ernest 82 f.
Nickel, Maria 181
Nietzsche, Friedrich 360
Nikolaus von Kues 344
Nineham, Dennis 22, 314
Norman, Daniel 394

Oakeshott, Michael 355
Ogilvie, Mary 292
O'Regan, Paddy 98, 119
Orwell, George 129
Ouspensky, Pjotr 63
Owen, Wilfred 164

Pächt, Otto 211
Palm, Loisel 114
Panaitios von Rhodos 341
Parmenides 267 f., 320, 343–346, 349, 406
Pasternak, Leonid 211
Pasternak, Lydia 211

Paton, H. J. (Herbert James) 124, 126
Paul, Denis 353, 367
Penrose, Emily 44, 69
Pickard-Cambridge, William Adair 113
Pindar 164
Pink, Barry (Thomas Barrington) 297, 333
Plamenatz, Jovan 211
Platon 19, 42, 57, 75, 93, 115, 129, 131, 133, 150, 181, 183, 192, 208, 228, 240, 242, 250 f., 265 f., 289, 300 f., 305, 315, 317, 320, 324, 343–346, 349–351, 373 f., 388, 401, 406
Plotin 252, 258, 262, 265, 271, 287, 317, 322, 338, 361
Pope, Alexander 143, 360
Popper, Sir Karl 211, 266
Porson, Richard 196
Price, H. H. (Henry Habberley) 15, 18, 22, 90, 93, 113, 120–124, 126 f., 137 f., 154, 185, 193, 202, 237, 240, 242, 251 f., 265, 312 f., 315, 332, 356, 359
Prichard, H. A. (Harold Arthur) 22, 75, 77–79, 88–90, 107, 130 f., 218, 245, 247 f., 261, 263, 265, 389, 397
Proctor, Evelyn 321, 331
Proklos 343 f., 346 f., 349
Protagoras 36, 300 f.
Proust, Marcel 173
Przeworska, Zuzanna 53

Queneau, Raymond 219, 225, 233, 255

Radhakrishnan, Sarvepalli 315
Rembrandt van Rijn 161
Rhees, Rush 22, 333, 348, 352
Rhine, Joseph Banks 243
Richards, Ben 333, 348
Richards, I. A. (Ivor Armstrong) 184
Richardson, Samuel 162

Rilke, Rainer Maria 375
Robinson, William 358
Robson, Wallace 355, 359
Rogers, Annie 56, 104, 321, 384
Roosevelt, Franklin D. 136
Ross, Lady Edith 125
Ross, W. D. (William David) 22, 75, 77–79, 88, 107, 125, 218, 259, 261, 263, 265, 286, 343, 397
Rousseau, Jean-Jacques 360
Rousselot, Pierre 266
Rowntree, Jean 37 f., 195, 222
Rowntree, Joseph 38
Rowse, A. L. (Alfred Leslie) 114, 143 f., 258
Rubens, Peter Paul 197
Rubinstein, Nicolai 211
Rupprecht, Kronprinz von Bayern 111
Russell, Bertrand 31, 59, 76, 152, 183, 193, 207, 266, 318 f., 360
Ryle, Gilbert 13, 22, 84 f., 113, 151, 203 f., 245, 249 f., 336, 338, 356, 358, 362
Ryle, John 151

Sartre, Jean-Paul 12, 22, 199, 202, 214–218, 226, 235, 253, 266, 291, 327–329, 335, 363 f., 370, 377, 383
Sayers, Dorothy 44, 59, 265
Schewtschenko, Taras Grigorjewitsch 225
Schlick, Moritz 80–82, 153
Schumann, Robert 386
Scrutton, Hugh 381
Scrutton, Lesley 36 f.
Scrutton, Reverend Canon Tom 144, 158
Shah, Kanti 22, 273 f., 288, 291
Shakespeare, William 306
Shaw, George Bernard 207
Simpson, Wallis 110

Smith, Honor 212
Smith, Prudence (Prue) 39, 71, 209, 212, 327
Smith, Stevie 173
Smythies, Diana («Polly»; geb. Pollard) 306
Smythies, John 123
Smythies, Yorick 22, 274, 284, 286, 306, 308, 324 f., 348
Sokrates 57, 345, 349 f., 401
Somerville, Mary 339
Spinoza, Baruch 306, 369
Stalin, Josef 27, 64, 66
Stebbing, Peggy 159
Stebbing, Susan 18, 21, 81–84, 86, 159, 196, 203 f.
Stein, Gertrude 386
Steiner, Franz Baermann 22, 374–376, 389
Stephanus von Athen 196
Stewart, Carol 41, 50
Strawson, P. F. (Peter Frederick) 90, 203, 240, 286
Street, Jessie 395 f.
Sutherland, Lucy 21, 51, 299, 369

Tambimuttu, Meary James Thurairajah (Tambi) 167, 173
Tarr, Miss 59
Taylor, A. E. (Alfred Edward) 345
Thatcher, Margaret (geb. Roberts) 275, 407
Thomas von Aquin 19, 60, 107–109, 134, 140, 176, 228, 231, 264, 286, 330, 342, 388
Thomas, Dylan 167
Thompson, E. J. (Edward John) 22, 69
Thompson, E. P. (Edward Palmer) 69
Thompson, Frank 22, 69, 75, 95–97, 124, 138, 154, 160 f., 164–166, 172, 188–190, 201, 207, 245, 259

Thompson, Theo 22, 69
Tito, Josip Broz 224
Tizian 161
Torrance, Peggy 181 f.
Trend, J. B. (John Brande) 143 f., 258
Trenet, Charles 214
Troisfontaines, Pater Roger 217
Trotzki, Leo 66
Truman, Harry S. 19, 24–30, 32 f., 391, 393–396, 398–401
Turner, Edith 54

Urmson, J. O. (James Opie) 203, 245

Vandepeer, Ruth 116
Vaughan, Janet (Mrs David Gourlay) 21, 30 f., 208, 319, 326, 404
Vaughan Williams, Ralph 207

Waismann, Friedrich 22, 81, 85, 113, 114, 119, 125, 134, 137, 151–153, 176 f., 211, 249
Waismann, Hermine 152, 177
Waismann, Thomas 152, 177
Walker, Leslie 113
Walsh, Beatrix 61
Walzer, Richard 22, 115, 119, 125, 151, 211, 286
Warburg, Aby 340, 343
Ward, Mary Augusta 339
Warnock, Geoffry 22, 250, 321, 340
Warnock, H. Mary (geb. Wilson) 21, 120, 240 f., 245, 248, 278, 298, 300, 321, 339 f.
Warriner, Doreen 222
Watts, Anna 80
Waugh, Evelyn 68
Webb, Beatrice 66, 165
Weil, Simone 371–374, 389

Wellesz, Egon 211
Wertheimer, Max 115
Westminster, Viola Grosvenor, Herzogin von 101
White, George 302 f.
White, Victor 108, 129
Whitehead, Alfred North 59
Williams, Thomas Leighton, Erzbischof von Birmingham 110
Williams-Ellis, Charlotte 46, 381
Williams-Ellis, Susie 46
Willis, Olive 38 f., 49, 66, 180 f.
Wilson, Mary *siehe* Warnock, Mary
Winnington, John 205
Wisdom, John 22, 176 f.
Wittgenstein, Hermine 325
Wittgenstein, Ludwig 15, 19, 22, 60, 84 f., 134, 138, 145, 151–154, 176 f., 182–187, 191–194, 199, 213, 228–231, 237, 240–242, 244–248, 260, 265 f., 269, 273–275, 277 f., 284, 286–291, 290, 295, 297 f., 300 f., 305 f., 308–311, 314, 319, 323, 325 f., 328, 330, 332 f., 336, 343, 346–356, 360, 377, 383, 385–387, 390, 405 f.
Wood, Oscar 22, 244–246, 248
Woolf, Virginia 143, 369
Woozley, Tony 88, 113, 203
Wordsworth, Dame Elizabeth 55
Wordsworth, John, Bischof von Salisbury 344
Worswick, David 168 f.
Wright, Georg Henrik von 333

Zuckerman, Solomon (Solly), Baron 63
Zuntz, Leonie 126
Zvegintzov, Diana (geb. Lucas) 39–41, 54, 61